ein Ullstein Buch

PROPYLÄEN WELTGESCHICHTE

Eine Universalgeschichte
Herausgegeben von
GOLO MANN
unter Mitwirkung von
ALFRED HEUSS
und
AUGUST NITSCHKE

Band I
Vorgeschichte · Frühe Hochkulturen
Band II
Hochkulturen des mittleren und östlichen Asiens
Band III
Griechenland · Die hellenistische Welt
Band IV
Rom · Die römische Welt
Band V
Islam · Die Entstehung Europas
Band VI
Weltkulturen · Renaissance in Europa
Band VII
Von der Reformation zur Revolution
Band VIII
Das neunzehnte Jahrhundert
Band IX
Das zwanzigste Jahrhundert
Band X
Die Welt von heute
Band XI
Summa Historica

Elf Bände in zweiundzwanzig Halbbänden

Sechster Band
1. Halbband

Weltkulturen
Renaissance in Europa

HANS H. FRANKEL
A. K. MAJUMDAR
GOLO MANN
F. W. MOTE
AUGUST NITSCHKE
HERMANN TRIMBORN

*Karten, Zeichnungen und graphische Darstellungen im Text von
Elisabeth Armgardt und Klaus Willke.*

*Der Beitrag von Hans H. Frankel ist von Professor Wolfgang Bauer
in die deutsche Sprache übertragen worden.*

*Das Namen- und Sachregister befindet sich im 2. Halbband und
verweist auf die zwei Halbbände des 6. Bandes.*

CIP-Kurztitelaufnahme der Deutschen Bibliothek

Propyläen-Weltgeschichte:
e. Universalgeschichte; 11 Bd. in 22 Halbbd. /
hrsg. von Golo Mann unter Mitw.
von Alfred Heuss u. August Nitschke. –
Frankfurt/M, Berlin, Wien: Ullstein.
([Ullstein-Bücher] Ullstein-Buch;
Nr. 4720)
ISBN 3-548-04720-3
NE: Mann, Golo [Hrsg.]

Bd. 6. → Weltkulturen, Renaissance in
Europa

Weltkulturen, Renaissance in Europa. –
Frankfurt/M, Berlin, Wien: Ullstein.

Halbbd. 1. Hans H. Frankel... – 1976.
(Propyläen-Weltgeschichte; Bd. 6)
([Ullstein-Bücher] Ullstein-Buch;
Nr. 4731)
ISBN 3-548-04731-9

NE: Frankel, Hans H. [Mitarb.]

*Ullstein Buch Nr. 4731
im Verlag Ullstein GmbH,
Frankfurt/M – Berlin – Wien*

*Der Text der Taschenbuchausgabe
ist identisch mit dem der
Propyläen Weltgeschichte*

*Umschlag: Hansbernd Lindemann
Alle Rechte vorbehalten
© 1964 by Verlag Ullstein GmbH,
Frankfurt a. M./Berlin
Printed in Germany 1976
Gesamtherstellung: Ebner, Ulm
ISBN 3 548 04731 9*

INHALTSVERZEICHNIS

Golo Mann · August Nitschke

11 EINLEITUNG

Hermann Trimborn

23 DAS PRÄKOLUMBISCHE AMERIKA
Urbesiedlung und Vorgeschichte *(25)* Zur Frühgeschichte des Kontinents *(27)* Die vorklassischen Hochkulturen Amerikas *(30)* Die Klassischen Hochkulturen Amerikas *(45)* Die Nachklassischen Hochkulturen *(71)* Schlußbetrachtung *(107)*

A. K. Majumdar

113 INDIEN IM MITTELALTER UND IN DER FRÜHEN NEUZEIT
Bearbeitet von Hermann Goetz
Der Übergang zum Hindu-Mittelalter *(115)* Das Hindu-Mittelalter *(118)* Kultur des Hindu-Mittelalters *(126)* Sprache und Literatur *(128)* Religion und Philosophie *(136)* Die Kunst des Mittelalters *(142)* Das Islamische Spät-Mittelalter *(145)* Die Islamische Kultur des islamischen Spät-Mittelalters *(154)* Die Hindu-Kultur des Islamischen Spät-Mittelalters *(157)* Die Frühe Neuzeit: Das Großmogul-Reich *(164)* Die Kultur der Großmogul-Zeit *(179)*

Hans H. Frankel

189 CHINA BIS 960
Die drei Reiche und die Chin-Dynastie (220–420) *(193)* Die Zeit der Süd- und Nord-Dynastien *(215)* Die Sui-Dynastie und die erste Hälfte der T'ang-Dynastie (581–763) *(228)* Die zweite Hälfte der T'ang-Dynastie und die Fünf Dynastien *(250)*

F. W. Mote

265 CHINA VON DER SUNG-DYNASTIE BIS ZUR CH'ING-DYNASTIE

Die Gründung der Sung-Dynastie *(267)* Die staatliche Struktur der Sung *(273)* Wirtschaftliches und soziales Leben unter den Sung *(278)* Geistige und weltanschauliche Entwicklungen in der Sung-Zeit *(281)* Die Kultur im Zeitalter der Sung *(293)* Sung-China und die Reiche an seiner Nordgrenze *(297)* China unter der Mongolenherrschaft *(306)* Zusammenbruch der Mongolenherrschaft und Gründung der Ming-Dynastie *(313)* Die Ming-Regierung: übersteigerte Staatsautorität *(318)* Die »zweite Gründung« der Ming-Dynastie *(321)* Geistiges Leben in der Ming-Zeit *(324)* Wandlungen in Wirtschaft und Gesellschaft *(328)* Die Jesuiten – eine Episode *(329)* Die frühe Ch'ing-Zeit. Höhepunkt und Ausklang *(334)*

Golo Mann · August Nitschke

EINLEITUNG

War der fünfte Band unserer Weltgeschichte überwiegend der »Entstehung Europas« gewidmet, und wird der siebente ausschließlich jenen Schicksalen Europas gewidmet sein, die es für eine kurze Zeit an die Spitze brachten, so erfüllt dieser sechste recht eigentlich das Versprechen, »neue Universalgeschichte« zu bieten; denn er handelt von Kulturen hier und dort, im alten Amerika, im mittleren und östlichen Asien, und dann auch von Europa als einem unter anderen. Die Kapitel über Indien und China behandeln einen weiten, mit dem Wort »Mittelalter« nur sehr uneigentlich zu bezeichnenden Zeitraum. Das amerikanische greift noch einmal zu den Anfängen zurück, die hier freilich zeitlich viel später liegen als die Anfänge anderswo. Die europäischen Kapitel behandeln ein einziges Jahrhundert, das fünfzehnte. – Ein indischer Leser mag finden, wir gäben Europa noch immer zuviel, ein europäischer, wir gäben ihm zuwenig Raum, und trotz allem guten Willen zur universalgeschichtlichen Objektivität wären wir eher geneigt, diesem recht zu geben.

Das heißt nicht irgendeine bestimmte Überlegenheit behaupten. Von einem zivilisatorischen Voransein der Europäer könnte in diesem 15. Jahrhundert nur gegenüber Amerika die Rede sein, dem einen Gebiet, in welchem sie sich auch alsbald als Beherrscher durchsetzten; und selbst dies wäre, wie die Geschichte Chinas uns zeigen wird, kein Beweis gebildeteren Wesens. Die Spanier entsetzten sich über die Menschenopfer der Azteken, aber widerspenstige Indios verbrannten sie bei langsamem Feuer – was ja wohl auch eine Art von Menschenopfer war –, und ihr eigener Bischof, Las Casas, erzählt von ihren Eroberer-Greueln, die ganze Dörfer in den Selbstmord trieben. Wir wissen, welche furchtbaren Erschütterungen Europa im 14. Jahrhundert erlebt hatte, Heimsuchungen physischer Art, denen es hilflos gegenüberstand, Heimsuchungen des Aberglaubens. Wir wissen, wie es im 13. der Eroberung durch die Mongolen nur durch glücklichen Zufall entging, und lesen in diesem Band, wie wenig es im 15. gemeinsamer Anstrengungen gegen die Türkengefahr fähig war. Das letzte Kapitel berichtet uns auch von den schwer überwindlichen Hindernissen des Unverständnisses, denen die Entdecker und Eroberer bei sich zu Hause begegneten – eine winzige Minderzahl, die wollte, was Könige und Gelehrte lange verlachten. Zu der Frage, wie es zu den großen Entdeckungen, zur Herrschaft der Europäer auf den Inseln und in Amerika kam, trägt unser Band viel Erleuchtendes bei. Aber das Warum bleibt dunkler als das Daß und das Wie; zuletzt kann man nur den Hergang beschreiben.

Ein Band, der »Weltkulturen – Renaissance in Europa« überschrieben ist, hat kaum einen gemeinsamen Nenner. Er handelt von Unterschiedenem. Ohne Künstlichkeit mag man jedoch ein paar Grundzüge feststellen, welche die Kultur Europas noch zu Beginn des 15. Jahrhunderts mit anderen hier betrachteten Kulturen gemeinsam hatte. Hier wie dort ordnete sich der Mensch in einen größeren Zusammenhang ein. Mochte diese umfassende Ordnung religiös oder philosophisch begründet sein, immer wies sie dem Menschen einen bestimmten Platz an, so daß er sich fügen, oft sich unterordnen mußte, um die große Einheit nicht zu stören. So verstand sich der König der Azteken, Motecuhzoma, als Stellvertreter eines Gottes, der einst wiederkehren und seine Macht zurückfordern würde. Cortés konnte diese Situation zu seinen Gunsten benutzen. So glaubte der allmächtige Herrscher des Inka-Reiches sich unmittelbar von der Sonnengottheit geschützt und wagte, unbewaffnet sich in das Lager Pizarros tragen zu lassen; dies gläubige Vertrauen wurde ihm zum Verhängnis. So suchten die Großmoguln in Indien dem von Allah bestimmten Kismet zu entsprechen, und regelten die Hindus ihr Leben nach den Wünschen ihrer zahlreichen Götter. So war die Politik Chinas an Philosophie ausgerichtet, dort wurden die Männer am höchsten geschätzt, deren Weisheit die Welt und Mensch umfassenden Lehren des Konfuzius zu interpretieren vermochte. – Ganz ähnlich hatten die christlichen Herrscher des Mittelalters ihren Platz im großen Ganzen. Über ihnen standen Gott, seine Engel, seine Heiligen. Selbst der skrupellose, uns schon als »modern« geltende Ludwig XI. von Frankreich sorgte sich voller Angst um den persönlichen Schutz gewisser Heiliger. Allgemein verstanden in Europa Herrscher wie Untertanen die Ordnung, in der sie lebten, als gottgegeben. Gesetze wurden nicht gemacht, sie waren da; es galt nur, sie zu neuen Zwecken neu auszulegen.

Das Neue, das dem gegenüber im Zeitalter der europäischen Renaissance erscheint, ist, wie uns Eugenio Garin zeigt, nicht ein Mangel an Religiosität. Die christliche Lehre wurde nicht in Frage gestellt. Nur begannen die Menschen, ihre Aufgabe nicht mehr darin zu sehen, einen festen Platz in der von Gott geschaffenen Ordnung auszufüllen; des Menschen von ihm selber frei zu schaffende Würde trat an ihre Stelle. Zur Selbstverherrlichung mußte das nicht führen. Von der Hinfälligkeit und Vergänglichkeit alles Irdischen wurde in der Zeit der Renaissance nicht weniger gesprochen, Schuld und Not wurden nicht weniger intensiv erfahren als in früheren Zeiten. Jedoch ging es jetzt um eines Menschen persönliches Schicksal, nicht mehr um die Stufe, auf welcher er innerhalb einer umfassenden Ordnung stand. Der Unterschied wird deutlich, wenn wir Selbstanklagen und Äußerungen der Verzweiflung in der Renaissance mit entsprechenden Aussagen früherer Zeiten vergleichen.

Mit dem schwindenden Glauben an die göttliche Ordnung verlor auch das Recht als eine dem Menschen übergeordnete Instanz seine Bedeutung. Machiavelli sah im Fürsten einen Politiker, der kraft seiner eigenen *virtù* gegen das Schicksal anzukämpfen hatte. Mensch und Schicksal wurden Partner in einem Spiel, der Mensch bezog Glück und Unglück unmittelbar auf die eigene Person.

Dieser Wandel spiegelt sich in Wissenschaft und Literatur – zumal in den nun beliebten Abhandlungen über die Würde des Menschen, in den pädagogischen Untersuchungen. In der Kunst ist er am sinnfälligsten zu beobachten. Die menschliche Figur wurde, isoliert, zu einem zentralen Motiv, und – was vielleicht das unerhört Neueste der Epoche ist – der Künstler begann die Gegenstände so darzustellen, wie sie sich dem Auge des Betrachters zeigen. Bisher, in Europa wie in fast allen Kulturen, war das »Objekt« vom Künstler ohne Rücksicht auf Perspektive, versehen mit den ihm zukommenden Attributen, in der Vollkommenheit und an dem Platz, die ihm gemäß waren, geformt worden. Nun mit einemmal wurden Menschen und Gegenstände so wiedergegeben, wie sie dem Betrachter erscheinen, wie sie ihm gegenüberstehen. Daß in dieser neuen, perspektivischen Sicht und Gestaltung ursprünglich eine ungeheure Anmaßung lag, dafür ist uns wohl das Gefühl längst verlorengegangen. Nicht nur das Schicksal, auch die Umwelt war zum Gegenspieler des Menschen geworden.

Folglich erhielt alles, was den Menschen anging, was ihm Nutzen oder Schaden brachte, ein größeres Gewicht. Daher die Aufmerksamkeit, die nun der wahrscheinlichen Wirkung einer menschlichen Haltung oder Tat auf andere gezollt wurde; eine Art des Urteilens, die Machiavelli so sehr beschäftigt hat. Die Begier, immer Weiteres kennenzulernen, immer Neues zu sehen und zu begreifen, welche den Menschen anderer Kulturkreise an den Europäern besonders auffiel, paßt dazu.

Es würde also unser Band in seinen letzten Kapiteln wirklich von einem Aufbruch und Ausbrechen Europas handeln; seinem langsamen Ausbrechen aus dem Bann, in dem alle Menschheitskulturen seit Anbeginn existiert hatten.

Das Kapitel über die Kulturen des präkolumbischen Amerika hätte wohl auch in einem anderen Band stehen können, in Band II etwa – »Hochkulturen des mittleren und östlichen Asiens« –, dessen Gegenstand, nicht dem Raum und der absoluten Zeit, wohl aber dem inneren Wesen nach eine faszinierende Verwandtschaft zeigt. Der Leser würde denn auch nicht übel daran tun, hier noch einmal nachzuschlagen, was Herbert Jankuhn über die Vorstufen, Voraussetzungen und gemeinsamen Merkmale einer städtischen Hochkultur zu sagen hat. Wenn das Thema »Amerika« in Band VI zum ersten Male berührt wird, so mag dies durch die Isolierung der amerikanischen Geschichte gerechtfertigt sein – Isolierung auch dann, wenn Heine-Geldern mit seiner spekulativen Theorie einer kulturellen Befruchtung Amerikas von China aus recht haben sollte. Jedenfalls mußte irgendwo zum erstenmal von Amerika gehandelt werden; es konnte ebensowohl in diesem unserem »universalsten« Bande geschehen, der obendrein mit der »Entdeckung« Amerikas durch die Europäer endet.

Was die eben erwähnte These des »Diffusionismus« betrifft, so gehen die engen Grenzen, die ihr gesetzt bleiben, aus Hermann Trimborns Darstellung deutlich hervor. Wer könnte etwa glauben, daß chinesische Missionare, die den Amerikanern nicht Wagen und Rad, nicht den Pflug, nicht Eisen und Glas brachten, ihnen dafür die fein ausgebildete Rechtsordnung schenkten, mit vorgeschriebenem Instanzenweg und bezahlten Anwälten, mit Unterscheidungen wie jener zwischen Mord und Totschlag, welche die Azteken besaßen? Hier haben wir es mit autochthonen Entwicklungen zu tun, um so erstaunlicheren, als sie mit den Erfahrungen Asiens und Europas so schlagende Ähnlichkeit aufweisen und die Vermutung nahelegen, es müßte der Mensch, nachdem er sich einmal auf das Abenteuer der Kultur eingelassen, nicht gleiche, aber vergleichbare Wege gehen. Gilt dies nicht für sehr viel, wovon Hermann Trimborn zu berichten weiß: Priesterherrschaft und beginnende Säkularisierung, der Herrscher auf seinem Thron, Adel, Bürger, Sklaven, Reichsgründungen und Reichsauflösungen, Bündnisse und Kriege, Paläste, Tempel, Totenwohnungen? Und ebenso für die grausigen Verirrungen des Geistes, von denen wir lesen? Verirrungen des Geistes sind es, nicht solche bloßer Natur, wie vor hundertfünfzig Jahren Hegel noch glauben konnte, als er sein großzügiges Urteil fällte: »Von Amerika und seiner Cultur, namentlich in Mexico und Peru, haben wir zwar Nachrichten, aber bloß die, daß dieselbe eine ganz natürliche war, die untergehen mußte, sobald der Geist sich ihr näherte.«

Andere Nachrichten haben wir heute. Wer denkt nicht an das persische, das römische Reich, wenn er von gewissen großartig-praktischen Einrichtungen des Inka-Reiches liest? Bloße Natur war das nicht. Freilich ist es mit den Nachrichten hier auch wieder eine andere Sache als mit jenen über das alte Ägypten. Nicht nur muß der Autor eingestehen, daß zwischen den vorgeschichtlichen Funden und den »klassischen« Hochkulturen des ersten nachchristlichen Jahrtausends noch breite Lücken klaffen, so daß diese »mit einem Schlag« da zu sein scheinen; auch ihre gesellschaftlichen Strukturen, ihre Schicksale könne man nur erraten, denn sie sind stumm, sie haben uns Werke ihrer Kunst, aber keine Schrift-Denkmale hinterlassen. Ihre Historiker müssen mehr beschreibend als erzählend vorgehen, dem Leser die Illustrationen doppelt willkommen sein, denn um das, was sie wiedergeben, geht es eigentlich. Die Schrift kommt spät, und ihre Entzifferung hat nichts gebracht, was sich mit den Zeugnissen altägyptischen Denkens vergleichen ließe.

Insgesamt mögen wir den Eindruck gewinnen, daß das, was man gemeinhin »Geschichte« nennt, was sinnvolle Bewegung ist und erzählt werden kann, gerade gegen Ende, im 15. Jahrhundert, faßbar wird; sei es, weil damals wirklich eine Beschleunigung des Lebens stattfand, sei es, weil die Spanier die Überlieferung dieser Zeit noch aufnehmen konnten, nicht der früheren. Was sie vorfanden, wie fremd und zwiespältig auf uns wirkend ist es: Der »feine Mann«, der »Schokolade trinkt und als Nachtisch eine Zigarre raucht« auf der einen Seite, die Pyramide aus einhundertsechsunddreißigtausend Schädeln den Göttern Geopferter auf der anderen; die Straßen und Post-Dienste des Inka-Reiches, und eine Technik, die kaum über die steinzeitliche hinaus kam. Freilich darf man bei der Lektüre nicht vergessen, daß hier von riesigen Zeiträumen die Rede ist und von kontinentalen Räumen, nicht von ein oder zwei Kulturzentren, trotz des weiten Ausstrahlens dieser Kulturen, und daß gewisse greuliche Bräuche, von denen wir lesen – »Karibisch« und »Kannibalisch« haben den gleichen Stamm –, auf entlegenen Inseln betrieben wurden, nicht in den großen Stadt-Reichen. Aber ein ähnliches Gefälle vom Hohen zum sehr Tiefen, Schauderhaften glauben wir in diesen Reichskulturen selber zu bemerken; es hinterläßt den Eindruck des Nicht-Heimlichen, Rätselhaften und in seiner Isoliertheit denkbarerweise nicht viel weiter Entwicklungsfähigen.

Nun macht unser Band einen großen Sprung; vom Isolierten ins schon Vertraute, Zentralgelegene, fremden Einflüssen nach allen Seiten Offene und selbst nach allen Seiten seinen Einfluß Übende. Das Kapitel über »Indien im Mittelalter und in der frühen Neuzeit« schließt chronologisch an den Beitrag Luciano Petechs in Band II an. Von dem indischen Gelehrten A. K. Majumdar geschrieben, wurde es von Hermann Goetz für den europäischen

Leser bearbeitet. Noch immer kommen Namen vor, welche dem Leser – wie den Herausgebern – bloße Namen bleiben müssen, ja, die es auch für die Autoren sind; gestehen sie doch einmal ein, es gebe »nur ganz wenige für uns lebendige indische Herrscherpersönlichkeiten« im vorislamischen Indien. Ist es optische Täuschung, wenn die Geschichte Indiens in jenen Jahrhunderten uns, wenigstens im Politischen, formloser erscheint als die gleichzeitige Geschichte Europas; sind, trotz der Paläste und Tempel, die sie hinterlassen, jene indischen Reiche, die bis zu einem Drittel des Subkontinents einnehmen, um nach wenigen Jahrzehnten wieder zu zerfallen, nicht wirklich ephemerer als die langsam und stetig sich bildenden und vordringenden Staaten Europas mit ihren tausendjährigen Dynastien?

Der Vergleich drängt sich auf, weil die Autoren ihn selber ziehen, häufig mit Begriffen arbeiten – Religionskriege, Renaissance, Gegenreformation –, die der europäischen Geschichte entnommen sind, oder etwa das Hoch-Sanskrit eine Rolle spielen lassen, welche dem des Lateinischen in unserem Mittelalter entspricht. Sie wissen solche Parallelen sehr einleuchtend zu machen. Schon der Ausdruck »Mittelalter«, auf diesen Kulturkreis in dieser Zeit angewandt, wird es: Ritter und Ritter-Epen, Gegensatz zwischen höfischer Kultur und Volks-Kultur, zentrale Bedeutung der Religion für das Geistesleben, das durch eine Spannung zwischen Sinnlichkeit und Askese bezeichnet wird – alles Ansichten, die Erinnerungen an das europäische Mittelalter wachrufen. Anders freilich waren die Schicksale Indiens dennoch. Anders sein äußeres – es gibt in der Geschichte Europas nichts, was der Eroberung durch die Muslime zu vergleichen wäre, wiewohl Ähnliches wenigstens dreimal hätte geschehen können. Anders seine Geographie, die Lage in der Mitte, so daß seine Kultur bis nach Java ausstrahlen kann und wir von einem Reiche, Kashmir, lesen, das sich mit chinesischer Hilfe der Araber erwehrt, während seine Kunst spätrömische Einflüsse nicht verleugnet. Anders der gesellschaftliche Aufbau. Anders die Vielfalt, der hin und her wogende Kampf der Religionen; anders der Höhenflug der Metaphysik, von dem unser Kapitel besonders eindrucksvoll zu berichten weiß.

Es führt die indische Geschichte bis in jene schon modernen Zeiten fort, in denen der einst so greuliche Kampf zwischen Hindu und Muslimen sich ausgebrannt hatte und dem Nebeneinander oder der Vermischung gewichen war. Die englische Eroberung wird hier von Indien aus gesehen. Aber nicht nur von Indien aus; sehr merkwürdig erscheint die Feststellung, daß, was die Briten am Ende doch zur eigentlichen Eroberung Indiens zwang, nicht indischer Widerstand war, noch auch ursprünglicher erobernder Wille, sondern, noch einmal, innereuropäische Dialektik: Die Engländer eroberten Indien, damit die Franzosen es nicht bekämen.

Zwei Kapitel sind der Geschichte Chinas gewidmet, vom 3. Jahrhundert bis zum Beginn des 19. Sie setzen das Kapitel »China im Altertum« in Band II fort und finden ihren Abschluß in Wolfgang Frankes Bericht über die chinesische Revolution in Band X. Die zwei Chinakapitel dieses Bandes, anstatt eines einzigen, erklären sich leicht; die Herausgeber mußten sich belehren lassen, kein Sinologe könnte die chinesischen Schicksale innerhalb eines so riesigen Zeitraumes mit Kompetenz gestalten. Kein Wunder; wer würde dasselbe für Europa zu tun wagen?

Auf den ersten Blick mögen Chinas politische Schicksale so formlos hin und her wogend scheinen wie die indischen. Hans H. Frankel, der die Geschichte des chinesischen »Mittelalters« zu schreiben unternahm, spricht vom »Eindruck eines Wirrwarrs von einander ablösenden und gleichzeitig regierenden Dynastien, von Staatsstreichen und Eroberungen, von Kriegszügen und Völkerwanderungen«; in der ersten Hälfte einer siebenhundertjährigen Epoche sei China ständig in zwei, drei oder mehr Staaten gespalten gewesen. Was die Kleinstaaten Nord- und Westchinas betrifft, so zeigen sie eine wechselvolle Vielfalt, die an Deutschlands politische Landschaft vor der Französischen Revolution erinnert. Jedoch lernen wir Sinn und Rhythmus hinter dem Kommen und Gehen der Dynastien und Staaten kennen. Wir hören von großen Familien, die in vierhundert Jahren neun Dynastien erlebten und jeder von ihnen Militärs und Verwalter stellten. Und die Idee der Einheit Chinas ist immer da, periodisch zur großen Wirklichkeit auflebend und die letzten Jahrhunderte des hier dargestellten Zeitraumes beherrschend.

Im Gegensatz zum vorislamischen Indien sind Chinas Herrschergestalten, seine Administratoren und Philosophen für uns überaus lebendig; dafür sorgte die chinesische Geschichtsschreibung. Wie dramatisch beginnt nicht die Erzählung Motes mit dem Staatsstreich Chao K'uang-yins und der artig verschleierten List, mit der er seiner militärischen Helfer ledig zu werden wußte! Wie verwegen ist die Laufbahn Chu Yüan-changs, des Kleinbauern, der Kaiser wurde und der uns auf dem Höhepunkt seines Lebens an Napoleon, in der Zeit seiner Entartung an Iwan den Schrecklichen, an Stalin erinnern mag. Reformer und Konservative, Hofdichter und Heilige ziehen in bunter Schar an uns vorüber. Dahinter die bleibenden Schöpfungen Chinas, seine Geschenke an die Menschheit: Papier und Buchdruck, Tee und Porzellan. Diese lebenszähe, weise, assimilierkräftige Zivilisation läßt Eroberer erobern, unterwirft sich, taucht nach den ersten Schrecken einer Fremdherrschaft wieder auf als das, was sie vorher war, zwingt fremde Sieger sich ihr anzupassen oder wieder zu verschwinden. Professor Mote wirft einmal die Frage auf, warum ein so sehr zahlenstarkes Reich sich oft von geringen Minderheiten bezwingen ließ, ihnen auswich oder die demütigendsten Verträge mit ihnen schloß, und beantwortet sie mit der interessanten Hypothese: es habe die Unterwerfung einer seinem innersten Wesen gefährlichen Überspannung des militärischen Prinzips vorgezogen und geahnt, was sich regelmäßig herausstellte: daß es in der Symbiose oder Koexistenz mit dem Fremden auf die Dauer der Stärkere sein würde.

Dem entsprechen die Gedanken, die Mote an die erste, von den Jesuiten vermittelte europäisch-chinesische Begegnung knüpft: Wie da China nahm, was es brauchen konnte und dem Orden eine beträchtliche Tätigkeit auf wissenschaftlichem Gebiet jahrhundertelang erlaubte, aber, nach ruhiger Prüfung, nicht annahm, was es nicht brauchen konnte – das meiste –, und wie der Orden schließlich verboten wurde, als an den Tag kam, daß die fremde Kirche Ansprüche stellte, die mit dem Lebensprinzip des Reiches nicht zu vereinigen waren. Tragisch wird dann die Konfrontation zu Ende des 18. Jahrhunderts: der Zusammenprall eines feinen und reichen, aber ermüdeten Konservatismus mit der in vieler Hinsicht noch immer roheren, aber – erst seit neuestem – technologisch überlegenen Zivilisation des Westens. Hier, durch schieren Anstoß von außen mehr als durch spontane innere

Entwicklung, begannen die Wirren, die China zwangen, sich umzugestalten, manchmal bis zur Unkenntlichkeit seiner uralten Identität, und die bis zum heutigen Tag fortwirken. Historiker, welche Wiederholungen zu sehen lieben, könnten solche ohne allzuviel Künstlichkeit selbst im gegenwärtigen China finden. Der Marxismus wäre eine der Religionen, die, von weither kommend, von Zeit zu Zeit in China eindrangen und von denen der Buddhismus, völlig wesensfremd, wie er allen einheimischen Traditionen war, die tiefsten und breitesten Spuren hinterließ. Das gefährliche Übertreiben einer monistischen, philosophisch begründeten Staats-Autorität ist, so erfahren wir, in der Geschichte Chinas nichts Neues. »Pazifistische« Perioden haben mit »militaristischen« – Heere bis zu zwei Millionen Mann im Mittelalter! – abgewechselt. Alt ist auch das Problem einer zu schnell wachsenden Bevölkerung; in der Regierungszeit eines einzigen Manchu-Kaisers stieg sie von 250 Millionen auf 400 – eine Zahl, welche für die Zivilisation Chinas im 18. Jahrhundert noch bedrohlicher sein mußte als in unseren Tagen die doppelte. Der Historiker der chinesischen Revolution, Wolfgang Franke, hat solche Wiederholungen oder Elemente der Kontinuität beschrieben – die über das Einmalige, Erstmalige dennoch nicht hinwegtäuschen soll.

Nicht über das Verlorene, dem Fanatismus der neuen Wissenschaft Geopferte. Wenn es einen Charakterzug der altchinesischen Kultur gibt, der in der langen, in unseren Kapiteln erzählten Geschichte immer wieder erscheint, der die Verwunderung und etwas wie Neid des Lesers erregen mag, so ist es das Maß; die von der Literatur gepflegte, von Philosophen, die zugleich Herrscher oder Minister waren, immer aufs neue durchdachte, an uralte Traditionen sich anlehnende Humanität. Und da sie es war, die China den Europäern unterlegen werden ließ, so sank sie seit hundert Jahren immer tiefer im Kurs, um zuletzt in einer beispiellosen Rebellion gegen die eigenste Überlieferung unterzugehen.

Die in mehreren Schüben einsetzende, gegen Ende des 13. Jahrhunderts auf ihren Höhepunkt geratene Herrschaft der Mongolen in China wird von Mote nur kurz beschrieben. Die Antwort auf die Frage, meint er, wer die Mongolen eigentlich gewesen seien und was ihren Siegeszug ermöglichte, liege jenseits der Grenzen seiner Abhandlung und gehöre in die mongolische Geschichte. Walther Heissig bietet sie in dem folgenden Kapitel. Diese weltgeschichtliche Macht, von der man im allgemeinen nur sehr vage Vorstellungen hat, die, im »politischen Vacuum« Hochasiens plötzlich entstanden, zwischen China und Europa, Korea und Schlesien sich wie ein Sturmwind ausbreitete, durfte in einer Universalgeschichte nicht fehlen. Der Name Tschinghis Khans hat einen schlimmeren Klang als der Attilas. Hier lernen wir, daß er ebensowohl diplomatisieren wie erobern konnte, daß auch er von rechtlichen Vorstellungen ausging und den Ewigen Himmel anrief, daß nicht so sehr ein großer Plan wie vorgegebene Spannungen und Umstände ihn trieben, daß nah-östliche Herrscher – der Kalif von Bagdad – um seine Intervention geradezu baten, um ihn im eigenen Machtspiel einzusetzen. Das drohende Näherkommen und wirkliche Erscheinen der Mongolen in Osteuropa, ihre Eroberung Rußlands, Polens, Schlesiens, Mährens, Ungarns, ihre mehr gleichgültige als notgedrungene Verschonung der hilflos vor ihnen liegenden deutschen Lande, und dann der rätselhafte Rückzug in die Steppe gehört zum Dramatischsten, wovon die Weltgeschichte des Mittelalters weiß. Mittler zwischen dem Fernen Osten und dem

Fernen Westen waren sie auf ihre schlimme Weise. Die Beherrscher Chinas mußten sie kennenlernen; die Könige von Frankreich, die Päpste verschmähten nicht, intensive Kontakte mit ihnen zu suchen, so daß in Rom zeitweise eine eigene mongolische Kanzlei bestand. Was übrig blieb, das Reich der »Goldenen Horde«, die »Tartarei«, führt Heissig zu einem Ausblick auf spätere Zeiten.

Mit dem Beitrag Friedrich Merzbachers beginnen die Berichte über Europas Schicksale und Taten im 15.Jahrhundert, welche die zweite Hälfte unseres Bandes einnehmen. Hier ist zunächst vornehmlich von »Geschichte« alten Stiles die Rede, von Staatsbildungen und Machtkämpfen, Herrschaftsordnungen, Dynastien, Kriegen, Königen und Feldherren; von jenen Dingen also, von denen Kritiker wohl gelegentlich geschrieben haben, unsere Weltgeschichte biete nicht genug davon. Hier, meinen wir, wird so viel davon geboten, daß Doktor Plötz selber zufriedengewesen wäre. Vor die Wahl gestellt, Europa in Einem zu sehen oder es in Macht- und Kulturgebiete zerfallen zu lassen, hat Professor Merzbacher die letztere Methode gewählt und, nach einer Charakteristik des farbigen, widerspruchsreichen Gesamtbildes der Epoche, die Reise durch das Jahrhundert achtmal gemacht. Das Kapitel schließt an das letzte von Band V an, konnte freilich nicht genau da beginnen, wo A. R. Myers die Feder niederlegte, so daß also gewisse Ereignisse, etwa das Konstanzer Konzil, hier noch einmal erscheinen. Ebensowenig ließ sich vermeiden, oder ist Grund zu bedauern, daß im politischen Zusammenhang schon auf Entwicklungen angespielt wird, die in den nachfolgenden Beiträgen eine ungleich gründlichere Analyse finden. Das Politische bleibt hier zentral und sollte es bleiben; wobei die Auflösung der alten, dem Anspruch nach universalen Ordnungen, in deren Zeichen das Schicksal des Heiligen Römischen Reiches und der »Natio Germanica« steht, mit dem ahnungsweise schon beginnenden Prozeß westeuropäischer Großmachtbildung kontrastiert wird. Es ist der »Herbst des Mittelalters«, der hier im Bereich der hart sich stoßenden Sachen vor uns ausgebreitet wird: die Welt Ludwigs XI., der burgundischen Herzöge, der englischen Königsdramen; der Aufstieg der Tudors, der Katholischen Könige, der Habsburger.

Eugenio Garin bietet eine großangelegte Darstellung der geistigen und kulturellen Bewegung, der man den Gesamtnamen »Renaissance« gab. Chronologisch liegt der Schwerpunkt seines Beitrages im 15.Jahrhundert, dem politischen Bericht Merzbachers korrespondierend; jedoch durften Zusammenhänge und Leistungen, die bis ins frühe 17.Jahrhundert führen, Gestalten wie Galilei, Bacon, Kepler nicht unerwähnt bleiben. Dem Raum nach mußte, wie von alters, Italien das Zentrum sein; aber das weithin Ausstrahlende, Übernationale der Sache brachte es mit sich, daß auch Frankreich, England, Deutschland, Spanien in die Betrachtung einbezogen wurden.

Was war das Wesen der Renaissance? Professor Garin würde wohl antworten, daß sich diese Frage kürzer als auf seinen informations- und gedankengefüllten Seiten kaum sagen läßt; er ist kein Freund vereinfachender Thesen. Allenfalls würde er Burckhardts Wort von der Wiederentdeckung der Welt und des Menschen gelten lassen. Vor allem des Menschen: seiner Würde, seiner Möglichkeiten, seiner Gefährdungen. Aber auch der Welt: die neue Naturwissenschaft. Beides, Humanismus und Wissenschaft, gehören historisch zusammen, anstatt in der Antithetik zu existieren, in der man sie in unseren Tagen gern sieht; Garin zeigt, wie auch die Wissenschaft sich an der Neuentdeckung antiker Literatur belebte und aus dem Geist freien Forschens ihren Nutzen zog. Überhaupt sieht er gern das Gedoppelte, das Sowohl-als-auch, wo Vorgänger sich um das Eine oder Andere stritten: den Einfluß der byzantinischen Griechen, aber auch den westeuropäisch-lateinischen Charakter der Bewegung, die Wechselwirkung zwischen Italien und Byzanz; die Entstehung eines bewußteren Nationalgefühls und nationaler Literaturen aus einer im Ursprung übernationalen, am gemeinsamen geistigen Erbe Europas orientierten und zu mannigfachen menschlichen Kontakten über die Sprachgrenze hinwegführenden Bestrebung; die freudige Erhöhung des Menschen und den Pessimismus Machiavellis, dem er, in einer interessanten Bemerkung, Martin Luther an die Seite stellt; den neuen, überscharfen Tatsachensinn und die Tendenz zum Utopischen; Weltlichkeit und Religiosität. Fast hegelianisch mutet sein Verstehen Johann Gutenbergs an: die Buchdruckerkunst kam, weil man sie brauchte, die Technik beeilte sich, ein geistiges Bedürfnis zu befriedigen. – Dies Kapitel, vornehmlich auf Literatur, Philosophie, Erziehung, ihren neuen Geist und ihre neuen Einrichtungen bezogen, gipfelt dennoch in einer Betrachtung der Kunst; in ihr sieht Garin ein Sich-Zusammenfassen allen Denkens, Wissens, Könnens und Strebens der Epoche zu ihrem höchsten Fluge, den »sie beschließenden Ausdruck«.

Der Zusammenhang zwischen dem Geist der Renaissance und jenem der großen Entdeckungen kommt, in dem folgenden Kapitel, am präzisesten dort zum Ausdruck, wo von der folgenschweren Korrespondenz zwischen Kolumbus und dem italienischen Arzt und Geographen Toscanelli die Rede ist. Denn Toscanelli, einen nahen Freund des Nicolaus von Cues, kennt der Leser ja schon aus dem Bericht Garins. Es ist bei weitem nicht die einzige Beziehung zwischen den beiden Kapiteln. Hebt doch Richard Konetzke sehr stark den Einfluß der antiken Wissenschaft auf die europäischen Entdeckungen heraus – es war ein Irrtum des Ptolemaeus, der Kolumbus zu seiner Fahrt anregte. Die »Wiederentdeckung von Welt und Mensch« wird hier buchstäblich zur Entdeckung neuer Welten und neuer Menschen.

Es ist, meinen wir, ein schönes, reiches Kapitel, das unseren Band abschließt und zwischen seinen beiden Gegenständen, »Weltkulturen« und der »Renaissance in Europa«, verbindet. Chronologisch deckt es sich ungefähr mit den beiden vorhergehenden, schickt aber, ebenso wie das Renaissance-Kapitel, seine Ausläufer bis ins frühe 17. Jahrhundert. Und sehr früh beginnen seine Vorboten. Richard Konetzke zeigt, daß das Zeitalter der Entdeckungen nie eigentlich »begonnen« hat; daß seine geistige Vorgeschichte bis zur Antike zurückgeführt werden muß und die Entdeckungstaten der Araber und der Wikinger ebenso dazu gehören wie die Leistungen einer empirisch-antischolastischen Wissenschaft in der Zeit des Hochmittelalters. Ferner, daß dies eine Geschichte ist, die sich im Reiche vieler Fakultäten abspielt: Wirtschaftsgeschichte, Wissenschaftsgeschichte, Machtgeschichte, Religionsgeschichte. Höchst sorgsam wird die Vielfalt der Bedingungen und Motive analysiert, dort, wo ehedem oft nur einem einzigen, dem Handelsinteresse des frühen Kapitalismus oder der Goldgier der Herrschenden, Rechnung getragen wurde. Neben dem wirtschaftlichen Antrieb standen andere. Und auch der wirtschaftliche kann nicht einer einzigen Gesellschaftsklasse zugeschrieben werden; zusammen mit den Bestrebungen bürgerlicher Händler spielt der grundherrliche Expansionsdrang des Adels. Auch sehen wir die Motive miteinander in Konflikt geraten: mit brutaler Herrschaft und Ausbeutung ringen die hohen welt- und menschheitsfreundlichen Ideen der Franziskaner und Dominikaner. Sind alle Antriebe, alle Vorbedingungen und Vorleistungen dargestellt, so beginnt das eigentliche Drama, von dem unser Autor meint, es enthalte »die erstaunlichsten Taten, von denen die Menschheitsgeschichte zu berichten weiß«. Er zögert nicht, der Sache einen Wert zu geben: Kolonialismus sei heute wohl ein Schimpfwort, aber kein »Antikolonialismus« könne das gewaltige, gewaltig in die Schicksale des Menschen eingreifende Abenteuer rückgängig machen, das damals erlebt wurde.

Erlebt, wir lesen es, mit Freude, mit dem beschwingenden Gefühl, Zeuge des Beginns einer neuen Epoche zu sein; und mit Frömmigkeit. Mindestens das letztere wird man für das andere Zeitalter der Entdeckungen, an dessen Beginn wir zu stehen scheinen, nicht sagen können. *Eine* Parallele freilich drängt sich auf. Wettkampf zwischen den großen Mächten ist heute im Spiel, und Wettkampf zwischen den Mächten war es auch damals; zwischen Spaniern und Portugiesen zuerst, Engländern, Franzosen, Holländern später.

Es liegt in der Eigenart historischer Arbeiten, selbst wenn der Geschichtsschreiber nicht davor zurückscheut, im Vergangenen auch das Unglück, den Schmerz und die Trauer zu beachten, daß sie am Ende doch mit der Beschreibung des Neuen, das sich durchzusetzen beginnt, den Preis des Zielsicheren, Kühnen, Rücksichtslosen, oft sogar das Lob des Erfolgreichen verkünden. Je »historischer« einer denkt, desto großzügiger ist er geneigt, über menschliches Leid zu denken, oder nicht an es zu denken; wie Hegel, der geradewegs verkündete, die Perioden des Glücks seien in der Geschichte leere Blätter. Die Schöpfung bleibt und »geht in die Geschichte ein«, nicht das Leid. Allzu gern seien wir bereit, an vergossenes Blut nicht zu denken, meint Dante im »Paradies«:

Non vi si pensa
Quanto sangue costa.

Die vollkommensten Schöpfungen entstanden in der Renaissance auf dem Gebiet der Kunst. Aber auch über die großen Künstler machen wir uns gern Illusionen, sehen das Werk und vergessen den Menschen, der – gerade in der Renaissance – unter Einsamkeit, Verzweiflung, Angst und peinigender Unruhe litt. Ein Michelangelo mißgönnte, getrieben von eigener Unrast, den Toten ihre Sicherheit: »Die Flucht der Stunden tut euch keine Gewalt an; Zwang und Zufall leiten euch nicht... Kaum kann ich ohne Neid es niederschreiben.« Europas neuer Glanz, die Triumphe der Entdecker und Künstler, wurden teuer bezahlt.

Hermann Trimborn

DAS PRÄKOLUMBISCHE AMERIKA

Urbesiedlung und Vorgeschichte

Heute können wir nicht mehr verstehen, daß man sich einmal mit der Frage beschäftigt hat, ob die Menschen Amerikas unabhängig von denen in anderen Kontinenten entstanden seien. Allen solchen Vermutungen stehen zwei grundlegende Tatbestände entgegen: die Vorfahrenreihe des Menschen endet in Amerika schon bei den Breitnasenaffen, und es sind keine Frühformen aufgefunden worden, die etwa den altweltlichen Typen der *Anthropus*-Stufe oder auch nur des altsteinzeitlichen Neandertalers entsprächen. Alle Menschenfunde auf dem Boden der Neuen Welt stammen vom *Homo sapiens*.

Legt dieser Tatbestand also eine verhältnismäßig junge Besiedlung Amerikas zwingend nahe, so fällt doch die Vergesellschaftung menschlicher Überreste mit denen ausgestorbener Tierspezies auf, zum Beispiel einer ausgestorbenen Bisonart, des Mammut und Mastodon. Solche Funde sind aber ohne Schwierigkeit daraus zu erklären, daß die betreffenden Säuger in Amerika länger gelebt haben als in der Alten Welt, so daß ihre Überbleibsel nicht nur der ausgehenden Eiszeit entstammen, sondern sogar noch der geologischen Gegenwart.

Vor wenigen Jahrzehnten noch hatte man das Alter des Menschen in Amerika gegenüber phantastischen früheren Ansätzen so kräftig heruntergedatiert, daß die Werke der zwanziger und dreißiger Jahre dem Indianer nur zehn- bis zwölftausend Jahre zusprechen wollten. Seitdem hat man sich nach neueren Funden wieder zu einer zögernden Hinaufdatierung verstanden, deren exakte Grenze nach wie vor diskutiert wird, wobei es sich um Größenordnungen von dreißig-, vierzig- und sechzigtausend Jahren handelt.

Für die hier diskutierten Zeiten kommt als Einwanderungsweg des Menschen ausschließlich die Gegend der heutigen Beringstraße in Frage, wo es gerade auf den Höhepunkten der letzten Vereisung, des amerikanischen »Wisconsin-Glazials«, durch die Bindung von Wassermassen als Eis sogar einen Korridor, eine begehbare Grasflur, gab. Demgegenüber sei nur am Rande vermerkt, daß eine Landbrücke über den Atlantik, eine von vielen noch heute erträumte »Atlantis«, nur im Tertiär bestand. Die spätere Erstentdeckung durch eiszeitliche Jäger von Nordostasien her dürfen wir uns nun nicht als einmaliges Ereignis vorstellen, sondern als einen Vorgang, der sich über längere Zeitläufe erstreckte und in dessen Gefolge Menschen verschiedener Rasse, Sprache, ja Lebensform nach Amerika kamen.

Vorgeschichtliche Funde an Speerspitzen, Schabern, Messern und verwandtem altsteinzeitlichem Material sprechen von einer Folge unterschiedlicher Steinzeitkulturen. Eine Klingenkultur namens »Sandia«, die auf 26000 v. Chr. zurückdatiert wird, wurde von einer anderen, jüngeren Mammutjägerkultur eines »Clovis« genannten Typs abgelöst, der bis 12000–18000 v. Chr. zurückreicht; die Funde beider Kulturen wurden vor allem in den Vereinigten Staaten gemacht, fielen aber auch über deren Grenzen hinaus und in Südamerika an. Es folgten jüngere Stile von Bisonjägern, darunter als meistgenannter die »Folsom«-Kultur, die 10000 bis 11000 Jahre v. Chr. zurückgeht und von Alaska bis zu den Guanakojägern Perus und Patagoniens nachweisbar ist.

Handelt es sich bei den genannten Kulturen und ihren Verwandten um vorwiegend jägerische Gesittungen, so dürfen wir nicht außer acht lassen, daß sich daneben schon früh, schätzungsweise ab 15000 v. Chr., auch andere Lebensstile entfalteten. Sie waren vorwiegend auf das Einsammeln wildwachsender Pflanzennahrung, von Körnern und Früchten, Wurzeln und Beeren, Samen und Nüssen, eingestellt. Die bekannteste dieser Sammlerkulturen ist unter der Bezeichnung »Cochise« im Südwesten der Vereinigten Staaten (Arizona, Neumexico) mit Ausläufern nach dem nordwestlichen Mexico und nach Texas, nach Kalifornien und ins Great Basin feststellbar.

Und eine dritte Spielart solchen »Wildbeutertums« stellt seit alters der Fischfang dar, der neben dem Sammeln von Muscheln und Schnecken mit Pfeilen, Angeln und Netzen betrieben wurde. Das Einsammeln der Seekleintiere hat vielfach seinen Niederschlag in den »Muschelhaufen« gefunden. Soweit wir sie bis heute datieren können, reichen solche Abfallhaufen in Brasilien bis 5500, an der Panamaküste bis 4900, in den Vereinigten Staaten bis 4500 und in Peru bis 2600 v. Chr. zurück; sicher spielt bei diesen Werten der Zufall eine Rolle, über das wirkliche Alter des Seesammlertums sagen die Zahlen nichts aus.

Die fortschrittlichste Entwicklung innerhalb dieser Wildbeutervölker möchte man im Waldland des nördlichen Ostens der heutigen USA sehen. Dort treten nach dem bisherigen Stand der Forschung zuerst der Hund als Begleiter des Menschen, die ersten geschliffenen Steingeräte und kalt gehämmertes Rohkupfer auf.

Den eiszeitlichen Säugetieren wurde der Temperaturanstieg des »Altithermals« (5000 bis 2500 v. Chr.) zum Verhängnis, das dem bisherigen Stil der Großwildjagd den Boden entzog. Als Grundlage der Ernährung rückte die Sammelwirtschaft, die es von jeher gab, in den Vordergrund, neben der die Jagd als Ergänzungswirtschaft betrieben wurde.

Aus dem Sammeln von Körnern, Früchten, Wurzeln und Beeren durch die Frauen erwuchs zu einem noch nicht ermittelten Zeitpunkt die Erfindung des Bodenbaus, die sicher von Frauen gemacht wurde, mit höchster Wahrscheinlichkeit irgendwo im Raum von »Mesoamerika«. Auf jeden Fall war sie in ihren Anfängen bereits im fünften Jahrtausend v. Chr. da, denn aus dieser Zeit haben wir schon Belege für die amerikanische Körnerpflanze, den Mais, der sehr viel später – nach dem heutigen Stand der Kenntnis – in Nordamerika (um 2500 v. Chr.) und an der Peruküste (um 1300 v. Chr.) auftritt, dem aber Kürbisarten und Bohnen vorangegangen sind.

Auf jeden Fall entfaltete sich an bevorzugten Standorten eine Pflanzerkultur, die freilich noch nicht mit Seßhaftigkeit verbunden war, sondern erst allmählich das Schwergewicht von der wildbeuterischen auf die bodenbauende Wirtschaft verlagerte. Wir vermissen deshalb zunächst auch noch Fertigkeiten, die in gewisser Weise an das Verweilen an einem Platz gebunden sind, wie die Töpferei. Im Südwesten der Vereinigten Staaten können wir den Gang der Entwicklung in dem beschriebenen Sinne eines schrittweisen Überganges zur seßhaften Anbauwirtschaft bei den *basket makers* verfolgen, und ebenso liegt an der Küste Perus der Wechsel von einer »präkeramischen Pflanzerkultur« zu einer seßhaften bodenbauenden Dorfkultur zutage. Diese Kultur (an der Peruküste beispielsweise *Guañape* genannt) ist die Ausgangsplattform für die hochkulturelle Entfaltung gewesen; in Mexico baute auf ihr das »Archaikum« auf. Und erst in dieser Kulturschicht verbreitete sich die Töpferkunst, deren – noch vom Zufall der Funde bestimmte – früheste Zeugen in Kolumbien um 2900, in Ecuador um 2300, in Panama um 2100, in Florida um 2000, an der peruanischen Küste um 1500, in den USA aber erst seit 300 v. Chr. begegnen.

Zur Frühgeschichte des Kontinents

Zwischen dem vorgeschichtlichen Fundstoff und den in einem engeren Sinne historischen, das heißt von den Europäern angetroffenen Völkerschaften und ihren Kulturen klaffen noch große Lücken. Wir wissen aber, daß von den großen Völkerfamilien, die auch später noch in Nordamerika lebten, die Algonkin um 3000 v. Chr. über die Beringstraße kamen und schließlich das nordöstliche Kanada, das Land um die Großen Seen und weite Teile der heutigen USA zwischen dem Mississippi und dem Atlantik besiedelten. Dagegen erreichten die Athapasken Alaska erst um Christi Geburt und bildeten seitdem die Masse der kanadischen Inlandstämme; einzelne ihrer Gruppen schoben sich in den Südwesten der Vereinigten Staaten vor, vor allem die Apachen und Navaho. Später erst, in den frühen nachchristlichen Jahrhunderten, breiteten sich die Eskimo über den ganzen Nordrand des Kontinents aus.

Während wildbeuterische Wirtschaftsweisen sich bei vielen Völkerschaften bis in europäische Zeiten behaupteten, entwickelten sich die bodenbauenden Gesittungen weiter. In dem Gebiet ungefähr, wo Arizona, Neumexico, Colorado und Utah aneinandergrenzen, entfaltete sich die seßhafte Maisbaukultur »Anasazi«, deren späte Vertreter von den eindringenden Conquistadoren als »Pueblos« bezeichnet wurden. Am Zusammenfluß des Salt River mit dem Gila entwickelte sich ab 300 v. Chr. die »Hohokam-Kultur«.

Vor allem im Südosten des Kontinents, im Ohio-Gebiet, bildete sich ein erster Schwerpunkt seßhafter Maiskultur; man unterscheidet die vorgeschichtlichen Typen »Adena«, »Hopewell« und »Mississippi«. Die sicher unter mexicanischem Einfluß entstandenen Tempelpyramiden und Erdwerke lassen sich von Kansas bis zum Atlantik, von Minnesota bis zur Golfküste feststellen. In ihrer Blütezeit (700–1300 n. Chr.) fanden aus diesen Gegenden Vorstöße in die Savannen des Westens statt, besonders dem Missouri und seinen Nebenflüssen entlang, wo man die Büffeljagd dann mit der Landwirtschaft verband. Die Völkerschaften in dem Raum zwischen Mississippi–Missouri, dem Atlantik, den Großen

Seen und der Küste des Golfs von Mexico waren seßhafte Bauern und beim Eintreffen der Europäer nicht weit von einem hochkulturellen Niveau entfernt.

Bekannt sind ihre politischen Föderationen, der Huronenbund, die Creek-Vereinigung und vor allem der Irokesenbund, der durch sein Mitwirken bei der Auseinandersetzung zwischen Engländern und Franzosen sogar die abendländische Geschichte dieses Raums mitgeformt hat.

Ungewöhnlich ist die Entstehungsgeschichte der »Präriekultur«, die von der späteren Indianerliteratur, besonders den Jugendschriften, zum Vorbild indianischen Lebens *par excellence* gemacht worden ist. In Wirklichkeit waren die Büffelsteppen des Westens, von einzelnen Jagdunternehmungen umwohnender Völker abgesehen, weitgehend unbewohnt; erst als mittelbare Folge der europäischen Landnahme wurden sie vom 16. Jahrhundert an zum ständigen Lebensraum indianischer Stämme. Dies wurde von einer Westbewegung der Algonkin aus dem Gebiet der Großen Seen ausgelöst, und zwar auf der Suche nach neuen Bibergründen zur Befriedigung europäischer Händler. Diese Algonkin stießen andere Stämme in die Prärien hinein, wo sie von seßhaften Bodenbauern zu unsteten Büffeljägern wurden. Aber erst die Verbreitung des aus Europa eingeführten Pferdes gab um 1700 der Präriekultur den Anstrich berittener Kriegshorden, die mit wallenden Federbüschen vor großen Lederzelten am Lagerfeuer saßen.

Bei der Besiedlungsgeschichte des Südkontinentes versteht es sich, daß die Vorfahren aller späteren Völker einst über den Isthmus von Panama einwanderten. Sie benutzten dann die zwischen die Kordillerenketten eingebetteten Täler und Hochflächen, deren lichterer Pflanzenwuchs ein leichteres Vordringen erlaubte als die Wälder des Ostens. Zuerst waren es, wie wir gesehen haben, Sammler und Jäger, die schon im neunten Jahrtausend v. Chr. bis Feuerland vorgedrungen waren. Die Spielbreite dieses Wildbeutertums war dabei weit: Großwildjägern nach dem Vorbild Patagoniens und des Chaco standen Fischervölker gegenüber, wie in den Fjorden Feuerlands, und andere, die sich auf das Sammeln von Seekleintieren spezialisierten.

In späteren Zeiten wanderten Bodenbauvölker nach Südamerika ein. Es war sicher früher, als es uns die derzeitig ältesten Zeugnisse kundtun, die an der Peruküste aus der Zeit um 2500 v. Chr. stammen; dabei kann aber noch keine völlige Seßhaftigkeit unterstellt werden, von der erst die hier um 1500 v. Chr. belegte Töpferkunst zeugt. Der Erschließung der östlichen Waldgebiete durch bodenbauende Völker kamen die Züchtung der stärkehaltigen Maniokknolle und die Erfindung ihrer Entgiftung zugute, die aller Wahrscheinlichkeit nach im nordöstlichen Südamerika zuerst angewendet wurden; wir wissen aber nicht, wann. Bei den späteren Bewohnern des östlichen Südamerika können wir eine ältere Schicht von Völkerschaften, die »subandinen«, von den großen expansiven Völkerfamilien unterscheiden, die dem Norden und Osten des Subkontinents ihr Gepräge gaben. Zu den ersteren gehören die Tukano- und Pano-Stämme, die an den Andenrand abgedrängt wurden, zu den letzteren die Tupí, die Aruak und die Kariben, die alle nördlich des Amazonas beheimatet waren.

Aus dem Gebiet im Norden des unteren Amazonas stießen Tupí-Stämme weit nach Süden und Westen vor; zu ihnen gehören auch die bekannten Guaraní-Stämme in Paraguay. Die Aruak kamen aus einer Heimat im Großraum von Guayana und besetzten nicht nur den ganzen Nordrand von Südamerika, sondern von dort aus auch die mittelamerikanische Inselwelt. Sie breiteten sich aber vor allem entlang den nördlichen und südlichen Zuflüssen des Amazonas aus, und auf diese Weise führte der Brandrodungsbau sie ebenso bis nach Mojos im heutigen Ostbolivien und nach dem Matto Grosso wie in den Chaco Boreal. In den letzten voreuropäischen Zeiten stand hinter diesen Vorstößen wahrscheinlich nicht nur die Suche nach neuem Pflanzland, sondern ebenso der Druck eines anderen Volkes. Das waren die sogenannten Kariben, die ebenfalls in Guayana beheimatet waren und sich später als die Aruak um so stürmischer ausbreiteten. Ihr Elan brachte sie dabei nicht nur bis an den Andenrand und entlang den Amazonasnebenflüssen weit nach Süden, sondern sie gingen im letzten Jahrhundert vor der Entdeckung auch zur Besetzung der Inseln im amerikanischen Mittelmeer über. Von Eiland zu Eiland übersetzend, führten sie einen anthropophagen Vernichtungskrieg gegen die Aruak oder, wie sie hier hießen, Taino, von denen sie Caniba genannt wurden, woher unser Wort »Kannibale« kommt. Indem Daniel Defoe seine Robinsonade hierher verlegte, hat er uns ein treffendes Bild von dem Schrecken gegeben, den die Kariben damals unter den Aruak im mittelamerikanischen Raum verbreiteten.

Das Widerspiel von Fortschritt und Beharren hat zu dem sehr ungleichartigen Gepräge geführt, das die indianischen Völker den ankommenden Europäern boten. In weiten Gebieten beider Kontinenthälften waren vorzeitliche Wirtschaftsstile urtümlicher Jäger-, Fischer- und Sammlerkultur erhalten geblieben, in anderen ausgedehnten Bereichen aber hatte sich eine Gesittung seßhafter Bodenbauvölker entfaltet. So war es im Südwesten und im ganzen Südosten von Nordamerika, ferner fast in dem gesamten Kordillerenland vom mittleren Mexico bis zum mittleren Chile. War in diesen Zonen der Mais die wichtigste Anbaupflanze, so spielte die durch Stecklinge vermehrte tropische Knollenpflanze Maniok diese Rolle in der mittelamerikanischen Inselwelt und bei den Bodenbauvölkern, die sich über die Stromgebiete des Orinoco, Amazonas und La Plata verbreitet hatten.

Aus seßhaften bodenbauenden Dorfkulturen waren in Mittelamerika und im südamerikanischen Andenland Hochkulturen erblüht. Ihr zusammenhängendes Areal im nördlichen Mittelamerika bezeichnet man heute als »Mesoamerika« und versteht darunter die hochkulturellen Bereiche von Mexico und Guatemala mit Randgebieten von Honduras und Salvador; man kann hierbei wieder die Schwerpunkte der Mayakultur und des mittleren und südlichen Mexico unterscheiden. Altertümliche Hochkulturen fanden sich aber auch in Teilen des südlichen Mittelamerikas, in Nicaragua, Costa Rica und Panama, wobei die höheren Gesittungen das Gebirgsland bevorzugten. In Südamerika kann man das Entfaltungsgebiet der nördlichen Anden in den Kordilleren von Ecuador und Kolumbien dem mittelandinen Raum gegenüber abheben, also den Hochländern von Peru und Bolivien mit Ausstrahlungen nach Nordchile und Nordwestargentinien. Sowohl von Mesoamerika wie von dem nördlichen Andenland sind hochkulturelle Impulse auch auf die Inselwelt der Antillen übergegangen.

Eine vergleichende Darstellung indianischer Hochkulturen muß ebenso der räumlichen Streuung dieses Prozesses Rechnung tragen wie seiner geschichtlichen Tiefe. Es gibt Landstriche, in denen wir hochkulturelle Entfaltungen erst sehr spät, in den Jahrhunderten vor der europäischen Landnahme, fassen können. Die großen Schwerpunktgebiete aber zeitigen die auffallende Erscheinung, daß die Entwicklung ihrer Gesittungen in einem unverkennbaren Gleichklang vor sich gegangen ist, so daß wir gewohnt sind, sowohl in Mesoamerika wie im Andenland drei große Phasen des kulturgeschichtlichen Werdens zu unterscheiden. Einer als »vorklassisch« oder auch »formativ« bezeichneten Frühzeit, die im großen gesehen dem ersten Jahrtausend v. Chr. entspricht, folgt die »klassische« oder »theokratische« Periode, die wieder im großen betrachtet mit dem ersten Jahrtausend n. Chr. zusammenfällt, während die Jahrhunderte von der Jahrtausendwende bis zur Entdeckung Amerikas als eine »nachklassische« Epoche aufgefaßt werden.

Die vorklassischen Hochkulturen Amerikas

Die Archaische Kultur des mexicanischen Hochlandes

Herausgewachsen aus einer bodenbauenden Dorfkultur, steht mit einem Schlage eine Gesittung da, deren gesellschaftliche Lebensformen uns unbekannt sind, deren künstlerische Hinterlassenschaften aber von dem Beginn einer Hochkultur Zeugnis geben. Da unsere Aussagemöglichkeiten sich auf den altertumskundlichen Fundstoff beschränken, wissen wir nicht einmal, welche Völkerschaften eigentlich damals im Hochtal von Mexico und in den umgebenden Landschaften wohnten. Doch das im Boden bewahrte Erbe dieser bäuerlichen Gesittung hat sich dank den Schichtgrabungen von Manuel Gamio und George C. Vaillant in zwei Kulturphasen aufspalten lassen – eine zeitliche Staffelung, die später von der C 14-Methode bestätigt wurde und in absolut-chronologischen Daten fixiert werden konnte.

Ein älterer Horizont, den man nach markanten Fundplätzen »Zacatenco-Copilco« getauft hat, weist in die Mitte des zweiten vorchristlichen Jahrtausends zurück, während für eine jüngere Phase »Ticoman-Cuicuilco« Beispielsdaten wie 730 ± 200, 568 ± 250 und 472 ± 250 v. Chr. kennzeichnend sind. Dem Umbruch von der ersten zur zweiten Epoche hat nach heutiger Auffassung ein neues Bevölkerungselement Pate gestanden, das aus Morelos, also von Süden kommend, sich über die Mesa Central ergoß; die neuen Anregungen wurzelten aber letztlich in der im Anschluß zu besprechenden Kultur von La Venta oder »Olmekenkultur«.

Ihre seßhafte Lebensweise verdankten die Archaiker, wie schon ihre Vorgänger, dem von ihnen betriebenen Bodenbau, und ihre wichtigste Anbaupflanze war, sicherlich neben zahlreichen anderen, der schon vor Jahrtausenden irgendwo in Amerika herausgezüchtete Mais. Wie alle Völker suchten sie eine Ergänzung der vegetabilischen Nahrung und pflegten deshalb ebenso die damals noch ergiebige Jagd auf Hirsche und Flugwild wie den Fischfang von den Ufern der Seen aus, die einst mehr als heute die Landschaft prägten. Der Ausgrabungsstoff beweist ferner eindeutig, daß man schon Handel sowohl mit den südlichen Völkerschaften, von denen man Jade bezog, wie nach beiden Meeresküsten hin betrieb, woher man zu Schmuckzwecken Muschel- und Schneckenschalen einführte.

DAS PRÄKOLUMBISCHE AMERIKA 31

Überhaupt geben die Fundstücke, die uns der Boden bewahrt hat, einigen Aufschluß über die äußere Lebenshaltung. Wurfbretter sind darunter, deren Hebelwirkung dem Speer größere Reichweite und Durchschlagskraft verlieh, Tonkugeln für Schleudern, kurze Keulen, mit denen man das in die Enge getriebene Wild erschlug. Die Männer widmeten sich der Jagd und dem Fischfang mit Netzen, und die Frauen vertrauten der

Latein-Amerika

1 = MEXICO
2 = GUATEMALA
3 = BR. HONDURAS
4 = HONDURAS
5 = SALVADOR
6 = NICARAGUA
7 = COSTA RICA
8 = PANAMA

Lima = Moderne Städte

Erde die Saatkörner an; dabei verwendeten sie ein Pflanzholz, das sie aus dem Grabstock zum Lockern der Wurzeln und Knollen weiterentwickelt hatten. Mit steinernen Handwalzen zerrieb man auf Mahlsteinen den Mais. Metall kannte man nicht.

Bei allen archäologischen Funden muß man im Auge behalten, daß, von Ausnahmen abgesehen, immer nur unvergängliche oder doch schwer vergängliche Stoffe erhalten geblieben sind, daß jedoch der Anteil des vegetabilischen Materials, also von Holz und Flechtwerk, Rinde und Faserstoffen, stets viel größer gewesen ist, als es das Fundgut spiegelt. Erhalten sind uns deshalb von den Archaikern Pfeil- und Speerspitzen, Messer und Schaber aus Obsidian und Quarz, sogar Pfriemen und Nadeln aus Knochen und Hirschhorn, die wohl für Lederarbeiten dienten. Winzige Reste von Webstücken bezeugen, daß man die Baumwolle zu spinnen und weben verstand. Und wenn wir auch keine Kleidungsstücke haben, so können wir doch von den vielen glücklicherweise überkommenen Tonfigurinen ablesen, daß der Mann eine Schambinde, die Frau einen kurzen Rock trug und daß es, neben anderen Kleidungsstücken, turbanartige Kopfbedeckungen gab. Die keramische Kleinkunst verrät uns sogar, daß man den Körper bemalte und tätowierte und daß die Frisur schon im Archaikum ein nicht geringes Anliegen der menschlichen Eitelkeit war. Aus dem gleichen Antrieb liebte man es, sich durch geschmackvolle Zutat, zum Beispiel unter Verwendung von Muschel- und Schneckenschalen, zu zieren. Es wurden aber auch körperliche Eingriffe, wie Schädelabplattung und Zahnschliff, geübt.

Die Behausungen stellten eine Art Fachwerkhaus dar und hatten Wände aus Flechtwerk mit Lehmbewurf, die ein Strohdach trugen. Später jedoch, in der Ticoman-Zeit, kannte man Hausfundamente aus Stein mit senkrechten Balken für die Wandfüllungen. In die Ticoman-Periode, und zwar in die Mitte des ersten Jahrtausends v. Chr., geht aber auch der Bau von Pyramiden zurück. Da steht im südwestlichen Weichbild der Hauptstadt Mexico bei Cuicuilco im *Pedregal de San Angel* ein vergleichsweise niedriger Pyramidenstumpf. Seine heutige Wirkung ist indes auf eine Naturkatastrophe zurückzuführen, nämlich auf einen Ausbruch des Xitle-Vulkans im Südwesten, dessen Lavamassen in einem Pompeji vergleichbaren Ausmaß um etwa 500 v. Chr. die Siedlungen überfluteten und auch ein Drittel des Bauwerks von Cuicuilco begruben. Dieses älteste Bauwerk auf mexicanischem Boden ist fast kreisrund bei einem unteren Durchmesser von hundertfünfunddreißig Metern und erhebt sich in vier Absätzen zu einer zwanzig Meter über dem Hochtal gelegenen Plattform. Auf ihr befand sich nicht ein Tempel, sondern ein frei stehender Altar, zu dem man von der Ostseite aus auf einer Treppe hinaufsteigen konnte. Die Konstruktion selber ist aus gestampftem Lehm mit einem Mantel aus unbehauenen Steinen.

Die Ausgrabungen in den Siedlungsresten und Gräbern haben darüber hinaus eine stattliche Anzahl keramischer Arbeiten zutage gefördert. Es fanden sich Gefäße wie Figurinen und aus Ton geformte Musikinstrumente: Rasseln, Flöten und Okarinas, die uns die Freude ihrer Schöpfer an Tanz und Musik bezeugen, deren Rhythmus und Klänge aber seit Jahrtausenden verweht sind. Eine Kunstgeschichte des alten Mexico muß also auf diese frühen keramischen Schöpfungen zurückgreifen.

Beginnen wir mit den Gefäßen. In der Zacatenco-Zeit sind sie noch einfarbig schwarz oder braun mit geometrischen Ritzverzierungen und stehen auf gerundeten Böden, während in der Ticoman-Zeit Dreifußgefäße und die erste Polychromie aufkommen. Offenbar rieb man zuerst rote Farbe in eingeschnittene Linien, später wurden auf eine weiße Deckfarbe rote Motive aufgetragen und umgekehrt. Es kam auch schon zu Negativmalerei, bei der man die vorgezeichneten Muster vor dem Auftragen der Farbe mit Wachs, Harz oder Kautschuk abdeckte. Neben der eigentlichen Gebrauchskeramik sind aber auch plastische

Tonschöpfungen als Gefäße geformt, wobei die Hohlform auch aus brenntechnischen Gründen gewählt sein dürfte; so gestaltete man Fische und Vögel, Affen, Hunde und Pekarís, Enten und Kröten als Hohlfiguren.

Bei den Tonfigurinen könnte man darüber streiten, ob eine vom realistischen Menschenbild her gesehen »unbeholfene« Formgebung Ausdruck des Unvermögens oder Manier ist, die auf das unwesentliche Detail verzichtet. Auf jeden Fall haben die handgeformten Tonfigurinen eine später kaum wieder erreichte Lebensnähe und spiegeln dabei nicht ohne Humor Naturbeobachtung wider, die bewußt von den Einzelheiten absieht und auf den gewollten Ausdruck zielt. Funde, die in Tlatilco gemacht worden sind – ihre Datierung ins zweite Jahrtausend v. Chr. ist neuerdings ins erste heruntergesetzt worden –, stellen neben Frauen mit üppigen Formen und prallen Brüsten etwa Ballspieler dar, die man an ihren steifen Hüftschutzgürteln erkennt, vor allem aber weibliche Gestalten, darunter den Typ der *Fine Lady*, »heitere, wenig bekleidete Mädchen« (Linné), Tänzerinnen, die noch Bemalung zeigen und wohlgepflegte Frisuren zur Schau tragen und in denen sich so etwas wie ein Schönheitsideal der archaischen Bauern dokumentiert.

Kann man aus diesen Kleinplastiken auf die Freude am Tanz und aus den tönernen Musikinstrumenten auf eine den Tanz begleitende Musik schließen, so ist unsere Aussagemöglichkeit über das gesellschaftliche Zusammenleben auf die Feststellung beschränkt, daß wir es mit einer bodenbauenden Dorfkultur zu tun haben. Über staatliche Ordnungen, über sittliche Wertbegriffe und Brauchtum dieser längst vergangenen Zeiten sagt der archäologische Fundstoff begreiflicherweise nichts aus.

Und welche Schlüsse erlaubt er uns auf das Weltbild und die sicher vorhandene religiöse Vorstellungswelt dieser Bauern? Es liegt nahe zu sagen, daß die üppigen Frauenfiguren Symbole der Fruchtbarkeit waren – aber berechtigt uns das zu der Aussage, die Kleinplastiken seien nicht Idole gewesen, und welches Recht haben wir gar zu behaupten, die Archaiker hätten gar keine Götter gehabt? Wahrscheinlich kennen wir nur die Gottheiten nicht, zu denen die Bauern vor allem um Regen beteten. In der Ticoman-Periode jedenfalls war ein kosmisches Weltbild entwickelt, das sich in dem gestuften Pyramidenstumpf von Cuicuilco manifestierte, und der Altar auf seiner Plattform beweist, daß man von diesem Stein gewordenen Abbild des Kosmos die menschlichen Nöte an eine höhere Macht adressierte.

Der mexicanische Westen

Während sich nun auf der Grundlage der »archaischen« Lebensart auf dem mexicanischen Hochland schon vor der Zeitenwende reife Hochkulturen zu entfalten begannen, hat das Archaikum in den heutigen Staaten des Westens, in Colima und Nayarit, in Jalisco, Guerrero und Michoacan, bis tief in das erste Jahrtausend hinein überdauert. Erst in spätklassischer, frühtoltekischer Zeit sind diese Gegenden unter Hochlandeinfluß geraten und haben uns also durch lange Jahrhunderte eine Gesittung bewahrt, die man als ein fortgeschrittenes Archaikum kennzeichnen könnte.

Unter den Ausgrabungsstücken gibt es Töpferware und Figurinen, die uns besonders vom künstlerischen Standpunkt aus interessieren. Es gibt *metates* (Mahlsteine) und steinerne

Morgensterne; Grabscheitklingen aus Kupfer wurden gefunden, an dem das Land Guerrero so reich ist, und die keramischen Stücke geben uns auch über andere Seiten der Sachkultur Auskunft, beispielsweise, daß man Holzschemel mit vier Füßen und rechteckige Schilde als Verteidigungswaffen besaß.

Ein architektonischer Schwerpunkt liegt auf einem neuen, aus dem Gesamtmexicanischen herausfallenden Aspekt: es sind Kammergräber mit einem Schacht, die auch den überzeugtesten Isolationisten an eine Entlehnung ausWestkolumbien denken lassen. In El Opeño im nordwestlichen Michoacan führen Stufen zu Kammern hinab, die nach der Bestattung mit Erde ausgefüllt und mit einem Stein verschlossen wurden. In Colima sind es viereckige Gruben und zylindrische Schächte mit seitennischen ovalen Grundrisses, die eine ein Meter hohe gewölbte Decke haben und ebenfalls mit Erde gefüllt und mit einer steinernen Platte verschlossen wurden.

In diesen Gebieten sind Mengen naturalistischer Kleinplastiken aus Ton angefallen. Es sind hauptsächlich Menschen- und Tierfiguren, deren Phantasie und Humor mehr noch als auf dem Hochland daseinsfrohe Lebensoffenheit atmen. Auf die kleinen Tonfigurinen der eigentlichen archaischen Zeit folgen größere hohle Gefäße (deren Hohlform den Sinn hat, daß sie beim Brennen nicht brechen). Anscheinend sind es nicht Götterbilder, doch gibt es kultische Vorwürfe. Die Vollkommenheit dieser Stücke, die sie heute Sammlern begehrenswert macht, beruht nicht zuletzt darauf, daß sie in einer für Amerika seltenen Weise den Ausdruck von Gemütsverfassungen spiegeln. Man hat drei Stile zu unterscheiden gelernt, die regionale Schwerpunkte hatten. Der auch für Teile Jaliscos geltende Nayarit-Stil geht mit einer unbeholfenen Technik und mit schlechter gebranntem Scherben einher, zeichnet sich aber durch seine Neigung zur Karikatur aus. Der auch in anderen Teilen Jaliscos zu findende Stil »Colima« wirkt eleganter und ruhiger; und eine dritte Stilprovinz ist Michoacán. Zahlreich sind die Darstellungen von Tieren: eine Rasse haarloser, fetter Hunde, Affen und Gürteltiere, Schildkröten, Enten und Schlangen in lebensnaher Gestalt.

Eben die Aussagen der keramischen Kunst und gerade der Kleinkunst haben an ständische Unterschiede auf ursprünglich völkischer Grundlage denken lassen. Würdige Personen, die auf Sesseln mit Rückenlehnen unter einem Baldachin thronen, beweisen, daß auch diese frühe Hochkultur im Rahmen einer Klassengesellschaft und eines erstarkenden Königtums existierte.

Die erwähnten Schachtkammergräber, die doch als Totenwohnungen zu betrachten sind, lassen auf den Glauben an ein Fortleben nach dem Tode im Sinne des »lebenden Leichnams«, das heißt in einer dem irdischen Leben verwandten Weise, wenn auch auf einer anderen Seinsebene schließen. Und die keramischen Darstellungen geben uns auch einen Zugang zum zeremoniellen und kultischen Leben: sind doch rituelle Akte wiedergegeben, Tempel oder Versammlungshäuser, Maskentänze und phallische Tänze, ja Kasteiungen, bei denen einer Gruppe von Individuen eine Schnur durch die Wangen gezogen wird. Das sind Elemente, denen wir auch in den klassischen Zeiten begegnen – ebenso wie dem kultischen Ballspiel, das uns hier durch keramisch nachgebildete Ballspielplätze mit Zuschauern auf den Mauern geschildert wird.

Die »Olmeken« des Küstentieflands

Der Name »Olmeken« bedeutet soviel wie Leute aus Olman, dem »Gummiland«. Welches vielleicht noch lebende Volk mit dieser Bezeichnung gemeint war, wissen wir nicht, denn dieses Land aus dem Mythos ist in historischen Zeiten von Nahua besiedelt worden. Es steht heute im Vordergrund der Altertumskunde, seitdem Matthew W. Stirling 1938 mit Ausgrabungen in dem von Sümpfen und Mangrovewäldern bedeckten Tiefland begonnen hat, bei denen sich drei Kulturschwerpunkte herausstellten: La Venta in Tabasco, Tres Zapotes und Cerro de las Mesas im südlichen Vera Cruz. Wenn wir auch keine gleich alten Zeugnisse wie für das Archaikum haben, so reicht doch offenbar auch diese Tieflandkultur bis ins zweite Jahrtausend v. Chr. zurück: 1154 ± 300 v. Chr. ist derzeit der früheste Beleg. Von da an hat sich diese Gesittung, die auf einem Brandrodungsmaisbau fußte, möglicherweise auch mit wechselnden Trägern, lange gehalten: wir haben aus jüngerer Zeit nicht nur Daten von 31 und 162 n. Chr., sondern sogar noch von 468 und 593. Infolgedessen unterscheiden wir heute zwischen der ursprünglichen La Venta-Kultur und später anzusetzenden »olmekischen« Nachfolgekulturen, womit eine Schwerpunktverlagerung von La Venta über Tres Zapotes und schließlich nach Cerro de las Mesas einhergeht.

Die archäologischen Funde bekunden das Fehlen jeder Metallverwertung, zeigen aber die Beherrschung sowohl des Steins wie des Tons. Aus Ton haben wir Gefäße und Figurinen, wogegen sich die Freude an der plastischen Formung des Steins ebenso dem monumentalen Block wie der liebevollen Kleinkunst zugewandt hat. Welche Spanne von Blöcken mit zwanzig bis fünfzig Tonnen Gewicht, die aus weit entfernten Brüchen herangeschafft werden mußten, um zu Skulpturen und Stelen behauen zu werden, bis zu Kleinplastiken aus Jade, wie sie zu Hunderten in La Venta und Cerro de las Mesas zutage gekommen sind.

Die Figurinen zeigen einen unverkennbaren Stil. Ihr untersetzter Typus neigt zu Fettleibigkeit mit kurzen und dicken Armen und Beinen. Man kann sie nach ihrem Ausdruck zu Gruppen ordnen und hat eine davon wegen ihres kindlichen Eindrucks *baby faces*, eine andere wegen der ins Menschenbild getragenen Jaguarzüge *tiger faces* genannt. Die großen wie kleinen Gestaltungen der Olmeken haben mit den archaischen Jade- und Tonplastiken die ausgesprochen realistische Note gemein.

Gegenüber dieser ganz vordergründigen plastischen Schaffensfreude wirken die Bauten – mit Stuck oder Steinen verkleidete Erdhügel und Plattformen, die rechteckige Höfe umgeben – nicht eben imposant, was in einem alluvialen tropischen Tiefland jedoch nicht weiter verwunderlich ist. Freilich steht noch dahin, ob die La Venta-Kultur ursprünglich nicht in einer angrenzenden höheren Zone beheimatet war und aus noch nicht ersichtlichen Gründen in ihre Tieflandstandorte abgedrängt wurde. Die schon angedeuteten Einflüsse auf das Archaikum und die darin begründeten Übereinstimmungen würden dann topographisch am zwanglosesten plausibel erscheinen.

Wenn wir die Fundstücke noch mit einigen charakteristischen Strichen zeichnen, so müssen wir unter den Steinskulpturen überlebensgroße Figuren und Kolossalköpfe ohne Körper und Hals erwähnen, die auf steinernen Fundamenten vor einfachen Pyramiden ruhten. In Tres Zapotes mißt beispielsweise ein solcher Kopf 1,80 Meter Höhe bei einem

Umfang von 5,50 Metern, während in La Venta ein Exemplar von 2,46 Meter Höhe und einem Umfang von 6,35 Metern erhalten ist. Den alten Steinmetzen war offenbar kein Gestein zu schwer und kein Maß zu groß, andererseits übten sie aber ihre Kunst auch im Relief. Monolithische Sarkophage und Ritualäxte, Altäre und Stelen gestalteten sie in bewegten kurvigen Linien, deren Stil wir in den *danzantes* genannten Stelen des frühen Monte Albán im Zapotekenland wiederzuerkennen glauben.

Da nun auch bei der La Venta-Kultur und den ihr nachfolgenden Gesittungen eine Unterrichtung durch Schriftquellen ausfällt, trägt es alle Merkmale einer Hypothese, wenn wir aus der Bewältigung von Massen auf autoritäre Gemeinschaftsbildungen schließen. Für eine starke religiöse Gebundenheit dieser Kulturen, die Vorläufer der späteren Theokratien gewesen sind, spricht aber der weitgehend rituelle Charakter des Fundmaterials: Erdterrassen und Erdpyramiden ebenso wie die nur kultisch deutbaren Köpfe, die reliefierten Altäre und Stelen; auch die Jadefunde werden als Opfergaben gedeutet. In vielen plastischen Darstellungen könnte man den Glauben an eine Jaguargottheit – verwandt den gleichzeitigen aus dem andinen Chavín – erkennen, und die Sarkophage lassen auf eine pflegliche Behandlung der Toten, auf den Glauben an ein Weiterleben in einem Jenseits schließen.

Es ist schwer, sich diese ganze Kunst anders als unter der Leitung von Priestern vorzustellen, die ihr auch ihren Kanon gaben. Sie bezogen aber auch wissenschaftliche Ansätze in ihre Weisheit ein: die geistigen Möglichkeiten des Zahlenraums und seine Verbindung mit dem Kalender, der sich einerseits auf die Beobachung der Gestirne gründete und andererseits als Mittel für die Wahrsagung das menschliche Leben gestaltete. Der von den Olmeken erfundenen Zahlenschreibung verdanken wir auf den Monumenten von Tuxtla und Tres Zapotes eine absolute Chronologie. Doch die Verbindung der Zahlen mit Glyphen beweist uns, daß auch die Anfänge einer ideographischen Schrift zur Priesterweisheit der Olmeken gehörten.

Es ist nicht zuviel gesagt, wenn man heute die Ansicht vertritt, daß alle Hochkulturen der klassischen Zeit zwar auf dem Fundament des Archaikums stehen, ihren Impuls aber den Schöpfungen der Olmeken verdanken. Die monumentale Großplastik ist ebenso von ihnen aufgebracht worden wie die Kleinplastik aus Jade, die Reliefkunst der Stelen und Altäre nicht minder als Zahlensysteme, Kalender und Schrift. Auch der Auftakt zu Kultmetropolen geht letzten Endes auf sie zurück.

Erst unter dem Blickwinkel ihrer Schöpfung bekommt eine ganze Reihe von länger bekannten Denkmälern ihren wirklichen geschichtlichen Sinn und ihre stilistische Position. Das gilt von den Stelen mit eingehauenen Jaguarzügen, die bei Izapa in Chiapas nördlich von Tapachula an der Grenze nach Guatemala stehen, und von dem im westlichen Chiapas gelegenen Tonalá, einer alten Stadt mit Plätzen, die von Pyramiden und Plattformen umgeben sind; ihre Skulpturen und reliefierten Stelen, die an die *danzantes* des Monte Albán erinnern, sind gleichermaßen als von olmekischem Ursprung anzusehen wie die Denkmäler von Santa Lucía Cozumalhuapa im Departement Escuintla in Südguatemala. Sie liegen im späteren Siedlungsbereich der Pipil, haben aber ebensowenig etwas mit toltekischem Geist zu tun, wie ihnen auch die Stilmerkmale der klassischen Mayakunst fehlen.

Krieger
Tonplastik des archaischen Stils aus Colima, Mitte(?) 1. Jahrtausend
Zürich, Museum Rietberg

Kopf einer Kondor-Gottheit
Peruanisches Steinrelief, Chavín-Kultur, Mitte(?) 1.Jahrtausend
München, Staatliches Museum für Völkerkunde

Als Unterbauten für hölzerne Tempel hatte man in Cozumalhuapa Erdpyramiden mit Treppen und Umkleidung aus Mauerwerk. Es fanden sich steinerne »Joche« und Zeremonialäxte, skulptierte menschliche Köpfe und Stelen. Von diesen werden achtundzwanzig Stück im Berliner Museum für Völkerkunde verwahrt. Es sind vierkantige Pfeiler, die auf einer Seite bearbeitet sind; bei einer Stärke von 0,65 Meter erreichen die größten eine Höhe von fast drei Metern. Wie in vielen anderen Fällen, von denen wir noch zu sprechen haben, möchten wir uns vorstellen, daß sie einst einen Tempelbezirk umgaben. Unter den Themen wiederholt sich auf den Reliefs ein *en face* wiedergegebener, in den Wolken schwebender Himmelsgott, zu dem ein im Profil dargestellter Priester betend den Arm erhebt. Das Menschenopfer ist ebenso wiedergegeben wie Ballspieler, die an ihren steifen Hüftschutzgürteln erkennbar sind. Fassen wir die Denkmäler aus stilistischen Gründen als Ausläufer der sogenannten olmekischen Nachfolgekulturen auf, so dürfte man nicht fehlgehen, wenn man sie in die Mitte des ersten Jahrtausends n. Chr. datiert.

Die formative Maya-Kultur

Inzwischen war weiter nördlich auf dem Hochland und im Tiefland von Guatemala, dessen Randlandschaften und auf der Halbinsel Yucatan eine Kultur erblüht, die mit denen des übrigen Mesoamerikas in einem befruchtenden Austausch stand. Sie entwickelte dabei aber ein so individuelles Gepräge, daß sie ungeachtet ihrer vielseitigen Verzahnungen eine in sich geschlossene Darstellung verlangt.

Die Heimat der Maya als Volk wird von vielen Kennern in nördlicher gelegenen Räumen, also irgendwo an der Golfküste, gesucht. Man denkt dabei an den Mayastamm der Huaxteken im nördlichen Vera Cruz, im südlichen Tamaulipas und im östlichen San Luis Potosí. Die Trennung von ihren Sprachverwandten muß so frühzeitig vor sich gegangen sein, daß sie an den wesentlichen Errungenschaften, wie der Zahlenschreibung und den Hieroglyphen oder dem Bauelement des »falschen Gewölbes«, nicht mehr teilhaben konnten. Disselhoff nimmt deshalb an, daß die Maya, von Norden kommend, geraume Zeit an der Golfküste siedelten, dann sich von den zurückbleibenden Huaxteken trennten und nach Süden wanderten; diese Wanderung mußte sie zwangsläufig durch das Olmekenland führen, wo sie mit allen jenen Kulturelementen vertraut wurden, die sie anschließend zu solcher Vollkommenheit weiterentwickelten.

Eine wichtige Einsicht gegenüber dieser verbreiteten Auffassung ist aber, daß die Frage nach der Herkunft der Maya als Volks- und Sprachgruppe nicht identisch ist mit der nach den Wurzeln der charakteristischen Maya-Kultur. Gegenüber älteren Anschauungen wird heute mit Vorrang eine Entstehung der formativen Maya-Kultur auf dem Hochland von Guatemala diskutiert. Es ist das ein Ergebnis der Grabungen, bei denen Stelen im Bereich der Stadt Guatemala zum Vorschein gekommen sind, die freilich keine Hieroglyphen tragen; doch mittels der C 14-Methode konnten für den in der Nachbarschaft der Hauptstadt gelegenen Kultmittelpunkt Kaminaljuyú Werte beigebracht werden, die weit in das erste Jahrtausend v. Chr. reichen und die Frühgeschichte der Pyramidenstadt in vorklassische Zeiten zurückverlegen. Wir hätten es also mit einer Phase der Maya-Kultur zu tun, die sich auf dem Hochland von Guatemala herausgebildet und in den Jahrhunderten vor Christi Geburt in den Petén verbreitet hätte, wo diese Frühkultur dann die Einflüsse aus den olmekischen Nachfolgekulturen, wahrscheinlich auf dem Weg über Chiapas, erfuhr. Hier im Petén gestaltete sich auf formativer Grundlage dank olmekischen Impulsen die »klassische« Maya-Kultur, die uns dann um 300 n. Chr. so »rätselhaft fertig« (Linné) dazustehen scheint.

In dieser spätformativen Zeitspanne, die man mit Haberland von 500 v. bis 200 n. Chr. rechnen mag, finden wir sowohl auf dem Hochland von Guatemala wie im Tiefland des Petén, aber auch auf der Halbinsel Yucatan (vergleiche Dzibilchaltun: 2200 ± 200, 2270 ± 80 nach C 14) eine Gesittung vor, die als wirtschaftliche Grundlage Mais und Baumwolle kannte. Am Leitfaden der Keramik pflegt man die vorklassische Epoche auf dem Hochland in die Phasen Las Charcas und Miraflores, im Tiefland in Mamom und Chicanel aufzugliedern. In spätformativer Zeit treten Pyramiden sowohl im Hochland von Guatemala auf als auch in Yucatan, wie ein vorklassisches Bauwerk in Yaxuná beweist. Dagegen fehlen solche Bauten noch im Petén, wo sich dann aber unter olmekischer Initialzündung die klassische Blüte der Maya-Kultur in ihrer ältesten Stadt Tikal zu entfalten beginnt.

Der Chavín-Horizont

Im nördlicheren Peru können wir einen verwandten formativen Vorgang vom 9. Jahrhundert v. Chr. an in dem »Chavín-Horizont« fassen. Es steht zur Zeit außer Frage, daß der hochkulturelle Aufbruch nicht, wie Uhle einst meinte, vom Küstengebiet, sondern vom Hochland aus seinen Anfang nahm.

Der Name ist einem Ruinenplatz entlehnt, der auf der Ostseite der Cordillera Blanca im Tal des Mozna, eines Nebenflusses des Marañón, liegt. Es bleibt dabei völlig offen, ob diese bis heute noch ungenügend erschlossene Stätte tatsächlich der Ausbreitungsherd des gesamten kulturellen Impulses oder, was wahrscheinlicher ist, nur einer seiner markantesten Exponenten war. Unter verwandten Stätten des Hochlands ist vorzüglich Kunturwasi im obersten Jequetepeque-Tal zu nennen, vor allem ist aber hervorzuheben, daß die Chavín-Kultur vom Hochland aus in die Täler der nördlichen und mittleren Küste getragen wurde, ohne daß es selbst im südlichen Küstengebiet und auf dem südlichen Hochland an stilistischen Einflüssen fehlt. Larco Hoyle hat für den Chavín-Stil im nördlichen Küstenland nach einem Fundplatz in einem Seitental des Chicama auch die Benennung »Cupisnique« aufgebracht, die also mit der Stilbezeichnung »Küsten-Chavín« identisch ist. Man kann angesichts der weiten Verbreitung des Chavín-Stils von einem ersten »panperuanischen« Stil sprechen, ohne daß man dabei Besonderheiten zu ignorieren braucht.

Bei einer Übersicht über den Fundstoff können wir mit dem »Huaca Prieta« genannten künstlichen Hügel am Ausgang des Chicama-Tals beginnen, wo mit Flußsteinen ausgelegte unterirdische Wohngruben entdeckt worden sind. In diese Kulturschicht gehören auch Wandreliefs und Keramiken, auf die wir noch eingehen werden. Das lose Fundgut umfaßt Schmuck aus Türkisen, Bein und getriebenem Goldblech, Amulette und Spatel aus Knochen, wobei Lamaknochen auf einen Handel mit dem Hochland hinweisen. Spärliche Reste von Stoffen bezeugen die Kenntnis der Baumwollweberei; an keramischen Darstellungen können wir turbanartige Kopfbedeckungen und schamverhüllende Lendentücher erkennen. Wurzeln manche Fertigkeiten mit Sicherheit schon in der bodenbauenden Pflanzerkultur, so sind andere Errungenschaften anscheinend mit der Chavín-Kultur aufgekommen, etwa das Treiben von Goldblech und echte Baumwollweberei. In Ancón hat man aber auch Wasserreservoire aus der Chavín-Zeit gefunden, die darauf hindeuten, daß die Bewässerungstechnik im Laufe dieses ersten Jahrtausends v. Chr. jenen entscheidenden Aufschwung nahm, der die Oasen des Küstengebiets zu Kulturmittelpunkten machte.

Auf die Chavín-Kunst wurde erstmals die Aufmerksamkeit gelenkt, als der Italiener Raimondi 1873 an der namengebenden Stätte jene berühmte Stele fand, die seinen Namen trägt. Sie zeigt in einem flachen Relief ein katzenartiges Ungeheuer, das Zepter in seinen Krallen hält; es wird von einem Aufbau geöffneter Raubtierrachen gekrönt, von denen Schlangen ausgehen. Bis heute nicht abgeschlossene Grabungen in Chavín de Huántar haben Baukörper, vor allem das fälschlich »Castillo« genannte Bauwerk freigelegt, mit drei durch Treppen verbundenen Absätzen, das zusammen mit anderen rechteckigen Bauten einen versenkten Hof einschloß und in dessen Innerem auch unterirdische Treppen und Galerien entdeckt worden sind. Als Besonderheit zeigt es eine Ummantelung eines Kerns aus Bruchsteinen und Erde mit glattbearbeiteten und sehr flachen Blöcken; die Außenseite war ferner mit glattgeschliffenen steinernen Platten furniert, wie Reste eines flachreliefierten Frieses beweisen. An Ort und Stelle hat sich eine Anzahl menschlicher Köpfe mit faltigen Gesichtern gefunden, die vermittels steinerner Zapfen in die Fassade eingefügt waren. Auch in Kunturwasi wurde ein dreistufiger Tempelunterbau freigelegt.

Die wichtigsten Kultanlagen im Küstengebiet setzen, wenn wir von Norden nach Süden gehen, im Virú-Tal ein, wo es einen Tempel mit Steinfundamenten und aus Lehmziegeln in konischer Form gab. Im Nepeña-Tal hat man eine Kultplattform mit Treppenaufgang gefunden, ferner Wände aus konischen Ziegeln mit sauber verstrichener Lehmverkleidung und steinerne Mauerreste mit Tonreliefs. Im Casma-Tal gibt es gestufte Pyramiden mit steinernen Treppen und Stein- und Tonreliefs in farbig bemalten Nischen. Am bekanntesten sind die von Tello in dem vom Casma-Tal abzweigenden Tal von Sechín gefundenen monolithischen Blöcke, die einst drei Seiten einer erhöhten Kultterrasse einfaßten; ihre Reliefs – darunter menschliche Köpfe – sind gern mit den *danzantes* des Monte Albán verglichen worden; aber der Stil der Reliefs ist nicht einheitlich. Weiter südlich sind bisher keine baulichen Monumente aus der Chavín-Zeit entdeckt worden, während der Stileinfluß allerdings viel weiter nach Süden reicht.

Eine besonders wichtige Fundgruppe stellt sodann die Keramik dar. Wir haben vorwiegend einen mehr oder weniger kugeligen Gefäßkörper, also Krüge, bei denen erstmals der »Steigbügelhenkel« auftritt, aber auch eine geringere Zahl plastischer Formen, denen man Ausdruckskraft nicht absprechen kann. Diese Töpfereien sind ursprünglich und vorwiegend einfarbig braun oder schwarz; ihre Verzierung wurde meist eingeritzt, seltener in Relief aufgetragen, wobei eine Art von konischen Protuberanzen charakteristisch ist. Das eingeritzte Dekor bevorzugt geometrische Muster, vor allem Voluten und Kreise, aber auch felid-zoomorphe Motive. In späterer Zeit kommt übrigens auch Bemalung auf, die vor dem

Brand in schwarzer und roter Farbe in eingeritzte Konturen angelegt wurde. Die keramische Kunst Chavíns ist also, sowohl was die Plastik des Gefäßkörpers wie dessen reliefierte oder gemalte Verzierung betrifft, zugleich gegenständlich und abstrakt und in ihrem rein geometrischen wie stilisiert-figürlichen Muster durch ihre Kurvenfreudigkeit ausgezeichnet, die sie beispielsweise mit der olmekischen Kunst gemein hat, während es sie von Paracas unterscheidet.

Haben die Kunstwerke, Bauten wie Töpfereien, klare religiöse Bezüge, so ist unsere Möglichkeit, etwas über die gesellschaftlichen Verhältnisse zu sagen, sehr beschränkt. In den andinen Kultstätten, wie Chavín de Huántar und Kunturwasi, ist keine namhafte Wohnbevölkerung nachweisbar; diese Plätze sind offensichtlich kultische Mittelpunkte und Wallfahrtsorte gewesen, in denen die Bauern zusammenströmten. Solche Pilgerorte waren sicher auch Märkte. Aber es ist darüber hinaus schwer vorstellbar, daß eine rein bäuerliche Gesittung egalitärer Gesellschaftsstruktur eine so markante Kultur über einen Großteil des alten Peru verbreitet habe. Es dürfte sich dabei doch um die Ausbreitung einer herrschenden Kaste gehandelt haben, möglicherweise um verwandte und verschwägerte Herrscher, die vom Hochland aus auf die Küstenoasen übergriffen. Daß dieser Impuls sich nicht nur mit friedlichen Mitteln auswirkte, könnte man aus den Waffenfunden und aus der Darstellung von Schädeltrophäen, etwa auf den Stelen von Sechín, schließen.

Was wir über dieses panperuanische Weltbild des ersten Jahrtausends v. Chr. aussagen können, ist bei der Schilderung der wichtigsten Funde schon ausgeführt worden. Es heißt nicht viel, daß sich unter den losen Fundstücken anscheinend Amulette befinden, denn sie kommen in der ganzen Kulturgeschichte vor. Die Errichtung gestufter Bauwerke, deren Plattformen Tempel trugen, mit dazwischen eingelassenen Höfen und von reliefierten Stelen eingefaßte Bezirke und Plattformen sprechen aber beredt für das Walten einer lenkenden Priesterschicht, die im Dienst Höherer Wesen stand und Pilgermassen in Wallfahrtsorten zusammenströmen ließ. Daß diesen Höheren Wesen bevorzugt Züge von wilden Großkatzen verliehen wurden, ist ikonographisch offensichtlich; als ihre Trabanten treten Schlangen auf.

In einer spätformativen Phase, die einen Übergang zu den klassischen Gesittungen bildet, ist offenbar etwas erfolgt, was einen Einbruch in die Intensität der Chavín-Religion bedeutet zu haben scheint. Man hat sich gefragt, ob es nicht vielleicht der Zerfall eines Reiches, von dem wir allerdings keine Kunde haben, und seine Auflösung in regionale politische Einheiten war. Wir wissen es nicht – wohl aber lassen die altertumskundlichen Funde eine Auflösung der panperuanischen Stileinheit erkennen. Bauliche Reste und Scherben aus Chanquillo im Casma-Tal konnten mit der C 14-Methode auf 2300 ± 80 Jahre datiert werden und würden also diese Übergangsphase ins 3. bis 4. Jahrhundert v. Chr. verweisen.

Eine wachsende Bevölkerung hat in dieser Epoche zu einer Ausweitung der Bewässerungsanlagen geführt. Anscheinend sind in dieser Zeit auch andere technische Fortschritte vor sich gegangen; beispielsweise sind im Vergleich zur Chavín-Periode die Keramiken dünnwandiger und gleichmäßiger gebrannt. In ihren Motiven zeigen sie eine größere Lebensnähe als unter dem Zepter des Jaguargotts; bevorzugt werden Menschen, Tiere und

Genreszenen mit realistischer Intention dargestellt, die einen geringeren religiösen Impuls zu atmen scheinen. Zum getriebenen Goldblech gesellt sich nun eine Goldkupferlegierung, die ebenfalls nur zu Schmuckzwecken dient. Die kunstvollsten Metallarbeiten aus Nordperu, die stilistisch auf die Chavín-Schicht weisen, absolut-zeitlich aber wohl später anzusetzen sind, sind zum Teil noch in der Sammlung zu sehen, die der deutsche Kaufmann Brüning als Privatmuseum in Lambayeque angelegt hat.

In dieser Zeit hatten sich weiter südlich zwei Kulturprovinzen herausgeformt, die beide auf ihre Art für die Weiterentwicklung richtunggebend geworden sind. Die eine nennen wir nach einem Fundort im Chicama-Tal »Salinar«; hier kam ein Gefäßtyp (mit Steigbügelausguß) auf, der sich über das nördliche und mittlere Küstengebiet verbreitet hat und sich durch weiße Bemalung auf rotem Grund auszeichnet. Dagegen hebt sich in dem südlich benachbarten Tal von Virú ein Typus mit konischem Ausguß ab, der in diesem Gebiet die erste Negativmalerei (vermittels Abdeckung der Muster mit Harz oder Wachs) aufkommen läßt. Dieser »Gallinazo« genannte Stil hat auch erstmals den Kupferguß aufgebracht. Es sind aus dieser Zeit im Virú-Tal (als Vorläufer der späteren Oasenstädte) dicht zusammengebaute Wohnkomplexe freigelegt worden, in denen sich eine bäuerliche Bevölkerung am Rand des bewässerten Ackerlandes zusammendrängte.

Der sich über die nördliche und mittlere peruanische Küste verbreitende Keramikstil »Weiß auf Rot« gelangt nun auch in das zwischen »Weißer« und »Schwarzer Kordillere« liegende Hochtal des Santa-Flusses. In dieser Kulturprovinz treten in einer etwas späteren Phase, welche die Stilbenennung »Recuay« erhielt, die ersten peruanischen Dreifußgefäße auf. Charakteristisch sind in Weiß, Rot, Schwarz und Orange dekorierte, aus der kugeligen Grundform heraus entwickelte Gefäßkörper, auf denen Figurengruppen sitzen. Hat der Recuay-Stil mit dem Salinar-Horizont die Palette gemein, so übernimmt er aus der Gallinazo-Kultur die Negativmalerei. Am bekanntesten aber ist Recuay durch seine großlinig stilisierten Steinbildwerke, die Frauen und Krieger darstellen und häufig mit Trophäenköpfen versehen sind.

Paracas

Das Aufkommen paralleler formativer Kulturen im südlichen Küstengebiet hat die Forschung lange Zeit vor ein Rätsel gestellt. Denn ihre frühesten Zeugnisse stammen von der Paracas-Halbinsel, die heute völliges Wüstenland ist und dadurch die Aufmerksamkeit auf sich zog, daß Tello ab 1925 diesem Boden von Felsen und Sand die köstlichsten Schöpfungen aus der Zeit des ersten Jahrtausends v. Chr. entlockte. Hatte Tello diese Funde schon in zwei zeitliche Phasen zu gliedern vermocht, so gesellten sich später und vor allem dank dem französischen Forscher Frédéric Engel dazu noch weiter zurückreichende Aufschlüsse. Sie reichen mit Funden aus der Zeit um 3000 v. Chr. in eine vorpflanzerische Fischerkultur zurück. Sie beweisen eine jahrtausendelange Besiedlung in einem Land, von dem man sich bis vor kurzem noch fragte, woher die Menschen kamen, die ihre Toten in diesem Niemandsland begruben; die Ergebnisse Engels haben auch dieses Problem einer Lösung nähergeführt: er entdeckte unterirdische Wasserläufe, die sich die alten Bewohner anscheinend mit Saugrohren und Zisternen zunutze machten. Die Funde, die hochkulturell genannt zu werden verdienen, gehören dem ersten Jahrtausend v. Chr. an und werden, wie angedeutet, in zwei Epochen geschieden, welche die Namen »Cavernas« und »Nekropolis« tragen.

Die Schicht »Cavernas« erhielt ihren Namen von den Gräbern, die in hartes Gestein getrieben wurden. Ein senkrechter Schacht, der bis zu 7,5 Meter hinabreicht, führt zu einer kreisrunden Kammer, in der sich gruppenweise Bestattungen finden; in einem Fall sind es fünfundfünfzig Verstorbene, so daß man geneigt ist, an Familiengrüfte zu denken. Den Toten sind Kalebassen und geflochtene Körbe mitgegeben, die sicher Getränke und Speisen enthielten, Geräte aus Knochen und Stein, sogar etwas Schmuck aus getriebenem Goldblech und am reichlichsten Tongefäße und Stoffe, die dank der extremen Trockenheit des Bodens erhalten geblieben sind. Man kann aus den Funden schließen, daß die Tracht der alten Bewohner, von einer turbanartigen Kopfbedeckung als Sonnenschutz abgesehen, aus einem Lendentuch und einem darüber getragenen kurzen Leibrock bestand, der von einem Gürtel zusammengehalten wurde; die Bekleidung war hier also schon reichlicher als im äquatorialen nördlichen Küstengebiet.

Die Keramiken ebenso wie die Textilien sind echte Kunstwerke. Man beherrschte demnach in der ersten Hälfte des vorchristlichen Jahrtausends schon mehrere Techniken der Textilverarbeitung, darunter Schleiergewebe, verstand sich auf Plattstichstickerei mit Wollfäden auf Baumwollgewebe und dekorierte die Stoffe mit Götterfiguren in eckiger Linienführung. Neben den natürlichen Farben der Fäden, Weiß und Braun, gab es zwei verschiedene Rot, ein dunkles Gelb und ein grünliches Blau.

Vielleicht aber ist die Töpferkunst ein noch überlegenerer Schwerpunkt gewesen. Man fertigte Schalen und Schüsseln, Becher und Krüge offenbar nach der »Spiralwulsttechnik«, die zur Formung des Gefäßkörpers Wülste aus Ton spiralförmig übereinanderlegt, und versah die Krüge mit zwei röhrenförmigen Ausgüssen, die durch eine bandförmige Brücke miteinander verbunden waren. Neben solchen Gebrauchsformen kommen auch wenige figürlich modellierte Keramiken vor. Die Verzierung bestand sowohl aus Ritzmustern, bei denen das Raubtiermotiv eine Rolle spielt, als auch aus Farben, die nach dem Brennen aufgetragen wurden. Auch zu diesem Zweck wurden die Konturen vorher geritzt und die umrissenen Flächen mit einer Paste in Gelb, Olivgrün und Rot eingefärbt. Daneben kommt – nicht selten auf ein und demselben Stück – Negativmalerei vor (die an der nördlichen Küste viel später auftritt), und motivlich arbeitete man neben zoomorphen Vorwürfen (Vögeln, Fischen) auch mit rein geometrischen Mustern. Die Kunstfertigkeit des Dekors steht in einem gewissen Widerspruch zu dem dicken Scherben. Festgehalten zu werden verdient, daß der Raubtiergott eine mythologische Brücke zwischen Chavín und Paracas schlägt, daß aber im Gegensatz zu der Kurvenfreudigkeit von Chavín in Paracas eine Neigung zur Eckigkeit herrscht, die sich später wieder in Tiahuanaco findet.

Alle Aussagen über gesellschaftliche Verhältnisse zu dieser Zeit müssen Vermutungen bleiben. Ein gesellschaftliches Gefüge hat selbstverständlich bestanden. Daß diese Verbände auch schon einen Fernhandel pflegten, beweist die Verwendung von Lamawolle zu den Geweben.

Ebenso sicher ist der Glaube der Paracas-Menschen an Höhere Wesen und an ein Leben nach dem Tode. Wie in Chavín haben diese Numina zoomorphe Züge gehabt, wobei der Jaguargott offenbar die oberste Macht war. Die in ihre Leichentücher gehüllten Hockermumien lassen uns ahnen, daß man die Körpergestalt zu bewahren suchte und sich wahrscheinlich das Leben in einem Totenreich nach dem Vorbild des irdischen dachte. Es wäre völlig spekulativ, Behauptungen darüber aufzustellen, weshalb die Schädel mit Obsidianmessern trepaniert wurden und man die Köpfe der Kleinkinder deformierte.

Paracas-Cavernas war eine Gesittung, die zur gleichen Zeit existierte, als weiter im Norden die Chavín-Kultur blühte. Die Nekropolis-Phase auf der nämlichen Halbinsel, von der wir das Beispieldatum 307 v. Chr. geben, hat mit der gleichzeitigen Entwicklung von »Salinar« und »Gallinazo« im Norden gemein, daß sie von einer »formativen« Phase zur »klassischen« überleitet.

Diese Kulturschicht ist mit einem Schlag berühmt geworden, als Tello vierhundertneunundzwanzig Mumienbündel in rechteckigen Bestattungsgruben fand. Aufsehen erregten dabei die Zeugnisse der Textilkunst. Die Mumien waren in umfangreiche, selbstverständlich aus kleinen Bahnen zusammengenähte Tücher gehüllt, die Maße von vier mal zwanzig Metern erreichen. Darunter kam die eigentliche Woll- und Baumwollkleidung zum Vorschein. Neben Brokaten, Schleiertüchern und Gobelins weckt die Kunstfertigkeit der Bestickung unsere Aufmerksamkeit. Nur eine Minderzahl der Gewebe ist als fertige Stücke bemalt; die meisten sind farbig bestickt oder aus Garnen gewebt, die mit pflanzlichen und mineralischen Stoffen in schier unvorstellbarem Reichtum von Tönen eingefärbt waren. Neben der Webetechnik verlegte man sich auch auf prachtvolle Federfächer und Federgewänder. Macht das »sichere Gefühl für Farbharmonien und die Komposition« (Disselhoff) die Textilkunst zum Leistungsschwerpunkt der Nekropolis-Schicht, so enttäuscht dagegen in etwa die Töpferei. Ihre Schöpfungen sind zwar dünnwandiger und besser gebrannt als vorher, haben aber ihre Bemalung verloren. Nur bei wenigen Stücken findet sich ein negatives Dekor auf dem Elfenbeingrund.

Auch in diesem Fall ist es unmöglich, etwas über die Gesellschaft zu sagen. Auf religiösem Gebiet aber bekundet der Fundstoff zwei Momente. Die Vorwürfe der Gewebe geben uns eine Ahnung von Höheren Wesen, die auch hier zoomorphe Bezüge haben, deren mythische Welt aber ebenso im Staub versunken ist wie das Ritual, das mit den Trophäenköpfen verbunden war, die die Leichenhüllen verzieren. Ein anderes Moment ist auch hier der Glaube an ein Weiterleben nach dem Tode. Um die Körperform lebensnah zu erhalten, wurden die Leichen nach Entfernung der Eingeweide durch Räuchern mumifiziert; Mund und Augen wurden oft mit Plättchen aus Goldblech bedeckt. Desgleichen huldigte man dem Brauch, die Schädel der Kleinkinder in die Länge zu ziehen.

Südliches Hochland

Erst neuere Forschungen, die mit dem Namen des argentinischen Archäologen Dick Edgar Ibarra Grasso verbunden sind, haben die Wurzeln der hochkulturellen Entwicklung in einem Teil der Anden bloßgelegt, der von der Altertumskunde lange vernachlässigt worden war. Es ist der südliche Teil der mittleren Anden, das Gebirgsland der Republik Bolivien, wo die Ruinenstätte von Tiahuanaco jahrzehntelang alle Aufmerksamkeit auf sich gezogen hatte. Grabungen vor allem in den Departements La Paz, Oruro und Cochabamba führten zur Aufdeckung einer Schicht, welche die erste Bodenbaukultur zu repräsentieren scheint und mit Sicherheit bis zum Anfang des ersten Jahrtausends v. Chr., wenn nicht weiter zurückgeht, aber auch im Nordwesten Argentiniens vorkommt. Ibarra Grasso hat diese Kultur, neuerdings nach den kennzeichnenden Wohnhügeln »Tell-Kultur« getauft. Neben Geräten aus Knochen ist reichlich Keramik aus dieser Schicht angefallen, die anders als alle späteren unbemalt und einfarbig grau oder rötlich ist. Die Töpfe und Schalen sind unpoliert, aber mit einem Stecken geglättet und mit eingeritzten Punkten und Linien dekoriert. Nach dem bisherigen Stand der Grabungen, die 1958 und 1960 auch von der Deutschen Archäologischen Mission fortgesetzt worden sind, heben sich zur Zeit drei Stilprovinzen heraus.

Bei Huancarani, in einer Hügellandschaft zwischen La Paz und Oruro, konnte das Alter eines durch ständiges Häufen der Überreste von kleinen Häusern gebildeten Wohnhügels mit der C 14-Methode auf rund 800 v. Chr. ($\pm$ 100) bestimmt werden. Dieser Wohnhügel hat einen Durchmesser von sechzig Metern und ist fünf Meter hoch. Grundmauern kleiner Häuser aus Lehm und gestampfter Erde auf steinernen Fundamenten fanden sich neben reichlichem losem Material, darunter beinernen Pfriemen, Spateln und Löffeln, Messerchen aus Basalt, Pfeilspitzen aus Feuerstein und Obsidian, ferner Hackenblättern und Schabern. Es fehlt sogar nicht an Farbklumpen und Mahlsteinen zum Anrühren der Farben. Die Grabstätten scheinen sich unter den Fußböden der Wohngemächer befunden zu haben.

Eine andere Ausprägung dieser Kulturschicht fand sich in der Gegend der heutigen Stadt Oruro, zum Beispiel ein Wohnhügel am südlichen Stadtrand von Oruro und ein Wohnhügel in der Flur Sora-Sora zwischen Machacamarca und Huanuni. Außer Pfeilspitzen, Hackenblättern und Tongefäßen sind zwei verschiedene Gruppen eigenartiger plastischer Werke ausgegraben worden: einerseits kleine Tonstatuetten von Menschen und Tieren (Sora-Sora) und an verschiedenen Fundplätzen grob behauene große Tierköpfe, zum Beispiel Lamaköpfe aus Kalkstein, die bis zu einem Meter hoch sind und einen zapfenförmigen Ansatz zum Aufstellen haben.

Einen dritten Verbreitungsbereich stellt das Departement Cochabamba dar, wo unter anderem ein halbkreisförmiger Wohnhügel in Chullpapata bei Cliza untersucht worden ist (1850 $\pm$ 90). Viele an der Oberfläche sichtbare »Tumuli« haben sich als Ergebnis des Einsturzes rechteckiger Wohnhäuser aus lufttrockneten Lehmziegeln *(Adobe)* herausgestellt. Umgekehrt fehlen unter den Funden Hackenblätter und Pfeilspitzen, überraschenderweise treten aber Schmuckstücke und Gewandnadeln aus gehämmertem Kupfer und Gold auf. Neben formenreicher Gebrauchskeramik gibt es tönerne Flöten und Okarinas und große Bestattungsurnen. Unter den steinernen Gerätschaften fallen Beile mit Befestigungslöchern auf, andere Funde erbrachten große steinerne Schüsseln und Becher mit senkrechter Wandung; zum Interessantesten dürften steinerne Statuetten gehören, darunter mehrfach gefundene Darstellungen der göttlichen Trinität.

Noch vor diesen Funden Ibarra Grassos auf dem Hochland und in den *Valles* Mittelboliviens hatte Wendell C. Bennett eine formative Kulturschicht im Titicaca-Gebiet ergraben, welche die Typenbezeichnung »Chiripa« erhalten hat. Der Fundort liegt auf dem seewärts gerichteten Hang der Taraco-Halbinsel. Auch hier handelt es sich um einen Wohnhügel, dessen verschiedene Siedlungsepochen nach der C 14-Methode zwischen 2550 ± 16 und 1928 ± 105 Jahre alt sind, also die zweite Hälfte des ersten vorchristlichen Jahrtausends ausfüllen. Es konnten die Grundmauern eines Dorfes freigelegt werden, dessen vierzehn Häuser sich ziemlich dicht um einen kleineren Platz gruppierten. Neben etwas Kupfer wurde Keramik gefunden. Es ist die erste bemalte Töpferware Boliviens; ihr Dekor ist zum Teil in gravierte Konturen hineingemalt. Neuerdings ist eine verwandte Schicht aufgefunden worden, die als »Tiahuanaco I« der klassischen Entwicklung dieses Standorts zugrunde liegt. Diese Schicht, als deren ältestes Datum sich das Jahr 453 v. Chr. (± 140) ergeben hat, besitzt gleich Chiripa bereits bemalte Keramik.

Die klassischen Hochkulturen Amerikas

Die sich auf archaischer Grundlage und unter olmekischer Befruchtung entfaltenden »formativen« Hochkulturen Mesoamerikas haben im großen gesehen dem ersten vorchristlichen Jahrtausend ihr Gepräge gegeben, sich aber in vielen Bereichen über die Zeitenwende hinaus behauptet. Umgekehrt geben sie an unterschiedlichen Schwerpunkten schon in den letzten Jahrhunderten vor Christi Geburt Weiterentwicklungen Raum, die für den größeren Teil des ersten Jahrtausends n. Chr. charakteristisch werden und die man im Hinblick auf ihre geistige und künstlerische Entfaltung gern als »klassische« Kulturen bezeichnet. Obwohl wir von ihrer gesellschaftlichen Struktur eigentlich gar nichts Authentisches wissen, schließt man aus dem archäologischen Stoff auf eine Ordnung, in der eine machtvolle Priesterschaft herrschte; deshalb spricht man auch von einer »Theokratischen Zeit«.

Bleiben wir bei diesen Ausdrücken, so ist zu berücksichtigen, daß dieser Prozeß nicht unmittelbar von dem gesamten Kulturraum Besitz ergriff; wie mehrmals angedeutet, blieben in Rückzugsgebieten ältere Zustände erhalten. Andererseits ist zu bedenken, daß wir es nicht mit einem einheitlichen Vorgang zu tun haben, sondern mit einem Impuls, der von mehreren Stellen ausging und von verschiedenen Völkern getragen war.

Teotihuacan

Der gern an die erste Stelle gerückte Entfaltungsherd mexicanischer Priesterkultur verdankt seinen Namen einer Ruinenstätte, die einundfünfzig Kilometer nördlich der heutigen Hauptstadt liegt. Wir wissen nicht, wie sie ursprünglich hieß, denn der Name Teotihuacan ist aztekisch, und – viel schlimmer – welches Volk hier eigentlich lebte und eine hohe Gesittung schuf. Teotihuacan erwuchs schon vor der Zeitenwende zu einem Kulturmittelpunkt und strahlte ein Jahrtausend lang aus, ehe es in den Wirren der mexicanischen

Völkerwanderung des 9. Jahrhunderts unterging und für alle Späteren schon eine Ruinenstadt war.

Teotihuacan darf für sich beanspruchen, die bestuntersuchte, dabei aber auch die ausgedehnteste archäologische Zone des Landes zu sein. Und die Gesamtanlage bekundet eine wohlüberlegte städtebauliche Planung. Als beherrschendes Gliederungsmoment tritt eine 1,7 Kilometer lange zentrale Pilgerstraße, ein Prozessionsweg hervor, der den Namen *camino de los muertos* erhielt. Schreitet man auf dieser *via sacra* von Süden nach Norden, so liegt nahe ihrem Ende zur rechten Hand, also nach Osten und mit ihrer Front nach Westen schauend, das neben der Pyramide von Cholula stattlichste Bauwerk Altmexicos: die »Sonnenpyramide«, deren Name freilich ebensowenig wie der aller anderen Monumente authentisch, sondern völlig willkürlich ist. Diese Stufenpyramide erhebt sich auf einem quadratischen Grundriß mit einer Seitenlänge von 225 Metern und steigt in fünf Terrassen zu 63 Metern Höhe empor; sie stellt also einen gewaltigen, massiven Baukörper dar, der nicht weniger als rund eine Million Kubikmeter umfaßt und, wie hineingetriebene Erkundungsstollen beweisen, ohne spätere Überbauungen in einem Zug aus Lehmziegeln errichtet worden ist. Wie die anderen Bauten auch war sie ursprünglich verputzt und vermutlich in Rot bemalt. Die Sonnenpyramide steht im rechten Winkel zur »Mondpyramide«, deren Name ebenso willkürlich ist und auf deren nach Süden schauende Front der *camino de los muertos* zuläuft, um vor ihr zu enden; der Grundriß der Mondpyramide ist rechteckig (120 mal 150 Meter), und ihre Höhe von 42 Metern bleibt um 20 Meter hinter der Sonnenpyramide zurück.

Ein dritter Komplex liegt zu Anfang der *via sacra* und gleichfalls zur rechten Hand; es ist ein religiöser Versammlungsplatz, der die unsinnige Benennung *ciudadela* (Zitadelle) erhalten hat. Ein riesiges Geviert von Terrassen, auf das insgesamt fünfzehn kleinere Pyramidenstümpfe gesetzt sind und das 400 mal 400 Meter mißt, schließt einen tieferliegenden Binnenhof ein, in dem das berühmte Bauwerk mit der »Quetzalcoatl-Fassade« steht. Es handelt sich um einen Pyramidenstumpf mit sechs Stufen, dessen Absätze ringsherum als horizontale Bänder einen reichen Reliefschmuck zeigten, der nur noch auf einer Seite erhalten ist. Es sind alternierende Darstellungen einer Schlange mit plastisch heraustretenden Köpfen und einer symbolhaft stilisierten Maisgottheit. Daß diese Reliefs nicht vernichtet sind, verdanken wir dem Umstand, daß die Pyramide auf dieser Seite mit einem davorgesetzten Baukörper überbaut wurde und man den Zwischenraum mit Steinen und Erde ausfüllte.

Ähnlichen Überbauungen begegnen wir bei zahlreichen Kultpyramiden. Sie sind die Folge des frommen Brauchs, die Heiligtümer durch einseitige oder mehrseitige Überbauungen oder »Ummantelungen« zu vergrößern; dank der Technik, die Baugeschichte der Pyramiden mit Hilfe von Stollen zu entschleiern, stößt man infolgedessen vielfach auf mehrere ältere Fassaden, die bei den späteren Ummantelungen jeweils durch Vorbauten einfach zugedeckt worden sind.

In diesem Zusammenhang können wir schon erwähnen, daß nicht nur die Fassaden bemalt waren, sondern daß auch in den Innenräumen von Tempeln ganze Wände bedeckende Fresken erhalten sind, die durchgängig religiöse Motive zeigen und sowohl in

DATENGERÜST · ALTAMERIKA

Mexico	Maya	Mittleres Andengebiet
		Präkeramische Pflanzer (2348 ± 230 v.Chr.)
Älteres Archaikum Zacatenco-Copilco-Phase (1456 ± 250 v.Chr.)		
La Venta (1154 ± 300 v.Chr.)		*Töpferei* (1225 ± 125 v.Chr.)
OLMEKEN		
	Keram. Epoche MAMOM (bis 700 v.Chr.)	Küsten-Chavín (715 ± 200 v.Chr.) Chavín
Jüngeres Archaikum Ticoman-Cuicuilco-Phase (472 ± 200 v.Chr.)	Las Charcas (bis 700 v.Chr.)	
	Chicanel (bis 200 v.Chr.)	Salinar / Gallinazo Paracas Cavernas
	Miraflores (bis 100 n.Chr.)	Paracas Necropolis (307 v.Chr.) Nazca (261 v.Chr.)
Tres Zapotes (31 n.Chr.)		Tiahuanaco (um 200 v.Chr.–9./10.Jahrh.)
Tuxtla (162) Monte Albán (2.–12. Jahrh.)	*Leidener Platte* (320) Tzakol-Phase (317–633)	Mochica (bis 9./10. Jahrh.) Recuay
	Stelendaten (328–889)	Nazca (636)
Tajín (100–1100)		Huari
Cerro de las Mesas (468, 593)	Tepeu-Phase (633–1000)	Küsten-Tiahuanaco
		Chimú Chullpa-Kultur Chanapata
TOLTEKEN (856–1168)		
TOTONAKEN		
TARASKEN	*Liga von Mayapán* (1007–1204)	INKA (ab 13. Jahrh.)
CHICHIMEKEN (Anf. 13. Jahrh.) Cempoala	*Vorherrschaft der* COCOM (1204–1441)	Manko Kapac Sinchi Roka Lloke Yupanki Maita Kapac Kapac Yupanki Inka Roka Yawar Wakac Wirakocha »Killke«
Tenochtitlan (1370)		
AZTEKEN		Pachakutec Yupanki 1438–1471
1376–1428 Acamapich		
1428–1440 Ivzcoatl		
1440–1469 Moctezuma I.		–1438
1469–1483 Axayacatl Eroberung von Azcapotzalco (1430)	*Ende der zentralen Gewalt* (1441)	Tupac Yupanki 1471–1493
1483–1486 Tizoc		
1486–1502 Ahuitzotl		Waina Kapac 1493–1527
1502–1520 Moctezuma II.		Waskar (gest. 1532) und Atawallpa (gest. 1533)

Tempera wie *al fresco* ausgeführt sind; als Malgrund diente eine mit Quarzsand vermischte Kalkschicht, auf die man die Mineralfarben auftrug. In Tepantitlan, nahe der Sonnenpyramide, hat man zum Beispiel Fresken entdeckt, die im Gegensatz zur hieratischen Strenge der Großplastiken realistisch bewegt und von heiterem Ausdruck sind, worauf noch zurückzukommen ist.

Städtebaulich wichtig ist vor allem die Tatsache, daß in Teotihuacan ausgedehnte private Hausruinen freigelegt worden sind. Es handelt sich ausnahmslos um einstöckige, fensterlose Baukörper, die auf rechteckigem Grundriß aus ungebrannten, aber verputzten Lehmziegeln aufgeführt worden sind. Sie sind auffallend dicht aneinandergebaut und nur durch enge Gäßchen und kleine Platzanlagen getrennt. Sie gruppieren sich um Binnenhöfe und hatten vorspringende Dächer, so daß das Regenwasser in einem *impluvium* zusammenfließen konnte, das durch steinerne Pfropfen verschließbar war; bei deren Entfernung konnte das Wasser unter den zementharten Fußböden in einem Kanalsystem ablaufen.

Armillas veranschlagt den bebauten Bereich der Tempelstadt auf fünfhundert Hektar, die nur zu einem Siebentel von den großen Kultbauten und Palästen bedeckt waren, so daß über die Priestermetropole hinaus mit einer stattlichen Wohnbevölkerung gerechnet werden muß, die Armillas auf dreißig- bis fünfzigtausend Einwohner schätzt.

Eine Analyse des Fundstoffs hat Armillas zu der Einsicht gebracht, daß außer kirchlichen und weltlichen Würdenträgern, deren Beamten und Gefolge Händler und Handwerker in Teotihuacan gewohnt haben müssen – doch keine Bauern, die vielmehr außerhalb der Stadt in ihren Dörfern gelebt haben dürften. Es gab offenbar auch schon eine gewerbliche Arbeitsteilung für spezialisierte Künste und Handwerke und ein auf Handwerk und Landwirtschaft aufgebauter Handelsverkehr zwischen Stadt und Land. Danach haben wir es schon im Teotihuacan der ersten Jahrtausendhälfte n. Chr. mit einer Stadt in unserem sozioökonomischen Sinne zu tun, was um so bemerkenswerter ist, als Teotihuacan damit aus dem Typus der Verwaltungs- und Kultmetropole dieses ersten Jahrtausends völlig herausfällt.

Unter den losen Fundstücken gibt es Jagdwaffen, Werkzeuge, Hausrat und Schmuck. An verarbeiteten Rohstoffen fällt der Obsidian ins Auge, aber auch das völlige Fehlen aller Metalle, selbst von Gold. Agavefasern und Baumwolle dienten zur Herstellung von Geweben. Und ebensowenig fehlt die Keramik, häufig sind Miniaturfigurinen und Köpfchen von bis zu drei Zentimetern Höhe, mit oder ohne Kopfschmuck; sie zeigen eine durchaus realistische Note und wurden in Modeln erstellt, wobei solche mit beweglichen Armen und Beinen den naturalistischen Zug unterstreichen.

Die Töpferkunst Teotihuacans gipfelt in der klassischen Zeit in einem Dreifußgefäß mit flachem Boden und Füßen von rechteckigem oder rundem Querschnitt; zum Teil hatten diese Gefäße einen konischen Deckel, waren teils mit ausgeschabten Mustern, teils mit Bemalung auf Stucküberzug verziert, vorwiegend in gelben, roten und grünen Mineralfarben. Neben diesem Typus, der als eigentliche Schöpfung unserer Metropole auch weithin verhandelt wurde, fehlt es aber nicht an ganz andersartigen Tongefäßen mit dünnem Scherben aus gelbrotem Material, das aus einem tropischen Tiefland stammen muß, ohne daß man

Die Ruinenstätte von Teotihuacan mit der Sonnenpyramide und der heiligen Straße, um 80

Göttin und singender Priester
Steinrelief aus Santa Lucía Cozumalhuapa, 600–900
Berlin, Stiftung Preußischer Kulturbesitz, Staatl. Museen
Museum für Völkerkunde

wüßte, woher. Diese Gefäße haben in der klassischen Zeit eine weite Verbreitung, die von Kaminaljuyú in Guatemala bis Tula reicht. Auch sie bezeugen einen Verkehr, der alle Kulturmittelpunkte miteinander verband. Auf diese Weise importierte man nach Teotihuacan zu reinen Schmuckzwecken Muschelschalen von beiden Küsten, Jade aus dem südlichen Mexico und Zinnober aus dem Mayagebiet.

Am wenigsten wissen wir, mangels aller schriftlichen Quellen, von den gesellschaftlichen Zuständen in Teotihuacan. Wir können lediglich aus dem Fehlen von Befestigungen und kriegerischen Darstellungen schließen, daß keine kriegerische Gesinnung herrschte, sondern daß es eine Ära friedlichen Austausches war. Wir unterstellen eine »theokratische« Ordnung, eine Herrschaft von Priesterfürsten, die in ihren geheiligten Händen die weltliche und geistliche Macht vereinigten.

Im Gegensatz zu den Wandmalereien, die durch und durch weltbildhaft-religiöse Gehalte mit realistischer Darstellung verbinden, atmen einige gerettete Großplastiken eine feierlich-leblose hieratische Strenge. Das bekannteste Denkmal ist die im National-Museum in Mexico aufgestellte *Diosa del agua*, die bei der Mondpyramide gefunden wurde; aus einem vierkantigen Lavablock gehauen, erreicht das Standbild (das sich ähnlich den Maya-Stelen nicht frei vom Pfeiler zu lösen scheint) bei einem Gewicht von zweiundzwanzig Tonnen eine Höhe von 3,14 Metern.

Aus diesen Plastiken, den Reliefs, den Keramiken und Fresken vermögen wir auf die religiöse Vorstellungswelt der Alten zu schließen. Ihr höchster Gott war der Regengott, der von den Azteken unter dem Namen Tlaloc verehrt wurde und dessen Symbol in klassischen Zeiten die später dem Windgott und Kulturheros Quetzalcoatl zugeordnete Federschlange war. Den Gottheiten wurden Nahrungsmittel, Quetzalfedern und Jade als Opfer dargebracht, dagegen war das Menschenopfer in Teotihuacan unbekannt.

Daß man neben den Göttern die Ahnen verehrt habe, läßt sich auf keinen Fall sagen. Das schließt den Glauben an ein Weiterleben in einem Jenseits nicht aus. Die genannten realistischen Tonköpfchen hält Alfonso Caso für Abbildungen der Toten; und vermutlich wurden die Masken aus Andesit, Jade oder Basalt, mit Inkrustationen von Muschelschale, Türkisen und Glimmer, die unter Verzicht auf eine Gemütsbewegung eine vornehme Ruhe zur Schau tragen, den Mumienbündeln vorgehängt. Wandgemälde in Tepantitlan (nahe dem Komplex Xolalpan) schildern uns farbenfreudig und anschaulich das Leben der Toten im Paradies, wo Bäume wachsen und Blumen blühen, wo es Mais und Kakao gibt und man singt und tanzt, soweit man sich nicht mit Schwimmen vergnügt.

Verständlicherweise hat eine Gesittung, die viele Jahrhunderte dauerte, ihre Entfaltung, ihre Blüte und ihren Niedergang erlebt. Teotihuacan ist gleich allen anderen frühen Kulturmittelpunkten aus archaischem Boden erwachsen, und seine Anfänge sind nach der heutigen Auffassung schon in den letzten Jahrhunderten vor der Zeitenwende zu suchen. Aus einer »Tzacualli« genannten Frühphase, nämlich dem zweiten Jahrhundert v. Chr., stammt bereits eine klassische Tempelanlage, während die spätere »Miccaotli«-Epoche den Bau der beiden großen Pyramiden erlebt hat, möglicherweise schon um Christi Geburt. Der von S. Linné ergrabene Tlamililolpan-Komplex ist mit der C 14-Methode auf 236 ± 65 n. Chr. datiert worden, so daß schon die erste Jahrtausendhälfte einer Blüte der Kultstadt entspricht, die der schwedische Forscher von 200 bis 600 rechnen will. Aus dieser Blütezeit würden auch die Wandgemälde, die Tonköpfchen und Dreifußgefäße stammen, bei deren Datierung uns der Handelsverkehr zwischen den klassischen Metropolen zugute kommt: hat man doch die charakteristischen Teotihuacan-Keramiken auch im Maya-Gebiet des Petén gefunden, wo sie der Epoche »Tzakol« (320–623) zugehören. Eine spätere, nach dem gleichfalls von Linné freigelegten Komplex »Xolalpan« benannte Epoche dürfte um 800 mit dem Untergang der Stadt geendet haben.

Als einen der uns verschlossenen Gründe für diesen Untergang hat man, ähnlich wie im Fall des »Alten Reiches« der Maya, einen Bauernaufstand gegen die Priesterherrschaft angenommen. Die natürlichste und zudem historisch belegte Erklärung dürfte aber in dem Einbruch der Nahua im 9.Jahrhundert zu suchen sein; wahrscheinlich eroberten kriegerische Horden die Stadt. In ihren Trümmern haben später Tolteken gesiedelt – das beweist die dort gefundene charakteristische »Mazapan«-Töpferware –, und später gab es auch aztekische Siedler in den Ruinen.

In ihrer Blütezeit aber hat die Kultmetropole weit ausgestrahlt. Sie stand ebenso mit den Totonaken der Golfküste in Handelsbeziehungen wie nach Süden hin mit den Zapoteken und darüber hinaus mit den Maya, da man sowohl auf dem guatemaltekischen Hochland wie im Petén die kennzeichnenden Dreifußgefäße gefunden hat. Alle Kulturschwerpunkte der klassischen Zeit standen ja in einem befruchtenden Austausch, so daß man neben dem priesterlichen Element der städtischen Zentren auch ihre Bedeutung als Märkte beachten muß.

Ein wichtiger Handelsmittelpunkt war beispielsweise das weiter südöstlich im Hochtal von Puebla gelegene Cholula, das seine höchste Blüte in den nämlichen Zeiten wie Teotihuacan erlebt haben muß. Von Cholulas Glanz ist der heute noch eindrucksvolle »gemachte Berg« übriggeblieben, eine Stufenpyramide, die auf einer Grundfläche von 400 mal 400 Metern ein Areal von 160000 Quadratmetern deckt. Der gewaltige Baukörper, der mit zweiundsechzig Metern die gleiche Höhe wie die »Sonnenpyramide« erreichte, war aber anders als diese nicht »aus einem Guß« aufgerichtet worden, sondern das Ergebnis zahlreicher Überbauungen. Sie sind in mustergültiger Weise von den mexikanischen Archäologen (vor allem dem Architekten Ignacio Marquina) durch Stollen in einer Gesamtlänge von sechs Kilometern erschlossen worden. Es ergab sich dabei, daß die Anfänge dieses Bauwerks in den Ausklang der archaischen Epoche zurückreichen, der wesentliche Ausbau aber in klassische Zeiten fällt.

Einer späteren Zeit gehört eine andere Kultstätte an, die auf aztekisch *Xochicalco* (»Am Blumenhaus«) heißt und im Staat Morelos liegt. Xochicalco geht offensichtlich in die Teotihuacan-Zeit zurück, ist aber in toltekischer Zeit weiter ausgebaut worden. Es gibt unter anderem einen Ballspielplatz und einen niedrigen Tempelunterbau, dessen geböschter Sockel auf Andesitplatten ein bewegtes Relief mit sich windenden Schlangen trägt, eine zweite Quetzalcoatl-Fassade, die, ungeachtet aller Stilverschiedenheit, die von Teotihuacan noch übertrifft.

Xochicalco ist ein Schnittpunkt sehr verschiedener Strömungen gewesen. Wenn wir es auch im Teotihuacan-Horizont verwurzelt glauben und dazu noch toltekische Elemente fassen können, so erinnern hieroglyphische Zeichen am ehesten an die Zapoteken. Aber Figuren, die auf dem geböschten Fries mit untergeschlagenen Beinen, den Kopf im Profil, zwischen Schlangenleibern sitzen, erinnern so unzweideutig an die Manier der Maya, daß man Xochicalco zugleich als den nördlichsten Vorposten von Mayaeinflüssen auffassen muß.

Die Totonaken

Einige andere klassische Gesittungen erblühten nicht auf dem Hochland, sondern im wärmeren und fruchtbaren Tropenklima der Abdachung der Sierra Madre Oriental, also im Hinterland der Küste. Das waren vor allem die Totonaken in Vera Cruz, das erste mexicanische Kulturvolk, mit dem Cortés in Berührung kam. Schon seit der toltekischen Zeit, also seit dem Ausgang des ersten Jahrtausends, haben in Sprache und Kultur kräftige Hochlandseinflüsse auf das Totonakengebiet ausgestrahlt, mit diesen späteren Zuständen werden wir uns aber in anderem Zusammenhang befassen; hier interessiert nur die klassische Totonaken-Kultur.

In ihrem milden Klima bauten die Totonaken außer den Gewächsen der gemäßigten Zone auch Süßkartoffeln und Maniok an, ferner Baumwolle zur Anfertigung ihrer Kleidung. Auch in den Behausungen wirkte sich der klimatische Unterschied aus; man konstruierte im Gegensatz zur Lehmbauweise des Hochlands luftige Häuser nicht nur mit Strohdach, wie auf der Mesa Central, sondern auch mit Wänden aus Rohr.

Totonakischer Kultmittelpunkt war in der klassischen Zeit der Komplex »Tajín«, dessen Name soviel wie »Blitz« bedeutet und damit möglicherweise die Rolle eines Gewittergotts andeutet und wo seit 1935 Ausgrabungen gemacht worden sind. Aus anderen Anlagen, wie Tempeln, »Palästen«, Ballspielplätzen, Terrassen, versenkten Höfen, ragt das im engeren Sinn »Tajín« genannte Bauwerk hervor: eine Tempelpyramide auf quadratischem Grundriß von fünfunddreißig mal fünfunddreißig Metern, die in sieben Absätzen zu einer Höhe von fünfundzwanzig Metern ansteigt. Als markante Besonderheit zeigt sie in den senkrechten Oberteilen ihrer Absätze über geböschten Sockeln dreihundertvierundsechzig Nischen, die sicher nicht nur dekorative Funktion hatten, sondern zu den Tagen des Sonnenjahres in Beziehung standen. Alle Gebäude Tajíns sind mit bemaltem Stuck geschmückt gewesen. Um nur mit einem Wort auf die Ballspielplätze hinzuweisen, so waren ihre rechteckigen Spielfelder an der Längsseite von schräg ansteigenden Mauern begrenzt, in die Steinringe eingefügt waren, die »Tore«, die der Kautschukball zu passieren hatte.

Während wir von dem Sinn des Ballspiels eine deutliche Vorstellung haben, ist das bei einigen Fundgruppen aus dem Totonakengebiet mitnichten der Fall. Der Schwede Sigvald Linné möchte die »erlesen geformten Steingegenstände zu einem höchst problematischen Zweck« in die folgenden Gruppen ordnen. Da haben wir die »Joche«, durchschnittlich fünfundvierzig Zentimeter lange und dreißig Zentimeter breite schwere Skulpturen aus Stein etwa in Hufeisenform, die mit Reliefs von Menschen, besonders Gesichtern, aber auch von Tieren (Schlangen, Kröten), dann wieder mit abstrakten Schnörkeln und Windungen dekoriert sind. Solche Reliefs verzieren auch die aus Verlegenheit »Palmas« getauften dreikantigen prismatischen Steingebilde, die sich fächerförmig verbreitern und deren flache

Rückseite die Reliefs aufweist, während der kantige Vorderteil vollplastisch ausgeführt ist. Eine dritte Gruppe stellen Votiv- oder Prunkäxte dar, die als flache Platten bezeichnet werden können und einen menschlichen Kopf in reliefiertem Profil aufweisen. Und schließlich gibt es Gebilde unter dem Verlegenheitsnamen »Vorhangschlösser«, womit sie natürlich gar nichts zu tun haben; es sind Steinskulpturen mit Löchern und Vorsprüngen, die sich jedoch derart unserer Deutung entziehen, daß Linné sie mit einer »abstrakten« Skulptur vergleichen konnte. Alle diese Gruppen hatten offenbar kultische oder zeremonielle Bedeutung. Obwohl sie am häufigsten, wenn auch nicht ausschließlich, auf totonakischem Boden vorkommen, wird ihre Zugehörigkeit zur Kunst dieses Volkes bestritten und – *faute de mieux* – an einen »olmekischen« Ursprung gedacht.

Über die gesellschaftliche Ordnung der Totonaken und ihre geistige Welt zur klassischen Zeit vermögen wir im Gegensatz zu den jüngeren Zeiten recht wenig zu sagen. Aus der Überlieferung wissen wir, daß die Totonaken früher einmal ein größeres Reich geschaffen hatten, das auch auf das Hochland übergriff. Aus den archäologischen Zeugnissen kann man auf eine Vielzahl von Gottheiten schließen, unter ihnen eine solare und eine vermutlich lunare, die mit dem Wachstum des Maises verbunden war, sowie einen Morgensterngott. Priester vollzogen die Opfer, darunter Menschenopfer, wobei das Herz herausgeschnitten wurde.

Die Huaxteken

Im Norden grenzte und grenzt an die Totonaken jenseits des Tuxpamflusses ein anderes Volk, die Huaxteken, die im nördlichen Vera Cruz und in San Luis Potosí in fruchtbarem Tropenland siedelten. Die Huaxteken sind ein Zweig des großen Volkes der Maya, der sich in frühen Zeiten von der Hauptmasse ihrer Sprachverwandten getrennt haben muß. Infolgedessen hatten sie an charakteristischen Errungenschaften der klassischen Maya-Kultur nicht teil, etwa an Kalender und Schrift, an der Stelenkunst im Stil des Petén und am »falschen Gewölbe«. Andererseits sind die Huaxteken sehr verschiedenartigen Einflüssen unterworfen gewesen, die sowohl von ihren südlichen totonakischen Nachbarn wie auch vom Hochland, und zwar zur klassischen Zeit von der Teotihuacan-Kultur und später von den Tolteken, ausgingen. Unter allen diesen Befruchtungen haben die Huaxteken ein von der Gesittung der Maya ganz verschiedenes und individuell geprägtes Kulturbild geformt.

Ihre Bauweise unterscheidet sich von der auf dem Hochland geläufigen darin, daß die Häuser nicht rechteckig, sondern rund waren und auch ihre Kultbauten diesen kreisrunden Grundriß hatten. Ihre Keramik zeigt Übereinstimmungen mit den ältesten Töpfereien der Maya, weicht dann aber völlig ab und entwickelt sich originell weiter; darunter sind Gefäße in Tierform, charakteristisch ist ein schwarzes Dekor auf cremefarbigem Grund. Die Huaxteken kannten auch eine plastische Kunst in Stein, die aber erst in nachklassischer Zeit ihre Blüte erlebte. Ihr berühmtestes spätes Beispiel ist der »Jüngling von Tamuín«, an dessen Körper man in flachem Relief eine Tätowierung erkennen kann. Ungeachtet einer nicht zu leugnenden plastischen Fähigkeit erinnern diese Gestaltungen an die »brettartigen«

(Krickeberg) huaxtekischen Stelen. Wir können nur vermuten, daß im Huaxtekenlande zwei Gottheiten, die von den Nahua übernommen wurden, auch schon in klassischer Zeit verehrt wurden: es ist niemand anders als der Windgott Quetzalcoatl, der durch die Tolteken eine so hervorragende Bedeutung gewann; ihre Erdgöttin Tlazolteotl (die Namen sind beide aztekisch) wurde als »Göttin des Unrats« bezeichnet, weil man bei ihr zur Beichte ging.

Die Zapoteken

Eine vierte Entfaltungszone klassischer Hochkultur lag ebenfalls außerhalb des gemäßigten Klimas der Mesa Central: das Land der Zapoteken, die im subtropischen südlichen Mexico siedelten, im heutigen Oaxaca, dessen Hauptstadt auf 1540 Meter Höhe liegt. Anders als im Falle von Teotihuacan, aber ebenso wie bei Huaxteken und Totonaken, wissen wir, daß die Zapoteken die alten Kulturschöpfer waren, deren Sprache noch heute von etwa hundertelftausend Menschen gesprochen wird.

Manche Dinge, die die Conquistadoren noch antrafen, waren als überkommenes Brauchtum uralt, etwa der reiche Federkopfschmuck, den die Zapoteken noch heute bei festlichen Aufzügen tragen und den wir für die älteren Zeiten von den keramischen Götterbildern her kennen. Wahrscheinlich färbten sie schon früher ihre Gewänder, die bis zu den Füßen reichten, mit Cochenille oder Purpur blau und rot. Auch bei ihnen spielte der Handelsverkehr eine große Rolle; kupferne Messer dienten dabei als Geld.

Vermutlich stand schon in klassischen Zeiten, wie auch später, neben dem weltlichen Herrscher ein Hoherpriester. Die altertumskundlichen Tatbestände spiegeln einen polytheistischen Götterhimmel, dem, ähnlich wie bei den Azteken, ein höchstes Götterpaar präsidierte, das aber für den praktischen Kult an Bedeutung verloren hatte, denn die beherrschende Gottheit der theokratischen Periode war ja, wie wir auch in Teotihuacan sahen, der Regengott, der bei den Zapoteken Cocijo hieß; er wird auch am häufigsten in den Keramiken dargestellt. Daneben gab es eine Gottheit des Maises, eine Erdgottheit und außer anderen Numina auch einen Kulturheros. Den Göttern wurden in frommer Verehrung, die kultische Reinigung durch Kasteien forderte, Rauchopfer und andere Gaben dargebracht. Vor allem dem Regengott wurden Menschen, und zwar bevorzugt Kinder, geopfert.

Die Priesterschaft, deren oberstes Haupt in späteren Zeiten in Mitla residierte, pflegte auch den Kalender, dessen Jahr zweihundertsechzig Tage zählte. Einige Forscher vertreten die Auffassung, daß dieser »priesterliche« Jahresrhythmus, den wir aus dem gesamten Mesoamerika kennen, bei den Zapoteken aufgekommen sei (möglicherweise aber von den »Olmeken« angeregt). Das Jahr gliederte sich in vier Jahreszeiten zu je fünfundsechzig Tagen, deren jede wiederum aus fünf Monaten zu je dreizehn Tagen bestand.

Während die vorgenannten kulturgeschichtlichen Eigenheiten mehr aus der Perspektive der quellenmäßig erschlossenen Spätzeit gesehen sind, bietet der archäologische Fundstoff reiche gesicherte Aussagemöglichkeiten. Vor allem ist seit 1931 von Alfonso Caso, wenn auch heute noch unvollkommen, der alte zapotekische Kultmittelpunkt auf dem Monte Albán freigelegt worden. Mindestens bis zur Jahrtausendwende lag hier die Tempelstadt der Zapoteken, vierhundert Meter hoch über der Stadt Oaxaca; von seinem künstlich geebneten Plateau von 700 mal 250 Meter aus bietet sich eine herrliche Aussicht auf die Bergwelt und ihre subtropischen Täler. Dort oben erblickt der Besucher Kultpyramiden im Stil der mesoamerikanischen Kultmetropolen, Plattformen, die versenkte Höfe einschließen, auch einen Ballspielplatz mit schräg ansteigenden Wänden. Architektonische Eigenheiten sind die monolithischen Rundsäulen und die auf geböschten Sockeln ruhenden senkrechten Oberteile der Pyramidenabsätze, die zu dreiseitigen, nach unten offenen Rahmen ausgebildet sind. Als *Galería de los danzantes* bezeichnet man eine Anzahl von Blöcken mit Reliefs von Menschen in eigenartiger kultischer Pantomime, die einst den Sockel einer Erdpyramide bekleideten. Die Darstellungen reliefbedeckter Stelen sind teils bildhaft, teil glyphisch; als Zahlzeichen werden ebenfalls Punkte und Balken verwendet

In den Flanken des Berges und oben unter den Bauwerken sind bisher über einhundertfünfzig Gräber freigelegt worden, die neben den Schachtkammergräbern des Westens die einzige Grabbaukunst in Mesoamerika darstellen. Stufen führen zu Kammern hinab, die in T- und kreuzförmigem Grundriß in den Felsen gehauen sind. Es erinnert an Tierradentro in der Zentralkordillere Kolumbiens, daß herausprofilierte Pfeiler Nischen in den Wänden bilden. Die Wände sind mit bemaltem Stuck überzogen, und zwar in einer Ausführung, die so stark an den Stil der Fresken von Teotihuacan gemahnt, daß der Verdacht aufgekommen ist, dortige Künstler hätten diese Gemälde ausgeführt.

Unter den Grabbeigaben fallen eigenartige keramische Stücke auf, Figurengefäße in einem bizarren Stil, der sie unverkennbar von allem übrigen abhebt; vor allem der Kopfputz ist phantasievoll gestaltet. Ursprünglich bestanden sie aus einem zylindrischen Gefäß mit einer davorgesetzten Figur, später verschmolzen beide Elemente vielfach zu einem einzigen Gebilde. Diese Figurengefäße dürfen nicht ohne weiteres als »Graburnen« aufgefaßt werden, da sie meistens als »Wächter« vor dem Eingang eines Grabes oder in Tempeln entdeckt wurden, aber noch nie einen Beigaberest enthielten. Disselhoff möchte sie deshalb als Räuchergefäße deuten.

Auch die Kultur des Monte Albán hatte gleich der von Teotihuacan eine lange Lebensdauer und eine wechselvolle Geschichte. Eine »formative« Frühperiode, auf die wir schon angespielt haben, reicht in die Mitte des ersten Jahrtausends v. Chr. zurück; in dieser Zeit haben archaische und olmekische Elemente den Ausschlag gegeben. Bei den letzteren denkt man heute an die *danzantes*. Während wir diese Zeit nicht ohne weiteres mit dem Volk der Zapoteken verbinden können, dürfte dies aber für eine zweite, frühklassische Phase gelten, aus der es ein C 14-Datum von 273 v. Chr. ± 145 gibt. Die klassischen Höhepunkte der Zapoteken entsprechen der Zeit von rund 300 bis gegen 1000 n. Chr., und die Blüte ihrer Kultur um die Jahrtausendmitte deckt sich mit dem Glanz sowohl der alten Maya-Kultur wie dem von Teotihuacan und des Tajín. Aus dieser Zeit dürften auch die Figurengefäße stammen. Aber das »goldene Zeitalter ohne Gold«, wie Linné es nennt, neigte sich mit der Jahrtausendwende seinem Untergang zu.

Die nachklassischen Jahrhunderte sahen das Aufkommen der Mixteken, die um 1300, wenn nicht etwas früher, den Monte Albán besetzten und nun die führende Rolle in diesem

Raum übernahmen, wobei allerdings nur vorübergehend Mitla zum neuen zapotekischen Kultmittelpunkt wurde. Da diese Entwicklungen aber aus der klassischen Zeit herausfallen, kommen wir erst in einem späteren Zusammenhang darauf zurück. Dabei ist jedoch zu bedenken, daß auch die kulturelle Entfaltung des so eminent kunstbegabten Volkes der Mixteken aus »klassischen« Wurzeln erwachsen ist; geht doch ihre geschriebene Geschichte, die Caso aus den mixtekischen *Codices* lesen konnte, bis auf das Jahr 692 zurück.

Die klassische Maya-Kultur

In südlicheren Bereichen blühte in diesen Jahrhunderten die Maya-Kultur, deren klassische Zeit man früher als »Altes Reich« zu bezeichnen pflegte, ein Name, der zu Unrecht der Geschichte Ägyptens entlehnt war; er trifft auf die »Griechen Amerikas« um so weniger zu, als es wahrscheinlich ein solches Reich überhaupt nicht gegeben hat. Was wir statt dessen von der alten Maya-Kultur sicher aussagen können, sind weitgestreute städtische Gründungen, wobei wir allerdings den Begriff »Stadt« richtig verstehen müssen. Auch in diesem Fall handelt es sich nicht um geballte Wohnsiedlungen, sondern um Kultmittelpunkte, Residenzen und Märkte zugleich. Die älteste solcher Städte im Bereich der klassischen Maya-Kultur des Petén ist Tikal, woher übrigens auch das früheste authentische Datum der Maya-Geschichte auf der »Leidener Platte« von 320 n. Chr. stammt. Weitaus die meisten Datierungen aber sind Einmeißelungen in Stelen, deren frühestes Datum (328 n. Chr.) aus Uaxactún stammt. Über das Kerngebiet des Petén hinaus greifen die städtebaulichen Vorgänge auf den Unterlauf des Motagua über, wo 465 Copán in Honduras gegründet wurde, und in anderer Richtung zum Usumacinta, wo Städte wie Yaxchilán, Piedras Negras, Palenque und Bonampak entstanden.

Alle diese Gründungen erwachsen im menschenfeindlichen Regenwald; andererseits geht, wie wir sahen, die Mayasiedlung auf der Karstplatte Yucatans in vorklassische Zeiten zurück, so daß das erste nachchristliche Jahrtausend auch hier das Erblühen klassischer Städte erlebte. Chichen Itzá wurde erstmals schon 534 gegründet (und später preisgegeben), ihm folgte 564 Tulúm, während Cobá 623 entstand. Das in den letzten Jahren in den Vordergrund getretene Dzibilchaltún, auf dessen Gelände nördlich von Mérida Wyllys Andrews heute noch gräbt, muß schon in klassischer Zeit eine Wohnstadt gewesen sein, die damit neben das Teotihuacan des mexikanischen Hochlandes tritt. Und wiederum in einer anderen Umwelt entwickelten sich die Mayastädte des Hochlands von Guatemala, wo Kaminaljuyú sich zu einem Komplex von zweihundert Pyramiden und dreizehn Ballspielplätzen entfaltete.

Die letzte all dieser Gründungen der klassischen Periode scheint Quiriguá (711) gewesen zu sein. Freilich haben wir aus den schon bestehenden Städten noch spätere Daten, unter den letzten eines aus Uaxactún, das ja auch das erste Stelendatum von 328 geliefert hat, so daß wir hier ein städtebauliches Kontinuum von fünfhunderteinundsechzig Jahren vor uns haben. Das letzte authentische Datum überhaupt stammt eigenartigerweise wieder von einem Jadebrustschmuck von 909, dem Gegenstück also zur Leidener Platte mit dem frühesten Datum von 320.

Wir sprechen hier von den letzten Daten, weil wir vor der erregenden Tatsache stehen, daß alle diese glanzvollen Städte im 10. Jahrhundert vollkommen geräumt und preisgegeben worden sind. Es steht fest, daß das Gros der Maya nach dem nördlichen Yucatan auswanderte, aber auch daß das alte Gebiet des Petén und seiner Randlandschaften keine nachfolgende Besiedlung erfahren hat. Mit dem Schicksal der yucatekischen Maya während der fünf Jahrhunderte der »nachklassischen« Zeit werden wir uns zu beschäftigen haben – dagegen sind die Gründe, welche die Maya zur Preisgabe ihrer Städte veranlaßt haben, unserem Verständnis gänzlich verschlossen. Man hat die verschiedenartigsten Vermutungen angestellt; man hat an eine Klimaverschlechterung, an Erschöpfung des Bodens oder Erosion der Hänge gedacht; eine äußere Invasion ist ebenso in Erwägung gezogen worden wie ein Bauernkrieg.

Die Daten aber, die wir kennen, sind uns von den Maya selber vermacht worden, eingemeißelt auf den in ihren Städten errichteten »Stelen«. Diese von Krickeberg sogenannten »Meilensteine der Zeit« wurden ursprünglich alle zwanzig Jahre, später auch in kürzeren Zeitabständen aufgestellt. Der Wert dieser Monumente für die Zeitbestimmung der Maya-Kultur ist um so unschätzbarer, als die geschriebenen Dokumente, die *Codices*, wenigstens in den drei uns erhaltenen Stücken, aus der nachklassischen Spätzeit Yucatans stammen.

Um einen Eindruck von den »Städten« zu geben, vertiefen wir uns ein wenig in ihre Architektur. Die allerdings ausschließlich den Repräsentativbauten vorbehaltene Steinbaukunst reicht auf jeden Fall in die formative Chicanel-Epoche zurück. In ihrer klassischen Entfaltung pflegt man zwei Typen von Bauten zu unterscheiden. Es sind einerseits lange und schmale Baukörper, auf niedrigen Terrassen stehend, auf rechteckigem Grundriß und mit nebeneinandergereihten, wegen der beträchtlichen Mauerstärke nur kleinen Räumen. Diese Gebäude werden gewöhnlich »Paläste« genannt; gegen diese Deutung werden freilich Bedenken geltend gemacht, und in Wahrheit wissen wir nicht, wozu sie dienten.

Dagegen sind die Tempelpyramiden in ihrem Charakter unbezweifelt. Wie der Name sagt, stehen Tempelbauten, und zwar jeweils einer, auf einem pyramidenartigen Unterbau, der sich auf rechteckigem oder quadratischem Grundriß erhebt; bei der Bezeichnung »Pyramide« muß man jedoch zwei Ungenauigkeiten hinnehmen: die Baukörper sind gestuft, und sie enden in einer den Tempel tragenden Plattform, so daß man sie treffender als gestufte Pyramidenstümpfe bezeichnen müßte. Sie bestehen aus Steinen und Erde, trugen ursprünglich aber eine Bekleidung aus Steinplatten oder Stuck. Der Tempel auf der Plattform war anfangs aus Holz und umschloß einen einzigen Raum, der später durch Einziehung einer Trennwand in einen Vorraum und das Allerheiligste aufgeteilt wurde. Während die Cella im Dunklen lag und nur durch die Verbindungstür Licht erhielt, hatte die Vorderwand des ebenfalls fensterlosen Vorraums ursprünglich auch nur eine Türöffnung, zu der eine Treppe hinaufführte; später aber wurde sie durch zusätzliche Öffnungen aufgelockert, so daß sich die Tempelfassade schließlich in eine kleine Säulen- oder Pfeilergalerie auflöste.

Die Kultpyramiden der Maya haben als mesoamerikanisches Element noch weitere Züge mit denen der Mexicaner gemein. Es sind, um nur Wichtigstes zu nennen, die uns schon

DAS PRÄKOLUMBISCHE AMERIKA 57

geläufige Technik der Überbauungen und die Bedeutung des Pyramidenstumpfes als steingewordenen Weltbilds, Symbol des in Plattformen gegliederten Kosmos. Aus dem klassischen Mayagebiet haben wir allerdings auch den Fall, daß die Pyramide als Grabstätte eines unter der Plattform bestatteten Priesterfürsten diente, der unter einer kunstvoll skulptierten Deckplatte in einem monolithischen Sarkophag beigesetzt war. Doch dieser *Templo de las inscripciones* in Palenque ist bis heute nicht nur das einzige Beispiel für eine Pyramide als Grab, sondern dazu noch ein sehr spätes – hier wurden Daten von 603 und 633 n. Chr. entziffert –, also auf keinen Fall maßgebend für die Ursprungsbedeutung der Bauform.

Palenque bietet auch noch eine andere ausgefallene Eigentümlichkeit, nämlich einen drei Stockwerke hohen Turm, der die Stadt überragt – ausgefallen, weil wir wie in der mexicanischen, so auch in der Baukunst der Maya keine echte Mehrstöckigkeit haben, die nur manchmal dadurch vorgetäuscht wird, daß ein zurücktretender oberer Baukörper auf einer massiven Unterkonstruktion steht. Eine wirkliche Erfindung der Maya aber ist das »falsche Gewölbe«: die Überdachung vermittels von zwei sich gegenüberliegenden Wänden aus fortschreitend in das Licht hinein überkragenden Steinen, die oben eine Scheitellinie bilden. Als weitere Stileigentümlichkeiten wären die durch horizontale Gesimse und Maskenfriese gegliederten Fassaden zu nennen sowie die künstliche Erhöhung der auf den Pyramidenstümpfen stehenden, jedoch einstöckigen Tempel durch ragende Ziergiebel.

Merkmale, wie wir sie kurz skizzierten, haben das Gesicht der Maya-Städte geprägt. Mit Ausnahme des yucatekischen Dzibilchaltún, das schon in klassischer Zeit eine Wohnsiedlung war, haben wir es also auch hier mit Kultmittelpunkten und Wallfahrtsorten, Residenzen und Märkten zu tun, während die bäuerliche Bevölkerung jeweils in abhängigen Dörfern um den Vorort des Hoheitsgebietes lebte. Als hervorragendste Metropole des guatemaltekischen Hochlandes lernten wir Kaminaljuyú und als größte Stadt des Peténs Tikal kennen. Wir haben uns diese wie alle anderen »Städte« als eindrucksvolle Komplexe steinverblendeter Bauwerke vorzustellen, von »Palästen« und Tempelpyramiden, Ballspielhöfen und Festplätzen, mit dazwischen gruppierten Altären und Stelen, wobei die einzelnen Anlagen durch gepflasterte Straßen miteinander verbunden waren. Aber nicht nur die Verbindungswege zwischen den Kultanlagen in einer Stadt, sondern auch die Fernstraßen reichen in die klassische Phase der Priesterkulturen zurück. Bis zu fünf Meter breite Prozessionswege durchquerten das Busch- und Savannenland Yucatans, wovon noch heute der Rest einer Wallfahrerstraße zeugt, die von Yaxuná bis Cobá einen Großteil des nördlichen Yucatans durchzieht.

Als künstlerische Leistung aber steht ebenbürtig neben der Baukunst, wenn nicht sie überragend, die Kunst des Fassadenschmucks und des Reliefs. Maskengesichter realistischer Intention setzen von den frühesten klassischen Bauwerken an Akzente an den Fassaden. Auch das Relief zeigt in der klassischen Zeit nicht nur Gegenständlichkeit, sondern auch erstrebte Wirklichkeitstreue. Flachreliefierte Menschengestalten vom »Palast« in Palenque gehören zum Ausdrucksstärksten und auch Bewegtesten, was das alte Amerika in vergleichbaren Werken geleistet hat. Die Kunst der Steinmetzen, die nur mit steinernen Werkzeugen arbeiteten, exzelliert in der für die Maya mehr als alles andere charakteristischen Stelenkunst.

Wie angedeutet, handelt es sich dabei um steinerne Pfeiler von durchschnittlich zwei bis vier Meter Höhe, die in einigen Fällen auch mehr als zehn Meter erreichen und von rechteckigem Querschnitt sind. Dabei dient eine der längeren Seiten sozusagen als Schauseite, auf der eine figürliche Darstellung ausgearbeitet ist, während Rückseite und Seitenflächen über und über mit Glyphen, darunter auch Zahlenwerten, bedeckt sind. Die figürliche Wiedergabe stellt regelmäßig eine Person, offenbar einen Gott oder Priesterkönig, *en face* in feierlicher Haltung, doch nicht ohne Lebensnähe dar. Die ersten dieser Stelen gehören der Phase »Tzakol« (317–633) an. Man vermutet, daß sie ursprünglich aus Holz gearbeitet waren, und dafür spricht, daß uns auch geschnitzte hölzerne Türoberschwellen erhalten sind. Die Schnitzkunst wurde später auf den Stein übertragen, wobei man die Bemalung beibehielt, die ebenfalls noch in Resten zu sehen ist. Wir können sehr wohl den Übergang von einem ursprünglich flacheren zu einem immer mehr profilierten Hochrelief fassen, das sich aber auch in seinen plastischsten Beispielen, die in der Spätklassik auf eine barock anmutende Art überladen sind, nie von dem vorgegebenen Pfeiler löst.

Gegenüber dieser reichentwickelten und auch reichlich bezeugten Stelenkunst ist uns die freie Rundplastik nur durch wenige Stücke belegt. Diese Köpfe, die einst als Fassadenschmuck dienten, sagen uns aber, daß das Zurücktreten der Vollplastik nicht auf einem Unvermögen der Künstler beruhte, sondern daß ihre Intention, einem hieratischen Kanon folgend, auf die Reliefkunst ausgerichtet war und blieb.

Wir deuteten an, daß es sich bei den Motiven der Stelenkunst ganz überwiegend um figürliche Einzeldarstellungen handelt; das Szenische fehlt im Steinrelief nicht, tritt aber entschieden zurück. Das ist verständlicherweise anders beim Zeichnen und Malen. Diese Kunst, bei der die Maya nicht nur die Perspektive, sondern auch eine von keinem anderen indianischen Volk erreichte Leichtigkeit der Bewegungsvorgänge übten, hat einen durch und durch realistischen Zug. Unsere wichtigste Quelle für die zeichnerischen und malerischen Talente der Maya sind die Keramiken, die ihre Höhepunkte in den Epochen »Tzakol« (317–633) und »Tepeu« (633–731) hatten. Einen gewissen Mangel an plastischer Phantasie gleichen sie aus durch eine oft elegante Form und – nicht selten neben einem reliefierten Dekor – durch gemeisterte Polychromie, die als Motive Figuren wie Glyphen verwendet.

Dagegen haben wir erst vor sechzehn Jahren erfahren, daß es nicht erst in der yucatekischen Spätzeit, sondern schon in der klassischen Priesterkultur eine Freskenkunst gab. 1946 stieß man erstmals auf einen im Urwald von Chiapas vergrabenen Ruinenkomplex, dem der Nestor der Mayaforschung, Sylvanus Morley, den Namen »Bonampak«, »Bemalte Mauer«, gab. In drei Räumen eines Palastes fand man flächenbedeckende Wandgemälde (insgesamt 144 Quadratmeter), die auf einem grobkörnigen Kalkverputz mit Mineralfarben ausgeführt waren. Diese Gemälde, die zwischen 622 und 830 entstanden sind, stellen auf bewegte naturnahe Weise vorwiegend kultische Szenen dar, entbehren jedoch nicht des Einschlags kriegerischer Gewalt.

Erstaunlich dabei ist der Gegensatz, der zwischen solchen zeitlos gültigen Schöpfungen und der im Grunde steinzeitlichen Werkzeugtechnik der Maya klafft. Alle ihre Geräte waren aus Stein und Holz, die ohnehin nicht sehr zahlreichen Metallgegenstände sind spät,

Klassische Epoche BIS UM 900 N. CHR.

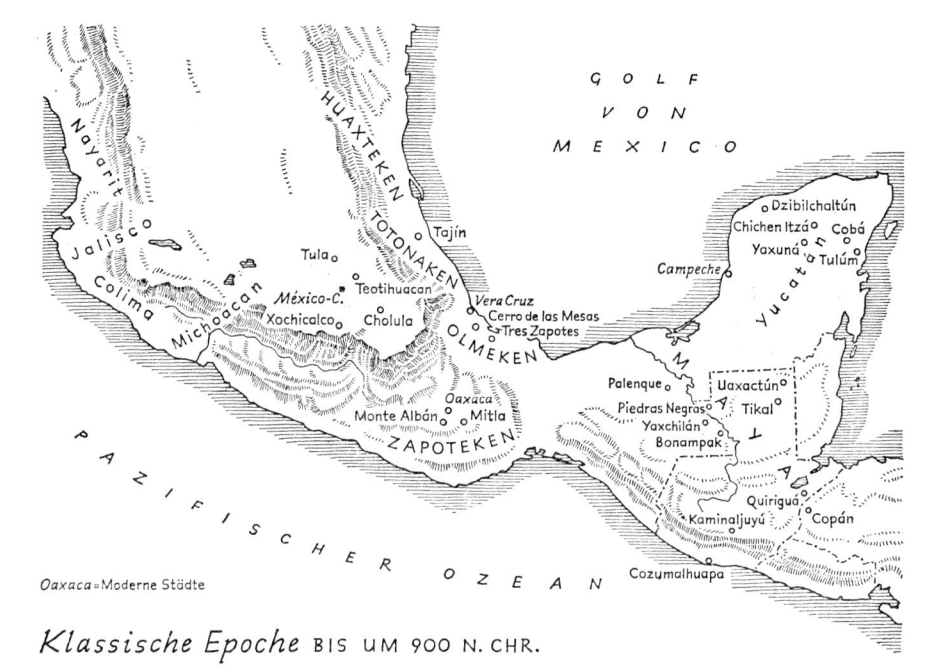

Meso-Amerika

///// Aztekischer Machtbereich
|¹|¹|¹| Siedlungsbereich der Maya
Oaxaca = Moderne Städte

Spät-Zeit BIS ZUR CONQUISTA

fallen also aus der hier behandelten Periode heraus und stammen zumeist, wie wir sehen werden, aus dem großen Cenote, dem heiligen Brunnen von Chichen Itzá. Schon klassisch aber waren die bereits von der La Venta-Kultur ererbte Kunstfertigkeit der Jadeverarbeitung und der vermutlich der Oberschicht vorbehaltene Federschmuck, den wir ebensowohl von den Stelenreliefs wie von den Fresken von Bonampak her kennen. Eine Stärke der Maya war sicher auch schon in alten Zeiten der Handel. Daß zwischen allen Schwerpunkten des theokratischen Mesoamerikas ein Austausch bestand, beweisen, um nur ein schlagendes Beispiel zu nennen, die klassischen Teotihuacan-Gefäße, die sowohl in Kaminaljuyú wie im Petén gefunden wurden. Altertümlich wie das Werkzeug der Künstler und Handwerker war auch der Betrieb der Landwirtschaft, die neben Jagd und Fischfang die Hauptunterhaltsquelle der Bauern war. Man muß sie als eine primitive Brandrodungswirtschaft kennzeichnen, die abgesehen von der zur Rodung benutzten Steinaxt nur mit dem Pflanzstock arbeitete und weder Düngung noch Fruchtwechsel kannte. Die wichtigste Nahrungspflanze war der Mais; als Genußmittel baute man, vor allem in Tabasco, Kakao an, dessen Bohnen wahrscheinlich auch damals schon als Kleingeld verwendet wurden; für technische Zwecke fand die Sisalagave vielseitige Verwendung.

Angesichts des Fehlens schriftlicher Quellen versteht man, daß unsere Aussagen über den gesellschaftlichen Lebensbereich begrenzt sind. Aber auch ohne geschriebene Dokumente lassen die Monumente auf die imponierende Prunkentfaltung einer Oberschicht schließen, so daß wir gleich den verwandten Kulturen in Mexico eine »theokratische« Ordnung der öffentlichen Gewalt unterstellen können. Für ein Einheitsreich der Maya in der klassischen Zeit gibt es jedoch kein Indiz. Es dürfte sich vielmehr um ein Nebeneinander von der griechischen *Polis* vergleichbaren Stadtstaaten gehandelt haben, deren Dynasten wohl teilweise miteinander verwandt und verschwägert waren und an ihrem Hof einen Adel versammelten. Unter der breiten Masse der in Dörfern angesiedelten Maisbauern gab es in dieser Klassengesellschaft noch einen dienenden Sklavenstand. Waffen spielen unter den Fundstücken zwar keine Rolle; in der bildenden Kunst aber finden wir nicht nur Blasrohr, Speere und Speerschleudern dargestellt, die freilich auch zur Jagd gedient haben können, sondern gerade die Fresken von Bonampak sprechen in einer uns bislang noch nicht offenkundigen Weise von Blutvergießen und brutaler Gewalt.

Die Wandgemälde schildern prunkvolle Zeremonien, darunter Maskentänzer in phantastischer Tierverkleidung. Stelenreliefs belehren uns, daß unter den Opfergaben eigenes Blut ebenso wie Menschenopfer schon in klassischen Zeiten dargereicht wurden. Daneben gab es Kasteiungen, wenn beispielsweise dem beichtenden Büßer auferlegt wurde, eine dornenbesetzte Schnur durch seine Zunge zu ziehen. Auch bei den Maya der theokratischen Zeit fehlte das Ballspiel nicht, bei dem die Spieler in ledernem Hüft-, Knie- und Fußschutz einen massiven Kautschukball warfen. Die Göttergestalten freilich, denen dieser Kult gewidmet war, können wir nur aus der Spätzeit rekonstruieren. Unzweifelhaft aber ist die Herrschaft einer in ihren oberen Chargen prunkhaft ausgestatteten Priesterkaste, die mit Hilfe der Wahrschau die Gläubigen beherrschte und nicht nur den Kult im engeren Sinne pflegte, sondern auch die frühen Sparten der Priesterweisheit, in der sich mythisches und symbolisches Denken mit Anfängen echter Welterkenntnis verzahnte.

Das Weltbild im räumlichen Sinne spiegelt sich in den Pyramiden: die auf dem Weltwasser schwimmend gedachte Erdscheibe ist bei den Maya wie bei den mexicanischen Völkern die mittlere Plattform eines aufrechten und eines umgekehrten gestuften Pyramidenstumpfs. Eine Weltalterlehre, die ihren späten Niederschlag im *Popol Vuh* der Quiché gefunden hat, reicht anscheinend weit zurück; drei Schöpfungen, deren jede durch Flutkatastrophen geendet hat, gingen der gegenwärtigen Welt voraus, der aber das gleiche Endziel gesetzt war.

Dagegen verkünden die Monumente selber die Leistungen der Priester auf den Gebieten der Schrift und der Zahlenschreibung, des Kalenders und der Chronologie. Bei grundsätzlich gleichartigem Charakter der Glyphen möchten die Zeichen auf den klassischen Monumenten uns im Vergleich mit der stärker kursiven Art in den späteren *Codices* mehr »kalligraphisch« erscheinen, eine Nuance, die sich aus dem Material erklärt. Zu einem wirklichen Verständnis der Mayaschrift ermangelt es aber der Grundlage einer detaillierten Bilingue, so daß bis heute nur etwa hundert Zeichen (weniger als ein Drittel) gedeutet werden konnten, wobei uns vor allem jeglicher Zugang zu einem zeichenverbindenden Gedankengang fehlt. Die Glyphen sind ein Zeugnis für das hohe Abstraktionsvermögen der Maya; sie enthalten zweifellos auch phonetische Ansätze im Sinne einer Silbenschreibung.

Zu den abstrakten Symbolen gehören in jedem Falle die Zahlzeichen, die – wie wir das auch schon im Mexicanischen sahen – aus Strichen und Punkten bestehen, wobei jeder Punkt den Wert Eins und der waagerechte Balken die Fünf darstellt. Schrieb man auf diese Weise die Ziffern von 1 bis 19, so wurden höhere und höchste Zahlenwerte dank der Erfindung der Null und des Stellenwerts wiedergegeben. Dabei drückten die Maya, anders als die Inka, die zwar auch den Begriff Null kannten, aber kein eigenes Zeichen dafür hatten, die Null durch eine muschelartige Glyphe aus. Die Rangstellen wurden übereinandergesetzt (die höheren Werte oben). Ein zweiter Unterschied gegenüber unserem, aber auch gegenüber dem altperuanischen Dezimalsystem bestand in dem von den Maya geübten Vigesimalsystem, das die höheren Einheiten durch Multiplikation mit 20 bildete. Hierbei bestand nun noch die Inkonsequenz, daß man an Stelle der Einheit 20 mal 20, also 400, die Einheit 360 wählte, eine scheinbare Unfolgerichtigkeit, die sich aber unzweifelhaft aus der Anpassung an das solare Jahr des Kalenders erklärt. Die höheren Einheiten waren infolgedessen 20, 360, 7200, 144000 und so fort. Wir ahnen schon, daß es sich bei der Rechenkunst nicht um eine Handhabe für das praktische Leben handelte, sondern um echte Priesterweisheit, die ihr vorzügliches Anwendungsfeld in dem mit Kult und Wahrschau verbundenen Kalender hatte.

Auch in der Kalenderrechnung drängen sich starke mesoamerikanische Übereinstimmungen auf, die auf eine gemeinsame Wurzel weisen. Dazu gehört ebenso das Nebeneinander eines »priesterlichen« und eines »profanen« Kalenders wie die Formung höherer Einheiten durch das Überkragen ungleicher Zahlen- und Zeichenreihen, das wir auch aus dem alten China, Siam und Java kennen. Dieses System führte bei dem »bürgerlichen« Kalender von achtzehn Zeichen und zwanzig Tagen dazu, daß dieselbe Zahlen- und Zeichenverbindung sich alle 360 Tage wiederholte (zur Anpassung an das Sonnenjahr wurden fünf Schalttage angefügt), bei dem priesterlichen Jahr von 13 mal 20 Tagen alle

260 Tage. Beide fielen nach 52 Jahren zusammen und koinzidierten nach zweimal 52, also nach 104 Jahren, auch mit der scheinbaren oberen Konjunktion der Venus. Außer diesem Gestirn, das also einem Rhythmus von 584 Tagen folgt, beobachtete man, unter anderem, die Mondperioden, denen man im Wechsel von 29 und 30 Tagen Rechnung trug. Die Korrekturformeln zur Angleichung des Kalenders an die wirklichen Umläufe von Sonne und Mond arbeiteten ohne Multiplikation und Division nur additiv und subtraktiv. Die Himmelsbeobachtung geschah selbstverständlich mit bloßem Auge; man kannte jedoch (wie das »Caracol« genannte Bauwerk in Chichen Itzá demonstriert) »Observatorien«, wo man die Gestirne über die Kanten der Auslugöffnungen anpeilte.

Eine noch bewundernswertere geistige Leistung war, daß man über die kurzfristige Kalenderrechnung hinaus zu einer langfristigen Chronologie, dem *long count*, gelangte. Gleich vielen anderen Völkern, im Grunde genommen auch uns, geht diese Rechnung von einem zugrunde gelegten Zeitpunkt aus, der unserem Jahr 3113 v. Chr. entspricht; das darf aber auch in diesem Falle nicht mit der viel späteren wirklichen Einsetzung der Kalenderrechnung verwechselt werden. Und zwar meißelte man die seit dem hypothetischen Anfangszeitpunkt verflossenen Tage nach dem beschriebenen Rechen- und Kalendersystem in die Stelen ein, die so mit Recht den Namen »Meilensteine der Zeit« verdienen, aus denen man also die Zahl der Tage ablesen kann, die bis zur Errichtung des Denkmals vergangen waren. Dieser Brauch wurde jedoch nicht auf dem Hochland von Guatemala geübt und kam auch in der späteren, nachklassischen Zeit außer Gebrauch, in der man nur noch mit Zeitabschnitten von 260 Jahren operierte. Der daraus für die Forschung resultierende Nachteil ist offenbar; denn eine spätere Fortführung der langen Rechnung würde schließlich durch den Vergleich mit den gleichzeitigen europäischen Daten eine vollkommene Synchronisierung der Maya-Rechnung gewährleisten. Der angedeutete Mißstand aber hat es mit sich gebracht, daß bis heute in der Deutung der Daten sich zwei Systeme der »Konkordanz« gegenüberstehen: die von Spinden und die von Goodman-Martínez-Thompson, zwischen denen eine Lücke von 260 Jahren klafft. Zwar sprechen C 14-Daten eher für die Spindensche Rechnung, die alle Ereignisse um 260 Jahre früher datiert; die »herrschende Lehre« aber folgt nach wie vor der Thompsonschen Konkordanz (die auch den von uns gegebenen Umrechnungen zugrunde liegt), weil sonst zwischen dem Auslaufen der klassischen Ära und dem Beginn der yucatekischen Spätzeit ein unausgefüllter Hiatus bliebe.

San Agustín

Kein Chronist erwähnt die heute noch von vielen Rätseln umgebene Kultur von San Agustín, einer Fundstätte nahe einer Ortschaft in der Gegend des obersten Magdalenentals in Kolumbien. Unter den vielen, die bis heute dort gearbeitet haben, sei als Deutscher Konrad Theodor Preuß genannt, der 1913/14 insgesamt einhundertzwanzig Denkmäler aufnehmen konnte. Ihre Zahl hat sich inzwischen, unterstützt auch durch Funde an anderen Stellen, auf dreihundertachtundzwanzig erhöht. Im Vordergrund stehen die Zeugnisse alter Steinmetzkunst.

Da gibt es mehr oder weniger flach reliefierte Blöcke, teils mit oberflächlichen Einritzungen, teils auch schon kräftiger profiliert; dazu gehören die Darstellungen vom *Alto del tablón*, Menschen mit erhobenen Armen, die Krickeberg wie ein »Stein gewordenes ewiges Gebet« anmuten. Da sind zylindrisch behauene Steine mit reliefierten Gesichtern und Armen. Es ist fraglich, ob sie geschichtlich gesehen wirklich den Übergang zur freien Vollplastik bilden, doch stilistisch wird man ihn darin sehen müssen. Was hauptsächlich die Aufmerksamkeit auf diesen Fundplatz gelenkt hat und lenkt, sind die zahlreichen Großplastiken, die man, weil sie aus einem einzigen Block gehauen sind, ebenso monolithisch wie megalithisch nennen kann; es sind Stücke darunter, die eine Höhe von vier Metern erreichen.

Alle haben gemeinsam, daß sie auf Details verzichten und großlinig gearbeitet sind. Die Bildwerke zeigen noch Spuren von Farbe in Schwarz, Weiß und Orange und haben anscheinend verschiedene Rollen gespielt. Zum Teil dienten sie offensichtlich dazu, Gräber in ihrer Nähe zu kennzeichnen, andere bedeckten als skulpturierte Platten die Gräber selbst, einige standen als Karyatiden in Tempeln, und wieder andere waren wohl reine Götterbilder. Unter diesen höheren Wesen im Pantheon der alten Kulturschöpfer glaubt man solare und lunare Numina, Erd-, Wasser- und Windgötter zu unterscheiden; die Figuren, die Hammer und Meißel, also die Steinmetzwerkzeuge, in ihren Händen halten, stellten möglicherweise Kulturbringer dar.

Merkwürdig ist, daß manche Figuren – sei es auf ihrem Kopf, sei es zu ihren Füßen – eine zweite Person, einen begleitenden Dämon oder einen *alter ego* aufweisen. Einige tragen Masken, andere einen Trophäenkopf, und zu den immer wieder begegnenden Elementen gehören die markant herausgehauenen Schneidezähne der Jaguarwesen. Die meisten dieser Bildnisse aber spiegeln das Menschenbild nicht mit visueller Wirklichkeitstreue, sondern erinnern in ihrer strengen Stilisierung an Teotihuacan oder Tiahuanaco; sie sind damit Stilverwandte der entsprechenden Schöpfungen anderer Priesterkulturen und Exponenten einer von einem religiösen Kanon bestimmten, nach einer priesterlich gebundenen Ikonographie georteten Ausdruckskunst.

Wir gebrauchten oben den Ausdruck Tempel und spielten damit auf eine Art megalithischer Kammern an. Sie sind also nicht aus Steinen oder Ziegeln gemauert, sondern aus großen, in den Boden eingetieften Blöcken gebildet, die einen kubischen Raum umschlossen und nach einer Seite hin offen waren. Mit Erde bedeckt, stellten sie einen Tumulus in der Landschaft dar, der in größeren Fällen bis zu fünfundzwanzig Meter Durchmesser hatte und dann mehrere Kammern umschloß. Bei rechteckigem Grundriß erreicht die innere Kammer Maße von viereinhalb mal drei Metern. Die Decke wird oft von reliefierten Säulen gestützt und der Eingang von Steinfiguren karyatidenartig flankiert. Zu unterscheiden davon sind die Gräber, die gleichfalls Kammern aus senkrecht in den Boden eingelassenen steinernen Blöcken bildeten und mit oft reliefierten flachen Platten bedeckt waren. Einige dieser Grabkammern enthielten monolithische, aus einem Steinblock gehauene Sarkophage, die mit skulpturierten Deckeln verschlossen waren.

Die Darstellungen selber, gemeinsam mit losen Fundgegenständen, vervollständigen einigermaßen unsere Vorstellung von dieser rätselhaften alten Kultur. Wir erfahren etwas über den Schmuck und die Waffen, wir können aus tönernen Spinnwirteln auf die Kenntnis der Weberei schließen, einige metallische Stücke beweisen die Beherrschung des Goldgusses, und die Denkmäler selber zeigen uns die Geräte der Steinmetzen. Mörser und Mahlsteine, dazu die Töpferei, runden das Bild. Töpfe und Teller, Becher und Schüsseln, die zum Teil auf drei Füßen stehen, sind entweder einfarbig rot, orange oder kastanienbraun und dabei zum Teil mit geritzten Mustern verziert, deren Linien mit einer weißen Paste gefüllt wurden; manche Gefäße sind auch zweifarbig positiv oder negativ dekoriert, die Ornamentik ist geometrisch.

Wovon sich auch nicht eine Spur gefunden hat, sind Profanbauten. Es handelte sich also um einen ausschließlich kultischen Mittelpunkt, eine Wallfahrtsstätte, zu der eine bäuerliche Bevölkerung aus großen Teilen des heutigen Südkolumbiens pilgerte. Dafür spricht auch, daß Funde im San-Agustín-Stil über einen weiten Bereich gestreut sind. Natürlich vermögen wir mangels aller schriftlichen Unterrichtung nichts darüber zu sagen, ob es ein einheitliches Priesterkönigtum gab; ja wir können nicht einmal bestätigen, welchem der uns bekannten Völker die Künstler, die die Bildwerke schufen, angehörten. Daß es nicht die später von den Conquistadoren hier angetroffenen Andaquí waren, steht jedoch fest. Und wenn wir die Denkmäler in die Mitte des ersten Jahrtausends n. Chr. datieren, so liegt auch dem keine authentische Unterrichtung zugrunde, sondern der Stilvergleich mit den Schöpfungen anderer klassischer Priesterkulturen derselben Zeit. Es ist also nicht erstaunlich, daß man sich über mögliche Austauschbeziehungen Gedanken gemacht hat, wobei man früher mehr nach Mesoamerika schaute, heute aber die Fäden nach dem angrenzenden Kordillerenland für tragfähiger hält.

Die Mochica

Mit der Fülle ihrer archäologischen Zeugnisse tritt unter den klassischen Kulturen des mittleren Andenraums eine Gesittung hervor, die anscheinend ihren Ausgang aus dem nordperuanischen Küstental des Chicama nahm, wo heute die Stadt Trujillo liegt. Ihr Mutterboden war hier der früher beschriebene Salinar-Horizont, zu dem sich die Impulse der Gallinazo-Kultur aus dem südlicheren Virú-Tal gesellten. Diese Kultur wurde erstmals von Max Uhle erfaßt, der sie vorläufig »Proto-Chimú« titulierte. Heute sprechen wir von der »Mochica«-Kultur, ein Name, der sich von dem eines Dorfes und eines Flusses ableitet, wo bemerkenswerte Ruinen aus dieser Epoche stehen. Wir kennen die alten Kulturschöpfer nicht; möglicherweise, ja wahrscheinlich waren es die Vorfahren der später hier lebenden Chimú.

Wir haben aus dieser Zeit keine schriftlichen Quellen. Und darum beschränken sich unsere Aussagen wiederum auf das, was Ruinen und Gräber lehren; bezüglich der letzteren haben wir aber nicht nur an die Grabstätten selber zu denken, sondern an alles das, was sich in ihnen an Grabbeigaben als Kulturdokument präsentiert. Allein die in Vergangenheit und Gegenwart hier ausgegrabenen Schöpfungen der Keramiker stellen mit Hunderttausenden von Exemplaren den größten archäologischen Fundbestand auf der Erde dar,

Götterbild
Steinskulptur aus einem Tempel in San Agustín/Kolumbien, Mitte (?) 1. Jahrtausend

Empfang eines kriegerischen Herrn
Tongefäß, Mochica-Kultur, erste Hälfte (?) 1. Jahrtausend
München, Staatliches Museum für Völkerkunde

der sowohl in Bemalung wie in seiner realistischen Plastik ungewöhnliche Aufschlüsse gibt. Aber der Fundstoff begrenzt sich keineswegs auf unvergängliches Material; die extreme Trockenheit des Wüstenbodens in Peru, dem »Ägypten Amerikas«, hat uns einen großen Reichtum an Webstoffen, Holzgeräten und vergänglichen Dingen jeglicher Art bis hin zu den Nähkörbchen der Frauen bewahrt. Wir sind also in der glücklichen Lage, obwohl geschriebene Dokumente fehlen, uns das Leben der alten Küstenbewohner anschaulich vorzustellen.

Als seßhafte Bodenbauer lebten die Mochica wie schon ihre Vorgänger im wesentlichen vom Ackerbau. Dank ausgedehnten Bewässerungsanlagen, für die es bis heute erhaltene Beispiele gibt, erreichte er eine vorher noch nicht erreichte Ausdehnung. Diese Anlagen erweiterten und bereicherten die Oasenkulturen, die sich, immer wieder durch Wüstenstreifen getrennt, am Küstensaum entlang hinzogen. Aber man vernachlässigte deshalb nicht die ergiebige Ausbeute an Seefischen und Meereskleintieren, die als animalische Eiweißnahrung wichtiger war als die Jagd, obwohl damals noch in der Busch- und Schilfvegetation der Flußmündungen Hirsche gejagt werden konnten, die man in Stellnetze trieb; doch scheint, nach den Darstellungen zu schließen, die Großwildjagd ein Vorrecht der gehobenen Stände gewesen zu sein.

Der Luxusbedarf dieser Oberschichten kam der Ausbildung kunstgewerblicher Fertigkeiten zugute, etwa der Weberei, die in ihren erlesenen, über die schlichte Alltagsware hinausgehenden Stücken sicher von Fachhandwerkern gepflegt wurde. Neben Köperstoffen sind uns auch Schleiergewebe, Brokate und Teppiche überkommen, die sowohl farbig bestickt und bemalt als auch mit eingefärbten Fäden gewebt wurden. Außer Baumwolle, die man in den Küstenoasen anbaute, verarbeitete man auch Lamawolle. Der Import dieser Hochlandsware und der aus der Montaña stammenden Koka beweist den intensiven Handelsverkehr, der durch die Geschichte hindurch zwischen Küste und Hochland bestand. Eine zweite handwerkliche Fertigkeit, die von Fachleuten betrieben wurde, war die Metallverarbeitung. Außer Gold verarbeitete man jetzt auch Silber und Kupfer sowie Legierungen von Kupfer und Silber und von Kupfer und Gold, »Tumbaga«. Kupfer scheint man in dieser Zeit erstmals für Geräte und Waffen verwendet zu haben. Neben Treibarbeit verstand man sich auf den Guß, übte die Oberflächenvergoldung und beherrschte das Schweißen mit Hilfe eines Gemischs von Gummi und Kupfersalz.

Den ausgedehntesten Anteil an dem Fundstoff aber hat die Keramik, wobei wir zwischen gewöhnlicher Gebrauchsware und kunstvollen, eigens zu diesem Zweck gefertigten Grabbeigaben gut zu unterscheiden vermögen. Die Gefäße sind vorwiegend, doch nicht ausschließlich mit zweiteiligen Modeln gearbeitet worden. Sie sind ausgezeichnet gebrannt und dünnwandig und weiterhin gekennzeichnet durch ihre flache Standfläche und ihren Bügelhenkel. Abgesehen davon aber könnten wir sie in zwei Gruppen ordnen, zwischen denen es an Übergängen nicht fehlt. Die eine Gruppe besteht aus einem, mit einer Standfläche versehenen kugelförmigen Gefäß, das aber diese einfache Form mit einer meisterhaften Verzierung verbindet. Auf seinem cremefarbenen Grund sind vorwiegend in Rotbraun sowohl geometrische Muster wie Figuren aufgetragen, deren feine Linienführung mit dünnem Pinsel eher von Zeichnung als Bemalung zu sprechen erlaubt.

Die Darstellungen, soweit sie gegenständlich sind, haben einen ausgesprochen realistischen Zug mit einer zweiten Gruppe von Tonplastiken gemein, bei denen die Bemalung flächiger ist, die aber zu einer plastischen Formung des Gefäßkörpers selbst ausholen, deren Einfallsreichtum nicht seinesgleichen hat. Alles aus der Natur und dem menschlichen Leben hat diesen Vorwürfen Pate gestanden. Die Elemente der natürlichen Umwelt, Pflanzen und Tiere, finden wir ebenso vertreten wie alle Seiten des Lebens, mag es sich um wirtschaftliche oder gesellschaftliche Motive, um Stoffe aus Mythos und Kult, um ganze Genreszenen handeln – wenn beispielsweise die Hilfe der Hebamme bei der Geburt geschildert oder ein Angetrunkener von seinen Kumpanen nach Hause geschleppt wird. Auch die Karikatur fehlt nicht. Und vergessen wir nicht die Wiedergabe des menschlichen Individuums, die mit kräftigem Naturalismus bis zur Darstellung aller Krankheiten (auch Toter) geht. Dabei heben sich aus der großen Zahl der Porträtdarstellungen offenbar idealisierte Typen heraus, die wahrscheinlich als Abbilder von Herrschern oder anderen bedeutenden Persönlichkeiten zu sehen sind.

Aus der Mochica-Zeit sind auch bedeutende Bauten auf uns gekommen. Im namengebenden Tal sind es die beiden großen Lehmziegelpyramiden der *Huaca del Sol* und *Huaca de la Luna*. Die erstere trägt auf einer Unterterrasse von 230 Meter Länge und 18 Meter Höhe, von zahlreichen kleineren Unterstufungen abgesehen, einen höheren, im Grundriß aber kleineren Aufbau von dreiundzwanzig Metern; im Innern des gewaltigen Bauwerks, das offensichtlich von Pilgermassen aus Millionen von Lehmziegeln aufgebaut worden ist, hat man Galerien mit Fresken gefunden. Wandmalereien aus der Mochica-Zeit gibt es aber auch anderwärts; am bekanntesten sind die aus Pañamarca im Nepeña-Tal mit polychromen Darstellungen von Opfer und Prozession.

Obwohl schriftliche Quellen fehlen, vermittelt uns vor allem die Keramik, aber auch anderes Fundgut, wie die Gewebe und sonstigen Grabbeigaben, Aufschlüsse über die gesellschaftlichen Verhältnisse der Mochica-Zeit. Schon die Ausstattung der Gräber läßt auf ständische Schichten schließen, die uns farbig und anschaulich durch Zeichnung und Plastik der Gefäße vor Augen geführt werden. Markant treten Herrscherpersönlichkeiten hervor, die auf Thronen sitzen und in Sänften getragen werden. Sie künden uns unverkennbar von dem Vorhandensein einer staatlichen Ordnung, einer öffentlichen Gewalt, deren Wille den Bau der monumentalen Pyramiden und der Wasserfernleitungen erzwang. Nicht minder deutlich treten in diesen Darstellungen andere soziale Gruppen auf: die Priester in ihrer Würde, die Bauern und Handwerker, aber auch ein kriegsgefangener Sklavenstand.

Wir wundern uns nun nicht mehr, daß auch die geistige Welt der alten Küstenbewohner aus ihren Zeugnissen zu uns spricht. Für die Siedler auf dem Wüstenboden war nicht die sengende Glut der Sonne das begehrteste Gut, dem die Gebete der Gläubigen galten, sondern diese richteten sich an die mit dem Wasser und der pflanzlichen Fruchtbarkeit verbundene Mondgottheit. Sicher hat es daneben ein Pantheon anderer Höherer Wesen gegeben, dem die mythische und künstlerische Phantasie eine nuancenreiche Prägung gab. Zahlreiche tiergestaltige Wesen begegnen in der Keramik und auf den Geweben, mögen es nun selbständige Numina, Trabanten oder personifizierte Aspekte der großen Götter gewesen sein. Da treten Maiskolben mit menschlichen Köpfen auf, und Bohnen nehmen die Gestalt von Kriegern an. Sicher ist, daß zu den kultischen Bräuchen Wettläufe zählten, wie sie noch tausend Jahre später von den Conquistadoren im Bergland beobachtet wurden.

Mittlere und südliche Küste

Die an den Bereich der Mochica-Kultur im Süden grenzende mittlere peruanische Küste nördlich und südlich von Lima bietet ein wesentlich weniger gerundetes und geschlossenes Bild. Vermutlich hinkt die archäologische Auswertung hinter den nördlichen und südlichen Zonen nach, fehlt es doch auch nicht an beachtlichen baulichen Überresten aus dieser Zeit. In der klassischen Periode wurden die älteren Bauwerke in dem Wallfahrtszentrum Pachacamac am Ausgang des Lurin-Tals angelegt. Aber auch die stattlichen Stufenpyramiden im heutigen Weichbild von Lima, wie sie jetzt noch mitten in Miraflores stehen, und vor allem der *Maranga* genannte Komplex reichen in das erste Jahrtausend zurück. Man kann hier neben der Lehmziegelarchitektur die Betonkonstruktion studieren, darunter Blöcke, die an der Baustelle vorgefertigt wurden. An zahlreichen Plätzen ist auch reichlich Keramik angefallen. Schon Uhle erarbeitete ihre Schichtenfolge in Lima und in Ancón; im Chancaytal haben jüngste Grabungen Horkheimers ein überreiches Material erbracht. Für mehrere Täler ist eine Dekoration charakteristisch, die mit sich verzahnenden winklig gebrochenen Mustern arbeitet und darum als *interlocking* bezeichnet wird; man hat dabei an eine Anlehnung an textilische Muster gedacht, wobei die Motive teils geometrisch, teils stilisiertzoomorph sind.

An der südlicheren Küste findet die klassische Periode für viele Jahrhunderte ihren Ausdruck in der Nazca-Kultur, die sich in den Tälern von Nazca, Ica und Pisco entwickelte. Der Nazca-Stil überschneidet sich zeitlich mit der Nekropolis-Schicht auf Paracas, die wir bereits behandelten, hat diese dann, wie die neueren Grabungen Engels beweisen, überlagert und längere Zeit überdauert. Er ist schließlich durch eine von außen, nämlich vom Hochland in das Küstengebiet hineingetriebene Welle ausgelöscht worden. Daß der Nazca-Stil schon in die vorchristliche Ära zurückreicht, beweist ein C 14-Datum von 261 v. Chr. Ein anderes von 636 n. Chr. bestätigt uns, daß er bis in die zweite Jahrtausendhälfte hinein geblüht hat.

Wenn wir auch in diesem Bereich weder so stattliche Bauwerke noch so großzügige Bewässerungsanlagen wie im Norden haben, so hat Duncan Strong in Cahuachi im mittleren Nazca-Tal doch eine größere Siedlung aus Lehmziegeln mit Pyramiden und Plattformen freigelegt. Unter den Kunsthandwerken hat die Metallarbeit nur mit gehämmertem und getriebenem Goldblech, noch nicht mit Guß gewirkt. Dagegen hat der trockene Wüstenboden uns sogenannte »Ruder« aus Holz vermacht, die in Wirklichkeit vermutlich Kielschwerter waren und deren kunstvolle Schnitzarbeit auf eine zeremonielle Bedeutung in der Priesterkultur hindeutet. Die Motive der Schnitzerei sind nicht nur abstrakt, sondern präsentieren daneben gereihte Menschen- und Vogelfiguren; die Stücke waren bemalt.

Aus runden oder eckigen Schachtkammergräbern sind auch im Bereich der Nazca-Kultur keramische und textilische Schätze geborgen worden. Sie stellen immer wieder den

Betrachter vor die erstaunliche Tatsache, daß die alten Bewohner dieses Gebietes einen unverhältnismäßig großen Teil ihrer Arbeit und ihrer Zeit dem Totendienst geweiht haben müssen. Das gilt sowohl für die Mumienhüllen, die hinter denen von Paracas nur wenig zurückstehen, wie für die Töpferkunst, deren Erzeugnisse hoch geschätzt werden. Diese Keramik ist dünnwandig und ausgezeichnet gebrannt. Eine figürliche Formgebung des Gefäßkörpers fehlt nicht ganz, charakteristischer aber sind einfache plastische Formen von Bechern und Schalen mit (im Gegensatz zu den Mochica) gerundeten Böden. Sie sind vielfach höchst elegant, entzücken aber vor allem durch ihre mattleuchtende polierte Polychromie, deren feinkonturierte Motive im Gegensatz zum lebensnahen Realismus der nördlicheren Küste überirdisch orientiert sind. Es überwiegen Trophäenköpfe und dämonische Wesen, Wildkatzen, Raubfische, Tausendfüßler und Vögel, die den Künstler aber nicht als Schilderung der Natur, sondern als Elemente eines mythischen Weltbildes interessierten.

Aus der klassischen Zeit der Nazca-Kultur stammen vermutlich auch die von Paul Kosok entdeckten und von Maria Reiche studierten »Scharrbilder«, durch Beseitigung der rötlichen Steine auf dem gelben Sanduntergrund entstandene lineare Gebilde von mehreren hundert Metern, in Einzelfällen von Kilometern Länge, die teils ins Figürliche gehen, überwiegend aber rein geometrisch sind. Am ehesten dürften sie einen astronomischen Sinn gehabt haben.

Tiahuanaco

Von den benachbarten Küstenoasen ausgehend, haben wir schon die frühklassische Entwicklung im Hochtal des Santa, die »Recuay-Kultur« berührt; und als südlichen Schwerpunkt erfuhren wir auf der formativen Grundlage von Chiripa den Anfang der Tiahuanaco-Kultur, mit deren Weiterentwicklung in klassischer Zeit, in diesem Falle also während des ganzen ersten Jahrtausends n. Chr., wir uns nun zu beschäftigen haben. Um es vorauszuschicken: ähnlich wie im Fall von Chavín ist es fraglich, ob der Tiahuanaco-Impuls – als zweiter panperuanischer Stil – tatsächlich von dem namengebenden Ruinenplatz ausgegangen ist.

Tiahuanaco liegt auf 3825 Meter Höhe im nördlichen Hochland Boliviens, etwa einundzwanzig Kilometer vom südlichen Ufer des Titicaca-Sees entfernt. Anders als Paracas ist der Altiplano aber kein Wüstenland. Heute wie ehedem werden von einer verhältnismäßig dichten Indianerbevölkerung die Möglichkeiten des Anbaus von Kartoffeln, Quinoa, Bohnen und seit den Spaniern Gerste genutzt; hinzu kamen die ergiebigen Fischbestände und das artenreiche Vogelwild an den Ufern und auf den Inseln des Sees. Um so mehr fällt es auf, daß man in der Ruinenstätte und in ihrer unmittelbaren Umgebung nicht auf Zeugnisse einer alten Besiedlung durch eine seßhafte Einwohnerschaft gestoßen ist. Das darf auch hier als Beweis dafür ausgelegt werden, daß Tiahuanaco im Stil der ihm verwandten Zentralen der klassischen Zeit nicht Wohnstadt, sondern Kultmittelpunkt und Wallfahrtsort war.

Aus Tiahuanaco sind seit langem umfangreiche bauliche Anlagen bekannt. Ohne die Bedeutung anderer, wie des Pumapunku, geringer zu achten, machen wir hier den Akapana namhaft, einen Hügel von fünfzehn Meter Höhe, der heute wie eine natürliche Anhöhe wirkt. In alter Zeit aber war er eine Kultpyramide, die wahrscheinlich (merkwürdigerweise ist das bis heute nicht aufgeklärt) ihre Form durch Veränderung und Verblendung eines gewachsenen Kerns erhielt. Auf der einstigen Plattform hat man Reste von Baulichkeiten und eine Zisterne entdeckt. Zu Füßen dieser Kultpyramide lag ein Terrassengeviert, dessen Außenseiten von reliefierten Blöcken eingefaßt waren und das mit 130 mal 135 Metern nahezu quadratischen Grundriß hat. Dieser *Kalasasaya* schließt einen versenkten Hof ein, in den man von außen über eine sechsstufige Treppe aus monolithischen Blöcken gelangte. Auf einer der Terrassen dieses Gevierts steht das bekannte »Sonnentor«. Es ist ein sieben Tonnen schwerer Andesitblock, der auf ein Format von 3,75 mal 3 Meter bearbeitet worden ist und über einem mittleren Durchgang auf einem oberen Fries eine Gottesfigur im Relief zeigt. Es handelt sich wahrscheinlich um den solar aufgefaßten Schöpfergott Wirakocha, der von drei Reihen von Trabanten flankiert ist, während von seinem Haupt Strahlen ausgehen, die in Pumaköpfe auslaufen, und die Zepter in seinen Händen in Kondorköpfen endigen.

Ein zweiter Fundkomplex, der Tiahuanaco berühmt gemacht hat, sind die aus riesigen Blöcken gehauenen Plastiken, von denen allerdings viele ebenso wie von der Blockeinfassung des Kalasasaya inzwischen verschwunden sind. Das größte dieser Bildwerke ist über sieben Meter hoch. Die Steinskulpturen atmen eine streng gebundene Stilisierung, die einer konventionell-hieratischen Formensprache, einem priesterlichen Kanon gehorcht. Es handelt sich um eine von religiösen Impulsen beseelte Ausdruckskunst, in der Bushnell eine »steife, leblose Feierlichkeit« zu sehen meint. Aus dem Küstengebiet sind keine Plastiken im Tiahuanaco-Stil angefallen; andererseits haben die Gräber der Küste Gewebe bewahrt, die unverkennbar den Stil der Priesterkultur des Hochlandes tragen; dessen »Expansion« in die Oasenkulturen können wir ebenso den Textilien wie den Keramiken ablesen.

Aus der Stilentwicklung der Töpferware hat Wendell Bennett eine Entwicklungsfolge der Tiahuanaco-Kultur erarbeitet. Die frühesten Gefäße waren danach noch einfarbig und mit Ritzmotiven verziert. Dann kommt ein polychromer Farbauftrag auf ledergelbem Grund auf, dessen expressivste Stücke große Räuchergefäße mit welligem Rand und plastisch angesetzten Pumaköpfen sind. In der Blütezeit Tiahuanacos (es ist auch die Zeit der großen Bauten) werden die Tongefäße dünnwandiger und sind bei einem vorherrschend rötlichen Grundton poliert; die Motive der aufgetragenen Bemalung bevorzugen die Wildtiere Puma und Kondor und neigen dazu, die figürlichen Formen geometrisch umzugestalten. In plastischer Hinsicht sind die Gefäße oft elegant, aber phantasiearm; typisch ist ein Becher *(kero)* mit im Schwung nach oben geführter Wandung. In einer oft »dekadent« genannten Spätzeit, die den letzten Jahrhunderten des Jahrtausends entspricht, geht eine weite Verbreitung des Tiahuanaco-Stils über Südperu und Bolivien mit einer nachlassenden Güte der Töpferarbeit einher. Stilistisch ist dabei interessant der Übergang zu einer ornamentalen Geometrik in der Bemalung, die neben der dekorativen Verwendung abstrakter Motive die figürlichen Vorwürfe, die noch durchscheinen, in einer nahezu unverständlichen Weise auflöst.

Die »Expansion« ging auch auf dem Hochland vor sich, sowohl nach Süden, also nach Nord- und Ostbolivien, auf das wir anschließend noch zurückkommen, wie nach Norden. Während ein geringerer Einfluß auf den Raum von Cuzco auffällt, bemächtigt sich der Tiahuanaco-Stil der Gegend von Cajamarca, wo vorher ein »Kursivstil« mit braunschwarzem oder rotem Dekor auf weißem oder cremefarbigem Grund aufgetreten war. Das gleiche gilt für das Hochtal des Santa, wo wir zuvor die Recuay-Kultur kennenlernten. Aus dieser Zeit dürfte der Tempel von Wilkawain stammen, der drei Stockwerke aufweist, jedes in sieben mit Entlüftungsschächten versehene Räume aufgeteilt. Vor allem aber ist der Tiahuanaco-Stil von Süden nach Norden in die Küstenoasen eingedrungen. Im Süden löschte er die Nazca-Kunst endgültig aus, und im Norden gelangte er bis ins Chicama-Tal, wo er aber bald wieder hinter der beharrenden Stiltradition erlosch.

Mit Recht spricht man also von der Tiahuanaco-Kultur als einem – nach der Chavín-Kultur – zweiten »panperuanischen« Stil. Beide Kulturbewegungen haben gemeinsam, daß wir nichts darüber auszusagen vermögen, ob die Stilexpansion der Ausbreitung einer politischen Herrschaft zu verdanken war. Ganz ähnlich wie im Fall von Chavín ist es also völlig spekulativ, von einem »Reich von Tiahuanaco« zu reden. Kulturgeschichtlich wichtiger ist eine andere Frage, die wir schon bezüglich Chavín de Huántars stellten: ob eine Kultur von solcher Reichweite überhaupt von einem einzigen Mittelpunkt ausgehen konnte und ob dieser Mittelpunkt gerade die namengebende Fundstätte war?

Für den Tiahuanaco-Impuls drängen sich zwei andere Ausstrahlungsherde auf. Der eine ist Pucara, im gleichnamigen Tal nördlich des Titicaca-Sees gelegen, bezüglich dessen C 14-Daten in die Epoche um die Zeitenwende verweisen (1847 ± 106; 2101 ± 108). An Ort und Stelle gibt es Reste von einem Heiligtum mit hufeisenförmigen Mauern aus roten Sandsteinblöcken, die eine mit weißem Sandstein gedeckte Terrasse und einen versenkten Hof einschlossen. Zwischen diesem Fundplatz und dem nördlichen Ufer des Titicaca-Sees sind größere und kleinere Steinplastiken angefallen, die etwas weniger leblos wirken als in Tiahuanaco; neben einfarbigen zeigen polychrome Gefäße in eingeritzten Konturen sowohl geometrische Muster wie Darstellungen von Puma und Kondor. Später anzusetzen sind Funde in Huari bei Ayacucho, wo man Reste von Bruchsteinmauern und Steinkistengräber, Steinskulpturen sowie eine polychrome Keramik ausgrub, die in ihrem Dekor interessanterweise Elemente von Tiahuanaco und Nazca vereint.

Gehen wir mit einem Wort noch der Expansion von Tiahuanaco in südlicher Richtung nach. Im angrenzenden Bolivien ist nur der Norden der Departements Oruro und Potosí von der Expansion erfaßt worden, gar nicht das Departement Chuquisaca, dagegen kräftig das Departement Cochabamba. Hier haben die Arbeiten von Ibarra Grasso, die von Disselhoff und Müller-Beck fortgeführt wurden, eine Anzahl keramischer Stile zutage gebracht, deren Verhältnis untereinander aber noch einer Klärung bedarf. Von allen aber kann gesagt werden, daß sie im ersten Jahrtausend unserer Zeit in diesem Raum mit der Entwicklung von Tiahuanaco zeitlich parallel liefen, bis sie schließlich von der Expansion des »dekadenten« Tiahuanaco erfaßt wurden.

Die Nachklassischen Hochkulturen

Umbruch in Mexico

Der Umbruch von der klassischen zur nachklassischen Zeit wird auf der mexicanischen Mesa Central durch eine Völkerwanderung eingeleitet: den Einbruch der Nahua in die Welt der Priesterkulturen. Die Nahua waren Verwandte der sonorischen Völkerschaften und der Schoschonen in den Felsengebirgen von Nordamerika und drangen um die Wende vom 8. zum 9. Jahrhundert aus dem nordwestlichen Mexico auf die Mesa Central. In einem typischen Vorgang völkischer Überschichtung übernahmen sie das politische Regiment, paßten sich aber kulturell den Unterworfenen an und machten sich mit der Seßhaftigkeit die Errungenschaften der Hochkulturen zu eigen. Das Auftreten der Nahua wurde zum einschneidendsten Ereignis in der Geschichte des alten Mexico.

Im Gegensatz zu späteren Wellen der Nahua – ihre Zuwanderung dauerte bis ins 12. Jahrhundert an – bezeichnen wir diejenigen von ihnen, die im 9. Jahrhundert auf der Mesa Central die Führung übernahmen und sich in ihrer Hauptstadt Tollan bis gegen Ende des 12. Jahrhunderts behaupteten, als Tolteken. Die Regierungszeit der zehn überlieferten toltekischen Könige reicht von 856 bis 1174. Die größte Bedeutung kommt ihrem fünften Herrscher Ce acatl topiltzin (»Unser Fürst 1 Rohr«) zu, der mit den Lebensdaten 947 bis 999 und seinem späteren Namen Quetzalcoatl in die Geschichte eingegangen ist. Im Stile der vorgefundenen Theokratien 977 als Priesterfürst eingesetzt, sei Quetzalcoatl, so erzählt die Legende, in »Sünde« gefallen, habe dann Tollan verlassen, sei nach Osten gewandert und habe sich »im Lande der Morgenröte«, also dem alten Olmekenland, selber verbrannt. Mit diesem Exodus sei ein kriegerisches Zeitalter angebrochen, das gleichzeitig das Menschenopfer aufgebracht habe und schließlich mit dem letzten toltekischen Herrscher, Huemac, in Naturkatastrophen und Hungersnöten untergegangen sei. Die Tolteken verließen 1168 das zerstörte Tollan, und König Huemac starb 1174 im Exil.

Diese Überlieferung hat an geschichtlichem Aussagewert gewonnen, seitdem man sich 1940 daran gemacht hat, in der Umgebung des nördlich der Hauptstadt gelegenen Landstädtchens Tula im Staate Hidalgo nach den Überresten des legendarischen Tollan zu suchen. In einem ausgedehnten, auf einer Anhöhe über der heutigen Siedlung gelegenen Ruinenkomplex ist die Hauptpyramide zwar stark zerstört, erhalten blieb aber der eindrucksvolle »Tempel des Morgensterngottes«, ein in fünf Stufen gearbeiteter Pyramidenstumpf, bei dem jeder Absatz aus einem geböschten Sockel und einem senkrechten Fries darüber besteht. Der Tempel auf der Plattform ist nicht mehr erhalten, wohl aber die Elemente der acht gewaltigen Karyatiden, die einst das Balkendach trugen, das selber natürlich vernichtet ist. Während die vier rückseitigen Tragfiguren den Charakter reliefierter Pfeiler behalten haben, holen die vorderen vier zur plastischen Gestaltung von Kriegerfiguren aus; die Pfeiler sind 4,60 Meter hoch. Eindrucksvoll ist auch ein Ballspielplatz mit senkrechten Wänden. Zu den beachtlichsten Schöpfungen gehört ein Fries aus Reliefplatten mit der Darstellung schreitender Jaguare und Herzen verzehrender Adler; auf diese Weise veranschaulicht der Fries den veränderten Geist, den gewaltsame und kriegerische Gesinnung in die friedliche Welt der Priesterkulturen hineintrug. Zum bildnerischen

Ausdruck der Toltekenkultur gehören ferner eine halbliegende Figur, deren Schoß als Libationsschale ausgebildet ist, und eine schlichte Töpferware mit der Stilbezeichnung »Mazapan«.

Um den Fortgang des geschichtlichen Ablaufes zu verstehen, müssen wir zu den Wanderungen zurückkehren, die von Tollan aus ihren Ausgang nahmen. Noch in den Ausgang des 10. Jahrhunderts fällt die Auswanderung Quetzalcoatls mit seiner Gefolgschaft, die den Weiterbestand von Tollan unberührt ließ. Die geschichtliche Tragweite dieses Exodus ist darin zu sehen, daß die von ihm geführten Tolteken sich nicht, jedenfalls nicht alle im Olmekenland niederließen, sondern von hier aus weiterzogen bis ins nördliche Yukatan. In der Überlieferung Yucatans tritt nämlich Quetzalcoatl mit dem völlig gleichbedeutenden Mayanamen Kukulcan als politischer und religiöser Erneuerer, das heißt als Zerstörer der klassischen Priestergesittung auf. Mit Hilfe der aus Campeche stammenden Sippe der Itzá unterwarf er das ganze nördliche Yukatan und gründete als politischen Mittelpunkt die Stadt Mayapan.

Die endgültige Räumung von Tollan erfolgte dagegen erst rund zwei Jahrhunderte später, nämlich 1168. Die toltekische Oberschicht nebst ihren Gefolgsleuten wanderte damals teils nach dem Hochtal von Mexico, teils nach dem von Puebla aus. Aber von hier aus gingen Teile von ihnen noch wesentlich weiter und endeten auf dem Weg über Oaxaca, Chiapas und Guatemala erst in Salvador und Nicaragua, wo wir diesen toltekischen Invasoren als Pipil und Nicarao wiederbegegnen.

Die Zerstörung von Tollan war, von inneren Wirren abgesehen, letztlich die Folge eines Einbruchs jüngerer Nahuawellen, die wir im Gegensatz zu den Tolteken als Chichimeken bezeichnen. Chichimekische Stämme drangen nach dem Untergang des Toltekenreiches von Tollan weiter vor. Im 13. Jahrhundert erscheinen sie im Hochtal von Mexico und gründen dort Tenayuca. Ihr vierter Herrscher verlegte die Hauptstadt dann nach Tetzcoco. Unter den Städten, die damals von chichimekischen Gruppen gegründet wurden, sei Tlaxcala genannt.

Unter dem fünften Herrscher aber zerfiel das chichimekische Reich und löste sich in eine Anzahl von Stadtfürstentümern auf. Unter diesen ragte bald der Stammesstaat der Tepaneken hervor, die in Azcapotzalco saßen. Es glückte ihnen, die Vorherrschaft über das ganze Hochtal zu erringen, ein Aufschwung, den 1418 noch die Einnahme von Tetzcoco krönte, dessen König getötet wurde, während der Thronfolger Nezahualcoyotl zu entfliehen vermochte. Dieser letzte Triumph aber leitete die Krisis ein: das tepanekische Regiment ruft ein Bündnis gegen sie auf den Plan, und zwar verbünden sich zu ihrem Sturz die Bewohner von Tlatelolco mit Nezahualcoyotl, dem Thronprätendenten Tetzcocos (1418–1472), den Tlaxcalteken und dem bisher ganz unbedeutenden chichimekischen Stamm der Azteken, die sich als Vasallen der Tepaneken inzwischen auf einer Insel in der Lagune von Tetzcoco niedergelassen hatten. Die Verbündeten erobern 1430 Azcapotzalco und vernichten das tepanekische Reich – eine historische Wende, mit der der politische Aufstieg der Azteken beginnt.

Kultur und Reich der Azteken

Der erste eigene König, den die Azteken besaßen, der von 1376 bis 1428 regierende Acamapich, war also noch Vasall der Tepaneken gewesen. Erst sein Nachfolger Itzcoatl (1428–1440) begründete die aztekische Selbständigkeit, die nur durch sein Bündnis mit den genannten anderen chichimekischen Stämmen zu verwirklichen war. Auch dem weiteren aztekischen Aufstieg stand eine kluge Bündnispolitik Pate. Es war Motecuhzoma (I.) – er regierte von 1440 bis 1469 und schuf den Dreibund der Lagunenstädte Tenochtitlan, Tetzcoco und Tlacopan –, in dessen Namen die aztekische Hegemonie ihren unaufhaltsamen Weg einschlug. Als eine der großen Etappen ist zu vermerken, daß Axayacatl (1469–1483) die durch das Land der Huaxteken führende Straße zur Golfküste unter Kontrolle brachte. Dagegen gelang es dem auf die kurze Regierungszeit Tizocs (1483–1486) folgenden Ahuitzotl (1486–1502), die Macht des Dreibundes an die pazifische Küste von Colima bis Acapulco und durch Oaxaca hindurch bis nach Soconusco auszudehnen. Ein Sohn Axayacatls, Motecuhzoma (II.), der 1502 zur Regierung kam, rundete den Herrschaftsbereich ab, indem er die Mixteken unter seine Botmäßigkeit brachte, starb aber 1520 als Gefangener der 1519 aufgetretenen Conquistadoren.

Auch die Spanier hatten sich also mit der Macht des Dreibundes auseinanderzusetzen. Er war so konstruiert, daß jeder der drei Partner in der Innenpolitik völlig selbständig war. Zwischen den Partnern bestand natürlich eine gegenseitige Beistandsverpflichtung, und sie entschieden gemeinsam über Frieden und Krieg. Die eingehenden Tributleistungen wurden zwischen den Beteiligten aufgeschlüsselt, wobei Tenochtitlan und Tetzcoco je zwei Fünftel, das kleinere Tlacopan ein Fünftel erhielten. Unverkennbar verschob sich innerhalb des Dreibundes die Überlegenheit immer mehr zugunsten der Azteken; nicht unberechtigt wäre also eine Prognose, daß ohne die Dazwischenkunft des Cortés ein Einheitsreich unter aztekischer Führung das Ende dieser Entwicklung gewesen wäre.

Dem inneren Spannungsverhältnis entspricht ein äußeres, nämlich die Auseinandersetzung zwischen der aztekischen (um es kurz zu sagen) und der taraskischen Macht im Westen, die über kurz oder lang zur Einverleibung Michoacans geführt hätte. Überhaupt muß man sich von der Vorstellung freihalten, der aztekische Herrschaftsbereich habe ein gerundetes, in sich geschlossenes Territorium dargestellt; er enthielt sogar noch vollkommen selbständige Enklaven, von denen der Stadtstaat Tlaxcala die bedeutendste war. Es drückt sich darin die eigentliche Zielsetzung der aztekischen Machtausweitung aus. Sie war nicht im europäischen Sinne auf Landgewinn aus, sondern trachtete vordergründig danach, die Straßen zu beherrschen, um so den Handelsverkehr und die Einbringung von Tributen zu sichern. Die Straßen wurden durch Garnisonen bewacht, ein Stafettendienst verband sie mit der Zentrale; Karten veranschaulichten die topographische Lage. Die Fernhändler widmeten sich nicht nur dem friedlichen Handelsverkehr, sondern wurden auch zu Spionage und Erkundungen eingesetzt. Werfen wir in diesem Zusammenhang noch einen Blick auf die Waffenausrüstung, so müssen wir uns die aztekischen Krieger mit Schwertern aus Holz bewaffnet vorstellen, die mit Obsidiansplittern besetzt waren, ferner mit Speeren und Bögen, deren Pfeile Spitzen aus Feuerstein trugen; man schützte sich durch gesteppte Baumwolljacken und Schilde.

Der Herrschaftsbereich des Dreibundes war in achtunddreißig Tributbezirke gegliedert, in denen neben den Statthaltern Steuereinnehmer walteten. Der Grad der Abhängigkeit war sehr verschieden. Hier lag eine Skala der Raumbeherrschung vor, die mit der radialen Entfernung von der Zentrale von einem tatsächlichen *dominium terrae* bis zu Tributverträgen reichte. In den wirklich beherrschten Gebieten wurden von den Ländereien der Einheimischen Anteile abgetrennt, die entweder in Domänen des Königs, in Güter des Adels, in Tempelland oder in Staatsgüter verwandelt wurden; aus ihren Erträgen wurden die Beamten, Richter und Krieger besoldet; denn in Friedenszeiten gab es »Berufssoldaten«, während im Kriegsfall natürlich alle Wehrfähigen zu den Waffen gerufen wurden.

Der Aufstieg der Azteken von einem unbedeutenden Lehnsstaat der Tepaneken zur Großmacht hat weniger als ein Jahrhundert in Anspruch genommen. Erst 1370 hatten sie ihre nach einem mythischen Stammesführer benannte Hauptstadt Tenochtitlan gegründet. Die auf einer Insel gelegene Siedlung war mit dem Festland durch drei Dämme (mit Bootsdurchfahrten) und eine gemauerte Wasserleitung verbunden. In planvoller Anlage gruppierten sich vier Stadtviertel um einen zentralen Tempelbezirk. Ob tatsächlich dreihunderttausend Einwohner in der Inselstadt lebten, mag bezweifelt werden – aber selbst wenn es weniger waren, so war Tenochtitlan auf jeden Fall eine Großstadt, deren wogendes und farbenfreudiges Marktgetriebe die spanischen Augenzeugen nur mit Bewunderung schildern. Einen nicht geringen Anteil an der Einwohnerschaft hatten Fremdarbeiter, vor allem Mixteken, die als Federarbeiter, Steinschneider und Juweliere wirkten. Auf den Märkten boten sechzig Sparten von Erzeugern und Händlern ihre Produkte an und übten ihre eigene Marktpolizeigewalt aus. Als Zahlungsmittel dienten dabei Kakaobohnen als Kleingeld und für größere Werte Baumwolldecken und in Federkielen gesammelte Goldkörner.

Der aztekische Stamm gliederte sich in zwanzig Lokalgruppen *(calpulli)*, von denen je fünf jeden der Stadtteile bewohnten. Der ursprünglich gemeinsame Landbesitz jedes *calpulli* war in späterer Zeit bis auf eine Restalmende erblich aufgeteilt. Der *calpulli* war ebenso Steuer- und Heereseinheit wie Kultverband. Dabei war dem ihm vorstehenden *calpolec* ein Kontrollbeamter zur Seite gestellt. Sind hiermit einige strukturelle Züge der gemeinfreien Masse erfaßt, so muß als weiterer wichtiger Tatbestand die ständische Gliederung ins Auge gefaßt werden, denn die Gesellschaft war alles andere als egalitär. Der Geburtsadel und kriegerische Verdienstadel der *pilli* oder *tecutli* waren abgabenfrei und erhielten in den unterworfenen Landstrichen erbliche Lehensgüter mit hörigen Arbeitskräften. Alle Stände hatten ihre besonderen Trachtmerkmale, ihre Schmuckstücke und Symbole, die auch die aztekischen Krieger auszeichneten. Nach unten hin setzte sich die soziale Skala in den Sklaven und Hörigen fort; Hörige waren die eingeborenen Siedler auf den enteigneten Ländereien, während die Sklaven aus Schuldhaft, Strafvollzug oder aus dem Notverkauf durch ihre Eltern hervorgingen. Beide Gruppen durften weder verkauft noch gar getötet werden, und beide besaßen bewegliche Habe und konnten Familien gründen.

Unter diesen gesellschaftlichen Voraussetzungen stand dem aztekischen Stamm ein »Staatsrat« von zwölf Adligen vor, während die Rolle der vier Stadtteilvorsteher sich auf die eines Wahlkollegiums für den »König« beschränkte, wobei die verbündeten Herrscher hinzugezogen wurden. Der von den Spaniern so genannte »König« wurde also grundsätzlich gewählt, wobei aber die Wahl, soweit wir es verfolgen können, immer auf ein Mitglied derselben Familie fiel, so daß wir von einer *de facto*-Monarchie sprechen können; Motecuhzoma II. zum Beispiel war der Sohn seines dritten Vorgängers Axayacatl. Der *tlacatecutli* (Herr der Menschen) war ursprünglich ein Kriegshäuptling gewesen, dem der *cihuacoatl*, ein alter Friedenshäuptling, mit innenpolitischer und juridischer Zuständigkeit zur Seite stand. Im Zuge der kriegerischen Entwicklung war der *tlacatecutli* freilich zu einem fast absoluten Herrscher geworden mit allen Attributen des frühen hochkulturellen Königtums. Nur mit niedergeschlagenen Augen durfte man sich ihm nähern; ein Gefolge von Würdenträgern und Dienern begleitete ihn, wenn er in einer Sänfte umhergetragen wurde; ein riesiger Harem, über den zwei Hauptfrauen geboten, wurde ebenso wie die gesamte Hofhaltung aus den Erträgen der Domaniallandereien und Abgaben unterhalten. Seine beweglichen Schätze wetteiferten mit seinen Liegenschaften, Lustgärten und Tiermenagerien – von seiner prunkvollen Tracht und seinen Hoheitssymbolen ganz zu schweigen.

Die herrschaftliche Ordnung hatte das altüberkommene Stammes- oder Gewohnheitsrecht mit einem Gesetzesrecht überbaut, dessen Zusammenfassung auf Nezahualcoyotl von Tetzcoco zurückgeht. Wir können nur einige Züge des aztekischen Rechtes streifen. Das Ahnden der Vergehen war rigoros. In Zivilsachen gab es bezahlte Anwälte; Mexico liefert das einzige Beispiel im alten Amerika, das einen echten Instanzenzug, Ansätze zu einer Berufung kannte. Die Jungfräulichkeit der Braut wurde hoch bewertet. Die Frau zog nach der durch Verknoten der Kleider besiegelten Heirat in den Haushalt des Mannes; Ehebruch wurde nur bei der Frau bestraft. Die Habe eines Verstorbenen ging auf seine Söhne über, die Witwe wurde von einem Bruder des Mannes übernommen (Levirat). Mehr als eine Frau zu haben war rechtlich jedem erlaubt, praktisch aber ein Vorrecht der gehobenen Kreise, so daß der Adel auch durch Nebenfrauen gekennzeichnet war. Die Erziehung der Kinder war streng; mit fünfzehn Jahren traten die Knaben in ein in jedem Calpulli vorhandenes *telpochcalli* ein, wo sie im wesentlichen praktisch und soldatisch geschult wurden, während die Adelsjugend in dem von Priestern geleiteten *calmecatl* eine höhere Bildung erhielt.

Die Erziehung der Mädchen war ganz auf ihre Aufgabe als Mutter und Hausfrau abgestellt. Zu den Obliegenheiten der Frau gehörte auch die Nahrungszubereitung. Dabei spielten Maisgerichte eine besondere Rolle (darum war der Mahlstein das wichtigste Hausgerät); man aß dazu Gemüse, wie Bohnen, Kürbisse oder Tomaten, die tierische Nahrung lieferten Truthühner, Fische und gemästete Hunde. Als Delikatesse schätzte man eine Pastete aus Mückeneiern und die Larven des Axolotl. Beim Herstellen der Speisen benutzte man das Öl einer Chia genannten Pflanze und würzte mit Pfeffer. Pfeffer, Vanille und Honig liebte man auch im Kakao, den man kalt zu sich nahm; man trank den vergorenen Saft der »Pulque«-Agave und drehte, um eine Zigarre zu rauchen, Tabakblätter virginiaartig um ein Rohr. Die Beschränktheit des verfügbaren Ackerlandes führte zu einer berühmten Erfindung; um die festländische »Milpa«-Kultur zu ergänzen, wurde das

Gemüseland in Form der *Chinampas*, der sogenannten »schwimmenden Inseln«, in die Seen hinein verlängert, wie man es heute noch in Xochimilco sehen kann. Im Gegensatz zu Peru sind uns aus Mexico keine Gewebe erhalten, wohl aber Federarbeiten, in denen die Mixteken ebenso Meister waren wie in der Steinschneidekunst und in der Metallarbeit. Allerdings verfügten die Azteken nur über aus den Flüssen gewaschenes Gold. Zur Treibarbeit gesellte sich in Mesoamerika erst seit der Jahrtausendwende, aber doch schon in voraztekischen Zeiten, der Guß. Kupfer und Bronze wurden nur wenig zu Geräten verarbeitet, im übrigen benutzte man Werkzeug aus Stein, Holz und Bein. Die aztekische Keramik steht hinter der ihrer Nachbarn, besonders hinter der Cholula-Ware, zurück. Die Häuser der Bevölkerung waren gemeinhin aus Lehm, ihr einziger Raum war mit Stroh gedeckt. Nur die Paläste der Großen wurden aus vulkanischen Steinen gebaut und verputzt. Als Besonderheit muß man das in keiner Siedlung fehlende Schwitzbad erwähnen – niedrige Kuppelbauten aus Lehm, in denen man Dampf durch Übergießen von heißen Steinen mit Wasser erzeugte.

Hervorragende bauliche Leistungen sind demgegenüber die Kultpyramiden. Die Tempel auf ihren Plattformen sind allerdings bis auf hier und da erhaltene Reste völlig zerstört. Mit Ausnahme Tenochtitlans, das die Conquistadoren dem Erdboden gleichmachten, blieben aber die gestuften Pyramidenstümpfe erhalten, die auch in aztekischer Zeit keine Gräber, sondern kosmische Abbilder waren. Ihr Kern bestand aus Geröll und Steinen, ihre Bekleidung aus Steinplatten oder Stuck. Im Grundriß waren die Pyramiden durchwegs rechteckig. Dagegen erinnert man sich, daß die älteste Pyramide, bei Cuicuilco im Pedregal de San Angel, kreisrund angelegt war, wie auch die huaxtekischen Kultbauten diesen Typus bewahrten, der bei den Tarasken in Michoacan zu einer Verbindung beider Grundrißformen weiterentwickelt war.

Die Pyramidenbauten sind nur ein prominentes Beispiel dafür, daß von dem Weltbild die stärksten Impulse auf das Kunstschaffen ausgingen. Aztekische Priesterweisheit setzte sich mit dem Kosmos sowohl auf der zeitlichen wie räumlichen Koordinate auseinander. Wir denken an die Weltalterlehre der »unvollkommenen Schöpfungen«; danach waren der jetzigen Welt vier andere vorangegangen, die nacheinander durch Jaguare, Sturm, Vulkanausbrüche und Fluten geendet hatten, während es das Schicksal der gegenwärtigen sein würde, durch Beben ihr Ende zu finden. Räumlich stellte man sich das Weltall als zwei Pyramiden vor, gewissermaßen eine aufrecht stehende und eine umgekehrte, deren Berührungsfläche die Erdscheibe war; über ihr türmten sich neun himmlische Plattformen, während dreizehn unterirdische bis zu dem Reich des Todesgottes nach Mictlan reichten. Auf dem beschwerlichen Weg dorthin wurden die Toten von Hunden geleitet. Es war eine kennzeichnende mesoamerikanische Vorstellung, daß das Schicksal der Verstorbenen nach der Todesart variiert; gefallene Krieger, im Kindbett gestorbene Frauen, Geopferte und im »Ausland« ums Leben gekommene Kaufleute gingen, den Königen gleich, in ein nahe der Sonne gedachtes Paradies ein; dagegen wurden vom Blitz Erschlagene und Ertrunkene, Gichtbrüchige und Aussätzige vom Regengott aufgenommen; frühverstorbene Kinder genossen zum Trost der Eltern alle Freuden in einem Blumenland.

Eine solche geistige Auseinandersetzung mit Tod und Jenseits bedeutete nun aber nicht, daß die Azteken ähnlich den Hochkulturvölkern von Südamerika einen ausgesprochenen Ahnenkult pflegten. Ihr religiöses Erleben war persönlichen Gottheiten zugetan, deren ursprüngliche Pluralität im Zuge der Reichsbildung durch zahlreiche fremde Numina noch ausgeweitet wurde. Es entspricht einem weltweiten Vorgang, daß dieses Pantheon sich in »Ressortgötter« aufspaltete, die für bestimmte Zwecke zuständig waren. Es gab im aztekischen Mythos ein oberstes Schöpferpaar, das aber keinen Kult mehr genoß, sondern von anderen Gottheiten aus der praktischen Religion verdrängt worden war. Innerhalb dieser Götterwelt hatte offensichtlich der aus der klassischen Zeit überkommene Regengott an Bedeutung verloren, im Vordergrund standen kriegerische Gestirnsgötter. Der eigentliche aztekische Stammesgott war der solare Huitzilopochtli. Das numinose Symbol der gefiederten Schlange, das wir in Teotihuacan mit der Regengottheit verbunden fanden, ging bei den Nahua auf einen Windgott und Kulturheros über, der darum den Namen Quetzalcoatl erhielt. Tezcatlipoca, der Gott des gestirnten Nachthimmels, wurde aus Tetzcoco entlehnt, die Göttin der Liebe und der weiblichen Fertigkeiten, Xochiquetzal, war in Tlaxcala beheimatet; ihre Gegenspielerin, die Gottheit des sündhaften Geschlechtsverkehrs, Tlazolteotl, lernten wir bei den Huaxteken kennen, und der Frühlingsgott Xochipilli war bei den Zapoteken zu Haus. Diese und zahlreiche andere Numina verehrten die Azteken und ihre Verwandten in ihren Bildern. Man darf die kultische Steinplastik als einen Schwerpunkt der aztekischen Kunst bezeichnen, der vollendetes technisches Können mit materialgerechter Behandlung verband. Den oft mit realistischer Detailausführung einhergehende Surrealismus der Götterbilder dürfen wir wohl als gewolltes Hervorkehren des ganz Andersartigen ansehen, als künstlerisches Mittel zur Darstellung der Transzendenz.

Die Begegnung mit dem Heiligen erforderte kultische Reinheit, die vorzugsweise durch Enthalten, Fasten und Waschungen erreicht wurde. Und das antwortende Handeln auf das Walten der Götter beschritt den Weg des Gebets, der gottgefälligen Kasteiung und der Opfergabe. Neben Nahrungsmitteln war am wirkungsvollsten das Darbringen eigenen Blutes, das man aus Ohrläppchen, Haut oder Zunge zog. In der Speisung der Götter mit menschlichem Fleisch und Blut liegt aber auch die Wurzel der Menschenopfer, die in aztekischer Zeit so grauenhafte Ausmaße annahmen, daß die Conquistadoren das Schädelgerüst vor der Hauptpyramide mit nicht weniger als hundertsechsunddreißigtausend Schädeln Geopferter dekoriert fanden. Es wurden bevorzugt Kriegsgefangene dargebracht. Wie notwendig den Azteken das Menschenopfer zur Aufrechterhaltung der ganzen irdischen Ordnung erschien, geht aus der Erfindung der »Blumenkriege« hervor, die einem Mangel an Kriegsgefangenen abhelfen sollten. In Bedarfsfällen wurden zwischen den Dreibundpartnern und den Staaten Huexotzinco und Tlaxcala Turniere veranstaltet, wobei die beiderseits gemachten Gefangenen dann als Opferkandidaten auserschen waren. Die geläufigste Form des Vollzuges war die, daß dem über einen konischen Stein gebeugten Gefangenen mit einem Feuersteinmesser das Herz herausgeschnitten wurde, das dann Aufnahme in der »Adlerschale« fand. Daneben gab es das Pfeilopfer, bei dem der Gefangene an ein Gerüst gebunden und von Kriegern erschossen wurde. Das Schinden des Opfers war Teil des Frühlingsfestes zu Ehren des Gottes Xipe.

Solche Kultfeste begleiteten im landwirtschaftlichen Rhythmus den Jahresverlauf. Die Rollenverteilung zwischen Priestern und Opfergefangenen bedeutet in Verbindung mit Tanz und Musik den Anfang einer dramatischen Kunst. Was die Musik anbetrifft, darf daran erinnert werden, daß wie im gesamten Amerika auch den Mexicanern die Streichinstrumente fehlten, man kannte nur Blas- und Trommelmusik. Unter den kultischen Feierlichkeiten erwähnen wir das von den Totonaken stammende »Fliegerspiel«, dessen Teilnehmer sich in kreisender Bewegung an Stricken hängend von einem Mast herabschweben ließen. Und schließlich sei noch das Ballspiel genannt. Es erforderte ein beachtliches Training, da man den massiven Kautschukball nicht mit den Händen, sondern nur mit den Knien, Lenden und dem Rückenende berühren durfte. Ungeachtet der weltbildhaften Bedeutung des Ballspiels, das die Bewegung der Sonne durch die Auf- und Niedergangstore symbolisierte, wurde das Ballspiel in späterer Zeit auch als Sport geübt.

Die Lenkung des Kultes lag in den Händen einer machtvollen Priesterschaft, die eine Klassengesellschaft für sich darstellte. Es gab daneben vom Volk konsultierte Magier und Wahrsager, die indes einer niederen Schicht angehörten. Auf das engste verbunden mit dem numinosen Bereich war alles, was man als »Priesterweisheit« bezeichnen mag und worin wir Annäherungen an ein wissenschaftlich-rationales Erfassen der Wirklichkeit sehen können.

Das Naturverständnis zeigte dabei eine seltsame Mischung von Einsicht und Irrtümern. Wenn es donnerte, dann zerschlugen die Regengötter im Himmel ihre Wasserkrüge, deren Scherben als Blitze zur Erde fielen. Ein Kaninchen erblickte man in den Flecken im Mond. Andererseits verstanden sich die Priesterärzte auf eine ganze Anzahl chirurgischer Praktiken, auf das Schienen von Brüchen, auf Diätkuren und Massagen und geboten über ein Repertoire von einigen vierhundert Heilpflanzen. Die mit dem bloßen Auge geübte Gestirnsbeobachtung kam zu erstaunlich exakten Berechnungen, obwohl sie nur mit Addition und Subtraktion operierte.

Die Himmelsbeobachtung war auch die Grundlage des Kalenders. Dem aus den klassischen Priesterkulturen überkommenen »priesterlichen« Jahr von 260 Tagen, das im wesentlichen einem Wahrsagekalender zugrunde lag, stand das solare Jahr von 360 Tagen nebst fünf Schalttagen gegenüber. Beide beruhten auf der unabhängigen Weiterzählung ungleich langer Zahlen- und Zeichenreihen, nämlich von 20 Tageszeichen und 13 beziehungsweise 18 Ziffern; beide Jahresrechnungen koinzidierten mit den gleichen Zahlen und Zeichen nach 52 Jahren zu 365 Tagen. Der Zeitabschnitt von 52 Jahren war mit dem Auslöschen und Neuentzünden sämtlicher Feuer und mit der Zerschlagung des Hausrats verbunden. Unabhängig vom Sonnenjahr rechnete man auch mit 13 Mondperioden von je 28 Tagen und beobachtete nicht minder andere Sterne, vor allem die Venus, deren scheinbare obere Konjunktion alle 104, also 2mal 52 Jahre, sowohl mit dem »priesterlichen« wie mit dem »bürgerlichen« Jahresanfang zusammenfiel.

Zu den wesentlichen Fortschritten der Mesoamerikaner – besonders im Vergleich mit den südamerikanischen Hochkulturen – gehört die Schrift. Man bediente sich dazu eines Papiers aus Feigenbaumbast oder Agavefasern oder eines Hirschhaut-Pergaments, aus denen man schmale Streifen schnitt, die als Leporello-Album wie ein Faltenbalg zusammengeklappt wurden. Die darauf gemalten Zeichen waren zu einem großen Teil noch graphisch, also bilderschriftlich, zum Teil aber auch schon ideographisch-abstrakt, wozu man auch die Zahlzeichen rechnen müßte. Darüber hinaus hatten einige Zeichen phonetischen Wert, der dem Lautwert einer Silbe entsprach; zur Wiedergabe mehrsilbiger Wörter wurden sie rebusartig zusammengestellt. Von solchen Bilderhandschriften sind uns sogar siebzehn Originale erhalten, weitere kennen wir aus frühkolonialen Kopien. In ihrer Ausführung stehen die mixtekischen *Codices* obenan, und was den Inhalt der Dokumente angeht, sei kurz zusammengefaßt, daß sie divinatorischen, historischen oder religiösen Charakter hatten.

Die Tarasken

Bei der Ankunft der Spanier stand die einheimische Geschichtsentwicklung vor der Auseinandersetzung zwischen dem Dreibund und dem Staat der Tarasken, von denen es in ihrem Kernland Michoacan heute noch rund fünfunddreißig- bis vierzigtausend gibt. Wir lernten in früherem Zusammenhang, daß Michoacan wie der gesamte mexikanische Westen lange Jahrhunderte in einem entwickelteren Archaikum lebte; Hochlandseinflüsse aus dem Osten haben sich hier erst nach dem Abebben der Teotihuacan-Kultur, das heißt in toltekischen Zeiten spürbar gemacht.

In dem von weiten Seen unterbrochenen Waldland von Michoacan hatten Jagd und Fischfang neben dem Bodenbau eine weit größere Bedeutung für die Ernährung als bei den östlichen Nachbarn. In ihren ausgedehnten Wäldern übten die Tarasken die Jagd mit dem Bogen aus, belebten vor allem aber mit ihren Booten die Seen, besonders den Pátzcuaro-See, wo sie mit großen Klappnetzen Fische fingen, aber auch mit der Speerschleuder den Wildenten und Wildgänsen nachstellten. Sie bauten ihre Blockhäuser nicht wie auf der Mesa Central aus Lehm, sondern verständlicherweise aus Holz. Unter den von den Tarasken gepflegten Techniken verdienen ihre Kupferarbeiten hervorgehoben zu werden, neben denen man aber auch Goldschmuck herstellte. Nicht minder wird der taraskische Federschmuck gerühmt, wozu sich als weitere Fertigkeit eine dünnwandige und polychrome Keramik gesellt.

Es paßt in den Stil des oben Gesagten, daß die Tarasken sich durch Grenzkastelle aus starken Baumstämmen schützten und daß die hölzerne Kolbenkeule ihre Hauptwaffe war. Die Wildheit der taraskischen Kriegführung kann man daraus ersehen, daß sie alle Gefangenen bis auf Knaben umzubringen pflegten, die sie als Sklaven großzogen. Das in der Spätzeit angetroffene Einheitsreich der Tarasken war ebenfalls aus einem politischen Dreierbündnis hervorgegangen, das infolge des kriegerischen Dauerzustands einem militärischen Regiment Platz machen mußte. Das aus dem Kriegshäuptlingstum erwachsene Königtum stellte das weltliche und geistliche Oberhaupt. Ihm unterstanden Hofbeamte mit bestimmten Zuständigkeiten (also Vorläufer von Ressortministern) und die Provinzstatthalter, die über die dörflichen Kaziken geboten.

Im taraskischen Weltbild trat der Regengott hinter dem Gott des Feuers, dem Sonnengott Curicávari, zurück. Das Anzünden und Unterhalten von Scheiterhaufen waren die beherrschenden Kulthandlungen. Eine besondere Form weisen die taraskischen Kultbauten, ihre *yácata*, auf. Sie verbanden einen im Grundriß rechteckigen Teil mit einem kreisrunden; in der taraskischen Hauptstadt Tzintzuntzan waren auf eine Plattform von vierhundertfünfundzwanzig mal zweihundertfünfzig Metern fünf solcher *vácatas* gestellt.

Die Totonaken

Über die Totonaken, deren Sprache heute noch von einigen siebzigtausend Menschen gesprochen wird, sind wir einigermaßen gut unterrichtet, weil sie die ersten waren, auf die Cortés nach seiner Landung in der Gegend von Vera Cruz stieß. Der in Cempoala regierende totonakische König, der *cacique gordo*, gab den Spaniern gern Hilfstruppen mit, denn nur unwillig ertrugen seine Gefolgsleute die Tributherrschaft der Azteken, durch deren Expansion ihr einstmals bedeutendes Reich zerbrochen und in Teilfürstentümer aufgelöst worden war.

Im Gegensatz zum Tajín der klassischen Zeit war Cempoala ein jüngerer Mittelpunkt, dessen Bedeutung in die Zeit zwischen 1200 und 1500 fällt. Nach den Schilderungen von Augenzeugen war die Stadt weitläufig angelegt und von Gärten durchzogen. An ihren Straßenzeilen reihten sich die stattlichen Anwesen der Vornehmen, deren Baukörper sich um Binnenhöfe gruppierten und in denen sie sich von Sklaven bedienen ließen. Ihre feinen Baumwollgewänder waren weithin geschätzt. Sie hatten seit je den Hauptanteil am Handelsverkehr mit dem Hochland gehabt – Tlaxcala war ihr wichtigster Austauschpartner gewesen –, ehe das Vordringen des Dreibundes diesen Verkehr unterbrach.

Weniger angetan waren verständlicherweise die spanischen Augenzeugen von den Priestern der Totonaken, die lange Kutten mit kurzen Pelerinen darüber trugen. Es gab Opferpriester, welche die Tier- und Menschenopfer vollzogen, während andere Priester die Beichte hörten und auch die heiligen Bücher malten, von denen uns leider kein Exemplar überkommen ist. Ähnlich wie in Tenochtitlan war dem kultischen Leben ein besonderer Tempelbezirk gewidmet, der von Mauern eingefaßt war. Hier stehen heute noch die Reste der einst mit weißem Stuck bekleideten niedrigen Pyramidenstümpfe; ihr größter ist nur elf Meter hoch, dabei aber in dreizehn niedrige Stufungen unterteilt. Die obere Plattform war ringsum von gestuften »Zinnen« eingefaßt – ein uns auch aus der Hochlandsarchitektur geläufiges Element, bei dem es sich aber in Wirklichkeit um stilisierte Wolkensymbole handelt, die als Abbild der Himmelsregion die Tempelplattform umgaben.

Die Zapoteken

Wenden wir uns von der Golfregion auf das südliche Hochland, so erinnern wir uns daran, daß der zapotekische Kultmittelpunkt des Monte Albán nach dem Ende des 10. Jahrhunderts an Bedeutung verlor und aufhörte, das religiöse Zentrum des Volkes zu sein. Die Ursache war das Eindringen mixtekischer Gruppen von Norden her, die sich in den Tälern um Oaxaca niederzulassen begannen. Vor ihrer Vitalität zogen die Zapoteken sich seit dem 11. Jahrhundert nach Süden zurück. Neuer religiöser Mittelpunkt wurde Mitla, das aber

Mexicanische Maske
Onyxarbeit, 600–800. Hamburg, Museum für Völkerkunde und Vorgeschichte
Eigentum der Stiftung zur Förderung der Hamburgischen Kunstsammlungen

Xipe Totec
Aztekische Frühlingsgottheit aus Tetzcoco, 15. Jahrhundert
Basel, Museum für Völkerkunde, Sammlung Lucas Vischer

später ebenfalls vor den nachdrängenden Mixteken aufgegeben werden mußte. Kurz vor der spanischen Landnahme wurde das Zapotekenreich der Hegemoniesphäre des aztekischen Dreibundes einverleibt.

Die archäologisch bedeutendsten Zeugnisse aus dieser Zeit sind die imponierenden Bauten von Mitla. Ihre langgestreckten Baukörper stehen auf niedrigen Plattformen und umschließen Höfe. Eine Besonderheit stellen die mächtigen monolithischen Blöcke dar, die als seitliche Türrahmen und als Oberschwellen verwendet worden sind. Der »Säulenpalast« verdankt seinen Namen sechs mächtigen, ebenfalls aus je einem Stein gehauenen Rundsäulen, die in der schmalen Vorhalle stehen. Und schließlich finden wir hier als Meisterwerk kunsthandwerklicher Steinbearbeitung eine flächenbedeckende Wandbekleidung aus Hunderttausenden kleiner Steinplatten; sie sind auf das sauberste zusammengesetzt und bilden Mosaike von plastisch herausgearbeiteten Stufen-, Mäander- und Zickzackmustern. Die steinernen Rundsäulen erinnern uns an Monte Albán.

In der Spätphase ihres Reiches war die zapotekische Hauptstadt nach Zaachila verlegt. Dort regierte auch der von den Spaniern angetroffene letzte König Cocijo-eza, der also den Namen des alten Regengottes trug. Sein Sohn Cocijo-pij residierte als Statthalter in dem von den Zapoteken beherrschten Tehuantepec. Neben dem weltlichen Herrscher stand ein oberster Priester, der gleichzeitig oberster Richter war.

Die Mixteca-Puebla-Kultur

Die bei den eben behandelten Abläufen immer wieder genannten Mixteken werden von Sigvald Linné als »das wirklich hochkulturelle Volk Mexicos« anerkannt, wobei er ebenso an ihre kunsthandwerklichen wie an ihre geistigen Leistungen denkt. Nach dem Zusammenbruch des Reiches von Tollan griffen sie nicht nur nach Süden über, sondern brachten vor allem den alten Kulturraum des Hochtals von Puebla mit seinem Vorort Cholula unter ihren Einfluß. Von hier aus befruchteten sie auch das nordwestlich gelegene Hochtal von Mexico, wo chichimekische Stämme um die Vorherrschaft rangen, bis daraus die Suprematie des von den Azteken geführten Dreibunds erwuchs. Ging also der Prozeß der politischen Einigung in der Zeit vor der Ankunft der Spanier vom Hochtal von Mexico aus, so machten mixtekischer Geist und mixtekische Leistungen den angrenzenden Raum von Puebla und Oaxaca mit Ausstrahlungen nach Tlaxcala und Guerrero zum kulturellen Schwerpunkt der nachklassischen Zeit. Man kennzeichnet diese Epoche zwar vom Politischen her als »Chichimekische Zeit«, aber viele glauben, daß sie im Hinblick auf die Kulturschöpfung eher den Namen »Mixteca-Puebla-Kultur« verdient.

Die erst von dem zweiten Motecuhzoma in Abhängigkeit gebrachten Mixteken waren auf den verschiedensten handwerklichen Gebieten bewandert; ihre Keramik war der aztekischen weit überlegen. Mixtekische Facharbeiter exzellierten in Schmuckstücken und in der Verarbeitung von Silber und Gold mit Edelsteinen und Perlen. Sie fertigten Schalen aus hartem Bergkristall, kunstvolle Mosaike und Federzierat; mixtekischer Herkunft ist eine der beiden Holzpauken *(teponaztli)*, die uns erhalten sind. Mixtekische Schmuckstücke kamen zutage, als man am Hang des Monte Albán das berühmte »Grab 7« öffnete, das rund fünfhundert Kostbarkeiten preisgab. Es war die Grabstätte eines mixtekischen Fürsten oder Priesters aus dem Ende des 15. Jahrhunderts. Ein ganz mit Türkismosaik überzogener Schädel mag uns als makabre Besonderheit erscheinen; daneben gab es Werke aus Gold und Silber, Perlmutter, Türkis und Jade und, abgesehen von geschnitztem Bein, Schalen aus Bergkristall, Onyx und Alabaster.

Von den Mixteken übernahm das aztekische Pantheon den Frühlingsgott Xipe Totec, in dessen Kult die Haut eines Opfergefangenen einem jungen Priester übergezogen wurde, der sich so in den ständig erneuernden und verjüngenden Gott verwandelte. Die Mixteken waren auch Meister der Bilderschrift; beispielsweise der Wiener Codex stammt von ihnen. Ihre Faltbücher aus Hirschhautpergament oder Feigenbaumbastpapier sind die bestausgeführten in ganz Mexico; sie enthalten nicht nur religiöse Motive, sondern haben uns auch geschichtliche Tatbestände überliefert, so daß Alfonso Caso eine genealogische Liste erarbeiten konnte, die von 692 bis zur Conquista reicht.

Das »Neue Reich« der Maya

In der regenarmen Buschwald- und Savannenlandschaft des stromlosen Karstlandes Yucatan hat das Vorwalten des toltekischen Geistes – ungeachtet einer allmählichen Mayaisierung der toltekischen Oberschicht – zu zahlreichen Abweichungen von der klassischen Maya-Kultur geführt.

Wir haben an anderer Stelle entwickelt, daß es im Laufe des 10. Jahrhunderts zu einer völligen Räumung der klassischen Siedlungen im Petén und seinen Randlandschaften gekommen war und das Gros der Bevölkerung sich anscheinend nach Yucatan verlagert hatte, wo es ja schon seit der formativen Epoche eine Maya-Bevölkerung gab. Wie kennen die Ursachen dieses Vorganges nicht; man hat aber den Eindruck, als seien die Ereignisse auf der mexikanischen Mesa Central, das heißt der Zusammenbruch der dortigen Theokratie und die Auseinandersetzungen in Tollan nicht ohne Einfluß gewesen. Auf jeden Fall ist der gegen Ende des 10. Jahrhunderts anzusetzende Umbruch in der Maya-Kultur Yucatans mit dem Auftreten einer toltekischen Führungsschicht verbunden. An ihrer Spitze stand zuerst niemand anders als der aus Tollan emigrierte Quetzalcoatl.

Zeitlich können wir sein Erscheinen unter dem völlig gleichbedeutenden Mayanamen Kukulcan mit der Wiederbesiedlung Chichen Itzás (das nach seiner ersten Gründung 534 wieder aufgegeben worden war) durch die aus Campeche kommenden Itzá in Verbindung bringen; es muß dahingestellt bleiben, ob die Itzá selbst Tolteken waren oder sich nur der Führung Quetzalcoatls unterstellt hatten, als sie 987 von Chichen Besitz ergriffen. Während gleichzeitig als weltlicher Mittelpunkt Mayapan von den Cocom und als drittes wichtiges Zentrum Uxmal von den Xiu angelegt wurde, drängt sich einem der Gedanke auf, daß die Tolteken aus Chichen Itzá ein größeres und schöneres Tollan machen wollten als das von ihnen verlassene.

Es ändert an den großen Linien nichts, wenn die Geschichte der anschließenden Jahrhunderte kalendermäßig mit einer Diskrepanz von zwanzig Jahren belastet ist. Auf jeden Fall schlossen sich 987 oder 1007 die genannten drei Zentren zu einem Dreierbündnis, der in der Literatur sogenannten »Liga von Mayapan«, zusammen, die für zwei Jahrhunderte eine Hegemonie über das nördliche Yucatan ausübte. Es hat dabei an Rivalitäten und Vormachtbestrebungen nicht gefehlt; die Cocom von Mayapan spielten eine den Verhältnissen auf der späteren Mesa Central vergleichbare Rolle, indem sie ähnlich wie die Azteken ihre Partner zu überrunden suchten. Infolge dieses Strebens nach Alleinherrschaft zerbrach die Liga 1184 (oder 1204), als nämlich der Fürst von Mayapan, Hunac Ceel, toltekische Söldner aus Tabasco ins Land rief, um die Macht der Itzá zu brechen. Den Partnern wurde nun eine Residenzpflicht in Mayapan als Vasallen der Cocom auferlegt, die für mehr als zweieinhalb Jahrhunderte das Regiment in Yucatan übernahmen. Sowohl die Epoche der Liga von Mayapan wie die Zeit der Hegemonie der Cocom gestatten es, für die Periode von 1007 bis 1461 von einem »(Neuen) Reich« der Maya zu sprechen.

Man kann sich vorstellen, daß die Vorherrschaft der Cocom von allen anderen Stadtfürstentümern nur mit Widerwillen ertragen wurde. Anlaß zum Losschlagen war es, als die Cocom im Jahre 1441 (oder 1461) weitere mexicanische Söldner zur Stützung ihrer Herrschaft herbeiriefen. In diesem Augenblick brach eine allgemeine Erhebung aus. Mayapan wurde zerstört und die Sippe der Cocom ausgerottet. Aber auch die Xiu wechselten ihren Sitz von Uxmal nach Maní, und die Itzá wanderten nach dem Petén aus, wo sie sich bis 1697 in Tayasal ein selbständiges Königreich erhalten konnten. Das Mayaland Yucatans aber fiel in den Zustand unabhängiger Stadtfürstentümer zurück.

In der nachklassischen Zeit Yucatans wurden keine »Meilensteine der Zeit« mehr errichtet. Unsere Unterrichtung über die historisch kurz umrissenen fünf Jahrhunderte ziehen wir einerseits aus der von den Eroberern aufgefangenen mündlichen Überlieferung; dabei steht an erster Stelle die ausführliche *Relación de las cosas de Yucatán*, die der Bischof von Mérida, Diego de Landa, 1566 verfaßte. Eine weitere Quelle sind die von Eingeborenen selber niedergeschriebenen Dorfchroniken, die nach der spanischen Landnahme in der Maysprache, aber in lateinischer Schrift zu Papier gebracht wurden und unter dem Sammelnamen der *Libros de Chilam Balam* geläufig sind. Über die Tatsache, daß derselbe Bischof Diego de Landa Hunderte von Bilderschriften in Mérida auf einem Scheiterhaufen verbrennen ließ, vermag uns auch nicht der Umstand hinwegzutrösten, daß der historische Aussagewert dieser Dokumente gering gewesen zu sein scheint. Wir schließen das aus den drei erhaltenen *Codices*, dem in Dresden verwahrten *Codex Dresdensis*, dessen Inhalt vorwiegend astronomisch ist, dem in Madrid aufgehobenen *Codex Tro-Cortesianus*, einem Wahrsagebuch, und dem in Paris betreuten *Peresianus*, der mit dem Kalender verbundene Riten enthält. Die Dokumente sind aus dem Bast einer Feigenbaumart hergestellt, tragen einen dünnen Kalküberzug, auf den man mit feinem Pinsel in Schwarz und Rot, Gelb und Grün, Kastanienbraun und Blau Figuren und Glyphen malte; das ganze wurde dann als Leporelloalbum wie ein Faltenbalg zusammengeklappt.

Aus dem heiligen Brunnen von Chichen Itzá, dem *Cenote*, stammen die meisten Metallgegenstände, die wir überhaupt von den Maya besitzen. Wir erinnern uns, daß alles Kupfer und Gold importiert werden mußte, aber auch alle gegossenen Stücke, da die Maya selber sich nur auf die Treibarbeit in Goldblech verstanden. Dies muß wiederholt werden, weil gerade aus dem *Cenote* von Chichen Itzá einige Goldblechscheiben stammen, die als

Opfergaben dort versenkt wurden und eine äußerst kunstvolle Arbeit zeigen. Nach den vorgenommenen Analysen kommen die meisten Stücke aber aus den südlichen Goldländern oder aus Mexico. Und dies gemahnt uns daran, daß der Handel eine Stärke der Maya war. In der yucatekischen Spätzeit betrieb man auch weiten Handel zur See und befuhr die Küsten von Honduras und Nicaragua. Niemand anders als Kolumbus stieß auf seiner vierten Reise (1502–1504) auf ein mit fünfundzwanzig Mann besetztes Boot der Maya, das Textilien, Töpfereien, Steingeräte und Sklaven geladen hatte. Als Geld benutzten die Maya Kakaobohnen wie in Mexico, aber auch Stein- und Muschelperlen, von ihnen selbst importierte Kupferäxte und -schellen, während man sich – um dies vorwegzunehmen – auf dem guatemaltekischen Hochland der begehrten Federn des Quetzalvogels als Zahlungsmittel bediente.

In der nachklassischen Zeit Yucatans regierten über die Duodezfürstentümer weltliche Machthaber, wie die genannten Itzá in Chichen Itzá, die Xiu in Uxmal und die Cocom in Mayapan. Der Titel der Dynasten war *Halach Huinic* (Wahrer Mann); sie ließen sich von einem Staatsrat aus Häuptlingen, Priestern und Kundigen beraten. Ein oberster Kriegsführer *(nacom)* wurde für drei Jahre gewählt; während seiner Amtszeit aß er kein Fleisch und durfte mit keiner Frau verkehren. Die untergebenen Dorfhäuptlinge *(batab)* wurden vom städtischen Mittelpunkt aus regiert; sie waren ebenfalls erblich und fungierten als Unterführer im Krieg, als Tributeinnehmer und als Richter in leichteren Fällen. Fügen wir einiges an, was wir von den Rechtsauffassungen wissen: Diebe wurden zugunsten der Geschädigten versklavt, Todesstrafe stand auf Landesverrat, Mord und Brandstiftung, Notzucht und Ehebruch, den aber der Gatte vergeben konnte. Bei einem von ihm verschuldeten Selbstmord der Frau hatte der Ehemann deren Familie den Schaden zu ersetzen. Hochkulturelle Fortschritte zeigen sich in der Bewertung der psychologischen Schuld; man unterschied den Mord vom Totschlag, der nur mit einer Buße geahndet wurde, und im Fall von Brandstiftung zwischen Vorsatz und Fahrlässigkeit, die nur zu Schadensersatz verpflichtete. Es gab Prozeßverteidiger, und man kannte den Zeugenbeweis. Es ist im Verlaufe der Darstellung klargeworden, daß auch die Spätzeit durch eine Klassengesellschaft gekennzeichnet war. Hand in Hand damit ging ein Prozeß der Verweltlichung, so daß der Klerus gegenüber früher an Macht verlor.

Die Erde faßte man als eine auf dem Weltwasser schwimmende Scheibe auf, verband aber damit die Vorstellung, daß sie die Berührungsfläche einer aufrecht und einer umgekehrt stehenden Pyramide sei, die beide gestuft gedacht wurden. Der gegenwärtigen Ordnung gingen drei frühere Weltzeitalter voraus, die alle durch Fluten geendet hatten, wie das auch das voraussehbare Schicksal der bestehenden war. Das Los der Toten zeigt ebenfalls eine uns schon bekannte mesoamerikanische Note: gefallene Krieger, im Kindbett verstorbene Frauen, Priester und Selbstmörder gingen in ein bevorzugtes Paradies ein.

Wir kennen aus dieser Zeit auch die Namen der Götter. Der Schöpfergott, der keinen Kult mehr erfuhr, hieß Hunab. Sein Sohn Itzamná, der im Himmel wohnte, hatte den Menschen Schrift und Kalender gebracht. Unter zahlreichen anderen Gestalten des Pantheons erwähnen wir den Sonnengott Kinich Ahau, die Mondgöttin Ixchel, die auch für Ebbe und Flut verantwortlich war, den Regengott Chac, den Todesgott Ah Puch und den

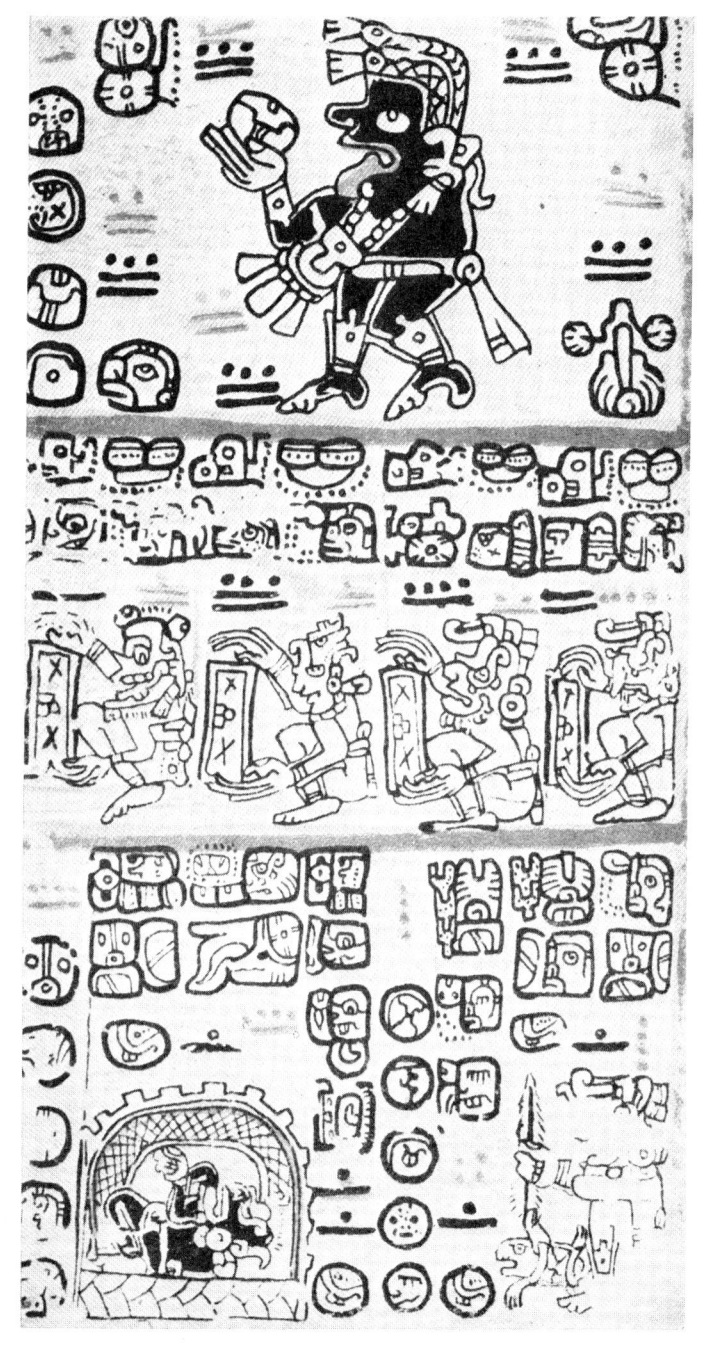

Hieroglyphen und Zahlzeichen in einem Wahrsagebuch der Maya
Eine Seite aus dem Codex Tro-Cortesianus, 15.(?) Jahrhundert
Madrid, Museo de América

Eingang zum »Tempel der Krieger« in der Maya-Stadt Chichen Itzá, 10./11. Jahrhundert

Kriegsgott Ek Chuah. Ixchab hieß die Göttin der Selbstmörder, und neben Quetzalcoatl-Kukulcan verehrte man je nach den Anliegen noch zahlreiche andere Höhere Wesen, so einen Maisgott und einen Gott der Kaufleute.

Im Dienste dieser Götter wirkten Priester verschiedener Grade, deren Hierarchie von einem Hohenpriester mit dem Titel »Schlangenfürst« gekrönt wurde. Andere Priester widmeten sich dem Opfer, andere wieder waren Schriftgelehrte, deren Wahrschau ein wichtiges Mittel für die Beherrschung der Menschen war.

Unter den Kulthandlungen haben wir neben Gebeten Fasten und Enthaltsamkeit zu erwähnen; wir wissen von Maskentänzen und Opfern der verschiedensten Art, von Räuchern bis zu wertvollen Schmuckstücken. Die Entziehung von Blut aus Zunge, Wangen und Ohrläppchen war harmlos gegenüber dem Menschenopfer, das in toltekischer Zeit eine Steigerung erfuhr. Neben dem Herzopfer im mexicanischen Stil war das Ertränken in den Dolinen beliebt. Die Ausgrabungen in den Städten von Yucatan beweisen, daß die Großen mit zahlreichen Sklaven als Grabbeigaben bestattet wurden. Und unter den kultischen Übungen fehlte auch das schon aus klassischer Zeit überkommene Ballspiel nicht.

Auf keinem Gebiet aber ist der toltekische Einfluß so greifbar wie in der bildenden Kunst. Als Motiv tritt die Federschlange sowohl im Relief wie in Malerei und Plastik hervor. Und während die Stelen verschwinden, erscheint der in Tula aufgekommene Typus der Chacmool-Figur. Die zeichnerische und malerische Befähigung, die sich seit je im Dekor der Keramik betätigte, weicht in Yucatan der Reliefverzierung. Aber Fresken, wie sie im sogenannten »Jaguartempel« und in dem (von dem Kriegertempel überbauten) Chacmool-Tempel in Chichen Itzá freigelegt wurden, sind in ihren szenischen Darstellungen lebensnah und bewegt; Tolteken und Maya lassen sich dabei gut unterscheiden. In dem Prozeß der Verweltlichung büßt die Reliefkunst an Symbolgehalt ein und entwickelt sich zum Dekor. Die Maskenpaneele werden zunehmend stilisierter, und der Fassadenschmuck wandelt sich in Richtung eines geometrisierenden Steinmosaiks.

Die Verbindung der einheimischen und der toltekischen Elemente in der Baukunst kann man am besten in Chichen Itzá studieren. Rundsäulen und Maskenpaneele, Ziergiebel und »falsches Gewölbe« sind Erbe des spätklassischen Puuc-Stils von Nordyucatan. Die wichtigsten Bauwerke der toltekischen Zeit von Chichen Itzá sind der sogenannte *Castillo*, ein in neun Absätzen und mit dreihundertfünfundsechzig Stufen ansteigender Pyramidenstumpf, ferner das *Caracol* (Schnecke) genannte Observatorium (dessen Name von der gewendelten Innentreppe herrührt), der Ballspielplatz in einer Länge von einhundertachtundsechzig Metern mit senkrechten Wänden und der »Kriegertempel« mit seinen reliefierten Schlangensäulen, die unten in plastischen Köpfen enden. Der »Tausendsäulenkomplex« bestand aus Versammlungshallen, um Binnenhöfe gruppiert, die wir uns pergolaartig vorstellen können, mit immerhin sechshundert vorwiegend runden Säulen für hölzerne Architrave. Die dann im Laufe der Jahrhunderte eingetretene Dekadenz macht sich in der großen Residenz- und Wohnstadt Mayapan erschreckend deutlich bemerkbar. Rohes Mauerwerk hat die behauenen Platten ersetzt, die Säulen sind mit Stuck statt mit Reliefs überzogen, und flache Holzdecken haben das »falsche Gewölbe« verdrängt. Alles das hängt mit dem veränderten Stil der Städte zusammen; gegenüber dem sakralen Charakter der klassischen Zeit waren es in der Spätzeit von Yucatan befestigte Plätze mit ständiger Wohnbevölkerung unter weltlichen Herren, die sich hinter Mauern verteidigten.

Es ist deshalb aufschlußreich, den ganz parallelen Verlauf auf dem guatemaltekischen Hochland zu betrachten, wohin gleichfalls toltekische Gruppen vorgedrungen waren. Hier tritt Quetzalcoatl unter dem wieder gleichbedeutenden Namen Kukumatz auf und figuriert unter diesem Titel nun in der dynastischen Überlieferung der Quiché. Sowohl das Popol Vuh der Quiché wie die Annalen der Cakchiquel verkünden Tollan als Quelle aller Kultur – aber selbstverständlich sind die toltekischen Oberschichten, während sie die Mayakultur beeinflußten, gleichzeitig ihrerseits mayaisiert worden.

Auch hier regierten in der nachklassischen Zeit nicht mehr Priester, sondern weltliche Fürstenfamilien, und auch hier kommt die Verweltlichung der Kultur im Charakter der Städte zum Ausdruck. Gewiß finden wir in diesen Residenzen noch Pyramiden und Ballspielplätze, im Grunde sind es aber Burgen weltlicher Machthaber, die sich – wie ihresgleichen auf dem Flachland von Yucatan durch mächtige Mauern – auf dem Hochland durch ihre isolierende Lage auf Bergplateaus schützten. Auch der geschichtliche Ablauf zeigt die fesselnde Parallele, daß ein von der Dynastie der Quiché geschaffenes Einheitsreich zur selben Zeit wie die »Liga von Mayapan« zerbrach. So fanden die Spanier drei unabhängige Stammesfürstentümer der Quiché, der Cakchiquel und der Tzutuhil vor, die von Utatlan, Iximché und Atitlan aus regiert wurden.

Tolteken in Mittelamerika

Nach dem Fall von Tula wanderten, wie wir erfahren haben, toltekische Gruppen über das Hochtal von Puebla weit nach Süden. Sie durchzogen Oaxaca und Chiapas und ließen sich dann teils in Guatemala, Honduras und Salvador, teils erst in Nicaragua nieder. Die ersteren heißen Pipil und wurden nach der Entdeckung in drei verschiedenen Zonen angetroffen, nämlich in Nordwesthonduras, in Südostguatemala und im mittleren und westlichen Salvador, wo ihr Vorort Cozcatlan in der Nähe des späteren San Salvador lag; auch heute bewohnen die Pipil noch einige Dörfer im Umkreis von Sonsonate in Westsalvador.

Wenn wir diese Erben alter Tolteken-Kultur und -Sprache in die hochkulturellen Bevölkerungen einbeziehen, so muß allerdings ein Umstand vermerkt werden, der ein Gefälle gegenüber den Verwandten in ihrer mexicanischen Heimat bedeutet. Es ist das Fehlen von städtischen Anlagen, womit diese Tolteken wenigstens auf einem Teilgebiet ihre Anpassung an das theokratische Kulturniveau abgestreift haben.

In vielen Zügen aber sind die Gemeinsamkeiten der Pipil mit den mexicanischen Nahua offensichtlich. Die in *calpulli*-ähnliche Gruppen gegliederte Gesellschaft kannte den Dualismus von Friedensfürsten und Kriegshäuptlingen und war mit Adel, Gemeinen und Sklaven ständisch gestuft. Eine männliche und eine weibliche Gottheit wurden vor ihren Idolen verehrt. Die Priesterschaft gipfelte in einem Hohenpriester, neben dem es einen besonderen Wahrsagepriester und vier weitere höhere Priester gab, wie auch dem Kriegführer vier militärische Hauptleute unterstanden. Den Menschenopfern, durch Herausschneiden des

Herzens vollzogen, fielen neben unehelichen Kindern hauptsächlich die Kriegsgefangenen anheim. Die Feste der Sommer- und Wintersonnenwende stellten, ähnlich den aztekischen Kultfeiern, kultische Dramen dar; die zwanzig Tageszeichen des Kalenders entsprachen den mexikanischen.

Andere toltekische Gruppen waren, wie gesagt, noch weiter gezogen; sie lebten in spanischer Zeit am Nicaragua-See und von dort auf einem schmalen Streifen zum Pazifik. Als Nicarao haben sie dem von ihnen bewohnten Land den Namen gegeben; im Gegensatz zu den angetroffenen Chorotegen, aber gleich den Pipil, bewahrten sie mexicanische Züge.

Gestützt auf einen bevorzugten Kriegerstand, regierten starke Kaziken. Wir hören, daß sie Gesandte und Herolde unterhielten und sich von einem »Rat der Alten« beraten ließen, der auch die Kataster der Landverteilung verwahrte, aber alle vier Monate neu gewählt wurde.

Starke mexicanische Anklänge zeigt die geistige Welt. Die unvollkommenen Schöpfungen klingen in einer durch Flut vernichteten Zwischenwelt an, und Gefallene wie Geopferte kamen auch hier in ein Paradies. Die oberste Gottheit der Nicarao war Quetzalcoatl unter dem Namen Tamagastad (aztekisch: Tlamacazcatl), der »Priester« bedeutet und uns daran erinnert, daß das Ineinanderfließen von Priester und Gottheit eine in Amerika nicht seltene Erscheinung war. Kriegsgefangene starben den Herzopfertod, ihr Fleisch wurde – da sie sich nach indianischer Vorstellung in den Gott verwandelt hatten – in gemeinsamer Kommunion verzehrt. Auch hier pflegten die Priester neben den eigentlich kultischen Aufgaben Kalender und Schrift. Ihre zwanzig Tageszeichen gleichen den mexicanischen, von ihren buntbemalten gefalteten Wahrsagebüchern ist uns leider kein Exemplar erhalten.

Die Chorotegen

Die Siedlungsgebiete der sich in engster Nachbarschaft mit den eingedrungenen Tolteken in den Hochlandsraum Nicaraguas teilenden Chorotegen erstreckten sich vom Gebirgsland an der pazifischen Küste bis auf die Nicoya-Halbinsel im heutigen Costa Rica. Sie müssen, aus ihrer Sprachverwandtschaft mit den mexicanischen Otomí zu schließen, ebenfalls aus dem Norden gekommen sein.

Die Steinbaukunst war ihnen fremd, doch ihre Keramik gehört zu dem Besten und Phantasievollsten in Mittelamerika. Das gilt besonders von den in Negativmalerei polychrom (Schwarz und Rot auf Braunrot) bemalten Schöpfungen von Nicoya, vor allem einem aus der Kugelgrundform heraus entwickelten Gefäß, das auf drei Füßen steht und plastisch angesetzte Jaguarköpfe trägt.

Die gesellschaftlichen Unterschiede gegenüber den Nicarao waren kraß; auf demokratische Weise regierte tatsächlich ein Ältestenrat. Im Gegensatz zu der hohen Bewertung der Jungfräulichkeit der Braut bei den Nicarao verdienten sich die Töchter der Chorotegen ihre Aussteuer durch Hingabe an die Freier, unter denen sie dann ihren Gemahl auswählten. Ihre Stellung in der Ehe war so bedeutend, daß sie ihre Männer zurechtweisen, ja schlagen und aus dem Hause vertreiben konnten, bis sie durch eine Mittelsperson um Verzeihung bitten ließen. In vielen Zügen zeigen sich die Chorotegen, deren Sprache doch eine nördliche Herkunft andeutet, kulturell mit Völkerschaften Kolumbiens und

Südamerikas überhaupt verwandt. Dazu gehört das von ihnen geschätzte Kokakauen, ferner der Kannibalismus, der zu regelrechten Menschenjagden ausartete. In dieselbe Richtung weisen die im Vulkan Masaya verehrte Gewittergöttin und in Zusammenhang damit orgiastische Feste, bei denen sich Jungfrauen für das Gemeinwohl opferten und in den Krater sprangen.

Chibchavölker des Isthmus

Costa Rica und Panama waren von Verwandten der kolumbianischen Chibcha bewohnt, unter denen wir die Cueva des östlichen Panama, die Talamanca und Guetar in Costa Rica erwähnen, die im allgemeinen die gesünderen Striche, nämlich das Gebirgsland und das pazifische Überschwemmungstiefland bevorzugten. Die bedeutendsten archäologischen Zonen, deren hochkulturelle Ausbeute allerdings kein höheres Alter erkennen läßt, sind abgesehen vom Hochland von Costa Rica Coclé und Veragua, Chiriquí und Darién in Panama.

Noch von dem »Katholischen König« Ferdinand erhielten diese Länder den auszeichnenden Namen *Castilla del Oro*, »Goldkastilien«, der nicht unangebracht war. In der Tat arbeiteten hier die wirklichen Meister des Goldes und der Tumbaga, die sich auf Treibarbeit, Massivguß, Guß in verlorener Form und Vergoldung mit Hilfe pflanzlicher Säfte verstanden. Ausgrabungen in Costa Rica haben Brustschmuck in Form von Adlern und Fledermäusen, Eidechsen und Spinnen ans Licht gebracht. In Gräbern Coclés fand man getriebene Schmuckscheiben, Helme, Nasenringe und Ohrenschmuck, auch aus Golddraht, tier- und menschengestaltige Schmuckanhänger und goldene Ketten aus massiven und hohlen Perlen. Eine besondere Fertigkeit war das Bekleiden von Bein mit Gold. In der zur selben Zone gehörenden Landschaft Paris erhielt der Conquistador Gonzalo de Badajoz als Geschenk von dem Kaziken mit Hirschhaut überzogene Palmblattkörbe von einem halben Meter Durchmesser, die mit Goldschmuckstücken angefüllt waren. Neben der Metalltechnik blühte auch die Steinschneidekunst.

Figürliche Steinplastiken wirken plump, wohlgeformter erscheinen uns steinerne Ritualsessel und drei- oder vierfüßige Mahlsteine, oft in Jaguarform. In Coclé gibt es lange Reihen von Steinpfeilern bis zu einer Höhe von sechs Metern, deren Bedeutung uns unbekannt ist. Sowohl aus Costa Rica wie aus Panama ist eine feinbemalte Keramik, auch mit Negativmalerei, angefallen.

Als Werkstoff stand sicher das Holz im Vordergrund. Es wurde zu Speerschleudern, Lanzen und Keulen verarbeitet, darunter der *makana*, einer mit zwei Händen geschwungenen Hartholzkeule. In Panama wurde, während der Bogen als Waffe unbekannt war, die Schnellkraft der Sehne bemerkenswerterweise zu dem in Amerika seltenen »Aderlaßbogen« benutzt. Aus Holz waren große, mit Segeln versehene Einbäume; ebenso höhlte man Abschnitte von Baumstämmen zu Schlitztrommeln aus. Städtische Siedlungen fehlten, man kannte aber neben einzelnen Gehöften auch Großdörfer, die durch Palisaden geschützt waren. Alle Baulichkeiten waren aus Holz. Man lebte in Kegeldachhütten auf rundem oder ovalem Grundriß, die mit Stroh oder Palmblatt gedeckt waren; in ihnen schliefen die Cueva in Hängematten aus Baumwolle – hölzerne Stühle hat man bei den Guetar gefunden –; aus Baumwolle fertigte man auch die Kleidung. Sie bestand bei den Cueva-Frauen aus Decken, die um den Körper geschlagen bis zu den Knien, bei den Adelsfrauen bis zu den Knöcheln herabfielen; Brust und Arme ließen sie frei, doch bewunderten die Spanier die goldenen Büstenhalter der Edelfrauen.

Unter den Nahrungsmitteln nennen wir Mais und Maniok, Melonen und Süßkartoffeln. Außer Maisbier trank man auch Palm- und Fruchtwein und rauchte große Zigarren. Mehr als bei vielen anderen Völkern wurde die Pflanzenkost durch tierische Nahrung ergänzt, wie sie der Fischfang an den Küsten und Flüssen und die Jagd auf Hirsch und Leguan, Tapir und Pekarí, Truthahn und anderes Vogelwild einbrachte. Die Kaziken veranstalteten Treibjagden auf Rotwild mit langen Stellnetzen. Unter der Nutzung natürlicher Vorkommen müssen wir das Verdunsten von Salzwasserlachen und die Perltaucherei im Golf von San Miguel erwähnen. Salz und Gold waren die wichtigsten Handelsartikel.

Innerhalb einer landbesitzenden Oberschicht unterschieden die Cueva zwischen einem Geburtsadel und einem kriegerischen Verdienstadel, der mit Land, Frauen und Sklaven belehnt wurde. Die Sklaven waren Kriegsgefangene und wurden im wesentlichen als landwirtschaftliche Arbeitskräfte eingesetzt. Streitigkeiten zwischen den Kleinfürsten scheinen an der Tagesordnung gewesen zu sein. In Paris konnten die Conquistadoren einen ganz aus Schädeln errichteten Turm und eine mit Feindesschädeln gepflasterte Straße bestaunen. Die Duodezfürsten herrschten im Innern mit absoluter Gewalt. Sie wurden in Hängematten getragen und von einem Gefolge begleitet, unterhielten Boten und Herolde und hatten zahlreiche Frauen, die ihren ausgedehnten Haushalt versorgten. Ansätze zu feudaler Schichtung fehlen nicht ganz; wir erfahren, daß Quitatara, der Fürst von Paris, über fünf Vasallen gebot.

Wir wissen nicht, ob die verstorbenen Ahnen verehrt wurden. Auf jeden Fall wurde den Toten eine pflegliche Behandlung zuteil. Auf dem Hochland von Costa Rica hat man Steinkistengräber gefunden, in Coclé aber rechteckige oder ovale Gruben, anscheinend Gräber von Großen, die von Frauen und Dienern begleitet waren; in Veragua sind Schachtkammergräber entdeckt worden. Dagegen wurden bei den Cueva die Leichen der verstorbenen Fürsten am Feuer gedörrt und dann in einer Ahnengalerie aufgestellt. Sie kannten das mythische Motiv von der großen Flut, der nur ein Menschenpaar mit seinen Kindern in einem Boot entkam. Sie wußten von einem Schöpfergott namens Chicume, neben oder unter dem ein Himmelsgott Chipiripa stand, dessen Widersacher der mit Greifenklauen bewehrte Tuira war. Mit letzterem sprachen die Priester in dachlosen Räumen ohne Türen, wobei sie die »Unterhaltung« in verschiedenen Tonarten nach draußen gelangen ließen. Die Cueva zeigen Ansätze zu einer Bilderschrift in Form farbiger graphischer Darstellungen auf Holztafeln.

Amerikanisches Mittelmeer

Bekanntlich waren die mittelamerikanischen Inseln die ersten Teile Amerikas, die von den Europäern betreten wurden. Ihre Bevölkerung starb schon frühzeitig aus oder ging in einer indianisch-afrikanisch-europäischen Mischbevölkerung auf. Die Besiedlungsgeschichte der Inselwelt ist uns bekannt; ihre ältesten Bewohner waren aus Florida gekommene Fischer, das Gros der Besiedler stellten indes die Taino, Verwandte der südamerikanischen Aruak, die in der Zeit um Christi Geburt vom Festland her eingewandert waren. Entscheidend aber wurde dann rund hundert Jahre vor der Conquista die Invasion karibischer Gruppen, der Calina, die von den Aruak *Caniba* genannt wurden, woraus sowohl das verballhornte »Karibe« wie nach einer kennzeichnenden Untugend dieser Leute das Wort »Kannibale« entstanden ist. Die Kariben unterbrachen die bis dahin bestehende Verbindung der Aruak mit dem Festland. Sie griffen von Insel zu Insel über, rotteten die Männer aus und entführten die Frauen (wie es Daniel Defoe in seinem hierhin verlegten Robinson-Roman geschildert hat). Auf diese Weise hatten sie bis 1492 bereits die Kleinen Antillen, die Inseln unter dem Wind und Teile von Puerto Rico besetzt, dagegen noch nicht Haiti und Kuba, Jamaica und die Bahamas, die sie nur auf ihren Raubfahrten heimsuchten.

Zu dieser völkischen Struktur gesellten sich Kultureinflüsse aus den mexicanischen Hochkulturgebieten und dem Mayaland. Wir finden deshalb in der Pflanzerkultur der Taino, vor allem auf Haiti und Puerto Rico, ausgesprochen hochkulturelle Züge, auf die wir uns hier beschränken. Möglicherweise haben wir den Ursprung des Hämmerns von Flußgold hierzu zu rechnen. *Guanin*, eine Goldkupferlegierung (Tumbaga), importierte man aus Kolumbien, da der Handel der Taino ebenso zum Festland von Südamerika wie bis nach Yucatan und Florida reichte. Unter den Fundstücken erregen polierte und reliefierte Steinbeile unsere Aufmerksamkeit, ferner menschen- und tiergestaltige Götterbilder aus Holz und Stein. Die ständische Gesellschaft von Adel, Gemeinen und Sklaven wurde von erblichen Königen regiert, deren Hoheitssymbole dem Stil der festländischen Herrenkulturen entsprachen; sie unterhielten einen Hofstaat, lebten in Polygamie und wurden nach ihrem Tode mumifiziert und in Grabkammern beigesetzt. Auch die öffentlichen Verbände gehen weit über den Standard der einfachen Bodenbauvölker hinaus. Während auf Puerto Rico mehrere Kleinkönige über Dorfkaziken geboten, fanden sich auf Haiti fünf Fürsten, von denen einer bereits ein Karibe war; Jamaica bildete sogar einen Einheitsstaat.

Die Chibcha Kolumbiens

Im Raum der drei Andenketten Kolumbiens und in den von ihnen eingeschlossenen Tälern und Hochbecken hatten sich in Verzahnung mit Völkerschaften primitiven Niveaus Horste altertümlicher Herrenkultur gebildet, die von den Spaniern sozusagen *in statu nascendi* überrascht wurden.

Ihre wirtschaftliche Grundlage war, wie allenthalben so auch hier, der Bodenbau. Der Mais bot die wertvollste Nahrung, und die in den Tiefländern angebaute Baumwolle war die wichtigste Nutzpflanze. Holz war reichlich vorhanden und wurde für die Herstellung von Geräten und Gebrauchsgütern und zum Hausbau verwendet. Es stellte besonders im Caucatal den Baustoff für die Errichtung monumental zu nennender Paläste und Palisadenumwehrungen (Bambus) und für auf Pfählen errichtete Plattformen, die sowohl Opfer- wie Verteidigungszwecken dienten. Stein als Baumaterial war seltene Ausnahme; steinerne Hausfundamente fanden sich aber im Land der Tairona an der Küste von Santa Marta wie auch auf dem Hochland der Muisca.

Unter den technischen Fertigkeiten ist die Metallarbeit an erster Stelle zu nennen; die mittelandine Bronze war freilich unbekannt. Man verarbeitete zwar auch reines Gold, ganz überwiegend aber Tumbaga; die wichtigsten Minen lagen im Departement Antioquia. Der Stil des Bergbaus war eigenartig; man baute keine Stollen mit abzweigenden Galerien, sondern trieb nebeneinander senkrechte, enge Schächte in den Boden, in denen sich nur eine

Die Goldländer

Person bewegen konnte, so daß die Oberfläche des Minenfeldes siebartig durchlöchert war. Neben der Treibarbeit und dem Vollguß wurde vor allem der Guß in verlorener Form gepflegt. Man konnte löten und die Oberfläche mit pflanzlichen Säuren färben, die das Kupfer aus der Legierung zogen. Wir unterscheiden im Raum der Nordanden sieben verschiedene Stile von Metallarbeiten, von denen wir hier nur zwei Schwerpunkte nennen. Es sind einerseits die »Calima« und »Quimbaya« genannten Stile des Caucatals, unter dessen Erzeugnissen wir Helme und Masken in Treibarbeit und gegossene Kazikenfiguren in einer Höhe von bis zu 30 Zentimetern und Flaschen als Grabbeigaben erwähnen. Die Muisca dagegen arbeiteten gern mit Blech und Draht; Metall war auch ein wichtiger Handelsartikel, sowohl als Halbzeug wie in fertigen Stücken. Die Baumwolle spielte eine ähnliche Rolle, und zwar wieder nicht nur als Rohstoff, sondern in Form fertiger Decken; die buntbedruckten *mantas* der Muisca waren bei den Nachbarvölkern hoch begehrt; die Muisca verfolgten dabei die Regel, eine fertige Decke gegen den Rohstoff für drei neue zu liefern. Sie betrieben also »Veredlungsverkehr«, indem sie vorher eingeführte Rohstoffe als Fertigware exportierten. Sie führten auch Steinsalz von Zipaquirá und Smaragde von Somondoco aus. Der Handel mit Sklaven blühte vor allem im Caucatal, wo die Kaziken Kriegsgefangene nicht nur lebend feilboten, sondern sie auch gleich auf den Märkten in Stücke zerschneiden ließen und als Nahrungsmittel verkauften. Die Muisca hatten ein bemerkenswertes Kreditsystem entwickelt. Die Monatszinsen von $50^0/_0$ wurden jeden Monat zum Kapital geschlagen und mitverzinst, eine Zinseszinsrechnung also, die das Denken in der geometrischen Reihe voraussetzt.

Unter den sonstigen Fertigkeiten müssen wir noch einer vielseitigen Keramik gedenken. Am gefälligsten wirkt auf uns die bemalte Ware des Departements Nariño. Die Töpfererzeugnisse des Caucatals wirken dagegen schlicht, doch geht es nicht an, ihre ausdrucksstarke Großlinigkeit als plump zu bezeichnen, wie es vielfach geschieht. Felsbilder sind vor allem im Muiscaland zu finden.

Durchgängig treffen wir eine ständische Schichtung von meist kriegsgefangenen Sklaven, Gemeinfreien und einem besonders bei den Muisca landbesitzenden Adel, an dessen Spitze ein dynastischer Herrscher stand. Verharrte im westkolumbianischen Raum die Staatsbildung bei einer Unzahl von Stammesführern mit nur vereinzelten Ansätzen zu feudaler Überschichtung, so finden wir bei den Muisca nur noch neun Dynasten. Weitaus die mächtigsten waren der Zaque von Tunja, der als Verkörperung des Sonnengottes galt, und – mehr noch – der Cipa von Bogotá, in dem sich die Mondgöttin inkorporierte. Die Herrscher der Muisca waren göttliche Könige; ihnen in die Augen zu schauen, galt dem Untertan als todbringend – so daß man bestimmte Verbrecher verurteilte, ihrem König ins Antlitz zu sehen. Sie hatten ein Heer von Nebenfrauen; der Sohn einer Schwester folgte ihnen im Amt.

Eine Ausnahme von dieser Regel bildet der Staat des Suamoj (heute Sogamoso) mit der einstigen Hauptstadt Iraca. Dieser Dynast war noch weltlicher Herrscher und Hoherpriester zugleich und wurde von vier Kaziken als Kurfürsten aus zwei zur Würde des Priesterkönigs legitimierten Sippen gewählt. Dieses kleine Fürstentum ist aber nicht nur für die Frühgeschichte des Verfassungsrechts interessant, sondern auch wegen der Anfänge eines Völkerrechts. Das Heiligtum des Suamoj war ein den Stammesstreitigkeiten enthobener Ort, wohin der fromme Pilger auch zu Kriegszeiten sicher durch feindliche Gebiete gelangen konnte. Im übrigen ist die geschichtliche Überlieferung, die sich alsbald im Mythos verliert, auch bei den Muisca kurz; wir erfahren zum Beispiel nur die Namen der drei letzten Herrscher im Staat von Bogotá. Die Conquistadoren überraschten die großen Widersacher bei ihren Vorbereitungen zur Endauseinandersetzung, die nur mit dem Sieg des Cipa über den Zaque geendet hätte, nachdem er sich vorher das zwischen den Rivalen gelegene Fürstentum Guatavita einverleibt hatte.

Wir stoßen bei den Chibcha gleichermaßen auf den persönlichen Götterglauben wie auf den Ahnenkult, dem die Vorstellung einer lebensähnlichen Existenz nach dem Tode zugrunde lag. Diesem Motiv entsprechend führten die Muisca die Mumien der Kaziken als Helfer im Kriege mit. In einzelnen Fällen sind die Eroberer bei den Stämmen des Caucatals, ähnlich wie bei den Cueva von Panama, auf Ahnengalerien gestoßen. Im allgemeinen aber wurden die Großen in Schachtkammergräbern beigesetzt, die eben aus der Idee des »lebenden Leichnams« heraus als Totenwohnung dienten. Solche Kammergräber wurden gemeinhin in die Erde getieft; nur in drei nordwestkolumbianischen Landschaften, nämlich in Nore, Dabeiba und am Sinú, waren sie der Kern oberirdischer Grabhügel.

Zahlreiche Göttergestalten kennen wir, von dem einen oder anderen Namen abgesehen, nur bei den Muisca besser, deren Pantheon nicht weniger als achtundzwanzig Höhere Wesen umfaßte. Man verehrte den solaren Bochica als Kulturheros, der Sonnengott Sua und die Mondgöttin Chia wurden schon erwähnt. Auch die Chibcha liebten weitausholende Pilgerfahrten – man denke nur an die berühmten Wallfahrermittelpunkte Dabeiba und Iraca. Die Muisca veranstalteten aber ebenso örtliche Kultfeste, die mit dem ländlichen Jahreszyklus in Zusammenhang standen. Es waren ausschweifende Gelage mit sexuellen Orgien; sie wurden von Priestern geleitet, die sich darüber hinaus der Wahrschau, der Heilkunst und dem Opferdienst widmeten.

Die Muisca pflegten eine eigenartige Opferform, die an die Maya von Yucatan mit ihrem Kult der Dolinen erinnert; auch sie versenkten Opfergaben in ihren Lagunen, die vor allem durch eine im Fürstentum Guatavita geübte Sitte berühmt geworden sind. Der dortige Kazike wurde an bestimmten Festtagen am ganzen Körper mit Harz gesalbt und durch Röhrchen mit Goldstaub angeblasen; dann ließ er sich auf die Lagune hinausrudern, badete dort und opferte so den Goldstaub der Göttin des Sees – ein Brauch, der die Suche nach dem vergoldeten Menschen, dem *Dorado*, veranlaßt hat.

Auch Menschen wurden, vornehmlich als Herzopfer im mexicanischen Stil, dargebracht, und zwar sowohl im Caucatal wie auf der Meseta von Bogotá. Anthropophagie wurde von den Muisca ebensowenig wie bei den panamensischen Chibcha betrieben, während sie bei den westkolumbianischen Stämmen in grauenhafter Blüte stand. Dort ging sie so weit, daß einzelne Stämme die für die Verzehrung bestimmten Gefangenen in hölzernen Käfigen mästeten. Das gleiche Gefälle beobachten wir auch bei den Trophäen, die es zwar allenthalben als Schädeltrophäen gab, die aber im Caucatal dadurch ergänzt wurden, daß man abgezogene Menschenhäute – was allerdings selbst in Peru nicht unbekannt war – über Trommeln spannte; ja, solche Menschenhäute wurden, nachdem man das Fleisch verzehrt hatte, mit Asche ausgestopft und in Trophäengalerien aufgestellt. Freilich darf nicht verschwiegen werden, daß die Muisca als Gegenstück einem anderen entsetzlichen Brauch frönten, indem sie bei der Errichtung ihrer Paläste als Bauopfer die tragenden Pfosten der Konstruktion durch die Leiber lebender junger Mädchen trieben.

Tierradentro

Im Gegensatz zu diesen von den spanischen Augenzeugen in gräßlichen Farben geschilderten Zuständen müssen wir noch auf einen Tatbestand eingehen, der zwar auch den Jahrhunderten der nachklassischen Zeit angehört, aber doch nur mit altertumskundlichen

Mitteln erschlossen werden kann. Es ist die Grabarchitektur von Tierradentro, einer Landschaft in der südlichen Zentralkordillere Kolumbiens.

Hier sind unterirdische Kammern, teils auf Bergkuppen, teils auf künstlich planierten Terrassen aus dem anstehenden harten Gestein herausgehauen. Ihr Grundriß ist elliptisch oder kreisrund, das Dach entweder flach, gewölbt oder schräg; es wird von Pfeilern gestützt, die aus dem gleichen Granodiorit herausprofiliert worden sind. Durch Auflösung der Wände in Nischen sind fallweise drei bis sieben Seitenkammern entstanden; die Wände tragen einen Kalküberzug als Malgrund, auf den in Schwarz, Weiß, Rot und Orange parallele Linien und Rhomben, aber auch menschliche Gesichter und Figuren aufgetragen sind. Die Kammern waren durch einen sich nach Osten öffnenden Schacht zugänglich, der mit Erde ausgefüllt und außen mit einem Stein verschlossen wurde. In diesem Schacht führen teilweise gewendelte Stufen zur Kammer hinab.

Die monumental zu nennende Grabbaukunst von Tierradentro legt uns noch manche Frage auf; unzweifelhaft ist sie eine weiterentwickelte Form des westkolumbianischen Schachtgrabtyps. Profane Behausungen sind in der unmittelbaren Nachbarschaft nicht gefunden worden. Ob die heute dort lebenden Paez-Indianer die Nachkommen der alten Steinmetzen sind, wird bezweifelt. Wir kennen, wie im Fall von San Agustín, die Volkszugehörigkeit der Meister nicht – noch die Zeit, in der sie wirkten. Es gibt Fundumstände, die dafür sprechen, daß Tierradentro jünger als San Agustín ist und schon aus der klassischen Zeit herausfällt; andererseits war es bei der Ankunft der Europäer schon verlassen. Man neigt deshalb dazu, sie zwischen 1000 und 1300 anzusetzen.

Auf dem Hochland von Ecuador

Viele archäologische Zonen geben dem Forscher noch Rätsel auf; vor allem die Anden des heutigen Ecuador sind nebst dem Küstentiefland eine der kompliziertesten Schichtungszonen der Neuen Welt. Nach dem vorherigen ist es klar, daß von Norden die Chibcha kamen, die wir mit zahlreichen Gruppen vertreten finden. Aber sie stießen bereits auf frühere Einwanderer aus dem Amazonasgebiet. Und alten Einflüssen aus Mittelamerika – auf dem Seeweg über die Bucht von Guayaquil – müssen wir als jüngste Überlagerung die aus dem Süden eingedrungenen Heere der Ketschua aus der Spätzeit des Inkareichs gegenüberstellen. Die Gegend der späteren Hauptstadt Quito war Mittelpunkt des Chibcha-Volkes der Cara. Mit ihnen verknüpft sich die freilich unkontrollierbare Überlieferung, sie seien um 700 bis 800 auf Flößen an der Küste gelandet und um 1000 auf das Hochland gelangt; unter der Dynastie der Scyri schlugen sie ihre Hauptstadt in Quito auf und schufen ein Reich, das einen großen Teil des Hochlandes beherrschte.

Die Dynasten der Cara stützten sich auf eine Adelsschicht. Ihr Herrscher wurde von einem Sohn oder Schwestersohn beerbt oder notfalls vom Adel gewählt. Sie lebten polygam wie die Fürsten der Insel Puná im Golf von Guayaquil, die ihre Regierungsgewalt despotisch ausübten, während das Chibcha-Volk der Cañari nur in Kriegszeiten ein gemeinsames Oberhaupt anerkannte; allerdings war der Krieg in diesem Unruhezentrum ein Dauerzustand. Aus diesem Grund unterhielten die Cara Grenzkastelle auf Bergkuppen.

Was die Kriegssitten anbetrifft, so sind einige Stämme (so etwa die Palta und die Bewohner von Manta in Manabí, die mit den östlichen Tieflandsstämmen Verwandtschaft zeigen) durch ihre Kopftrophäen bekannt geworden, die bei den Manta den *tsantsas* der Jívaro glichen: zu ihrer Herstellung entfernte man die zertrümmerten Schädelknochen und dörrte die Kopfhaut durch Hineinlegen heißer Steine, so daß sie unter Bewahrung der Gesichtszüge zur Größe eines Affenkopfes zusammenschrumpfte.

Aus der Küstenprovinz Manabí sind rätselhafte Fundstücke in Form steinerner »Sessel« angefallen, bei denen hockende Gestalten einen ungewöhnlich engen U-förmigen Sitz tragen. Bemerkenswert sind ferner handmodellierte Tonfigurinen, die in der Küstenprovinz Esmeraldas gefunden wurden und an mesoamerikanische Einflüsse denken lassen. Aus dem Küstentiefland, dessen Bewohner auf ihren »Balsaflößen« aus Leichtholz Handelsfahrten unternahmen, und aus der Guayassenke stammen sodann Metallarbeiten, die zu den köstlichsten Schmuckstücken ganz Amerikas gehören. Es sind Juwelierarbeiten aus Treibarbeit oder Guß, vor allem aber aus Golddraht in Verbindung mit Türkisen, Muschelschalen und – als amerikanisches Unikum – eingesinterten Platinkügelchen.

Die archäologischen Grabungen haben auch sehr verschiedene Bestattungsarten ans Licht gebracht, darunter Schachtgräber und den bei den Cara gebräuchlichen Typ der *Tola*, eines über dem Grab errichteten und mit Erde bedeckten steinernen Kegels. Die Auffassung von den Toten wich von der kolumbianischen ab; die Cara zum Beispiel wählten zur Beerdigung einen anderen Weg als für den Rückweg; die ebenfalls zu den Chibcha zählenden Puruhá vertrieben die Geister mit Waffen von ihren Feldern.

Von der Vielfältigkeit der Götterwelt können wir nur beispielhafte Eindrücke geben. In Manta verehrte man neben Sonne und Mond die Gottheit des Meeres vor einem in einem Tempel verwahrten Steinidol, wohin man zur Wintersonnenwende wallfahrtete. Auf dem Hochland aber hatten die Cara einen rechteckigen Tempel mit dem Bildnis des Sonnengottes, während ein anderer, kreisrunder Tempel das silberne Abbild der Mondgöttin barg. Die Puruhá leiteten ihre Herkunft von zwei Gottheiten ab, deren eine im Chimborazo, die andere im Tunguragua wohnte.

Unter den kultischen Riten ist auch in Ecuador das Menschenopfer im Schwange gewesen. Die Huancavelica sprengten das fruchtbarkeitsspendende Menschenblut auf ihre Felder, die Puruhá dagegen gossen es in den Rachen eines Idols, und die Cañari brachten vor der Ernte dem Maisgott einhundert Kinder dar!

Es gab keine Schrift. Die Cara hatten aber Kästen, in Fächer unterteilt, aus Stein, Ton oder Holz, in die man Steinchen verschiedener Farbe, Größe und Form legte, um Zahlenwerte und Fakten in Erinnerung zu halten.

Die »Städtebauende Zeit« in Peru

Der Untergang der klassischen Priesterkulturen im Stile der Mochica und von Nazca und das Verebben der Tiahuanaco-Expansion hat in den letzten Phasen des ersten Jahrtausends im mittelandinen Raum offensichtlich zu einer Übergangszeit mit politischen Wirren geführt. Aber ähnlich wie in Mesoamerika erstanden aus den Trümmern neue

Gesittungen und Staatsgebilde. Im Küstenland sprechen wir von den Jahrhunderten zwischen 1000 und 1500 als von einer »Städtebauenden Zeit«: das Anwachsen der Bevölkerung hatte zu einer städtebaulichen Planung in den Oasenkulturen geführt. Sie war mit einer Stadtkultur im altweltlichen Sinne verbunden, die auf der gleichzeitigen Entfaltung einer gewerblichen Arbeitsteilung und einem darauf aufgebauten Austausch zwischen Stadt- und Landbevölkerung fußte. In einer kraß akzentuierten Klassengesellschaft ging neben den Luxusarbeiten für die Oberschichten eine routinemäßige Massenerzeugung einher.

Im nördlichen peruanischen Küstengebiet führen in dieser Zeit die Chimú, die Erben der alten Mochica, das Reich von Chimor herauf. Von seiner Keimzelle Moche aus dehnte es sich immer weiter nach Süden und Norden aus, so daß es sich um 1450, das heißt vor seiner Absorption durch den Inkastaat, von Túmbez bis vor Paramonga erstreckte. Die Hauptstadt dieses Reichs war Chan-Chan am Ausgang des Chicama-Tals, dessen imposante Ruinen mehrere Quadratkilometer bedecken. Es handelt sich um zehn, am Rande des bewässerten Areals von mächtigen Mauern eingefaßte Komplexe auf rechteckigem Grundriß von beispielsweise 390 mal 195 Meter. Zum Teil sind mehrere Mauern ineinandergeschachtelt und haben Korridore gebildet. In den Innengevierten kann man die Reste der Häuser und Wasserreservoire, der Friedhöfe und Pyramiden studieren. Wie in den anderen Küstenstädten ist alles aus Lehm gebaut, und zwar teils aus Ziegeln verschiedener Form, teils aus einem »Beton« aus Lehm, Sand und kleinen Steinen mit Beimischung von Maisstroh. Im Gegensatz zum mittelandinen Hochland haben die Küstenkulturen mit den Mesoamerikanern die Freude an der Reliefverzierung der Wände gemein. In einem nördlicheren Küstental lag die Stadt Pacatnamú, im Süden machte der Staat der Chimú vor den wie Stufenpyramiden aus Ziegeln getürmten Bauten von Paramonga halt.

Wie wir andeuteten, nahm die gewerbliche Arbeitsteilung in den Oasenstädten beachtlich zu, ihre Fachhandwerker wurden von den Inka an ihren Hof gezogen. Die Töpferkunst setzte die Tradition der Mochica in ihrer Freude an plastischer und realistischer Formgebung des Gefäßkörpers fort – aber die Farbe ging in einem eintönigen mattglänzenden Grau unter. Wie alle anderen Funde spiegeln die keramischen Schöpfungen eine lebensoffene und genußfrohe Stadtkultur, in der jedoch große Unterschiede zwischen den Ständen klafften. Für den Gebrauch der Großen war sicher der Goldschmuck bestimmt, der aus den Gräbern zum Vorschein gekommen ist, darunter Halsketten, Armreifen, Schmuckanhänger und Stirnbänder, aber auch Becher und Schalen und Masken, die vor das Gesicht der Toten gehängt wurden. In dieser Zeit mehrt sich die Benutzung von Metall für praktische Zwecke, wie Grabscheitklingen und Keulenknäufe aus Bronze beweisen. Die Gewebe verlieren ihre weltanschauliche Ausdruckskraft und neigen zu einer gestreiften oder quadratischen Musterung, es begegnen indes auch stilisierte Fisch- und Vogelmotive. Die Vornehmen trugen Gewänder mit Federbesatz.

Die herrschende Dynastie führte ihren Ursprung auf einen gewissen Tacanaymo zurück, der ähnlich wie Naymlap im nördlicheren Küstengebiet von Lambayeque von See her gelandet war. Man bewahrte die Erinnerung an achtzehn Dynasten von ihm bis zum König Minchanzaman, der trotz seinem Bündnis mit dem Inlandsstaat Cajamarca seine Selbständigkeit an den Inka Tupac Yupanki verlor, aber als Vasall sein Amt behielt.

Das Reich von Chimor grenzte an den Staat eines Fürsten, der den Titel Cuismancu führte und unter anderem über die Täler von Chancay, Ancón und Rimac, also auch über die Gegend des späteren Lima, gebot. Aus dem Tal von Chancay ist wie aus früheren Perioden so auch aus der Spätzeit reiches Fundmaterial angefallen, das neben Silber, Geweben und Holz große Mengen einer bäuerlich wirkenden Töpferware umfaßt. Zum Staat des Cuismancu gehörte die Großstadt Cajamarquilla, die eigentlich Jicamarca heißt und sechzehn Kilometer landeinwärts von Lima liegt. In dieser Stadt war ebenfalls alles aus Lehm gebaut, und zwar vorwiegend aus in Verschalungen gegossenem Lehm-Beton. Eine bemerkenswerte Besonderheit sind zahlreiche, in besonderen Gevierten vereinte, unterirdische Speicherräume, die aus dem Sediment herausgehauen waren. Sie sind ein aufschlußreicher Beitrag zum Lager- und Kühlhausproblem in einer tropischen Großstadt und legen nahe, daß diese Stadt ein wichtiger Stapel- und Umschlagplatz für den Handel zwischen den Küstenoasen und dem Gebirgshinterland war.

Es folgen am Küstensaum zwei weitere Staatsgebilde, und zwar zunächst der Herrschaftsbereich des Chuquismancu mit dem Schwerpunkt im Cañete-Tal. Daran schloß sich auf dem Boden der alten Paracas- und Nazca-Kultur das Chinchareich an, zu dem vor allem die Täler von Chincha, Pisco, Ica und Nazca gehörten. Das Chinchareich war ein mächtiger Staat, der auf das benachbarte Hochland übergriff und dessen Fürst zu den Großen in der Umgebung des Inka zählte. Es gibt keine mit den vorgenannten vergleichbaren städtischen Ballungen; aber auch hier hat man Pyramiden, Kultterrassen und Herrensitze gefunden, die alle aus Lehm errichtet waren. Auf dem Gebiet des Kunsthandwerks ist eine Töpferware zu nennen, die in den Sammlungen die Stilbezeichnung *Ica* trägt. Auf ledergelbem Grund sind vorwiegend geometrische Muster, aber auch endlose Reihen von Fischen und Vögeln in Schwarz, Weiß und Rot gemalt, die in übereinandergesetzten Bändern um den Gefäßkörper laufen.

Südliches Hochland

Von einer städtebauenden Zeit kann auf dem Andenhochland nicht in einer den Küstenoasen vergleichbaren Weise die Rede sein. Anders als in der Küstenwüste, wo sich die Bevölkerung um die Bewässerungsanlagen drängte, entfiel hier, dank stärkeren Niederschlägen, der Zwang zu volkreichen Zentren. Eine weitgestreute Acker- und Weidewirtschaft ging mit dörflicher Siedlung und Einzelgehöften einher. Wir können dabei kleinere Staatswesen feststellen, im Gebirgshinterland von Chimor zum Beispiel das von Cajamarca, das sich zur Abwehr der Inka mit den Chimú verbündet hatte. Im Süden dagegen sind uns die rivalisierenden Kleinfürstentümer der Colla oder Aimara bekannt, deren Vorfahren einst die Kultur von Tiahuanaco heraufführten und zwischen 1430 und 1470 dem Inkareich einverleibt wurden. Wir kennen mehrere kleinere Residenzen dieser Aimarafürsten, deren Uneinigkeit den Inka ihre Unterwerfung erleichterte.

Wir sprechen von dieser Zeit auf dem südlichen Hochland als von der »Chullpa-Kultur«, ein Name, der von den so bezeichneten Grabbauten hergeleitet ist. Es sind beachtliche

Werke aus Stein oder Lehm, die teils auf rechteckigem, teils auf kreisrundem Grundriß stehen. Am bekanntesten sind die Chullpas von Sillustani bei Puno mit ihrer umgekehrt konischen, also sich nach oben verbreiternden Form, charakteristischer aber sind die kubischen Lehmbauten auf dem bolivianischen Altiplano. Sie bilden in manchen Fällen stattliche Nekropolen, deren Gräber zu hintereinandergestaffelten Straßenzeilen geordnet sind. Über einer niedrigen Kammer erhebt sich in diesen vier bis fünf Meter hohen Baukörpern ein unverhältnismäßig hoher massiver Oberbau, der auf das »falsche Gewölbe« zurückzuführen ist, das wir hier als einziges amerikanisches Gegenstück zur Technik der Maya verwendet finden. Der Inhalt der Kammern ist durchwegs ärmlich und beschränkt sich auf eine derbe Töpferware mit schwarzen Mustern auf dem roten Grund eines groben Scherbens.

Dort, wo die Kordillere ihre größte Breite erreicht und in weitem Bogen nach Osten ausholt, in der »zertalten Puna« der Departements Cochabamba und Chuquisaca, kamen nach den in früherem Zusammenhang erwähnten Stilen der klassischen Zeit und dem expansiven Tiahuanaco andere Stilentwicklungen auf. Ibarra Grasso spricht von einem »Yampará-Stil«, der sich über einen großen Teil der beiden genannten Departements und über Teile von Potosí und Santa Cruz ausbreitete. Die Töpferware ist formenreich, am häufigsten ist ein glockenförmiger Becher. Aus der Schichtenfolge der Fundstätten glaubt man abzulesen, daß der inkaische Stileinfluß schon vor der militärischen Invasion der Ketschuaheere allmählich auch in die »Valle«-Landschaften eindrang.

Ehe wir uns nun der Inkaherrschaft im mittleren Andenraum zuwenden, gebietet die Vollständigkeit, einen wenn auch knappen Blick auf die südlichen Randlandschaften im nördlichen Chile und nordwestlichen Argentinien zu werfen. Sie wurden im 15. Jahrhundert in das Inkareich einbezogen, weisen aber vorher schon hochkulturelle Ansätze und Einflüsse auf.

Funde in den argentinischen Provinzen Jujuy und Salta, Tucumán, Catamarca, La Rioja und San Juan sind die Hinterlassenschaft des Volkes der Diaguita, das nach einer Untergruppe auch Calchaquí genannt wird. Wir finden da auf Bergplateaus angelegte Siedlungen mit dicht aneinandergedrängten Räumen aus Feldsteinen ohne Mörtelverbund. Die Diaguita beherrschten die Weberei, die Keramik und die Metallarbeit; ihnen werden nicht nur bronzene Beilklingen, sondern auch gegossene Reliefplatten aus Bronze zugeschrieben, bei denen ein Anklang an den Tiahuanaco-Stil nicht zu übersehen ist. Aus der Tatsache, daß man häufig Leichen erdrosselter Kinder in Urnen gefunden hat, schließt man, daß sie als Menschenopfer dargebracht wurden. Im übrigen waren die Bestattungsformen sehr unterschiedlich. In der argentinischen Quebrada de Humahuaca fand man mit Steinen ausgelegte Beisetzungsgruben im Boden der Häuser selbst; auf der Puna wurden Höhlen zu Grabgewölben ausgebaut, in beiden Fällen sowohl für einzelne wie für kollektive Beerdigungen. Bei den chilenischen Diaguita kannte man im Küstengebiet auch oberirdische *mounds*, die Steinkisten bargen; Steinkistengräber mit Einzelbestattungen finden sich aber auch im Gebirgsland neben kreisrunden Gräbern für mehrere Tote, bei denen es sich möglicherweise um Standespersonen handelte, die von Frauen und Dienern begleitet waren.

Alt-Peru

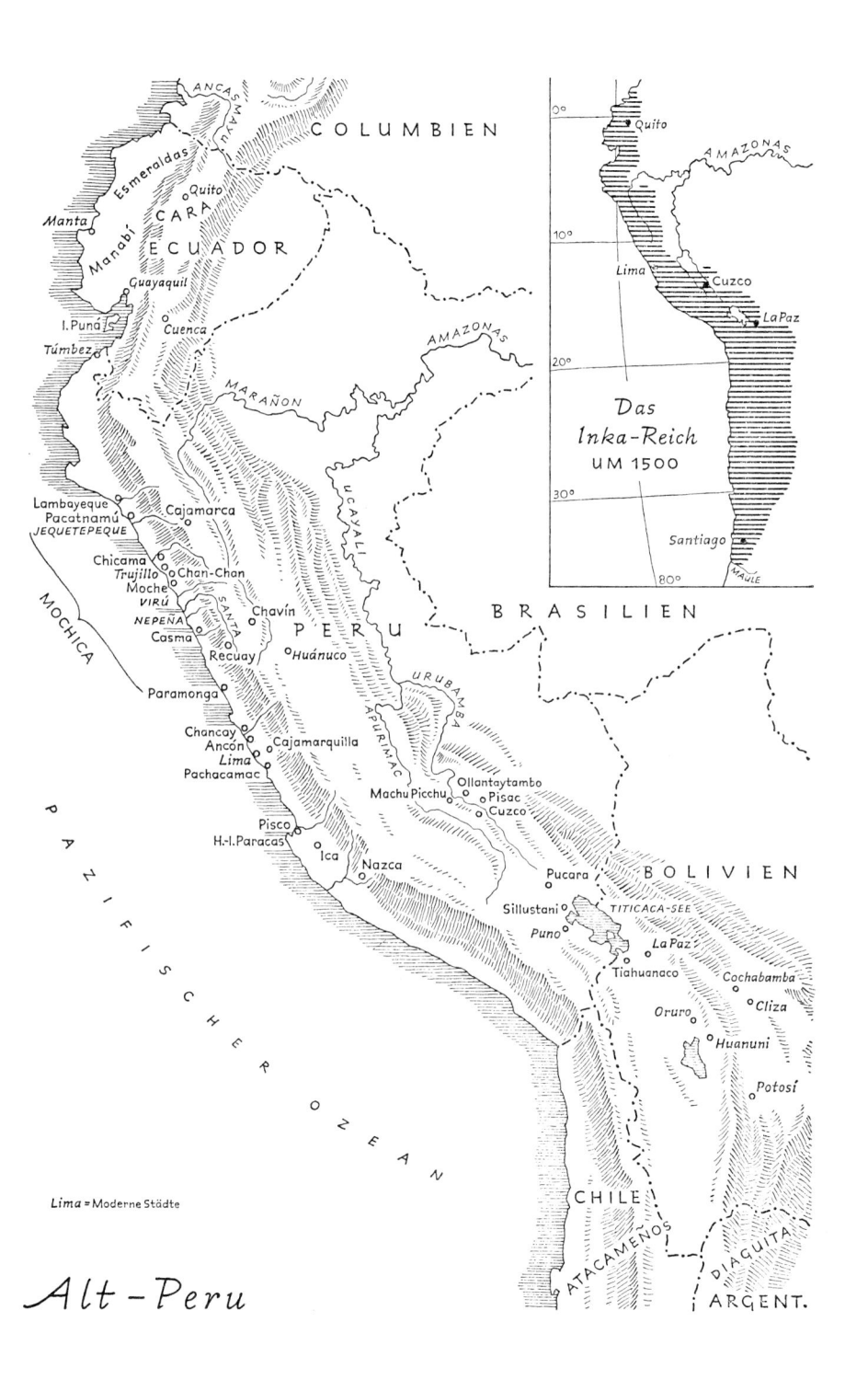

Mit der Behandlung der Diaguita haben wir eine andere Völkerschaft übersprungen, die im Kordillerenland zwischen ihnen und den Aimara Boliviens wohnte. Es sind die Atacameño in den Oasen der Atacama-Wüste, die sich einst bis zur Küste erstreckten. In der Mitte des 15.Jahrhunderts wurden sie dem Inkareich einverleibt. Gleich den Diaguita betrieben die Atacameño Ackerbau, hielten als Haustier das Lama und liebten die Jagd mit dem Bogen. In unterirdischen Kammern sind Mumien freigelegt worden, die um einen mittleren Tisch gruppiert waren und denen man jährlich die Gaben erneuerte. Verschlossen ist uns auch hier, weshalb die Schädel deformiert und die Zähne gefeilt wurden.

Reich und Kultur der Inka

Gleichzeitig mit der Chullpa-Kultur auf dem südperuanisch-bolivianischen Hochland bereitete sich weiter nördlich, jenseits des Vilcanota-Passes, der Machtanstieg des Inkareichs vor. Der Name Inka kommt der Dynastie eines Ketschuastammes zu, der in historischer Zeit im Raum von Cuzco (3400 Meter), das heißt im Hochtal des Huatanay, eines Nebenflusses des Urubamba, angesiedelt war. Sowohl die Geschichtslegende wie die archäologischen Tatsachen sprechen für eine Einwanderung in dieses Gebiet. Ein »vorgeschichtlicher« Fundtatbestand *Chanapata* hat offenbar noch nichts mit den späteren Bewohnern zu tun. Und dem als »imperial« bezeichneten Spätstil geht in Cuzco eine Schicht namens *Killke* voraus, deren Gräber und keramische Reste Verwandtschaft mit dem beschriebenen Chullpa-Stil zeigen, so daß man an die Verdrängung oder Überlagerung einer Vorbevölkerung von Aimara durch Ketschua denkt.

Der halbmythische Dynastiegründer Manko Kapac war nach der höfischen Überlieferung aus einer Höhle hervorgetreten. Das müßte im 13.Jahrhundert gewesen sein, denn bis zum Anfang des 15. regierten noch sechs Erben, auf deren legendarische Taten wir aber nicht einzugehen brauchen, da sie über Auseinandersetzungen mit ihren Nachbarn nicht hinauskamen. Eine großzügige Machtausweitung setzt erst mit Wirakocha ein. Um 1430 – demselben Jahr, in dem es den Azteken gelang, die Oberherrschaft der Tepaneken abzuschütteln – glückte es ihm, unter Ausnutzung der Zwistigkeiten zwischen den Aimarafürsten durch ein geschicktes Bündnis mit den Lupaca von Chucuito zum Titicaca-See vorzustoßen. In seinen späten Regierungsjahren erlitt er aber einen Rückschlag; der mit den Inka konkurrierende Stamm der Chanca, die in der Gegend um Andahuaylas saßen, drohten sogar die Stadt Cuzco einzunehmen, das Unheil wurde aber durch den jüngeren Königssohn Pachakutic Yupanki abgewendet.

Pachakutic Yupanki (1438–1471) baute nicht nur die Verwaltung auf, die auch später noch beibehalten wurde, sondern konnte auch nach der Niederschlagung der Chanca zu weitreichenden Unterwerfungen ausholen, welche die Vormachtstellung der Inka im mittleren Andenraum sicherten. Pachakutics Sohn Tupac Yupanki setzte schon als Thronfolger die Eroberungspolitik fort. Mit den ihm vom Vater unterstellten Truppen drang er auf dem Hochland bis ins mittlere Ecuador vor und konnte nach Unterwerfung des Andenstaates Cajamarca unerwartet von Norden her den Staat der Chimú aufrollen.

Als Herrscher (1471–1493) stieß er in südlicher Richtung über das bolivianische Hochland sowohl bis zum mittleren Chile, wo künftig der Maule-Fluß die Grenze des Reiches bildete, wie bis Nordwest-Argentinien vor; so gerieten die Atacameño und Diaguita unter die Oberhoheit der Inka. Vom Altiplano Boliviens aus drang Tupac Yupanki auch in die östlichen *Valles* im heutigen Departement Cochabamba vor, während der Versuch, darüber hinaus in das Tiefland von Santa Cruz vorzustoßen, am Widerstand der dortigen Völkerschaften und an der den Hochlandmenschen feindlichen Umwelt scheiterte.

Mit Tupac Yupanki war der Höhepunkt der Machtausweitung erreicht. Sein Nachfolger Waina Kapac (1493–1527) konnte als einzigen Erfolg nur noch einen Gebietszuwachs im nördlichen Ecuador bis zum Ancasmayu-Fluß in Südkolumbien buchen. Dagegen versuchte auch er vergeblich, in das Tiefland von Bolivien vorzudringen. Das Inkareich scheint damit die Grenze seiner äußeren Spannkraft erreicht zu haben; hinzu kam die Gefahr des inneren Zerfalls. Waina Kapac lebte mit seiner Lieblingsfrau, einer Prinzessin der Cañari, in Tumipampa (heute Cuenca) in Ecuador. In seinem letzten Lebensjahr noch erfuhr er von dem Erscheinen bärtiger Männer an der Küste, was sich auf Pizarros Reise von 1526 bezog, er starb aber 1527 an einer Epidemie.

Die Spanne zwischen 1527 und dem erneuten und endgültigen Auftreten der Conquistadoren 1532 war erstmals in der Geschichte des Reiches von einem menschenmordenden Bruderkrieg erfüllt. Nach Waina Kapacs Tod wurde in Cuzco der erstgeborene Waskar zum Herrscher gekrönt, doch sein in Quito residierender jüngerer Bruder Atawallpa, der sich auf eine letztwillige Verfügung seines Vaters berief, verweigerte ihm den Gehorsam. Es kam zu einer Schlacht, in der Atawallpa gefangen und in Tumipampa festgesetzt wurde; es gelang ihm jedoch zu entfliehen und eine neue Armee aufzustellen, mit der seine Hauptleute gegen Cuzco zogen. Diesmals war ihnen das Kriegsglück hold, und Waskar wurde gefangengenommen. Darüber aber erschienen die Spanier und bemächtigten sich am 16. November 1532 des Atawallpa in Cajamarca. In der Hoffnung, auf diese Weise vor den Spaniern als alleiniger Machthaber dazustehen, ordnete er heimlich noch die Hinrichtung seines Bruders an. Damit gab er aber den Conquistadoren nur einen weiteren Vorwand, sich seiner in einem Scheinprozeß zu entledigen, obwohl er inzwischen der Bedingung zu seiner Freilassung, nämlich einen Saal mit Edelmetall zu füllen, nachkommen konnte. Um der Verbrennung zu entgehen, ließ er sich taufen und wurde dann gnadenweise mit der Würgschraube umgebracht.

Als Unterhaltsquelle traten sowohl der Fischfang, der in den Küstenoasen noch eine beträchtliche Rolle spielte, wie die Jagd hinter der Bodenkultur zurück. Mehr als dreißig Arten von Nutzpflanzen waren im alten Peru bekannt. In tieferen Zonen (an der Küste und in den Gebirgstälern) gediehen Süßkartoffeln und Maniok, der Mais reifte im allgemeinen nur bis zu einer Höhe von 3500 Metern. Der hochgelegenen Punalandschaft gaben bis über 4000 Meter hinauf die Quinoa (eine sagoartige Körner liefernde Meldenart) und Hackfrüchte ihr Gepräge, als wichtigste die Kartoffel, aus der man auch eine Stärkekonserve *(chuño)* für die Zeit vor der neuen Ernte zu bereiten verstand. Als Genußmittel schätzte man die aus der Montaña im Osten stammenden Blätter des Kokastrauchs und das mit Mais, Maniok oder Erdnuß angesetzte obergärige Chichabier.

Die Leistungen auf dem Gebiet der Landwirtschaft sind beachtlich. Denken wir, abgesehen von der Züchtung zahlreicher Nutzpflanzen, an die auch im Gebirgsland, vor allem aber in den Küstentälern angelegte Bewässerung. Für das Bergland sind charakteristisch die aus der mittelandinen Landschaft nicht wegzudenkenden Anbauterrassen zum Schutz gegen die Erosion; neben dem Fruchtwechsel wurde seit alters auch die Düngung, an der Küste mit Guano und Fischen, auf dem Hochland mit Lamamist angewandt.

Demgegenüber spielte die Viehzucht eine geringere Rolle. Neben Hunden, Enten und Meerschweinchen, dem Schlachttier des kleinen Mannes, hatten die Peruaner das aus dem Guanako gezüchtete Lama und das Alpaka. Diente die Wolle des Alpaka neben der im Tiefland gebauten Baumwolle für feinere Webarbeit, so lieferte das Lama gröbere Wolle und Mist (als Düngemittel und Brennstoff) und war auch ein begrenzt verwendungsfähiges Tragtier; darüber hinaus war es das wertvollste Opfertier, und sein Fleisch verarbeitete man in beschränktem Ausmaß zur Trockenkonserve *charki* als Reiseproviant.

Zu Gerätschaften und Gebrauchsgütern verarbeitete man Holz und Knochen, Stein und Ton. Aus Stein und Holz waren beispielsweise die Waffen: Keulen (darunter steinerne Morgensterne) und Streitäxte, Lanzen und Schleudern, ferner die Speerschleuder, während der Bogen fehlte, als Fernwaffe hatte man die Schleuderkugel *(bola)*. Dagegen beschränkte sich die Metallverarbeitung im wesentlichen auf Schmuck und repräsentative Zwecke, auch in der Spätzeit wurde Metall nur zögernd für praktische Dinge genutzt (bronzene Messer und Grabscheitklingen, Morgensternknäufe und Axtklingen). Man verwendete Gold und Kupfer, Silber und Zinn, gern aber auch Legierungen von Gold und Silber und von Kupfer und Gold. Die Erze wurden in den auf Bergeshöhen errichteten Windöfen verhüttet. Neben Treibarbeit und Guß beherrschte man das Schweißen und Löten.

Facharbeiter widmeten sich ebenso dem Metallhandwerk wie zumindest der feineren Weberei und Töpferei. Die Tonware der Inkazeit ist technisch vollendet; als Formen sind große und kleine Amphoren für Chicha, die unten spitz zulaufen, und flache kleine Teller mit einem plastischen Ansatz bezeichnend. Der Dekor ist geschmackvoll, doch ohne viel Ausdruckskraft, und zeigt eine dezente Gefälligkeit. Das gleiche läßt sich von der vorwiegend geometrischen Musterung der Gewebe sagen, die an die Schöpfungen der klassischen Zeit nicht heranreichen.

Ein Gebiet, auf dem sich die Epoche der Inka besonders hervorgetan hat, ist die Steinbaukunst des Hochlands. Alles in Cuzco und seiner Umgebung Erhaltene stammt aus dem 15.Jahrhundert und beschränkt sich verständlicherweise auf kultische und weltliche Repräsentativbauten. Die Steinbaukunst zeichnet sich sowohl durch ihren monumentalen Zug wie durch eine damit verbundene Schlichtheit aus. Unter Verzicht auf das an der Küste so beliebte Relief begnügt sie sich mit der Auflockerung der Fassaden und Wände durch Galerien von Nischen, die ebenso wie Fenster und Türen das charakteristische Inka-Stilelement – die sich nach oben verjüngende Trapezform – zeigen. Beim Betrachten der Mauern drängt sich der Grundunterschied zwischen einer Technik, die mit rechteckigen Steinen arbeitet, und einer, die vieleckige Blöcke verwendet, auf. Die frühere Vermutung, es handle sich dabei um eine zeitliche Folge, ist allerdings aufgegeben worden, da die Mauerfügung sich jeweils an Zweck und Gesteinsart orientierte und man gern sogar verschiedene Stile bei demselben Bauwerk anwendete.

Mit Ausnahme des oberhalb Cuzco gelegenen Sacsaihuaman mit seinen gewaltigen Zickzackmauern sind die sogenannten inkaischen »Festungen« – man denke an Pisac, Ollantaytambo und Machu Picchu im Urubambatal und an weitere in Ostbolivien – keine befestigten Anlagen. Es waren Grenzbauernsiedlungen an der Grenze des Reiches. Die ganz jungen Komplexe im Urubambatal zeigen als architektonische Eigentümlichkeit – wieder ein amerikanisches Unikum – nicht selten eine echte Zweistöckigkeit mit einer Balkendecke zwischen Unter- und Obergeschoß.

Weit davon entfernt, eine egalitäre Gesellschaft zu sein, war die rechtlich verankerte Ständeordnung von der Dynastie der Inka gekrönt. Der Herrscher trug als Hoheitssymbol die *maskapaicha*, eine Stirnbinde aus roter Lamawolle mit Federputz; selbst die Großen durften sich ihm nur mit einer symbolischen Schulterlast nahen. Einem umfangreichen Harem stand die als Inkarnation der Mondgöttin aufgefaßte Hauptfrau, die *koya*, vor. Der Inka selbst galt als *intip churin*, »Sohn der Sonne«, und aus göttlichem Auftrag leitete die höfische Legende auch die Herrschafts- und Beglückungsmission der Dynastie ab. Nach seinem Tode wurde er mumifiziert und setzte als »lebender Leichnam« auf fideikommißartige Weise seine Hofhaltung mit den Liegenschaften, seinen Dienern und seinem Mobiliar fort.

Innerhalb einer gehobenen Adelsschicht kann man zwei Gruppen unterscheiden. Es gab den oberen Adel der *orejones*, wie sie die Spanier wegen ihrer Ohrpflöcke nannten, die von Haus aus gemeinfreien Angehörigen des herrschenden Stammes, mit denen begreiflicherweise alle höheren zivilen und militärischen Posten besetzt wurden. Einen unteren Adel stellten die in den Provinzen am Ruder belassenen Häuptlinge mit ihren Familien dar, die *kuraka*, deren Söhne am Hof in Cuzco erzogen wurden und die an manchen Vorrechten des höheren Adels partizipierten. Die Mitglieder beider Kategorien waren von allen Abgaben frei, ihre gehobene Ausstattung ermöglichte und erforderte auch bei ihnen zahlreiche Frauen und Diener.

Eine gesellschaftliche Sondererscheinung stellen die *yana-kuna* dar. Es waren Personen, die auf Grund persönlicher Auslese aus ihren Dorf- und Stammesverbänden herausgezogen wurden und unmittelbar in den Dienst des Inka, der kultischen oder der profanen Verwaltung, aber auch von Adligen traten. Das gleiche gilt von einer anderen Sondergruppe, den *aclla-kuna*, ebenfalls individuell ausgesuchten Jungfrauen aus allen Provinzen, die in klosterähnlichen Einrichtungen unter der Obhut von Matronen *(mama-kuna)* gehalten wurden. Sie arbeiteten im Tempeldienst, webten Kleidungsstücke für den Inka, konnten aber, während ein Fehltritt mit dem Tode geahndet wurde, nicht nur zu Nebenfrauen des Inka erwählt, sondern auch an verdiente Getreue gegeben werden; der Name »Sonnenjungfrauen« ist also zu eng.

Ebensowenig, wie die Gesellschaft egalitär war, bestand eine staatssozialistische Planwirtschaft. Das Kleinbauerntum, das der mittelandinen Wirtschaft seinen Charakter gab, war freilich kraftvollen Bindungen unterworfen, die aber nicht der Ausfluß einer zentralen Lenkung, sondern altüberkommener, dorfgenossenschaftlicher Ordnungen waren. Ihnen zufolge wurde das Ackerland jährlich nach der Zahl der Personen unter die Haushaltungen verteilt, das Weideland dagegen wurde gemeinsam genutzt. Die Gemeinde behielt eine Ackeralmende, die zum Unterhalt der Kultpersonen und alleinstehender Alter und Kranker diente. Für alle Obliegenheiten bestand eine gewohnheitsrechtliche Arbeitsteilung nach Altersklassen und Geschlecht. Besonders wichtig war ein Wasserrecht unter der Obhut eines »Wasserwarts«.

Der schwerwiegendste Eingriff des Inkastaats in diese dörfliche Ordnung war die Enteignung von Ackerland, Weide und Vieh zugunsten der weltlichen und priesterlichen Verwaltung. Da aber das Ackerland weiterhin von der Gemeinde bestellt werden mußte, bedeutete dieser Eingriff eine Ausweitung der Anbauflächen, also eine Mehrbelastung der Bauern, ohne daß ihre Lebenshaltung dadurch gehoben wurde. Hinzu gesellten sich Naturalabgaben an hausgewerblichen Erzeugnissen aller Art und zahlreiche Fronden; denken wir nur an den Läuferdienst oder an die Arbeit in den restlos enteigneten Minen und Kokaplantagen. Eine weitere wichtige Maßnahme war die Umsiedlung geschlossener Dörfer im Tausch gegen andere. Soweit es sich hierbei nicht nur um militärische Sicherungsmaßnahmen handelte, kann man hierin zum Teil sogar eine »Entwicklungshilfe« im modernen Sinne sehen, wenn es galt, neue Kulturen in bisher zurückgebliebenen Gegenden einzuführen.

Es wurde schon auf die Vergabe von Land mit dienenden Arbeitskräften und Frauen als Lehnsgüter angespielt, mit denen das Regime verdiente Adlige belohnte, was eine ausgesprochen privatwirtschaftliche Note in die bisher ganz dorfgenossenschaftliche Ordnung brachte. Diese Güter hatten, ungeachtet ihres grundsätzlichen Lehnscharakters, die Tendenz, erblich zu werden; die Staatsgewalt schuf also praktisch agrarisches Privateigentum. Dagegen stellt die Versorgung der durch Naturkatastrophen in Not geratenen Gebiete aus den stets wohlgefüllten staatlichen Speichern eine echte sozialpolitische Neuerung dar.

Maßnahmen der beschriebenen Art erforderten eine Verwaltung und ein Beamtentum. Die in den angegliederten Provinzen vorgefundenen Dorf- und Stammeshäuptlinge wurden, soweit sie tragbar waren, im Amt belassen. Das Gesamtreich wurde in vier Regierungsbezirke geteilt, die Cuntisuyu, Antisuyu, Chinchasuyu und Collasuyu hießen und den Landschaftszonen der Kordilleren Perus und der östlichen Montaña, der Küstentäler und des bolivianischen Altiplano entsprachen. Die vier Regierungsbezirke wurden von vier *apu-kuna* (Alten) verwaltet, die in Cuzco regierten und unter dem Inka eine Art Ministerrat mit regionaler Zuständigkeit bildeten. Die Regierungsbezirke waren in Stämme (mit je rund zehntausend Haushaltungen) und diese wieder in Dörfer (mit je rund hundert Haushaltungen) eingeteilt. Neben dem Stammesführer stand ein Delegierter der Zentralgewalt, so daß es also auf der mittleren Verwaltungsebene eine Zweigleisigkeit gab, während die Dorfkaziken gleichzeitig Angelegenheiten der gemeindlichen Selbstverwaltung und Aufträge der Regierung erledigten. Außerdem gab es ein Heer besonderer Amtsträger. Man denke an die Verwalter der Speicher, an die Bewahrer der Knotenschnüre, die man

Anthropomorphe Gestalt
Goldarbeit aus Darien, 14./15. Jahrhundert
Bogotá, Museo del Oro

Der Kultbezirk der Inka-Stadt Machu Picchu, Anfang 16. Jahrhundert

mit einem »Statistischen Amt« in Cuzco vergleichen kann, und vor allem die *tukui-rikuk-kuna*, die »Alles-Seher«, also reisende Inspektoren, welche die Amtsführung der übrigen Funktionäre beaufsichtigten.

Es gab keine Trennung von Verwaltung und Rechtsprechung. Das Strafrecht verfolgte die gleiche rigorose Abschreckung wie in Mexico, wir können ihm aber in Einzelheiten nicht nachgehen, denn es ist wichtiger, uns zusammenfassend die Verwaltungsmaximen vor Augen zu führen, die einer Vereinheitlichung des sich über siebenunddreißig Breitengrade erstreckenden, landschaftlich so unterschiedlichen Reiches dienten. In Friedenszeiten hatte man nur ein kleines stehendes Heer. In Kriegszeiten wurden je nach Bedarf die Waffenfähigen der einen oder anderen Provinz aufgerufen. Zur militärischen Sicherung oder um neuerworbene Landesteile zu befrieden – von den genannten wirtschaftspolitischen Gründen abgesehen –, wurden ganze Bevölkerungsteile umgesiedelt, wobei man gern den klimatischen Bedingungen Rechnung trug. Zu der schon erwähnten Erziehung der Häuptlingssöhne aus den Provinzen am Hof gesellten sich Bemühungen um eine Reichssprache und eine Art von Staatsreligion mit dem dominierenden Sonnenkult. Jedenfalls wurden zur Zeit der Eroberung noch zahlreiche Idiome gesprochen, und erst die missionarischen Anliegen der Kolonialzeit haben dem Ketschua das heutige Monopol bei sechs bis sieben Millionen Menschen gegeben, dem gegenüber sich nur das Aimara mit einigen sechs- bis siebenhunderttausend behauptet hat.

Die angeführten Verwaltungsmaximen wurden durch technische Maßnahmen unterstützt. Wir denken dabei, abgesehen von tönernen Reliefkarten, vor allem an das Straßensystem, das auf den Vorleistungen der klassischen Zeit mit ihren Prozessionsstraßen fußte. Entsprechend der langgestreckten Form ihres Staatsgebietes waren es zwei parallele Stränge, von denen der eine durch die Küstenwüste, der andere durch das Gebirgsland von Norden nach Süden lief; beide waren durch zahlreiche Querwege miteinander verbunden. Der schnurgerade Verlauf dieser Straßen wurde dadurch ermöglicht, daß es weder Wagen noch Reittiere gab, sondern sich alles wie in ganz Amerika zu Fuß abspielte. Aus diesem Grunde konnten die Hänge auch mit Treppenstufen genommen werden. Größere Flüsse wurden mit Hängebrücken aus kräftigen Tauen überspannt. Da die Straßen nicht dem privaten Reiseverkehr, sondern amtlichen Zwecken dienten, waren im Abstand von einer Tagesreise Unterkunftshäuser mit Verpflegung und Bedienung eingerichtet. Nicht zu vergessen sei der an die Straßen gebundene Läuferdienst; im Abstand von zwei Kilometern waren Schnelläufer stationiert. Sie arbeiteten nach einem Stafettensystem und beförderten die mündlichen Botschaften – dabei stützten sie gegebenenfalls ihr Gedächtnis durch Knotenschnüre – und besonders eilige Güter (etwa Seefische für die Tafel des Inka) mit einer Tagesleistung von zweihundertdreißig Kilometern; die Strecke zwischen Cuzco und der Pazifikküste legten sie in vier Tagen zurück.

Bei alldem darf nicht vergessen werden, daß gleich den privaten auch die öffentlichen Belange mit religiösen und kultischen Vorstellungen und Bräuchen durchsetzt waren. Anders als in Mexico spielte neben dem Götterkult die Ahnenverehrung eine große Rolle. Gemeinhin wurden die Toten im Innern der Erde wohnend gedacht, dem Adel war ein beim Sonnengott vorgestelltes Paradies vorbehalten.

Auch im inkaischen Pantheon nahm der alte andine Schöpfergott Wirakocha die erste Stelle ein; weder in der Mythologie noch im Kult wurde er freilich von dem praktisch dominierenden Sonnengott Inti verdrängt; Intis Gemahlin war die Mondgöttin Killa. Für den Bauern jedoch hat bis auf den heutigen Tag die inzwischen mit der Jungfrau Maria zu einem Bild zusammengezogene Erd- und Fruchtbarkeitsgöttin Pachamama, die gleich den Toten im Innern der Erde wohnt, die größte Bedeutung behalten, nach ihr Illapa, der mit dem heiligen Jakob verschmolzene Wettergott. Von den unterworfenen Völkerschaften übernahmen die Inka unter anderen den Orakelgott aus dem Lurin-Tal, der eigentlich Irma hieß, von den Ketschua aber in Pachakamac (»Welterschaffer«) umgetauft wurde. Pachakamac wurde vor seinem Bilde an seiner alten Orakelstätte verehrt und nicht in den Korikancha (»Goldhof«) in Cuzco überführt, von dessen »Hauptaltar« uns der Mestize und Chronist Salcamayhua eine ungelenke Zeichnung vermacht hat. Die Mythenwelt der Inka bewahrte die mit Wirakocha verbundene Schöpfungsgeschichte, die von den Aimara stammt, und in Verbindung damit auch das Motiv der Flut, das seinerseits wieder mit dem Mythologem der unvollkommenen Schöpfung zusammenhing.

Die Priesterschaft bildete eine Klassengesellschaft für sich. Sie wurde mit einer der staatlichen völlig parallelen Verwaltung aus öffentlichen Mitteln, wenn auch mit eigenem Etat finanziert und von einem Hohenpriester regiert. Der *Willac Uma* (»Sprechendes Haupt«) war ein einflußreicher naher Verwandter des Herrschers, dessen Titel wohl auf seine Rolle als oberster Weissager hindeutet. Die Wahrschau, vor allem aus den Eingeweiden des Lama, spielte eine beträchtliche Rolle. Die Priester leiteten auch die Kultfeste, die sich, abgesehen von besonderen Anlässen, in festem Rhythmus mit dem landwirtschaftlichen Jahreszyklus verbanden, so daß auf jeden Monat eine ihm entsprechende Feier entfiel. Es gab Opferpriester und besondere Beichtpriester, die *ichuri* (ein Aimarawort), die den Sündern die Ohrenbeichte abnahmen, Bußen auferlegten und zum Schweigen verpflichtet waren. Für den gemeinen Mann bot sich als Opfertier – neben anderen Gaben – das Meerschweinchen an. Am beliebtesten war aber bei den Göttern das Lama. Es mag sein, daß die Verfügbarkeit dieses Tieres das Menschenopfer wenigstens im Vergleich mit dem späten Mexico zurücktreten ließ. An seiner regelmäßigen Ausübung kann aber nicht gezweifelt werden, wobei man Kinder und Jungfrauen bevorzugte. Es gab auch das Herzopfer mexicanischen Stils; eigentümlicher aber war das Erdrosseln mit anschließendem Durchschneiden der Kehle.

Menschenopfer waren zwar weniger häufig als in Mesoamerika, andererseits darf aber der Abstand auf dem Gebiet der denkerischen Leistung nicht übersehen werden. Man kannte keine langfristige Kalenderrechnung und Chronologie. Man bestimmte das Sonnenjahr, indem man die Sonnenwende mit Hilfe der *intiwatana* (steinerne Mauern oder Pfeiler als »Sonnenfesseln«) ermittelte, und man verband damit – also ohne denaturierende Koppelung wie bei uns – wirkliche Mondmonate, die mit dem Neumond begannen.

Für eine Schrift – im bilderschriftlichen, ideographischen oder im phonetischen Sinne – haben wir keinerlei Belege. Die in diesem Zusammenhang immer ins Feld geführten Knotenschnüre *(kipu)* dienten nur der Fixierung von Zahlenwerten, das heißt praktisch der Zählung von Herden oder der Wiedergabe von Steuererträgen, Speicherbeständen,

Truppenzahlen und ähnlichem. An einem Tragbalken hingen Schnüre aus Baumwolle oder Wolle, in die man Knoten in bestimmten Abständen knüpfte, die einem Stellenwert nach Einern, Zehnern, Hundertern und Tausendern entsprachen, also einem strikten Dezimalsystem folgten. Die Verwendung des Stellenwerts führte notwendig zur Erkenntnis der Null; die Peruaner drückten sie negativ aus, indem sie die betreffende Stelle von Knoten frei ließen.

Die Priester widmeten sich auch der Pflege der Dichtung. Neben Gebeten und Mythen, Hymnen und Lyrik sind uns dramatische Vorwürfe überkommen, die in die vorkolumbische Zeit zurückgehen, darunter als bekanntestes das Drama *Ollanta*, das von der Liebe eines Feldherrn zu einer Kaisertochter handelt. Die Tradierung des religiösen und geistigen Gutes an eine Auslese von Adepten führte auch im alten Peru zu ersten Ansätzen einer schulischen Einrichtung: das der Adelsjugend von Cuzco vorbehaltene und von Priestern geleitete *yachawasi* (»Wissenshaus«), das seinen Abschluß in der erwähnten Initiation der adligen Jugend fand, die mit einem Wettlauf auf den mythenumwobenen Berg Wanakauri verbunden war.

Schlußbetrachtung

Gemeinsames und Verschiedenes

Wir haben versucht, die Hochkulturen der Indianer in der Spielbreite ihrer Erscheinungen darzustellen, wie sie nicht allein aus dem Ablauf von drei Jahrtausenden, sondern auch aus der räumlichen Streuung über verschiedene Landschaften und aus der Mitwirkung vieler Völker folgte. Eine solche vergleichende Übersicht regt dazu an, verbindende Linien herauszuheben, die von einer Rechenschaft über die deutlich gewordenen großen Gemeinsamkeiten und die markanten Unterschiede ausgehen.

Zu den Gemeinsamkeiten des hochkulturellen Prozesses gehört in Amerika (man möchte sagen: auch in Amerika) die Auflösung der egalitären Gesellschaft, wie sie sowohl für die Wildbeuter wie für die einfachen Bodenbauvölker kennzeichnend ist, und ihre Ablösung durch eine Klassengesellschaft. Eine ständische Gliederung geht allenthalben einher mit der Entstehung von Staaten in dem uns geläufigen Sinne einer arbeitsteiligen Ordnung der öffentlichen Gewalt, deren Ausübung in den Händen eines dynastischen Herrentums liegt. Zögernder und offensichtlich mit zeitlichem Abstand entwickelt sich auch eine Stadtkultur. Ihr kommen religiöse Anliegen dominierender Kultmittelpunkte ebenso zugute wie das Bedürfnis nach einer zentralen Verwaltung und die durch den Luxusbedarf des Adels und der Fürsten genährten Auftriebskräfte, die das künstlerische und gewerbliche Schaffen von Fachhandwerkern förderten. Bei allem darf indes nicht übersehen werden, daß diesen »Fortschritten« nach wie vor eine ganz überwiegend steinzeitliche Werkzeug- und Gebrauchsgüterausstattung gegenübersteht.

Die verbindenden Züge beschränken sich aber nicht auf solche Wesensmerkmale eines hochkulturellen Gepräges, sondern treten auch eindrucksvoll in dem historischen Ablauf auf. Ich denke an den parallelen Phasenverlauf, der in den großen Entfaltungszonen Mesoamerikas und des Andenraums eine »formative« oder »vorklassische« Zeit des ersten Jahrtausends v. Chr. der »klassischen« Blüte der Priesterkulturen im ersten Jahrtausend n. Chr. vorangehen läßt; ihr folgt mit der ersten Jahrtausendwende der Umbruch zu einer »nachklassischen« Periode, wobei solche groben Zeitansätze sich nur als beweglicher Rahmen verstehen. Die in diesen drei großen Phasen verlaufende Entfaltung der indianischen Hochkulturen setzt übereinstimmend frühestens in der zweiten Hälfte des zweiten Jahrtausends v. Chr. ein. Es ist das ein im Verhältnis zu den Hochkulturen der Alten Welt vergleichsweise später Aufbruch, der für das Niveaugefälle zwischen den altweltlichen und neuweltlichen Gesittungen sicherlich mitverantwortlich ist.

Solchen gemeinsamen Merkmalen stehen unterscheidende gegenüber, die jeder von den indianischen Völkern zu verschiedenen Zeiten geformten Kultur ihr individuelles Gepräge geben. Unterschiedlich waren dabei schon die Reize, die jeweils von der Landschaft auf den Menschen ausgingen. Die Kulturen der Ketschua und der Aimara in den mittleren Anden, der Cara und anderer Völker von Hochecuador, der Muisca auf der kolumbianischen Ostkordillere, der Maya des guatemaltekischen Hochlandes und der Völkerschaften der mexikanischen Mesa Central erwuchsen in tropischen Hochländern; sie waren im einzelnen aber trotzdem reich an Gegensätzen, wenn man dabei nur an den Unterschied zwischen der trockenen Puna Perus und Boliviens und des feuchteren kolumbianischen Páramo denkt. Unzweifelhaft aber waren tropische Tiefländer die Standorte der peruanischen Küstenoasen, der klassischen Maya-Kultur des Petén wie der nachklassischen Mayagesittung in Yucatan und unbestreitbar auch der olmekischen oder La Venta-Kultur. Der Ursprung der La Venta-Kultur in diesem Küstentiefland wird freilich heute in Frage gestellt, und was Südamerika anbetrifft, so ist die früheste seiner Herrenkulturen, die von Chavín, auf dem Hochland erblüht.

Mit der großen Gemeinsamkeit eines parallelen Phasenverlaufs kontrastiert sodann der ungleiche Standard der einzelnen Völker, ihr aus dem Widerspiel progressiver Kräfte und Schöpfungen (wie etwa der Schrift) und beharrender Neigungen und Elemente (zum Beispiel des Kannibalismus) hervorgehendes Niveau. Dieser Aspekt wird kompliziert durch die Tatsache, daß in verschiedenen Zeiten und bei verschiedenen Völkern auch abweichende Leistungsschwerpunkte auftreten. Rufen wir uns als Beispiele nur einiges in Erinnerung, so exzellierten Goldschmiedekunst und Juwelierarbeit in Costa Rica und Panama, im kolumbianischen Caucatal und in der Guayassenke von Ecuador. Die Architektur der Schachtkammergräber zeichnete den kolumbianischen (und den mexikanischen) Westen aus. In den mittleren Anden erreichten dagegen Keramik, Textil- und Steinbaukunst, aber auch die Landwirtschaft ihre Höhepunkte, von der Staatskunst der Inka ganz zu schweigen. Dagegen entwickelte Mesoamerika die Pyramidenarchitektur und steht mit der Plastik in Stein nicht minder auf einsamer Höhe als mit Zahlensystemen und Bilderschrift, Kalender und Chronologie.

Inneramerikanischer Austausch

Unbeschadet des individuellen Gepräges der verschiedenen Räume und Zeiten drängen die vielen Übereinstimmungen im Stil der Kulturgüter immer wieder den Eindruck auf, daß zwischen allen Gebieten, mit wechselnden Einflußrichtungen und schwankender

Intensität, ein Austausch bestanden hat; allerdings können wir ihn im engeren Sinne der schriftlichen Überlieferung nicht belegen. Unverkennbar aber gingen solche Einflüsse aus den mexicanischen Hochkulturen in den Südwesten und in den Südosten der heutigen Vereinigten Staaten, die umgekehrt aber auch an der Formung der mexicanischen Hochkultur partizipierten. Mesoamerikanische und kolumbianische Errungenschaften strahlten auf die Inseln des amerikanischen Mittelmeers aus, ebenso die andinen Kulturen in den Osten des Südkontinents. An Gegenströmungen dürfte es auch hier nicht gefehlt haben; sie verdichteten sich für Julio C.Tello zu einer Verwurzelung der Chavín-Kultur in den östlichen Tiefländern.

Vor allem aber muß es eine Befruchtung zwischen den Hochkulturen Mesoamerikas und der Anden gegeben haben, die angesichts des unwegsamen Nordwestkolumbiens und Ostpanamas vermutlich den Seeweg bevorzugte. Die Erfindungen der Metalltechnik sind offensichtlich von Süden nach Norden gegangen, und die Schachtkammergräber Westmexicos haben ihre Vorbilder in Westkolumbien. Kein Wunder also, daß die Kaziken in Panama den Spaniern von dem großen Reich im Süden erzählen konnten. In diesem Fall wurde der maritime Handelsverkehr sogar sozusagen in flagranti ertappt, als Pizarros Pilot Bartolomé Ruiz de Estrada 1526 vor Ecuador auf ein Handelsfloß stieß, das mit typischen nordperuanischen Waren beladen nach Norden fuhr.

Amerika und die Alte Welt

Solchen inneramerikanischen Fäden können sich wohl selbst die entschiedenen »Isolationisten« nicht verschließen, die einer Beeinflussung Altamerikas von seiten der Alten Welt mit Zweifel und Abneigung gegenüberstehen. Im Entdeckungszeitalter freilich war man von alten Kontakten mit der größten Selbstverständlichkeit überzeugt, so daß man in den Indianern gern die Nachkommen verlorener Stämme Israels sah und unverdrossen die Fußspuren des Apostels Thomas zu sehen meinte. Aus größerer Skepsis heraus glauben wir heute nicht mehr an transatlantische Fahrten, und eine Atlantis, die als Brücke zwischen den Kontinenten gedient haben könnte, verweist die Erdgeschichtsforschung ins Tertiär, als es jedenfalls in Amerika noch keine Menschen gab.

Man sucht die Verbindungen heute auf dem transpazifischen Weg, wobei ernsthaft nur die westöstliche Richtung in Frage steht. Thor Heyerdahl hat mit seiner Hypothese von einer Besiedlung der polynesischen Inseln von Amerika aus keine Schule gemacht. Gegen eine solche ostwestliche Ausstrahlung aus Amerika sprechen gewichtige Tatsachen. Die polynesischen Dialekte gehören unzweifelhaft zur malaiopolynesischen Sprachfamilie. Auch hatten die Bewohner der amerikanischen Küsten zum Teil wohl die Seetüchtigkeit für Fahrten entlang der Küste, aber nicht zu transpazifischen Überquerungen, während das polynesische Wikingervolk in seinen Auslegerbooten die Weite des pazifischen Meeres durchmaß.

So ist in den letzten Jahren eine maritime Befruchtung der alten Amerikaner von Ost- und Südostasien her in den Vordergrund der Problematik getreten. Auf entsprechende Übereinstimmungen ist schon seit langem hingewiesen worden. Schon Graebner unterstrich, daß Mesoamerikaner einerseits, Chinesen, Siamesen und Javaner andererseits die höheren Kalendereinheiten durch sich überkragende, ungleich lange Reihen von Zahlen und Zeichen bildeten. Einen entscheidenden Auftrieb aber erfuhren diese Bemühungen, als Robert v. Heine-Geldern und Ekholm die ganze Spielbreite der Übereinstimmungen aufrollten, die auf allen Gebieten des Lebens bei den amerikanischen und den ostasiatischen Hochkulturen zutage liegen. Greifen wir nur die Erfindung der Bronze und den Guß in verlorener Form, die Färbetechniken Ikat und Batik, die Stufenpyramiden, die Rolle der Zahl 4 und die Sänfte als Hoheitssymbol heraus. Die Liste ließe sich vielfach vermehren und verstärkt doch den Eindruck, daß eine so stattliche Zahl von Übereinstimmungen nicht nur auf wiederholtem selbständigem Entstehen beruhen kann.

So haben in den letzten Jahren die »Diffusionisten« gegenüber den »Isolationisten« die Oberhand gewonnen. Heine-Geldern hat auch Gedanken über die Wege und Zeiten solcher Zusammenhänge angestellt. Die altweltlichen Einflüsse gingen nach ihm in der ersten Hälfte des ersten Jahrtausends v. Chr. von den südchinesischen Küstenstaaten Wu und Jüeh aus, in einer späteren Zeit aber, zwischen 333 v. bis rund 500 n. Chr., von der hinterindischen Dongson-Kultur; sie dauerten sogar im Verkehr mit Mittelamerika bis ins 10. oder gar ins 12. Jahrhundert an. Die Ziele dieser Fahrten waren für Heine-Geldern vornehmlich missionarischer Art, ohne daß man dabei an wertvollem Handelsgut achtlos vorüberging.

Was es bei den Indianern nicht gab

Freilich fehlt es auch nicht an Kritikern, zumal man ja darauf verweisen kann, daß für die skizzierten kühnen Gedankengänge jeglicher quellenmäßiger Nachweis, vor allem in dem so umfangreichen chinesischen Schrifttum fehlt. Man kann auch nicht ohne weiteres über die vielen und wichtigen Nichtübereinstimmungen zwischen der Alten und Neuen Welt hinwegsehen. Das Fehlen von Rad, Wagen und Pflug, von Töpferscheibe und Blasebalg, Eisen und Glas, aller Saiteninstrumente, des echten Gewölbes und der Glasur ist doch nicht mit der ausweichenden Bemerkung abzutun, die asiatischen Hochseefahrer seien Missionare gewesen, die sich für Technik nicht interessierten. Die grundlegende Eigenständigkeit der Entwicklung wird aber durch nichts schlagender als durch die völlige Diskrepanz auf dem Gebiete der Haustiere und der Kulturgewächse offenkundig.

Hunde und Enten sind die einzigen, beiden Kontinenten gemeinsamen Haustiere, während Lama und Alpaka, Meerschweinchen und Truthahn Züchtungen der Indianer waren. Von ihnen ist nur der Truthahn in die altweltliche Landwirtschaft übergegangen. Und was die noch viel wichtigere Frage nach den Kulturpflanzen anbetrifft, so ist aus jahrzehntelangen Erörterungen bisher als anscheinend beiden Hälften der Erde gemeinsames Zuchtgewächs der Amaranth übriggeblieben. Dieses hierzulande auch »Tausendschön« genannte Fuchsschwanzgewächs hat zwar im Orient eine gewisse Bedeutung für die Ernährung, was aber doch nicht beweiskräftig ist, etwa den ganzen amerikanischen Bodenbau als altweltliche Entlehnung darzutun.

Was wir den Indianern verdanken

Während nun das Fehlen von technischen Errungenschaften der oben genannten Art sicherlich mitverantwortlich ist für das Niveaugefälle zwischen der Alten und Neuen Welt, stellt auf der anderen Seite die indianische Landwirtschaft den weltgeschichtlichen Leistungsschwerpunkt der Urbewohner Amerikas dar. Eben dank der ganz eigenen Wege, die sie gegangen ist, hat sie die Agrikultur und Ernährung aller anderen Kontinente so umgestaltend befruchtet, daß man sie als den eigentlichen Beitrag des Indianers zur Weltkultur auffassen muß. Indianische Züchtungen sind Erdnuß und Mais, Kartoffel und Maniok; Kokastrauch und Chinarinde wurden ebenso zuerst von Indianern genutzt wie der Saft des wildwachsenden Gummibaums; das Öl der Sonnenblume machten sich die Nordamerikaner zunutze, während Tomate und Vanille, Kakao und Tabak aus Mittelamerika zu uns kamen.

Denken wir nur daran, in welchem Ausmaß die Kartoffel zur Ernährungsgrundlage ganzer Völker wurde, wie der Maniok nicht nur die afrikanische Landwirtschaft umgeformt hat, sondern mit seinem gekörnten Stärkemehl heute auch das darstellt, was auf dem Weltmarkt als »Sago« gängig ist. Maizena und Mondamin (ein nordamerikanisches Indianerwort) sind aus unserer Küche nicht wegzudenken. Kokain und Chinin gehören zu den Elementen der Pharmazeutik, und am Gummi haben sich ebenso eine ganze Technik und Industrie emporgerankt, wie Kakao und Tabak zum Rückgrat ausgedehnter Gewerbe- und Handelszweige wurden. Die Azteken haben den Spaniern vorgeführt, daß der feine Mann Schokolade trinkt und als Nachtisch eine Zigarre raucht.

A. K. Majumdar

INDIEN

IM MITTELALTER UND IN DER FRÜHEN NEUZEIT

Bearbeitet von Hermann Goetz

Die Zeit der Gupta-Kaiser (4.–6. Jahrhundert) war ein Wendepunkt in der Entwicklung Indiens, etwa wie für das Abendland das Imperium Romanum. Es bedeutete die Vollendung der altindischen Kultur und zugleich die Entstehung der Hindu-Kultur im engeren Sinne. Der Buddhismus und Jainismus sowie die sie tragende bürgerlich-städtische Kultur des vorausgegangenen Jahrtausends erreichten ihre höchste Blüte, der bald das Ende folgen sollte. Die synkretistische Religion des Hinduismus, die – auf völlig veränderten Grundlagen wieder aufgebaute – brāhmanische Gesellschaftsordnung des Mittelalters, der Feudalismus, eine autoritär gebundene Kunst, Literatur und Philosophie, all dies begann sich zu entfalten, erreichte im 11. bis 13. Jahrhundert den Höhepunkt seiner Möglichkeiten und wurde bald darauf von der islamischen Eroberung hinweggefegt.

Der Islam dominierte Indien in weiteren sechs Jahrhunderten politisch und veränderte seine Kultur grundlegend. Aber er hat, von den auch schon vorher umstrittenen Randgebieten im Westen und Osten abgesehen, das Riesenland nicht voll zu absorbieren vermocht; die Hindu-Kultur, tief verwandelt und doch ihren Grundprinzipien treu geblieben, erholte sich und eroberte Schritt um Schritt ihre weltanschauliche, soziale und politische Stellung zurück und hat sich heute mit der modernen abendländischen Kultur auseinanderzusetzen. Die islamische Herrschaft aber hat den Übergang zur heutigen Zeit vorbereitet. Im 16. und 17. Jahrhundert schuf sie eine Staatsordnung, die derjenigen unserer Renaissance in vielem ähnelte, aber in den Religionskriegen des späten 17. und 18. Jahrhunderts zerfiel, aus denen schließlich die Engländer als »Vasallen« des Großmoguls siegreich hervorgingen, aber erst in den dreißiger Jahren des vorigen Jahrhunderts zum unverblümten Kolonialismus übergingen.

Der Übergang zum Hindu-Mittelalter

Unter der Gupta-Dynastie hatte Nordindien nach Jahrhunderten der Fremdherrschaft einen großartigen politischen, wirtschaftlichen und kulturellen Aufschwung genommen, der für den ganzen Subkontinent zum Vorbild geworden ist. Riesenstädte hatten sich entwickelt, weite Dschungelgebiete waren kolonisiert worden, eine überverfeinerte, bewußt nationale Kultur war entstanden, die bisherigen weltmüden Religionen mit ihrer subtilen Philosophie wurden von einem vielgestaltigen positiven Gottesglauben abgelöst. Aber nach kaum mehr als einem Jahrhundert wurde diese Blüte von den Barbareneinfällen der Hunnen und Gūrjara und den Kriegen zwischen den »Soldatenkaisern« der Maukharī, Gupta von Mālwa, Pushyabhūti und noch anderen gebrochen. Die Hochkultur, schnell erstarrend, wurde das Privileg einer exklusiven Herrenkaste von Militäradligen, Priestern und von den Großkaufleuten, die das Geldwesen, den Fernhandel, die Zünfte kontrollierten und oft genug auch Minister und Generäle waren.

Da die schlechten Verkehrsverhältnisse eine direkte Verwaltung der fernen Gebiete unmöglich machten, begnügte man sich mit der Unterwerfung der dortigen Fürsten; es galt als unritterlich, die adligen Gegner auszurotten, auch wenn man einzelne Individuen töten durfte. So blieben die Großreiche lose gefügt. Um eine direkt verwaltete Hausmacht gruppierten sich zahlreiche lokale Herrschaften, von Statthaltern und einer zentralen Bürokratie kontrolliert, größere, nur durch persönliche Bande, Machtbeteiligung und Geiselstellung assoziierte Königreiche und noch andere in loser Allianz oder zeitweiligem Bündnis. Es kostete viel Geschicklichkeit und Kämpfe, solch prekäre Staatensysteme zusammenzuhalten, und viele Kriege wurden nur deshalb geführt, um gefährliche Machtkonzentrationen innerhalb oder außerhalb eines Reiches zu zerschlagen. So konnten Reiche rasch bis zu einem Drittel des gesamten Indiens beherrschen, aber ebenso schnell wieder zu völliger Bedeutungslosigkeit absinken oder von einer anderen Dynastie übernommen werden; ja im Laufe der Zeit konnten sie auch über weite Gebiete wandern.

Und wie Adel und Brāhmanen ihre privilegierte Stellung aus der religiös sanktionierten Weltordnung ableiteten, so galten auch alle Sitten, Wissenschaften, Künste, dichterischen Schöpfungen von den Göttern und Heiligen geoffenbart oder deren Vorbild nachgeschaffen.

Die »Weißen Hunnen«, die seit dem späten 5. Jahrhundert unter Toramāna und Mihirakula das Gupta-Reich überrannten, waren erst von Vishnuvardhana Yashodharman, der mit Vishnus Inkarnation Kalkin identifiziert wurde, nach Kashmir und Afghānistān zurückgedrängt worden. Von den West-Türken und dem mit ihnen verbündeten Sasaniden-König Khusrau Anōsharwān besiegt, löste sich das Hunnenreich 588 bis 591 in Kleinstaaten auf. Aber die von ihnen in Bewegung gesetzten Stämme der Gūrjara und Shūlika fielen weiterhin in Indien ein und konnten erst allmählich in der Grenzzone vom Punjāb bis nach Gujarāt angesiedelt werden oder wurden nach Assam, Orissa und anderswohin deportiert. Die Führer in diesen Kriegen waren die Maukharī-Kaiser von Kanauj, vor allem Ishvaravarma, Ishānavarman der Große (etwa 550–576) und Sarvavarman. Avantivarman (um 579–600) aber wurde im Rücken von den Gupta von Mālwa angefallen, die als Nachkommen eines jüngeren Sohnes Chandraguptas II. Vikramāditya bessere Ansprüche auf den Kaiserthron zu haben glaubten, besiegte sie aber und verpflanzte sie nach Bihār. An ihrer Stelle rückten die Kalachuri aus dem Süden vor. Aber Grahavarman (etwa 600–606) wurde von den Gupta aufs neue überfallen, und damit kam der Kaiserthron an den bekanntesten Monarchen der Übergangszeit in Nordindien, Harshavardhana (etwa 606–647) aus der Pushyabhūti-Dynastie (ursprünglich Generäle der Gupta). Seine Hauptstadt war Thānesar (156 Kilometer nördlich von Delhi). Als Erbe seines von Shashānka von Bengalen ermordeten Bruders und als Rächer des letzten Maukharī-Kaisers eroberte er ganz Nordindien, überwand Shashānka, wurde aber von dem Chālukya-König Pulakeshin II. an der Narmadā besiegt. Er war ein Freund der Buddhisten, Protektor des chinesischen buddhistischen Gelehrten und Pilgers Hiuen Tsang und Bānas, eines der Klassiker der Sanskrit-Literatur, aber auch selber ein bedeutender, noch heute beliebter Dichter. Durch Bānas unvollendetes *Harshacharita* und Hiuen Tsangs eingehenden Reisebericht ist Harshavardhana für uns eine der ganz wenigen wirklich lebendigen Herrscherpersönlichkeiten des vorislamischen Indiens. Auf seinen Tod folgten unruhige Zeiten: chinesische und tibetische Einfälle, die kurzlebigen Reiche der nach Bihār versetzten Gupta von Mālwa, besonders Ādityasenas; dann Yashovarmans (Maukharī?) von Kanauj, Mäzen zweier anderer klassischen Dichter, Bhavabhūti und Vākpatirājā, und schließlich die Eroberung Indiens durch Lalitāditya-Muktāpīda (etwa 725–754) von Kashmir; sie ist nur in Kalhanas Chronik, der *Rājataranginī*, beschrieben, wird aber in allen wesentlichen Einzelheiten indirekt durch andere Quellen bestätigt. Mit Yashovarmans Tode und kurz danach demjenigen seines Oberherrn Lalitāditya fand, was von der Gupta-Kultur in Nord-Indien noch übriggeblieben war, sein Ende.

Im Süden war das Gupta-Erbe, durch die mit den Gupta verschwägerten Vākātaka, Kalachuri, Kadamba, Ganga und frühen Pallava vermittelt, von den Chālukya von Vātāpī (Bādāmī, südlich von Bījāpur) im Dekhan und den Kaiserlichen Pallava von Kānchī (Conjeevaram bei Madras) übernommen worden. Der Aufstieg dieser beiden Dynastien seit dem Ende des 6. Jahrhunderts fiel mit dem Sieg der hinduistischen Kulte Shivas und Vishnus zusammen. Kīrtivarman I. und Mangalesha hatten im späten 6. Jahrhundert das Chālukya-Reich geschaffen und ihm in Vātāpī eine fast uneinnehmbare, herrlich gelegene Hauptstadt gegeben. Pulakeshin II. (609–642) eroberte fast den ganzen Dekhan, besiegte Harshavardhana von Thānesar und Mahendravarman Pallava, setzte seinen Bruder Vishnuvardhana als ersten König der »Östlichen Chālukya-Dynastie« (Hauptstadt Vengī bei Bezwāda) im heutigen Āndhradesha ein, wurde aber schließlich von Narasimhavarman Pallavamalla geschlagen, in Bādāmī belagert und getötet. Sein Sohn Vikramāditya I. und Vinayāditya stellten das Reich wieder her, Vikramāditya II. eroberte sogar die Pallava-Hauptstadt Kānchī, aber unter Kīrtivarman II. wurden die Chālukya von den Rāshtrakūta gestürzt (757).

Die Pallava waren eine alte Dynastie in der südindischen Ebene, die schon mit Samudragupta zusammengestoßen war. Aber erst nach dem Sturz der Chola (um Tanjavūr) gelang es Simhavishnu Potarāja, den Glanz des Hauses zu erneuern. Unter den folgenden Herrschern Mahendravarman, Narasimhavarman und anderen erreichte das Reich sein goldenes Zeitalter, in ständigen Kämpfen vor allem mit den Chālukya dehnte es seine Macht bis Ceylon, seinen wirtschaftlichen und kulturellen Einfluß bis Malaya, Java und Kamboja aus. Eine große, für die ganze spätere Entwicklung des Südens maßgebliche Kunst (Tempel von Māmallapura, Kānchī und andern) und eine bedeutende Literatur in Sanskrit und Tamil entstanden. Nach dem Bürgerkrieg, der zur Thronbesteigung Nandivarmans II. führte, begann es auseinanderzufallen, die Chola gewannen ihre Unabhängigkeit zurück, und 897 stürzte Āditya I. Chola den letzten Pallava Aparājita.

Das Hindu-Mittelalter

Man kann die Mitte des 8.Jahrhunderts etwa als den Anfang des eigentlichen Mittelalters in Indien betrachten, insofern als die Völker, die seit dem Niedergang des Gupta-Reiches die früheren Oberschichten mehr und mehr verdrängt hatten, endgültig den Lebensstil bestimmten und eine Kultur schufen, die zwar auf der Gupta-Tradition aufbaute, aber sich zu ihr verhielt wie etwa bei uns die romanische zur römischen. Im Norden war die alte Bevölkerung weitgehend von Barbaren aus den indischen Grenzgebieten (Punjāb und Afghānistān) oder von früheren, in der Guptazeit kolonisierten Dschungelstämmen verdrängt worden. Die Kultur der Höfe und Tempel war zu einer künstlich erhaltenen, heiligen Tradition geworden, im Süden setzten sich das dravidische Volkstum, seine Sprachen, seine Religiosität, sein vom nordindischen diametral verschiedenes Stilgefühl mehr und mehr durch.

Den Wendepunkt in Nordindien bildete das Reich von Kashmir, das im Kampf gegen die Araber unter den Umayyaden-Kalifen und die kurz zuvor zum Buddhismus bekehrten Tibeter mit chinesischer Hilfe eine starke Militärmacht geworden war und seine Kontrolle über den Punjāb und Ost-Afghānistān ausgedehnt hatte. Lalitāditya-Muktāpīda (um 725–754) besiegte Yashovarman von Kanauj und Jīvitagupta II. von Bihār und Bengalen und drang als Verbündeter der Chālukya in das Dekhan-Hochland vor, mußte aber um 747 nach Kashmir zurückkehren, um die Tibeter zurückzuschlagen, und kam im Schnee Zentralasiens um. Nach vergeblichen Versuchen seines Enkels Jayāpīda, die Trümmer des Reiches zu retten, ging die Kārkota-Dynastie in wüsten Exzessen unter. Die Könige Avantivarman und Shamkaravarman aus der Utpala-Dynastie (855–939) brachten das Reich wieder zur Blüte, aber im frühen 10.Jahrhundert machten sich Ost-Afghānistān und der Punjāb unter den Hindu-Shāhīs selbständig. Seitdem die Hindu-Shāhīs von Sultan Mahmūd von Ghazna in verzweifelten Kämpfen besiegt worden waren, wurde Kashmir das äußerste, von schwer passierbaren Bergpässen geschützte Bollwerk der Hindu-Kultur gegen den Islam. Trotz mehrerer glänzender Herrscher, wie der ausschweifenden Königin Diddā und dem hochgebildeten Harsha, löste sich der Staat immer weiter in Bürgerkriegen auf, bis 1339 ein muslimischer Abenteurer Shāh Mīr die letzte Königin Kota Devī zur Heirat zwang und dann umbrachte. Während Kashmir eine vom übrigen Indien recht verschiedene Hindu-Lokalkultur, eine altertümliche, aber sehr durchgearbeitete shivaitische und vishnuitische Religion und Philosophie, eine reiche Sanskritliteratur und eine von der spätrömischen stark beeinflußte Kunst entwickelte, wurden die Buddhisten, vor allem seit dem 11.Jahrhundert, mehr und mehr zur Auswanderung gezwungen und trugen viel zur Ausbildung des Lamaismus in Tibet bei.

In Bihār und Bengalen dagegen wurde der späte Buddhismus, von shivaitischem Yoga, Zauber und einer sexuellen Symbolik durchsetzt, die herrschende Staatsreligion unter der Pāla-Dynastie. Deren Gründer Gopāla war nach dem Tode Lalitādityas gewählt worden. Seine Nachfolger Dharmapāla und Devapāla dehnten ihre Macht in ständigen Kämpfen mit den Gūrjara-Pratīhāra von Rājasthān und den Rāshtrakūta des Dekhan zeitweilig bis zum Ost-Punjāb aus, mußten sich aber schließlich auf das untere Gangesgebiet

Indien im 6.-8. Jahrhundert

Herrschaft Harshavardhanas
Gebiet der Chalukya
Kashmir und Satelliten unter Lalitāditya-Muktapīda

beschränken, und im späten 10. und frühen 11. Jahrhundert schienen sie, von Bhoja Pratīhāra, den Chandella, Kalachuri und sogar den Chola Südindiens bedrängt, dem Untergang geweiht. Zur selben Zeit war aber das Pāla-Reich mit seinen großen Universitäten Nālandā, Ottantapurī und Vikramashīla zum »Rom« der damaligen buddhistischen Welt geworden, wohin Pilger aus Nepāl, Tibet, China, Burma und Java kamen, während Missionare und Künstler in jene Länder auszogen. Es erholte sich jedoch noch einmal und erlebte eine glänzende Nachblüte unter Rāmapāla (1084–1126). Seine Kultur hatte sich inzwischen weitgehend derjenigen des übrigen Indiens angeglichen, so daß bald danach eines der übermächtig gewordenen Vasallengeschlechter, die aus dem Dekhan eingewanderten Sena, die Macht an sich rissen und dem Hinduismus mit Hilfe von ins Land gerufenen Brāhmanen zur Herrschaft verhalfen. Die unterdrückten Buddhisten bekannten sich später zum Islam; ihre Nachkommen bilden heute die Bevölkerung von Ost-Pākistān. Lakshmanasena mußte schließlich vor den eindringenden Muslimen Hals über Kopf flüchten.

Die Herkunft der Gūrjara (heute Gūjar-Nomaden) ist umstritten, wahrscheinlich waren sie überwiegend indische Stämme aus dem Nordwesten, die mit den Hephthaliten (Weißen Hunnen) ins Land gekommen waren. Im 7. Jahrhundert waren sie längs der Westgrenze der indischen Kulturwelt, in Nāsik, Broach, Bhīnmāl, Mandor und im Punjāb und Himalaya in kleinen Staaten angesiedelt. Im späten 8. Jahrhundert gründete Vatsarāja (vielleicht brāhmanischer Abkunft) ein Reich in Rājasthān, sein Nachfolger Nāgabhata II. eroberte in schweren Kämpfen mit den Pāla und Rāshtrakūta die alte Kaiserstadt der Maukharī, Kanauj; unter Bhoja Ādivarāha (etwa 836–885) umfaßte das Pratīhāra-Reich ganz Nord- und Zentralindien bis an die Grenzen Bengalens. 836 verlegte er seine Residenz endgültig nach Kanauj. Während das Gūrjara-Volk nach der Beschreibung des durchreisenden kashmirischen Dichters Bilhana roh und primitiv war, aber eine von den Arabern bewunderte kampftüchtige Kavallerie stellte, entfaltete sich unter Bhoja und seinem Nachfolger Mahendrapāla (etwa 885–908) in Kanauj ein luxuriöses, überfeinertes Hofleben. Riesige Tempel, nun schon regelrechte Kathedralen, entstanden, die Skulpturen lassen raffinierte Moden erkennen, die literarische Koryphäe war der vielseitige Dichter Rājashekhara. Danach setzte der Niedergang ein: Mahīpālas Nachfolge war umstritten, der Rāshtrakūta Indra III. stürmte um 915 Kanauj, und ein paar Jahrzehnte später marschierte Krishna III. nochmals bis an den Fuß des Himalaya. Die großen Vasallen vertrieben zwar schließlich die Rāshtrakūta, und auch Mahīpāla wurde von dem Chandella Harshadeva wieder auf den Thron zurückgeführt. Aber von da an wurden die Kaiser mehr und mehr von ihren *de facto* selbständig gewordenen Vasallen, vor allem den Chandella abhängig, bis schließlich der letzte, Rājyapāla, im Kampf gegen die Muslime im Stich gelassen und als »Verräter« 1018 ermordet wurde.

Inzwischen waren die großen Vasallen, die Chandella, Haihaya-Kalachuri, Tomār, Chauhān, Paramāra und Solankī-Chaulukya, zu souveränen Fürsten geworden. Zuerst beherrschten die Chandella von Khajurāho, später Mahobā (beide östlich von Jhānsī) und die Paramāra von Mālwa (Hauptstadt Dhāra bei Indore) die politische Bühne. Die Chandella eigneten sich als Hausmeier der letzten Pratīhāra mehr und mehr von deren Gebieten an, im Bündnis mit den Kachhwāha von Gwāliōr (Erbauer der Sās-Bahu-Tempel

Hinduistischer Sonnentempel von Martand in Kashmir
Unter König Lalitāditya im 8. Jahrhundert errichteter Bau

Ufertempel von Mahābalipuram
Bau aus der Zeit der Pallava, Ende 7. Jahrhundert

auf der Festung von Gwāliōr). Unter Yashovarman, Dhanga und Ganda waren sie zwischen etwa 950 und 1019/22 das mächtigste Herrscherhaus Nordindiens. Aber sie wurden durch die Intrigen der Kalachuri (im heutigen Rewā-Gebiet, östlich von Jabalpur), die ihre Vasallen, dann Minister geworden waren, zu den erotischen Ausschweifungen einer shivaitischen Geheimsekte verführt und kurz nach dem Untergang der Pratīhāra nach ihrer eigenen Niederlage durch Sultan Mahmūd von Ghazna entmachtet. Doch hat diese sonst wenig erfreuliche Episode, die übrigens in einem berühmten Sanskritdrama, dem *Prabodhachandrodaya* des Krishnamishra, beschrieben ist, uns die berühmten, aber wegen ihrer obszönen Skulpturen eher berüchtigten Tempel von Khajurāho beschert. Gangeyadeva Kalachuri annektierte die Chandella-Provinzen. Sein Nachfolger Karna (etwa 1040–1070) vernichtete seinen gefährlichsten Gegenspieler, den Paramāra Bhoja, wurde aber selbst von einer Koalition der übrigen Dynastien gestürzt. Das Kalachuri-Reich zerfiel, und die Chandella wurden wieder eingesetzt, aber nur um ein Jahrhundert später von den Muslimen hinweggefegt zu werden. Die nordindische Ebene, und vor allem Kanauj, hatten sie aber nicht wiedererlangt, dort herrschten erst die Tomār und die »Nördlichen« Rāshtrakūta, dann die Gāhadavāla.

Die Paramāra dagegen hatten die schlimmste Wucht der Offensiven der Rāshtrakūta des Dekhan zu ertragen gehabt. So richtete sich ihr Hauptinteresse auf den Süden, vor allem als das Rāshtrakūta-Reich schon sechs Jahre nach Krishnas III. Tode 974 von Taila II., der von den Chālukya von Bādāmī abzustammen beanspruchte, vernichtet wurde. Schon 972 hatten die Paramāra die Rāshtrakūta-Hauptstadt geplündert und den Kaiser Amoghavarsha IV. getötet. Nun stießen sie mit den Chālukya zusammen. Obwohl Vākpatirāja II. Munja von Taila gefangengenommen und hingerichtet wurde, drangen seine Nachfolger Sindhurāja und Bhoja I. (etwa 1010–1065), mit den Shilāhāra-Königen der Westküste um Bombay verbündet, weit nach Süden vor. Aber die sich nach allen Seiten ausdehnende Macht der Paramāra war die Ursache einer großen feindlichen Allianz. Bhoja kam bei der Eroberung seiner Hauptstadt Dhāra um. Sein Name ist als der eines der fruchtbarsten und vielseitigsten Schriftsteller der schönen Literatur ebenso wie wissenschaftlicher Enzyklopädien noch heute lebendig. Und wenn auch ein großer Teil davon anonymen Mitarbeitern zuzusprechen sein dürfte, so ist dem unermüdlichen Kämpfer und Staatsmann – sein Wahlspruch »Tue heute, was erst morgen fällig wäre« wird von Nehru oft zitiert – doch der entscheidende Anteil an diesem Werk zuzutrauen. Die bald nach dieser Katastrophe erfolgte Vernichtung Karnas durch Someshvara I. Chālukya erlaubte es den Paramāra, sich wieder zu erholen, vor allem unter Udayāditya (dem wir den großartigen Nīlakantha Tempel von Udaypur verdanken); dann aber zerfiel ihr Reich, von den Solankī besiegt, in unbedeutende Kleinstaaten.

Die Solankī behaupteten, von Offizieren der Chālukya von Bādāmī abzustammen und nannten sich daher auch Chaulukya. Ihr Ahnherr, Mūlarāja, hatte etwa 942 den letzten Pratīhāra-Vasallen aus der Chāvada-Dynastie ermordet und Nord-Gujarāt Saurāshtra und Cutch hinzugefügt. Durch den Einfall Sultān Mahmūds von Ghazna, der 1026 den hochheiligen Wallfahrtsort Somnāth stürmte und plünderte, wurde Bhīmadeva I. gezwungen, sich den Paramāra unterzuordnen; doch entstanden zu seiner Zeit die berühmten Tempel von Modhera und von Delwāra (auf dem Berge Ābū). Sein Enkel Jayasimha Siddharāja, ein großer Förderer des Shivaismus, nahm an dem Kampf gegen die Paramāra und der Vernichtung Bhojas von Dhāra teil. Mit Kumārapāla (1143–1174) kam ein illegitimer Prinz (Abkömmling einer Kurtisane) mit Hilfe der Jaina-Sekte auf den Thron. Unter ihm breitete sich das Reich über Süd-Rājasthān und West-Mālwa aus, erlangten die Jaina entscheidenden Einfluß auf die Verwaltung und entstanden großartige Jaina-Tempel und literarische Werke (vor allem des Gelehrten Hemachandra). Unter Ajayapāla organisierten die Shivaiten eine grausame Verfolgung der Jaina. Unter Mūlarāja II., einem Kinde, mußte dessen Mutter die Invasion Sultān Muhammad Ghōrīs 1178 abschlagen. Bhīmadeva II. Bholo (»der Einfältige«) wurde nur durch seine Minister vor den Einfällen der Muslimen und des Königs Singhana Yādava des Dekhan gerettet. Diese Regenten, Lavanaprasāda und Vīradhavala, gehörten einer Seitenlinie des Königshauses, den Vāghelā, an und errichteten, als gläubige Jaina, viele der berühmten Tempel von Delwāra, Girnār, Shatrunjaya und andere. Aber der erste König Vīshala Deva regierte nur über das Kernland von Gujarāt. Karna »der Wahnsinnige« wurde von den Muslimen 1298 gestürzt und starb im Exil; Frau und Tochter endeten im Harem des Sultans von Delhi.

Die Chauhān (im nördlichen Rājasthān) waren als letzte vom Pratīhāra-Reiche losgebrochen, weil sie, nächst den Hindu-Shāhīs, die Grenzwacht gegen die Muslime hatten und so der Rückendeckung auch der Chandella und Paramāra bedurften. Als im 11. und 12. Jahrhundert das Sultanat von Ghazna von den Seldschuken und Ghoriden bedrängt wurden, eroberten sie den Ost-Punjāb zurück. An Ajayarāja erinnert noch der Name der Stadt Ājmēr, an Arnorāja, den großen Gegner Kumārapalas, der des benachbarten Ānasāgar-Stausees. Der verwegene Prithvīrāja III. machte Delhi zu seiner Hauptstadt, raubte seine Braut mitten aus dem feindlichen Kanauj, verlor 1193 die Entscheidungsschlacht bei Tarāin (bei Bhatinda) gegen Sultan Muhammad Ghorī und wurde hingerichtet. Aber sein Gedächtnis lebt noch in dem großen Ritter-Epos *Prithvī Rāj Rasau*, einer der ersten Schöpfungen der Hindī-Literatur. Seit dem Niedergang des Solankī-Reiches hatten sich schon verschiedene Chauhān-Dynastien in Süd-Rājasthān festgesetzt. Nach dem Untergang von Prithvīrāja III. wurden andere von flüchtigen Prinzen in Narwar und in Ranthambhor gegründet. Nachdem auch diese große Festung nach einer Belagerung gefallen war, die das andere große Ritter-Epos, die *Padumāvatī* des Muhammad Jayasī, feiert, entstand die Chauhān-Föderation von Hārāotī, von der die Mahārājā-Staaten Būndī, Kotah und Jhalawar bis 1947/48 überlebt haben.

Am längsten widerstand den Muslimen Orissā fern im Osten: es war durch bewaldete, von Dschungelstämmen bevölkerte Gebirge fast nach allen Seiten hin geschützt. Wie Bengalen war dieser um das Delta der Mahānādi gruppierte Küstenstreifen auf das Meer hin orientiert und blieb dem späten Buddhismus unter den Bhauma-Kara-Königen treu. Im Binnenlande breiteten sich aber der orthodoxe Hinduismus und der Lebensstil der Pratīhāra unter den Bhanja- und Somavamshī-Königen immer weiter aus, während zeitweilig auch die Chola-Kaiser Südindiens das Land überrannten. Mit den »Östlichen« Ganga setzten sich diese neue Tendenzen endgültig durch; und unter Vajrahasta V. Anantavarman (1038–1070), Anantavarman Chodaganga (1076–1147) und Narasimha I.

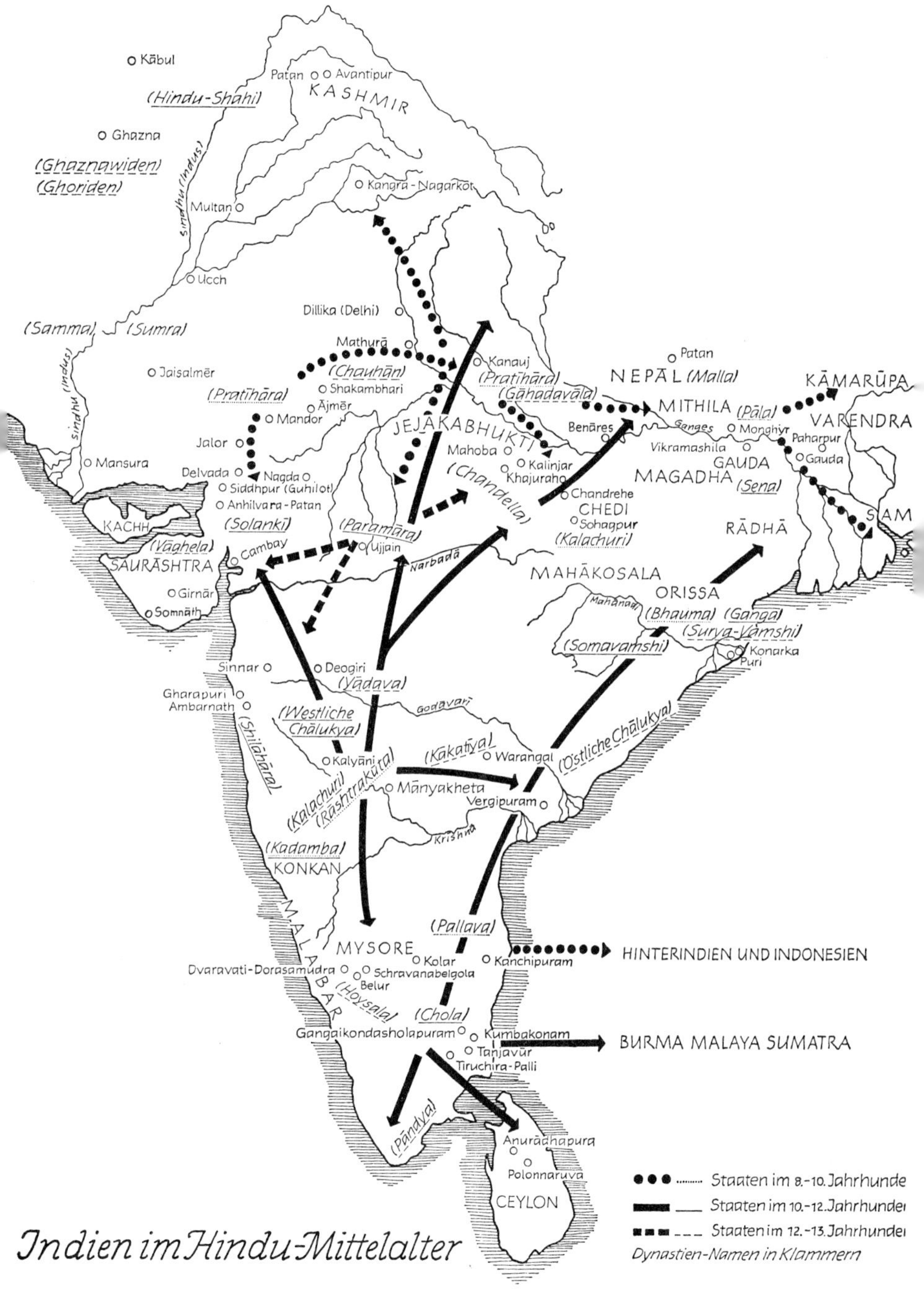

Indien im Hindu-Mittelalter

(1238—1264) waren die Ganga zu einer Großmacht geworden, deren Einfluß sich auf Westbengalen und bis nach Āndhradesha hin ausdehnte, kulturell aber bis Kamboja in Hinterindien sich bemerkbar machte. Monumente dieser Blüte sind noch heute die gigantischen Tempel für Shiva zu Bhuvaneshvara (vor allem der Lingarāja), der Vishnutempel von Puri und der Sonnentempel von Konārka.

Den Süden beherrschte, wie zur Zeit der Chālukya und Pallava, nach wie vor der Kampf zwischen den Mächten des Dekhan-Hochlandes: den Rāshtrakūta und späteren (»Westlichen«) Chālukya und deren Vasallenstaaten, und denen der östlichen Küstenebene: den Chola, den »Östlichen« Chālukya und den Pāndya. Die Westküste spielte nur eine untergeordnete Rolle, die Shilāhāra im Hinterlande von Bombay hielten sich nur durch die Unterstützung der Paramāra, die Malabarküste war meist von den Chola und Pāndya abhängig.

Die Rāshtrakūta waren ursprünglich Vasallen der Chālukya von Bādāmī, in Berār, Nāsik und Gujarāt gewesen. Als die Chālukya sich in ihren langen Machtkampf mit den Pallava verbissen, übernahmen sie die Verteidigung der Nordgrenze gegen die Einfälle der Araber, erlangten dadurch eine gewisse Selbständigkeit und wurden schließlich von Lalitāditya von Kashmir hochgespielt, um so die Chālukya schwächen zu können. Die Handhabe gab der Hilferuf der Chālukya-Prinzessin Bhavaganā, der Witwe Indras II., die sich und ihren Sohn Dantidurga gegen dessen Oheime Karka und Krishna I. verteidigen mußte. Nach dem Abzug Lalitādityas vernichtete erst Dantidurga Karka, dann Krishna I. die Nachkommen Dantidurgas und einigte so die Rāshtrakūta-Macht. Dantidurgas und Krishnas Siege über Kīrtivarman II. bereiteten der Chālukya-Macht ein Ende. Unter Dhrūva und Govinda III. (793—814) erweiterte sich das Reich bis nach Mysore, Gujarāt (zeitweilig Sekundogenitur) und Mālwa. Indra III. (914—917) fiel in die Gebiete der Chandella, Kalachuri, der »Östlichen« Chālukya ein und erstürmte die Pratīhāra-Hauptstadt Kanauj. Diese Überspannung aller Kräfte führte bald zu einer Krise, und wenn auch Krishna III. (939—968) das Reich nochmals bis zum Himalaya und nach Mysore ausdehnte, brach es doch schon kurz danach 974 zusammen. Das große Monument der Rāshtrakūta ist der weltberühmte Kailāsa-Felsentempel zu Ellōrā (bei Aurangābād), den alle Könige durch neue Höfe, Nebentempel und Galerien vergrößerten. Aber schon Govinda III. hatte die Hauptstadt nach Mānyakheta verlegt (heute fast verschwunden). Vor allem Amoghavarsha I. (814—880) und Krishna III. waren große Förderer des Kulturlebens.

Nachdem die Rāshtrakūta von den Paramāra tödlich geschwächt worden waren — Mānyakheta war geplündert und Amoghavarsha IV. 972 untergegangen —, wurde der letzte von ihnen, Karka II., 974 von Taila II. beseitigt, der damit das (Westliche) Chālukya-Reich wiederherstellte. Der Paramāra-König Munja wurde besiegt und hingerichtet; auch dank der Teilnahme an der Allianz gegen Bhoja von Dhāra und später der gegen Karna Kalachuri schufen sich Someshvara I. und II. und Vikramaditya VI. nach Norden hin Luft, während sie in den Kämpfen mit den Chola, vor allem um die Kontrolle des schon von den Rāshtrakūta entscheidend geschwächten Reiches der Östlichen Chālukya, einen schweren Stand hatten. Die Chola drangen mehrmals bis zu den West-Ghāts vor und zerstörten sogar die Chālukya-Hauptstadt Kalyānī. Jedoch nach der Schlacht von Koppam 1053 kam es zu einem Kompromiß, weil die Chola im Süden zu sehr engagiert waren. Aber in diesen Kämpfen waren die großen Vasallen zu mächtig geworden. Erst die Hoysala von Dvārasamudra-Halebīd in Mysore, dann die Kalachuri im Herzen des Reiches, die Kākatīya von Warangal im Osten, die Yādava von Deogiri (Daulatābād bei Aurangābād) im Norden machten sich mehr und mehr selbständig; um 1190 war das Reich zerfallen. Unter diesen Nachfolgestaaten ist besonders das Hoysala-Reich durch seine vielen reichen Tempelbauten, vor allem in Belūr, Halebīd und Somnāthpur, allen Indienreisenden bekannt. Aber auch diese Staaten wurden in der ersten Hälfte des 14. Jahrhunderts von den Muslimen überrannt.

Die wichtigsten Gegenspieler der späteren Chālukya waren die Chola der Koromandel-Küste (*Chola-Mandala*, »Chola-Provinz«, Hauptstadt Uraiyūr-Tanjavūr-Tanjore). Im 9. Jahrhundert hatten Vijayālaya und Āditya I. ihr einst von den Pallava unterworfenes Land befreit und jene gestürzt. Parāntaka I. hatte das südlich anstoßende Pāndya-Reich von Madurai erobert. Rājarāja der Große (985–1016), Rājendra I. (1012–1044) und Rājādhirāja (1018–1054) bauten nun ein Reich auf, welches das ganze Küstenland von der Godāvarī bis Travancore und Nord-Ceylon – direkt oder indirekt – beherrschte. Chola-Heere stießen durch das Chālukya-Reich und im Norden durch Orissā bis zum Ganges vor, Chola-Flotten unterwarfen die Küsten Burmas, Malayas und Sumatras. Schließlich wurde dank der Thronbesteigung des Östlichen Chālukya, Kulottunga I. (1070–1118), der von der Mutter her ein Nachkomme Rājarājas des Großen war, das Reich von Vengi mit dem der Chola vereinigt. Aber auch hier hatten innere wie äußere Kämpfe das Reichsgefüge erschüttert; Kulottunga II. (1133–1150) mußte den Vasallenkönigen, vor allem den Pāndya, weitgehende Autonomie zugestehen; die letzten Chola hielten sich gegen die Pāndya nur noch mit Hilfe ihrer früheren Erbfeinde, der Hoysala; zwischen 1256 und 1279 erlosch das Reich. Unter Jatāvarman Kulashekhara hatten die Pāndya von Madurai mit Hilfe der Singalesen ihre Unabhängigkeit erlangt, unter Jatāvarman Sundara (1238–1268) und Māravarman Kulashekhara (1268–1308/09) waren sie die Großmacht Südindiens; aber unter des letzteren Söhnen kam es zum Bürgerkrieg, in den sich die Muslime einmischten, Madurai zerstörten und schließlich das Sultanat Ma'bar gründeten. Vor allem unter den Chola entwickelten sich die riesigen Tempel Südindiens mit ihren konzentrischen, rechteckigen, von gewaltigen Toren *(gopura)* durchbrochenen Umfassungsmauern, wenn sie auch schon unter den Pallavas begonnen worden waren und erst im 16. bis 19. Jahrhundert ihre heutige Gestalt erhielten.

So wurden seit dem Anfang des 8. Jahrhunderts und besonders zwischen 1193 und 1323 alle diese Reiche, eines nach dem anderen, von den Muslimen besiegt und vernichtet; die Ursache dafür lag nicht an Verweichlichung oder Feigheit, sondern in der Unfähigkeit ihrer herrschenden Aristokratie, eine geschlossene Abwehrfront gegen die Eroberer in mehr als nur kurzfristigen Koalitionen zustande zu bringen, und in der Gleichgültigkeit der von Kriegsdienst und Regierung ausgeschlossenen Bevölkerung. Dieses Versagen ergab sich aus der ganzen Struktur der mittelalterlichen Gesellschaft Indiens, ja aus dem Wesen seiner ganzen Kultur zu jener Zeit.

Kultur des Hindu-Mittelalters

Seit dem Niedergang der Gupta-Hochkultur hatten sich die Standesunterschiede zusehends verschärft. Das Kastensystem, ein Ausdruck der von der arischen Kolonisation geschaffenen Sozialgegensätze – der Oberschicht der Ārya gegenüber dem Helotentum der unterworfenen älteren Bevölkerung –, hatte ja schon längst seine ursprüngliche Bedeutung verloren. Zunächst hatten die Brāhmanen es nach rituellen Maßstäben gehandhabt, bis sie von den Buddhisten und Jaina weitgehend ausgeschaltet wurden; schließlich hatten die fremden Eroberer das System als Ganzes bagatellisiert, wogegen die Städter der Gupta-Kultur es zwar anerkannten, aber in der Praxis weitgehend durch eine plutokratische Sozialschichtung überlagerten. Erst im Mittelalter setzten sich die Rechtsbücher der Brāhmanen mit den darin proklamierten Ansprüchen der Brāhmanen auf Vorrangstellung und die grausamen Strafen zur Durchsetzung einer starren Klassentrennung durch. Freilich haben die späteren Rechtsbücher die ursprünglich im *Mānavadharmashāstra* niedergelegten Vorschriften den veränderten Zeitumständen angepaßt. Der Ton wurde in dem Maße duldsamer, wie die Stellung der Brāhmanen sich festigte. Andererseits aber wuchs die Zahl der rituellen Vorschriften, so daß am Ende des Mittelalters die Frommen von ihnen fast erstickt und der Gesellschaft übermäßige wirtschaftliche Opfer für die »Tote Hand« auferlegt wurden.

Der Preis für diese Prärogativen der Brāhmanen war die Anerkennung des nun an die Macht gekommenen Militäradels. Welcher Abkunft er auch gewesen sein mochte – echter alter Adel, Brāhmanen, hohe Beamte aus bürgerlichen Kreisen oder barbarische Söldner –, er bekam einen Stammbaum, der ihn mit den Helden der klassischen Epen und über sie mit dem Sonnengott oder Mondgott verband (Sūryavamshī und Somavamshī). Bei einem Teil freilich war der barbarische Hintergrund allzu deutlich sichtbar, um sich ableugnen zu lassen; so wurden sie als aus dem Opfer des heiligen Vasishtha hervorgegangen erklärt (Agnivamshī oder Agnikula), um die Welt von den bösen Dämonen (das hieß den Muslimen) zu erretten. Es ist bezeichnend, daß alle diese Stammbäume nicht über das 7. Jahrhundert zurückreichen und dann in einer sogar mit der traditionellen Chronologie unvereinbaren Weise auf einen Nachkommen jenes frühen Adels überspringen, den schon die Nanda-Kaiser im 5. bis 4. Jahrhundert v. Chr. ausgerottet hatten. Und es ist nicht minder bezeichnend, daß die frühesten Inschriften oft sehr unbestimmt sind, ja oft schwanken, welcher Gruppe dieses oder jenes Fürstenhaus zuzurechnen sei. Aber noch in der Übergangsperiode waren die Begriffe laxer gewesen. Weder die Mahākshatrapa von West-Indien noch die Gupta-Kaiser, die so sehr brāhmanenfreundlich waren, hatten als Kshatriya (Adlige) gegolten, obwohl die Gupta halbgöttlichen Rang beanspruchten. Der chinesische Pilger Hiuen Tsang erwähnt eine ganze Reihe nichtadliger Fürstenhäuser. Auch sein Gönner Harshavardhana, der allerdings mit den Brāhmanen nicht allzu gut stand, war ein Vaishya (arischer Bürger). Auch später kamen nichtadlige Fürsten vor, etwa die Kākatīya-Könige von Warangal. Letzten Endes entschieden Schwert und Diplomatie über die Macht, besonders in unruhigen Zeiten.

Eine weitere Folge war die wachsende Exklusivität der Herrenschicht. Die Reinheit der Frau wurde daher sehr hochgestellt. Dies gab ihr einerseits eine hochgeachtete Stellung. Sie hatte Recht auf eigenen Besitz, vor allem auf Schmuck. Sie galt als Abbild der großen Muttergöttin, der schöpferischen Macht *(shakti)* Gottes. Frauen von Rang wurden *Devī* (Göttin), Königinnen *Mahādevī* (große Göttin) oder gar »große Göttin der drei Welten« (Himmel, Erde, Unterwelt) *Trailokyamahādevī* genannt. Nur im Falle von Kinderlosigkeit trat eine zweite Gattin neben sie. Lediglich die Fürsten hatten einen Harem, in dem die Stellung jedes Mitglieds in strenger Hierarchie festgelegt war. Die Unterstellung der Frau unter den Mann, sei es Vater, Gatte, Bruder, Sohn, galt als Ausdruck ihrer größten Tugend, der aufopfernden Liebe und Treue, und in der Praxis war dies fast unvermeidlich, zumal nach dem Ideal zahlreicher Nachkommenschaft die Frauen in Schwangerschaft und Kinderpflege an das Haus gebunden waren. Andererseits war die Reinheit der Frau in den brutalen politischen Verhältnissen immer wieder gefährdet, so daß die Sitte der *Satī*, der Verbrennung der Witwe ohne oder mit schon erwachsenen Kindern mit ihrem toten Gatten, im Fall einer Katastrophe beim Adel sogar diejenige aller Frauen, bald auch in anderen Kreisen allgemein befolgt wurde. Wenn dies nicht möglich war, erdolchten sich die Frauen oder sprangen in einen Brunnen. Dementsprechend begingen auch alte Männer und Kranke Selbstmord, meist durch Ertränken in einem heiligen Fluß; hohe Offiziere und Beamte erdolchten sich beim Tode ihres Fürsten oder schnitten sich den Kopf ab, und der Adel duellierte sich bei jeder Gelegenheit.

Der König stand nach indischer Anschauung ohnehin über jeder Moral. Er hatte seine eigene *(Rājadharma)*, die ihm alles erlaubte, auch jedes Verbrechen, solange er erfolgreich regierte, die aber ebenso seine Ermordung billigte, wenn er versagte. Meistens übernahm schon zu Lebzeiten des Herrschers der Kronprinz die Mitregierung oder Regentschaft, so daß sich die Regierungsdaten der Könige oft überschneiden.

Das Hofleben war äußerst bewegt und luxuriös. Die schwerbefestigten Königspaläste umfaßten Ställe, Küchen, Manufakturen, Audienzhallen, Theater, Tempel (vor allem für Vishnu), den Harem *(antarpura)*, weite Gärten mit Seen, künstlichen Inseln und Hügeln. Um den Königspalast oder den zentralen Reichstempel gruppierten sich die Paläste der Minister und des hohen Adels (darunter der vielen Schwäger des Königs und der als Geiseln gehaltenen auswärtigen Prinzen), die Häuser der Großkaufleute und Bankiers, der Brāhmanen, und schließlich die Bazare. Vor der Stadt lagen große Gärten, Stauseen und ganz am Rande die Siedlungen der niederen Kasten. Obwohl die Könige aus politischen Gründen viele Frauen und Konkubinen hatten, standen diese doch in hohem Ansehen und waren nicht selten regierende Königinnen, Regentinnen, vertraten den König in seiner Abwesenheit oder waren Statthalterinnen ganzer Provinzen. Die großen Kurtisanen waren durchaus hoffähig, ja hatten sogar gewisse Rechte, etwa den König bei öffentlichen Empfängen zu fächeln und zu bedienen, und wurden manchmal als Konkubinen in den königlichen Harem übernommen.

Neben den Staatsgeschäften, öffentlichen Audienzen, Ministerräten und Gerichtssitzungen spielten Jagd, ritterliche Turniere, Sportkämpfe (vor allem Ringen), Theater-, Tanz- und Musikvorführungen sowie gelehrte Disputationen eine große Rolle. Die Dispute hatten oft politische Bedeutung, weil von ihrem Ausgang nicht selten die Einstellung des Herrschers zu den verschiedenen Religionsgemeinschaften, Tempeln, Klöstern und ähnlichem abhing. Solange keine Machtfragen im Spiele waren, herrschte religiöse Toleranz, Königinnen oder Minister konnten sogar anderen Religionen angehören.

Überhaupt zeigte die Regierung, obwohl in Theorie despotisch, in der Praxis doch starke »demokratische« Einschläge. Nicht nur, daß die prekäre Stellung des Herrschers eine dauernde Rücksichtnahme auf die tatsächlichen Machtverhältnisse im Lande und ein höchst geschicktes Lavieren zwischen den Parteien verlangte, was wiederum einer der Gründe für die religiöse Toleranz war. Die Ausdehnung der Reiche erlaubte nur eine allgemeine Kontrolle und höchste Entscheidung. Unter und neben den Statthaltern *(mandaleshvara)* und Festungskommandanten standen die Vasallen *(sāmanta)* verschiedenen Ranges, und weiter abwärts verwalteten sich die Städte durch ihre Zünfte, die Dörfer durch ihre Dorfältesten *(panchayāt)*. Daneben gab es die kleinen Lehen, Güter und Brāhmanensiedlungen *(agrahāra)* und schließlich die Pfründen, Sonderabgaben und Befreiungen, Arbeitsverpflichtungen und mancherlei Freiheiten. Neben der staatlichen Polizei und den Steuerbeamten wirkten die lokalen Beamten und die Agenten der Abgabenberechtigten. Oft wurden solche Rechte verpachtet oder verpfändet, die sich zu wichtigen Einnahmequellen der großen Bankiers und Händler entwickelten. Darüber sind wir vor allem durch viele Tausende von Urkunden auf Kupferplatten unterrichtet, die von Ringen, mit dem königlichen Siegel versehen, zusammengehalten wurden und mit ihren einleitenden Genealogien unsere wichtigsten Geschichtsquellen für diese Zeit sind.

Die großen Tempel, vor allem die Wallfahrtsstätten, hatten ein beträchtliches Personal, mit dem Kult betraute Priester *(pūjārī)*, Musiker, Sänger, Tänzerinnen *(devadāsī)*, die gleichzeitig Kurtisanen waren, Köche (für die später an die Gläubigen verteilte Opferspeise, *prasād*), Verwaltungsbeamte, Pilgeraufseher, Lehrer und lose organisierte Mönche. Ihre Oberpriester übten einen großen und nicht immer guten Einfluß auf die Politik aus. Vielerorts standen der Tempelverwaltung ehrenamtliche Bürgerausschüsse bei.

Seit der Gupta-Periode waren Zahl und Größe der Städte wieder stark zurückgegangen, während Festungen und Burgen an Bedeutung gewonnen hatten. Die überwältigende Mehrheit der Bevölkerung bestand, wie immer, aus Bauern. Das Volk gehörte verschiedenen *jatis*, kleineren Gruppen innerhalb der vier großen Kasten, und zahlreichen Unterkasten an. Sie bestimmten den sozialen Status, die Lebensweise wie den Beruf des Einzelnen; sie hatten ihre eigenen Gebräuche, konnten Strafen verhängen, waren aber auch eine Art wirtschaftlicher Rückversicherung.

Sprache und Literatur

Das Hindu-Mittelalter hindurch hielt sich das von der brāhmanischen Gegenreformation ausgebildete Hoch-Sanskrit als internationale Sprache der Gebildeten, der Brāhmanen, Priester, Gelehrten, Fürsten, Fürstinnen und hohen Adligen, etwa wie im europäischen Mittelalter das Latein. Doch zeigen schon die klassischen Dramen, daß es die gewachsenen

Vrikshaka, Baumgottheit
Steinskulptur von einem Hindu-Tempel, 8.–10. Jahrhundert
Gwāliōr, Archaeological Museum

Nördlicher Aufgang am Brihadīshvara-Tempel in Gangaikondacholapuram/Südindien, Anfang 11. Jahrhundert

Volkssprachen nicht hatte verdrängen können. In den frühen Dramen bereits finden wir zahlreiche Dialekte. Dies wird uns auch durch die Kupferplatten-Inschriften bestätigt, die meist nur in ihrer historischen Einleitung Sanskrit verwenden, während der legistische Teil in der Volkssprache, im Norden einer Form von Prākrit, im Süden einer dravidischen Sprache, geschrieben ist, allerdings zumeist stark mit Sanskritwörtern durchsetzt. Wenn von einem *Sūtradhara* (Urkundenschreiber, Architekt) verfaßt, können solche Sanskriturkunden gute Poesie sein, meist aber ist ihre Ausdrucksweise recht fehlerhaft.

Diese Beschränkung auf eine kleine Oberschicht hatte umgekehrt zur Folge, daß die mittelalterliche Sanskritliteratur für unseren heutigen Geschmack nur schwer genießbar ist. Die Themen sind meistens konventionell (wenn der Autor auch oft genug zwischen den Zeilen oder in seiner Interpretation eigene Ideen durchblicken läßt) oder allegorisch und dann nur für den ein Vergnügen, der die uns heute zumeist unverständlichen Anspielungen erraten konnte. Dagegen ist die sprachliche und literarische Form um so gekünstelter: immer wieder sind es seltene Wörter, bilderreiche Umschreibungen, Wortspiele, Tonmalerei, Komposita, die oft ganze Druckseiten füllen. Solche Sprache kann recht sonor, sogar berauschend musikalisch wirken. Aber ihre Bilder sind schwülstig, schwül und unnatürlich. Manche Werke können ebensogut von vorn wie von hinten gelesen werden, oder wie zwei völlig verschiedene Geschichten (etwa Dhananjayas *Rāghava-Pāndavīya*), und es gibt Erzählungen, die sich als verschleierte Grammatiken entpuppen. Infolgedessen ist die wissenschaftliche Literatur der Zeit wesentlich bedeutender, trotz ihrem scholastischen und enzyklopädischen Charakter. Die technische Form der meisten Abhandlungen war der Kommentar zu autoritativen Schriften, sogar der Kommentar zu einem Kommentar, wobei man freilich weniger die alten Werke deuten, als sie durch Umdeutung für die »ewige Wahrheit« im Grunde neuer Ideen zeugen lassen wollte.

Wesentlich genießbarer ist die Literatur in den Prākrit-Dialekten, in denen das Lautbild des Sanskrit sich, lokal verschieden, durch weichere Konsonanten und abgeschliffene Vokale und Diphtonge auflöste, während die grammatische Struktur erhalten blieb. Prākrit hatte schon im Mittelalter eine lange Geschichte. Es war schon mindestens seit dem 6. Jahrhundert v. Chr. die lebendige Sprache des Volkes, der Verwaltung und der Literatur; auch der Buddha hatte sich eines seiner Dialekte, dem aus dem Māgadhī entwickelten Pāli, bedient, das seitdem freilich selber zu einer Kirchensprache erstarrt war. Dann aber verdrängte erst das »gemischte« Sanskrit, dann das spätere Hoch-Sanskrit das Pāli aus Indien; im Mittelalter wurde es nur noch in Ceylon und Burma gepflegt. Wie die späteren Prākrit-Dialekte, Ārdha-Māgadhī, Sauraseni, Mahārāshtrī und andere, sich zur wirklichen Volkssprache verhalten haben, ist jedoch schwer zu sagen, weil sie in den uns überlieferten Werken ebenfalls schon literarisch fixiert und systematisiert scheinen und oft genug keine Beziehung mehr mit dem wirklichen Leben erkennen lassen. Schon im klassischen Drama gebrauchten Frauen und verschiedene Volksklassen typische Dialekte, die häufig nicht zu ihrer nationalen Herkunft passen. Von einem, dem Paishāchī, wissen wir heute, daß es nichts anderes als eine gelehrte Rekonstruktion darstellte. Im ganzen ist die uns erhaltene Prākritliteratur nicht allzu umfangreich, mit Ausnahme der erbaulichen Schriften der Jaina-Sekte, vor allem aus dem Gujarāt der Solankī- und Vāghelā-Könige.

Im Süden begannen die dravidischen Sprachen schon seit etwa dem 7. Jahrhundert auch literarisch eine Rolle zu spielen. Tamil hatte ja schon eine bedeutende Tradition seit dem »Samgam-Zeitalter«, das seine erste selbständige Kulturblüte mehr oder minder zu einer Zeit erlebte, als die Völker an der Südspitze Indiens dank dem Handel mit dem Römischen Reich und dem China der Han zu Wohlstand gekommen waren. Diese frühe Literatur war, sofern nicht weltlichen Charakters, vor allem von den »Sangha« (Mönchsgemeinden) der Buddhisten und Jaina getragen, woraus die hinduistische Überlieferung *samga* (Versammlungen, Akademien) gemacht hat. Die Renaissance der Tamil-Literatur war das Werk der Heiligen des Shivaismus und Vishnuismus, die von den Pallavas und später den Cholas begünstigt wurden. Gleichzeitig entwickelte sich unter den Chālukya von Vātāpī-Bādāmī das Kanaresische, das aber erst unter den Rāshtrakūta eine wirkliche Literatur zu entwickeln begann, und unter den Östlichen Chālukya das Telugu, dessen Blüte erst unter den Kaisern von Vijayanagar, der letzten Hindu-Großmacht in der frühen indo-islamischen Zeit, kommen sollte. Das Malayalam ist nicht vor dem 13. Jahrhundert hervorgetreten.

Im Norden setzte die Weiterentwicklung zu den heutigen neu-indischen Sprachen schon nach dem Fall der Pratīhāra-Dynastie ein. In diesem *Apabhramsa* genannten Stadium hatten die Wörter und ihre Bedeutung schon so ziemlich den »neu-indischen« Zustand erreicht; doch fehlte noch das durch Ausgleich und Analogie geschaffene klare grammatikalische und syntaktische Gefüge. Die noch vor der muslimischen Eroberung entstandenen Dichtungen waren daher wesentlich Volksdichtung, wie die in einer Vorstufe des Bengali verfaßten Lieder der tantrisch-buddhistischen Siddhāchārya und die Schriften der shivaitischen Gorakhnātha Yogī und die von Barden Jahrhunderte hindurch überlieferten und dabei weiter ausgestalteten Ritterepen des ausgehenden Mittelalters, die die Kämpfe zwischen den Chauhān, Gāhadavāla und Chandella aus der Sicht des Landadels schildern. Der Übergang zu den heutigen indischen Sprachen war erst dann vollendet, als sich die Hindutraditionen nach der Zerstörung der mittelalterlichen Hochkultur aus dem Volksleben heraus erneuern und die lebendigen Volksdialekte selber zu kunstvollen Literatursprachen entwickeln konnten.

Das Zeitalter Harshavardhanas von Thānesar erlebte noch einmal eine große Blüte der Sanskrit-Dichtung. Am Anfang steht wohl Subandhus *Vāsavadattā*, eine romantische Liebesgeschichte, deren phantastische Handlung in klangvollen, farben- und bilderreichen Wortungetümen ausgesponnen wird. Subandhus Ruhm wurde jedoch durch den seines jüngeren Zeitgenossen, Bāna, verdunkelt, des Hofdichters von Harshavardhana. Seine berühmtesten Werke, das *Harshacharita* und die *Kādambarī*, galten späteren Zeiten als vorbildlich, so daß nicht nur ihr Stil immer wieder nachgeahmt wurde, sondern auch die Sprach- und Poesietheoretiker ihre Ideen aus ihnen entwickelten und ihre Beispiele daraus zitierten. Bāna vereint in sich alle Schwächen und Tugenden der späteren Sanskritdichter.

Die Handlung der *Kādambarī* ist unübersichtlich und kompliziert und beruht auf Wundern. Dem *Harshacharita* fehlt jeglicher Sinn für Geschichte, ja für die Problematik des wirklichen Lebens; sein Wert für den Historiker ist gering. Andererseits enthalten beide Werke großartige Beschreibungen, scharfe und knappe Charakterisierungen, vor allem aber eine machtvolle Musik von Worten und Bildern. Wir dürfen ja nicht vergessen, daß diese Dichtungen nicht für geruhsames Lesen, sondern für Deklamation bei Hoffesten bestimmt waren. In der Originalsprache können sie noch heute begeistern; Rabindranath Tagore etwa hielt Bāna für den großartigsten erzählenden Dichter. Aber zu übersetzen sind sie kaum, es bleiben nur Leere und Schwulst.

Auch Bānas Mäzen, Kaiser Harshavardhana, hat drei Dramen verfaßt, die *Ratnāvalī*, die *Priyadarśikā* und den *Nāgānanda*, alle nicht übel und noch heute beliebt, aber auch nicht mehr als von durchschnittlicher Qualität. Er war übrigens nicht der einzige fürstliche Dramatiker. Sein Zeitgenosse Mahendravarman Pallava ist der Autor des *Mattavilāsa*, einer Posse, in der die Mißstände des damaligen Mönchswesens lächerlich gemacht werden; ein anderer war der Kalachuri Anangaharsha Mātrarāja. Berühmt als die »dunkle Sarasvatī« (die Göttin der Dichtung, die normalerweise jedoch hell dargestellt wird) war die Prinzessin Vijjakā (oder Vijayānkā, Vijaya-Bhattarikā), eine Schwiegertochter des großen Chālukya-Königs Pulakeshin II.; wahrscheinlich ist sie auch die Verfasserin des noch heute geschätzten Dramas *Kaumudī-Mahotsava*.

Andere bedeutende Dichter derselben Zeit waren vor allem Amaru und Bhartrihari, der Verfasser von *Shatakas*, das sind Sammlungen von (je hundert) entzückenden Epigrammen, die sinnlich und zart zugleich die Schönheit der Frauen und die Liebe besingen. Bhartrihari scheint, nach der Überlieferung, ein innerlich zerrissener Mensch gewesen zu sein, zwischen der Lust dieser Welt und klösterlicher Askese hin und her schwankend; so stehen seinen Liebesgedichten auch solche über die Weltentsagung gegenüber.

Ebenso maßgebend wie Bāna war Dandin, der ein höchst bewegtes Leben geführt zu haben scheint. Aus Berār stammend, wurde er in die Machtkämpfe zwischen den Gupta von Mālwa, den Kalachuri, Nala und den Bhoja hineingezogen, beendete aber seine Tage hoch geehrt am Pallava-Hofe. In seinem *Kāvyadarsha* hat er das Auseinanderbrechen des klassischen Dichtungs-(*Kāvya*-)Stils in zwei Richtungen, in die gemäßigte von Vidarbha (Berār) und die schwülstige von Gauda (Bihār und Bengalen) proklamiert, während sein so amüsantes wie zynisches *Dashakumāra-charita* (»Geschichte der Zehn Prinzen«) das Muster einer Sammlung machiavellistischer Intrigen ist. Mahendravarman Pallavas Hofdichter war Bhāravi, den die Zeitgenossen als dem großen Kālidāsa ebenbürtig betrachteten; sein *Kirātāryunīya* (die Erweiterung der Episode im *Mahābhārata*, wie der Held Arjuna den Bogen des Gottes Shiva erwirbt), auf zwei großen Reliefs in Māmallapura wiedergegeben, ist in der klassischen Dichtung Javas (dem *Arjunavivāha*) nachgeahmt worden. Sein großer Konkurrent am Chālukya-Hofe war Ravikīrti.

Von den Dichtern der nächsten Generationen berühren uns Vishākhadatta und Bhavabhūti durch einfühlenden Gedankenreichtum. Vishākhadatta bewegten vor allem die psychologischen Auswirkungen der skrupellosen Politik der Zeit. Sein *Mudrā-Rākshasa* behandelt den Aufstieg des ersten Maurya-Kaisers und ist mehr eine Studie über den der alten Dynastie treu ergebenen Kanzler Rākshasa. *Devī-Chandragupta*, wahrscheinlich ebenfalls von ihm, schildert, wie der spätere Kaiser Chandragupta II. Vikramāditya (unter dem die Gupta-Kultur ihren Höhepunkt erreichte) seinen Bruder Rāmagupta und dessen vom übermütigen Feinde geforderte Gattin durch einen ebenso gefährlichen wie genialen

Streich aus einer verzweifelten Lage rettet. Bhavabhūti war Hofdichter Yashovarmans von Kanauj. Zweien seiner Dramen, dem *Mahāvīra-Charita* und dem *Uttara-Rāma-Charita*, liegen Episoden aus dem *Rāmāyana* zugrunde. Sein *Mālatī-Mādhava* ist eine Art Romeo-und-Julia-Geschichte mit gutem Ausgang, die bis in die Neuzeit hinein wieder und wieder nachgeahmt wurde. Bhavabhūtis Stärke war die Darstellung der Verzweiflung, der Angst, Trauer und Ergebung, dem schließlichen guten Ende zum Trotz, welches in der indischen Literatur die Regel ist, da sie die Tragik (Unglück gilt entweder als wohlverdient oder als Prüfung der Götter) kaum kennt.

Bei anderen Dichtern dagegen überwogen die ungesunden Züge, so bei Māgha, dem Verfasser des höchst gekünstelten *Shishupāla-Vadha* (ebenfalls eine Episode aus dem *Mahābhārata*), und Bhatti, dessen *Rāvana-Vadha* ein grammatisch-stilistisches Übungsbuch in der Form einer Nacherzählung des *Rāmāyana* ist; es hat ebenfalls großen Einfluß auf die Literatur Alt-Javas ausgeübt.

Nach dem 8. Jahrhundert ließen jedoch die literarische Produktion in Sanskrit und deren Qualität nach, während grammatische Lehrbücher und Wörterbücher häufiger wurden, so daß man den Eindruck bekommt, als hätte der Gebrauch des Sanskrit als internationale Hochsprache nachgelassen. Doch bildeten sich auch später bedeutende Literaturzentren. In Kashmir waren die Dichter Somadeva und Kshemendra fruchtbar. Am Pratīhāra-Hofe zu Kanauj schuf Rājashekhara die Dramen *Bālarāmāyana*, *Bālabhārata*, *Viddhashālabhanjikā* und vor allem die *Karpūramanjarī* (in Prākrit). Er war auch ein bedeutender Theoretiker; in seiner *Kāvyamīmāmsā*, die als Standardwerk für Sanskrit-Poetik gilt, zitiert er oft auch die Meinungen seiner geliebten Gattin, der Chauhān-Prinzessin Avantisundarī, die ihn zur *Karpūramanjarī* inspiriert haben soll. Am Hofe der Gāhadavāla lebte im 12. Jahrhundert Shrī-Harsha, dessen *Naishadha-Charita* (in zweiundzwanzig Gesängen), inhaltlich ebenfalls dem *Mahābhārata* entlehnt, von indischen Literaten mit Kalidāsa, Bhāravi und Māgha verglichen wird, stilistisch aber noch gekünstelter wirkt. Am Hofe des Chandella Kīrtivarman dichtete Krishnamishra sein politisches Schlüsseldrama *Prabodhachandrodaya*.

Bei den Paramāra war sicherlich König Bhoja von Dhāra die bedeutendste literarische Gestalt, daneben wären Madana (Verfasser der *Parijātamanjarī*) und Padmagupta *(Navasāhasānka Charita)* zu erwähnen, in Gujarāt unter den Solankī und Vāghelā die Könige Jayasimha Siddharāja und Kumārapāla, der Minister Vastupāla, dann Someshvara, Merutunga, Arisimha, Harihara und andere, vor allem der große Jaina-Gelehrte und Dichter Hemachandra; unter den Rāshtrakūta blühten Somadeva und Halāyudha, unter den Westlichen Chālukya Bilhana *(Vikramānkadevacharita)*, ein gebürtiger Kashmiri, König Someshvara III., Dhananjaya und viele andere. In Bengalen Dhoyi, Sarana, Govardhana, Yogeshvara, Bilvamangala, Umāpati; Sandhyākara, dessen gekünsteltes *Rāmacharita* sich zugleich auf den göttlichen Heros Rāma und auf seinen königlichen Gönner Rāmapāla bezieht, und schließlich Jayadeva, dessen *Gītāgovinda* das meistgelesene und einflußreichste Werk der Sanskritdichtung geworden ist. Es ist ein einziger Rausch von Wortklängen, Rhythmen und sinnlichen Bildern, die die leidenschaftliche Liebe zwischen Krishna und Rādhā in der Art des »Hohen Liedes« besingen, und hat im Laufe der Zeit zu einer wahren

Revolution der Hindu-Religion geführt, indem es Krishna aus einem *Avatāra* (Epiphanie) Vishnus zum *de facto* höchsten und einzig wahren Gott und aus seiner Liebe zur Hirtin Rādhā, ursprünglich einer Nebenepisode des *Bhāgavata Purāna*, das Zentralthema der Mystik machte. Die Liebe zwischen Gott und Mensch, von der die irdische nur ein schwaches Gleichnis ist, erhob es zur Grundidee der spätindischen Theologie. Ohne den *Gītāgovinda* sind die Theologie, die Literatur und Kunst des nichtislamisierten Indiens in der islamischen Zeit überhaupt nicht zu verstehen.

Auf die spätere wissenschaftliche Literatur in Sanskrit einzugehen, würde hier zu weit führen. Im Gegensatz zur vorausgegangenen Epoche war sie weniger schöpferisch als sammelnd und ausbauend. Ihre Hauptgebiete waren Grammatik, Lexikographie und Poetik, Theologie und Philosophie, Rechtswissenschaft, Theorie von Musik, Tanz, Theater, Baukunst, Skulptur und Malerei. Hinzu kommen Mathematik, Astronomie und Astrologie, Alchemie und Medizin. Die Poetik haben wir schon gestreift, auf Theologie und Philosophie, wie auf Kunsttheorie werden wir noch zurückkommen müssen. Zu den bekanntesten Autoren gehören Kshemendra in Kashmir, Rājashekhara in Kanauj, Bhoja Paramāra in Dhāra (besser: sein anonymer Gelehrtenstab), Hemachandra in Gujarāt, die Könige Ballālasena und Lakshmanasena in Bengalen, Somadeva im Dekhan. Die Geschichte fehlt beinahe ganz, wahrscheinlich wegen der starken höfischen Zensur, welche Geschichtswerke – die es bestimmt gegeben hat – späteren Generationen uninteressant machte. Die einzige Ausnahme ist die *Rājatarangiṇī* des Kalhana (12. Jahrhundert), eine Geschichte Kashmirs, die in ihrer nüchternen Beobachtung, aber auch bitteren Resignation einem Vergleich mit Tacitus standhält; ihre Rekonstruktion der Geschichte vor dem 7. Jahrhundert ist freilich mißlungen.

Das früheste uns erhaltene und vielleicht auch schönste Werk der Prākrit-Literatur ist die *Saptashati (Saptashataka)* des Hāla, eines Shātavāhāna-Königs des Dekhan im 1. Jahrhunderts n. Chr. Es sind entzückende kurze Verse, ähnlich denjenigen in Amarus und Bhartriharis *Shatakas*, ebenfalls wesentlich erotischen Inhalts. Freilich ist im Laufe der Zeit daraus eine Anthologie anonymer Dichter geworden; auch die Sprache dürfte im frühen Mittelalter überholt worden sein. Später versuchten die gelehrten Sanskrit-Dichter ihr technisches Können auch an der Prākritsprache, so in dem fälschlich Kālidāsa zugeschriebenen Epos *Setubandha* (»Erbauung der Brücke«, das heißt Rāmas Eroberung von Lankā) und dem *Gaudavaho* (Erschlagung des Königs von Bengalen), einem Lobgedicht von Vākpatirāja auf seinen Gönner Yashovarman von Kanauj, schließlich, über ein Jahrhundert später, Rājashekhara in seinem schon erwähnten Drama *Karpūramanjarī*. Diese Werke unterscheiden sich in keiner Weise von ihren Sanskrit-Vorbildern.

Anders steht es mit den zahlreichen Werken der unter den Solankī und Vāghela wirkenden Jaina-Autoren, vor allem von Hemachandra (1088–1172), die ja für ihre Religionsgemeinschaft und deren Ideale – ein rationaleres Weltbild, moralische Lebensweise statt Opfern, und vor allem das Nicht-Töten – missionieren wollten und daher eine gemeinverständliche Sprache gebrauchen mußten. Freilich ist auch sie mit gelehrten, ihren in einem älteren Prākrit formulierten kanonischen Schriften entnommenen Worten durchsetzt. Doch war diese Schwierigkeit gering, weil dieser Kanon, lange nur mündlich überliefert, in derselben Gegend, in Valabhī, im 5. Jahrhundert gesammelt und redigiert worden war. Neben gelehrten Kommentaren umfaßt die Prākritliteratur der mittelalterlichen Jainas vor allem Heiligenlegenden, von ihrem Standpunkt aus gesehene Lebensbeschreibungen der ihnen wohlgesinnten Könige und Staatsmänner von Gujarāt, an erster Stelle von Kumārapāla und Vastupāla, dann zahlreiche erbauliche Erzählungen, zum Teil pseudohistorischen Charakters, die uns eine ganze Menge freilich meist volkstümlicher Überlieferungen über sonst recht schattenhafte große Persönlichkeiten überliefert haben, und schließlich Neubearbeitungen von frühen Prākritwerken, deren Originalsprache unverständlich zu werden drohte wie die *Tarangavatī* des Pādalipti. Zu erwähnen wären schließlich die *Kuvalayamālā* des Uddyotanasuri (778), das *Surasundarī-Charita* des Dhaneshvara (1038), das *Mahāvīra-Charita* des Gunachandra (1082), das *Ādinātha-Charita* des Devachandra (1103) und das *Kumārapāla-Charita* des Hemachandra.

Die Jaina haben sich in ihrem Missionseifer auch des *Apabhramsha* für die Schilderung von Heiligenleben bedient; ebenso Luipā, Naropā, Kanha *(Dohakosha)*, Saraha *(Charyāpādas)* und andere spätbuddhistische Siddhāchārya Bengalens (den shivaitischen Kānphatās des Gorakhnāth nahestehend), die im niederen Volk missionierten und später einen großen Einfluß auf die »Rotmützen«-Sekten des tibetischen Lamaismus haben sollten.

Der rājputische Landadel Nordindiens, der wohl zu fechten, aber nichts mit der gekünstelten Hofkultur anzufangen wußte, entwickelte in den Bardenliedern seine eigene Literatur, die die Heldentaten in den Kämpfen zwischen den Chauhān von Delhi, den Gāhadavāla von Kanauj und den Chandella von Mahobā besangen. Die Lieder der Chauhān gruppierten sich um die Gestalt des letzten im Kampf mit den Muslimen umgekommenen ritterlichen Königs, Prithvīrāja III., und wurden schließlich in frühislamischer Zeit von Chand Bardāī in das Epos *Prithvīrāj Rāso* umgegossen; die der Chandella rankten sich um die Gestalt des Helden Ālha, wurden aber erst Ende des 19. Jahrhunderts von G. A. Grierson aufgenommen. Die Tradition der Barden *(bhatt* und *chāran)*, die zugleich die Genealogen des Ritteradels waren, hat bis in unsere Tage fortbestanden und immer neue Themen umgestaltet.

Das Hochkommen der südindischen Literatur setzte um die Wende vom 6. zum 7. Jahrhundert im Tamil-Lande (von Madras bis zur Südspitze Indiens) ein, das schon einmal, um den Beginn unserer Zeitrechnung, eine große literarische Blütezeit erlebt hatte. Die Gründe sind uns nicht sicher bekannt, müssen aber wohl in der Entfaltung einer echten nationalen Religion nach dem Vorbilde des nordindischen Hinduismus zu suchen sein. Jedenfalls waren ihr erster Ausdruck die leidenschaftlichen Hymnen, die die Heiligen und Missionare des Shiva- und des Vishnu-Kultes, die Nāyanār und Ālvār, an die von ihnen in Liebe verehrte gnädige Gottheit richteten. Von den Nāyanār müssen vor allem Appar, Sambandar (Tirujnānasambandar), Sundaramūrti und Manikkavāchakar, der Verfasser des *Tiruvāsagam* und *Tiruchchirrambalakovai* genannt werden. Von den Ālvār sind die bedeutendsten Nammu, Tirumangai und vor allem die »Gottesbraut« Āndāl. Einer der letzten Nāyanār war Sekkilar, der Premierminister Kulottungas II. Chola (1133–1150).

Er gehörte schon einer Zeit der Kunstdichtung an, vertreten vor allem durch Kamban, einem Hofdichter Kulottungas I. Chola (1070–1118), dessen *Rāmāyana* noch heute als das klassische Werk der Tamil-Literatur und, verglichen mit seinem Sanskritvorbild, als von gleichem Range gilt. Andere Autoren der Chola-Zeit waren Ottakuttan (der einen Gesang zu Kambans *Rāmāyana* beitrug), Pugalendi und Avval (eine Frau). Wahrscheinlich im 13. oder 14. Jahrhundert verfaßte Villiputturar das Gegenstück zu Kambans Meisterwerk, eine Tamil-Zusammenfassung des *Mahābhārata* in nur viertausenddreihundertfünfzig Versen. Der amüsanteste Tamil-Dichter war Kalamekam, ein Meister schlagfertiger und bissiger Verse, improvisiert bei den so beliebten literarischen Wettkämpfen. Ähnlich heißt es von den Brüdern Irattaipupulavar – der eine blind, der andere lahm –, daß sie ihre Dichtungen halbverseise abwechselnd improvisierten. Gegen Ende der Periode kam schließlich ein mit Sanskrit-Fremdwörtern überladener Prunkstil (*Mani-Pravala*, »Juwelen und Korallen« genannt) in Mode, dessen bedeutendster Vertreter der große Sanskritgelehrte Vedāntadeshika war.

Kanaresisch (Kannada), das im südlichen Dekhan und Mysore gesprochen wird, war schon unter den Chālukya von Bādāmī nicht nur in Urkunden, sondern auch in Dichtungen verwendet worden. Doch ist uns nichts vor der Zeit des Rāshtrakūta-Königs Amoghavarsha (Mitte 9. Jahrhundert) erhalten. Amoghavarsha verfaßte den *Kavirājamārga* (eine kanaresische Poetik mit Beispielen, die bis zum 6. Jahrhundert zurückreichen); wie in Gujarāt, so waren auch hier die Jaina besonders an der Volkssprache interessiert. Unter ihm entstand das *Voddacharita*, etwas später der *Shudraka* und das *Nemināthā-Purāna* des Gunavarma. Im 10. Jahrhundert erreichte die Kannada-Literatur ihren ersten Höhepunkt in den »Drei Juwelen«, Pampa, Ponna und Ranna. Alle drei waren Jaina und schrieben daher viel über religiöse Themen aus ihrer Religion. Doch wurden Pampa und Ranna vor allem durch ihre Bearbeitungen des *Mahābhārata* berühmt, Pampa durch das *Pampa-Bhārata*, Ranna durch sein *Gadā-Yuddha*. Dessen Patron Chāvundā Rāya (besser bekannt durch die von ihm zu Shravana Belgola errichtete Riesenstatue) schrieb das erste Werk in Prosa, eine Biographiensammlung der großen Jaina-Weltlehrer. Die Theologen der Vīrashaiva-Sekte, vor allem Basava und Prabhūdeva, sowie die Dichterin Akkā Devī, eine Schwester des Chālukya-Königs Jayasimha II., erfanden eine neue Form von Lyrik in Prosa, *Vāchana*; der größte Teil dieser zahlreichen Dichtungen ist aber verlorengegangen. In den letzten zwei Jahrhunderten vor der muslimischen Eroberung hatte sich eine sehr umfangreiche Literatur entfaltet, aus der vor allem das *Rāmāyana* des jüngeren Pampa hervorragt.

Von der frühen Telugu-Literatur des heutigen indischen Bundesstaates Āndhra, damals das Reich der »Östlichen« Chālukya, wissen wir nur wenig. Ihre erste bedeutende Schöpfung ist die von Rājarāja Narendra (1019–1060, Vater des Chola-Kaisers Kulottunga I.) inspirierte, aber unvollendet gebliebene Übersetzung des *Mahābhārata* durch Nanniah, die erst im 13. Jahrhundert von Tikkanna und Errapragada vollendet wurde; diese Autoren gelten zusammen als die »Drei Großen« der Telugu-Dichtung. Auch das *Rāmāyana* wurde übersetzt, in einer Version von Ranganātha, in einer anderen von einer Gemeinschaft von fünf Autoren. Das *Harivamsha* bearbeitete der schon erwähnte Errapragada, Kālidāsas *Kumārasambhava* der Dichter Nannechoda. Andererseits schrieb der Kākatīya-König Pratāparudra (etwa 1290–1326) über den Vīrashaivismus, Somanātha über dessen Hauptvertreter Bāsava.

Von der frühen Malayālam-Literatur Malabars wissen wir so gut wie nichts. Die einzigen Dichtungen des späten Mittelalters (zweite Hälfte des 13. Jahrhunderts) sind das *Unniyadicharitham* und *Unniyachicharitham*, beides Lebensbeschreibungen königlicher Mätressen.

Religion und Philosophie

Wie im europäischen Mittelalter spielte auch in Indien in dieser Zeit die Religion eine entscheidende Rolle. In der Gupta-Zeit war eine große Wende eingetreten, die sich allerdings schon in den Jahrhunderten zuvor vorbereitet hatte: der Sieg der brāhmanischen Gegenreformation und des Hinduismus. Vom Buddhismus und Jainismus in den Hintergrund gedrängt, hatte sich die frühere Priesterschicht der alten Arier, die Brāhmanen, mehr und mehr auf Kolonisation und Missionierung der großen, bisher noch von Dschungelstämmen bevölkerten Gebiete umgestellt. Dabei wurden die einheimischen Volkskulte langsam und vorsichtig assimiliert, ihre Gottheiten mit den noch lebendigen Gestalten des alten vedischen Pantheons identifiziert und theologisch in den Systemen brāhmanischer Philosophie, Upanishaden, Yoga und Mīmāmsā, verankert. Umgekehrt wurde aber auch das offizielle Ritual und seine Mythologie zunehmend vom Volksglauben und dessen Bräuchen durchsetzt. Dieser Synkretismus setzte sich auch in den Städten durch, in der Gupta-Periode wurde er, in seinen Varianten Shivaismus, Shaktismus und Vishnuismus, die maßgebliche Religion Indiens. Um das 7./8. Jahrhundert hatte er schon seine wesentliche Gestalt angenommen, und die Schriften, in denen er kodifiziert wurde, waren mehr oder minder abgeschlossen.

Es gab keinen ernstlichen Unterschied zwischen den verschiedenen Kulten, trotz gelegentlicher scharfer Zusammenstöße. Sie hatten dasselbe Weltbild, dieselben ethischen Vorstellungen, dasselbe Ritual, nur mit verschiedenen Akzenten: Gott in verschiedenen Manifestationen, schöpferisch durch seine Macht *(shakti)* in der Muttergöttin verkörpert, und die ergebene, ja liebende Devotion der Lebewesen zu ihm. Die hauptsächlichsten Kultrichtungen, die bald Shiva, bald Vishnu oder auch die Große Mutter, Ganesha oder Sūrya, als die Manifestation des höchsten Gottes und die anderen Götter nur als dessen Gefolge ansahen, behielten ihre Identität je nach Tradition und Neigung der Gläubigen. Ein noch engerer Synkretismus, der dem großen Reformer und Philosophen Shamkara zugeschrieben wird, suchte dies alles zu verbinden, wobei die Tempel in Fünfergruppen arrangiert wurden, innerhalb deren der Hauptgottheit der Platz in der Mitte zukam.

Der Buddhismus wurde dadurch an die Wand gedrückt und verschwand schließlich ganz. Er hatte längst seine Volkstümlichkeit verloren, hatte die Sanskritsprache übernommen, war gelehrt geworden bis zur haarspalterischen Spitzfindigkeit, seine Mönche waren Professoren (oft aus Brāhmanenkreisen) oder eine *misera plebs* verlotterter Brüder, denen nur am bequemen Müßiggang gelegen war. An die Stelle der Selbstprüfung war der Kult

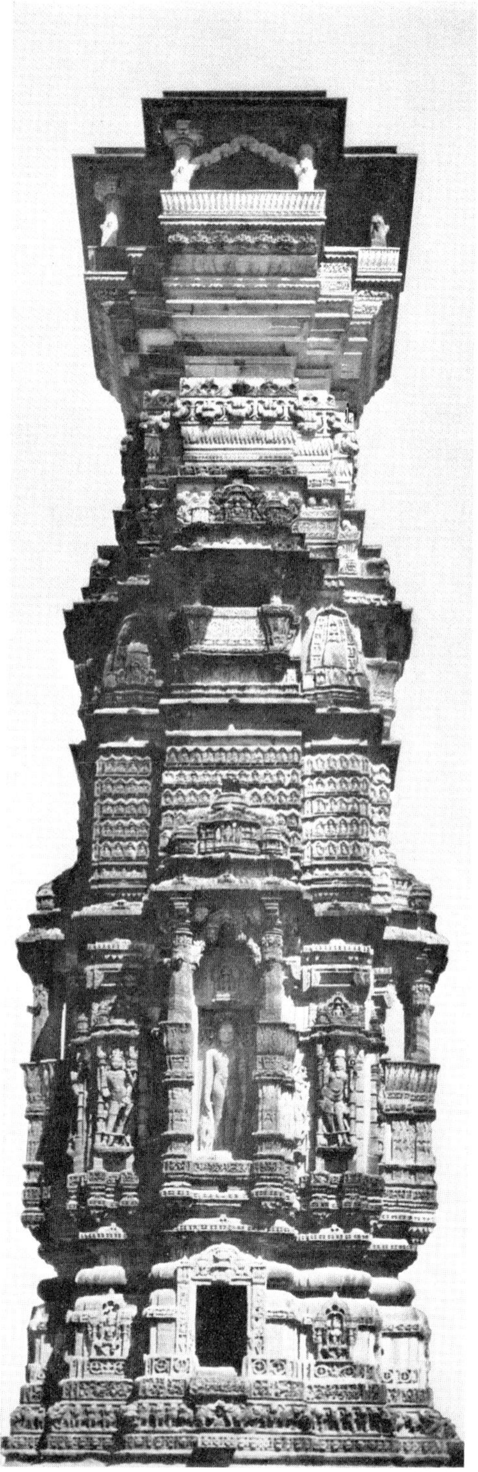

Landschenkungsurkunde des Shílāhāra-Herrschers Chittarājā aus dem Jahr 1034
Bronzetafeln aus dem westlichen Indien
Berlin, Stiftung Preußischer Kulturbesitz, Staatliche Museen, Indische Kunstabteilung

zahlreicher himmlischer und irdischer Buddhas und Bodhisattvas (Heilande), der Madonna Tārā und vieler niederer Schutzgottheiten getreten, an die man nur zu glauben, deren Hilfe man nur anzurufen brauchte, um erlöst zu werden. Solch stellvertretendes göttliches Mitleid war natürlich beim Proletariat populär, aber es konnte die sozial verantwortlichen Kreise nicht befriedigen, zumal dahinter letzten Endes eine Art »Nihilismus« stand, die Lehre von der *Shūnyatā*, der »Nichtigkeit aller Dinge«, selbst der Welt als Ganzem, auch wenn sie nicht als »Nichts« definiert wurde (sie wäre eher als absolute Transzendenz zu erklären).

In der Krise der Gupta-Kultur erlebte der Buddhismus noch einen letzten kurzen Aufschwung, dann wurde er mehr und mehr vom Hinduismus mit seinem Glauben an eine mächtige, liebende Gottheit und seiner Lehre von der Ergebung in Gott und der Liebe zu ihm verdrängt. Im Kontakt mit dem Proletariat zersetzte er sich, Zauberformeln, Beschwörungen von Geistern, Dämonen und niederen Gottheiten erlangten immer größere Bedeutung *(Mantrayāna)*, und schließlich kamen auch den primitiven Fruchtbarkeitskulten entlehnte Geheimrituale hinzu oder Yoga-Praktiken, verschleiert durch eine sexuelle Bildersprache *(Vajrayāna)*. Nur in Bihār und Bengalen überlebte dieser späte Buddhismus als Staatskult des Pāla-Reiches bis ins 12. Jahrhundert; seine dortigen großen Klöster blieben weiterhin Anziehungspunkte für die buddhistische Welt Südost-, Ost- und Zentralasiens, bis sie von den Muslimen zerstört wurden. Der Volkskult, besonders als Verehrung des Dharma-Thākur, wurde mehr und mehr vom Shivaismus absorbiert; die letzten Buddhisten bekehrten sich schließlich zum Vishnuismus (und zwar zur Krishna-Sekte Chaitanyas) oder zum Islam.

Auch der Jainismus degenerierte in gewissem Maße, vor allem zur Astrologie und Dämonenbeschwörung. Er hielt sich jedoch als Glaube des gebildeten, nüchternen kaufmännischen Mittelstandes, besonders in den Grenzgebieten der indischen Kultur, in Rājasthān, Gujarāt und im Süden, wo diese Kreise lange eine unerhörte wirtschaftliche und politische Macht ausübten, so daß die Zahl und Pracht ihrer Tempel in keinem Verhältnis zu der verhältnismäßig kleinen Zahl der Gläubigen stand. Im Süden wurde der Jainismus von den Shivaiten und Vishnuiten zeitweilig grausam verfolgt, hielt sich aber im Norden auch in den schwersten Zeiten muslimischer Herrschaft.

Der Shivaismus (Shaivismus) hat sich aus dem Volksglauben der vorarischen Urbevölkerung entwickelt, deren zahllose Kulte lokaler Fruchtbarkeitsgötter miteinander verschmolzen. Im Dschungel wurden Götter in Gestalt von Steinen und Pfosten verehrt, die man oft als Geschlechtsglied aufgefaßt hat, die dann aber mit dem halbvedischen Wettergott Rudra identifiziert wurden. Der Shivaismus war auf das engste mit den Vorläufern der späteren Rishi und Yogī verbunden, mit ihren schamanischen Kasteiungen und Ekstasen, und läßt sich schon in der Indus-Kultur des dritten Jahrtausends v. Chr. nachweisen. Lange nur als Volksglauben geduldet, setzte er sich in der Gupta-Zeit endgültig durch, wurde aber immer etwas scheel angesehen und erlangte erst im Mittelalter, etwa seit dem 8. Jahrhundert, seine führende Stellung. Seine grundlegenden Schriften sind die *Āgamas*. Altertümliche Sekten, wie die Aghorī, Kāpālika und Kālamukhī, bestanden noch lange, wenn auch im verborgenen fort, verwilderte, schmutzige Gestalten, die von Aas lebten, Menschen raubten und opferten, von anderen abscheulichen Riten gar nicht erst zu reden. In der Gupta-Zeit und im frühen Mittelalter wurde auch Lakulisha verehrt, ein in Kārvan in Gujarāt verschwundener junger Asket, Hauptlehrer des Pāshupata-Kultes. Allmählich verschmolzen die Lehren des Shivaismus mit denen der spätvedischen Upanishaden. Der Mann, der dieser Synthese in seinem berühmten Kommentar zu den *Brahmasūtra* des Bādarāyana die endgültige, autoritative Formulierung *(Advaita-Vedānta)* gab, war Shamkarāchārya (etwa 778–820). Alles ist Gott, die Welt ist nur eine durch Gottes Macht *(shakti,* der großen Muttergöttin gleichgesetzt) geschaffene Illusion *(māyā),* der Mensch wird erlöst, indem er diese Illusion erkennt und damit seiner Identität mit Gott bewußt wird. Shamkarāchārya werden noch viele andere Werke zugeschrieben, doch ist es meist schwer zu sagen, was wirklich auf ihn zurückgeht. Er entfaltete in seinem recht kurzen Leben eine intensive Missionstätigkeit, die ihn von Südindien bis nach Nepāl und Kashmīr führte. Auf ihn gehen mehrere Dynastien shivaitischer »Päpste« zurück, die sich alle ebenfalls Shamkarāchārya nennen. Einer dieser Päpste hat wahrscheinlich auch die berühmte Sammlung leidenschaftlicher Hymnen an die große Muttergöttin, *Saundarya-Laharī,* verfaßt. Der bedeutendste Advaita-Theologe der Folgezeit war der hochgelehrte Vāchaspati Mishra (um 840), der über alle Zweige orthodoxer Philosophie schrieb und sie gegen die Buddhisten verteidigte. Sein bekanntestes Werk ist die *Bhāmati,* ein Kommentar zu *Shamkara.*

In Kashmir entwickelte sich daraus eine besondere theologische Richtung, welche drei Prinzipien – Shiva als die letzte Realität, Shakti als die Macht Shivas und Anu, die Seele – unterschied, die letzten Endes alle identisch sind. Im Gegensatz zu Shamkarāchārya betrachtete jedoch diese »Trika«-Schule und deren bedeutendster Vertreter, der große Philosoph Abhinavagupta (10.Jahrhundert), diese drei Prinzipien als ebenso real wie die Einzigkeit Shivas. Spätere Vertreter dieser Richtung sind das auch ins Persische übersetzte sehr populäre Werk *Yogavāsishtha* und die Sprüche der Volksdichterin Kashmirs, Lallā (Lal Ded).

In dem von der arischen Kultur ziemlich spät missionierten Süden dagegen setzte sich der Shivaismus als Hochreligion schnell durch. Wir haben ja schon die shivaitischen Nāyanār und vishnuitischen Ālvār erwähnt, mit deren Hymnen die Tamil-Literatur einen neuen, so großartigen Aufschwung nahm. Die Nāyanār waren alle Mystiker. Tirumūlar (spätes 6.Jahrhundert) erstrebte das Aufgehen in dem einen einzigen Gott, als welchen er Shiva betrachtete. Die anderen vier großen Heiligen fühlten sich eher in einer Ich-Du-Beziehung zu Gott, Appar (etwa 600–681) als dessen Diener, Sambandar (etwa 644–660) als dessen Sohn, Mānikkavāchakar (etwa 660–692) als dessen Freund, für Sundarar (etwa 710–736) war Shiva der Weg und die Wahrheit. Besonders Mānikkavāchakar und Appar waren gewaltige Dichter, die die Massen so zu begeistern verstanden, daß der nüchterne Jainismus bald weggefegt wurde.

Aus ihren Lehren formte sich das wichtigste theologische System des tamilischen Shivaismus, der *Shaiva-Siddhānta* des Meykandār (13.Jahrhundert) und seiner Nachfolger. Es erkannte die Realität der Welt an, die sich aus der Māyā entfaltet und in sie wieder eingeht, und zahlreiche Seelen *(jīva, pashu),* die aus Gott hervorgehen und sich wieder mit ihm vereinen, sich aber nicht mit ihm identifizieren. Dennoch sahen die Gläubigen in dieser Lehre einen strengen Monismus, da sie ja keine absolute Zweiheit kenne, sondern nur eine

INDIEN IM MITTELALTER UND IN DER FRÜHEN NEUZEIT

Einheit in zwei untrennbaren Aspekten. Eine andere Schule, Shivādvaita, wurde von Shrīkantha gegründet, einem Zeitgenossen des großen vishnuitischen Lehrers Rāmānuja (12. Jahrhundert). Nach dieser, dem kashmirischen Shivaismus nahestehenden Lehre erschuf die höchste Gottheit, Shiva, die Welt, erhält und zerstört sie wieder; er verdunkelt die Seele und führt sie durch seine Gnade zur Vollkommenheit zurück. Die Seele reinigt sich im Laufe der Seelenwanderung, bis sie für Gottes Gnade reif wird und ihre eigene ewige Natur erkennt.

Gegen diese orthodoxen Systeme rebellierten die gemäßigtere Mahānubhava-Sekte (»Große Gewißheit«) und die extremere der Vīrashaiva. Die Mahānubhava, von Chakradhara 1263 in Mahārāshtra gegründet, haben eine umfangreiche Literatur hervorgebracht, Theologie, Heiligenleben, aber auch schöne Lyrik wie die Hochzeitslieder der Dichterin Mahādaisā (um 1290). Die Vīrashaiva oder Lingāyat erkannten die führende soziale Stellung der Brāhmanen nicht an, stellten eine eigene Priesterschaft auf, billigten den Frauen die gleichen Rechte wie den Männern zu und erlaubten den Witwen, sich wiederzuverheiraten. Obwohl sie ihren Ursprung auf fünf frühere Lehrer zurückführten, wurden sie eine einflußreiche Sekte erst durch Basava, den Premierminister des Kalachuri-Königs Bijjala (1156–1168), der die späteren Westlichen Chālukya aus ihrer Hauptstadt Kalyānī vertrieben hatte. Bāsava fand eine Anzahl tüchtiger Nachfolger, und seine Lehren wurden durch Scharen mystischer Sänger in der kanaresischen Volkssprache weit verbreitet. Doch kam es bald zu Zwistigkeiten mit Bijjala, der nun die Vīrashaiva bitter verfolgte. 1183 wurden die Kalachuri von dem letzten Chālukya Someshvara IV. beseitigt, welcher aber seinerseits 1190 von den Hoysala und Yādava gestürzt wurde. Die Sekte überlebte jedoch und hatte noch heute in Mysore eine gewisse Bedeutung. Ihr Name, »heroischer Shivaismus«, betont ihren reformatorischen Charakter, der andere Name, Lingāyat, kommt von dem Linga-Symbol (ein allerdings bis zur Unkenntlichkeit stilisierter Phallus), das von den Gläubigen am Arme getragen wird. Nach ihrer Lehre ist die Seele durch Gottes Macht *(shakti)* untrennbar mit ihm verbunden. Sie ist weder mit Gott identisch noch von ihm verschieden, sie ist das Teilchen, Gott das Ganze. Shiva ist die einzige und höchste Gottheit, immanent und transzendent zugleich. Das Ziel alles Strebens ist die Rückkehr in Shiva.

Dem Shivaismus stand der Shaktismus nahe, die Verehrung der Großen Mutter als des gestaltenden Weltprinzips. Wie der Shivaismus geht auch der Shaktismus auf uralte Fruchtbarkeitskulte zurück, von oft gütigen, meist aber furchtbare Menschenopfer erheischenden Göttinnen, die man unter heiligen Bäumen verehrte. Der Kult der jungfräulichen, den männlichen Büffeldämon (Mahishasura) tötenden Göttin Durgā kam schon im 4. oder 5. Jahrhundert auf. In der späteren Entwicklung aber figurierte der Shaktismus erst an dritter Stelle, weil die Göttin oder die Göttinnen (bis zu vierundsechzig oder einhundertacht) bald mit einem männlichen Gott verbunden wurden, als dessen Macht *(shakti, māyā)* sie interpretiert wurden. Vishnu bekam Lakshmī, Brahmā erhielt Sarasvatī, aber in beiden Kulten blieben sie Nebenfiguren. Auch in den Buddhismus und Jainismus drangen die Göttinnen ein, in den ersteren als die *Prajnā* (Erkenntnisse) der himmlischen Buddhas und Bodhisattva, in den letzteren als dienende Yakshī oder als *Vidyādevī* (Weisheiten). Der Shivaismus aber erlangte seine Vitalität erst durch die Verbindung mit dem Kult der

Großen Göttin, der aktiven immanenten Macht Gottes, gegenüber Shiva (ebenfalls in vielen Formen, zum Beispiel Mahādeva, Yogeshvara, Bhairava, Dakshinamūrti, Someshvara) als dessen transzendentem »Yogī«-Aspekt. Als solche tritt die Göttin in vielen Gestalten und unter vielen Namen auf, etwa jungfräulich-süß (Kumārī) oder heroisch (Durgā, Chāndikā), bräutlich (Gaurī, Umā), mütterlich (Pārvatī, Bhavānī, Umā, Mahāmātā), majestätisch (Maheshvarī), dämonisch-tödlich (Chāmundā, Kālī), allein, meist aber mit Shiva vereint (Umā-Maheshvara, Umā-Shamkara), ja sogar körperlich mit ihm verschmolzen (Ardhanārīshvara).

Eine eigenartige Erscheinung nahm der Shaktismus in der Verschmelzung mit den Lehren des Yoga an, besonders mit dessen von Volkskulten beeinflußten Ausprägung bei den Kanphatā Yogī des Gorakhnāth. Im Hatha-Yoga wird ja die Mystik mit dem Training des physischen Nervensystems eng verbunden. Die Shakti hat dabei ihren Sitz in den Sexualteilen und steigt bei der Meditation als »Schlange« der *Kundalinī* über die *Nādi* durch die *Chakra*, Sitz der verschiedenen Gottheiten, zum Scheitel hoch, dem *Sahasrāra Chakra*. Das führte wieder zu einer Verknüpfung mit Sexualideen, wobei der Mann sich als Shiva, seine weibliche Partnerin als Shakti erkennen sollte. Es gibt dabei eine grobsinnliche Interpretation, die in den *Chakras* (in diesem Falle erotische Rituale, bei denen die Teilnehmer in einem Kreise sitzen) der »Linker-Hand«-Geheimsekten ihren Ausdruck fand (Hauptzentren Kāmākhya in Assam, und Ostbengalen), und eine symbolische (»psychoanalytische«) der »Rechter-Hand«-Orthodoxen. Die große, oft höchst interessante Literatur darüber ist in den *Tantras* niedergelegt.

Die Geschichte dieses Tantrismus ist höchst verwickelt. Neben seiner hinduistischen Form gibt es eine bedeutende buddhistische, deren wichtigste Vertreter die Siddhāchārya waren; andererseits laufen Verbindungen zu den in Volkskulten Bengalen, Assam, Orissa und Uddiyāna (Swāt an der Nordwestgrenze Indiens), zum alchemistischen Taoismus Chinas und der Bhairava-Sekte Südostasiens; schließlich hatte der buddhistische Tantrismus wichtige Ableger in Nepāl, Tibet, Burma, China und Japan. Die shivaitische Form dominierte im östlichen Indien, Südostasien, vor allem in Java und Bali und in Kashmir. Sogar der Jainismus wurde davon beeinflußt.

Der Vishnuismus (Vaishnavismus), die sich um die Kulte des vedischen Himmelskönigs Vishnu und des mit einem Yaksha (Lokalschutzgott) von Govardhan bei Mathurā verschmolzenen Yādava-Heros Krishna-Vāsudeva entwickelte, war schon die von den Gupta-Kaisern bevorzugte Religionsrichtung gewesen. In der Gupta-Periode vollendete sich auch die Zehnzahl seiner Epiphanien *(avatāra)*, besonders Varāha (Eber), Nrisimha (Mann-Löwe), Rāma (Held des *Rāmāyana*, Vorbild guter Herrschaft), Krishna und Kalkin (Heiland der Zukunft). In der *Bhagavadgītā*, in das *Mahābhārata* eingefügt, erwuchs eine großartige Synthese aller indischen Philosophien, die in der Liebe *(bhakti)* des Menschen zu dem einen, liebenden Gotte Krishna gipfelt. Aber in Nordindien blieb die Verehrung Vishnus im vorislamischen Mittelalter doch wesentlich eine Angelegenheit der Oberklassen, vor allem die in der Form des »Himmelskönigs« durch die Könige dieser Erde. Daneben erfreuten sich im frühen Mittelalter die Heilande Varāha und Nrisimha eines gewissen Ansehens. Später wurde auch der in der Kushāna- und Gupta-Zeit beliebte Sonnengott als

Sūrya-Nārāyana mit Vishnu verschmolzen, um dann als Lakshmī-Nārāyana (Vishnu mit Lakshmī) zu überleben.

Im Süden dagegen nahm unter den Pallava der Vishnuismus einen großen Aufschwung, dank der Propaganda der schon erwähnten tamilischen Dichterheiligen, der Ālvār, die aus den verschiedensten Kasten stammten. Ihre Werke sind im *Nalariya Prabandham* gesammelt. Unter den Chola wurde die Vishnu-Verehrung jedoch vom Shivaismus in den Hintergrund gedrängt, zeitweilig sogar verfolgt; nur der große Tempel von Shrīrangam und die Varadarāja-Tempel von Kumbakonam und Kānchīpuram wuchsen zu lichterem Glanze.

In dieser Zeit entstand dort eine neue systematische Theologie, *Visishtādvaita* (»eingeschränkter Monismus«), der drei ewige Prinzipien postulierte: die individuelle Seele, die seelenlose materielle Welt und die Weltseele. Die Weltseele, Gott, ist der Schöpfer, Erhalter und Zerstörer der Welt, die ebenso wie die individuellen Seelen seine Attribute, seinen »Körper« darstellt. Gott jedoch manifestiert sich in fünf verschiedenen Aspekten. Der erste Lehrer *(āchārya)* dieser *Shrī-Vaishnava*-Theologie war Nāthamuni (er starb um 920), sein vierter Nachfolger war Yamunāchārya, dessen Schüler und Nachfolger der große Rāmānuja (1016–1137) wurde, der nach Bekehrung des Hoysala-Königs Vishnuvardhana dem Vishnuismus zu einer neuen Blüte, vor allem in Mysore und im Dekhan, verhalf. Sein jüngerer Zeitgenosse Nimbārka schließlich gab der Lehre wieder eine neue Wendung. Er betonte die völlige Hingabe *(prapatti)* an Gott, und zwar in dessen Epiphanie als Krishna, in Liebe verbunden mit der Hirtin Rādhā (mit Lakshmī identifiziert) im höchsten Himmel Goloka. Zusammen mit der leidenschaftlichen Lyrik von Jayadevas *Gītāgovinda* sollte sie die Grundlage für den nordindischen Vishnuismus der islamischen Zeit werden, dessen heiligster Wallfahrtsort Brindāban bei Mathurā wurde, der Schauplatz von Krishnas Liebe zu dem Hirtenmädchen, wohin schon Nimbārka gezogen war. Für den Süden, vor allem für Shrīrangam, wurde eine dritte Theologie-Schule, der *Dvaita-Vedānta*, bedeutend, der wie das Christentum die Welt als eine von Gott verschiedene Schöpfung ansah. Ihr Begründer war Mādhva, auch Ānanda-Tīrtha (1198–1275) genannt, dessen Hauptwerk sein *Shrī-Bhāshya* (»Kommentar«) zu den auch von Shamkarāchārya kommentierten *Brahmasūtras* war. Auf ihm fußte wiederum Rāmānanda, der große Apostel des Vishnuismus im Nordindien des 13. bis 14. Jahrhunderts.

Schon in der Gupta-Zeit hatte eine Klärung der älteren Philosophien durch Systematisierung eingesetzt. Schließlich wurden sechs Systeme als orthodox anerkannt: Nyāya zusammen mit Vaisheshika (Logik), Sāmkhya (eine Art »naturwissenschaftlicher« Theorie), Yoga, Mīmāmsā (die magische Ritualtheorie in bezug auf das Wesen von Handlungen und Worten) und schließlich Vedānta, eine monistische oder panentheistische, aus den Upanishaden abgeleitete Philosophie. Mit Ausnahme des Vedānta, der teilweise pantheistisch gewesen war, waren sie aber alle atheistische, in ihrer Mehrheit sogar antibrāhmanische Systeme, materialistisch (Atomtheorie), pluralistisch-idealistisch (zahlreiche selbständige Seelen) oder magisch-kausal. Da sie aber inzwischen ihre praktische weltanschauliche Bedeutung weitgehend verloren hatten und zumeist nur von Akademikern um ihres dialektischen Interesses willen gepflegt wurden, konnten sie anerkannt werden, vorausgesetzt daß ihre Lehrer die offiziellen Religionen *de facto* anerkannten. Das geschah anfangs nur höchst äußerlich. Da sich aber auch die buddhistischen und jainistischen Gelehrten mit der Mehrzahl dieser Philosophien abgaben und sie zu Waffen gegen die hinduistischen Theologen zu schmieden suchten, mußten sich auch die Hindu notgedrungen zu einer Umdeutung verstehen. Für Nyāya und Vaisheshika wurde dies von Uddyotakara (7.Jahrhundert), Udayana und Shrīdhara Bhatta (10.Jahrhundert), Shrīvatsa (11.Jahrhundert), Vāchaspati Mishra (12.Jahrhundert), Gangesha und andere vorgenommen; für Mīmāmsā von Prabhākara, Kumārila (7.–8.Jahrhundert), Shamkarāchārya, Murarimishra und endlich Vāchaspati Mishra; für Sāmkhya von Gaudapāda (8.Jahrhundert), Vāchaspati Mishra, Ranaranga Malla (wahrscheinlich der Paramāra-König Bhoja von Dhāra) und schließlich, schon zu Anfang des 15.Jahrhunderts, in den dem Gründer des Systems, Kapila, in die Schuhe geschobenen *Sāmkhya-Sūtra*.

Die Kunst des Mittelalters

Die Grundlagen der mittelalterlichen Kunst hatte die Gupta-Periode gelegt. Sie hatte eine Reihe von entscheidenden Neuerungen gebracht: eine auf Musik und Tanz basierte Ästhetik, eine bewußte Steinarchitektur an Stelle der bisherigen Bauweise in Holz und Ziegeln oder deren gebrechlichen Nachahmungen in Stein, ein klarer Kanon für Typen, Formen und Proportionen an Stelle der bisherigen, trotz aller Konventionen relativ freien Gestaltung, eine neue und theologisch gründlich systematisierte Ikonographie. Für all dies gab es verbindlicheTextbücher *(Shilpashāstras)*, die den Anspruch erhoben, von den Göttern und den Heiligen der fernsten Vergangenheit verfaßt zu sein. Es war eine großartige und höchst originelle Leistung, trotz aller Anleihen bei der Volkskunst, der altbuddhistischen, parthischen und römischen Tradition, und sie hatte alles Recht, in der Folgezeit als klassisch zu gelten.

Das Mittelalter baute dieses »heilige« Erbe bis zu den Grenzen des Möglichen aus und schuf doch mittels Verschmelzung alter Formen und Anpassung an neue Bedürfnisse durchaus Eigenständiges. In der feudalen Gesellschaftsordnung waren dies vor allem die Burg, die Tempelstadt und die Tempelkathedrale.

Von der alten weltlichen Architektur ist wenig erhalten, obwohl sie nach Angabe der Quellen bedeutend gewesen sein muß. Städte und Paläste sollten gemäß den Textbüchern nach strengen Regeln, in rituell genau festgelegten Rechtecken, Kreisen und Halbkreisen angelegt werden, doch wurden solche Gesichtspunkte weitgehend durch militärische aufgehoben, besonders wenn die Festungen auf oder an den so häufigen Tafelbergen oder Granitkuppen errichtet wurden. Häuser und Paläste bestanden aus oft mit Metall beschlagenen Holzkonstruktionen – bis dreizehn Stockwerke hoch – auf Steinplattformen inmitten von Gärten und künstlichen Seen. Die Haupttempel standen im Mittelpunkt der Stadt oder in dessen Nähe, Klöster lagen meist außerhalb.

Die Tempel bestanden aus einem turmartigen Heiligtum auf einer hohen Plattform, an das sich im Laufe der Zeit immer mehr Prozessionskorridore, Kulthallen, Vorhallen, Hallen für die Tempeltänze und die Verteilung der Opferspeisen, Kapellen der Gemahlin, Kinder und himmlischen Diener des Gottes oder kleinere Tempel der anderen Hauptgötter, rituelle Badeteiche, riesige Eingangstore und Hofarkaden anschlossen. Dabei machte es kaum einen Unterschied, welcher Religionsgemeinschaft die Tempel gehörten; soweit früher derartige Unterschiede herausgestellt wurden, ist der Grund für solche Fehlannahmen zumeist in den verschiedenen Zeitperioden zu suchen, in denen die Religionen den meisten Einfluß hatten.

Natürlich gab es auch ständige Unterschiede, aber sie fanden eher im Skulpturenschmuck und in der Dekoration als im Bauplan ihren Ausdruck. Dagegen kann man eine beträchtliche zeitliche und regionale Differenzierung feststellen. Seit dem 7. bis 8. Jahrhundert entwickelten sich fünf regionale Stile: der Pāla-Stil in Bengalen und Bihār: Pagoden wie in Nepal, Java, Bali und Ostasien auf Terrassenpyramiden; der Kashmir-Stil: einfache Tempeltürme mit Pyramidendach und Dreipaßbogen inmitten von Säulenhöfen, stark von der hellenistischen Kunst Gandhāras (Peshāwar, Swāt, Kābul) und der spätrömischen beeinflußt; der Nāgara-Stil Nord- und Zentralindiens mit seinem hohen Tempelturm von leicht konvexem, einheitlichem Aufriß und mit ihm untergeordneten Kult- und Vorhallen; der Vesara-Stil des Dekhan und Mysores mit dominierenden Kulthallen auf quadratischem oder polygonalem Grundriß und einer oder mehreren sich daran anlehnenden Kapellen mit niederem Dachturm in scharf abgesetzten Stockwerken; und schließlich der Drāvida-Stil des tamilischen und Telugu-Südens, gewaltige Tempelstädte, um deren ursprüngliches kleines Allerheiligstes durch Jahrhunderte Nebentempel, Kulthallen, Prozessionskorridore, heilige Seen sich angliederten, von meist mehreren konzentrischen Umfassungsmauern mit immer riesiger werdenden Toren zusammengehalten. Nur die großen Staatstempel der Chola-Kaiser wichen von diesem Schema ab; hier erhob sich über dem Allerheiligsten ein steiler, vielgeschossiger Pyramidenturm. Hinzu kamen noch regionale Nachläufer (bis ins 10. Jahrhundert) der frühbuddhistischen und klassischen Felsenarchitektur, die wiederum die Freiarchitektur, nun die in Stein anstatt in Holz, nachahmten.

Bei allem Reichtum der Gesamtkomposition war der Aufbau der Tempel im Prinzip sehr einfach: Sockel, Wand und Dach. Aber die Wand löste sich in Blendarkaden, Nischen, Kapellen und Balkons auf, sprang oft stufenweise nach der Mitte vor, der Sockel löste sich wiederum in Plinthe, Wand und Miniaturdach auf, das Dach gliederte sich in mehrere Stockwerke von Kapellen, Miniaturtempeltürmen und ähnlichem, und das Ganze war mit Scharen von Götterstatuen, mythologischen Reliefs und reichen, dem Pflanzen- und Tierreich entnommenen oder der Juwelierkunst entlehnten Ornamenten bedeckt. Dasselbe galt vom Inneren: Zu dem stets schlichten Allerheiligsten führte eine von vielen schlanken Säulchen, Friesen und Figuren dienender Gottheiten und Stifter eingerahmte Prunktür. Die Säulen der Kulthallen, die zunächst aus Sockel, Schaft, einem (Blumen-)topf- oder Kissenkapitell und einem breiten Abakus bestanden, lösten sich mehr und mehr in Türmchen aus Arkadenstockwerken voller tanzender Göttinnen auf, Stützen mit Figuren von Göttern und Göttinnen trugen das Gebälk und darüber eine Überkragkuppel, die mit feinstziselierten Ornamenten und wieder mit Göttinnenfiguren bedeckt war.

Die Verteilung der Skulpturen folgte einem strengen Plan: zuunterst stützende Elefanten und Löwen, dann andere Tiere, Dämonen, Nixen und andere niedere Gottheiten, dann menschliche Szenen, zumeist den klassischen Epen entnommen oder Tänzerinnen und Musiker darstellend, darauf die Schutzgötter der Weltgegenden und die großen Götter, dazwischen Scharen verführerischer himmlischer Nymphen, oben wiederum Götter und Nymphen. Hinzu kamen Wand- und Deckenmalereien, die heute in den meisten Fällen zerstört sind. Die Götterbilder waren oft aus Gold und Juwelen, die figuralen Leuchter und Prozessionsbilder aus Bronze.

Die darstellende Kunst beruhte auf der Antithese von extremer ästhetischer und erotischer Sinnlichkeit und von extremer Abstraktion und Askese. Trotz idealisierender Vereinfachung und etikettegebändigtem Gesichtsausdruck ist sie von fast taktiler Lebendigkeit und Intensität dank einer am Tanz geschulten Beobachtung der Posen und Gesten tropischüppiger Körper, zugleich ist sie aber aufs straffste organisiert durch einen bis ins letzte durchgearbeiteten Rhythmus der Komposition, der Bewegungen, der Proportionen, der fließenden Linien, der Farben. In jeder Geste, jeder Haltung, jedem Kostümdetail, jedem Attribut verbirgt sich tiefer Symbolismus, sei es des irdischen Lebens, sei es der tiefsten mystischen Erfahrung. Jedes Götterbild drückt daher eine ganze Theologie aus, aber nur als visionäre Erscheinung, nicht als materielle Wirklichkeit. Und die meisten Gottheiten treten in vielen Erscheinungsformen auf, schlicht oder übermächtig mit zahlreichen Armen und Beinen, mehreren Köpfen, halbtierisch, doppelgeschlechtlich oder majestätisch, lieblich oder furchtbar. Wie die Tempel immer riesiger (bis zu sechzig Meter Höhe) und komplizierter in ihrer Anlage wurden, so wuchs auch die Typenzahl der göttlichen Gestalten ins Unzählbare und blieb doch übersichtlich dank eben dieser Symbolsprache. Steinskulpturen, meist in Hochrelief gearbeitet oder nur leicht dem Hintergrund verhaftet, wurden vom Steinmetzen grob angelegt und dann vom Bildhauer aus der Wand herausgemeißelt. Nur Kultbilder waren selbständig, weil sie erst in einem besonderen Ritual zum Sitz der gegenwärtigen Gottheit wurden; aber auch dann behielten die Bilder aus Stein meist eine stelenartige Rückwand, nur die aus Bronze oder Edelmetall waren freistehend. Die in der älteren buddhistischen Kunst geläufigen Landschaftshintergründe hatten noch ein Echo in den Hintergründen der Höhlentempelskulpturen; die Tempelfiguren dagegen hoben sich von der nackten Wand ab. Gleichermaßen betonte die Malerei den Umriß, Schattenandeutungen dienten nur zur Modellierung. Auch hier ging die der Gupta-Kunst noch bekannte Bildtiefe bald verloren; Mobiliar, Bäume, Szenerie wurden zu Requisiten auf einer flachen Bühne, meist in leuchtendem Rot, manchmal auch in Gelb, Grün oder Blau gehalten. Vom Kunstgewerbe dieser Zeit ist nur sehr wenig erhalten; einiges davon war damals schon bis nach Ägypten, Vorderasien, ja Europa gelangt. Musik und Tanz, die in den Palästen und Tempeln eine höchst wichtige Rolle spielten, kennen wir nur aus theoretischen Büchern und Tempeldarstellungen, aber ihre Tradition hat sich in Südindien bis heute erhalten.

Die bedeutendsten Tempelbauten des Nordens sind der Sonnentempel von Mārtānd (8. Jahrhundert) in Kashmir, die buddhistischen Heiligtümer von Bodhgayā, Nālandā und Pahārpur (7.–10. Jahrhundert) in Bihār und Bengalen, in Zentralindien vor allem die

Lingaraj-Tempel in Bhuvaneshvara/Orissa, 10./11. Jahrhundert

Hinduistische Skulpturen in einer Nische am Hoysala-Tempel in Halebīd/Mysore, 11. Jahrhundert

Staatstempel der Chandella-Könige in Khajurāho, heute eines der beliebtesten Touristenziele, in Mālwa der große, von den Paramāra erbaute Nīlkanteshvara-Tempel zu Udaypur, in Gujarāt der Sonnentempel von Modherā und die von einer erdrückenden Skulpturenfülle überzogenen Marmortempel der Jaina-Sekte in Delwāra (Mt. Ābū), Kumbhāriā, Girnār, Shatrunjaya, in Orissa die shivaitischen Tempel von Bhuvaneshvara (7.–13.Jahrhundert), der wegen seiner erotischen Reliefs berüchtigte, ungeheure Sonnentempel von Konārka und der große Jagannātha (Vishnu)-Tempel von Purī, der früher durch die immer Menschenleben kostenden *Jaggernaut*-Prozessionen bekannt war. Im Dekhan haben wir vor allem die berühmten Höhlentempel von Elephanta bei Bombay (5.–8.Jahrhundert) und Ellora (7.–10./12.Jahrhundert), darunter den riesigen, aus dem Felsen gemeißelten Kailāsa-Tempel, an dessen zentralem Heiligtum und den den Hof umschließenden Kapellen, Tempeln und Galerien fünf Jahrhunderte gearbeitet haben, und an freistehenden Tempeln besonders die der Shilāhāra in Ambarnāth bei Bombay und in Sinnār, die der Westlichen Chālukya in Lakkundi, Gadag, Ittagi und der Hoysala in Belūr, Halebīd und Shravana-Belgola. Im südlichen Tiefland liegen die vielen Tempelstädte, an denen anderthalb Jahrtausende hindurch gebaut worden ist. Am schönsten sind die aus dem Fels gemeißelten Pallava-Tempel und Felsenreliefs von Mahābalipuram (Māmallapuram), Kānchīpuram (Conjeevaram) und Trichinopoly. Die Chola-Zeit ist vor allem durch die riesigen Reichstempel in Tanjore, Gangaikondacholapuram, Dārāshuram und Tribhuvanam bei Kumbhakonam und schließlich Chidambaram (Heiligtum Shivas als des Welttänzers, Natarāja) vertreten. Aber viele gerade der schönsten sind restlos zerstört worden, wie die Tempel des hinduistischen Delhi, von Mathurā, Kanauj und Benāres, von Mālkhed und Kalyānī und der Pāndya-Tempel zu Madurai. Wandmalereien des Mittelalters sind selten, solche der Übergangszeit finden wir in Bādāmī und Sittanavāshal (bei Pudukottai, zwischen Trichinopoly und Madurai), spätere im Kailāsa-Tempel und in den Jaina-Höhlentempeln von Ellorā. Illuminierte Palmblatt-Manuskripte kennen wir aus Bengalen, Nepāl und Gujarāt.

Bei der Eroberung Indiens durch die Muslime ist die mittelalterliche Kunst der Hindu, Jaina und Buddhisten untergegangen. Sie hat aber im 15. bis 18.Jahrhundert nochmals eine Renaissance erlebt, imposant an Quantität, aber an Qualität mit der ursprünglichen nicht mehr zu vergleichen. Auf sie werden wir noch zurückkommen.

Das Islamische Spät-Mittelalter

Die muslimische Eroberung eröffnete eine neue Phase der indischen Geschichte und Kultur. Das politische System änderte sich zunächst freilich kaum. An die Stelle der erblichen Hindu-Feudalaristokratie traten die Muslime. Sie kannten zwar unter sich keine Standesunterschiede, wohl aber solche der Macht und des Reichtums, die nicht minder kraß waren als im Hindu-Mittelalter. Gegenüber den Hindu bildeten sie eine ebenso in sich geschlossene Herrenkaste, die Sultane waren ebenso absolut, ihre Macht ruhte auf ebenso prekärer Grundlage, und die Generäle und Gouverneure waren ebenso halbunabhängig. Die hohen Geistlichen, die 'Ulamā' und Qādīs, hatten einen nicht geringeren Einfluß auf die fanatischen muslimischen Massen, ähnlich wie die Priester der großen Hindu-Tempel; die Städter und Bauern blieben sich ebenso weitgehend selbst überlassen. Hindu-Adel und Brāhmanen bestanden weiter und behielten ihren Einfluß auf die Hindu-Bevölkerung, wie vorher der niedere und mittlere Adel und die Priesterschaft der kleineren Tempel. Im übrigen trennte beide ein Abgrund. Für die Muslime waren die Hindu Götzendiener, die das Feuer der Hölle verdienten und die auszurotten ein gutes Werk war; und für die Hindu waren die Eroberer unreine Barbaren, von denen man sich nach Möglichkeit abschloß. Die Muslime massakrierten die Hindu, wo immer sie auf Widerstand stießen, und zerstörten die Tempel, nicht nur als abscheuliche Teufelsstätten, sondern auch als potentielle politische Zentren; die Hindu zogen sich als Partisanen in unzugängliche Gebiete zurück, retteten ihre Kultbilder, verfemten jeden Umgang mit dem Feind, verdrängten ihn immer wieder dank ihrer Überzahl, ihrem Geburtenüberschuß und ständiger Infiltration.

Dennoch entwickelte sich auf die Dauer ein Modus vivendi. Die Muslime waren, vor allem zu Anfang, eine winzige Minorität überwiegend von Soldaten. Nachdem der Raub aus Hindu-Tempeln und Königsschätzen erschöpft war, brauchten sie Steuerzahler, also Bauern, Handwerker und andere, sie brauchten niedere Beamte und Frauen. Eine praktische Zusammenarbeit, sogar ein häusliches Zusammenleben wurden unvermeidlich und führten zu einem Ausgleich des Lebensstils. Vor allem übten dabei die Hindu-Frauen, immer konservativ, selbst wenn sie zum Islam bekehrt wurden, einen bedeutenden Einfluß aus, nicht nur als Ehefrauen, sondern auch als Musikantinnen, Tänzerinnen, Kurtisanen. Und es gab Grenzgebiete, in denen sogar die Muslime für die Hindu-Kultur empfänglich waren: neben Musik und Tanz in der Astrologie, Magie, Mystik, Kunst. Muslime wurden nicht selten Schüler der Yogī, und die muslimischen Sūfī-Mystiker erkannten die Hindu Bhākta-Mystiker als Brüder auf dem Wege zu Gott an.

Die Inder selbst verloren bald weitgehend das Gefühl für ihre Kulturtradition. Mit dem Fall der großen Königreiche war ja auch die ebenso exklusive wie überfeinerte Hofkultur zusammengebrochen. Statt dessen setzte sich die einfache Volkskultur des Landadels und der Massen durch. In den ländlichen Städten führte die immer starrer werdende Getto-Atmosphäre schließlich zu einer Auflehnung, die einer neuen, freien Hindu-Kultur und Religion den Weg ebnete. Gleichwohl kümmerten sich viele Hindu nicht um all die Gegensätze und suchten ihr Brot, wo sie es finden konnten. Schon im 11. und 12. Jahrhundert kämpften Hindu-Söldner auf muslimischer Seite, und die Mächtigen übernahmen von den Muslimen, was sie zur Verteidigung ihrer Macht brauchten, zum Beispiel neue Waffen und Festungstechniken und später auch, um es ihnen gleichzutun, ihre äußere Kultur. Im 18. Jahrhundert war es so weit, daß muslimische Künstler, Musikerinnen, Tänzerinnen und Kurtisanen in den Dienst der Hindu-Fürsten traten. Als die Engländer Indien eroberten, war der kulturelle Gegensatz zwischen Hindu und Muslimen verschwunden, und der religiöse war nicht größer als zwischen den christlichen Konfessionen.

INDIEN IM MITTELALTER UND IN DER FRÜHEN NEUZEIT

Die muslimischen Eroberer waren den Hindu nicht an Tapferkeit, aber an moderner Bewaffnung, Geschlossenheit und Schnelligkeit weit überlegen, der Zahl nach aber waren sie erheblich schwächer. Überdies mußten sie sich im Rücken gegen noch gefährlichere Nomaden aus Innerasien, die Seldschuken, Ghuzz, Mongolen, Chaghatai und Özbegen, verteidigen. So hing ihr Siegeszug wesentlich von den periodischen Krisen in den Hindu-Königreichen, aber auch in den persischen Sultanaten ab und vollzog sich stoßweise mit langen Intervallen, in denen die Hindus sogar Teile ihrer verlorenen Gebiete zurückerobern konnten. Diese großen Vorstöße ereigneten sich nach 700 (Sindh), um 1000 (Punjāb), um 1200 (ganz Nordindien), um 1300 (Gujarāt, Mālwa, Dekhan) und um 1700 (äußerster Süden).

711 hatte Muhammad ibn Qāsim Sindh nach einem Zug durch die Wüste von Makrān erobert. Aber weitere Vorstöße wurden von dem großen Reich von Kashmir, danach von den Hindu-Shāhīs von Afghānistān und dem Punjāb und schließlich von den Rājputen Zentralindiens und den Chālukya und Rāshtrakūta des Dekhan abgeschlagen. Der Fall des Umayyaden-Kalifats, die Spannungen zwischen Arabern und Persern, dann Türken, zwischen Sunniten, Shīʿiten und Qarmaten, besonders die Abspaltung qarmatischer Staaten in Sindh, brachten eine Ruhepause.

Erst als 870 Kābul von dem Saffāriden Yaʿqūb ibn Laith genommen, als 962 ein nur noch nominell von den Sāmāniden von Buchārā abhängiges Sultanat in Ghazna entstanden war, bereitete sich ein neuer Vorstoß vor. Mahmūd der Große (998–1030), der Mäzen des persischen Nationaldichters Firdausī, vernichtete in einer Reihe von Feldzügen die Hindu-Shāhīs, eroberte den Punjāb, erstürmte die fast uneinnehmbare Festung Kāngrā-Nagarkot im Himalaya und plünderte Mathurā, Kanauj, Kālinjar in Zentralindien und den Somnāth-Tempel in Saurāshtra und brachte ungeheure Schätze heim; nach Westen dehnte er sein Reich über ganz Chorāsān aus. Aber schon Masʿūd I. wurde 1038 von den aus Zentralasien gekommenen Seldschuken bei Merw besiegt. Seine schwachen Nachfolger, nun seldschukische Vasallen, stießen mit den Ghoriden Zentralafghānistāns zusammen. 1150 wurde Ghazna von Aʿlā ad-Dīn Husain, »dem Weltverbrenner«, zerstört, 1161 mußten die Ghaznawiden ihre Hauptstadt nach Lahore verlegen, 1186 wurden sie von dem Ghoriden Muʿizz ad-Dīn Muhammad beseitigt.

Die Neffen des »Weltverbrenners« gründeten ein großes Ghoriden-Reich, Muʿizz ad-Dīn eroberte von Ghazna aus Sindh, Lahore und ganz Nordindien, sein Bruder Ghiyās ad-Dīn von Herāt aus Persien. Muʿizz ad-Dīn hatte 1192 die letzte große Hindu-Allianz unter der Führung des tapferen Chauhān-Königs Prithvīrāja III. besiegt, Prithvīrāja gefangengenommen und hingerichtet, 1193 Delhi besetzt und zu seiner indischen Provinzhauptstadt unter seinem General Qutb ad-Dīn Aibak gemacht, 1197 die Gāhadavāla von Kanauj gestürzt und Benāres geplündert. Während Aibak die Chauhān niederkämpfte, überrannte einer seiner Generäle, Ikhtiyār ad-Dīn Muhammad Bakhtyār Khiljī, 1197 die Gangesebene, zerstörte die letzten buddhistischen Klöster in Bihār, umging ein Sena-Heer und überrumpelte 1202 Lakshmanasena von Bengalen in seiner Hauptstadt. Muʿizz ad-Dīn selber war seinem Bruder, der 1203 bei Merw von dem Shāh von Chwārezm geschlagen und getötet wurde, zu Hilfe gekommen, erlitt aber 1204 ebenfalls eine schwere Niederlage und wurde 1206 während eines Feldzugs gegen die aufständigen Khokar der Punjāb-Vorberge von einem shī'itischen Fanatiker ermordet. In dem folgenden Bürgerkrieg sanken die Ghoriden wieder zu kleinen Fürsten ab; Persien und Indien machten sich selbständig. Damit war das erste rein indische Sultanat entstanden. Aibak war der Gründer der türkischen Mamlūken-Dynastie von Delhi (1206–1290). Das Mamlūken-System, das schon unter den frühen Ghaznawiden (bis zu Mahmūds Vater Subuktegin), in Ägypten von 1250 bis 1517 und – in etwas anderer Form (Janitscharen) – in der Ottomanischen Türkei bis ins 18. Jahrhundert hinein gebräuchlich war, bestand darin, daß der Herrscher sich zu seiner Sicherheit mit einer Leibgarde von ihm persönlich ergebenen Sklaven umgab und ihnen auch die leitenden Militärposten übertrug. Diese Generäle kauften ihrerseits wieder Sklaven, und der tüchtigste General trat schließlich die Nachfolge des Herrschers an. Dazwischen kamen auch die Kinder eines bedeutenden Sultans auf den Thron, wurden aber früher oder später von der *de facto* herrschenden Sklaven-Oligarchie beseitigt.

Die Mamlūken-Dynastie von Delhi hatte drei bedeutende Herrscher, Aibak (er starb 1210), seinen Schwiegersohn Shams ad-Dīn Iltutmish (1210–1236) und dessen Schwiegersohn Ghiyās ad-Dīn Balban (1266–1287). Daneben regierten sieben ihrer Kinder, unter denen nur die Sultanin Raziya (Reziah) herausragt, die sich aber, obwohl tapfer und intelligent, gegen die Vorurteile einer rauhen Kriegergesellschaft, die die Frauen in den Harem verbannte, nur vier Jahre lang halten konnte und ein tragisches Ende nahm. So wie die Zeiten waren, konnten nur harte Kämpfer das junge Reich retten. Die Königreiche Nordindiens waren zwar überrannt, aber noch nicht wirklich unterworfen. Überall kämpfte der Hindu-Adel weiter um seine Besitzungen oder suchte, wenn er endgültig vertrieben war, sich neue zu erwerben. Die tatsächliche Kontrolle der Muslime reichte nicht über den nächsten Umkreis einer Reihe strategischer Zentren hinaus, wie Delhi, Ājmer, Budāon.

Hinzu kam eine neue furchtbare Bedrohung, die Mongolen des größten Welteroberers Tschinghīs Khān, die bereits große Teile Asiens fast völlig ausgemordet hatten. Unter Hülāgü Khān herrschten sie über Persien, den Irak und Afghānistān und fielen nun auch in den Punjāb ein und machten alles der Wüste gleich; schließlich belagerten sie sogar Delhi. Schritt für Schritt eroberten die Muslime mühsam Nordindien bis an die Grenzen von Gujarāt und Mālwa, während sie gleichzeitig die heidnischen Mongolenhorden abwehren mußten.

Dies gelang nur dank äußerster Militarisierung des Sultanats durch die afghānische Khiljī(Gilzai)-Dynastie (1290–1320). Balbans unfähiger Enkel wurde durch den alten Oberbefehlshaber der Armee, Jalāl ad-Dīn Fīrōz, beseitigt, dieser wieder durch seinen Sohn, den ehrgeizigen, ja größenwahnsinnigen A'lā ad-Dīn (1296–1306). Ein Terrorsystem von Spionage, Hinrichtungen, Verstümmelungen und Blutbädern hielt Muslime wie Hindu unter schärfster Kontrolle. Die Westgrenze wurde von Ghiyās ad-Dīn Tughluq befestigt und verteidigt, die gefangenen Mongolen zwangsbekehrt, dann aber, weil sie sich nicht fügten, schließlich doch ausgemordet. 1297/98 wurde das Vāghelā-Reich von Gujarāt, bald danach die letzten Rājputenstaaten von Rantambhor, Chitorgarh (das spätere Udaipur) und Jālor, 1305 Mālwa erobert. A'lā ad-Dīns bester General und Stellvertreter, der schöne Eunuche Malik Kāfūr, machte 1306 die Yādava von Deogiri und die Kākatīya von

Warangal tributpflichtig und überrannte danach das Hoysala-Reich in Mysore und das Pāndya-Reich von Madurai. 1312 bis 1319 wurde Deogiri, 1323 bis 1326 Warangal annektiert und ihre letzten Herrscher zu Tode gefoltert.

Damit unterstand fast ganz Indien dem Delhi-Sultanat. Freilich war der Süden ebenso wenig fest in Besitz genommen wie ein Jahrhundert zuvor Nordindien. Aber der Terror erzeugte neue Unruhe, neues Mißtrauen, neue Hinrichtungen, denen auch der Thronfolger, dann Malik Kāfūr zum Opfer fielen. Und nach A'lā ad-Dīns Tod kam dessen jüngster Sohn auf den Thron, Mubārak, »Kalif«, blutiger Tyrann und Wüstling zugleich, der die Hure spielte und schließlich von seinem Liebhaber, einem nur oberflächlich zum Islam bekehrten Hirten, ermordet wurde. Der Usurpator, Khusrau Shāh, konnte zwar viele der Großen verräterisch ermorden, wurde aber schließlich selbst von dem Markgrafen der Westgrenze, dem schon erwähnten Ghiyās ad-Dīn Tughluq, beseitigt.

Unter der Tughluq-Dynastie (1320–1398/1412) schließlich kam die Krise, die das »ausländische« Sultanat von Delhi durch im wesentlichen indische Sultanate ersetzte. Auch diesmal wurde der alte Dynastiengründer bald von einem ehrgeizigen Sohn ermordet. Muhammad ibn Tughluq (1325–1351) war in vieler Hinsicht das Gegenstück zu A'lā ad-Dīn, hochgebildet, genial, aber ein wirklichkeitsfremder Theoretiker, der das Wohl seiner Untertanen mit der fürchterlichsten Grausamkeit erzwingen wollte. Weil der Süden von Delhi aus nicht zu kontrollieren war, verlegte er die Hauptstadt in das Grenzgebiet zwischen Nordindien und dem Dekhan, nach der früheren Yādava-Hauptstadt Deogiri, die er in Daulatābād umbenannte, mußte aber nach einigen Jahren die Umsiedlung wieder rückgängig machen. Er versuchte eine manipulierte Kupferwährung, die jedoch infolge massenhafter Falschmünzerei in schlimmer Inflation endete. Er experimentierte mit einem neuen Steuersystem, das die Beamten für unmögliche Forderungen mit ihrem Kopfe haftbar machte. Schließlich zog der Sultan nur noch mit einem widerwilligen, erschöpften Heer von Provinz zu Provinz, um den allgemeinen Aufstand niederzuschlagen, der nach seinem Abzug jedesmal wieder aufflammte.

Sein Neffe Fīrōz Shāh (1351–1388) suchte zu retten, was noch zu retten war. Er entschädigte die Opfer seines Vorgängers nach Möglichkeit, führte ein gerechtes und tragbares Steuersystem ein, kolonisierte große Gebiete, gründete Städte, baute Straßen, Karawansaraien, Krankenhäuser. Trotz einer Reihe von Feldzügen mußte er sich mit dem Abfall des Dekhan und der nur nominellen Unterwerfung von Sindh und Bengalen abfinden. Während seiner letzten Jahre wurde die Regierung von seinem Minister Khān Jahān Telingānī geführt, während die Provinzen, sich selbst überlassen, mehr oder weniger selbständig wurden. Nach dem Tod des Dreiundachtzigjährigen kam es zu Thronkämpfen zwischen seinen Söhnen und Enkeln, dann zwischen deren Generälen; der Eroberer Timur Leng (Tamerlan) von Samarkand annektierte den Punjāb und mordete Delhi aus. Darauf machten sich die Provinzstatthalter selber zu Sultanen.

Damit setzte eine neue Zeit ein. In all den endlosen Kämpfen war erst die türkische Erobererschicht gefallen oder hingemordet worden; die Überlebenden waren durch Mischheirat weitgehend indisiert oder stammten von bekehrten Hindu ab. Obwohl auch weiterhin Türken, Perser, Araber, sogar Neger aus dem Westen einwanderten, war die muslimische Herrenschicht einheimisch geworden, und eine Unterschicht muslimischer Handwerker und Bauern war entstanden. Der Lebensstil von Hindu und Muslimen hatte sich angeglichen; trotz gelegentlichen fanatischen Ausbrüchen auf beiden Seiten entwickelte sich ein gewisses gegenseitiges Verstehen. Auch politisch erholten sich die Hindu. Viele alte Reststaaten wurden zwar noch von den Muslimen annektiert, aber andere konsolidierten sich zu neuen Groß-Reichen, die den Muslimen erfolgreich Widerstand leisteten. Damit entwickelte sich eine weitere kulturelle Auseinandersetzung. Während tolerantere Sultane sich mit der Kunst, Literatur und Wissenschaft der Hindu beschäftigten, erwachte die Hindu-Kultur aus ihrer Getto-Erstarrung zu einer neuen, volkstümlichen Blüte, einer neuen lebendigen Religion, einer neuen, freien Kunst und Literatur.

Noch unter Muhammad ibn Tughluqs Regierung hatte sich der Hindu-Süden in dem Reiche von Vijayanagar zu einer Großmacht zusammengeschlossen. Vijayanagar erneuerte unter vier Dynastien (den Samgama 1336–1485, den Sāluva 1486–1491, den Tūluva 1491–1576 und den Aravīdu 1570–1649) nochmals den Glanz des Hindu-Mittelalters. Es umfaßte alles Land von Nordceylon bis zur Tungabhadrā und Krishnā und reichte zeitweilig bis Orissa; so konnte es den Muslimen eine ungeheure Übermacht entgegenstellen. Trotzdem wurden seine Armeen wegen ihrer altmodischen Bewaffnung häufig besiegt, bis Devarāya II. (1422–1446) schließlich eine zahlreiche, mit arabischen und türkischen Pferden ausgerüstete Reiterei und ein großes muslimisches Söldnerkorps aufstellte. Die riesige Hauptstadt Vijayanagar, von der Tungabhadrā, Sümpfen und Granitklippen und von drei Granitmauern geschützt und flankiert von drei Felsenburgen und unübersichtlichen Bergen, widerstand vielen Belagerungen durch die Sultane des Dekhan.

Sie war die großartigste und üppigste Metropole des damaligen Südasiens und erregte das Erstaunen der portugiesischen Besucher. Die Kriege gingen meistens um den Besitz des Vorlandes von Vijayanagar, zwischen der Tungabhadrā und Krishnā, mit der starken Festung Raichūr. Nur der berühmte »Krieg um die Goldschmiedstochter« 1406 wurde erfolglos um den Besitz eines schönen Mädchens geführt, das vor den Nachstellungen des Vijayanagar-Kaisers auf muslimisches Gebiet geflohen war. Die Portugiesen in Goa wurden als Lieferanten arabischer Pferde willkommen geheißen und geschützt. Unter dem großen Krishna Deva Rāya (1509–1530) und seinen Nachfolgern machte Vijayanagar sogar die Sultanate des Dekhan tributpflichtig, die sich daraufhin verbündeten und Rāma II., dem Regenten für den entmachteten Sadāshiva, 1565 bei Talikota eine vernichtende Niederlage beibrachten. Der Staat erholte sich wieder, aber die Hauptstadt wurde nacheinander nach Penukonda, Chandragiri und schließlich nach Vellore verlegt, die großen *Nāyaks* (Statthalter) rissen die Macht an sich, und der letzte Kaiser starb als hilfloser Flüchtling in Mysore. Von den Nachfolgestaaten waren Madurai, dessen berühmter Tempel von Tirumala Nāyak (1623–1659) erbaut worden ist, und Mysore von Bedeutung.

Nordöstlich von Vijayanagar machte auch Orissa unter der tüchtigen Sūryavamshī-Dynastie (1434–1542) – Kapilendra, Purushottama und Pratāparudra – den Muslimen zu schaffen. Es dehnte seine Macht bis nach Bengalen und Telingāna aus, war aber damals vor allem wegen seines berühmten Wallfahrtsplatzes bekannt, des Jagannāth-Tempels von Purī. Dann verfiel seine Macht schnell, und 1568 wurde es von dem Großmogul-Kaiser Akbar annektiert. Versuche, die Hindu-Herrschaft in Bengalen wiederherzustellen, mißlangen jedoch.

Dagegen entstand seit dem ausgehenden 14. Jahrhundert in Rājasthān eine mächtige Föderation der Nachkommen der einst von den Muslimen zerschlagenen großen Hindu-Reiche des Nordens, der Chauhān, Yādava, Rāthor, Guhilot-Sisodia und Chandella (nun Bundela genannt). Sie waren regelrechte Ritter geworden, die schwergepanzert zu Pferde kämpften, auf Burgen lebten und ihre Zeit mit Krieg, Fehden, Turnieren und ritterlicher Dichtung verbrachten. Ihre Führer waren die Mahārānā von Chitorgarh (nach 1568 Udaipur) im unzugänglichen Kernland der Aravallī; um sie scharten sich die Mahārājās von Jodhpur, Jaisālmer, Bīkāner, Āmber und Būndī. Unter Mahārāna Kumbhakarna (1533–1568) schlugen sie alle Angriffe der benachbarten Sultane ab, unter Sangrām (Sāngā, 1508–1527) eroberten sie Mālwa und Nordgujarāt, wurden aber 1527 von dem Großmogul Bābur bei Khānua vernichtend geschlagen. 1535 wurde Chitorgarh von Bahādur Shāh von Gujarāt geplündert, 1568 von Akbar zerstört.

Aus dem Zerfall des Delhi-Sultanats war das Bahmaniden-Reich des Dekhan hervorgegangen, das sich zwischen 1490 und 1512 wiederum in die Sultanate von Bīdar, Golkonda, Bījāpur, Berār und Ahmadnagar auflöste, dazu die Sultanate von Maʿbar, Gujarāt, Mālwa, Jaunpur und eine Reihe kleinerer Herrschaften wie Nāgaur, Khāndēsh, Kālpī. Bengalen war schon seit 1287 unabhängig, Kashmir wurde 1339 nach einem Staatsstreich Sultanat. Wir können hier aus der unruhigen und komplizierten Geschichte dieser Staaten nur das Wichtigste hervorheben.

Alle diese Reiche umfaßten natürliche Regionen, die bei den damaligen Verkehrsverhältnissen zu übersehen und unter einheitlicher Verwaltung zusammenzuhalten waren, während die anderen zwischen diesen Reichen Pufferstaaten bildeten. Das bedeutendste war das Bahmaniden-Reich des Dekhan, das ja die Grenze gegen das mächtige Hindu-Reich von Vijayanagar zu verteidigen hatte. Um sein bedeutendes Territorium zu halten, teilten es die Sultane unter vier *Tarafdārs* (»Markgrafen der vier Himmelsrichtungen«) auf und errichteten zahlreiche Festungen nach den neuesten Methoden, die man von den Kreuzfahrern gelernt hatte. Außerdem zogen sie soviel Glücksritter wie nur möglich aus Vorderasien heran. Das führte zu erbitterten Spannungen zwischen den einheimischen Muslimen und den Neueingewanderten, abgesehen von dem alten Haß zwischen Sunniten und Shīʿiten. Die in Gulbarga von Aʿlā ad-Dīn Hasan Bahman Shāh (1347–1358) gegründete Dynastie wäre bald untergegangen, wenn nicht der Druck von Vijayanagar Sultan Tāj ad-Dīn Fīrōz (1397–1422) und später den Ministern Khalaf Hasan (dem *Malik at-Tujjār*, dem »Kaufmannsprinzen«) und dem kulturell höchst interessierten Mahmūd Gāwān die Möglichkeit geboten hätte, den Staat wieder ins Gleichgewicht zu bringen. Aber diese dauernde Ministerherrschaft führte schließlich zum Abfall der Tarafdārs, die eigene Sultanate gründeten.

Die von Ahmad Shāh Wālī (1422–1436) 1424 gegründete zweite Hauptstadt Bīdar, wo die Barīd-Minister noch eine Zeitlang im Namen der letzten Königskinder herrschten, sank zu einem kleinen Emirat ab und wurde von Bījāpur annektiert. Das Nizāmshāhī-Sultanat von Ahmadnagar wurde schließlich 1600 bis 1633 von den Großmogul-Kaisern erobert, trotz heroischem Widerstand der Königin Chānd Bībī und, nach ihr, des Eunuchen Malik 'Ambar, der die Hauptstadt nach Daulatābād verlegte. Berār unter den Imādshāhs wurde bald von Bījāpur in Besitz genommen. Bījāpur unter den 'Ādilshāhī und Golkonda unter den Qutbshāhī hatten zunächst einen verzweifelten Stand gegen Vijayanagar, erholten sich aber nach dem großen Sieg von Talikota (1565) und breiteten ihre Macht weit nach Süden aus, wo die Nāyak, die im Namen der letzten Vijayanagar-Kaiser herrschten, sich bitter zu bekriegen begonnen hatten. Den Höhepunkt seiner Bedeutung errang Bījāpur unter dem kunstliebenden Ibrāhīm II. (dem Sohn der Chānd Bībī, 1580–1626) und Muhammad (1626–1656), dem Erbauer des größten Kuppelbaus Indiens, des Gol Gumbaz; und Golkonda blühte unter Ibrāhīm (1550–1580) und Muhammad Qulī (1580–1611), dem Gründer von Hyderabad. Aber die Übertragung der Regierung an allmächtige Minister schwächte beide Staaten durch wachsenden Parteienhader, während sie gleichzeitig seit dem zweiten Viertel des 17. Jahrhunderts von den Großmogul-Kaisern bedrängt wurden. Schon 1656 wurde Hyderabad geplündert, 1686 Bījāpur erstürmt, 1687 Golkonda bezwungen.

Nordwestlich des Dekhan bildeten die Sultanate von Gujarāt und Mālwa, durch Khāndēsh voneinander getrennt und vom Norden durch die Rājputen und die wenig bedeutenden, aber durch schwer zugängliche Dschungeln geschützten Fürstentümer der halbwilden Gond isoliert, eine polare Einheit. Mālwa, das fruchtbare Übergangsgebiet zwischen dem dürren Rājasthān und den Dschungeln des östlichen Mittelindiens, war die Brücke zwischen Nordindien und dem Dekhan, reich, aber auch besonders gefährdet. Sein zweiter Sultan, Hōshang (1405–1435), hatte daher die Hauptstadt von dem Dhāra der Paramāra-Könige und der bisherigen muslimischen Statthalter nach Māndū verlegt, einem nur über einen schmalen Rücken zugänglichen Plateau über dem Narbadā-Tal. Die ersten Sultane dehnten das Reich weit nach Osten und Norden aus. Seit aber mit Mahmūd Khiljī 1433 eine Nebenlinie auf den Thron gekommen war, begannen sich die Nachbarstaaten in die Kämpfe um den Thron einzumischen. Unter Mahmūd II. (1510–1531) führte dies erst zu einer Spaltung des Reiches zwischen Māndū im Süden und Chanderi im Norden, zur Diktatur eines Rājput-Condottiere, Medinī Rāi, und schließlich zur Eroberung von Māndū durch den Sultan von Gujarāt; der größere Teil von Mālwa wurde in die Rājputen-Föderation einbezogen.

Das Sultanat Gujarāt, von einem Schwiegersohn von Fīrōz Tughluq gegründet, breitete sich längs der Westküste bis in die Gegend von Bombay aus, vor allem aber über die Randberge Gujarāts und Saurāshtra hin, wo sich noch kleinere Rājputenstaaten gehalten hatten. Ahmad Shāh I. (1411–1422) gründete das heutige große Industriezentrum Ahmedābād als seine Hauptstadt, Mahmūd Bēgada (1458–1511) baute sein Heerlager bei der Belagerung der fast uneinnehmbaren Rājputen-Bergfestung Pāwāgadh in die zweite Hauptstadt Champaner aus. Er und sein Nachfolger Muzaffar II. (1511–1526) waren große Mäzene aller Zweige des Kulturlebens. Bahādur Shāh (1526–1537) nahm zweimal die Hauptstadt der großen Rājputen-Föderation, Chitorgarh, wurde aber von dem Großmogul Humāyūn 1535 in die Flucht gejagt und schließlich zu Dīu von den Portugiesen ermordet. Schon längst waren die Großen übermächtig und die Sultane ihre Spielbälle geworden; 1572 bis 1583 wurde Gujarāt dem Großmogul-Reich einverleibt.

Kashmir, geschützt, aber auch isoliert durch die Berge des Himalaya, war zwar um 1339 ebenfalls Sultanat geworden, nach dem Staatsstreich Shāh Mīrs, eines muslimischen Abenteurers, der sich zum General und Minister der letzten Hindu-Königin Kota Devī aufgeschwungen hatte. Erst durch die Tempelzerstörungen und Zwangsbekehrungen unter Sikandar dem »Götzenzerstörer« *(Būtshikān)* (etwa 1390–1413/16) erhielt es eine durch persische Einwanderer verstärkte muslimische Bevölkerung. Unter seinem zweiten Nachfolger Zain al-'Ābidīn (1420–1470) wurde der Staat durch Eroberungen im Himalaya beträchtlich ausgedehnt; großzügige Kolonisation, Bewässerungsanlagen und zahlreiche von Samarkand importierte, noch heute berühmte Industrien förderten Reichtum und Wohlstand; zwischen Hindu und Muslimen war Friede eingekehrt, die Künste und Wissenschaften, persische wie Sanskrit-Literatur wurden gepflegt. Dann aber folgten Bürgerkriege, die schließlich zur Diktatur eines erobernden türkischen Abenteurers, Mīrzā Haidar Dughlat (1541–1550), führten. Unter den streitenden Nachkommen verlief sich bald die von Ghāzī Shāh Chakk (1561–1563) heraufgeführte kurze Renaissance des Landes, 1589 wurde Kashmir dem Großmogul-Reich einverleibt.

Bengalen nahm, wie schon im Mittelalter, eine Sonderstellung ein. Trotz seines Reichtums liebten die aus dem trockenen Zentral- und Vorderasien gekommenen Muslime dieses schwüle, fieberreiche Sumpfland nicht; auch die hier notwendige Kampfweise, zu Schiff auf den Riesenströmen, ihren zahllosen Nebenarmen und Seen, war ihnen ungewohnt. Sie begnügten sich mit einer allgemeinen Kontrolle, von Gaur (dem Gauda der Hindu) aus an der Spitze des Ganges-Deltas und von Sonārgāon aus (später durch Dacca ersetzt) nahe der Mündung der Padmā (dem gemeinsamen Unterlauf von Ganges, Brāhmapūtra und Meghnā). Sogar diese Städte mußten zwischen großen Deichsystemen, zum Teil auf künstlichen Aufschüttungen, angelegt werden. Infolgedessen war Bengalen zwar zu erobern, aber schwer zu halten. Schon die ersten Statthalter wurden rasch selbständig. Mit Balbans Sohn Bughrā Khān kam 1287 ein Zweig der Mamlūken-Dynastie von Delhi auf den Thron, dem Ghiyās ad-Dīn Tughluq nur zeitweilig die Anerkennung seiner Oberhoheit abringen konnte. In die übrige indische Politik wurde Bengalen nur insofern hineingezogen, als die Sultane der mittleren Gangesebene sich gelegentlich einmischten oder, wenn gestürzt, sich nach Bihār zurückzogen und die Hilfe Bengalens suchten, wie die letzten Sharqī, Lodī und Sūr. Die Sūr gründeten sogar eine Zweigdynastie in Bengalen (1540–1576), so daß sich das Land aus den Machtkämpfen um die Konsolidierung des Großmogul-Reiches nicht heraushalten konnte und 1576 annektiert wurde.

Andererseits machte sich Ost-Bengalen immer wieder von West-Bengalen frei, und die Hindu-Machthaber blieben so einflußreiche Vasallen, daß schließlich Rāja Ganesha von Dinājpur, Regent für die beiden letzten Prinzen aus dem 1345 durch Mord auf den Thron gekommenen Hause Ilyās, versuchen konnte, die muslimische Herrschaft zu beseitigen, was nur das Eingreifen Sultan Ibrāhīms von Jaunpur vereitelte. Ganeshas Sohn, von dem muslimischen Heiligen Qutb al-'Ālam erzogen, wurde als Sultan Jalāl ad-Dīn Muhammad (1414–1431) ein bigotter Bekehrer der Hindu, dessen Werk die Voraussetzungen für das heutige Ost-Pakistan legte. Sein Nachfolger Ahmad war, wie so viele andere Herrscher, ein betrunkener Tyrann, und so kam das Haus Ilyās 1442 wieder an die Macht. Es stützte sich auf Neger-Söldner, die jedoch 1486 die Macht an sich rissen und Bengalen unter vier Sultanen tyrannisierten. A'lā ad-Dīn Husain (1493–1518) rettete es von Negern und Hindu, aber unter seinen degenerierten Nachfolgern wurde Gaur von dem Großmogul Humāyūn 1538 bis 1540 besetzt, woraufhin die Sūr-Afghānen an die Macht kamen.

Die mittlere Gangesebene stand im 15. Jahrhundert unter der Herrschaft der Sharqī- (Östlichen) Sultane, die in Jaunpur (nordwestlich von Benāres) residierten. Eine Zeitlang schienen sie die Herren Nordindiens zu werden; Delhi war ihr Vasall, der Islam in Bengalen von ihnen gerettet, nach Süden hin versuchten sie Kālpī (an der Jumnā) zu annektieren. Und doch verlor Husain Shāh (1458–1486), unter dem das Reich am mächtigsten schien, Kālpī an Delhi.

Freilich war die kurzlebige Sayyid-Dynastie (1414–1451) keine Gefahr für die Sharqī. Ihr Gründer, Khizr Khān (1398–1421), war Tīmūrs Vizekönig gewesen, warf aber 1414 die Oberhoheit von dessen Nachfolgern ab; doch erst sein Sohn Mubārak Shāh nannte sich Sultan. Die Kontrolle über die Großen, vor allem im Punjāb, war jedoch gering, und schon sein Neffe Muhammad war nur mehr ein *roi fainéant* in deren Händen. Die Macht ging an die Lōdī-Dynastie (1451–1526) über. Bahlōl Khān wurde 1440 nach dem Sieg über den Minister Sarwar al-Mulk Regent für Muhammad, dessen Sohn 1451 abdankte. In wechselvollen Kämpfen gelang es Bahlōl, mehr durch List und Wortbruch, erst sich Husains Harem zu bemächtigen, dann sein großes Heer zu überrumpeln und ihn selbst schließlich nach Bihār, dann nach Bengalen zu vertreiben. Jaunpur wurde 1479 eine Sekundogenitur und 1489 annektiert. Sikandar (1489–1517), ein fanatischer Muslim, verlegte seine Hauptstadt nach Āgra, um die Hindu-Staaten des angrenzenden Mittelindiens Mewāt, Dhōlpur und Gwāliōr zu unterwerfen; überall ersetzte er die Tempel durch Moscheen. Sein Nachfolger Ibrāhīm stürzte 1517 die Tōmār-Rājās von Gwāliōr und besiegte 1519 den Mahārānā von Chitorgarh bei Ghatoli. Aber seine Grausamkeit führte zum Abfall seiner Großen, die den Großmogul Bābur ins Land riefen. In der Schlacht von Pānipat verlor Ibrāhīm Leben und Reich. Und damit begann eine neue Phase der indischen Geschichte, die man wohl als frühe Neuzeit bezeichnen könnte, deren Wurzeln jedoch bis ins 13. Jahrhundert zurückreichen.

Die Islamische Kultur des islamischen Spät-Mittelalters

Die Anfänge des Spätmittelalters waren denkbar ungünstig für alles Kulturleben, sogar für das islamische. Die ständigen Kriege zerstörten nicht nur unendlich viel, sie ließen auch die Menschen verrohen; die Beziehungen zwischen Hindu und Muslimen wurden zunehmend verbittert, in beiden Gruppen schwelte fanatisches Sektierertum. Hinzu kam die lähmende Wirkung der extremen Militärdiktatur mit ihrem Spitzelnetz, der Unsicherheit an Leben und Besitz und des sozialen Drucks der Hindu-Priesterschaft, die jedem das Leben unmöglich machte, der von der Orthodoxie abwich, dadurch aber gerade die muslimischen Zwangsbekehrungen begünstigte. Ein Hindu, der unter Zwang oder aus unglücklichen

Umständen gegen die Ritualvorschriften verstieß, wurde wie ein Aussätziger behandelt. Ein Mann, der gezwungenermaßen Rindfleisch aß, oder etwa eine entführte Frau hatte keine andere Wahl als Selbstmord oder Übertritt zur anderen Religion und Gesellschaft. Sie wurden dann aber meist um so fanatischere Feinde ihrer früheren Umwelt, weil sie diesen für sie nicht eben leichten Bruch vor sich selber rechtfertigen mußten.

In der späteren Zeit jedoch lebte das Kulturleben desto mehr auf: Die Zersplitterung des Landes schuf viele, individuell verschiedene Kristallisationspunkte, in denen es mit der Normalisierung der Lebensbeziehungen zu einer ungeheuer ergiebigen, wenn auch den Beteiligten oft kaum bewußten geistigen Auseinandersetzung kam.

Trotzdem war auch in der ersten Phase das Kulturleben nicht unbedeutend, zum mindesten in den Hauptstädten Ghazna, Lahore und Delhi. Die Herrscher umgaben sich mit Dichtern und Gelehrten und errichteten große Bauten zur Verherrlichung ihres Glaubens und ihrer Macht. Schon früh hatten sich arabische Seefahrer, wie etwa Sulaimān, und Geographen, wie Istakhrī, Ibn Hauqāl, Buzurg ibn Shahryār, Marvazī oder Masʿūdī, mit Indien beschäftigt. Selbst die wohlbekannten Sindbād- (»Indienfahrer«-) Geschichten enthalten viel solides Wissen, auch wenn sie indische Mythen als geographische Wirklichkeiten mißverstanden. Am Hofe Mahmūds des Großen lebten nicht nur Firdausī, der Verfasser des persischen Nationalepos *Shāh-Nāma*, und die Dichter ʿUnsurī und Asadī, sondern auch al-Bīrūnī, Geograph und Astronom, ein vorzüglicher Kenner der Hindu-Kultur, der erst im vorigen Jahrhundert von der modernen Wissenschaft überholt worden ist; unter den späteren Ghaznawiden waren die Dichter Minuchchrī, Farrukhī und Mukhtarī berühmt. Als die Mongolen vordrangen, kamen viele Flüchtlinge nach Delhi, nicht nur Soldaten, sondern auch Handwerker, Beamte, Künstler und Gelehrte.

Viele der Dichtungen sind konventionelle Wiederholungen persischer Themen oder übertriebene Lobpreisungen der Sultane und der Großen. Doch erwarben sich die Werke von Mīr Hasan Delhavī *(Dīwān)* und Amīr Khusrau (1253–1325; *Panja*, Aʿlā ad-Dīn Khiljī gewidmet, und *Dīwān*), die beide am Khiljī-Hofe lebten, großes Ansehen auch in der übrigen islamischen Welt. Beide nahmen auch indische Themen auf, Mīr Hasan Delhavī in seiner »Geschichte des Verliebten von Nāgaur« (einer Stadt in Rājasthān), Amīr Khusrau in *Duval-Rānī Khizr Khān*, auch *ʿIshqīya* genannt (Romanze der Liebe zwischen Aʿlā ad-Dīns ältestem Sohn Khizr Khān und Deval Rānī, der gefangenen Vāghelā-Prinzessin von Gujarāt) und in *Qirān as-Saʿdain* (Begegnung zwischen Bughra Khān und Kai Qubād, den letzten Mamlūken-Fürsten). Einen volkstümlichen Niederschlag fanden die großen Eroberungen in dem Epos von den Heldentaten des Amīr Hamza, eines angeblichen Onkels des Propheten Muhammad, aber auch sasanidischen Großen. Historische Werke sind in der islamischen Literatur, auch Indiens, immer zahlreich und im allgemeinen verläßlich gewesen. Sehr interessant sind die Memoiren Ibn Battūtas, eines Marokkaners, der lange das Vertrauen Muhammads ibn Tughluq genoß und als Gesandter bis nach China kam. Schwieriger war die Stellung der muslimischen Heiligen, etwa Muʿin ad-Dīn Chishtī, Bakhtyār Kākī, Farīd ad-Dīn von Shakarganj, Nizām ad-Dīn Auliyā und anderer, die als Sūfī die Liebe zu Gott, auch in der lokalen Volkssprache, predigten, die Moral der Gläubigen zu heben, die Hindu friedlich zu bekehren, Wohlfahrtseinrichtungen zu organisieren suchten und häufig die Arroganz der Sultane in aller Öffentlichkeit scharf kritisierten. Ihre Gräber sind noch heute vielbesuchte Wallfahrtsorte.

Dieses Kulturleben drängte sich wesentlich in Delhi zusammen, zum Teil auch in Gaur (Bengalen). Nur die Garnisonen und Missionare lebten in der Provinz. Die Stellung der Muslime war noch so unsicher, daß sie immer hinter Festungsmauern lebten und nur in Karawanen mit starker Eskorte reisen konnten. Die Hauptstädte waren riesige Heerlager, aus denen jederzeit Armeen aufbrechen konnten, um Aufstände blutig zu unterdrücken. Delhi entwickelte sich weit südlich der heutigen Stadt, um die alte Chauhān-Festung. Die erste der »Sieben Städte« (bis heute schon neun), Lālkōt, steht noch heute mit ihren mächtigen Wällen und Bastionen, der ersten Moschee (Quwwat al-Islām), dem dreiundsiebzig Meter hohen Qutb-Minār (nach dem Erbauer Sultan Qutb ad-Dīn Aibak benannt), und dem Grabmal von Sultan Iltutmish. Nordöstlich davon liegen Jahānpanāh mit dem Bijai Mandal-Palast Muhammads ibn Tughluq und Sirī; acht Kilometer weiter im Osten die von Ghiyās ad-Dīn Tughluq gegründete Festung Tughlaqābād mit seinem Palast und Grabmal, in weiterem Umkreis die Gründungen Fīrōz Shāhs, Hauz i-Khās, Kotila-i Fīrōzshāhs.

Die älteren Bauten, vor allem die immer wieder erweiterte Quwwat al-Islām-Moschee und das Qutb-Minār, folgen im allgemeinen der Kunsttradition Persiens in seldschukischer Zeit, mit ihren kubischen oder zeltähnlichen Formen und reichen, tiefgeschnittenen Arabesken und Inschriftenfriesen. In der ersten Moschee, wie auch in der schönen Arhaidin-kā-Jhomprā-Moschee zu Ājmēr (und vielen anderen frühen Moscheen) wurden allerdings reichlich Hindu-Tempel-Trümmer verwendet; auch finden sich in der Ornamentik viele Hindu-Motive. Unter den ersten Tughluqs entwickelte sich ein stark von der Festungsarchitektur bestimmter Stil, mit geneigten Wänden, massiv und schlicht, aber mit polychromen Effekten. Unter Fīrōz Shāh wurde dieser Stil durch neue Bauformen aus Turkistān, vor allem den Tor-Pylon, aufgelockert. Die wenigen erhaltenen Reste der schwerfälligen Buchmalerei scheinen auf den mongolisch-persischen Stil der kurzlebigen Injū-Dynastie zurückzugehen.

Das 15. und frühe 16. Jahrhundert verleugnete in jeder Hinsicht die vorausgegangene Zeit, was vor allem in der Kunst deutlich zum Ausdruck kam. Nur Jaunpur und Mālwa haben die Tughluq-Tradition übernommen, sie aber ins Leichte und Elegante uminterpretiert. Gujarāt, Bengalen und Kashmir dagegen gingen von der Hindu-Kunst aus: Die Moscheen und Grabmäler, zum Beispiel von Ahmedābād und Champanēr, zeigen die von »Idolatrie« gereinigten Hindu-Elemente, in islamische Bautypen zusammengesetzt. In Bengalen, in Gaur, Pāndua und Mālda geschah dasselbe, nur daß Ziegel an Stelle des Sandsteins verwendet wurden. In Kashmir schließlich wurde die vorislamische Holzarchitektur in Moscheen und Grabmäler uminterpretiert, daneben entsprachen Paläste und Häuser dem reinen persisch-türkischen Baustil. Die in Vorderasien so beliebten glasierten Kacheln bürgerten sich jedoch nur im Nordwesten ein, bis Delhi, Jaunpur und Gwāliōr. Im Bahmaniden-Reich, wo die Hindu noch immer eine ernstliche Gefahr bedeuteten, setzte sich der reinste persisch-türkische Geschmack durch, einschließlich der enkaustischen Kachelverkleidung; doch wurden später auch hier echt indische Elemente übernommen. Die Kunst der späteren Dekhan-Sultanate schließlich machte weitesten Gebrauch von nichtreligiösen Hindu-Motiven und Bauformen und war in ihrem Empfinden rein indisch.

Im allgemeinen standen aber muslimisches und Hindu-Kulturleben Seite an Seite, miteinander bekannt, aber sich nur in den toleranteren Gesellschaftskreisen berührend und vermischend. Die Haltung der Sultane und Minister war unterschiedlich; bigott oder tolerant aus politischer Zweckmäßigkeit, bisweilen auch ernsthaft interessiert. Viele Sultaninnen stammten von Hindu ab, trugen Hindu-Namen, führten den Titel Rānī und trugen Hindu-Kleidung. Vor allem Ibrāhīm I. von Golkonda, Ibrāhīm II. von Bījāpur, Zain al-ʿĀbidīn von Kashmīr und Nusrat Shāh von Bengalen beschäftigten sich eingehend mit der Literatur, der Wissenschaft und Musik der Hindu. Aber auch viele andere Sultane protegierten Hindu-Dichter und -Gelehrte, sogar Sanskrit-Schriftsteller. Doch nur im Dekhan des 16. und 17. Jahrhunderts begann eine echte Verschmelzung, entwickelte sich die erste Literatur in der (schon unter den Khiljīs nachweisbaren) »Lagersprache« *(Urdū)*, einem mit persischen und arabischen Worten gesättigten einfachen Hindī.

Die Hindu-Kultur des islamischen Spät-Mittelalters

Nach der Katastrophe der muslimischen Eroberung erholte sich die Hindu-Kultur erst allmählich wieder. Die Großreiche des Mittelalters waren zwar alle zerschmettert worden, aber abseits der großen Heerstraßen hielt sich die lokale Aristokratie; die Tempel, kleinen Städte und das offene Land, besonders in schwer zugänglichen Gegenden, blieben unbelästigt, wenn sie keine Aufmerksamkeit erregten. Solange die erbeuteten ungeheuren Königs- und Tempelschätze Delhi überfluteten, waren sie sogar als Tribut- und Steuerzahler uninteressant. Aber der Kampf zwischen den alten Landbesitzern und den bewaffneten Flüchtlingen auf der Suche nach neuen Herrschaftsgebieten hielt das Land in Atem, allgemein herrschten Chaos und Armut, ganz zu schweigen von der ständigen Gefahr muslimischer Raubzüge. Die Tempel verfielen, Kunst und Wissenschaft siechten mangels Unterstützung dahin, die Tempelpriester rezitierten zwar noch ihre Gebete und Hymnen, verstanden sie aber nicht mehr. Nur hier und da hielten Einzelne, oft unter großen Entbehrungen, die alten Traditionen lebendig. Wo aus Räubern und Partisanen wieder regierende Fürsten geworden waren, hatten sie natürlich den Ehrgeiz, die glorreichen Zeiten des früheren Mittelalters wiederherzustellen, und sie beriefen Priester, Gelehrte und Künstler aus den weniger betroffenen Gebieten. Aber der Versuch mißlang, weil das Leben sich völlig verändert hatte. Eine neue Sanskrit-Literatur und eine »neo-mittelalterliche« Kunst waren nichts als akademische Spielereien wie das humanistische Latein und unsere neugotische Architektur; sie fanden nicht einmal bei der Hofaristokratie Resonanz. Die Erneuerung jedoch kam aus dem Volke, aus einer wiedererwachten intensiven Religiosität und deren Auswirkung, einer lebendigen Literatur und Kunst, die zwar immer wieder auf Altes zurückgriff, letzten Endes aber wirklich Neues schuf.

Am wenigsten hatte noch der Süden gelitten. Malabar, das westliche Kanara und Mahāräshtra, fast ganz Āndhradesha, Orissa waren so gut wie ohne Schaden davongekommen, Mysore nur kurz überrannt gewesen. Schon nach einem halben Jahrhundert setzte in den Küstenebenen, in Mysore und dem südlichen Dekhan eine neue Blütezeit von etwa dreihundert Jahren ein. Und doch war es nicht mehr dasselbe. Angesichts der gefährlichen muslimischen Nachbarschaft mußten sich die Kaiser und Priester an die nationalen und religiösen Gefühle des Volkes wenden. Die Hindu-Priester und Mönchsorden, vor allem die Shamkarāchārya von Shringeri und die Vishnuiten von Udipi und Melkōte, schließlich in der Hauptstadt selber die Haridāsa, entfalteten eine intensive Propaganda für ein gläubiges Gottvertrauen. Die Kaiser von Vijayanagar vergrößerten alle bedeutenden Tempel und gründeten zahlreiche neue, alle in gewaltigen Ausmaßen. Eine Neuerung waren deren große Festhallen und riesige, von Plattformen eingerahmte Prozessionskorridore, die es den Massen erlaubten, an den religiösen Zeremonien teilzunehmen.

Ihre Reliefs und Statuen hielten zwar an der traditionellen Ikonologie fest, übersetzten sie aber mehr und mehr in einen schlichten volkstümlichen Stil. Freilich wurde auch mancherlei Aberglaube begünstigt; Massenopfer von Büffeln beim Mahānavamī-Fest; Büßende schwangen an Haken, die durch ihre Rückenmuskeln gestoßen waren; es gab Schlangenkulte und Schlangenbeschwörung. Der Unterschied zwischen der Bescheidenheit der einfachen Bevölkerung und dem Draufgängertum und Luxus der sich bei jedem Anlaß duellierenden Aristokratie war gewaltig; aber der Adel war keine exklusive Kaste mehr. Eine bedeutsame Rolle spielten die großen Kurtisanen, die aus dem Volk hervorgegangen, oft reich, gefeiert und durchaus hoffähig waren. Von dem Prunk der Kaiser zeugen die Ruinen ihrer Paläste, zum Teil in halbmuslimischem Geschmack errichtet und einst mit Goldblech, Elfenbein und Brokat überzogen. Sanskrit hatte noch immer seine Adepten, sogar Frauen wie Gangādevī, die Schwiegertochter des zweiten Kaisers Bukka I. Aber die am Hofe vorherrschende Sprache war Telugu. In ihr verfaßten Shrīnātha, der Hofdichter Devarāyas II., seinen *Shringāra Nishadha*, der Kaiser Krishna-Deva Raya sein *Vishnu Chittiyamu*; schrieben die »acht Elefanten der Dichtung«, darunter Allasani Peddana *(Manu-Charita)*, ihre Werke, im späten 16. Jahrhundert Pingala Surana den *Kalāpūrnodya* und das *Rāghava-Pāndavīya*.

In Malabar, der Westküste mit ihrem bedeutenden Überseehandel und zahlreichen fremden, vor allem muslimischen Handelsniederlassungen, blühte die Malayalam-Literatur, allerdings sprachlich und formell stark vom Sanskrit, in geringerem Maße vom Kanaresischen beeinflußt. Dem 15. Jahrhundert gehören das *Nīlatilakam*, eine Poetik und Anthologie, das *Pādyaratna*, ebenfalls eine Anthologie, ein interessanter Kommentar zu Kautilyas *Ārthashāstra* (Handbuch der Politik) an. *Unni-Nīli-Sandesam*, eine Nachahmung von Kālidāsas *Meghadūta*, leitete eine ganze Serie von *Sandesa-Kāvyas* ein, davon am bekanntesten *Sukha-Sandesa* des Lakshmīdāsa, alle stark mit Sanskrit durchsetzt. Das einzige nennenswerte Werk dieser Zeit in reinem Malayalam ist das *Rāmāyana Champu*, von Punam Nampoothiri am Hofe des Zamorin in Calicut verfaßt. Das 16. Jahrhundert war dann die klassische Zeit. Die *Viradam*-Schule wurde mit den Übersetzungen des *Rāmāyana* durch Kannassa Panikkar und der *Bhagavadgītā* durch Mādhava Panikkar eingeleitet. Die Nord-Malabar-

Schule ist durch das *Krishnagāthā* des Cherusheri vertreten, vielleicht die schönste Dichtung in dieser Sprache. Die dritte Schule wurde von Rāmānuja Ezhuthachen gegründet, dem größten Dichter des mittelalterlichen Malabar. Sein *Ādhyātma-Rāmāyana*, *Bhāgavata* und (abgekürztes) *Mahābhārata* sind noch heute sehr populär, nicht zum geringsten wegen ihrer tiefen Religiosität. Seine Jünger, die sich zu einer Art religiösem Orden zusammenschlossen, setzten sein Übersetzungswerk fort.

In Mahārāshtra, dem unter Hindu-Vasallen der Sultane des Dekhan stehenden Berglande der West-Ghāts, löste die Rigorosität der Orthodoxen eine volkstümliche Gegenbewegung aus, deren Führer, Jnāneshvar (1275–1296), Nāmdev, Eknāth, Tukārām, bitter verfolgt und einige von ihnen zum Selbstmord getrieben wurden. Aber diese *Bhakti*-Religion (»Liebe«, »Hingabe«) der Vārakarīs, die eine mit Krishna identifizierte Lokalgottheit, Vithoba (Vitthalanātha), verehrten, schuf die Voraussetzung für die politische und kulturelle Renaissance der Marāthen im 17. und 18. Jahrhundert. Doch wurden Marāthī-Dichter schon in Vijayanagar geschätzt, zum Beispiel Kumāravyāsa, Bearbeiter des *Mahābhārata* (15. Jahrhundert). Andererseits bildete Mahārāshtra kulturell eine Brücke nach dem Norden, ähnlich wie im Osten Orissa von Nordindien nach dem Süden.

In Nordindien wurde nicht die Kultur der Oberschicht popularisiert, sondern es erwuchs aus der Volkstradition eine neue Hochkultur. Ihr bedeutendstes Zentrum war Rājasthān, mit kulturellen Ablegern in Gujarāt, Saurāshtra, im nördlichen Zentralindien (dem alten Chandella-Kalachuri-Gebiet) und in den Vorbergen des Himalaya (wohin viele Rājputen nach der Katastrophe um 1200 geflüchtet waren). Ein anderer Mittelpunkt war Bengalen mit Orissa und Assam. Beide Zentren waren voneinander unabhängig, beeinflußten sich aber über die großen Wallfahrtsorte von Purī, Benāres, Mathurā und anderen, später auch dank dem Umstand, daß der Osten zeitweilig von Rājputenfürsten als Statthaltern der Großmogul-Kaiser verwaltet wurde. Schon vor dem großen Zusammenbruch hatte sich der neue Geist zu regen begonnen: in den Ritterepen der Barden, in den schlichten Totenstelen des Landadels und in einer schlichten Religiosität des Herzens, die vor allem von dem aus Südindien stammenden vishnuitischen Missionar Rāmānanda (1299–1410 oder 1400–1470) und dessen Schülern verbreitet wurde. Sie gehörten allen sozialen Schichten, auch den untersten, an, hielten einfache Predigten und diskutierten mit lebensnahen Argumenten in der Volkssprache. In jenen Zeiten des Elends fanden sie dankbare Aufnahme, stießen aber auch auf bitteren Widerstand, weil sie den Frommen an Stelle des Priesters oder Adligen zum Vorbild erhoben und so die mittelalterliche Gesellschaftsordnung in Frage stellten. Denn die *Bhakti*-Religion lehrte eine all-liebende Gottheit – sei es in der Gestalt des göttlichen Hirten Krishna, sei es in Vishnus anderer Menschwerdung, dem Helden Rāma –, in der der Fromme durch hingebende Liebe, vom bescheidenen Dienst bis zur Ekstase der *unio mystica*, Frieden und Seligkeit findet. Die übrigen Hindu-Götter verflüchtigten sich dabei zu uninteressanten höheren Wesen, sogar Vishnu wurde mehr oder minder von Krishna oder Rāma (seinen Inkarnationen) verdrängt. Das Hohelied des leidenschaftlichen Krishna-Kultes wurde Jayadevas *Gītāgovinda*, das des gemäßigteren Rāma-Kultes das *Rāmāyana*. Jenes besang die bräutliche Gottesliebe, dieses die Liebe zu Gott im Gleichnis der Gattin, des Bruders, des Freundes und Dieners. Lange nur eine

Art freisinniger Opposition, erhielt die Bewegung seit dem 15. Jahrhundert dank der Tätigkeit mehrerer Heiliger und Dichter feste Gestalt.

Nar Singh Mehta (um 1414–1481) wirkte in Gujarāt und Saurāshtra, und Mīrā Bāī (1498–1560/63), die früh verwitwete Schwiegertochter des großen Mahārāna Sangrām von Chitorgarh, in Rājasthān und Gujarāt; beider Dichtungen sind noch heute ungemein populär, sie sind wahre Volkslieder geworden. Vallabhāchārya (um 1478–1531), ein Südinder mit Beziehungen zum Vithoba-Kult von Pāndharpur, ließ sich im heiligen Lande der Krishna-Mythe um Mathurā in Brindabān, später in Gokul nieder, organisierte eine eigene Kirche, in der Krishna als Shrī-Nātha und neben ihm Rādhā als seine Shakti verehrt wurden, an deren Liebe die Gläubigen wie deren mythische Gefährten, die Hirtinnen *(gopīs)*, Hirten und Kühe des Braj-Landes, je nach ihrer Frömmigkeit, teilnahmen. In seinem Kult der »spirituellen Stärkung« *(Pushtimārga)* wird die himmlische Liebe in der leidenschaftlichen Sprache der indischen Erotik gefeiert, Krishna ganz augenfällig als das himmlische Kind und der himmlische Bräutigam verehrt. Dies hat im Zusammenhang mit den tantrischen Zirkeln oder in der korrupten Hofatmosphäre gelegentlich zu schweren Mißständen bei den Mysterienspielen *(rās mandala)* geführt, andererseits aber auch eine tiefe, echte Frömmigkeit, ähnlich der unserer mittelalterlichen Mystiker hervorgerufen. Sie hat dem Leben Nordindiens einen wunderbaren inneren Reichtum gegeben und zahllose Dichter inspiriert.

In Bengalen und Orissa predigte Chaitanya (1486–1533) die leidenschaftliche Liebe zu Gott, aber weniger sinnlich (er lebte als strenger Asket), pietistischer. Wie für Mīrā Bāī, war ihm Rādhā eher das Gleichnis der Seele und ein Vorbild für die Frommen. Aus Nadiā in Bengalen stammend, bekehrte er in ekstatischen »Erweckungen« *(Kīrtanas)* vor allem die noch halb buddhistischen unteren Schichten und veranlaßte bei einem längeren Besuch in der Umgebung von Mathurā den Wiederaufbau der dortigen heiligen Stätten. Er zog sich aber, nachdem seine Bekehrungen das Ärgernis der muslimischen Missionare erregt hatten, 1516 nach Purī in Orissa, in den großen Tempel Jagannāthas (auch einer Form Krishnas) zurück. Seine Jünger, die ihn als den »neuen Krishna« verehrten, haben die Psychologie der Gottesliebe aufs feinste ausgearbeitet. Auf dem Umweg über die bengalische Sekte der Bauls, mit ihrer intensiven, aber Ritual und Dogmatik abholden Religiosität, hat die Krishna-Mystik einen wundervollen Nachklang bei dem großen modernen Bengali-Dichter Rabindranath Tagore gefunden.

In Assam wirkte auf ähnliche Weise Chaitanyas Zeitgenosse Shamkaradeva (1449–1568). Seine Lehre der Liebe zu dem einen Gott Krishna und die schlichten Formen des von ihm propagierten Kultes, die sich vor allem gegen die damals üblichen Tieropfer für die Große Muttergöttin richteten, gewannen ihm eine weite Gefolgschaft. Hundert Jahre später wurde diese Form des Krishna-Kults Staatsreligion in Assam und die moralische Basis des Widerstands gegen die Großmogulen.

Schließlich versuchte der Weber Kabīr (um 1440–1518) die Gegensätze zwischen Hindu und Muslimen zu überbrücken. Er lehrte in einfachen, aber treffenden Hindī-Versen, daß es völlig gleichgültig sei, ob man Gott Rāma oder Allah nenne, ob man im Tempel oder in der Moschee bete, ob man die Riten der Hindu oder der Muslimen vollziehe, es komme allein auf die Reinheit des Herzens und einen ethischen Lebenswandel in der Liebe zu Gott an. Er wurde von Hindu- wie muslimischen Frommen gleichermaßen verehrt, und als er starb, wollten beide ihn nach ihren Gebräuchen beisetzen. Ähnliches predigte auch Guru Nānak (1469–1538) im Punjāb. Es ist eine der Ironien der Weltgeschichte, daß sich aus seinen pazifistischen Jüngern im Laufe der nächsten Jahrhunderte die kriegerische Nation der Sikh entwickelte, die in den Muslimen ihren Erbfeind sahen.

Mit dem Zusammenbruch der mittelalterlichen Elitekultur konnten sich auch die Volksdialekte zu geschmeidigen Instrumenten der Literatur und Dichtung entwickeln. Auch hier wiederholte sich die schon das ganze Mittelalter durchziehende Zweiteilung, im Osten die reicheren und altertümlicheren Sprachen Orīyā (in Orissa) und Bengālī, das sich seit etwa 1500 in das Bengālī im engeren Sinne und in Assamesisch differenzierte, westlich davon das einfachere Hindī: in Bihār die Übergangsdialekte Maithilī, Māgahī und Bhojpurī, im Zentrum die Kosalī-Dialekte, Awadhī, Bāghelī und Chattisgarhī, anschließend Braj-Bhāshā (um Mathurā), Kanaujī und Bundelī (bis nach Ost-Rājasthān), im Westen Rājasthānī, das sich nach 1500 in Mārwārī und Gujarātī teilte, schließlich Sindhī und Pūnjābī.

Die große Zeit der Orīyā-Literatur fällt in die Periode vom Niedergang der Ganga bis zur Eroberung durch die Großmogul-Kaiser. Die alten Palmblatt-Chroniken des Jagannātha-Tempels zu Puri *(Madala-Panji)* mögen bis ins 12. Jahrhundert zurückgehen. Auf Vatsadāsa und Nārāyanānanda folgten als erste bedeutende Dichter Sharaladāsa, Bearbeiter des *Mahābhārata*, und Markandadāsa, Bearbeiter des *Rāmāyana* und einer noch heute viel gesungenen Episode vom Krishna-Kind: *Kesava-Koili*. Im 15. Jahrhundert schrieben Arjunadāsa (»Ramas Hochzeit«), Nīlambaradāsa, Mahādevadāsa, Govindabhanja und Dāmodaradāsa. Chaitanyas Jünger übersetzten zahlreiche vishnuitische Schriften und verfaßten auch eigene Dichtungen (am wichtigsten die Bearbeitung des *Bhāgavata-Purāna* durch Jagannāthadāsa). Im 16. Jahrhundert entfaltete sich eine auf Jayadevas *Gītāgovinda* basierende, viele Sanskritwörter enthaltende Kunstdichtung (am bedeutendsten *Upendra Bhanja*); hinzu kam bald eine schlichte Andachtsdichtung (Dina-Krishna, Abhimanyu-Sāmanta, Baladeva Rath und Gopāla-Krishna).

Die Bengālī-Literatur setzte im frühen 15. Jahrhundert mit Krittivāsa Ojha Mukati ein, dessen *Rāmāyana* noch heute in fast jedem Hause zu finden ist. Um 1474 erzählte Mālādhara Basu Gunarāja Khān die Krishna-Mythe in seinem *Shrī-Krishna-Vijaya* nach. Von drei Dichtern mit dem Namen Chandīdās war einer der Verfasser des *Shrī-Krishna-Kīrttana* und ein Jünger Chaitanyas; der zweite, etwas spätere, ist durch die Gedichte, in denen er seine Liebe zu der sozial weit unter ihm stehenden Wäscherin Ramī besingt (er wurde dafür von seinen brāhmanischen Standesgenossen geächtet), zum größten Lyriker Bengalens zwischen Jayadeva und Rabindranath Tagore geworden. Das *Mahābhārata* des Kavīndra wurde auf Anregung zweier muslimischer Offiziere des Sultans Husain Shāh verfaßt; doch kann nur die Version von Kāshīrāmadāsa es mit Krittivāsas *Rāmāyana* aufnehmen. Wichtig ist auch die Biographie Chaitanyas von Krishnadāsa Kavirāja. Schließlich wären die *Mangala-Kāvya* zu erwähnen, in denen eine Übergangsform vom späten Buddhismus zum brāhmanischen Hinduismus ihren Niederschlag gefunden hat.

Die assamesische Literatur setzte im späten 13.Jahrhundert mit Hema Sarasvatī (*Prahlāda-Charita*), Harihara Vipra und Kaviratna Sarasvatī (*Mahābhārata*) ein. Der erste große Dichter war Kavirāja Mādhava Kandalī im 14.Jahrhundert, Hofdichter zu Kachar (Ostassam) und Verfasser eines schlichten *Rāmāyana* und des *Devājit* (Krishna-Mythos). Die eigentliche große Zeit kam aber mit dem Reformator Shamkaradeva (1449–1568), der den blutigen Kult der Großen Mutter durch die Verehrung Krishnas ersetzte. Er schrieb siebenundzwanzig Werke, darunter *Kīrttanaghosa* (Krishna-Mythos) und verschiedene *Ankiyanat*, religiöse Einakter; seine Nachfolger als Dichter waren Mādhavadāsa (1489–1596) und Rāma Sarasvatī, Übersetzer des *Mahābhārata*.

Die frühe Gujarātī-Literatur und die von ihr auch sprachlich kaum unterscheidbare in West-Rājasthānī (Mārwārī) umfassen Ritterepen, zum Beispiel *Ranamallachhanda* von Shrīdhara (um 1390), *Prithvīchandra Charita* (Taten und Untergang Prithvi Rājs III. von Delhi), *Kanhada-de-Prabandha* von Padmanābha im 16.Jahrhundert (Untergang des letzten Chauhān-Rājas von Jālor im Kampf gegen die Armee Aʿlā ad-Dīn Khiljīs, 1305); weltliche Lyrik wie das berühmte Gedicht *Vasanta-Vilāsa* (»Freuden des Frühlings«, 14.Jahrhundert); bedeutende religiöse Lyrik wie die zahlreichen Werke Narsingh Mehtas (1415–1481) und die höchst populären Lieder Mīrā Bāīs (1498–1562/63) und den »Preis der Großen Mutter« von Vallaba Mewādo (16.Jahrhundert); *Sītāharana* (eine Episode aus dem *Rāmāyana*) von Mantri Karman (um 1470) und die anspruchsloseren *Ākhyānas*, Erzählungen von Bhālana (etwa 1426–1500) nach wohl allgemein bekannten Sanskrit-Vorlagen.

Am Anfang der Hindī-Literatur stehen ebenfalls Ritterepen (ursprünglich zum Teil wohl in Apabhramsha) wie *Vīsaladeva Rāso* (um 1165) von Narapati Nalha, die Taten Vigraharājas IV. besingend, der Delhi eroberte und die Chauhān zu einer Großmacht erhob; der Jagnik zugeschriebene *Ālha Khanda* und Chand Bardāīs berühmte *Prithvīrāj Rāso*, eine romantisierende Biographie des letzten Chauhān-Königs; *Hamīr Hāth*, den Untergang Ranthambhors durch Aʿlā ad-Dīn Khiljī beschreibend, und die *Padumāvatī* des Malik Muhammad Jayasī (in Osthindī, um 1540), die Chitorgarhs Ende 1305 durch denselben Sultan zum Inhalt hat. Damit freilich waren die großen Themen erschöpft, wenn auch die Barden weiterhin heroische Balladen dichteten. Übrigens gab es auch in Sindh ähnliche Balladen im dortigen Sindhī-Dialekt, die die lokale Dynastie der Sumrā, zum Islam bekehrte Rājputen, feierten. Derselben Umwelt gehört auch das sehr altertümliche *Sandesa-Rasaka* an, das dem muslimischen Weber ʿAbd ar-Rahmān zugeschrieben wird und die Botschaft einer liebeskranken Frau in Jaisālmer an ihren Gatten in Multān enthält. Erst aus der leidenschaftlichen Mystik des Krishna-Kultes entwickelte sich, wie auch anderwärts, eine große religiöse Lyrik, die aber bald in eine religiös getarnte weltlich-erotische Kunstdichtung überging. Am Anfang dieser religiösen Dichtung standen volkstümliche Reformer wie die schon erwähnten Kabīr und Nānak oder Dādū (dessen Sprache allerdings sehr gemischt ist). Aber um Vallabhāchāryas Nachfolger Vitthalnāth sammelten sich acht berühmte Dichter erotisch-mystischer Andachtslieder (die *Ashta-Chhap*), vor allem Sūrdās (1483–1563), dessen Verse im *Sūr-Sāgar* gesammelt sind, und Haridās. Das große Werk über alle diese vishnuitischen Heiligen ist die *Bhāktamālā* des Nābhā Dās (Anfang 17.Jahrhundert).

INDIEN IM MITTELALTER UND IN DER FRÜHEN NEUZEIT

Osthindī trat zuerst mit einem nur fragmentarisch erhaltenen Werk des Sūfī Maulānā Dāūd (um 1570) und zwei Romanzen, *Mrigāvatī* (1501) und *Madhu-Malatī* des Manjhan (vor 1532), auf den Plan. Malik Muhammad Jayasī (1492–1542), der Dichter der schon erwähnten *Padumāvatī*, verfaßte auch zwei Sūfī-Werke. Das Epos jedoch, das Osthindī am meisten bekannt gemacht hat, war der *Rāma-Charita-Mānasa* (»Ozean der Taten Rāmas«, 1576) von Tūlsīdās (1532/33–1623), die Heilige Schrift der Rāma-Verehrung.

Maithilī hat ebenfalls einen großen Dichter hervorgebracht, Vidyāpati Thākur, der die Liebe zwischen Rādhā und Krishna in ebenso leidenschaftlichen wie feinfühligen Versen besang. Seine musikalische, aber gekünstelte Sprache ist die Grundlage für Brajbhāshā oder Brajabolī geworden, einer vor allem in den großen Wallfahrtsorten um Mathurā, aber auch in Bengalen, Assam und Orissa gesprochenen Kunstsprache, die allen Krishna-Gläubigen aus Ost und West verständlich sein sollte. In ihr ist in den folgenden Jahrhunderten ungemein viel zu Ehren des Gottes der himmlischen Liebe gedichtet worden.

Auch die Kunst dieser Zeit, von der freilich wenig erhalten ist, verrät denselben schöpferischen Schwung. Gegen Ende des 14. Jahrhunderts, dann in steigendem Maße das 15., 16. und frühe 17. Jahrhundert hindurch entwickelte sich eine neue Baukunst, die schließlich vom »Reichsstil« der Großmogul-Zeit verdrängt wurde. Ihr Ausgangspunkt waren die höchst vereinfachten Reste der mittelalterlichen Hindu-Architektur, wie sie in die frühe indo-islamische Architektur übernommen worden war, Pfeiler mit kubischen Basen und Kapitellen, Überkragstützen, leicht geneigte Plattendächer und Vordächer oder solche aus zu Stufenpyramiden übereinandergeschichteten Steinbalken; und ein Ornamentenschatz, der sich freilich bald hoffnungslos mit dem islamischen vermischte. Am Anfang standen Kapellen und Baldachine über Totenstelen mit jenen Pyramidendächern; im 15. Jahrhundert fand man wieder zu den alten großen technischen Fertigkeiten zurück.

Diese führten zu einer Tempelarchitektur, die auf den ersten Blick von der vorislamischen Zeit kaum zu unterscheiden ist. Die Rājputen-Fürsten errichteten Tempel in großer Zahl, vor allem Mahārāna Kumbha von Chitorgarh und seine Nachfolger Rāimall und Sangrām. Unter den Rājās von Āmber, die im späten 16. und frühen 17. Jahrhundert eine Reihe bedeutender Tempel auch um Mathurā errichteten, und unter den Bundela-Rājās von Orchhā, die ebenfalls Tempel in Mathurā und Benāres bauten (frühes 17. Jahrhundert), mischte sich jedoch deren Stil mit reichen muslimischen und Bengalī-Elementen. Dann wurde der Bau traditioneller Tempel freilich von den Großmogul-Kaisern unterdrückt. In den kleinen Rājputen-Staaten des Himalaya und den Fürstentümern der Gond in Zentralindien vollzog sich eine ähnliche Entwicklung, nur bescheidener und später. In Bengalen und Assam entstanden Ziegeltempel, in denen die Form des spitz zulaufenden Tempels der Gupta- und Pāla-Zeit (6.–11. Jahrhundert) mit ihrem geschlossenen oder offenen Umgang sich Hausformen (mit leicht gewölbtem Dach), ja verwandten muslimischen Bautypen annäherte.

Die weltliche Architektur jedoch blieb davon ziemlich unberührt. Die häufigsten Bauten waren ja die Burg, der Palast und das Herrenhaus. Hier herrschte die schlichte, massive Wand aus Bruchstein oder Ziegel vor, aber auch die Plattenkonstruktion zwischen Steinpfeilern und -balken. Sie wurde jedoch mit Türen, Fenstern, Balkonen und Nischen in einer schlichten, oft aber sehr schönen Variante des Tempelstils durchbrochen. In der Burgarchitektur kamen bald auch echte muslimische Gewölbe für den Unterbau und Kuppeln für die Aufbauten hinzu. Da diese Burgpaläste sich dem Gelände anpassen mußten, sind sie im Gegensatz zu den islamischen unregelmäßig geplant. Sehr häufig springen die Stockwerke pyramiden- oder treppenartig zurück, so daß jeder Raum eine luftige Terrasse vor sich hat. Die schönsten Paläste dieser Art liegen in Chitorgarh, Būndī, Ranthambhor, Orchhā und Dātiā. Den Höhepunkt stellt der Palast von Rājā Mān Singh Tomār (1484 bis 1516) auf Gwāliōr Fort dar; denn hier wurden in weitestem Maße Anregungen aus der gleichzeitigen Kunst Südindiens und der Muslimen in die Dekoration verarbeitet, dazu Motive der Malerei auf den als Fenster dienenden durchbrochenen Steinplatten. Schließlich wurde davon auch die Architektur der Großmogul-Kaiser in Āgra, Fathpur Sikrī und Lahore stark beeinflußt.

Die Skulptur hat sich vor allem in den Totenstelen und Kultbildern ausgelebt, zumeist als Relief, nur selten als Rundplastik, naiv, in großen, stark vereinfachten, aber sehr rhythmischen Formen, Einzelheiten nur eingeritzt oder in ganz flachem Relief angedeutet, in Volkstracht, ohne die überwältigende Sinnlichkeit der mittelalterlichen Hindu-Kunst. Erst im 17. Jahrhundert findet man sie auch in Palästen und Totenbaldachinen angewandt. In Bengalen waren Ziegelreliefs sehr beliebt. Doch ist dieses Thema als Ganzes noch sehr ungenügend erforscht.

Von der Malerei der Zeit wissen wir ebenfalls wenig. Nur bei den Jaina, die als Kaufleute sich mit den muslimischen Eroberern gut zu stellen wußten, wurde noch die Buchmalerei – erst auf Palmblättern, später auf Papier – gepflegt. Aber die stereotypen Szenen, die vor allem das *Kalpasūtra* illustrierten, reduzierten Götter, Menschen und Tiere zu wirklichkeitsfernen Symbolen, aber von großer ornamentaler Wirkung. Um die Mitte des 15. Jahrhunderts begann eine Auflockerung, vor allem seit die Mythen der Großen Mutter und Krishnas, schließlich auch weltliche Themen, etwa *Vasantavilāsa*, dargestellt wurden. Dabei bildete sich bald ein neuer Stil heraus, der rājputische, mit Figuren ähnlich den altägyptischen, in Streifen ohne Bildtiefe angeordnet. Bei der Darstellung von Ausländern, zum Beispiel in Illustrationen zur *Kālikāchārya Kathā*, kopierte man ganze Gruppen aus der so andersartigen islamischen Kunst. Auch in Bengalen, Assam und Orissa tauchen im frühen 16. Jahrhundert Malereien ähnlich den rājputischen auf. Im späten 16. Jahrhundert entwickelte sich daraus eine expressionistische Malerei, die dann auf die klassische Mogulmalerei großen Einfluß ausgeübt hat. Die wenigen bekannten Beispiele des Kunstgewerbes verraten eine unserer romanischen Kunst ähnliche Haltung, mit der die Hindu-Kunst dieser Epoche überhaupt manche geistige Verwandtschaft verrät.

Die Frühe Neuzeit: Das Großmogul-Reich

Diese sich befehdenden Staaten zu einem Großreich zusammenzufassen und aus all den nebeneinanderherlebenden Kulturen eine Reichskultur zu schaffen, war die Leistung des Großmogul-Reiches. Aber eben die Stabilisierung der Verhältnisse in diesem relativ

Ruinenfeld der 1565 von den islamischen Dekhanstaaten zerstörten Hauptstadt des Reiches von Vijayanagar

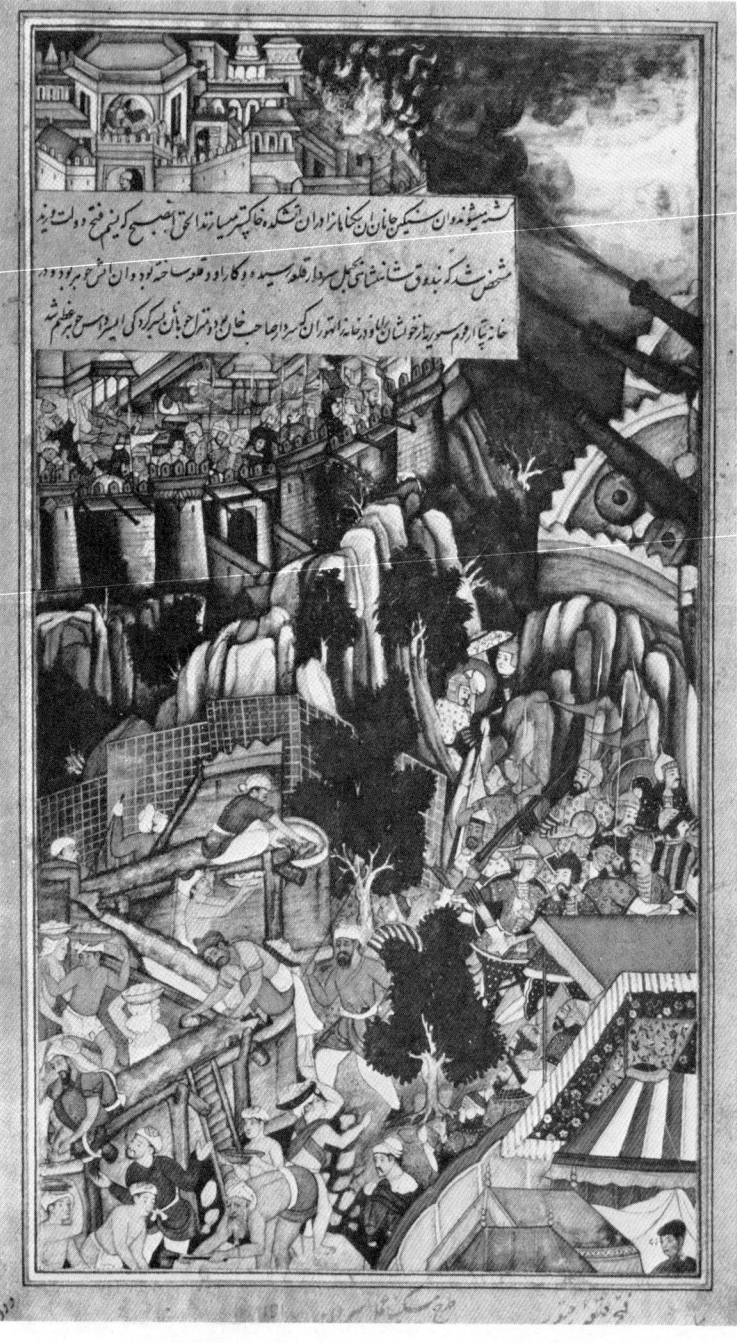

Belagerung der Festung Chitorgarh durch Kaiser Akbar im Jahr 1568
Miniatur in einer Lebensbeschreibung des Kaisers, um 1600
London, Victoria & Albert Museum

befriedeten Großreich führte zur Erstarrung des frischen Lebens der vorausgegangenen Epoche, zu einem konservativen Institutionalismus und Legitimismus, welche die Vollendung dieser Synthese verhinderte. Das Weltreich brach über dem alten Gegensatz zwischen Hindu und Muslimen wieder auseinander. Die kulturelle Synthese fand zwar ihre Fortsetzung, jedoch um den Preis einer völligen politischen und wirtschaftlichen Zerrüttung. Und eben sie erlaubte es schließlich den Engländern, Indien zu erobern, wenn auch hinter der Maske von Vasallen und Stellvertretern der letzten Mogul-Kaiser. Inzwischen war der Gegensatz zwischen Hindu und Muslimen weitgehend überwunden, an die Stelle der alten Hindu- und der frühmittelalterlich-islamischen Kultur war eine neue getreten, die in vieler Hinsicht der abendländischen im 17. und frühen 18. Jahrhundert entsprach, aber bald die Grenzen ihrer Möglichkeiten erreichte, so daß die Zeit reif war für die Auseinandersetzung mit der außerindischen Welt, an erster Stelle mit dem über alle Weltmeere vorstoßenden Abendland.

Das Wesen des neuen Staates war übernational und zentralistisch. Hindu und Muslime waren fast gleichberechtigt und wurden gegeneinander ausgespielt. Der Feudaladel verschwand und machte einer aus allen Volksschichten stammenden, nicht erblichen höfischen Beamten- und Offiziersaristokratie von des Herrschers Gnaden Platz; die ständig wechselnden Lehen wurden zu Steuereinheiten, aus deren Ertrag der Inhaber zwar sein Gehalt bezog, mit deren Verwaltung er jedoch nichts mehr zu tun hatte. Die Truppen waren nicht mehr Gefolgsleute der Großen, sondern aus den Lehenseinnahmen bezahlte Söldner, deren Zahl amtlich festgesetzt war. Gewehre und Geschütze hatten Bogen und Wurfmaschinen verdrängt, ein Ingenieurkorps war geschaffen worden. Militär-, Zivil- und Justizverwaltung waren getrennt. Die Steuern wurden von der Regierung eingezogen, nach dem vermessenen Land oder nach Schätzung berechnet. Ein staatlicher Post- und Nachrichtendienst, mit der Geheimpolizei verbunden, überwachte alles. Die Stelle der Burg nahm der nur leichtbefestigte Palast ein, mit zahlreichen Gärten und auf diese hin sich öffnenden Gartenpalästen. Der muslimische und der Hindu-Lebensstil verschmolzen, wenn auch die Hindu immer etwas konservativer blieben. Die Unterschiede in der Kunst waren nun wesentlich lokaler Art, und auch sie verwischten sich mehr und mehr. Die Hindu sprachen weitgehend auch Persisch, bei den Muslimen übernahm Urdū, eine stark mit muslimischen Fremdwörtern gesättigte Form der Hindī-Sprache (von Delhi), immer deutlicher die Führung.

Dennoch gelang die Synthese nur unvollkommen. Sie stieß auf den erbitterten Widerstand der konservativen Kreise, sowohl der Muslime als auch der Hindu; sie konnte erst ernstlich in Angriff genommen werden, nachdem das Reich gefestigt war. Aber mit dieser Stabilisierung traten auch die konservativen Tendenzen zutage; die administrative und soziale Integration blieb Stückwerk, aus den freien religiösen Bewegungen wurden machtpolitische Sekten, und die politischen Spannungen kristallisierten sich um religiöse Parolen. Doch der alles verwüstende Söldnerkrieg reduzierte bald Religiosität und Kulturbewußtsein zu bloßen Konventionen und würfelte die Träger der bestehenden Kulturen, vom Fürsten und General bis hinunter zum Schreiber und Handwerker, derart durcheinander, daß sich trotz allem eine ziemlich einheitliche, aus der Hofkultur der Großmoguln weiterentwickelte Kultur über ganz Indien verbreitete.

Das Großmogul-Reich war die Schöpfung zweier genialer Männer, der Kaiser Bābur und Akbar, oder richtiger dreier, nämlich auch des Gegenkaisers Shēr Shāh, des Gründers der kurzlebigen Sūr-Dynastie. Bābur legte die militärischen Grundlagen, Sher Shāh die administrativen, Akbar die politischen und kulturellen, ohne die die beiden anderen nicht aufrechtzuerhalten waren. Alle drei hatten eine schwere Jugend gehabt, hatten sich durch eigene Tüchtigkeit unter oft verzweifelten Umständen durchgesetzt, waren harte Arbeiter und hochgebildete Autodidakten geworden; aber nur Akbar, den Ideen seiner Zeit weit voraus, hatte die Vision eines indischen Universalstaates, einer gesamtindischen Kultur.

Zāhir ad-Dīn Muhammad Bābur war 1483 in Ferghāna (Turkistān) geboren, einem der Teilfürstentümer, in die das Reich des großen Eroberers Tīmūr Leng nach 1469 zerfallen war. Er war ein Türke. Wenn seine Dynastie die »Großmogul« (Mongolen) genannt wurde, so deshalb, weil sie stolz darauf waren, über Tīmūrs Mutter auch von dem noch gewaltigeren mongolischen Welteroberer Tschinghīs Khān abzustammen. Das Vorwort »Groß« war europäischer Sprachgebrauch im 17. Jahrhundert, das die Staaten des Groß-Türken (Türkei), Groß-Sophy (Persien), Groß-Mogul (Indien) und Groß-Khān (das China Khubilai Khāns) unter dem Begriff der »Großen Tatarei« zusammenfaßte. Als Bāburs Vater 1494 starb, wurde Bābur, erst elfjährig, bereits in die Kämpfe um den Kaiserthron von Samarkand, sowohl mit seinen Vettern als auch mit den Özbegen-Nomaden der Steppe, verwickelt. Zweimal Herr von Tīmūrs Hauptstadt, mußte er 1504 vor den Özbegen nach Kābul flüchten und schuf sich ein neues Reich in Afghānistān. 1511 konnte er mit persischer Hilfe nochmals Samarkand zurückgewinnen, mußte es aber zwei Jahre später angesichts des Hasses der sunnitischen Bevölkerung Turkistans gegen die schīʻitischen Perser räumen. Statt dessen faßte er die Eroberung Indiens ins Auge, dessen Nordwesten ja seit der Einnahme von Delhi 1398 zum Reich seines Vorfahren Tīmūr gehört hatte. Nachdem er sich 1519 die Bergpässe und 1522 seine Flanke durch die Eroberung Kandahārs gesichert hatte, unterstützte er 1524 Daulat Khān in dessen Kampf gegen Ibrāhīm Lodī, vertrieb im nächsten Jahre Daulat Khān, besiegte 1526 Sultan Ibrāhīm bei Pānipat, 1527 bei Khānua Mahārānā Sangram von Chitorgarh, der seine Flanke bedrohte, nahm 1528 Chanderi und 1529 Bihār und besiegte noch im selben Jahr an der Gogrā Sultan Nusrat Shāh von Bengalen, der den Lodī zu Hilfe gekommen war.

In diesen Kämpfen zeigte er sich nicht nur als genialer und ritterlicher Fürst, sondern auch als einer der größten Feldherren seiner Zeit. Er war nicht nur der erste, der in Indien moderne Artillerie mit durchschlagendem Erfolg einsetzte; er kannte auch das Geheimnis Alexanders des Großen, die Übermacht des Feindes zur eigenen Waffe zu machen. Bei Khānua zum Beispiel ließ er die volle Wucht des zwanzigfach überlegenen feindlichen Ritterheeres gegen eine mit schwerer Artillerie bestückte Wagenburg anrennen, in die sich sein Heer erst im letzten Augenblick zurückzog, und vernichtete die unbeweglich gewordene kompakte Masse von vorn mit Kartätschen und von hinten durch berittene Bogenschützen. Er starb 1530, bevor er seine neuen Eroberungen konsolidieren konnte.

Unter seinem tapferen und edlen, aber indolenten Sohne Humāyūn (1530–1556) zeigten sich die gefährlichen Schwächen des neuen Reiches. Die Moguln waren eine Schar von Glücksrittern, die alle von einer Krone oder doch von einem großen Lehen träumten und die nur eine große und erfolgreiche Persönlichkeit hätte zusammenhalten können. Sogar Humāyūns Brüder Kāmrān, 'Askarī und Hindāl, denen er Heere und Statthaltereien anvertraute, dachten nicht anders – und ebensowenig natürlich die indischen Muslime, die nach dem Fall des Lodī-Reiches ihre Reihen verstärkt hatten. Mit einer solchen Schar aber mußte ein Krieg an drei weit voneinander entfernten Fronten gegen die noch bestehenden Hindu- und Muslim-Staaten geführt werden. Dies hätte nur einem rasch entschlossenen Feldherrn und gewiegten Staatsmann gelingen können. Der junge Kaiser aber hatte keine dieser Tugenden. Anstatt die Eroberungen in Nordindien zu konsolidieren, griff er 1535 Bahādur Shāh von Gujarāt an, der die Auflösung der Rājputen-Föderation nach der Schlacht von Khānua dazu benutzt hatte, nach der Annexion des Sultanats Mālwa nach Norden vorzustoßen und Chitorgarh zu nehmen. Humāyūn eroberte Mālwa und Gujarāt, verlor sich jedoch in endlosen Festen und übergab die Verwaltung seinem nichtsnutzigen Bruder 'Askarī.

So gingen die Eroberungen schnell wieder verloren, doch die vertane Kraft und Zeit hatten es den Indo-Afghānen ermöglicht, sich zu erholen und zu gefährlichen Gegnern zu werden. Freilich, des gefallenen Ibrāhīm Lōdīs Bruder Mahmūd und dessen Neffe Jalāl ad-Dīn waren keine ernstliche Gefahr. Aber Shēr Khān Sūr, ihr »Minister«, Regent und Nachfolger, eroberte Bihār und Bengalen. Humāyūn kam 1538 dem vertriebenen Sultan Mahmūd von Bengalen zu Hilfe und eroberte die Hauptstadt Gaur, vertat aber wiederum seine Zeit mit Festen und Opium, bis er von Shēr Khān völlig eingekreist war. Er suchte sich durch die feindlichen Linien durchzuschlagen, wurde 1539 bei Chausā (in Bihār) nächtens überfallen und vernichtend geschlagen, flüchtete daraufhin nach Āgra, aber nur um 1540 bei Kanauj eine hoffnungslose Niederlage zu erleiden. Von seinen Brüdern verlassen, die sich selbständig gemacht hatten, mußte er durch die Wüsten Rājasthāns an den Hof des Shāh Tahmāsp von Persien flüchten. Erst 1547 konnte Humāyūn Kandahār und Kābul zurückerobern. Kāmrān wurde geblendet, Hindāl war schon gestorben, ebenso 'Askarī im Exil zu Mekka. 1555 erst gelang die Rückeroberung von Delhi. Aber schon im nächsten Jahre verunglückte Humāyūn bei einem Sturz tödlich.

Die Sūr-Dynastie war von Shēr Khān Sūr (geboren 1472) gegründet worden, der nach der Vertreibung Humāyūns als Shēr Shāh regierte (1540–1545). Der vernachlässigte Sohn eines kleinen Lehnsmannes der Lodī in Bihār war nacheinander Gelehrter, Verwaltungsbeamter, Erzieher von Prinz Jalāl ad-Dīn, afghānischer Minister, tatsächlicher Herrscher von Bihār. 1538 eroberte er Bengalen und wurde nach Humāyūns Vertreibung Kaiser von Delhi, eroberte Mālwa 1542 und Rājasthān, wo nach dem Fall von Chitorgarh Rājā Māldeo von Jodhpur eine neue Rājputenföderation aufzubauen suchte. Er verunglückte aber bei der Explosion eines Pulvermagazins während der Belagerung der rājputischen Festung Kālinjar. Er war ein harter Arbeiter, erzwang sich trotz seiner niederen Herkunft durch seine Persönlichkeit den Respekt der afghānischen Großen, baute eine zentralisierte bürokratische Verwaltung und Polizei auf, verbesserte die Rechtsprechung, gründete Freiküchen für die Armen, legte die erste große Fernstraße, von Bäumen flankiert und mit Karawānsāräien in regelmäßigen Abständen, durch ganz Nordindien an und organisierte einen regelrechten Postdienst. Von seiner Kunstliebe zeugen noch heute die Festung

Purāna-Killa in Delhi mit ihrer reichdekorierten Moschee und die Mausoleen der Dynastie in ihrem ursprünglichen Lehen zu Sāsarām in Bihār. Shēr Shāhs Sohn Islām Shāh (1545 bis 1554) konnte das Reich noch mit Mühe zusammenhalten, obwohl schon viele Provinzstatthalter nach Selbständigkeit strebten. Dann aber kam durch Mord des Erben der verlotterte Muhammad 'Ādil Shāh auf den Thron, der die Regierung einem Jaina, Hēmū, überließ. Bald gab es vier Sūr-Sultane, die sich gegenseitig bekriegten, und so konnten die Moguln einen nach dem anderen besiegen.

Die durch Humāyūns unerwarteten Tod verwirrten Moguln wurden zwar wieder in den Punjāb zurückgetrieben, aber Bairam Khān, Regent für den jungen Kaiser Akbar (1556 bis 1605) ließ nach der siegreichen Schlacht von Pānipat Hēmū hinrichten und unterwarf Sikandar Sūr; Sultan Muhammad 'Adlī wurde ermordet, nur an der Grenze Bengalens dauerte der Kampf noch einige Jahre an. Akbar, erst dreizehn Jahre alt, wurde von dem anmaßend gewordenen Regenten bald vernachlässigt und trieb sich auf eigene Faust umher. Die Vertrautheit, die er dabei mit Land und Leuten, sogar mit Hindu-Heiligen erwarb, sollte für seine spätere Politik entscheidend werden. 1560 machte er sich von Bairam Khān frei, der auf dem Wege in die Verbannung nach Mekka von einem Afghānen aus Blutrache ermordet wurde. Die Macht ging aber zunächst auf Akbars Nährmutter Mahum Ānaga und deren Anhang über, vor allem auf deren Sohn Adham Khān. Dessen skandalöses Verhalten bei der Eroberung Mālwas, die Ermordung des an seiner Stelle ernannten Ministers Atga Khān und sein Angriff auf den Kaiser veranlaßten 1562 Akbar, alle Geschäfte in die eigene Hand zu nehmen.

In diesen Krisen zeigte sich schon seine zukünftige Größe, sein blitzschnelles, kaltblütiges, die Gegner immer wieder entwaffnendes Handeln, die Mischung von rücksichtsloser Brutalität, wo sie wirklich notwendig war, mit ebenso großer versöhnender Großzügigkeit. Die folgenden Jahre sollten dann auch seine anderen Tugenden ins rechte Licht setzen, sein vorurteilsfreies vielseitiges Interesse, sein nüchternes Einschätzen aller praktischen Probleme und zugleich seine mystische Vision von einem geeinten Indien, der Brüderschaft zwischen Muslimen und Hindu, von einem über beiden stehenden, von beiden unabhängigen Kaisertum und einer neuen gemeinsamen Religion und Kultur.

Diese Visionen zu verwirklichen kostete aber viele Jahre schwerster Kämpfe mit den eigenen Verwandten und Großen, die bisher den Kaiser als *primus inter pares* angesehen hatten, gegen die Rājputen, die zu stolz waren, freiwillig des Kaisers Verwandte und Vasallen zu werden, gegen die islamische Orthodoxie, die eine Verbindung mit den Hindu und gar erst eine Über-Religion als Ketzerei verdammte, und schließlich gegen die umliegenden Staaten, welche die Aufstände um ihrer eigenen Sicherheit willen unterstützten, in vielen Fällen aber selber dabei untergingen.

Akbar begann die Unterwerfung der Rājputen 1562 mit der Heirat der Tochter Bhārāmalls, des Rājās von Āmber (des späteren Jaipur), der er den Titel *Maryam az-Zamānī* (»die Madonna ihres Zeitalters«, das heißt die Mutter des Messias, der die Völker in Frieden einigen sollte) gab. Aber die anderen Rājputen-Fürsten weigerten sich, ihre Töchter in den Harem des türkischen »Barbaren« zu senden, und mußten mit Gewalt dazu gezwungen werden, wobei Akbar die schwächeren Staaten gegen die früheren

Führermächte Jodhpur und Chitorgarh hochzuspielen suchte. Mit dem furchtbaren Untergang von Chitorgarh 1568 war der Kampf endgültig entschieden, aber erst 1583 unterwarf sich Jodhpur, und erst 1614 kapitulierten die Mahārānās von Mewār. Als Blutsverwandte des Kaiserhauses waren die Rājputen von da an die loyalsten und tapfersten Untertanen, mit deren Hilfe die Großmoguln ihre muslimischen Großen in Schach halten konnten.

Dazu trug freilich bei, daß Akbar seit 1564 den Hindu die gleichen Rechte wie den Muslimen gewährte, alle Beschränkungen in der Ausübung ihrer Religion und im Tempelbau aufhob, die Hindu zu den höchsten Ämtern zuließ, Rājputen-Fürsten zu Generälen und Provinzstatthaltern ernannte, einen gemischt hindu-muslimischen Lebens- und Kunststil einführte und 1582 eine synkretistische Religion, Dīn i-Ilāhī (»der Göttliche Glaube«), gründete.

Kein Wunder, daß Akbars Politik die Moguln empörte, die sich bisher als überlegene Fremde im Lande gefühlt hatten. Schon 1564 bis 1567 kam es zu einem großen Aufstand dreier der besten alten Generäle, im Bunde mit Muhammad Hākim, Akbars Stiefbruder und Statthalter von Kābul. 1568 brach der mehrjährige Aufstand der »Mīrzās«, Vettern des Kaisers, aus, der mit deren Ausrottung und der Annektion von Gujarāt endete. 1580 erklärten die Mullās den Heiligen Krieg, und Akbars muslimische Minister waren in eine Verschwörung verwickelt, die Muhammad Hākim zum Kaiser erheben wollte. Der Minister Mansūr wurde gehenkt, und der Prätendent starb nicht lange darauf am Delirium tremens.

Aber Aufstände fanatisierter Bergstämme schwelten am Khyber Paß noch jahrelang weiter. Akbar war nun der unbestrittene Herr Nordindiens, Mālwa war 1562, Rājasthān 1562 bis 1583, Gondwāna (das östliche Zentralindien) 1564, Gujarāt 1572 bis 1593, Bengalen 1576, Kashmir und Orissa 1584, Sindh 1590 bis 1593, Kandahār 1595, Berār 1596, Nord-Ahmadnagar 1600, Khāndēsh 1601 dem Reich einverleibt, zahllose Aufstände waren niedergeschlagen worden. Seine späteren Jahre widmete er der Organisation dieses Riesenreiches. Er führte die Reformen Shēr Shāhs weiter, entwickelte eine gewaltige Bautätigkeit – die Stadt Fathpur Sikrī, die Hofburgen von Āgra, Lahore und Allahābād, zahlreiche andere Festungen und Paläste sind sein Werk –, förderte Maler, Dichter und Gelehrte und ermutigte die Großen, das gleiche zu tun; vor allem die erblichen Rājputen-Fürsten folgten seinem Beispiel und bauten ebenfalls Burgen und zahlreiche Tempel. In diese Jahre fallen auch die ersten Kontakte mit den Europäern und der europäischen Kultur, besonders mit Jesuitenmissionaren aus Goa. Leider mißrieten Akbars Söhne, und er mußte sich damit abfinden, auf dem Totenbett dem aufsässigen ältesten, Salīm, die Krone zu übertragen.

Jahāngīr (Salīm, 1605–1627) war hochgebildet, neigte aber zu Trunksucht und Müßiggang, überließ die Regierung seinen Ministern und beschäftigte sich lieber mit Reisen, Jagd, Kunst und Wissenschaft. Er baute die von Akbar begonnenen Hofburgen weiter aus, errichtete seinem Vater ein großartiges Grabmal zu Sikandra, machte Kashmir zur Sommerresidenz der Kaiser und legte dort die meisten der berühmten Mogul-Gärten an. Wir haben von ihm ein selten anschauliches Bild aus seinen Memoiren und den Berichten des englischen Gesandten Sir Thomas Roe. Wie er gegen seinen Vater rebelliert hatte, so mußte er nach seiner Thronbesteigung den Aufstand seines einen Sohnes Khusrau und in seinen letzten Jahren den eines anderen, Khurram, niederschlagen. Akbars Reformen kamen zum Stillstand, die Armee verlor stark an Schlagkraft. Im Innern gab es dauernd Aufstände, in Bengalen, Afghānistān, im Himalaya, in Rājasthān, die nur mühsam niedergeschlagen werden konnten; doch wurde der Mahārānā von Udaipur 1614 endlich auch zur Unterwerfung gezwungen. In Afghānistān ging Kandahār 1622 an die Perser verloren, im Dekhan machte der Krieg gegen Ahmadnagar keinerlei Fortschritte, zur See plünderten die Portugiesen indische Schiffe. Nach dem Tod der Kaiserin Jodh Bai (einer Prinzessin von Jodhpur) beherrschte den Kaiser die schöne und kluge Nūr-Jahān, die Tochter eines geflüchteten persischen Edelmanns; ihr Name steht sogar neben dem seinen auf den Münzen. Ihr Bruder Āsaf Khan wurde Großwezīr. Damit begann sich die Rückkehr zu einer einseitig muslimischen Politik anzubahnen, die auf die Dauer Akbars Werk untergraben mußte.

Unter Shāhjahān (Shihāb ad-Dīn Khurram, 1628–1658) setzte sich die von Shaikh Ahmad Sarhindī gepredigte muslimische Orthodoxie durch. Gerade weil er von der Seite seiner Mutter und Großmutter Rājpute war, betonte der Kaiser seine Abstammung von Tīmūr und sein gutes Muslimtum, dies um so mehr, als er nach dem Tode seiner heißgeliebten Gemahlin Mumtāz Mahal 1631 zur Bigotterie neigte. Er nannte sich »Zweiter *Sāhib-i-Qirān*« (ein astrologischer Titel Tīmūrs) und nahm Bāburs anfängliche Pläne, das Tīmūridenreich zurückzuerobern, wieder auf. Dazu gab ihm die Absetzung des strengen Khāns Nāsir Muhammad von Samarkand durch seinen Sohn ʿAbd al-ʿAzīz 1645 den gewünschten Vorwand. Shāhjahān kam mit einem gewaltigen Heer zu Hilfe, aber der Khan entfloh nach Persien, die schwerfällige Mogul-Armee wurde von der özbegischen Reiterei, die einer regulären Schlacht auswich, eingekreist, die hungrigen Truppen meuterten und wurden von Prinz Aurangzēb 1647 nach Kābul zurückgeführt. Diese Gelegenheit nutzte Shāh ʿAbbās II. von Persien im Winter, als die Pässe geschlossen waren, das von Truppen entblößte Kandahār zurückzuerobern, welches 1632 von seinem Gouverneur ʿAlī Mardān Khān, der sich von dem blutrünstigen Shāh Safī I. bedroht fühlte, verraten worden war. Mehrere Versuche der Moguln, die Stadt zurückzuerobern, schlugen fehl; ebenso mißlangen Einfälle in Assam. Dagegen wurde im Dekhan das Sultanat der Nizāmshāhīs mit der Einnahme von Daulatābād 1633 endgültig beseitigt. Und später machte Prinz Aurangzēb die Sultanate von Bījāpur und Golkonda zu Vasallenstaaten, plünderte 1556 Hyderabad und hätte beide sicherlich erobert, wenn nicht sein Bruder Prinz Dārā Shukōh diese Politik abgewürgt hätte.

Auch unter Shāhjahān gab es zahlreiche Aufstände. Waren es bisher aber meist Verzweiflungshandlungen gestürzter Günstlinge gewesen, so begannen sie nun auch schon einen antimuslimischen Charakter anzunehmen, wie etwa der Aufstand der Rājputen-Fürsten von Bundelkhand und Nūrpur; Shāhjahān hatte nicht nur die Errichtung neuer Hindu-Tempel verboten und manche sogar abreißen lassen, sondern auch bei jeder Erbfolge die Rājputen-Staaten in immer kleinere Fürstentümer aufzubrechen versucht. Auch gegen die Christen ging Shāhjahān vor. Den Anlaß dazu hatten freilich die Portugiesen in Hūghlī (heute Vorstadt von Kalkutta) gegeben, die sich zu regelrechten Seeräubern entwickelt hatten. Hūghlī wurde 1632 genommen, aber der erbitterte Widerstand gegen ein großes Mogul-Heer führte zu einer Verfolgung, zur Folterung und Hinrichtung auch

Unschuldiger, zur Versklavung von Frauen und Kindern und zur Zerstörung der Kirchen. Shāhjahān selber ergab sich mehr und mehr einem von Zeremonien eingehegten Luxusleben, baute die Marmorpaläste von Āgra und Lahore, das weltberühmte Grabmal für seine Gattin, den Tāj-Mahal zu Āgra, gründete eine neue Kaiserstadt (Shāhjahānābād) und Burg (Lāl Killa) in Delhi 1638, die er nach dem gescheiterten Feldzug gegen Samarkand bezog, umgab sich mit ungeheurer Pracht, zu welchem Zweck er die schon vorher drückenden Steuern verdoppelte. Die Regierung überließ er mehr oder weniger seinem ältesten Sohn, dem freisinnigen und den Hindu geneigten Prinzen Dārā Shukōh, während er seine anderen Söhne zu Vizekönigen der wichtigsten Provinzen erhob.

Als Shāhjahān 1657 schwer krank wurde, kam es zwischen seinen Söhnen sofort zu einem Bürgerkrieg, den Aurangzēb als der tüchtigste gewann. Während Dārā Shukōh seine Truppen zersplitterte, um den Vormarsch Shujās, des Vizekönigs von Bengalen, aufzuhalten, verbündete sich Aurangzēb, Vizekönig des Dekhan, mit Murād-Bakhsh, dem Vizekönig von Gujarāt. Gemeinsam besiegten sie Dārā Shukōh bei Samugarh (in der Nähe von Āgra). Murād-Bakhsh wurde bei der Siegesfeier als »Ketzer« verhaftet und hingerichtet, Dārā Shukōh durch den Punjāb, Rājasthān und Sindh verfolgt, verraten und unter demselben Vorwand geköpft. Shāhjahān war inzwischen genesen, wurde aber bis zu seinem Tode 1666 im Harem der Burg von Āgra gefangengehalten, Shujā wurde 1660 nach Arakan vertrieben, wo er in den Dschungeln der burmanischen Grenzberge verschollen ist. Der Krieg erregte großes Aufsehen auch in Europa.

Aurangzēb (Muhī ad-Dīn 'Ālamgīr I., 1658–1707) hatte viel Ähnlichkeit mit Philipp II. von Spanien. Tapfer und hochgebildet, gewissenhaft und subjektiv gerecht, von asketisch-einfacher Lebensweise und ein harter Arbeiter, ein tüchtiger General und raffinierter Diplomat, fehlten ihm dennoch die Qualitäten eines großen Staatsmannes. Seine Strenge und sein Mißtrauen schufen um ihn eine Atmosphäre des Kriechertums und der Heuchelei, seine Bigotterie trieb ihn zu offener Unterdrückung der Hindu, seine aus Mißtrauen geborene Sucht, alles selber zu entscheiden, führte zu allgemeiner Passivität, zu endlosem Verschleppen in der Verwaltung und damit zu immer schlimmerer Korruption. Das unter Akbar einst so schlagkräftige, aber schon unter Jahāngīr und Shāhjahān sich auflösende Heer wurde zu einer riesigen schwerfälligen Horde, die an Erfolgen gar nicht mehr interessiert war; die Generäle fürchteten, durch Erfolge das Mißtrauen des Kaisers auf sich zu ziehen und begnügten sich nach Möglichkeit mit Scheinmanövern im Einverständnis mit dem Feind. Die Verwaltung, von endlosen Kriegen überlastet, brach schließlich völlig zusammen, die muslimische Bevölkerung wurde durch einen düsteren Puritanismus entfremdet, die Hindu durch Verfolgung und Ausbeutung zu stillen Gegnern gemacht, die, wo sie konnten, den äußeren Feind im geheimen unterstützten.

Außenpolitisch schien das Mogul-Reich unter Aurangzēb seinen Höhepunkt zu erreichen. In Assam wurde die Hauptstadt der Ahom-Könige, Gargāon, von Mīr Jumla – einem Großen von Golkonda, der 1655 zu Shāhjahān übergegangen war – geplündert, aber die Truppen litten furchtbar unter dem Tropenregen und dem Hochwasser des Brāhmapūtra; Mīr Jumla kehrte 1663 krank zurück und starb in Dacca; 1667 mußte Assam wieder geräumt werden. Auch die Piraten von Arakan wurden 1665 bis 1666 ausgerottet, aber das

Land konnte ebensowenig gehalten werden. Im Dekhan fielen nacheinander Bījāpur (1686) und Golkonda (1687). 1697 wurde die starke Festung Jinjī (Ginjee, südwestlich von Madras) von Zū'l-fiqar Khān genommen, und Mogul-Truppen streiften fast bis zur Südspitze des Landes.

Aber gerade im Dekhan sollte sich das Schicksal des Reiches erfüllen. In den Bergen der West-Ghāts stieß Aurangzēb auf einen Gegner, der, so klein er auch im Vergleich zu der Riesenmacht des Mogul-Reiches schien, doch alles besaß, was jenem seit Akbars Tagen fehlte: Kühnheit, Zähigkeit, Beweglichkeit, eine anfeuernde nationale Idee und einen Führer, der sein Volk begeistern konnte. Dies alles traf auf die Marāthen unter Shivājī zu. Sie waren ein unverbrauchtes Volk von Bauern und Hirten in einem armen Lande, wo jeder Tafelberg eine natürliche Festung war, wo viele Täler halsbrecherische Schluchten waren, vor allem, wo das Gebirge steil nach der Küstenebene des Konkān abfällt. Schon Shāhjī Bhonsle, Lehnsmann der Sultane von Bījāpur, hatte sich mit seinen leichten Reitern zum Hausmeier des letzten Nizāmshāh, eines Kindes, gemacht. Sein vernachlässigter Sohn aus erster Ehe, Shivājī (geboren 1627, regierte 1647/74–1680), eignete sich seit 1647 in raschem Zugriff durch Überrumpelung viele Burgen an, von wo aus er Moguln so gut wie Bījāpūrī zu plündern begann. Als schließlich Bījāpur durch den Thronfolgekrieg im Mogul-Reiche die Hände freibekam, sandte man Afzal Khān gegen ihn, den Shivājī 1659 bei einer Unterredung erdolchte. Obwohl in den folgenden Kämpfen von den Verbündeten Bījāpūrī und den Moguln in die Ecke getrieben, überrumpelte er 1663 den Harem des Vizekönigs Shāista Khān in Poona und hätte diesen beinahe umgebracht. Im nächsten Jahr plünderte er den großen Handelshafen Surat in Gujarāt, und seine Reiter schwärmten um die Mogul-Hauptstadt des Dekhan, Aurangābād. Als er auch noch den Königstitel annahm, hungerte ihn der kaiserliche General Rājā Jai Singh von Āmber in der Bergfestung Pūrandhār aus. 1666 wurde er unter freiem Geleit nach Delhi gebracht, dann gefangengesetzt, brach aber aus und erreichte in abenteuerlicher Flucht sein Heimatland.

Von da an gab es nur noch unerbittlichen Krieg zwischen den Marāthen und den Moguln. Es war ein Krieg ohne Ende, wobei das schwerfällige Mogul-Heer, schließlich von Aurangzēb selber geführt, Festung um Festung belagerte und einnahm, während in ihrem Rücken die Marāthen den Dekhan verheerten, den Moguln Nachschub und Proviant abschnitten und die verlorenen Burgen in tollkühnem Handstreich zurückgewannen. Freilich war die Lage der Marāthen oft genug verzweifelt; um sich einen Rückzug zu sichern, annektierte Shivājī die Festungen Jinjī und Vellore in der Nähe von Madras (1677–1678). Sein Nachfolger Shambhūjī (1680–1689), ebenso tollkühn, aber unvorsichtig und ausschweifend, wurde schließlich von Aurangzēb gefangengenommen und zu Tode gefoltert. Nun schien der Widerstand der Marāthen zusammenzubrechen, da Aurangzēb die Nachkommen Shivājīs gegeneinander ausspielen konnte. Aber die Marāthen setzten ihre Plünderzüge durch das immer mehr in Chaos versinkende Reich fort. Sie fühlten sich ganz als Nation und als Vorkämpfer der Hindu gegen die Muslime, getragen von den religiösen Ideen der alten Reformatoren in Mahārāshtra, die Shivājīs Lehrer Rāmdās vermittelt hatte.

Inzwischen war der Religionskrieg in ganz Indien ausgebrochen. Nach seiner Thronbesteigung hatte Aurangzēb die hindufeindliche Politik der frühen Sultane von Delhi

Die Mogul-Kaiser Akbar, Shāhjahān und Aurangzēb
Miniaturen im Mogul-Stil, Anfang 18. Jahrhundert
Berlin, Stiftung Preußischer Kulturbesitz, Staatliche Museen, Indische Kunstabteilung

Moschee des Kaisers Akbar in seiner Residenz Fathpur Sikrī, zweite Hälfte 16. Jahrhundert

wiederaufgenommen. Überall wurden die Hindu-Tempel zerstört und Moscheen an ihrer Stelle errichtet; die Hindu wurden von höheren Staatsämtern ausgeschlossen und mit einer Kopfsteuer und Extra-Mautgebühren belastet und vor Gericht schlechter behandelt als die Muslime; Konvertiten gingen sogar straffrei aus. Dies alles traf um so härter, als die Steuern schon von Shāhjahān verdoppelt worden waren und bei den ständigen Kriegen immer höher getrieben wurden. Von gerechter Besteuerung war ohnehin nicht mehr die Rede, es ging nur noch darum, herauszupressen, was möglich war. Und wie die Lage sich immer mehr verschlechterte, wurde die Verwaltung immer korrupter. Überdies machte Aurangzēb nicht einmal vor den Rājputen-Staaten halt, die seine besten Truppen stellten. Die Staaten wurden aufgebrochen, die Erbfolge zugunsten von Konvertiten geändert, die Residenzen ihrer Herrscher geplündert, ihre Tempel zerstört. Die Folge waren Aufstände überall, des Volkes ebenso wie eines Teils der Rājputen-Fürsten (Jodhpur nach dem Tode von Jaswant Singh 1678, Bīkāner 1672, Udaipur 1680, Bundelkhand), während die anderen lustlos fochten und insgeheim mit den Aufständischen, auch den Marāthen, konspirierten. Das hatte wiederum zur Folge, daß die Moguln auch in Afghānistān vernichtende Niederlagen erlitten (1672, 1674), weil die Rājputen-Kontingente die Moguln bei den Kämpfen mit den fanatischen Sektierern der Grenzpässe im Stich ließen. Als Aurangzēb starb, war das Mogul-Reich nicht nur bankrott, es war zu einem einzigen Schlachtfeld geworden, das von einem großen, aber kriegsmüden Besatzungsheer gehalten wurde.

Sein zweitältester Sohn und Nachfolger Bahādur Shāh (Shāh 'Ālam I., 1707–1712), ein schon über siebzigjähriger Mann, der ganz von seinen Großen beherrscht war, verbrauchte sich in einer Reihe von Feldzügen, erst im Kampf um den Thron, dann gegen die Rājputen und schließlich gegen die unter dem Druck der Zeitverhältnisse aus einer pazifistischen Sekte zu bitteren Feinden der Muslime gewordenen Sikh (die Jünger des Guru Nānak, aber von Govind Singh [1606–1645] zu einem Militärorden reformiert). Bahādur Shāh konnte keinen der Siege nutzen, weil er gezwungen war, dauernd die Kriegsschauplätze zu wechseln, ohne sie befriedet zu haben.

Mit seinem Tode bei Lahore setzte endgültig die Auflösung ein. Die noch lebenden Mitglieder des Kaiserhauses waren mehr oder weniger als Gefangene aufgewachsen, ohne jede militärische und administrative Erfahrung. Nur Bahādur Shāhs zweiter Sohn 'Azīm ush-Shān zeigte Energie; er bemächtigte sich des Heerlagers, wurde aber verraten und kam im Rāvi-Fluß um. Die Großen wollten keinen mächtigen Herrscher mehr; die großen Rājputen-Staaten schlossen sich unter der Führung von Mahārājā Sawāi Jai Singh von Āmber (dem Gründer von Jaipur) zu einer Heiligen Allianz gegen die Moguln zusammen. So wurde Bahādur Shāhs ältester Sohn Jahāndār Shāh (1712) zum Kaiser erhoben. Er trieb sich mit einer Kurtisane, Lāl Kaur, in den Nachtlokalen Delhis herum, während Zū'l-Fiqar Khān, der Sohn von Aurangzēbs ehrwürdigem Minister Asad Khān, die Regierung führte, und die anderen Großen die Provinzen unter sich verteilten. Aber die Großen waren unter sich uneinig, hatten sich in drei Parteien gespalten: Tūrānī (Türken), Irānī (Perser) und Hindostānī (Inder); außerdem bestanden noch Gegensätze zwischen Sunniten und Shī'iten. Bald zogen die Bārha Sayyid mit Azīm ush-Shāns Sohn Farrukhsiyar aus Bengalen und Bihār heran, besiegten in der Schlacht von Samugarh Jahāndār und Zū'l-Fiqar Khān und richteten sie hin.

Unter Farrukhsiyar (1713–1718) schritt die Auflösung des Reiches weiter fort. Der Kaiser war der Gefangene der beiden Sayyid-Brüder und erließ unter ihrem Druck Befehle und Ernennungen, gleichzeitig aber, in Notwehr und unter anderen Einflüssen, heimliche Gegenbefehle. Die Großen führten nun ganz offen Krieg um die Statthalterschaften, jeder berief sich auf eine kaiserliche Ernennung. Die von Akbar eingerichtete Bürokratie wurde aufgelöst, und jeder Machthaber ernannte nach Gutdünken seine eigenen Vertrauensleute; damit fiel auch die – praktisch schon längst zusammengebrochene – geordnete Steuerverwaltung auseinander. Und außerdem wurden die Marāthen als Verbündete der einen oder der anderen Partei ins Land gerufen. Schließlich ermordeten die Sayyid Farrukhsiyar.

Nach zwei kurzen Zwischenregierungen folgte Muhammad Shāh (1719–1748), dem es im nächsten Jahr gelang, die Bārha Sayyid ermorden zu lassen. Während die Großen sich weiter um die Ämter stritten, lebte er seinen Vergnügungen. Ein Buch über »bedeutende« Persönlichkeiten des damaligen Delhi nennt bezeichnenderweise nur Sängerinnen, Tänzerinnen und Kurtisanen. Für diese Feste wurden auch die Steuereingänge aus den Provinzen vertan, die nun selber die Mittel für ihre Verwaltung und Verteidigung aufbringen mußten. Die Folge war, daß die Statthalter bald nur noch Ergebenheitsadressen, aber kaum mehr Gelder schickten und eigene Dynastien gründeten.

Verteidigungsmaßnahmen wurden aber notwendig, weil die Marāthen ihre Raubzüge immer weiter nach Indien hinein ausdehnten. Aber auch Nādir Shāh (1736–1747) von Persien benutzte die augenscheinliche Schwäche des Mogul-Reiches, um 1738 über Ghazna nach Kābul zu marschieren, 1739 die vielfach überlegene Mogul-Armee, deren Führer sich nicht einig waren, bei Karnal vernichtend zu schlagen, Delhi zu besetzen und die dort angehäuften ungeheuren Schätze zu plündern. Ein Teil der Bevölkerung wurde niedergemacht und die Reichen gefoltert; einige konnten sich retten, indem sie die Angeber spielten. Nādir Shāh setzte Muhammad Shāh wieder ein, annektierte aber die Provinzen westlich des Indus und ganz Sindh. Nizām al-Mulk, der spätere Gründer des Staates Hyderabad, bemühte sich dann, die Mogul-Regierung zu reformieren, aber Muhammad Shāh hatte nichts dazugelernt; und 1642 machte sich Nizām al-Mulk im Dekhan unabhängig.

Unter Ahmad Shāh (1748–1754) stritten sich seine Mutter Qudsia Bēgam (die Ex-Kurtisane Udham Bāī und Konkubine Muhammad Shāhs) und Safdar Jang, der Gouverneur von Oudh (dem heutigen Uttarpradesh) um die Macht. Um Safdar Jang zu vertreiben, wurde Ghāzī ad-Dīn Fīrōz Jang, der älteste Sohn Nizām al-Mulks (der bei der Erbfolge im Dekhan übergangen worden war und sich ein neues Fürstentum zu erobern suchte), um Hilfe angerufen, aber vom Kaiser im Stich gelassen. Der Kaiser wurde abgesetzt und geblendet, bald danach mit seiner Mutter ermordet. Unter 'Ālamgīr II. (1754–1759) herrschte Fīrōz Jang mit Hilfe der Marāthen, stieß aber bei dem Versuch, den Punjāb zu annektieren, mit dem Afghānen-König Ahmad Shāh Durrānī (1737–1773) zusammen, der 1759 Delhi noch einmal plünderte. Bei einer weiteren Expedition gegen die Marāthen vernichtete Aḥmad Shāh 1761, im Bunde mit Nawāb Shujāʿ ad-Daula von Oudh, ein riesiges Heer unter dem Bhāo Sāhib Sadāshiv Rāo, einem Vetter des regierenden Peshwā, bei Pānipat. Der Punjāb und Kashmir wurden afghānische Provinzen.

Shāh ʿĀlam II. (ʿAlī Gauhar, 1760–1806) führte ein abenteuerliches Leben als Flüchtling am Hofe Shujāʿ ad-Daulas, der eine Zeitlang sein Großwezīr war, unter englischem Schutz in Allahābād, in Delhi unter verschiedenen lokalen Machthabern und unter dem Marāthen-Fürsten Mahadjī Sindhia; 1788 wurde er von einem afghānischen Abenteurer Ghulām Qādir überrumpelt und geblendet und 1803 von den Engländern pensioniert. Er war der letzte, in dessen Namen Münzen geschlagen wurden, wenn auch nur in seiner Eigenschaft als Verleiher des Münzrechts. Unter Akbar II. (1806–1837) wurde erst der Nawāb von Oudh als »König« hochgespielt, dann ließ die Ostindische Kompanie 1834 die Maske des »Mogul-Vasallen« fallen und übernahm auch *de jure* die Herrschaft, die sie schon längst *de facto* ausübte. Bahādur Shah II. wurde in den großen Aufstand (die *Mutiny*) 1857 bis 1858 verwickelt und starb elend als uralter Verbannter in Burma.

Jedoch wiederholte sich dieser Verfallsprozeß in kleinerem Maßstab auch in den Staaten der Nawābs (Statthalter) und Mahārājās (der früheren Hindu-Vasallen), in die sich das Mogul-Reich aufgelöst hatte. Auch hier degenerierten die Nachkommen fähiger Staatsmänner schnell im Luxus und traten die tatsächliche Macht an »Vertreter« ab, seien es nun Minister oder Generäle. Partei- und Thronfolgekämpfe, Invasionen von außen zwangen sie früher oder später, fremde Condottieri zur »Hilfe« ins Land zu rufen. Die Unzuverlässigkeit aller Machtgrundlagen, Verrat der »Freunde« und Allianzen mit den Gegnern von gestern, allgemeine Käuflichkeit machten eine planmäßige Politik unmöglich. Und die Kriegsverwüstungen schließlich machten jeden Versuch, die Lage von Grund auf zu bessern, unmöglich. Nationalität, Kulturtradition, Religion, Moral hatten in dem allgemeinen Kampf ums nackte Überleben – für die im Augenblick Mächtigen so gut wie für die ins Elend Abgesunkenen – ihre Bedeutung verloren. Indien wurde in ein Chaos von Kleinstaaten atomisiert, über das die Wogen ständig wechselnder »Großmächte« hin und her rollten, nichts als Elend, Apathie und Entvölkerung zurücklassend.

Und so fiel die Macht schließlich an diejenigen, die einen Rückhalt in festeren wirtschaftlichen, gesellschaftlichen und politischen Verhältnissen besaßen und daher auch organisatorisch und technisch die Inder überflügelten: die Europäer. Europa hatte ja ganz ähnliche Zustände etwa hundertfünfzig Jahre zuvor gekannt, zur Zeit der Religions- und Frondekriege und des Dreißigjährigen Kriegs. Aber Europa war ernüchtert daraus hervorgegangen und hatte unter dem aufgeklärten Absolutismus den Weg zu einem, trotz aller Schwächen, starken Staatssystem mit zentraler Verwaltung, diszipliniertem Heer und wirtschaftlichem Aufbauprogramm gefunden und machte schon die ersten Schritte in das Zeitalter der Industriellen Revolution, die im folgenden Jahrhundert die ganze Welt so grundlegend verändern sollte.

In dieser völlig chaotischen Entwicklung lassen sich vier Tendenzen erkennen: der Umbau des Marāthen-Reiches, als an eine weitere Ausdehnung der Plünderzüge nicht mehr zu denken war; die »Renaissance«-Bestrebungen der muslimischen Staaten; die Expansion der Afghānen über Nordwest-Indien und der Freiheitskampf der Sikh gegen sie; und schließlich die europäische Expansion, erst in Selbstverteidigung, indem sie Pufferzonen schufen, und dann als Eroberer.

Die Marāthen hatten in den Peshwās (Regenten) von Poona neue Führer gefunden, die ihre ziellosen Plünderzüge in einem umfassenden Eroberungsprogramm zusammenschlossen. Der Brāhmane Bālajī Vishvanātha, Minister (1714—1720) von Shivājīs Enkel Shāhū (1708—1749), regelte den nach Shambhūjīs Tode ausgebrochenen Familienstreit durch Teilung des Reiches zwischen Kolhāpur und Sātārā. Während aber Kolhāpur ein Kleinstaat blieb, breitete sich die Macht von Sātārā über ganz Indien aus. Shāhū blieb ohne Einfluß, wurde aber als nationales Symbol noch mit Ehren bedacht (seine Nachfolger waren dann kümmerliche Gefangene), während sich die Peshwās in Poona eine prachtvolle Burg erbauten. Schon Bālajī Vishvanātha hatte ein großes Reiterkorps zur Unterstützung der Bārha Sayyid nach Delhi geführt. Unter seinen Nachfolgern Bājī Rāo I. (1720—1740) und Bālajī Bājī Rāo (1740—1761) überschwemmten die Marāthen ganz Nordindien bis zu den Grenzen Afghānistāns, nachdem Nizām al-Mulk, der Nawāb des Dekhan, ihnen den Weg nach Norden in einem Nichtangriffsvertrag freigegeben hatte. Und Muhammad Shāh mußte diese Expansion anerkennen, indem er den Peshwā zum Statthalter von Mālwa ernannte. Um die Marāthen-Generäle, die Sindhia, Holkar, Bhonsle, Gāekwad, unter Kontrolle zu halten, wurde jede eroberte Provinz unter sie aufgeteilt. Aber die Marāthen dachten gar nicht daran, sie wirklich zu verwalten, sie trieben nur mit Waffengewalt den Tribut (*Chauth*, »ein Viertel«, und *Sardēshmukhī*, ein Zuschlag zu den lokalen Steuern) ein und überließen alles übrige den kleinen lokalen Machthabern, den Nawābs, Emīren und Rājās.

Doch trat nach der vernichtenden Niederlage durch die Afghānen bei Pānipat 1761, die indirekt auch zum Tod des Peshwā führte, ein völliger Umschwung ein. Ein jahrzehntelanger Streit um die Thronfolge in Poona begann, die Macht ging schließlich an einen Regentschaftsrat unter dem bedeutenden Minister Nānā Farnavīs über, die Generäle machten sich weitgehend selbständig, wobei sie sich auf den Großmogul oder die Engländer stützten, und gründeten die Staaten von Gwāliōr (ursprünglich Ujjain) und Indore, die überdies dank der endlosen Kriege zwischen Jodhpur, Jaipur und Bīkāner und der Parteikämpfe in Udaipur Rājasthān kontrollierten, dazu Barodā (Gujarāt und Kāthiāwār) und Nāgpur (östliches Zentralindien), dem auch Orissa untertan war. Mahadjī und Daulat Rāo Sindhia wie auch Yashwant Rāo Holkar waren mächtiger als der Peshwā, gaben ihm 1785 im Namen des Kaisers Befehle und plünderten sogar 1798 und 1802 Poona. In den drei Marāthen-Kriegen (1778—1780, 1803—1805 und 1817—1818) isolierten die Engländer die Marātha-Vasallenfürsten und setzten den letzten Peshwā Bājī Rao II. 1818 ab.

Von den muslimischen Staaten wurden der Carnatic (die südindische Küstenebene), Hyderabad, Mysore und Bengalen die Opfer der Machtkämpfe zwischen Engländern und Franzosen, während Oudh erst gegen die letzten Mogulen ausgespielt und schließlich, durch Mißwirtschaft zerrüttet, 1856 annektiert wurde. In allen Fällen waren europäische Abenteurer als Heeresorganisatoren beteiligt, vor allem seitdem die Inder die Überlegenheit der europäisch gedrillten Truppen erkannt hatten und ihre undisziplinierten Söldnerhorden durch disziplinierte Regimenter zu ersetzen suchten. Da die Franzosen von ihrer Heimatregierung schlecht unterstützt wurden, traten sie, aus bewußter Politik oder aus Not, in die Dienste der Nawābs und Mahārājās, was wiederum die Engländer zwang, sich in deren Politik, vor allem in die Thronstreitigkeiten, einzumischen, um sie wieder zu verdrängen. Im Laufe des 18. Jahrhunderts steigerte sich der Kampf zwischen England und Frankreich immer weiter und griff auch auf alle Überseebesitzungen über. Napoleons Expedition nach Ägypten wurde daher für die Briten das Signal zur Eroberung Indiens.

Der Carnatic wurde zum Zankapfel im Streit zwischen der Oberhoheit des Nizām von Hyderabad und der Tendenz der Zeit, die fürstliche Stellung erblich werden zu lassen. So kam es nach der Ermordung des Nawāb Safdar 'Alī zum Krieg zwischen seiner Familie und dem neuernannten Nawāb Anwar ad-Dīn, wobei die Marāthen, Franzosen und Engländer zu Hilfe gerufen wurden; der Krieg griff 1748 auch auf Hyderabad über, wo Nāsir-Jang und Muzaffar-Jang um die Krone kämpften. Hyderabad wurde bald von den Franzosen de Bussy und Raymond dominiert, während der Nawāb des Carnatic in das englische Madras übersiedelte. 1792 wurde Hyderabad englischer Vasallenstaat, 1801 der Carnatic annektiert. An diesen Kämpfen war auch Mysore beteiligt, der letzte Überrest des großen Hindu-Reiches von Vijayanagar, wo aber in den Kriegen mit den Marāthen und Hyderabad 1759 bis 1760 ein muslimischer Reitergeneral, Haidar 'Alī, die Regierung übernommen hatte. Gegen ihn und seinen Sohn Tipu Sultān (1782–1799), der mit den Franzosen im Bunde war, mußten die Engländer vier blutige Kriege führen (1767–1769, 1780–1784, 1790 bis 1792, 1798–1799), bis die Hauptstadt, die Inselfestung Seringapatam, gestürmt und Tipu Sultān bei ihrer Verteidigung gefallen war. In Bengalen (Hauptstadt Murshīdābād) hatte der Kampf zwischen der britischen Handelsniederlassung Calcutta und der französischen in Chandernagor den Untergang eingeleitet. Der vierte Nawāb Sirāj ad-Daula (1756 bis 1757) beanstandete die gegen den Konzessionsvertrag verstoßende Befestigung Calcuttas, nahm die französischen Flüchtlinge aus Chandernagor in seinen Dienst und besetzte Calcutta, wobei die englischen Gefangenen in der Tropenhitze erstickten. Aber ein kleines, aus dem Carnatic geholtes englisches Heer unter Clive besiegte bei Palasi (Plassey) Sirāj ad-Daula, der verraten und durch Mīr Ja'far ersetzt wurde. Mīr Qāsim (1760–1765) suchte nochmals den Staat mit Hilfe von Shāh 'Ālam II. und von Nawāb Shujā' ad-Daula zu retten, aber die Niederlage bei Baksar (Buxar) machte diesen Hoffnungen ein Ende. Oudh (Hauptstadt erst Fyzabad, dann Lucknow) schien unter Shujā' ad-Daula (1751 bis 1775), dem Sohn von Ahmad Shāhs Großwezīr Safdar Jang und Schwiegersohn Muhammad Shāhs sowie 1760 bis 1764 Großwezīr Shāh 'Ālams II., im Bunde mit den Afghānen, die führende muslimische Macht zu werden, vor allem nach dem Sieg 1761 bei Pānipat, aber die Niederlagen durch die Engländer bei Baksar und Kora 1764 bis 1765 machten diese Träume zunichte. Āsaf ad-Daula (1775–1797) war schon weitgehend von den Engländern abhängig, die späteren Nawābs, seit 1814 »Könige«, waren nur noch geduldete launische Schwächlinge. 1856 wurde Wājid 'Alī Shāh, welcher sich nur noch mit Frauen, Literatur und Theater abgegeben hatte, abgesetzt und Oudh den *United Provinces* (heute Uttar Pradesh) einverleibt.

Der Punjāb litt erst durch die Durchzüge der Perser, Marāthen und Afghānen, wurde 1759 afghānische Provinz (zusammen mit Kashmīr); die letzte Mogul-Statthalterin, Moghlānī Bēgam, endete als Straßenbettlerin. Andererseits aber war der Punjāb die Heimat der kriegerischen Sikh-Sekte. Von den Moguln wie den Afghānen grausam verfolgt, wurde sie die Zuflucht für alle von der afghānischen Mißwirtschaft zur Verzweiflung Getriebenen und schwoll allmählich zu einem Volk an. In einem endlosen Partisanenkrieg zwangen sie die Afghānen zu immer neuen, immer erfolgloseren Strafexpeditionen, bis Ranjīt Singh (1797–1839) von Shāh Zamān (1793–1800) 1797 zum Gouverneur von Lahore gemacht wurde und in den folgenden Jahrzehnten mit Hilfe europäisch gedrillter Truppen den ganzen Punjāb, Mūltān, die afghānische Grenzprovinz und Kashmir zu einem Königreich vereinigte, während seine Vasallen, die Mahārājās von Jammū, die anstoßenden Himalaya-Gebiete einschließlich Ladakh (1834) eroberten. Danach folgte eine Reihe blutiger Thronwechsel, die Kontrolle über das Sikh-Heer ging verloren. 1846 wurde das Sikh-Reich geteilt, 1849 der Punjāb von den Engländern annektiert.

Nur deshalb konnten die Briten so viele Reiche, überdies noch meist mit Hilfe indischer Truppen und niederer Beamter, erobern, weil dies den Indern lange kaum bewußt wurde. Man war schon seit Jahrhunderten an Europäer gewöhnt, kannte sie als Kaufleute, Artilleristen, gelegentlich auch als Ingenieure und Kunsthandwerker. Von Europa selber hatte man kaum eine Ahnung. Und Christen lebten schon seit fast zwei Jahrtausenden im Lande, die Thomas-Christen im äußersten Süden und armenische Flüchtlinge im Mogul-Reich. Die Engländer traten auch gar nicht als fremde Eroberer auf, ja sie kamen bis Ende des 18. Jahrhunderts überhaupt nicht auf die Idee, sich mit der scheinbar überwältigenden Macht der Großmoguln und Nawābs zu messen. Ursprünglich dachten sie nur daran, ihre Handelsinteressen zu sichern und die einheimischen Regierungen in diesem Sinne zu beeinflussen. Bei der Armut des Volkes mußten sie ja den einheimischen Bauern und Handwerkern große Kapitalien vorstrecken, die im Kriegsfall in Gefahr gerieten, verlorenzugehen. Mit den britisch-französischen Kriegen des 18. Jahrhunderts wurde jedoch aus dieser Defensiv-Politik ein Streit der Interessensphären. Und Großbritannien siegte dabei, weil es als Seemacht eine Überseepolitik auf weite Sicht führen konnte, während Frankreich, das auf dem europäischen Kontinent engagiert war, zwischen aktivem Eingreifen und Fahrenlassen hin und her schwankte. Aber selbst als die Einmischung in die Politik der indischen Staaten unvermeidlich geworden war, als die Engländer schon die ganze hoffnungslose Schwäche Indiens voll begriffen hatten, schreckten die Direktoren der Ostindischen Kompanie davor, als ihren Dividenden abträglich, zurück, und die englische Regierung, weil sie diese Politik für »wahnsinnig« hielt; und nur der Kampf gegen die Franzosen zwang sie schließlich, die schon vollzogene politische Entwicklung in Indien zu sanktionieren.

In den Augen der Inder aber waren die Europäer nichts anderes als wieder eine Gruppe von Condottieri, wie es Afghānen, Perser, Türken, Rājputen, Marāthen gewesen waren. Sie traten ja auch wie jene als Vasallen, Steuerpächter, militärische Abenteurer und schließlich als Regenten für die einheimischen Fürsten auf, wie man es gewohnt war. Sie ließen die Verwaltung im wesentlichen, wie sie war; sie betrieben ihren Handel mit Hilfe indischer Agenten, sie sprachen und korrespondierten mit den Indern auf persisch, wenn auch meist mit Hilfe eines einheimischen Munshī (Dolmetschers); viele lebten mit indischen Frauen, manche hielten sich sogar einen Harem. Niemand nahm daher Anstoß daran, ihnen Steuern zu zahlen oder in ihre Dienste zu treten, ja die britische Herrschaft war geradezu attraktiv. Sie war sicher skrupellos, manchmal sogar brutal. Die Fürsten wurden mit riesigen Kriegsentschädigungen oder hohen Bestechungsgeldern für Versprechen geplündert, die kurz oder überhaupt nicht eingehalten wurden. Die Briten ersetzten die fürstlichen Truppen durch ihre eigenen Regimenter, ließen sich für diesen »Schutz« übermäßige Subsidien zahlen, und wenn die Fürsten sie nicht aufbringen konnten (was damals die Regel, ja das Übliche war), so ließen sie sich ganze Provinzen verpfänden. Sie unterstützten die schwachen Prinzen, und wenn diese nicht regieren konnten, war dies ein Vorwand, englische »Berater« einzusetzen. Und Fürsten wie Adel degenerierten, weil sie, nach außen ohnmächtig, innerhalb ihres engen Machtbereichs jeder Laune frönen konnten.

Aber all dies wurde zu jener Zeit als ganz normal empfunden. Und ebenso war es mit der Korruption, mit einer ungenügenden Rechtspflege, sogar mit Rechtsbeugungen, die zum Teil aus Unkenntnis der indischen Verhältnisse begangen wurden. Dafür aber hatte man Frieden und klar übersehbare Verhältnisse. Und so hoch die Subsidien für den britischen Militärschutz waren, sie waren noch unendlich billiger als das Chaos eines Krieges, wenn sich verlumpte Soldaten durch Plünderung und Tortur für den Sold schadlos halten mußten, der ihnen nie oder erst nach Jahren und mit zahlreichen Abzügen ausbezahlt wurde.

Erst als die Ost-Indien-Kompanie aus einer Handelsgesellschaft zu einem direkten Instrument der britischen Staatspolitik geworden war, änderte sich diese Politik: die Maske fiel. Die »Stellvertreter« des Großmogul verwandelten sich in eine fremde Kolonialmacht. Die neuen Herrn isolierten sich, behandelten die Inder in jeder Hinsicht als Halbwilde und Heiden, als *Natives,* die man wie Kinder leiten, erziehen und missionieren müsse. Sie führten Englisch als Verwaltungssprache und ein englisches Erziehungssystem ein, als Ersatz für die einheimische Hofkultur. Damit jedoch begann die Problematik des heutigen Indiens, die Auseinandersetzung mit der modernen Weltkultur und die Geburt einer Nationalidee aus dem Bewußtsein einer Kultureinheit.

Die Kultur der Großmogul-Zeit

Unter den Großmogul-Kaisern hatte sich die letzte große Synthese der indischen Kultur vollzogen. Die Entwicklung war allerdings reichlich komplex verlaufen, und sonderbarerweise haben Ereignisse, die scheinbar ein Auseinanderbrechen hätten verursachen müssen, den Bruch mit der Vergangenheit zwar beschleunigt, letzten Endes aber auch die weitere Verschmelzung des Verschiedenartigen gefördert. Das Mogul-Reich konnte sich nur mittels einer Verständigung mit den Hindu konsolidieren; Shāhjahāns islamisch-tīmūridische Politik stieß auf die Feindschaft und den Hohn jener muslimischen Nachbarn, die er einst als Vorbild betrachtet hatte; die Folgen von Aurangzēbs Unterdrückung der Hindu führten zu einem Chaos, in dem die Kultur des zerfallenden Reiches als Ausdruck der Ebenbürtigkeit mit dem Kaiserhofe auch von den Hindu weitgehend übernommen wurde.

Bis in die frühen Regierungsjahre Akbars hinein war die Kultur der Moguln das Erbe des späten Tīmūriden-Reiches von Samarkand und Herāt, später des Safawiden-Hofes von Persien. Aber schon unter Humāyūn begann die Verschmelzung mit der gleichzeitigen Kultur der indischen Muslime, die in den ersten fünfzehn Jahren Akbars ihren Abschluß fand. Freilich brach der Zustrom von Offizieren, Beamten, Gelehrten und Künstlern aus Persien und Turkistan nicht ab und wurde erst in der Umgebung des aufsässigen Prinzen Salīm (etwa 1595–1605), dann auch in Jahāngīrs letzten Jahren und in der frühen Regierungszeit Shāhjahāns stark spürbar. Unter Aurangzēb bestimmten eher die Muslime der eroberten Sultanate des Dekhan den kulturellen Stil. Seit etwa 1562 bis 1570 hatte aber die Verschmelzung mit der Kultur der Rājputen eingesetzt, die jedoch in Jahāngīrs letzten Jahren (seitdem Nūrjahān mitregierte) ein Ende fand. Statt dessen begann die immer intensivere Übernahme der Mogul-Hochkultur an den Rājputen-Höfen, und sie wurde allgemein seit etwa 1690 bis 1720. Unter Muhammad Shāh flossen, vor allem durch die Halbwelt, viele Hindu-Traditionen in die späte Mogul-Zivilisation ein, besonders in Musik, Tanz, Literatur. Unter Shujā' ad-Daula von Oudh und den letzten beiden Mogul-Schattenkaisern träumte man von einer »Renaissance« der großen Zeit, die allerdings nicht über äußerliche Nachahmungen und die Übernahme persisch-afghānischer Moden hinauskam. Die Marāthen blieben immer bäuerlich, übernahmen viel von Bījāpur, später von den Moguln und Rājputen. Nur im äußersten Süden, im Tamil-Lande, in Mysore und an der Malabar-Küste erhielt sich die vorislamische Tradition, wenn auch hier in einem gewissen Maße Mogul-Kultur und von ihr beeinflußte Marāthen-Moden, Bauformen und sogar literarische Ideen über den Hof von Tanjore eindrangen.

Die Mogul-Kaiser sprachen und schrieben ursprünglich Türkisch. Auch Bābur und Humāyūn haben in dieser Sprache gedichtet und ihre Memoiren geschrieben, ebenso schrieb Jahāngīr seine *Tūzuk* auf türkisch, das sich auch im kaiserlichen Harem noch lange erhielt. Aber bald wurde Persisch die Hofsprache, für die Verwaltung ebenso wie in der Literatur. Und natürlich wurden die Themen der klassischen persischen Literatur nachgeahmt und variiert. Aber schon unter Humāyūn wurde der Roman von Amīr Hamza, eine verschleierte Romantisierung der Eroberung Südindiens durch die Muslime im 14. Jahrhundert, beliebt. Akbar, so sehr an der Hindu-Kultur interessiert, ließ zahlreiche Sanskritwerke in einer von dem Dichter Faizī geleiteten Akademie ins Persische übertragen, zum Beispiel das *Razm-Nāma (Mahābhārata), Rāmāyana, Harivamsha, Nal-o-Daman, Jog-Bāshisht, Līlāvatī*. Auch in der Folgezeit waren solche persischen Nachdichtungen indischer Themen beliebt, wie *Ratnasena-o-Padmavat* (die Belagerung Chitorgarhs durch A'lā ad-Dīn Khiljī), *Madhumalat-o-Manohar (Malatī-Mādhava), Pānūn-o-Sīsī, Hīr-o-Ranjhā*. Andere Romanzen griffen direkt auf das Volksleben zurück, wie Nau'īs *Sōz-u-Gudāz* oder *Shūru Khayāl, Rishta-i Gauhar*. Es wurden gelehrte Interpretationen der Vedānta-Philosophie verfaßt, etwa Faizīs *Shāriq-al Ma'rifat*, oder Prinz Dārā Shukōhs *Sirr-i Akbar (Sirr-al-Asrar)* und *Majma'-al-Bahrain*. Unter den Dichtern wären zu erwähnen: unter Humāyūn Maujī; unter Akbar Faizī, Abū'l Fazl, Bīrbal, Mīr Ma'sūm Safawī (Namī) und Nau'ī; unter Jahāngīr Tāqī, Vaslī, Bazmī und Muhammad Tālib; unter Shāhjahān vor allem Muqīm, 'Atā-ullah Rashīdī; unter Aurangzēb »Khalīfa« Ibrāhīm, Fauqī, der jüdische, zum Hinduismus neigende Sūfī Sarmad, und vor allem die Prinzessin Zēban-Nisā Bēgam (Makhfī); unter Bahādur Shāh Rangīn, unter Muhammad Shāh Faqīr, Adhūr, Wahmī. Auch der letzte Mogul-Kaiser war ein produktiver Dichter unter dem Pseudonym Zafar. Aber der Dichter war Legion, weil jeder Gebildete Verse machte, in einem Stil, der sich mehr und mehr von dem in Persien vorherrschenden zu differenzieren begann. Die Geschichtsschreibung war umfassend; es genüge, hier nur wenige zu nennen: Gulbadan Bēgam, Abū'l Fazl *(Akbar-Nāma)*, al-Budāonī *(Muntakhab-at-Tawārīkh)*, Nizām ad-Dīn Ahmad *(Tabaqāt-i Akbarī)*, Mir Muhammad Yahyā Kāshī *(Pādishāhnāma)*, Ghulām Haszan *(Fathnāma-i Tipu Sultān)*, doch es gab noch viele andere, auch Hindu.

In der wissenschaftlichen Literatur, vor allem der Theologie, war Arabisch üblich. Hier können wir nur Shaikh Ahmad Sarhindī erwähnen, der durch seinen intransigenten Transzendentalismus der hindufeindlichen Orthodoxie den Weg bereitete.

Unter Muhammad Shāh wurde das Persische weitgehend von dem Urdū (das heißt Hindī mit überwiegend persischem Wortschatz) verdrängt, das sich schon an den Höfen der Sultāne des Dekhan durchgesetzt hatte. Walī führte die Urdū-Poesie am Hofe Aurangzēbs in Aurangābād ein. Unter Muhammad Shāh waren unter anderen berühmt Dard, Abrū, Hātim; im späteren 18. Jahrhundert galt vor allem der Hof von Oudh als das Zentrum verfeinerten Lebens und der Urdū-Dichtung; die berühmtesten Namen sind Mīr Tāqī, Sauda, Afsōs, Inshā, Akhtar (König Wājid 'Alī von Oudh). Es ist eine höchst gekünstelte Dichtung, etwa wie unsere extrem Modernen, eng mit Musik und Tanz und dem Kurtisanenleben verbunden. Erst im 19. Jahrhundert fand sie zu ernsten Themen zurück, so bei Ghalīb und dem modernen Philosophen Muhammad Iqbāl.

Auch die Hindu-Literatur, vor allem in Hindī und Bengalī, wurde in die Richtung einer kunstvollen Form und starken Erotisierung gedrängt, wobei man die mystische Bildersprache der Liebe zwischen Rādhā und Krishna zur Verkleidung zwar feinfühliger, doch höchst weltlicher, meist fürstlicher Liebesabenteuer verwandte (Riti-Schule). Diesen Stil hatte schon Kripa-Rām (um 1540) in seiner *Hit Tāranginī* vorbereitet. Der schon erwähnte Keshavadās Sanādhya Mishra (1555–1617) hatte ihn unter Rājā Madhukar Shāh von Orchhā in seiner berühmten *Rasik-Priyā*, seiner der (auch von Akbar umworbenen) Kurtisane Pravīn Rāi Pātarī gewidmeten *Kavi Priyā*, *Rām Alamkritmanjarī* und in anderen Werken zu höchster Vollendung gebracht. Unter seinen künstlerischen Nachfolgern wären Sundar, der Hofpoet von Shāh Jahān und Verfasser des *Sundar Shringār*, die drei Brüder Chintāmani Tripathi, Bhūshan Tripathi und Mati-Rām Tripathi zu nennen, dann Bihārī-Lāl Chaube (um 1603–1663), Hofdichter von Rājā Jai Singh von Āmber und Verfasser der *Satsāi*, die alle das *Saptashatakam* (in Prākrit) des Hāla zum Vorbild nahmen, schließlich Mahārājā Jaswant Singh von Jodhpur (1625–1678), der Verfasser des *Bhāshā Bhūshan*. Wie schon der Titel dieses Werkes (»Schmuck der Sprache«) verrät, waren all die Werke zugleich Mustersammlungen nicht nur kunstvoller poetischer Techniken, sondern auch psychologischer Analysen der Gefühle der angebeteten Mädchen und ihrer Liebhaber *(Nāyaka-Nāyikā Bheda)*. In der *Rāgmālā*, von der es viele Versionen gibt, wurde diese erotische Psychologie wiederum mit bestimmten Tonarten (Rāgās und Rāginīs), Stunden, Tageszeiten, Monaten (Bārā-Māsa) und Jahreszeiten (Varsha) in engste Beziehung gebracht und als solche auch in beliebten Bilderbüchern zusammengestellt. Der bedeutendste Bearbeiter dieses Themas war Tān-Sen aus Gwāliōr, der größte Musikstar seiner Zeit, der phantastische Gagen bezog und von Akbar mit Gewalt an seinen Hof gezogen wurde.

Hindī-Gedichte waren unter gebildeten Hindu so selbstverständlich wie persische Verse bei den Muslimen, die Zahl der kleineren Dichter ist unübersehbar. Auch die Moguln hatten Verständnis dafür, und das Rādhā-Krishna-Thema wurde so selbstverständlich wie die klassischen Mythen an den europäischen Höfen der Renaissance und des Barock. Aus dem vertrautesten Kreis Akbars wäre sein »Schöngeist« Rājā Bīrbal zu nennen, dazu der Finanzminister Tōdar-Mal, der General Mān Singh, Rājā von Āmber, Faizī, und der Minister 'Abd ar-Rahīm Khānkhānān (1553–1627), der Sohn des Regenten Bairam Khān. Auch Jahāngīr und Shāhjahān förderten Hindī-Dichter, zum Beispiel Sundar, Senapati, die Tripathi Brüder, Sarasvatī; unter Aurangzēb, dank dessen Puritanismus Kunst und schöne Literatur verfemt waren, übernahmen seine Söhne und Generäle diese Aufgabe. Religiös und politisch wichtig wurde aber Tūlsī Dās (etwa 1532–1623), der Verfasser des *Rām-Charit-Mānas* (»Meer der Taten Rāmas«, 1575), der *Rām Gītāvalī*, der *Dohāvalī*, der *Kavittāvalī* und anderer Werke. Sie gaben der Verehrung Rāmas neuen Auftrieb, die ihrerseits von den bedeutenderen Rājputen-Fürsten als ideologische Basis zentralistischer politischer Reformen benutzt wurde.

Das 18. und frühe 19. Jahrhundert brachten zahllose neue Dichter hervor, die meistens an den Höfen der vielen kleinen Machthaber unterkamen, aber wenig Originelles produzierten. Charakteristisch für diese Spätzeit war eine Erotisierung bis zur Obszönität (Zentren dieser Dichtung waren die Häuser der großen Kurtisanen), aber stets in gekünstelter Form bei wachsendem Pessimismus.

Dieselben Züge wiederholten sich in der Literatur in Gujarātī und Bengalī. In Gujarāt war der populäre religiöse Dichter Premānand (1636–1734), propagierte der Sādhu und Vedānta-Prediger Ākho (1615–1675) die Weltentsagung, schrieb Nemivijaya die Geschichte der keuschen Frau im Bordell *(Shīlavatī Rāso)* und Sāmal (1640–1730?) sehr freie Kurtisanengeschichten, verfaßte Dayarām (1767–1852) erotische Krishna-Lyrik *(Rasik Vallabh, Sat Sayyā)*. In Bengalen hatte schon 1589 Mukunda Rāma eine populäre Bearbeitung der *Chandī* (der Durgā-Mythe) und 1595 Govinda-Dāsa das *Annadā-Mangala* oder *Kālikā-Mangala* verfaßt, die Geschichte der geheimen Liebe zwischen Prinz Sundara und Prinzessin Vidyā, die, entdeckt, noch auf dem Richtplatz von der Göttin Kālī gerettet werden. Sayyid Alāol (1618– etwa 1700), der im Dienste des Premierministers von Arakan in die durch die Flucht des Mogul-Prinzen Shāh Shujā' verursachten Wirren hineingezogen wurde, verfaßte 1521 eine berühmte Nachdichtung der *Padmāvatī* des Malik Muhammad Jayasī.

Im 18. Jahrhundert waren die Hauptzentren der Bengalī-Literatur die Höfe von Rājā Krishnachandra von Nadiā (korrupt und konservativ, aber höchst gelehrt) und von Rājā Rājavallabha von Dacca in Vikrampur-Rājanagar (liberal). Hier entstand die *Harilīlā* des Jaya-Nārāyana Sen und seiner Nichte Ānanda Māyā Devī, dort verfaßte Bhārata-Chandra Ray Gunakara eine neue Version des *Annadā-Mangala* (1752) und eine *Rasamanjarī*. Seine Dichtung ist ein Meisterwerk der Form, der Wortmalerei und Wortmusik, beeinflußt sowohl von Giridharas Übersetzung des *Gītāgovinda* als auch von den klassisch-indischen Kāvyas, die am Hofe vor allem unter dem Einfluß von Vāneshvara Vidyālankāra gepflegt wurden, und ebenso der späteren persischen Literatur *(Jāmīs Yūsuf-u Zulaikhā)*. Aber diese Form diente eindeutig der Pornographie, der detaillierten Schilderung von Haremsabenteuern, Kurtisanen und Kupplerinnen. Dies wurde noch schlimmer in den Werken seiner Nachahmer, vor allem von Kālī-Krishna Dās, die schließlich von der allerdings ziemlich prüden englischen Polizei unterdrückt wurden. Befriedigender war Rāma Vasu (1786–1828), der Dichter der *Kavivalla*-Lieder, während Rāma Prasāda (1718–1775) sich aus derselben Atmosphäre zu einem tiefreligiösen Dichter entwickelte, dessen Lieder an Kālī mit zur schönsten Lyrik an die himmlische Mutter gehören.

Im Süden waren erst die Höfe der letzten Nāyaks von Tanjore, Madurai und Ikkeri, später die der Marātha-Rājās von Tanjore, der Herrscher von Cochin und Travancore, und der Wodeyār-Rājās von Mysore Zentren eines intensiven künstlerischen und literarischen Lebens, welches zu beschreiben hier zu weit führen würde. Auch hier herrschte ein gekünstelter, überladener Geschmack, auch hier dominierten Musik, Tanz und Bajaderen.

Aus diesem Bild des literarischen Lebens dürfte bereits deutlich sein, daß die Mogul-Periode im allgemeinen kein Zeitalter lebendiger Religiosität war. Unter den stabilen Verhältnissen der Zeit (etwa 1570–1660) neigten alle Reformbewegungen dazu, sich zu institutionalisieren, wurden zu Kirchen mit reichen Tempeln einer allmächtigen Priesterschaft und einer geistig unmündigen Gemeinde. Rājā auf Rājā erbaute herrliche Tempel in den großen Wallfahrtsorten um Mathurā, in Benāres, Nadiā, Purī und vielen anderen. Daß die Moguln die Errichtung weiterer Tempel verboten, hatte nur zur Folge, daß ein neuer Tempeltyp entstand, Paläste, in denen ein repräsentatives Zimmer als Heiligtum eingerichtet wurde; und wo der Arm des Kaisers nicht hinreichte, wurden aus Trotz Tempel alten Typs errichtet. Mit dem Verfall des Reiches setzte diese Bautätigkeit desto wilder ein, vor allem in Rājasthān. Und gar die Marāthen, die sich als Vorkämpfer des Hindutums empfanden, betrieben ganz systematisch über ganz Indien die Wiederherstellung aller von den Muslimen zerstörten Heiligtümer. So wurden die Priester die Verbündeten der Rājās und verlangten von ihren Gläubigen blinden Gehorsam. Das ging so weit, daß die Vallabhāchārya-Hohenpriester, die sich auch Mahārājās nannten, als Inkarnationen Krishnas nicht nur die Übergabe allen Besitzes, sondern auch der Frauen und Töchter verlangten; in der weiteren Folge gestanden sie den Herrschern bei den Mysterienspielen ähnliche Rechte zu. Auch die Guru der ursprünglich pazifistischen Sikh-Sekte umgaben sich mit einem Gefolge von Gläubigen, sammelten die Gedichte und Lieder ihres Kultes in einer Heiligen Schrift, dem *Ādi-Granth* (1604), errichteten Tempel (*Gurdvāras*, darunter der »Goldene Tempel« in Amritsār), in denen diese Schrift wie ein Idol verehrt wird, und mischten sich schon in Akbars letzten Jahren in die Politik ein. Die Folge war, daß mehrere von ihnen hingerichtet wurden und Guru Govind Singh schließlich die gesamte Sekte in einen Kriegerorden umwandelte, der sich nach seinem Tode 1708 langsam zu einer eigenen Nation entwickelte. Auch die »Gosāins« organisierten im späten 18. Jahrhundert ihre Sādhu zu fanatischen und gefürchteten Truppen, mit denen sie in dem Chaos in Rājasthān und Zentral-Indien als Condottiere auftraten.

Diese allgemeine Fanatisierung färbte auch auf das immer mehr überhandnehmende Räuberwesen ab. Während die Pindārī gemeine Söldner und Räuber waren, gingen die Thag im geheimen vor; unter vielerlei Verkleidungen erdrosselten sie Reisende, raubten sie aus und opferten sie der Kālī. Umgekehrt entstanden neue Sekten, die (geheimen) shaktistischen Chōlī-Panthī, deren Kult aus sexuellen Orgien bestanden, oder die Rādhāvallabhī, die Krishna zum Diener seiner Geliebten Rādhā, nun Manifestation der Großen Mutter, degradierten; oder Abspaltungen innerhalb der geistlichen Führerschicht, wie die Haridāsī, Dādūpanthī; oder Reformer, wie beispielsweise die Satnāmī, die sich gegen Aurangzēb erhoben, oder die Svāmi-Nārāyana-Sekte, die die erotische Entartung der Vallabhāchārya ablehnte. Unter den Muslimen war ja schon seit Shāhjahān, und endgültig seit Aurangzēb, die liberale Sūfī-Richtung von den orthodoxen Transzendentalisten mit ihrer Betonung des rituell-korrekten Lebenswandels aus der Macht verdrängt worden. Doch hatte der Sūfīsmus auch später noch bedeutende Vertreter, etwa Shāh ʿAbd-al-Latīf (gestorben 1748), der bedeutendste Poet in der Sindhī-Sprache. Auch die Hindu-Orthodoxie entwickelte sich in derselben Richtung, während andererseits schon seit Aurangzēbs Zeit die Skepsis hinter der Maske eines konventionellen Konformismus immer weiter um sich fraß und zu einem zügellosen Libertinismus, einem wahren Kult des Bordells ausartete.

Auf künstlerischem Gebiet war dagegen die Mogul-Periode sehr produktiv. In ihrer ersten Phase war die Kunst der Moguln freilich nur ein fremder Eindringling; ein paar längst verschwundene Gartenpaläste bei Āgra und eine Anzahl Grabmäler um Delhi, Āgra oder in Sarhind sind typisch tīmūridische oder persische Bauten aus Ziegeln, mit kubischem, sechs- und achteckigem Baukörper und Zwiebelkuppeln, ganz mit farbig bemalten und glasierten Kacheln überzogen. Die Zeiten waren zu unruhig für eine umfassendere Bautätigkeit, und die Moguln bewohnten die Paläste der von ihnen gestürzten Sultane. Unter Akbar vollzog sich eine weitgehende, aber wesentlich eklektische Indisierung. In den frühesten Bauten wurden erst die Kacheln durch entsprechendes indo-islamisches Steinmosaik ersetzt (Humāyūns Grab, Mausoleum Ātga Khāns); dann wurde auch der Baustil der Lodī und Sūr, schließlich auch der der Sultane von Mālwa und Gujarāt (etwa bei dem Mausoleum des Muhammad Ghaus in Gwāliōr) übernommen.

Mit der Gründung der neuen Kaiserstadt Fathpur Sikrī südwestlich von Āgra begann ein wildes, aber sehr erfolgreiches Experimentieren mit der Verschmelzung aller im Reiche vorhandenen Stilformen einschließlich derjenigen der Rājputen, wobei je nach dem Zweck der Gebäude einzelne Typen und Ornamente bevorzugt wurden. So hat die Große Moschee zwar persische Formen, aber Hindu-Säulen wie in den frühesten Moscheen Indiens. Die Paläste der Rājput-Kaiserinnen sind fast rein Hindu im Stil, der Pavillon der »Türkischen Sultanin« aber ist zwar eine Rājput-Konstruktion, jedoch mit reichen Blumenmustern in der Mode von Buchara überzogen. Akbar errichtete die Palastburgen von Āgra, Allahābād und Lahore, doch wurden ihre Paläste erst von Jahāngīr ausgebaut. Bis dahin hatte sich der eklektische Stil vereinfacht, war aber eleganter geworden. Seit der Mitregierung Nūrjahāns kamen wieder persische Bauformen auf; vor allem im Punjāb (bis Āgra im Osten) wurden wieder mit farbigen Fliesen überzogene Moscheen und Gräber mit Zwiebelkuppeln errichtet, sogar der Tāj-Mahal (Grabmal der Kaiserin Mumtāz-Mahal), aus traumhaft schönem, mit Halbedelsteinen eingelegtem weißem Marmor, zeigt rein persische Formen. Der Hohn der Perser und Özbegen, die die Moguln als kulturelle »Provinzler« behandelten, veranlaßte Shāhjahān zu einem Kurswechsel; er übernahm Bauformen aus Bengalen und dem Dekhan (vor allem den vielgezackten Bogen und die Lotusbündelsäule) und eine Ornamentik mit Blumenmotiven aus Kashmir.

Die entscheidendste Veränderung jedoch war die Umstellung auf weißen Marmor für die eigentlichen Kaiserbauten, während sonst roter Sandstein ohne, bisweilen mit Marmoreinlagen üblich blieb. Akbar hatte Marmor schon für das Grabmal von Shaikh Salīm Chishtī (dessen Gebeten er die Geburt des Nachfolgers Jahāngīr zu verdanken glaubte) in Fathpur Sikrī angewandt, Jahāngīr für das Oberstockwerk von Akbars Mausoleum in Sikandra, aber erst Shāhjahān machte davon weitesten Gebrauch (Prunkräume in den Burgen von Āgra, Delhi und Lahore, Gartenpalast in Ājmer). Diese Kombination von weißem Marmor, mit (schon im 18. Jahrhundert wieder geraubten) getriebenen Gold- und Silberplatten, mit reichem Mosaik von kleinen, teilweise farbigen Spiegelstücken in Stuckfassungen, Ornamenten von sicherem Geschmack, teils in Relief, teils gemalt, teils vergoldet oder in Halbedelsteinen eingelegt, in einer Umgebung von geometrischen Gärten voller Tulpen, Narzissen und Hyazinthen wirkt noch heute zauberhaft.

Aber schon in Shāhjahāns späten Jahren begann der Stil barock und unruhig zu werden. Aurangzēb konnte sich außer seinen vielen Moscheen (am besten die Bādshāhī Masjid in Lahore) nur billige Bauten aus Ziegeln und Stuck leisten (Kaiserburg und das Kaiserinnengrab Bībī-kā-Rauza in Aurangābād). Unter Bahādur Shāh wurden die letzten, ziemlich schlechten Kaiserbauten aus Stein errichtet, unter Muhammad Shāh und Ahmad Shāh traten die übermächtigen Großen fast allein als Bauherren auf (vor allem das Mausoleum Safdar Jangs und der heute großenteils zerstörte Qudsiā Bāgh in Delhi). Die meisten Bauten des 18. Jahrhunderts, der Nachfolgestaaten, etwa Fyzabad, Lucknow, Hyderabad, Seringapatam und in Rājasthān, zeigen, was man Mogul-Barock und Mogul-Rokoko nennen könnte, mit vielen Rundungen, Verschachtelungen und überreichen Ornamenten, fast alles aber billig in Sandstein, Ziegel- und Marmorstuck, ja sogar in Holz ausgeführt.

Auch die Malerei (fast nur Buchillustrationen oder Einzel-»Miniaturen« von Buchformat) war zuerst rein turkestanisch-persisch (mit Vogelperspektive und kalligraphischen Figuren). Akbar ließ zahlreiche Handschriften – zumeist Epen, Geschichtswerke und Übersetzungen aus indischen Sprachen – reich illustrieren, in einem äußerst lebhaften Stil von persischer Komposition, aber mit rājputisch oder europäisch-naturalistisch ausgeführten Einzelheiten. Auch Jahāngīr war sehr an der Malerei interessiert; von ihm sind Hofszenen (vor allem Jagden) und didaktische Werke oder minuziös genaue Wiedergaben von Personen, Tieren, Pflanzen überliefert. Aber der Stil war nun im wesentlichen rājputisch, wenn auch naturalistisch überarbeitet. Mit Shāhjahān setzte eine fortschreitende Konventionalisierung ein, die prunkvolle Hoffeierlichkeiten und überfeinerte Haremsszenen liebte. Unter Aurangzēb, der fast alle Maler entließ, ließen seine Söhne, Minister und Generäle überwiegend Kriegs- und Jagdbilder ausführen. Seit Muhammad Shāh kamen große, höchst prunkvolle, zum guten Teil aber mittels Schablonen angefertigte Illustrationen des Haremslebens, sentimentaler Romanzen und Musikmotive (Rāgmālā) in einer gewissen träumerischen Schwere auf. Die letzte Renaissance im frühen 19. Jahrhundert brachte nur noch schlechte Kopien.

Das Kunstgewerbe stand vor allem unter Shāhjahān in hoher Blüte; Brokate und für den Sommer hauchdünne Musseline mit Goldstickerei, Geschirr aus Porzellan, Bergkristall mit Edelsteinen eingelegt, reichtauschierte Waffen zeugen davon.

Die Rājputen blieben ihrer nationalen Kunst bis weit ins 17. Jahrhundert hinein treu. Doch im Laufe des 17. und noch mehr des frühen 18. Jahrhunderts übernahmen sie in der Architektur den Mogulstil (Āmber und Jaipur, Jodhpur, Bīkāner, Būndī, Udaipur) in seiner späten Form, wandelten ihn aber auf ihre Weise ab (unregelmäßige Bauplanung, Einführung von Figurenszenen in Relieftechnik, ähnlich der in der Wandmalerei); ebenso in der Malerei, wo sie den Mogul-Realismus durch vereinfachte Linien, leuchtende, reine Farben und eine ritterlich-romantische Stimmung ersetzten. Die meisten Rājput-Miniaturen gehörten einst zu Hausbibliotheken und umfaßten die wichtigsten Epen, religiösen Bücher (vor allem den Krishna-Mythos), die beliebtesten Werke erotischer Lyrik *(Nāyikā Bheda* und *Rāgmālā)*, gelegentlich auch Porträts und Darstellungen politischer Ereignisse oder häuslicher Feiern. Die schönsten Rājput-Miniaturen stammen freilich nicht aus Rājasthān, sondern aus dem Kāngrā-Tal im Himalaya, das während der Kämpfe zwischen Sikh und Afghānen als Umschlagplatz des Handels zwischen Indien und Vorderasien eine kurze, aber hohe Blüte erlebte.

Diese Kultur wurde von den Sikh übernommen, die sie aber ins bäurisch-ordinäre verzerrten. Dasselbe taten die Marāthen mit der Kunst von Bījāpur, der Moguln und der Rājputen. In dieser Spätzeit befand sich jedoch auch sonst allenthalben die Kunst des Mogul-Reiches wie die seiner Nachfolgestaaten in voller Auflösung.

Die einzigen Künste, die im 18. und frühen 19. Jahrhundert noch in voller Blüte standen, waren Musik und Tanz. Im 16. Jahrhundert hatte schon unter Rājā Mān Singh Tomār von Gwāliōr eine neue musikalische Entwicklung eingesetzt, die ihren Höhepunkt unter Tān-Sen erreichte. Der zentralasiatische Tanz, den die Moguln mitgebracht hatten, wurde bald durch den nordindischen Kathak, mit seinen kreisenden Bewegungen und komplizierten Figuren, verdrängt. In der Spätzeit waren die Sängerinnen und Tänzerinnen (die »Bajaderen«, das heißt Balletteusen), obwohl teure Prostituierte, die Göttinnen der Gesellschaft. Dagegen blieb das heute bekanntere Bharat-Nātyam auf die Devadāsī der südindischen Tempel beschränkt. Theater war bekannt, wurde aber wenig gespielt, weil der indische Tanz schon selber höchste Pantomine sein konnte. Zur Oper bildeten die *Yātrās* (Mysterienspiele) einen Übergang. Am weitesten entwickelt war *Kathākālī*, das Tanzdrama der Malabarküste, für das die Autoren Ashvādhi und Unnayi Wāriar Stücke schrieben. In Nordindien versuchte erst Amānat unter Wājid 'Alī Shah von Oudh ein wirkliches Singspiel.

Faßt man alle diese Züge zusammen, so war um 1800 Indien nicht nur wirtschaftlich und politisch, sondern auch kulturell am Ende angelangt. Dies allein erklärt die Leichtigkeit, mit der die Engländer Indien eroberten. Nichts aber wäre falscher, als daraus auf eine prinzipielle Überlegenheit Europas zu schließen. Solche Krisen gehören zum Leben einer jeden Kultur. In ihnen wird das abgestorbene Alte zerschlagen und ein neues schöpferisches Gestalten erzwungen. Sie können höchst verschiedene Gestalten annehmen, aber immer spielen dabei mächtige Einflüsse von außen eine entscheidende Rolle: zugleich zerstörend und anregend. Indien hat schon vorher mehrere derartiger Krisen überstanden, als letzte die islamische Eroberung. Vieles war zerstört worden, aber das Land war innerlich bereichert daraus hervorgegangen.

Die englische Herrschaft war nur ein weiteres Zwischenspiel. Das Land durchlebt heute die Geburtswehen einer modernen Kultur. Noch können wir nicht sagen, wie diese moderne Kultur in Indien aussehen wird. Wir müssen uns jedoch vor Augen halten, daß Europa ebenfalls schon solche Krisen durchgestanden hat, und wenn nicht alle Anzeichen trügen, wieder inmitten eines solchen Sterbens und Werdens steht, auch wenn dies vielen nicht bewußt ist.

Hans H. Frankel

CHINA BIS 960

Die Geschichte Chinas im frühen Mittelalter (220–960) erweckt auf den ersten Blick den Eindruck eines Wirrwarrs von einander ablösenden und gleichzeitig regierenden Dynastien, von Staatsstreichen und Eroberungen, von Kriegszügen und Völkerwanderungen. In der ersten Hälfte des behandelten Zeitraumes (220–589) war China fast ständig aufgesplittert in zwei, drei oder mehr Staaten; in der zweiten Hälfte dagegen blieb es die längste Zeit hindurch geeint, zunächst unter der kurzlebigen Sui-Dynastie (581–618), danach unter der dreihundert Jahre dauernden Regierung der T'ang (618–907). Am Ende kam dann noch einmal eine Periode völligen Zerfalls (907–960), die jedoch viel kürzer währte als die erste.

Um den gesamten Zeitraum genauer einzuteilen, empfiehlt sich eine Aufgliederung in vier Perioden von etwa derselben zeitlichen Länge:

die Zeit der »Drei Reiche« und die Chin-Dynastie (220–420);
die Zeit der »Nord- und Süd-Dynastien« (420–589);
die Sui-Dynastie und die erste Hälfte der T'ang-Dynastie (581–763);
die zweite Hälfte der T'ang-Dynastie und die Zeit der »Fünf Dynastien« (763–960).

Diese Einteilung wurde vom Verfasser zugrunde gelegt; er war sich dabei völlig bewußt, daß andere Einteilungen ebenso vertretbar wären, wie auch, daß grundsätzlich allen Periodisierungen etwas Willkürliches anhaftet. Historische Veränderungen vollziehen sich ja immer in einem kontinuierlichen Prozeß und kennen keine klaren Scheidelinien.

Der äußere Verlauf der chinesischen Geschichte während dieser vier Perioden läßt sich etwa folgendermaßen zusammenfassen:

In der ersten Periode war China aufgespalten in drei Staaten (220–280), die das Erbe des zerfallenen Han-Reiches antraten. Eine kurz währende Wiedervereinigung gelang dann unter der West-Chin-Dynastie (266–316). Die an sie anschließende Ost-Chin-Dynastie (317–420) kontrollierte jedoch nur noch die südliche Hälfte des Landes; der Norden wurde von fremden Nomadenstämmen überrannt, die dann eine Reihe von kleineren kurzlebigen Staaten ins Leben riefen.

In der zweiten Periode entwickelten sich Süden und Norden unabhängig voneinander. Südchina wurde nacheinander von vier chinesischen Herrscherhäusern regiert, die unter dem Namen »Südliche Dynastien« (420–589) bekannt geworden sind. Von den »Nördlichen Dynastien«, die Nordchina beherrschten, war die erste und längste die der Nord-Wei (386–535), eine Gründung des Nomadenstammes der T'o-pa. Das T'o-pa-Reich spaltete sich jedoch bald in eine östliche und eine westliche Hälfte. Von diesen beiden wurde die Ost-Wei-Dynastie in Nordostchina (534–550) später abgelöst durch die Nord-Ch'i-Dynastie (550–577), während im Nordwesten Chinas die West-Wei-Dynastie (535–557) in der Nord-Chou-Dynastie (557–581) eine Nachfolgerin fand.

In der dritten Periode folgte auf die kurzlebige Sui-Dynastie (581–618), die China im Jahre 589 wieder geeint hatte, die T'ang-Dynastie, eine der mächtigsten und kulturell glanzvollsten Dynastien in der Geschichte Chinas überhaupt. Gegen Ende dieser Periode erwies sich dann eine von An Lu-shan und anderen »Kriegsherren« *(war lords)* angeführte Rebellion (755–763) als das äußere Anzeichen tiefgreifender innerer Wandlungen.

In der vierten Periode führte das wachsende regionale Unabhängigkeitsgefühl zum schließlichen Zerfall des T'ang-Reiches im Jahre 907. In der darauffolgenden kurzen Zwischenzeit, die eine nochmalige Teilung Chinas sah, regierten die sogenannten »Fünf Dynastien« in raschem Wechsel über Nordchina. Der Süden erlebte etwas dauerhaftere Herrschaftssysteme, die entweder nebeneinander bestanden oder einander ablösten und unter dem Namen »Zehn Staaten« in die Geschichte eingegangen sind. Eine erneute Wiedervereinigung kam dann mit dem Beginn der Sung-Dynastie (960–1279).

Wenn wir versuchen, hinter den äußeren Ablauf des Entstehens und Vergehens der einzelnen Regime und Dynastien zu dringen, so finden wir bestimmte, immer wiederkehrende Grundmotive. Die verschiedenen Perioden der Teilung und Einigung sind nichts weiter als äußere Erscheinungsformen eines ununterbrochenen Wechselspiels von zentrifugalen und zentripetalen Kräften, von regionalen Autonomiebestrebungen und zentralistischem Machtanspruch. Ebenso sind die »Barbareneinfälle« und die Massenwanderungen chinesischer Bauern nichts anderes als Teilaspekte eines ununterbrochenen Prozesses kulturellen Wachstums, der sich durch Zusammenleben und wechselseitiges Assimilieren verschiedenartiger nationaler und kultureller Volksgruppen vollzog. Hinzu kamen Bevölkerungsverschiebungen, die aus dem Versuch entstanden, sich neu gefundenen Lebensmöglichkeiten anzupassen.

Der grundlegende soziale Gegensatz zwischen den schreibunkundigen Bauern und der hochgebildeten herrschenden Schicht wurde dadurch weiter verschärft, daß in dem halbkolonialen Süden eine neue Aristokratie heranwuchs, die sich von dem Adel im Norden, der in ständiger Berührung mit fremden Völkern nomadischen Ursprungs stand, unterschied. Beide hatten sich dann im T'ang-Reich mit weiteren, emporstrebenden Klassen, den Literaten, den berufsmäßigen Verwaltungsbeamten und den Militärbefehlshabern auseinanderzusetzen.

Andere weittragende Entwicklungstendenzen bestanden im Anwachsen des Grundeigentums, in der Herausbildung verschiedenster Abhängigkeitsverhältnisse bei bestimmten Volksgruppen, in der Verstädterung und schließlich in der Verbreiterung der Bildungsschicht, die sich unter anderem in der Erweiterung des Prüfungssystems, allgemein anwachsender literarischer Aktivität und in der Erfindung der Druckkunst äußerte. Auf ideologischem Gebiet waren der Verfall und das Wiedererstarken des Konfuzianismus, die Erneuerung des Taoismus und endlich die Ausbreitung und Assimilierung des Buddhismus, Erscheinungen, die in sich selbst ebenso Bedeutsamkeit erlangten wie in bezug auf politische, soziale, wirtschaftliche und sonstige geistige Entwicklungen.

Im Bereich der materiellen Kultur dürften vier chinesische Erfindungen, die in dieser Periode entweder entwickelt oder nach dem Westen überliefert wurden, für den europäischen Leser von besonderem Interesse sein: der Tee, das Papier, das Porzellan und der Buchdruck.

Die Drei Reiche und die Chin-Dynastie (220–420)

Die Drei Reiche (220–280)

Die Aufspaltung Chinas in drei Reiche ist das Anzeichen einer weitreichenden Umgliederung der chinesischen Wirtschaft, Gesellschaft und Kultur. Bis dahin hatte der Schwerpunkt des Landes in der nordchinesischen Ebene gelegen, der Wiege der chinesischen Zivilisation und Staatenbildung. Allmählich dehnte sich das Reich nach Süden aus, bis es unter der Han-Dynastie (206 v. Chr.–220 n. Chr.) fast das gesamte Gebiet des heutigen Chinas umfaßte. Aber der Schwerpunkt der Bevölkerung, der wirtschaftlichen, politischen und geistigen Macht, lag nach wie vor im Norden. Als nun die Han-Dynastie am Ende des 2. Jahrhunderts n. Chr. zusammenbrach, stellte sich heraus, daß Nordchina nicht mehr imstande war, seine Vorherrschaft über das ganze riesige Land zu behaupten, obwohl es immer noch der dichtest bevölkerte und wirtschaftlich höchstentwickelte Teil Chinas war. Der Südwesten (vor allem die heutige Provinz Ssuchuan) und der Südosten (vor allem das untere Yang-tzu-Tal) waren weit genug vorangekommen, um auf eigenen Füßen zu stehen und sich als unabhängige Staaten zu behaupten. So hielten sich die drei Reiche über vierzig Jahre lang die Waage; aber am Ende gelang es dem Nordreich (Wei), seine ursprüngliche Überlegenheit so weit auszubauen, daß es die beiden anderen unterwerfen konnte.

Im einzelnen sind die folgenden militärischen Operationen zu verzeichnen: ein Angriff des Südwestreiches (Shu) auf das Südostreich (Wu) im Jahre 222 schlug fehl; das Heer von Shu wurde in der Schlacht von Hsiao-t'ing (am Nordufer des Yang-tzu, im heutigen Hupei) entscheidend geschlagen. Daraufhin schlossen Shu und Wu einen Frieden, der von beiden Seiten gehalten wurde. Das Nordreich Wei kämpfte unablässig auf zwei Fronten, gegen Shu und gegen Wu. Ein bedeutender Feldherr von Shu, Chu-ko Liang (181–234) – auch als Staatsmann, Schriftsteller und Erfinder bekannt –, unternahm sechs Feldzüge gegen Wei in den Jahren 228 bis 234, aber alle ohne Erfolg. Die entscheidenden Kämpfe, die am Ende zum Sieg des Nordreiches führten, wurden nicht auf der militärischen, sondern auf der wirtschaftlichen Ebene geführt. Doch davon später. Im Jahre 263 war Wei stark genug, um Shu zu erobern, und 280 wurde das letzte der drei Reiche, Wu, dem Nordreich einverleibt, wo inzwischen eine neue Dynastie, Chin genannt, ans Ruder gekommen war. Damit war die Reichseinheit wiederhergestellt, die jedoch, wie sich zeigen wird, von kurzer Dauer war.

Das Südwestreich Shu (221–263)

Wir betrachten nun die getrennte Entwicklung in den Drei Reichen und wenden uns zunächst dem Südwestreich Shu (auch Han genannt) zu. Das Zentrum dieses Reiches war das Becken von Ch'eng-tu in der heutigen Provinz Ssuchuan, schon lange ein wichtiger Bestandteil des chinesischen Kulturbereiches. Schon vor der Einigung Chinas durch den Staat Ch'in wurde Ssuchuan am Ende des 4. Jahrhunderts v. Chr. von Ch'in erobert. Unter der Herrschaft der Ch'in- und der folgenden Han-Dynastie entwickelte sich die fruchtbare Ebene zu einem der wirtschaftlich reichsten Gebiete des ganzen Landes. Fast jegliche Art von Getreide, Obst und Gemüse, die in irgendeinem andern Teil Chinas zu finden war, wuchs und gedieh in Ssuchuan. Die wohlhabende Bauernbevölkerung war schon seit der Ch'in-Zeit überwiegend chinesisch. Auch gab es dort eine Schicht von reichen Kaufleuten, die vom Handel mit Tibet und Indien lebte.

Militärisch gesehen war Shu leicht zu verteidigen, bildete aber keine günstige Operationsbasis für Offensiven. Im Westen, Norden und Osten war es von hohen Bergketten eingeschlossen, die nur zwei Einbruchspunkte offenließen: im Nordwesten die Lücke zwischen dem K'un-lun-Gebirge und der Bergkette Ch'in-ling; und im Südosten das Yang-tzu-Tal. An beiden Stellen wurde im Zeitalter der Drei Reiche mehrfach gekämpft.

Militärisch eine Festung und wirtschaftlich eine Kornkammer, stolz auf seinen natürlichen Reichtum, seine Eigenart und seine Geschichte, war das Land Shu durchaus geeignet, einen autarken, selbständigen Staat zu bilden. Nun trug die Existenz eines kaiserlichen Hofes in Ch'eng-tu weiter dazu bei, die wirtschaftliche und geistige Entwicklung dieser Gegend zu fördern. Der Hof wurde mit größerem Aufwand eingerichtet, als für die Verwaltung des ihm unterstehenden Gebietes notwendig war, denn er fungierte ja mit der Fiktion, der Mittelpunkt ganz Chinas zu sein, das eines Tages wiedererobert werden sollte. (Vergleiche mit Taipeh und Pankow drängen sich auf.) Der Gründer des Reiches Shu, Liu Pei (161–223, regierte 221–223), betrachtete sich als rechtmäßigen Erben der Han-Dynastie – deshalb führte Shu auch den Namen Han. Er war tatsächlich mit der kaiserlichen Familie der Han verwandt, aber nur sehr entfernt: die Verbindung lag mehr als dreihundert Jahre zurück, und in der unmittelbaren Vergangenheit hatte die Familie keineswegs in glänzenden Verhältnissen gelebt. Liu Peis Großvater hatte ein minderes Amt als Magistrat eines Bezirks innegehabt.

Liu Pei selbst verlor schon als Kind seinen Vater und wuchs in Armut auf. Im Laufe der Bürgerkriege um die Jahrhundertwende machte er sich zum Führer einer Privatarmee in Zentralchina. Im Jahre 211 ergriff er eine günstige Gelegenheit, in die Landschaft Ssuchuan in Südwestchina einzudringen und dort allmählich festen Fuß zu fassen. Die Gründung des Reiches Shu (Han) erfolgte im Jahre 221. Liu Pei wurde jedoch in Ssuchuan als Fremder mit Mißtrauen betrachtet, da er aus Hopei in Nordostchina stammte und die Mehrzahl seiner Ratgeber, Beamten, Offiziere und Soldaten ebenfalls aus anderen Gegenden Chinas kamen. Deshalb gelang es dem neuen Regime nur teilweise, die Unterstützung der einheimischen Führerschicht zu gewinnen.

Ein anderes schwieriges Problem für den jungen Staat waren die nichtchinesischen Eingeborenen, die den größeren Teil der Bevölkerung im Süden und Westen des Landes ausmachten. Ihnen wandte der Hauptberater des Reichsgründers, der schon erwähnte Chu-ko Liang, lange Zeit seine Aufmerksamkeit zu. Er wußte, daß er den Krieg gegen den gefährlichsten Feind, das Nordreich Wei, nicht erfolgreich führen konnte, wenn er sich nicht erst im eigenen Hinterlande den Rücken gesichert hatte. Tatsächlich machten die Grenzstämme des Südens und Westens mehrere Aufstände gegen die chinesische Oberherrschaft. Chu-ko Liang unterwarf sie in langen, schwierigen Feldzügen, die ihn tief in die schwerzugänglichen Gebirgsgegenden führten. Sein Ziel ging aber darüber hinaus, die Eingeborenen zu unterwerfen und sich den Rücken zu decken. Er war bestrebt, die wilden Gebirgsstämme der höheren chinesischen Kultur zu assimilieren und sie zu nützlichen Bürgern des neuen Staates zu machen. Denn das Reich Shu litt – wie seine beiden Rivalen – an Menschenknappheit. Es konnte sich deshalb nicht leisten, chinesische Beamte und Truppen in den südlichen und westlichen Grenzgebieten zu stationieren. Chu-ko Liang sorgte dafür, daß sich die Eingeborenen soweit wie möglich selbst verwalteten. In manchen Fällen wurden Eingeborene in anderen Teilen des Reiches als militärpflichtige Bauern angesiedelt; eine beträchtliche Anzahl von ihnen wurde auch in die Armee eingezogen, um an den Feldzügen gegen das Nordreich Wei teilzunehmen.

Nach diesen Erfolgen in der Befriedung und Angleichung der Eingeborenenstämme scheiterte Chu-ko Liang jedoch bei seinem Versuch, Wei zu überwinden. Seine sechs Feldzüge gegen den nördlichen Feind waren, wie schon erwähnt, alle erfolglos. Auf dem letzten dieser Feldzüge starb Chu-ko Liang im Jahre 234 an einer Krankheit. So berühmt war er als Feldherr, daß die Nachricht von seinem Tode im Reiche Wu, das ebenfalls mit Wei im Kriege lag, eine Panik hervorrief.

Das Südostreich Wu (222–280)

Das Südostreich Wu hatte manche Züge mit Shu gemeinsam: in beiden Landesteilen hatte sich am Anfang des 3. Jahrhunderts die Landwirtschaft so weit entwickelt, daß sie autark geworden waren und dem Norden gegenüber ihre Unabhängigkeit behaupten konnten. In beiden Reichen lebte eine ständig durch Einwanderungen aus dem Norden vermehrte chinesische Bauernbevölkerung mit primitiven Eingeborenen zusammen. Beiderseits führte die Gründung einer Reichshauptstadt – in Wu war es Chien-yeh, das heutige Nanking – mit dem Aufwand und Prunk eines kaiserlichen Hofes zur Bildung eines neuen wirtschaftlichen und kulturellen Zentrums.

Aber in vieler Beziehung waren die Verhältnisse in Wu anders als in Shu. Im Südosten mußten sich die chinesischen Einwanderer auf andere Arten von Ackerbau und Viehzucht umstellen, als sie sie in der nordchinesischen Heimat gewohnt gewesen waren. Statt Weizen und Hirse baute man im feuchten Yang-tzu-Tal Reis an. Nicht Schafe und Rinder, sondern Schweine und Wasserbüffel wurden dort gezüchtet. Klima und Bodengestalt bedingten nicht nur neue Nahrungsmittel, sondern auch eine neue Lebensweise in mancher anderen Beziehung; im Binnenlandverkehr etwa war man viel mehr als im Norden auf Wasserwege angewiesen.

Ein weiterer wichtiger Unterschied: Während die herrschende Schicht des Reiches Shu überwiegend aus Fremden bestand, war das neue Regime in Wu wenigstens teilweise einheimisch. Sun Ch'üan (182–252, regierte 222–252), der erste Kaiser von Wu, stammte aus einer adligen Familie, die in der Präfektur Wu (im heutigen Chekiang), also im Kernland des neuen Reiches, ansässig war: die Dynastie wurde nach dem Heimatland des Gründers benannt. Sein Vater Sun Chien (157–193) und sein jung verstorbener älterer Bruder Sun Ts'e (175–200) schufen im unteren Yang-tzu-Tal, im Bunde mit anderen einheimischen Adelsfamilien, ein halbselbständiges Reich, das die Grundlage für die Errichtung des Südostreiches bildete. Die höchsten Berater, Beamten und Heerführer des Reiches Wu stammten ebenfalls zum Teil aus dem Südosten, zum Teil allerdings aus Nordchina. Zu Anfang des 3. Jahrhunderts hatte Südostchina noch einen stark kolonialen Charakter, mit großen Gütern im Besitz von adligen Familien und einer beträchtlichen nichtchinesischen Bevölkerung – zahlreicher als in Shu –, die im ganzen noch auf einer niedrigen Kulturstufe stand, keine Steuern zahlte und keinen Heeresdienst leistete. Der erste Kaiser von Wu, Sun Ch'üan, arbeitete zielbewußt darauf hin, die Eingeborenen zu unterwerfen und zu assimilieren. Diese waren von den chinesischen Einwanderern in die wirtschaftlich weniger wertvollen und verhältnismäßig unzugänglichen Gebirgsgegenden zurückgedrängt worden. Dort hatten sie ihre Unabhängigkeit mit Erfolg bewahrt. Jetzt setzten sie den Versuchen, sie in das Reich Wu einzugliedern, heftigen Widerstand entgegen, und selbst dort, wo sie unterworfen waren, kam es noch oft zu Aufständen. Aber allmählich machte das schwierige Werk der Assimilation Fortschritte. Viele wurden in die Ebenen verpflanzt und zu produktiven, steuerpflichtigen Bauern gemacht. Ein großer Teil mußte in der kaiserlichen Armee dienen, und nach und nach wurde die Mehrzahl, sogar in den abgelegenen Gebieten, der chinesischen Verwaltung unterstellt. Das Reich Wu wurde auch nach Süden ausgedehnt, tief in das heutige Vietnam hinein.

Was die Verwaltung des Landes anlangte, so traf Sun Ch'üan eine Reihe von Maßnahmen, die zur tiefgreifenden Umgestaltung der südchinesischen Gesellschaft beitrugen. Militärische Befehlsposten wurden zum Erbeigentum ihrer Inhaber; sie bedeuteten mindestens fünfhundert Soldaten; aber oft waren es Tausende, und die Zahl konnte noch weiter erhöht werden, etwa durch einen Sieg über die Eingeborenen oder den auswärtigen Feind. Manche dieser erblichen Militärposten waren mit Lehen verbunden. Unter einem anderen Feudalsystem, das ebenfalls zu Anfang der Wu-Dynastie eingerichtet wurde, durften die Herren ihre eigenen Unterbeamten anstellen und Steuern erheben. Ferner wurden erfolgreiche Heerführer mit hörigen Bauernfamilien belohnt, die ihre Abgaben an den Grundbesitzer, nicht an die kaiserliche Regierung, abzuführen hatten. Diese Maßnahmen waren dazu bestimmt, die vornehmen Familien, die einheimischen sowohl wie die aus dem Norden eingewanderten, an den neuen Staat zu binden und tüchtige Offiziere für ihre Kriegstaten zu belohnen. Sie trugen dazu bei, daß Südchina vom 3. Jahrhundert an mehr und mehr ein aristokratisches Gepräge bekam.

Wirtschaftlich machte das Land große Fortschritte. Die Scharen von einwandernden Bauern brachten aus Nordchina neue landwirtschaftliche Werkzeuge und Methoden mit; der erste Kaiser von Wu kümmerte sich besonders um die Verbesserung des Ackerbaus. Im

Der Yang-tzu
in einer der Schluchten der östlichen Randkette des Beckens von Ch'eng-tu zwischen Ssuchuan und Hupei

Dienerpaar
Bemalte Tonplastiken, Grabbeigaben, 3.–5. Jahrhundert
Chicago, Art Institute, Sammlung Russell Tyson

Jahre 226 zum Beispiel wurden Ochsen zum erstenmal zum Pflügen eingesetzt, während sie bisher nur als Zugtiere gedient hatten.

In der historischen Entwicklung der Gesellschaft im Reiche Wu ist ein wichtiger Wandel zu verzeichnen. Am Anfang der Dynastie waren die obersten Zivil- und Militärposten zum größeren Teil von emigrierten Nordchinesen besetzt. Aber allmählich gelang es den einheimischen Adelsfamilien, die ja die kaiserliche Familie und andere wichtige Führer zu den Ihren zählten, die Vorherrschaft immer weiter an sich zu reißen. Zur gleichen Zeit schlugen mehrere der aus dem Norden stammenden vornehmen Familien in der neuen Heimat feste Wurzeln, so daß sie von jetzt an zur einheimischen Aristokratie gehörten. Aus dieser Zeit stammt die erstaunliche und stetig wachsende Macht des südchinesischen Adels, die vier Jahrhunderte dauerte und den Charakter der späteren südlichen Dynastien (420 bis 589) wesentlich bestimmte.

Das Nordreich Wei (220–266)

Das Nordreich Wei wurde von Ts'ao P'ei (187–226, regierte 220–226) im Jahre 220 gegründet. Er stützte sich auf das Werk seines genialen Vaters Ts'ao Ts'ao (155–220), dem es gelungen war, aus dem Chaos des sich auflösenden Han-Reiches ganz Nordchina zu einer Einheit zusammenzuschmieden. Nach Ts'ao Ts'aos Tod stritten sich zwei Parteien um die Vorherrschaft in Wei, eine fortschrittliche und eine konservative. Die Fortschrittlichen waren der kaiserlichen Familie Ts'ao treu, während sich die Konservativen um die Familie Ssu-ma scharten. Ts'ao Ts'ao war ein weitblickender, kühner Reformator. Er scheute sich nicht, althergebrachte Traditionen umzustürzen, und führte seine radikalen Maßnahmen rücksichtslos und oft grausam aus. Dadurch zog er sich die Feindschaft der Konservativen und Aristokraten zu, die ohnehin vor der plebejischen Familie Ts'ao wenig Respekt hatten. Solange Ts'ao Ts'ao noch lebte, war die Reformpartei am Ruder, aber nach seinem Tode (220) ging es mit ihr rasch bergab. Unter Ts'ao Ts'aos Erben und Nachkommen war keine kraftvolle Persönlichkeit, und die Fortschrittlichen waren nicht stark genug, den Aufstieg der Gegenpartei zu verhindern. Die politische, wirtschaftliche und militärische Macht fiel mehr und mehr in die Hände der Familie Ssu-ma und deren Anhänger. Schließlich kam der Umsturz im Jahre 266. Ssu-ma Yen, seit Jahren schon der tatsächliche Herrscher, veranlaßte den letzten Schattenkaiser der Familie Ts'ao abzudanken und bestieg den Thron als der erste Kaiser einer neuen Dynastie, die sich Chin nannte.

Wir müssen nun zu verstehen suchen, wie es Wei und seinem Nachfolger Chin gelang, der Dreiteilung Chinas ein Ende zu machen und die Nachbarreiche Shu und Wu zu erobern. Wie wir gesehen haben, kam die Dreiteilung zustande, als der Südwesten und der Südosten stark genug geworden waren, ihre Unabhängigkeit dem Norden gegenüber zu behaupten. Nordchina hatte seine überragende Stellung verloren, aber es war immer noch das dichtestbevölkerte und wirtschaftlich höchstentwickelte Gebiet in China. Zu Anfang des Zeitalters der Drei Reiche war es mit Nordchina allerdings schlecht bestellt. Die langen, blutigen Bürgerkriege seit dem Ende des 2. Jahrhunderts hatten in Nordchina unermeßlichen Schaden angerichtet. Die ruhmreichen Hauptstädte Ch'ang-an und Lo-yang lagen zum großen Teil in Trümmern. Die Getreidefelder waren verwüstet und die Bewässerungsanlagen und Deiche vernachlässigt, die Bevölkerung schrumpfte, denn Kriege und Hungersnot hatten große Massen von Bauern veranlaßt, ihre Heimat zu verlassen.

Diese wirtschaftlichen und sozialen Probleme wurden von der Regierung des Reiches Wei energisch angegriffen. Um der dreifachen Knappheit an Bauern, Lebensmitteln und Streitkräften abzuhelfen, wurde ein System von Militärkolonien eingeführt. Die herrenlosen Felder, deren es in Nordchina als Folge der langen Unruhen und Kriege viele gab, wurden von der Regierung eingezogen. Dann wurden landlose Bauern und Soldaten aus der Umgebung oder aus anderen Gegenden dort angesiedelt und einem Regierungsbeamten unterstellt. Die Früchte der Felder teilte sich die Regierung mit den Kolonisten; die Soldaten mußten im Kriegsfalle ihre Felder verlassen und Militärdienst leisten. Diese Neuerung hatte viele Vorteile: die herrenlosen Äcker wurden bestellt, die Lebensmittelproduktion stieg an, die wandernden Volksmassen wurden angesiedelt und an den Boden gebunden, und die Soldaten waren gleichzeitig produktive Bauern. Das System der Militärkolonien wurde auch in den beiden anderen Reichen eingeführt, in Wu mit mäßigem und in Shu mit geringem Erfolg. Es war ein wichtiger Faktor in der allmählichen Erstarkung Weis.

Der Menschenknappheit wurde auch auf andere Weise abgeholfen. So oft sich die Gelegenheit bot, unternahm Wei – und ebenso die beiden anderen Staaten – Raubzüge, die keine neuen Gebiete, sondern Menschen einbringen sollten. Man brach in feindliches Land ein und blieb dort nur so lange, bis eine beträchtliche Anzahl von Menschen verschleppt waren.

Dank diesen und anderen Maßnahmen wurde das Nordreich wirtschaftlich und militärisch so weit gestärkt, daß es am Ende des Zeitalters der Drei Reiche seine Überlegenheit entscheidend geltend machen und die beiden anderen Staaten erobern konnte, um dann unter einer neuen Dynastie, Chin, über ein wiedervereintes China zu herrschen.

West-Chin (266–316)

Die Chin-Zeit gliedert sich in zwei Abschnitte, die von den chinesischen Historikern als West-Chin und Ost-Chin bezeichnet werden. Die Gründe für diese Namengebung werden noch im Zusammenhang mit der Gründung von Ost-Chin erklärt werden. Von Anfang an war die Chin-Dynastie grundverschieden von der Wei-Dynastie, aus der sie entstanden war. Wie wir schon gesehen haben, stand die Herrscherfamilie der neuen Dynastie, die Familie Ssu-ma, an der Spitze der konservativ-adligen Partei, die der Reformpartei von Wei die Macht entrissen hatte. Die Haltung des neuen Regimes war vorwiegend konservativ, und der Einfluß der Aristokratie wuchs beträchtlich.

Unter den Chin-Kaisern war nur der erste, Ssu-ma Yen (Kaisername Wu-ti, regierte 266–290), eine kraftvolle Persönlichkeit; die Reichseinheit ging mit seiner Regierung zu Ende. Aber auch er beging mehrere verhängnisvolle Fehler. Einer davon war die Abrüstung. Da durch die Eroberung des letzten der Drei Reiche, Wu, im Jahre 280 das Land wiedervereint war und keine äußeren Feinde zu drohen schienen, erließ der Kaiser an alle

DYNASTIENÜBERSICHT · CHINA

Süden		Norden
* [SUN] WU (222–280)	[LIU] SHU HAN (221–263)	[TS'AO] WEI (220–266)

[SSU-MA] WEST-CHIN (266–316)

* [SSU-MA] OST-CHIN (317–420)   Die Sechzehn Staaten (304–439) *Siehe Seite 203*
* [LIU] SUNG (420–479)   [T'O-PA/YÜAN] NORD-WEI (386–535)
* [HSIAO] SÜD-CH'I (479–502)   [YÜAN] WEST-WEI   [YÜAN] OST-WEI
* [HSIAO] LIANG (502–557)   (535–557)   (534–550)
* [CH'EN] CH'EN (557–589)   [YÜ-WEN] NORD-CHOU   [KAO] NORD-CH'I
                                           (557–581)   (550–577)

[YANG] SUI (581/89–618)

[LI] T'ANG (618–907)

       618–626 Kao Tsu
       626–649 T'ai Tsung
       649–683 Kao Tsung
       683–705 Kaiserin Wu
       712–756 Hsüan Tsung

Die Zehn Staaten (907–960)   Die Fünf Dynastien:
Siehe Seite 259   [CHU] SPÄTERE LIANG (907–923)
                                  [LI] SPÄTERE T'ANG (923–937)
                                  [SHIH] SPÄTERE CHIN (937–947)
                                  [LIU] SPÄTERE HAN (947–951)
                                  [KAO] SPÄTERE CHOU (951–960)

                                                         LIAO (907–1125)

SUNG (960–1126)

       960–976 T'ai Tsu (Chao K'uang-yin)
       976–997 T'ai Tsung
   1022–1064 Jên Tsung
   1067–1085 Shên Tsung
   1100–1125 Hui Tsung

SÜD-SUNG (1127–1279)   CHIN (1125–1222)

YÜAN (1222–1368)

MING (1368–1662)

   1368–1398 Hung-wu (Chou Yüan-chang)
   1398–1403 Chien-wen
   1403–1424 Yung-lo
   1465–1487 Ch'eng-hua
   1522–1566 Chia-ching
   1573–1620 Wan-li

CH'ING (1644–1912)

   1662–1722 K'ang-hsi
   1722–1736 Yung-cheng
   1736–1795 Ch'ien-lung
   1796–1820 Chia-ch'ing
   1821–1850 Tao-kuang
   1875–1908 Kuang-hsü

REPUBLIK (seit 1912)

* Die Sechs Dynastien
[SUN] Name des Herrscherhauses

Streitkräfte den Befehl, die Waffen abzuliefern und sich friedlichen Tätigkeiten zu widmen. Aber viele Soldaten weigerten sich, ihre Waffen ohne Entgelt den Behörden zu überlassen, und verkauften sie statt dessen an die nomadischen Nachbarvölker, die Hsiung-nu und die Hsien-pei, die davon guten Gebrauch machten, wie sich bald zeigen wird. Unberührt von der Abrüstung blieben die Fürstentümer, eine andere gefährliche Neuerung des ersten Chin-Kaisers.

Sie wurden geschaffen, um siebenundzwanzig Verwandte des Kaisers, denen sich der neue Herrscher verpflichtet fühlte, zu versorgen: einen Großonkel, einundzwanzig Onkel, zwei Vettern und drei Brüder. Damit lebte das Feudalwesen wieder auf, das doch schon im 3. Jahrhundert v. Chr. vom Staate Ch'in abgeschafft worden war. Diese neuen Lehnsbesitze waren höchst umfangreich: den kleinsten wurden fünftausend Bauernfamilien und eintausendfünfhundert Soldaten zugeteilt und den größten dreißigtausend Familien und fünftausend Soldaten. Zuerst lebten die neuen Lehnsfürsten allerdings am kaiserlichen Hofe, aber im Jahre 277 zogen sie in ihre eigenen Länder, wo sie fast souverän herrschten: sie zogen Steuern ein, setzten Beamte ein und ab, hoben Truppen aus und hatten die Zivil- und Militärverwaltung völlig in der Hand.

Unter diesen Umständen konnte die Einigkeit des Reiches nicht lange halten. Tatsächlich ging sie kurz nach dem Tode des ersten Kaisers (290) verloren. Im Jahre 291 – elf Jahre nach der Reichseinigung – brach ein mörderischer Bürgerkrieg aus, den die chinesischen Historiker als die »Wirren der acht Prinzen« bezeichnen. Sechs Parteien bekämpften sich in Streitigkeiten, die zuerst die Thronfolge und die höchsten Ratgeberstellen betrafen, dann aber in einen wahnwitzigen Machtkampf ausarteten. Als der Krieg nach fünfzehn Jahren zu Ende war (306), war das Land wieder verwüstet, die Dynastie West-Chin näherte sich ihrem Untergang, und fremde Nomaden waren im Begriff, ganz Nordchina an sich zu reißen.

Die nördlichen und westlichen Barbaren und die Kleinstaaten Nord- und Westchinas (304–439)

Der Verlust Nordchinas am Anfang des 4. Jahrhunderts war ein gewaltiges Ereignis, das die Zeitgenossen tief erschütterte, vergleichbar etwa der hundert Jahre späteren Eroberung Italiens durch die Goten. Aber der Sieg der Barbaren war nur scheinbar ein unvorhersehbarer Schicksalsschlag, in Wirklichkeit war er das Endresultat einer langen Entwicklung, die hier kurz aufgezeichnet zu werden verdient.

Jenseits der nördlichen und westlichen Grenzen Chinas lag eine in den naturgegebenen Verhältnissen grundverschiedene Welt: die Welt der Steppe. Sie war nicht wie China für den Ackerbau und feste, dichte Besiedelung geeignet, sondern ließ lediglich spärliche Ausbeutung durch viehzüchtende Nomaden zu. Chinesische Bauern konnten sich unmöglich dort eine Existenz verschaffen; wenn es ihnen in der Heimat zu eng wurde, konnten sie nur nach Süden auswandern. Aber umgekehrt konnten die Steppennomaden nach China einwandern, wenn sie bereit waren, sich auf Landwirtschaft umzustellen.

Von alters her bestanden zwischen den Chinesen diesseits der Grenzen und den Steppenvölkern jenseits davon mannigfache Beziehungen — friedlicher Handelsverkehr, Einwanderung und Ansiedelung der Fremden, aber auch Raubeinfälle der Reiternomaden und kriegerische Zusammenstöße. Mehrere chinesische Herrscherhäuser — von der Chou-Dynastie angefangen — wurden von solchen aus der Steppe eindringenden Fremden gegründet, und es ist sogar anzunehmen, daß das Entstehen und die stetige Bereicherung der chinesischen Zivilisation zum Teil der Einschmelzung verschiedener »Barbarenvölker« zu verdanken sind.

Die mehrmalige friedliche Ansiedelung von nichtchinesischen Stämmen in Nord- und Westchina ist eine historisch belegte Tatsache für die gesamte Han-Dynastie. Zu Anfang des 3.Jahrhunderts n. Chr. waren die folgenden Fremdvölker in China ansässig:

1. Die schon aus der Han-Zeit bekannten Hsiung-nu (sie werden oft mit den Hunnen Europas identifiziert, aber diese Gleichsetzung ist nach dem heutigen Stand der Wissenschaft sehr fraglich) in der heutigen Provinz Shensi.

2. Die Chieh, ein Zweig der Hsiung-nu, in Südost-Shensi.

3. Die Hsien-pei östlich und westlich des Liao-Flusses in der Manchurei, ferner in Kansu und Tsinghai. Führende Sippen, die in der späteren Geschichte eine Rolle spielten, waren die Mu-jung, T'o-pa und Yü-wen.

4. Die Wu-huan, ein Zweig der Hsien-pei, in verschiedenen Gebieten Nordchinas, besonders in Hopei.

Diese vier Völker gehörten der großen ural-altaischen Familie an, während die drei folgenden wahrscheinlich mit den späteren Tibetern verwandt waren.

5. Die Ti in Kansu, Tsinghai, Shensi und Ssuchuan.

6. Die Ch'iang in Kansu, Tsinghai und Shensi.

7. Die Ts'ung in Kansu und Ssuchuan. Sie lebten oft zusammen mit den Ti.

Viele dieser Barbaren nahmen an den Kämpfen teil, die das Ende der Han-Dynastie und die Gründungen der Drei Reiche begleiteten. Oft wurden sie auch von den Herrschern der Drei Reiche zum Kriegsdienst verwandt oder als ackerbauernde Hörige angesiedelt — eine der vielen Maßnahmen, die bestimmt waren, der dringenden Menschenknappheit abzuhelfen. Zur Zeit der Drei Reiche nahm die Ansiedelung von Nichtchinesen große Ausmaße an. Zahlreiche Ti wurden von den Shu-Herrschern in Ssuchuan, von den Wei-Kaisern in Kansu und Shensi angesiedelt. Im Zeitraum 276 bis 289 wurde fast eine Million Nichtchinesen in China ansässig gemacht: vierhunderttausend Hsiung-nu, Hsien-pei und Wu-huan, fünfhunderttausend Ti und Ch'iang. Am Ende des 3.Jahrhunderts machten die Barbaren ungefähr die Hälfte der Bevölkerung in Nordwestchina aus, ihre Gegenwart wirkte geradezu magnetisch auf ihre Volksgenossen jenseits der Grenzen. Andererseits war es bei der Massenauswanderung der chinesischen Bevölkerung nur natürlich, daß das Vakuum von Fremden ausgefüllt wurde.

Obwohl sich die Einwanderer auf eine neue Lebensweise umstellen mußten, bewahrten sie viel von ihrer nationalen Identität in der Sprache, in ihren Sitten, in der Stammgliederung und militärischen Organisation. Sie fühlten die Kluft, die sie von der chinesischen Bevölkerung trennte, und hatten mancherlei Grund, mit den Herren des Landes unzufrieden zu sein. Sie wurden oft mit Gewalt verpflanzt, in den Krieg geschickt oder als Halbsklaven zum Frondienst gezwungen. So kam es häufig zu Aufständen gegen die chinesische Oberherrschaft, deren zunehmende Schwäche gegen Ende des 3. Jahrhunderts offensichtlich war. Die in China ansässigen Barbaren wurden von ihren über die Grenzen eindringenden Landsleuten unterstützt und verstärkt, und zu Anfang des 4. Jahrhunderts war es so weit, daß ganz Nordchina und große Teile Westchinas unter nichtchinesische Herrschaft gerieten.

Im Zeitraum 304 bis 439 existierten in Nord- und Westchina nicht weniger als zwanzig verschiedene Staaten nach- oder nebeneinander, alle außer fünf von Nichtchinesen gegründet. Die chinesischen Historiker bezeichnen sie als die »Fünf Barbarenvölker« (die Hsiung-nu, Chieh, Hsien-pei, Ti und Ch'iang) und die »Sechzehn Staaten«. (Die Beschränkung auf fünf und sechzehn ist willkürlich.)

Bemerkenswert ist die kurze Lebensdauer dieser Staaten. Nur fünf von ihnen existierten länger als dreiunddreißig Jahre. Der Hauptgrund lag darin, daß die Staatenbildung auf chinesischem Boden die Nomadenherrscher vor kaum lösbare Probleme stellte, denen sie fast nie gewachsen waren. (Eine wichtige Ausnahme, die uns später beschäftigen wird, ist die Wei-Dynastie, von der Hsien-pei-Sippe T'o-pa gegründet, 386 bis 535. Ihr Vorläufer, der Staat Tai, führte das längste Dasein unter den zwanzig Staaten.) Entweder mußten sie sich auf chinesische Lebensformen umstellen, was unvermeidlich den Verlust ihrer nationalen Identität zur Folge hatte, oder sie mußten versuchen, ihre traditionelle soziale und wirtschaftliche Organisation beizubehalten, was auf chinesischem Boden schwer möglich war. Gewöhnlich experimentierten sie mit Kompromißlösungen, die Konflikte auslösten und oft zur Auflösung des Staates führten.

Die kurze Lebensspanne dieser Staaten hängt ferner zusammen mit der gesellschaftlichen Struktur der herrschenden Fremdvölker. Die altaischen Völker (die Hsiung-nu, Chieh und Hsien-pei) lebten normalerweise als isolierte Nomadenstämme. Zur Staatenbildung kam es, wenn sich mehrere Stämme zu einem Bund zusammenschlossen. Solch ein Verband enthielt vielerlei Nationalitäten und konnte leicht wieder auseinanderfallen, wenn kein starker Führer mehr an der Spitze stand. Dann gingen die einzelnen Stämme wieder ihre eigenen Wege oder schlossen sich einem anderen Bunde an. Der Tod eines Herrschers war jedesmal mit einer Krise verbunden, denn die Thronfolge war selbst innerhalb eines Stammes nicht unbedingt erblich – der unfähige Sohn eines tüchtigen Vaters konnte nicht auf den Gehorsam der Stammesgenossen zählen. Im Kriege setzten alle Mitglieder des Stammes nicht nur ihr Leben, sondern auch ihre Freiheit aufs Spiel, denn im Falle einer Niederlage fielen sie insgesamt dem siegreichen feindlichen Stamm als Sklaven zu – ein anderer Faktor in der häufigen Umgliederung der Stämme und dem raschen Wechsel der Staaten.

Die Stammesgliederung, die der Struktur der altaischen Völker ein gewisses Minimum an Stabilität gewährte, fehlte bei den tibetischen Eroberern (den Ts'ung, Ti und Ch'iang). Ihre Staatenbildung beruhte ausschließlich auf militärischer Organisation. Ihre Dynastien wurden von mächtigen und erfolgreichen Heerführern gegründet. Es versteht sich von selbst, daß ein Staat, der dem Kriegserfolg sein Dasein verdankt, durch eine Niederlage zerschlagen werden kann.

Die Kleinstaaten Nord- und Westchinas (304—439)

Staat	Gebiet	Hauptstadt	Gründer	Erobert von	Daten
Hsiung-nu					
* Frühere Chao (Han)	Streifen quer durch Nordchina von Kansu bis Shantung	Ch'ang-an	Liu Yüan	Spätere Chao	304–329
* Nord-Liang	West-Kansu, Ost-Sinkiang	Chang-i	Chü-ch'ü Meng-hsün	Nord-Wei	397–439
* Hsia	Shensi	T'ung-wan	Ho-lien Po-po	T'u-yü-hun	407–431
Chieh					
* Spätere Chao	Nordchina	Hsiang-kuo, Yeh	Shih Lo	Wei (Jan Min)	319–350
Hsien-pei					
Tai	Shansi	Sheng-lo	T'o-pa I-lu	Frühere Ch'in	310–376
* Frühere Yen	Nordostchina, Süd-Manchurei	Yeh	Mu-jung Huang	Frühere Ch'in	337–370
* Spätere Yen	Nordostchina, Süd-Manchurei	Chung-shan	Mu-jung Ch'ui	Nord-Yen	384–409
* West-Ch'in	Kansu	Yung-shih-ch'uan, Chin-ch'eng	Ch'i-fu Kuo-jen	Hsia	385–431
West-Yen	Shansi	Ch'ang-tzu	Mu-jung Yung	Spätere Yen	386–394
* Süd-Liang	Kansu	Lo-tu	T'u-fa Wu-ku	West-Ch'in	397–414
* Süd-Yen	Shantung	Kuang-ku	Mu-jung Te	Ost-Chin	398–410
Ts'ung					
* Frühere Shu (Ch'eng, Han)	Südwestchina	Ch'eng-tu	Li T'e	Ost-Chin	304–347
Ti					
* Frühere Ch'in	Shensi, dann ganz Nordchina	Ch'ang-an	Fu Hung	West-Ch'in	351–394
* Spätere Liang	Kansu, Ost-Sinkiang	Ku-tsang	Lü Kuang	Spätere Ch'in	385–403
Ch'iang					
* Spätere Ch'in	Shensi	Ch'ang-an	Yao Ch'ang	Ost-Chin	384–417
Chinesisch					
* Frühere Liang	Kansu, Ost-Sinkiang	Ku-tsang	Chang Kuei	Frühere Ch'in	345–376
Wei	Nordchina	Yeh	Jan Min	Frühere Yen	350–352
* West-Liang	West-Kansu	Tun-huang	Li Kao	Nord-Liang	400–420
Spätere Shu (Ch'eng-tu)	Südwestchina	Ch'eng-tu	Ch'iao Tsung	Ost-Chin	405–413
* Nord-Yen	Nordost-Hopei, Süd-Manchurei	Ho-lung	Feng Pa	Nord-Wei	409–436

Die Sechzehn Staaten sind mit * bezeichnet

Obwohl diese Staaten von Nichtchinesen gegründet und beherrscht wurden, waren die Führer, mit wenigen Ausnahmen, bestrebt, sich den staatspolitischen und ethischen Auffassungen der Chinesen soweit wie möglich anzupassen und ihrer Herrschaft ein »legitimes« konfuzianisches Gepräge zu geben. Zudem waren sie für die Verwaltung der eroberten chinesischen Gebiete zum Teil auf chinesische Beamte angewiesen. Das Resultat war eine eigentümliche Mischung von chinesischer und fremder Kultur.

Wir brauchen die vielen kurzlebigen Staaten nicht alle einzeln zu behandeln, aber einige von ihnen verdienen unsere Aufmerksamkeit. Zunächst das Frühere Chao (auch Han genannt). Der Gründer, Liu Yüan (gestorben 310), gehörte einer vornehmen Hsiung-nu-Familie an, die von dem berühmten Hsiung-nu *Shan-yü* (Herrscher) Mao Tun (gestorben 174 v. Chr.) abzustammen behauptete. Er war mit chinesischen Verhältnissen und Gebräuchen wohl vertraut, denn in seiner Jugend hatte er als Geisel am chinesischen Hof gedient. Er war ein glänzender Organisator und schuf einen festen Verband von Hsiung-nu-Stämmen in Shansi, wo die Hsiung-nu ungefähr die Hälfte der Bevölkerung ausmachten.

Im Jahre 304 machte sich Liu Yüan zum »König von Han« – er führte ja denselben chinesischen Familiennamen wie die Kaiser der ruhmreichen Han-Dynastie – und vier Jahre später zum Kaiser. Sein Sohn und Nachfolger Liu Ts'ung dehnte das Reich nach Osten und Westen aus, so daß es einen Streifen quer durch Nordchina bildete. Er war es, der den Chinesen die kaiserlichen Hauptstädte entriß. Lo-yang, die östliche Hauptstadt, fiel ihm 311 in die Hände, und mit ihr der Chin-Kaiser Huai-ti. Dieser wurde gefangengehalten, bis im Jahre 313 eine Verschwörung zu seinen Gunsten aufgedeckt wurde; dann wurde er samt seinen Anhängern hingerichtet. Ein neuer Kaiser, Min-ti, bestieg in der westlichen Hauptstadt, Ch'ang-an, den schwankenden Thron der Chin. Aber auch Ch'ang-an wurde 316 von Liu Ts'ung erobert und Min-ti gefangengenommen. Damit ging der chinesische Widerstand in Nordchina zu Ende. Min-ti, der letzte Kaiser von West-Chin, wurde 317 von den Hsiung-nu hingerichtet.

Nach Liu Ts'ungs Tod (318) kam es zu einem Zwist zwischen seinem Nachfolger und einem früheren Untergebenen, Shih Lo. Der letztere machte sich selbständig und schuf in Nordostchina ein Reich (Späteres Chao), das später fast ganz Nordchina umfaßte. An Shih Lo ist bemerkenswert, daß er sich aus den niedrigsten Verhältnissen emporarbeitete. Er entstammte einer einfachen Familie der Chieh, einem Zweig der Hsiung-nu, und hatte als Sklave in China gedient. Es gelang ihm, nicht nur eine führende Stelle bei den Nomadenstämmen zu erringen, sondern auch bei der chinesischen Gentry in Nordostchina Unterstützung zu finden. Dabei hatte er nur geringes Verständnis für die chinesische Kultur und wird von den offiziellen chinesischen Historikern als ein unmenschliches Scheusal dargestellt.

Unter den von Tibetern gegründeten Reichen war das wichtigste das Frühere Ch'in, das 351 von Fu Hung in Nordwestchina (dem heutigen Shensi) gegründet wurde. Sein Enkel Fu Chien eroberte drei Nachbarstaaten: das Frühere Yen im Jahre 370, dann das Frühere Liang (376) und im selben Jahre Tai. Er stand nun im Besitz von ganz Nordchina, scheiterte jedoch bei dem Versuch, auch Südchina seinem Reich einzuverleiben. Im Jahre 383 endete sein großangelegter Feldzug gegen das Südreich (Ost-Chin) mit einer schweren Niederlage am Fluß Fei.

Die Stärke dieses tibetischen Staates beruhte auf seiner militärischen Organisation, die anders war als die der altaischen Völker. Deren Heere waren nach Stämmen gegliedert und bestanden fast ausschließlich aus Reiterei, denn Fußsoldaten wurden von den altaischen Reiternomaden verachtet. Die tibetischen Heere dagegen waren rein auf militärische Zweckmäßigkeit hin organisiert, ohne Rücksicht auf Stämme, Häuptlinge oder vornehme Familien. Außerdem fügte Fu Chien seinen erprobten tibetischen Reitern eine Infanterie bei, die zum großen Teil aus Chinesen bestand. So wurde er in Nordchina zum unwiderstehlichen Eroberer. Aber im wasserreichen Süden war sein Heer den ungewohnten Schwierigkeiten von Terrain und Klima nicht gewachsen. Infolgedessen war der chinesischen Herrschaft im Süden eine neue Lebensfrist gewährt.

Ost-Chin (317–420)

Der Verlust Nordchinas im Jahre 316 bedeutete, wie wir gesehen haben, das Ende von West-Chin, aber nicht den Untergang dieses Kaiserhauses. Ein Mitglied der kaiserlichen Familie setzte die chinesische Herrschaft in Südchina fort und bewahrte die Kontinuität der Dynastie. Dies war ein Prinz namens Ssu-ma Jui, der 307 zum Oberbefehlshaber in Südchina ernannt worden war. Nach dem Fall der kaiserlichen Hauptstädte im Norden nahm er 317 den Titel »Fürst von Chin« an. Im nächsten Jahr ließ er sich zum »Kaiser von Chin« ausrufen; sein postumer Kaisername ist Yüan-ti. Von seiner Hauptstadt Chien-k'ang (dem heutigen Nanking) aus beherrschte er das untere Yang-tzu-Tal und Südchina südlich des Yang-tzu.

Die chinesischen Historiker bezeichnen diesen Abschnitt der Chin-Dynastie als Ost-Chin, im Gegensatz zu der vorhergehenden Periode, die West-Chin genannt wird. Diese Namengebung erscheint uns merkwürdig, denn geographisch gesehen bedeutet der zweite Abschnitt der Dynastie eine Verschiebung des Reichsmittelpunktes von Norden nach Süden, nicht von Westen nach Osten. Der Sinn der Benennung ist offenbar, den peinlichen Verlust Nordchinas zu verschleiern und das Schrumpfen des Reiches als eine Verlegung der Hauptstadt darzustellen. Die neue Hauptstadt Chien-k'ang liegt ja tatsächlich am östlichen Ufer des Yang-tzu, im Südosten der alten Hauptstädte Lo-yang und Ch'ang-an. Da der untere Yang-tzu vorwiegend nach Nordosten fließt, so nannte man von alters her das Gebiet jenseits des Stromes »Chiang-nan« (»südlich des Flusses«) oder »Chiang-tung« (»östlich des Flusses«). Die Bezeichnungen West- und Ost-Chin lassen sich also geographisch rechtfertigen. Sie gründen sich außerdem auf historische Präzedenzfälle: sowohl die Chou-Dynastie als auch die Han-Dynastie waren in eine »westliche« und eine »östliche« aufgeteilt, was sich ebenfalls auf die Verlegung der Hauptstadt von Westen nach Osten bezieht.

Ost-Chin hat vieles mit der Wu-Dynastie der Drei Reiche gemeinsam, und auch mit den späteren Süd-Dynastien. Auch bei ihnen lag der Schwerpunkt des Reiches im unteren Yang-tzu-Tal und die Hauptstadt an der Stelle des heutigen Nanking, das Wirtschaftssystem war halbkolonial und die soziale Struktur zunehmend aristokratisch. Zwischen den führenden Adelsfamilien entwickelten sich allerlei Spannungen und Konflikte. Die aus dem Norden stammenden Aristokraten standen den schon lange in Südchina ansässigen

Familien gegenüber, und zwischen einzelnen Familien brach im Wettstreit um Macht und Einfluß häufig Hader aus. Zu Anfang der Ost-Chin-Dynastie war die Familie Wang die unbestritten mächtigste. Sie hatte sowohl die Armee als auch einen beträchtlichen Teil der Zivilverwaltung in der Hand. Ihre überragende Stellung im neuen Reiche wurde, als der erste Kaiser den Thron bestieg, äußerlich sichtbar: da saß Wang Tao, das Haupt der Familie Wang, neben ihm!

Trotz der inneren Schwäche zeigte jedoch die neue Dynastie eine überraschende Stabilität. Wie schon erwähnt, gelang es ihr im Jahre 383, einen gefährlichen Angriff aus dem Norden abzuschlagen und dem Tibeter Fu Chien in der Schlacht am Flusse Fei eine entscheidende Niederlage beizubringen. Andererseits kamen die immer wieder gesponnenen Pläne, Nordchina zurückzuerobern, nie zur Ausführung. Aber viel gekämpft wurde innerhalb des Chin-Reiches. Die Bürgerkriege begannen im Jahre 322 und dauerten ein Jahrhundert lang an, also bis zum Ende der Dynastie. Die Ursachen waren einerseits Zwistigkeiten zwischen machtlüsternen Cliquen und Heerführern, andererseits der Widerstand der Bauern gegen die Unterdrückung der adligen Großgrundbesitzer. Der gefährlichste dieser Bauernaufstände brach im Jahre 398 aus. Selbst nach dem Tode des Anführers Sun En (402) ging der Aufstand weiter, bis er im Jahre 410 endgültig unterdrückt wurde. Der erfolgreiche Oberbefehlshaber der kaiserlichen Armee, der auch Sun En besiegt hatte, war Liu Yü. Im Laufe dieses Bürgerkrieges stärkte Liu Yü seine Macht so weit, daß er zehn Jahre später (420) der Chin-Herrschaft ein Ende machen und seine eigene Dynastie, Sung genannt, gründen konnte.

Heroismus und Individualismus

Das Ende der Han-Dynastie hatte sich unter tiefgreifenden Veränderungen auf kulturellem und geistigem Gebiet vollzogen. Zusammen mit dem Zerfall des Einheitsreiches in eine Reihe kleinerer Staaten wechselnder Gestalt verlor auch das einheitliche Weltbild – nämlich der Konfuzianismus, der dem Han-Reich die geistige Grundlage gegeben hatte – seine beherrschende Stellung. Der Konfuzianismus ging freilich nicht völlig zugrunde, aber er wurde doch weitgehend geschwächt, innerlich wie äußerlich. Jahrhundertelang mußte er mit rivalisierenden Weltanschauungen kämpfen, vor allem mit Taoismus und Buddhismus. Gleichzeitig bedeutete die Schwächung des konfuzianischen Zentralismus und Obrigkeitsbewußtseins das Aufkommen eines Individualismus unterschiedlichster Prägung. Eine seiner Ausformungen war die Idee des Helden.

Die Zeit der Drei Reiche ist in der allgemeinen Vorstellung Chinas zu einem heroischen Zeitalter, ja zu dem heroischen Zeitalter schlechthin geworden. Selbst heute noch sind Chinesen aller Volksschichten mit den wichtigsten Persönlichkeiten der Drei Reiche besser vertraut als mit denen aller übrigen Geschichtsepochen. Diese Kenntnis gründet sich allerdings großenteils auf einen populären Roman des 14. Jahrhunderts, »Die Erweiterte Geschichte der Drei Reiche« *(San-kuo chih yen-i)*, wie auch auf Theaterstücke, die sich mit den Helden der »Drei Reiche« und ihren Abenteuern beschäftigen. Die volkstümlichen Vorstellungen von diesen Helden sind infolgedessen außerordentlich verzerrt. Bis auf den heutigen Tag ließen sich sogar Fachgelehrte, in China nicht minder als im Westen, in ihrem Urteil über diese Männer durch Roman und Drama beeinflussen. So ist zum Beispiel Ts'ao Ts'ao, der Gründer des Reiches Wei, im Volksglauben als brutaler Eroberer, grausamer Tyrann und gerissener Schurke bekannt, während sein Gegner Liu Pei – der erste Kaiser des Reiches Shu – zusammen mit seinen Verbündeten als glorreicher Held gilt. Hierbei ist für uns besonders die Tatsache interessant, daß die Idealisierung einzelner dieser Heldengestalten unmittelbar auf die Zeit der Drei Reiche selbst zurückgeht. Chu-ko Liang (181–234) etwa, ein Minister und General des Reiches Shu, wurde schon bald nach seinem Tode in Shu als heroischer Halbgott verehrt. Man berichtet, daß ihm das Volk schon gleich nach seinem Tode Opfergaben darbrachte und daß neunzehn Jahre später an seinem Grab ein Ehrentempel errichtet wurde. Zahlreiche Legenden entstanden, in denen er als ein Universalgenie erscheint, das auf den verschiedensten Gebieten bewandert war: als General wurde er berühmt, weil er angeblich die tiefsten Geheimnisse der Kriegskunst kannte, obwohl er in Wirklichkeit keinen seiner Feldzüge gegen Wei gewann. Außerdem machte er sich als bedeutender Schriftsteller einen Namen – dies übrigens nicht unverdient, wenn die heute erhaltenen Prosastücke, die ihm zugeschrieben werden, echt sind. Schließlich wurden ihm auch verschiedene Erfindungen zugeschrieben, bei denen wir indessen nicht genau wissen, worum es sich handelte und wie bedeutend sie waren – wenn er mit ihnen überhaupt etwas zu tun hatte. Erwähnt sind eine Armbrust, ein »hölzerner Ochse« und ein »schwimmendes Pferd«: die beiden letzten Gegenstände scheinen verschiedene Arten von Schubkarren gewesen zu sein.

Chu-ko Liangs Armbrust soll später von einem gewissen Ma Chün verbessert worden sein, der in Lo-yang am Hofe des Wei-Kaisers Ming (regierte 226–239) lebte. Auch er ist bekannt für eine Reihe von Erfindungen, worunter sich ein eigentümliches Bewässerungsrad, ein besonders ausgeklügelter Webstuhl für Brokatstoffe und ein »Kompaßwagen« befinden. Bei dem Webstuhl war die Zahl der Trittschemel von über fünfzig auf zwölf verringert, wodurch der Webvorgang erheblich vereinfacht wurde. Sein »Nach Süden zeigender Wagen« bewegte sich offenbar mit Hilfe von Radübersetzungen.

Konfuzianismus und Neo-Taoismus

Der Niedergang des Konfuzianismus ist eine der wichtigsten Erscheinungen des geistigen Lebens im 3. und 4. Jahrhundert. Immer wieder klagten ernsthafte Konfuzianer darüber, daß der wahre Geist des Konfuzianismus zu verfallen drohe und der Besuch konfuzianischer Schulen und Einrichtungen zurückgehe. Es gab dafür verschiedene Gründe. Zunächst einmal war die konfuzianische Lehre starr und steril geworden. Während die konfuzianischen Gelehrten sich unentwegt mit denselben alten Texten beschäftigten und sie mit endlosen Kommentaren und Unterkommentaren versahen, dürsteten die Menschen nach neuen Ideen, nach spekulativ-philosophischen Gedanken, nach mystischer Offenbarung. Der Konfuzianismus hatte ja die religiösen Bedürfnisse des einfachen Volkes nie recht zufriedengestellt, und so bestand unter ihm stets eine geistige Strömung in Form der Volksreligionen. Diese Unterströmung brach sich nun nach oben hin Bahn und ließ, verbunden mit Elementen des alten philosophischen Taoismus (Chuang-tzu und Lao-tzu), eine neue geistige Schule entstehen, für die westliche Gelehrte den Namen »Neo-Taoismus« geprägt haben; die Chinesen selbst nennen sie *Hsüan-hsüeh*, was soviel bedeutet wie »dunkle Lehre« oder »Schule geheimnisvollen Wissens«.

Der Neo-Taoismus füllte das geistige Vakuum aus, das durch den Niedergang des Konfuzianismus entstanden war. Wie so oft in der Geistesgeschichte Chinas, übernahm hier aber die neue Ideologie zahlreiche Begriffe gerade von der Weltanschauung, die sie bekämpfte und zu ersetzen suchte. So erklärt es sich, daß einige neo-taoistische Werke der Neuinterpretation konfuzianischer Klassiker gewidmet sind. Von den Neo-Taoisten am meisten geschätzt war das »Buch der Wandlungen« *(I-ching)*, das sich leicht für allerlei mystische Spekulationen heranziehen ließ. So gaben sich – und dies charakterisiert die Verehrung gegenüber anerkannten kanonischen Werken aufs deutlichste – frühe neo-taoistische Schriften die Form von Kommentaren zu anerkannten philosophischen Werken. Neben dem »Buch der Wandlungen« bestanden die vornehmlich kommentierten Werke in den taoistischen Klassikern *Tao-teh-ching* (Lao-tzu) und *Chuang-tzu*. Der geistvolle, jung gestorbene Wang Pi (226–249) etwa verfaßte Kommentare zum »Buch der Wandlungen« und zum *Tao-teh-ching*; der Kommentar zum Buch *Chuang-tzu* von Kuo Hsiang (gestorben um 312) stützte sich zum Teil auf einen wiederum noch früheren Kommentar von Hsiang Hsiu (um 223 bis um 300). Dieser *Chuang-tzu*-Kommentar ist das wichtigste Werk der *Hsüanhsüeh*-Schule. In ihm sind manche Lehrsätze des alten philosophischen Taoismus weiterentwickelt, andere abgewandelt. Bezeichnend für den synkretistischen Geist der Schule war, daß sie Konfuzius als einen Heiligen verehrte. Die unleugbare Tatsache, daß Konfuzius bestimmte Themen, die für den Taoismus grundlegend waren, niemals angeschnitten hatte, wurde als »Beweis« dafür gewertet, daß eben Konfuzius die Entwicklungsstufe bereits überschritten hatte, in der solcherlei Dinge denkerische Probleme darstellten.

Die nihilistische Tendenz des Neo-Taoismus wird ersichtlich aus der Neudefinierung des Begriffes *Tao* (»Weg«) als dem absoluten »Nichts«. Je mehr sich die überkommenen Wertmaßstäbe auflösten, desto entschiedener wandten sich die Neo-Taoisten den alten taoistischen Idealen der »Leerheit« und »Naturhaftigkeit« zu und entwickelten sie weiter. Der Mensch, so lehrten sie, müsse sich gänzlich frei machen von den Beschränkungen und Gesetzen, die ihm Regierung, Gesellschaft und Moral auferlegten; er müsse natürlich, aus sich selbst heraus leben, auch wenn es der Umwelt noch so lächerlich erscheine. Es gibt aus dieser Zeit eine Anekdote von einem gewissen Liu Ling (um 221 bis um 300), einem der »Sieben Würdigen vom Bambushain«, die sich in Liu I-ch'ings (403–444) »Neue Anekdoten« *(Shih-shuo hsin-yü)* aufgezeichnet findet, einer wichtigen Sammlung von Berichten über witzige Aussprüche und absonderliche Taten aus dieser Periode:

> Liu Ling ergab sich hemmungslos dem Trunke. Bisweilen zog er all seine Kleider aus und hockte splitternackt in seinem Zimmer. Wenn Leute zu Besuch kamen und ihn verlachten, pflegte er zu sagen: »Ich nehme Himmel und Erde als mein Haus und dies Zimmer hier als meine Hose – was wollt Ihr in meiner Hose?«

Die »Sieben Würdigen vom Bambushain« waren eine Gruppe gleichgesinnter Freunde, die sich um die Mitte des 3. Jahrhunderts regelmäßig an dem Ort Chu-lin (»Bambushain«)

zusammenfanden, einem malerischen Flecken nördlich von Lo-yang. Sie waren allesamt Schriftsteller. In ihren Dichtungen und Prosaschriften erwecken sie den Eindruck, als hätten sie die meiste Zeit ihres Lebens in der idyllischen Abgeschlossenheit und in der fröhlichen Gesellschaft des Bambushains verbracht – obwohl sie in Wirklichkeit nur kurze Zeit dort verlebten; sie verspotteten das langweilige Leben des rastlosen Beamten in der Hauptstadt – was doch in Wirklichkeit ihr eigenes Leben war. Ihre Schriften hatten einen gewaltigen Einfluß auf die neue Generation von Gelehrten-Beamten, die dem Alltag und den Konventionen zu entfliehen suchten.

Der Neo-Taoismus brachte indessen nicht nur ernst zu nehmende philosophische Gedankensysteme hervor, sondern äußerte sich ebenso auch in Zynismus und Frivolität. Er lieferte in vielen Fällen den Vorwand, um sich, war die Wirklichkeit zu unerfreulich, von ihr – zumindest für eine begrenzte Zeit – abzuwenden. So wurde etwa Wang Jung (234–305), der in seiner Jugend zu den »Sieben Würdigen vom Bambushain« zählte, später einer der größten Grundbesitzer seiner Zeit. Es gibt eine Anekdote über seinen Geiz: Wenn er Pflaumen verkaufte, soll er immer erst die Steine entfernt haben, damit niemand dieselbe Sorte nachzüchten könne.

Eine andere charakteristische Entwicklungsform des Neo-Taoismus war das »Reine Gespräch« *(ch'ing-t'an)*, die Kunst geistreicher Unterhaltung: Eine Gruppe gleichgesinnter Freunde diskutierte esoterische Themen – in der Regel solche mit taoistischem Anklang – in knapper, witziger und edler Wortwahl, die für Außenstehende unverständlich war. Viele derartige Beispiele finden sich in dem erwähnten Buch »Neue Anekdoten« aufgezeichnet.

Buddhismus

Eine wesentliche Umformung chinesischer Geistigkeit und Zivilisation – eine der wichtigsten in der Geschichte Chinas überhaupt – ging in der hier behandelten Periode unter dem Einfluß des Buddhismus vor sich. Diese große indische Religion brachte Begriffe und Verhaltensweisen mit nach China, die der altchinesischen Tradition völlig fremd waren. Bezeichnend waren unter anderen die folgenden Gegensätze: Die Chinesen hatten seit jeher geglaubt, daß der Mensch unendlich hoch über dem Tier stehe und daß tierisches Leben nur wenig Wert besitze. Der Buddhismus dagegen lehrte, alle lebendige Kreatur sei gleichwertig, und es sei ebenso eine Sünde, tierisches Leben zu zerstören wie menschliches. Die chinesischen Philosophen hatten sich in der Regel auf die Probleme des Lebens in dieser Welt konzentriert und der Frage, was nach dem Tode geschehe, wenig Beachtung geschenkt. Die Buddhisten dagegen sprachen vom Leben als einem qualvollen und nicht endenden Kreislauf der Existenzen, einem Kreislauf, dem zu entrinnen letztes und höchstes Ziel war. Sie glaubten, der Tod sei nicht mehr als ein Entwicklungspunkt in diesem Kreislauf, der zur Wiedergeburt im Körper eines anderen menschlichen oder nichtmenschlichen Wesens führe. Zwei Grundpfeiler der konfuzianischen Ethik waren seit alters kindliche Pietät und loyale Ergebenheit gegenüber dem Staat. Die Buddhisten aber propagierten das Mönchstum, das ja die Forderung einschloß, die Eltern zu verlassen, keine Familie zu gründen, und damit ein unproduktives Leben zu führen und zu einer Last für die Gesellschaft zu werden.

Wie konnte es geschehen, daß solch grundlegend neue Vorstellungen in China Anklang fanden? Wie bereits in einem früheren Beitrag *(China im Altertum*, Band II*)* erwähnt, wurde der Buddhismus schon während der Han-Dynastie nach China eingeführt, wir haben aber keine Anzeichen dafür, daß er sich vor dem Ende der Han-Zeit – das heißt vor dem Ausgang des 2. nachchristl. Jahrhunderts – nennenswert ausbreitete. Erst in der Periode also, in der die konfuzianische Ideologie an Kraft verlor, wurde die neue Religion in China populär. Auf diese Weise füllte der Buddhismus – ebenso wie der Neo-Taoismus, ja gleichzeitig mit ihm – einen Teil der geistigen Leere aus, die durch den Zusammenbruch des traditionellen chinesischen Weltbildes entstanden war. Daneben befriedigte der neue Glaube auch das geistige Bedürfnis nach einer wirklichen Religion, nach etwas, was die Chinesen vorher nie besessen hatten, wenn man von lokalen Volkskulten absieht. Dieses Bedürfnis mußte gerade in einer Zeit der Spannung und des Umsturzes besonders stark empfunden werden und ließ sich durch den Neo-Taoismus allein nicht befriedigen.

Der Buddhismus wurde im 3. und 4. Jahrhundert von eifrigen »Missionaren«, unter denen sich chinesische wie auch nichtchinesische befanden, in Wort und Schrift verkündet. Dabei errangen beide Hauptrichtungen des indischen Buddhismus Anhängerschaft, die Lehre des *Hīnayāna* (»Kleines Fahrzeug«) und die des *Mahāyāna* (»Großes Fahrzeug«). Die Hīnayāna-Lehre ist als Religion streng, hart und anspruchsvoll. Sie verspricht den Gläubigen eine allmähliche, langsame Höherentwicklung, die sich durch viele Inkarnationen hindurchzieht, bis sie schließlich im Nirvāna endet. Nirvāna – wörtlich »Auslöschung« – bedeutet Befreiung von allen Wünschen und Erlösung von den Ketten unzähliger Existenzen und Wiedergeburten. Die Mahāyāna- Lehre ist toleranter und weniger dogmatisch, sie wendet sich an alle Menschen, wie sie auch sein mögen. Widersprüchliche Ideen können in ihr nebeneinanderbestehen, ja sie erkennt sogar nichtbuddhistische Glaubensansichten an. Der Weg zum Nirvāna – das hier eher so etwas wie »Erlösung« oder »Paradies« bedeutet – läßt sich im Mahāyāna leichter beschreiten als im Hīnayāna, denn der Gläubige hat die Hilfe unzähliger Buddhas und Bodhisattvas, an die er sich wenden kann. Bodhisattvas sind Heilige, die, obwohl sie einen Grad von Erleuchtung erlangt haben, der es ihnen ermöglicht, Buddhas zu werden, freiwillig ihren Eintritt ins Nirvāna zurückstellen, um andere Wesen dieser Welt zu retten. Die Mahāyāna-Lehre vertritt auch die Auffassung, daß höhere Einsicht durch plötzliche Erleuchtung vielfach eher zu erlangen sei als durch einen langsamen, sich allmählich vollziehenden Verwandlungsprozeß. Es war die Mahāyāna-Lehre, nicht die des Hīnayāna, die sich am Ende in China durchsetzte. Sie drang im Laufe der Zeit auch nach Korea, nach Japan und nach Vietnam ein, während der Hīnayāna-Buddhismus sich bis heute in Ceylon, Burma, Thailand und Kamboja halten konnte. In dem Zeitraum, der uns hier beschäftigt, waren jedoch Hīnayāna- und Mahāyāna-Buddhismus in China gleichermaßen populär.

Das Einfließen indischer Ideen und Lehren übte auf die chinesische Gedankenwelt einen gewaltigen Einfluß aus. Zum ersten Male in ihrer Geschichte standen die Chinesen den Elementen einer fremden Kultur gegenüber, die sie als ebenbürtig, ja in mancher Hinsicht sogar als überlegen ansehen mußten — eine Erfahrung, die sich erst wiederholte, als sie viele Jahrhunderte später mit der europäischen Zivilisation in Berührung kamen.

Eines der hauptsächlichsten Mittel bei der Verbreitung des Buddhismus in China war das Übersetzen buddhistischer Schriften. Anfangs waren diese Übersetzungen gering an Zahl und unbeholfen im Stil, gegen Ende des 3.Jahrhunderts jedoch waren sowohl Bücher des Hīnayāna- wie auch des Mahāyāna-Buddhismus bereits in beachtlichem Umfang übersetzt, und die Qualität der Übersetzungen hatte beträchtlich zugenommen. Die Übersetzungsarbeit ging naturgemäß an der chinesischen Denk- und Schreibweise nicht spurlos vorüber, ja sie trug sogar mit zur Ausgestaltung der chinesischen Sprache bei, ebenso etwa wie die Übersetzungen der Bibel die europäischen Sprachen beeinflußt haben. Umgekehrt wurden buddhistische Vorstellungen und Begriffe, die dem chinesischen Geist widerstrebten, von den Übersetzern modifiziert und unterdrückt. So ließ man beispielsweise Sätze, in denen vom »Küssen« und »Umarmen« eines Bodhisattva die Rede war, aus. Wo der Grundtext schrieb: »Der Ehegatte gibt der Ehefrau Unterhalt«, formulierte die Übersetzung: »Der Ehegatte beherrscht die Ehefrau«; der Satz: »Die Ehefrau erquickt den Ehemann«, wurde zu: »Die Ehefrau verehrt den Ehemann«; und der Begriff *Shīla* (»Moral«) erschien im Chinesischen als *Hsiao-hsün* (»kindliche Pietät und Hingabe«).

Neben dem Anwachsen übersetzter buddhistischer Schriften zeugten buddhistische Tempel und Klöster von der Ausbreitung der indischen Lehre. Gegen Ende des 3.Jahrhunderts lebten etwa dreitausendsiebenhundert buddhistische Mönche in den zwei Hauptstädten Ch'ang-an und Lo-yang an einhundertachtzig Kultstätten. Ebenso wie im Bereich des Geistigen war in der Architektur ein wechselseitiges Durchdringen von indischen und chinesischen Elementen bei der Adaption des Buddhismus erkennbar: der indische Stupa wurde umgeformt zur chinesischen Pagode. In Malerei und in Skulptur erwies sich der Buddhismus gleichfalls als sehr bedeutsam. Und schließlich wurde auch die chinesische Literatur durch die Übersetzung der farbigen, herzbewegenden Jātaka-Erzählungen bereichert. Es handelt sich hier um Geschichten aus den früheren Leben des historischen Buddhas, die dem Meister selbst in den Mund gelegt wurden; er erscheint dort unter anderem als armer Bettler, als mächtiger König, als weißer Elefant mit sechs Stoßzähnen, als kluger Hase oder als eine Schlange, die ihr Leben für andere opfert.

Die Verbreitung der neuen Glaubenslehre wurde ebenso von chinesischen wie von fremdländischen Buddhisten getragen. Unter den chinesischen Mönchen in dieser Periode ragt besonders Tao-an (312–385) hervor. Er verbesserte die Übersetzungskunst in Theorie und Praxis entscheidend, indem er vor allem den chinesischen Buddhismus von der neo-taoistischen Terminologie abbrachte, die in älteren Übersetzungen bevorzugt worden war, um die fremdartige Lehre der chinesischen Oberschicht leichter verständlich zu machen.

Der einflußreichste aller Missionare und Übersetzer in China war indes ein Nichtchinese, Kumarajiva (350?–409?). Er wurde in Kucha (im heutigen Sinkiang) als Sohn eines indischen Vaters und einer Prinzessin von Kucha geboren und empfing eine umfassende Erziehung im Sanskrit und im Buddhismus. Neben den Sprachen, die er in seiner Jugend lernte, hatte er auch Gelegenheit, sich mit dem Chinesischen zu beschäftigen, als er als Kriegsgefangener in Ku-tsang am Hofe des Lü Kuang, des Gründers der Späteren

Liang-Dynastie, lebte. Er blieb dort sechzehn Jahre lang (385–401). Danach begab er sich nach Ch'ang-an, um dort, unter dem Patronat des Hofes der Späteren Ch'in-Dynastie, eines der größten Übersetzungsvorhaben zu leiten, das je die Welt gesehen. In der kurzen Zeitspanne von acht Jahren (401–409) wurden unter seinem Vorsitz nicht weniger als achtundneunzig Mahāyāna-Schriften in flüssiges Chinesisch übertragen; von ihnen sind heute noch zweiundfünfzig erhalten.

Kumarajiva war nämlich nicht nur ein glühender Missionar und kenntnisreicher Gelehrter, sondern auch ein glänzender Organisator. An seinem Unternehmen beteiligten sich Hunderte von Theologen, Übersetzern, Herausgebern und Abschreibern. Nur so gelang es ihm, in seinem Übersetzungswerk literarische Qualität mit rascher Produktion zu verbinden. Seine Übersetzungen waren elegant, klar und sogar unterhaltend. Schnell wurden sie zum bevorzugten Lesestoff der chinesischen Literaten, und selbst heute noch erfreuen sie sich großer Beliebtheit. So trug denn Kumarajiva mehr als irgend jemand anders zur Verbreitung des Mahāyāna-Buddhismus in China bei.

Der chinesische Mönch Hui-yüan (334–416) repräsentierte demgegenüber das Zusammenfließen der bedeutendsten Weltanschauungen der damaligen Zeit. Als Konfuzianer erzogen, war er gleichwohl auch am Taoismus brennend interessiert und mit den konfuzianischen und taoistischen Klassikern eng vertraut. Nach seinem Übertritt zum Buddhismus studierte und predigte er den neu angenommenen Glauben, aber er bediente sich als buddhistischer Lehrer und Schriftsteller taoistischer Begriffe und Ideen und trug damit zur Verschmelzung taoistischen und buddhistischen Gedankengutes bei. Er war es auch, der die Sekte vom »Reinen Land« (chinesisch: *Ching-t'u*, japanisch: *Jōdo*) gründete, die zahlreiche Anhänger in China und Japan anzog und auch heute noch lebendig ist. Diese Sekte verspricht persönliche Erlösung nicht durch gute Werke, sondern allein durch den Glauben an den Buddha Amitabha (chinesisch: *O-mi-t'o Fo*, japanisch: *Amida Butsu*), einen Glauben, der einfach in der Anrufung seines Namens zum Ausdruck kommen soll. Die Erlösung führt zum Eingehen in das paradiesische »Reine Land«.

Typisch für die chinesischen buddhistischen Pilger, die es in dieser Zeit in wachsender Zahl gab, war Fa-hsien. Er brach 399 von China nach Indien auf und erreichte es auf dem Landweg über Sinkiang. Zwölf Jahre verbrachte er in Indien, wobei er nach und nach den ganzen nördlichen Teil des Landes durchzog und buddhistische Schriften sammelte und kopierte. Im Jahre 411 verließ er Indien auf dem Seewege und kehrte über Ceylon und Java nach China zurück. Dort ließ er sich in Chien-k'ang (dem heutigen Nanking) nieder. Mit Unterstützung eines indischen Mönches übersetzte er die heiligen Texte, die er von Indien und Ceylon mitgebracht hatte, und schrieb einen genauen Bericht über seine Reise, der erhalten geblieben ist. Dieser Reisebericht wie auch die von anderen chinesischen Pilgern sind wertvolle Quellen für die Kenntnis der indischen und zentralasiatischen Geschichte, da sie, was in indischen Schriften selten zu finden ist, genau datierte Darstellungen enthalten. Die Neigung der Chinesen zur exakten Chronologie ist in der Tat der Nachlässigkeit der Inder gegenüber solchen Dingen geradezu diametral entgegengesetzt. »Was macht es schon aus«, würde ein Inder sagen, »ob ein bestimmtes Ereignis ein paar Jahre – oder ein paar Jahrtausende – früher oder später stattgefunden hat?«

Der künftige Buddha
Kolossalskulptur in Grotte 18 des Felsheiligtums von Yün-kang, zweite Hälfte 5. Jahrhundert

Barke auf dem Fluß
Aus einer im 12.(?) Jahrhundert entstandenen Kopie des dem Ku K'ai-chih zugeschriebenen Bildes
»Die Naturgöttin vom Lo-Fluß« auf einer Querrolle
Washington, Smithsonian Institution, Freer Gallery of Art

Psychologie, Literatur und Kunst

Von Liu Shao (gestorben um 245) ist uns ein Buch überkommen, das sowohl an sich interessant ist als auch reichen Aufschluß gibt über den neuen Begriff vom Menschen, wie er sich in der damaligen Zeit entwickelt hatte. Das Buch trägt den Titel *Jen-wu chih* (»Untersuchung über die menschlichen Fähigkeiten«) und ist ein Werk der angewandten Psychologie. Es beschreibt die Kunst, wie man an Hand von Beobachtungen über die Verhaltensweisen der Menschen die ihnen eingeborenen Fähigkeiten klassifizieren und berechnen kann, um die solchermaßen festgestellten Menschentypen dann mit entsprechenden Regierungsstellungen in Beziehung zu setzen. Das Erscheinen dieses Buches bezeichnet ein neuerwachtes Interesse am Menschen als einer individuellen Persönlichkeit, wie es nie vorher bestanden hatte – und doch erscheint der Mensch hier bereits eingeteilt und klassifiziert in verschiedene feste Typen.

Ein ähnliches Interesse läßt sich an der Entwicklung der Literatur ablesen, in der der individuelle Schriftsteller eine völlig neue Rolle zu spielen beginnt. So wurden in dieser Zeit zum ersten Male die Schriften einzelner Autoren gesammelt und publiziert. Und Ts'ao P'ei (186–226), der erste Kaiser der Wei-Dynastie, verfaßte ein Abhandlung zur Literatur – die erste ihrer Art –, in der er sich über den ewigen Ruhm literarischer Werke ausließ und eine kritische Würdigung von sieben Dichtern gab, die seine persönlichen Freunde und Schützlinge gewesen waren. Er selbst zeigte sich ebenfalls als ein Dichter von beachtlichem Format. Einen noch bedeutenderen Platz in der Literatur nimmt sein jüngerer Bruder Ts'ao Chih (192–232) ein. Er zählt zu den größten chinesischen Dichtern überhaupt. Auch er war sich der wichtigen Rolle der Einzelpersönlichkeit für die literarische Schöpfung deutlich bewußt, und freilich ebenso seines eigenen, durch literarisches Schaffen erworbenen Anspruchs auf Ruhm über den Tod hinaus.

Ein weiteres wichtiges Werk der Literaturkritik ist das *Wen-fu* (»Essay über die Literatur«) von Lu Chi (261–303), das etwa um das Jahr 300 abgefaßt wurde. In reizvoller poetischer Sprache vermittelt es feinsinnige Einblicke in den Entstehungsprozeß und die universale Bedeutung schöpferischen Schreibens.

T'ao Ch'ien (T'ao Yüan-ming, 365?–427), ein anderer Dichter der Zeit, war nicht nur wegen seiner in der Tat hervorragenden Lyrik berühmt, sondern auch wegen seiner ungewöhnlichen Persönlichkeit. In den Augen späterer Literaten wurde er zum Idealbild des Einsiedlers, der seine Beamtenkarriere aufgegeben hat, um auf seinem kleinen Bauernhof zu leben, in Harmonie mit der Natur und mit seinen bäuerlichen Nachbarn.

Auch in den schönen Künsten machte sich ein völlig neuer Geist geltend. Einer der bekanntesten Maler der Periode war Ku K'ai-chih (um 345 bis um 406). Einen gewissen Eindruck seiner Kunst kann man noch heute an Hand zweier Gemälde gewinnen, die ihm zugeschrieben werden. Sie sind zwar vermutlich keine Originale, aber doch ziemlich getreue Kopien von Bildern, die von Ku K'ai-chih selbst stammten oder in seinem Stil gemalt waren. Eines von ihnen ist »Die Ermahnungen der Lehrerin« im Britischen Museum zu London, das andere »Die Naturgöttin vom Lo-Fluß« in der Freer Gallery zu Washington. Dem Zug zum Individualismus in der damaligen Zeit entsprechend ist es interessant festzustellen, daß Ku K'ai-chih in erster Linie als Porträtmaler geschätzt wurde – als ein

Meister in einem Zweig der Malerei, der in der chinesischen Kunstentwicklung später verfiel.

Nach chinesischen Wertmaßstäben nimmt die Kalligraphie einen noch höheren Rang ein als die eigentliche Malerei. Der größte Kalligraph, den China je hervorgebracht hat, gehörte ebenfalls dieser Periode an: Wang Hsi-chih (303–361). Die Kalligraphie besaß, da sie ja aufs engste mit der literarischen Komposition verbunden war, für den chinesischen Dichter besondere Bedeutung. Obwohl durch Konvention genauestens festgelegt, war sie doch zugleich in höchstem Maße Ausdruck der individuellen Persönlichkeit. Eine gute Handschrift galt in China wie in Europa stets als Merkmal besonderen geistigen Ranges; die Vielfältigkeit und Kompliziertheit der chinesischen Schriftzeichen aber vermittelte einen noch unendlich weiteren Spielraum für die künstlerische Ausgestaltung, als das in alphabetischen Schriftsystemen möglich war – die Araber kamen hierin der chinesischen Auffassung von Kalligraphie näher als die europäischen Völker. Zudem stellte der chinesische Schreibpinsel, der sowohl in der Kalligraphie wie auch in der Malerei benutzt wurde, ein ungleich vielseitigeres Schreibgerät dar, als es seine Gegenstücke im Westen waren. Obwohl also die Form der Schriftzeichen notwendigerweise festgelegt war, erlaubte sich ein Meisterkalligraph, wie Wang Hsi-chih es war, sehr viel Freiheit und wiederholte sich niemals, selbst wenn ein Schriftzeichen auf derselben Seite mehrmals erschien. Ein vollendetes Stück Kalligraphie diente gleichzeitig als Mitteilung und als Kunstwerk. Der Kenner, der freilich selbst ebenfalls ein gebildeter Mann sein muß, kann sich daher an der abstrakten Schönheit und Komposition der Zeichen begeistern, unabhängig von der Bedeutung der Worte. Authentische Zeugnisse von Wang Hsi-chihs Handschrift sind heute kaum mehr erhalten; frühe Faksimiles aber, die naturgetreu kopiert und in Stein gehauen wurden, werden als größte Schätze von chinesischen und japanischen Sammlern gehütet.

Naturwissenschaft und Technik

Die neuen Bedürfnisse und Interessen der Zeit lösten auch auf dem Gebiet der Naturwissenschaft und Technik bestimmte Fortschritte aus; wir haben bereits auf die Erfindungen verwiesen, die Chu-ko Liang und Ma Chün zugeschrieben wurden. Eine wichtige technische Neuerung war die Nutzbarmachung der Kohle. Kohle wurde in Nordchina mindestens seit Ende des 3. Jahrhunderts im Tagebau gefördert und als Brennstoff benutzt. Und dann war da der Tee – eines der größten Geschenke Chinas an die Zivilisation der Welt. Es ist nicht bekannt, wann und wo er zum ersten Male als Getränk Verwendung fand, wir besitzen aber zuverlässige Berichte, aus denen hervorgeht, daß er schon im 3. Jahrhundert in Südchina gelegentlich getrunken wurde, und zwar in den Gebieten am mittleren und unteren Yang-tzu. Kurioserweise wurde der Tee zunächst als Weinersatz verwendet – als ein Stimulans und auch für medizinische Zwecke. Im 8. Jahrhundert galt er bereits überall in China als gewöhnliches Getränk, und von da an eroberte er sich allmählich die ganze Welt.

Das Eindringen der Chinesen in die benachbarten Länder führte auch zu Fortschritten in der wissenschaftlichen Geographie und Kartographie. Der Geograph P'ei Hsiu (224–271) verfertigte für den Hof der West-Chin-Dynastie, die damals über das neu vereinte Reich herrschte, einen Atlas von China. Die Einleitung zu diesem Werk ist noch erhalten; P'ei Hsiu setzt darin seine Prinzipien für das Kartenzeichnen auseinander. Besonderes Gewicht legt er auf die genaue Berechnung von Entfernungen und Maßverhältnissen, und er betont, es sei nötig, bei Ortsnamen sowohl die historischen als auch die zeitgenössischen Bezeichnungen anzugeben.

Der Botaniker Hsi Han (um 264–307), der als Gouverneur im südlichsten Teil Chinas (der heutigen Provinz Kuangtung) tätig war, schrieb ein Buch mit dem Titel *Nan-fang ts'ao-mu chuang* (»Flora des Südens«). Als erstes Werk seiner Art beschäftigt es sich mit achtzig verschiedenen Kulturpflanzen. So stieß der Wissensdrang der Gelehrten, ähnlich wie bei der Erforschung unbekannter Länder, auch hier auf neue Gebiete vor, die bis dahin vernachlässigt worden waren.

Auch die »Lokalgeschichten«, ein einzigartiger chinesischer Beitrag zur Geschichte und Geographie, nahmen im 3. Jahrhundert ihren Anfang. Sie geben für jede Landschaft genaue Auskunft über geographische und historische Erscheinungen, lokale Naturprodukte und hervorragende Persönlichkeiten. In späterer Zeit bis hinein in unsere Tage wurden derartige Lokalchroniken für jede einzelne Landschaft, jede Provinz und jeden Distrikt in China am Ort zusammengestellt. Man ergänzte und erweiterte sie ständig, um sie stets auf dem neuesten Stand zu halten. Daß sie im 3. Jahrhundert zum ersten Male auftauchten, ist ein Zeichen für den Zerfall des Reiches, das Aufkommen des Regionalismus und die Herausbildung eines hochentwickelten Lokalpatriotismus.

Die Zeit der Süd- und Nord-Dynastien

In der Periode der »Süd- und Nord-Dynastien« waren Nord- und Südchina politisch getrennt und entwickelten sich unabhängig voneinander. Wir wollen uns erst mit der Geschichte des Südens und anschließend mit der des Nordens beschäftigen.

Der Süden unter chinesischer Herrschaft

Südchina wurde in rascher Folge von vier chinesischen Dynastien regiert, und zwar von der Sung-Dynastie (420–479, nicht zu verwechseln mit der großen Sung-Dynastie 960 bis 1279), der Süd-Ch'i-Dynastie (479–502), der Liang-Dynastie (502–557) und der Ch'en-Dynastie (557–589). Diese vier Dynastien werden manchmal mit den zwei vorangegangenen Herrscherhäusern, die Südchina regierten (der Wu- und der Ost-Chin-Dynastie) zu den »Sechs Dynastien« zusammengefaßt. Alle sechs hatten ihre Hauptstadt in der Nähe des heutigen Nanking.

Der rasche Wechsel der Dynastien ist schon an sich interessant. Er vollzog sich in den meisten Fällen nach einem altüberkommenen Ritus, der als *Shan-jang* (»Abdankung und

Rücktritt«) bekannt war: der letzte Herrscher einer zu Ende gehenden Dynastie dankte »freiwillig« ab zugunsten eines Angehörigen einer fremden Familie, dem er zugestand, des Thrones »würdiger« zu sein als er selbst. Der abgesetzte Kaiser wurde, wenn er den Thronwechsel überlebte, in der Regel von der neuen Regierung mit einem hochklingenden Titel bedacht, aber unter strenger Bewachung gehalten. Gab er dem Verdacht Nahrung, erneut die Macht zu erstreben, so wurde er gewöhnlich getötet. Dieses *Shan-jang*-Prinzip fand seine erste Anwendung im Jahre 9 n. Chr., als Wang Mang die Han-Dynastie zeitweilig um den Thron brachte. Um dem neuen Brauch historisches Ansehen zu verleihen, hatten Wang Mangs Anhänger damals die Legende ausgestreut, daß ein Präzedenzfall bereits im frühesten Altertum, im sagenhaften »Goldenen Zeitalter«, stattgefunden habe, als nämlich Kaiser Yao den Thron an Shun abtrat. Das letztemal, daß der Brauch angewendet wurde, war 960 n. Chr., als der erste Sung-Kaiser, Chao K'uang-yin, den Thron bestieg.

In den Süd-Dynastien befand sich die politische und wirtschaftliche Macht die ganze Zeit hindurch in der Hand einiger weniger Adelsfamilien. Ihre wirtschaftliche Stärke beruhte auf dem Landbesitz, der in demselben Maße zunahm, wie der ehemals halbkoloniale Süden sich ökonomisch entwickelte. Ihre politische Kontrolle übten sie aus durch ihr Monopol auf Schlüsselstellungen in der Zentralregierung und in der Provinzialverwaltung. Dieses Bündnis zwischen zwei teilweise identischen Klassen, den aristokratischen Grundbesitzern und den hohen Beamten, läßt sich bis zum Ende der Späteren Han-Dynastie zurückverfolgen. Nach dem Zusammenbruch dieser Dynastie im Jahre 220 hatte die neue Regierung der Wei versucht, diese Verbindung dadurch zu sprengen, daß sie ein neues Auswahlsystem bei der Einstellung von Beamten einführte, das den Namen *Chiu-p'in chung-cheng* (»Die Neun Grade und die Moralrichter«) erhielt. Dieses System basierte auf der Theorie, daß alle Menschen nach bestimmten Naturanlagen, ohne Rücksicht auf ihre familiäre Herkunft, klassifiziert und eingestuft und je nach ihrem Typ für diese oder jene Anstellung und Tätigkeit verwendet werden könnten. Dieselbe Theorie fand sich ja bereits in Liu Shaos »Untersuchung über die menschlichen Fähigkeiten«. Ein »Moralrichter« *(Chung-cheng)* war der höchste Beamte in der Hierarchie dieses Systems. Unter ihm wurden niedrigere Richter in den Provinzen, Kommanderien und Distriktverwaltungen eingesetzt. Ihre Aufgabe war es, die moralischen Qualitäten der Gebildeten, die ihrer Gerichtsbarkeit unterstanden, zu beurteilen und jedem von ihnen einen der neun »Grade« zuzuerteilen. Diejenigen, die den höchsten Grad moralischer Vollkommenheit erreichten, wurden bevorzugt mit Beamtenstellungen betraut oder weiterbefördert.

Die Einrichtung hielt sich in der Wei- und der Chin-Dynastie und während der Süd- und Nord-Dynastien, ihr eigentlicher Zweck aber wurde schon bald in sein Gegenteil verkehrt. Von den Wei-Herrschern ursprünglich zu dem Zweck entworfen, wirkliches Können an Stelle hoher Geburt zum Kriterium für die Einsetzung und Beförderung der Beamten zu machen, wurde es witzigerweise allmählich zu einem Verwaltungsinstrument, das gerade die Entwicklung unterstützte, der es entgegenwirken sollte. Von der zweiten Hälfte der Wei-Dynastie an, als die vornehme Ssu-ma Familie der adelsfeindlichen Ts'ao-Familie die Macht entrissen hatte, waren nämlich die »Moralrichter« in den meisten Fällen Angehörige des ortsansässigen Adels; kein Wunder also, daß sie dazu neigten, die höchsten

»moralischen« Grade den Angehörigen ihrer eigenen Familienverbände und Cliquen zuzuerkennen. So wurde denn moralische Überlegenheit mit adeliger Geburt gleichgesetzt. Die Folge war, daß ein junger Mann aus guter Familie damit rechnen konnte, bereits im Alter von zwanzig Jahren eine ziemlich hohe Beamtenstellung zu erhalten, während ein Abkömmling aus einer niedriger stehenden Familie, selbst wenn er die beste Erziehung genossen hatte, gewöhnlich darauf warten mußte, bis er etwa dreißig war; und selbst dann bekam er nur einen geringeren Posten. Möglicherweise ist es sogar falsch zu sagen, daß das System sich in sein Gegenteil verkehrte; vielleicht wurde es von Anfang an dazu entworfen, die Interessen des Adels zu sichern. Wenn dem so war, so würde das bedeuten, daß die Wei-Herrscher es nur einführten, um sich der notwendigen Unterstützung der führenden Familien zu vergewissern. Die lokalen »Moralrichter« waren der Zentralregierung gegenüber nicht verantwortlich, sie verteilten die moralischen Grade aus eigener Machtvollkommenheit. So dürfen wir in der ganzen Einrichtung ein neues Mittel sehen, den Partikularismus der herrschenden Aristokratie zu hegen.

Die Führungsschicht des chinesischen Südens stellte sich als eine exklusive, dabei aber keineswegs homogene Klasse dar; die in ihr bestehende Hierarchie war hoch entwickelt. Viele einzelne Familien waren sich eifersüchtig ihres Ranges im Verhältnis zu anderen Familien bewußt. Der innere Aufbau und die Rangfolge des Adels wurde in Genealogien schriftlich niedergelegt. Bei der Vorbereitung von Heiraten behandelte man mit größter Aufmerksamkeit die Frage, ob zwei Familien den gleichen Rang besaßen oder nicht.

Da die Söhne aus niederen Familien keinen Zugang zu den oberen Schichten der Beamtenschaft hatten, neigten sie dazu, die Militär- oder Richterlaufbahn einzuschlagen, die beide bei der Aristokratie verachtet waren; oder aber sie wurden buddhistische oder taoistische Priester, wenn nicht Literaten. Die Kaiser der Süd-Dynastien, die meist selbst nicht sehr vornehmen Familien entstammten, bevorzugten daher natürlicherweise gerade diese Berufs- und Religionsgruppen und setzten sie ein, um den Einfluß des Adels einzuschränken oder auszuschalten.

Wirtschaftliche und soziale Wandlungen im Süden

Die wirtschaftlichen Verhältnisse des mittleren und südlichen China besserten sich unter den Süd-Dynastien beträchtlich, eine Entwicklung, die bereits in der Zeit der »Drei Reiche« und während der Chin-Dynastie ihren Anfang genommen hatte. Bis dahin war das Yang-tzu-Tal nur dünn bevölkert und gegenüber Nordchina wirtschaftlich wenig entwickelt gewesen. Die Bevölkerung vermehrte sich dort im 3., 4. und 5. Jahrhundert dank mehrerer Masseneinwanderungen nordchinesischer Bauern- und Gentry-Familien, die dem Druck nomadischer Völkerschaften, die in Nordchina einfielen, weichen mußten. Die nordchinesischen Bauern brachten höher entwickelte agronomische Kenntnisse und Arbeitsgeräte mit nach dem Süden und erschlossen viel neuen Boden. Die Getreideproduktion nahm infolgedessen recht erheblich zu. So wurden die Länder des Südens nach und nach immer »chinesischer«, das heißt sie wurden immer mehr von chinesischen Bauern besiedelt und nach der chinesischen Ackerbautechnik bearbeitet. Die einheimische Bevölkerung zog sich entweder in die weniger fruchtbaren Berg- oder Sumpfgebiete zurück, oder sie nahm die Lebensart der Chinesen und deren Methode der Feldbestellung an und vermischte sich mit den chinesischen Einwanderern.

Die Gentry-Familien, die im Süden einwanderten, brachten aus Nordchina nicht selten eine große Zahl von Bauern mit. Es war dies die Folge einer eigentümlichen Wechselbeziehung, die sich zwischen zwei sozial verschiedenen Klassen entwickelt hatte. Seit der Späteren Han-Zeit nämlich hatten die Bauern im selben Maße, in dem die Zentralregierung an Macht einbüßte und die ortsansässige Aristokratie an Unabhängigkeit und Macht gewann, dazu geneigt, sich einem der größeren Familienverbände anzuschließen. Sie erhielten dadurch ein gewisses Maß an Sicherheit und Schutz sowohl gegenüber den staatlichen Steuereintreibern als auch gegenüber plündernden Banditen. Statt eine Vielzahl von Steuern und Fronleistungen gegenüber dem Staat und der lokalen Beamtenschaft abzuleisten, hatten sie jetzt nur noch einen Teil der Ernte ihrem Herrn abzutreten und allerlei Dienste für ihn zu verrichten. Mit Hilfe dieser unermeßlichen Arbeitskräfte gelang es dem Adel, sich im Süden einen gewaltigen Grundbesitz, ganze Landstriche fruchtbaren Ackerbodens von der lokalen Bevölkerung zu erwerben, Neuland zu kultivieren und die einzelnen Landgüter sogar mit Befestigungen zu umgeben. Einige dieser riesenhaften Latifundien wurden im Laufe der Zeit geradezu selbständige Wirtschaftseinheiten, in denen man sich mit dem Handwerk ebensosehr beschäftigte wie mit dem Ackerbau. Je vermögender und je mächtiger diese Großgrundbesitzer waren, desto leichter war es für sie, ihr Land durch Konfiskation, Kauf oder andere Mittel noch weiter zu vergrößern, besonders wenn eine starke staatliche Kontrolle fehlte. Auch buddhistische Klöster besaßen ausgedehnten Landbesitz und sonstige beachtliche Vermögenswerte.

Die wirklich freien Bauern im Süden waren in vieler Hinsicht wesentlich schlechter gestellt als die, die sich den adligen Familien angeschlossen hatten. Bauern, denen ihr Land tatsächlich gehörte, hatten hohe Steuern der verschiedensten Art an die Regierung abzuführen. Besteuert wurden nicht nur die Früchte der Felder, sondern sogar Dinge, wie etwa die frischen Triebe an den Maulbeerbäumen, die bekanntlich der Ernährung von Seidenwürmern dienen. In ihrer verzweifelten Geldnot verkauften die Bauern, um die Steuern zu bezahlen, mitunter ihre Frauen und Töchter – und selbst Verkäufe dieser Art mußten noch versteuert werden! Kein Wunder, daß da immer mehr Bauern freiwillig auf ihre Unabhängigkeit verzichteten.

Es gab verschiedene Arten von Leibeigenen: Bauern, die sich selbst einer adligen Familie anschlossen, wurden *K'o* (wörtlich »Gäste«) genannt. Dann gab es Privatsoldaten, *Pu-ch'ü* geheißen, die im Dienste reicher Landbesitzer, hoher Beamter oder Kriegsherren standen. Die *K'o* wie die *Pu-ch'ü* folgten ihren Herren, wohin sie auch gingen; ihre Leibeigenschaft war erblich, ja sie konnten sogar anderen Herren als Geschenk überlassen werden. Aber sie durften nicht wie die Sklaven *(Nu)* verkauft werden. Andere Abhängigkeitsbeziehungen bestanden zwischen Lehrern und Schülern und zwischen lokalen Beamten und ihren Untergebenen, Beziehungen, die stets gegenseitige Verpflichtungen mit sich brachten.

Industrie und Handel

In den von den Süd-Dynastien kontrollierten Gebieten nahmen Industrie und Handel einen beachtlichen Aufschwung. Wichtig war vor allem die Entwicklung neuer industrieller Techniken. Das Eisenschmelzen wurde erheblich verbessert; es wurde jetzt von Regierungsbeamten, die eigens dafür eingesetzt waren, überwacht. Auch in der Technik der Seidenspinnerei, Weberei und Seidenstickerei machte man gewisse Fortschritte. Die Kleinindustrie wurde nicht selten auf den großen Latifundien der Adelsfamilien betrieben, wo Menschenkraft in Hülle und Fülle zur Verfügung stand und in leistungsfähigen Handwerksbetrieben organisiert werden konnte. Manche der Aristokraten im Süden befaßten sich auch mit Handelsgeschäften, wobei sie den traditionellen konfuzianischen Gesichtspunkt über Bord warfen, daß Handel und Wirtschaft überhaupt niedrige, eines Adeligen unwürdige Beschäftigungen seien. So entstanden im Süden durch Warenaustausch große Vermögen, die in manchen Familien den Reichtum noch vermehrten, der sich ohnehin schon in Form von Landeigentum angesammelt hatte.

Im Gegensatz zu dem von wenigen schiffbaren Flüssen durchzogenen Nordchina waren die Wasserwege im Süden die wichtigsten Verbindungslinien. Sowohl der Binnen- als auch der Überseehandel florierten, immer mehr und immer bessere Schiffe wurden gebaut. Chien-k'ang, die südliche Hauptstadt, wurde zu einem wirtschaftlichen, politischen und kulturellen Zentrum, während sich Kanton im äußersten Süden zu einem großen Überseehafen entwickelte. Ein Grund für das bemerkenswerte Anwachsen des Überseehandels war, daß die Verbindungen zwischen Nord- und Südchina gesperrt waren. Freilich darf man nicht denken, daß der Handel zwischen den beiden Hälften des Landes in dieser Periode gänzlich aufgehört hätte: Es gab Zeiten, in denen er ziemlich frei geführt werden konnte, in anderen wieder war er behindert oder völlig zum Stillstand gekommen. Wenn die Grenzen für den gewöhnlichen Güterverkehr geschlossen waren, konnte Warenaustausch indes mit Hilfe von Diplomaten weitergeführt werden. Hierbei winkten ungewöhnlich hohe Profite, weswegen denn auch Diplomatenstellungen sehr begehrt waren.

Als eine zusätzliche Einkommensquelle für die vermögenden Schichten erwies sich der Geldverleih. Die Zinssätze waren äußerst hoch. Bei den Geldverleihern handelte es sich vornehmlich um kaiserliche Prinzen, Beamte, reiche Landbesitzer oder buddhistische Klöster, die auch als Leihhäuser fungierten. Man handelte sowohl mit Münzgeld als auch mit Gebrauchsgegenständen wie Seide, Tuch und Getreide.

Das Militär

Eine mächtige Bevölkerungsgruppe bildeten die Heerführer. Einige von ihnen gehörten dem Adel an, die meisten kamen jedoch aus weniger vornehmen Familien, da der Hochadel den Kriegsdienst verabscheute. So konnte ein einfacher Mann bei der Armee in die höchsten Stellungen aufsteigen, besonders wenn er sich in einem der vielen Bürgerkriege auf der Seite des Siegers befand. Wie wir bereits gesehen haben, ersetzten in dieser Zeit Privatheere, die sich aus *Pu-ch'ü* rekrutierten, allmählich die regierungseigenen Truppen.

Die Adelsfamilien waren sich mit den lokalen Heerführern im Prinzip einig in dem Bestreben nach einem Maximum an lokaler Macht und einem Minimum an staatlicher Kontrolle. Sie unterstützten das bestehende Staatssystem nur so lange, als es sich nicht in ihre Privatangelegenheiten einmischte und eine Politik einschlug, die ihren Interessen zuwiderlief. Wenn es zu einer Auseinandersetzung zwischen der kaiserlichen Regierung und einer machtvollen lokalen Gruppe kam, so konnte die Regierung durch ein Bündnis der militärischen Führer und der Großfamilien stets leicht gestürzt werden.

In den ständigen Machtkämpfen, Bürgerkriegen und Dynastiewechseln zogen sich Heerführer und Gentry-Familien wechselseitig an: ein aufsteigender Usurpator brauchte für seine Pläne stets die Unterstützung der führenden Familien, während auf der anderen Seite der Adel bestrebt war, der Partei des jeweiligen Gewinners anzugehören und ein ihm selbst gewogenes Regime an die Macht zu bringen. Auf diese Weise gelang es nicht wenigen Familien, ihren Reichtum zu mehren und ihre einflußreichen Stellungen durch alle Umstürze, Kriege und Regierungswechsel hindurch in dieser Zeit der Zersplitterung zu erhalten.

Betrachten wir als Beispiel die Familie K'ung aus Shan-yin, eine vornehme Gentry-Familie, die aber nicht zu der höchsten Aristokratenschicht gehörte. Sie war aus dem heutigen Honan, nahe der Hauptstadt der Späteren Han, wie so viele andere Familien in den letzten Jahren dieser Dynastie aus dem Norden nach Shan-yin (in der heutigen Provinz Chekiang, unweit der Hauptstadt der Süd-Dynastien) gezogen. Die Familie erlebte wirtschaftlich und politisch während der ganzen Periode der Teilung des Reiches eine ungewöhnliche Blüte; sie besetzte mit ihren Mitgliedern ohne eine Unterbrechung hohe Beamtenstellungen sowohl in der Hauptstadt des Südens als auch in der Heimat bei Shan-yin. Sie überlebte alle neun Dynastienwechsel von den Han bis zu den T'ang (220–618), ja mehr als das: bei jedem dieser neun Dynastiewechsel finden wir in der Regierung zumindest ein Mitglied der Familie K'ung, das zuerst dem alten und dann dem neuen Regime diente. In vier der neun Fälle ist es nachweisbar, daß ein K'ung dem Anhang eines künftigen Herrschers bereits angehörte, noch ehe die neue Dynastie gegründet war. Nur in einem Fall (466) standen zwei Brüder aus der Familie K'ung bei einem Machtkampf auf der Seite des Verlierers, was sie mit dem Leben bezahlen mußten. Andere Familien waren ebenso erfolgreich in ihrer Anpassung an die verwirrenden Veränderungen auf der militärischen und politischen Bühne.

Der Norden unter der Regierung der T'o-pa

Die erste und langlebigste unter den Nord-Dynastien war die der Nord-Wei (386–535), die von den T'o-pa, einem führenden Klan der nichtchinesischen Hsien-pei, gegründet worden war. Die Periode der T'o-pa-Wei ist deswegen von besonderem Interesse, weil sie den ersten in Urkunden belegten Fall einer längeren Verschmelzung von Chinesen und »Barbaren« auf chinesischem Boden darstellt, einer Verschmelzung, die freilich bisweilen auch schon früher stattgefunden hatte und sich noch mehrmals in der chinesischen Geschichte wiederholen sollte.

Eine Kaiserin der Nord-Wei-Dynastie mit den Damen des Hofes
Bemaltes Kalksteinrelief aus der Pin-yang-Grotte von Lung-men, um 522
Kansas City/Mo., William Rockhill Nelson Gallery, Atkins Museum of Fine Arts

T'o-pa-Beamter zu Pferd
Tonplastik, Nord-Wei-Dynastie. Dresden, Staatliche Kunstsammlungen

Wie bereits erwähnt, erwuchs das Reich der Nord-Wei aus dem Staat Tai im grenznahen Steppengebiet der heutigen Provinz Shansi. Ein T'o-pa-Führer war dort von einem chinesischen Kaiser als Herzog von Tai (310), sodann als König von Tai (315) belehnt worden. Indem sie sich der chinesischen Lebensart anpaßten, begannen die Herrscher von Tai seit dem 4. Jahrhundert Städte zu bauen und ihre nomadische Lebensweise zugunsten einer ansässigen aufzugeben. Ihr Staat verschwand für eine Zeit, als er von der früheren Ch'in-Dynastie erobert wurde (376); als diese Dynastie aber selbst zugrunde ging, errichtete ein T'o-pa-Führer den Staat Tai neu und ließ sich selbst als König ausrufen (386). Im selben Jahre noch gab er der Dynastie den neuen Namen Wei. Er brachte rasch die angrenzenden Stämme unter seine Botmäßigkeit und erweiterte zudem seinen Machtbereich durch die Eroberung anderer kleinerer Staaten. Im Jahre 398 schließlich fand er, daß sein Gebiet und seine Macht groß genug seien, um ihm den Titel Kaiser zu erlauben. Als seine Hauptstadt bestimmte er P'ing-ch'eng (das heutige Ta-t'ung im Norden der heutigen Provinz Shansi).

Während der ersten Hälfte des 5. Jahrhunderts dehnten die T'o-pa-Wei ihren Machtbereich noch weiter aus: sie trieben die Juan-juan, ein anderes Nomadenvolk, zurück, das in den nördlichen Steppengebieten ein starkes Reich aufgebaut hatte und gegen Chinas Nordgrenze vorgestoßen war. Um ihre Grenzen zur Steppe hin vor weiteren Nomadeneinfällen zu sichern, erneuerten die T'o-pa-Herrscher die Große Mauer, die in der Ch'in- und Han-Zeit entstanden war. Bis 439 hatten sie ganz Nordchina erobert. 445 und 448 sandten sie sogar Militärexpeditionen nach Sinkiang, das der chinesischen Kontrolle in der Nach-Han-Zeit entglitten war.

Um ihr neu geschaffenes Reich zu konsolidieren, hielten es die T'o-pa für zweckmäßig, chinesische Literaten einzustellen, um einen Gesetzestext schaffen und ein Verwaltungssystem nach traditioneller chinesischer Art ausarbeiten zu lassen. Eines der Hauptprobleme bildete die Landwirtschaft. Nordchina war nämlich durch die ständigen Kriege zwischen den verschiedenen Kleinstaaten, durch die Einfälle nomadischer Steppenvölker und durch die Massenabwanderung chinesischer Bauern und Landbesitzer nach dem Süden in bedrohlicher Weise verarmt. Um der Landwirtschaft neues Leben einzuhauchen, führten die Nord-Wei um das Jahr 485 das *Chün-t'ien-* (»Gleich-Land«-) System ein, eine Landreform, die mit einigen Abwandlungen von den folgenden Dynastien der West-Wei, Sui und T'ang übernommen, bis etwa in die Mitte des 8. Jahrhunderts in Kraft blieb. Das »Gleich-Land-System« sollte die weiten Landstriche verlassenen und unbebauten Ackerlandes, die nun der Regierung gehörten, wieder der landwirtschaftlichen Nutzung zuführen. Die Regierung verteilte bestimmte Flächen nutzbaren Landes an arbeitsfähige Bauern, die dafür als Gegenleistung bestimmte Zahlungen und Fronleistungen zu entrichten hatten. Dieses Land fiel meist wieder an die Regierung zurück, wenn der Bauer starb oder das steuerfreie Alter erreichte. Lediglich die Ländereien, die mit Maulbeerbäumen oder fruchttragenden Bäumen bestanden waren, blieben für immer im Besitz der *Chün-t'ien-*Bauern, damit eine gewisse Kontinuität bei der Seidenkultur wie auch bei anderen Gewerben gewährleistet war. Den Frauen wurde etwa halb soviel Land zugeteilt wie den Männern. Die Größe des Landbesitzes war jedoch begrenzt, auch durfte über das Land nicht frei verfügt werden. Alles

Land gehörte dem Kaiser, oder besser dem Staat, der jederzeit über die Nutzung verfügen konnte. Ein Privateigentum an Land gab es nicht.

Je länger die zwei Nationalitätengruppen, die Chinesen und die T'o-pa, zusammenlebten, desto tiefgreifender waren die Veränderungen, die bei beiden auftraten. Es gab viele Reibereien und Feindschaften, doch ebenso gegenseitige Angleichung. Die Sinisierung der T'o-pa machte rasche Fortschritte, umgekehrt aber übernahmen auch die Chinesen manche Züge von ihren »barbarischen« Beherrschern. Es ist wichtig, sich die gegensätzliche Gesellschaftsstruktur vor Augen zu halten: die T'o-pa waren ein Konglomerat aus den verschiedensten ethnischen und sprachlichen Gruppen. Ihr gesellschaftliches Grundelement war nicht, wie bei den Chinesen, die Familie, sondern der Stamm, der in militärischer Weise für Jagd, Raubzug und Krieg organisiert war. Während der Zeit, da die Nord-Wei-Dynastie bestand, bildeten die T'o-pa einen Verband von hundertneunzehn Stämmen. Die Führerschaft in jedem einzelnen Stamm war in der Regel erblich. Während der Nord-Wei-Dynastie stellten die Stammeshäuptlinge mit ihrem Klan den T'o-pa-Adel, der sich den Maßstäben des chinesischen Adels allmählich anpaßte. Auf der anderen Seite respektierten manche chinesischen Gentry-Familien diese T'o-pa-Aristokratie und ahmten sie nach; Heiraten zwischen beiden Adelsgruppen waren nicht selten. Viele T'o-pa-Adlige entschlossen sich auch, weit weg von ihrem Stamm unter den Chinesen zu leben; sie wurden schnell sinisiert und gründeten nach chinesischer Art Familien. Andere T'o-pa-Führer zogen es dagegen vor, bei ihren Stämmen in den nördlichen Weidegebieten zu bleiben; ihr Weltbild war naturgemäß konservativer und auch chinesenfeindlich. Beutezüge auf das Gebiet der benachbarten Stämme und der Chinesen hatten sie von jeher für legale Unternehmungen gehalten. Unter der kaiserlichen Regierung nach chinesischem Muster wurden nun aber solche Beutezüge als Aufstand gewertet; sie wurden von kaiserlichen Armeen aufgehalten und ihre Führer hingerichtet. Auf diese Weise verlor der konservative T'o-pa-Adel zusehends an Zahl und Einfluß.

Die chinesische Gesellschaft war im Laufe einer langen Entwicklung aus ihrer Grundzelle, der Familie, heraus entstanden. Da der Ackerbau immer die Hauptbeschäftigung darstellte und meist von Männern betrieben wurde, hielt der chinesische Bauer von jeher Töchter für weniger erstrebenswert als Söhne. Oft pflegten zwei Familien das beiderseitige Mißgeschick, Töchter zu haben, gemeinsam zu tragen, indem sie Generation für Generation ihre Töchter und Söhne miteinander verheirateten. Solch eine Verbindung zwischen zwei oder mehr Familien konnte ein ganzes Dorf beherrschen, ja die chinesische Gentry kannte sogar Heiratsverbindungen dieser Art, die für ganze Distrikte und noch größere Gebiete maßgebend waren. Für einen Chinesen vornehmer Abkunft wurde die Ehegattin aus einer begrenzten Zahl gleichrangiger Gentry-Familien, die mit seiner eigenen in Verbindung standen, ausgewählt; eine Frau, die denselben Familiennamen trug wie er, durfte er nicht heiraten. Es zeugt für die rasche Sinifizierung der T'o-pa, daß auch bei ihnen durch eine 483 erlassene Verfügung die Heirat innerhalb desselben Klans, wie es bis dahin durchaus üblich war, verboten wurde. Auf der anderen Seite scheint die größere Freiheit, der sich die Frauen in der T'o-pa-Gesellschaft erfreuten, die Stellung der chinesischen Frau unter den Nord-Dynastien etwas verbessert zu haben.

Eine dramatische Maßnahme, die den Zweck hatte, die Umformung des T'o-pa-Reiches in ein chinesisches Regierungsgebilde zu beschleunigen, war die Verlegung der kaiserlichen Hauptstadt von P'ing-ch'eng (nahe den nördlichen Weidegebieten) nach Süden, nach dem weltstädtischen Lo-yang, der ehrwürdigen chinesischen Hauptstadt aus der Chou- und Han-Zeit, dem Mittelpunkt der chinesischen Aristokratie im Nordosten. Gegen diese Verlegung, die zwischen den Jahren 493 und 495 stattfand, setzten sich die konservativen T'o-pa erbittert zur Wehr. Darauf folgten jedoch nur weitere Neuerungen, die auf eine noch tiefer greifende Sinifizierung abzielten. So wurde den T'o-pa-Beamten befohlen, chinesische Kleider zu tragen und Chinesisch zu sprechen; es war ihnen nicht mehr gestattet, bei Hofe ihre Muttersprache zu verwenden. Die T'o-pa, die Ämter bei der Zentralregierung bekleideten, mußten ihren ständigen Wohnsitz nach Lo-yang verlegen und sich auch dort, und nicht in ihrer Heimat im Norden, begraben lassen.

Der Beamtenapparat der Nord-Wei orientierte sich seiner Struktur nach an dem der Süd-Dynastien. Er übernahm vom Süden auch das System der »Neun Grade«, und wie im Süden wurde bei der Einstufung »moralische« Überlegenheit mit adliger Geburt gleichgesetzt. Um dieses System zu verwirklichen, erwies es sich freilich als notwendig, eine genaue und umfassende genealogische Hierarchie aufzubauen, in die die chinesische Aristokratie und die der T'o-pa eingegliedert wurden. Eine Rangordnung wurde für die verschiedenen adligen Familien beider Nationalitäten entworfen, in der, wie nicht anders zu erwarten, der Adel der T'o-pa über dem der Chinesen stand. Die ersten vier der »Neun Grade« waren demgemäß gewöhnlich den T'o-pa vorbehalten, während die unteren fünf den Chinesen offenstanden. Indessen wurden die Angehörigen des T'o-pa-Adels ermuntert, mit den hochstehenderen chinesischen Familien Ehen einzugehen, die Verschmelzung beider Völker wurde also offiziell gefördert. Man »entdeckte« auch, daß die Kaiserfamilie der T'o-pa angeblich von Huang-ti, dem »Gelben Kaiser«, einem mythischen Herrscher des ältesten China, abstammte. 496 wurden allen adligen T'o-pa-Familien befohlen, ihre Hsien-pei-Familiennamen in chinesische umzuändern; für den Familiennamen des Kaiserhauses T'o-pa wählte man den Namen Yüan. Auf einen Schlag wurden so die hundertneunzehn Stammeshäuptlinge zu ebenso vielen chinesischen Adligen.

Die Nachfolgestaaten der Nord-Wei-Dynastie

Die Spannungen und Gegensätze zwischen beiden Völkern konnten jedoch nicht auf so einfache Weise überwunden werden. Eine leidenschaftliche Gegenbewegung setzte ein. Im Jahre 523 brach im Norden, im heutigen nördlichen Shansi und im Südwesten der Inneren Mongolei, dem Kerngebiet der konservativen T'o-pa, ein mächtiger Aufstand aus. Die Revolte war von Soldaten und Bauern – unter denen sich sowohl Hsien-pei als auch Chinesen befanden – im nördlichen Grenzgebiet ausgelöst worden, sprang aber rasch auch auf andere Teile Nordchinas über und führte letztlich dazu, daß das T'o-pa-Reich in zwei Hälften auseinanderbrach, die unter den Namen Ost-Wei- und West-Wei-Dynastie in die Geschichte eingingen.

Wieder einmal hatten sich die auseinanderstrebenden Kräfte gegenüber den Kräften des Zusammenhaltes als stärker erwiesen. Die Aufspaltung Nordchinas in zwei Teile machte einen Interessenkonflikt deutlich, der nicht nur die Nachfolgestaaten der Nord-Wei belasten sollte, sondern auch die späteren Sui- und T'ang-Reiche. Die Ost-Wei-Dynastie (534–550) wurde bald darauf von der Nord-Ch'i-Dynastie (550–577) abgelöst; auf die West-Wei-Dynastie (535-557) folgte die Nord-Chou-Dynastie (557–581). In allen vier Staaten machte indessen der Prozeß der Sinisierung und beiderseitigen Verschmelzung weitere Fortschritte. 577 vermochte es Nord-Chou, das nördliche China durch die Eroberung von Nord-Ch'i wieder zu vereinen. Wenig später, im Jahre 581, bemächtigte sich dann aber Yang Chien des Thrones der Nord-Chou und gründete die Sui-Dynastie, die daher manchmal als die letzte der Nord-Dynastien gerechnet wird. Yang Chien war es, der schließlich auch der letzten Süd-Dynastie, der Ch'en-Dynastie, ein Ende setzte und ganz China wieder unter eine einzige Regierung brachte (589). So gelang die Wiedervereinigung vom Nordwesten her, der alten, fast uneinnehmbaren militärischen Schlüsselstellung. Sie wurde dadurch erleichtert, daß Nord-Chou früher schon von Ch'en den strategisch wichtigen Südwesten Chinas (das heutige Ssuchuan) erobert hatte. Wie wir bereits am Schicksal der Drei Reiche im 3. Jahrhundert gesehen haben, war der Besitz von Ssuchuan stets von entscheidender Bedeutung im Kampf um die Herrschaft über das ganze Reich. Die strategische Bedeutung Ssuchuans trat in der chinesischen Geschichte öfters hervor – das letzte Mal im zweiten Weltkrieg.

Die Nachfolgestaaten von Nord-Wei versuchten während ihrer Herrschaftszeit in einer zwiespältigen Politik, einerseits die Sinisierung rückgängig zu machen, andererseits wieder, sie zu beschleunigen. So befahl 549 die Regierung der West-Wei dem T'o-pa-Adel, seine alten Familiennamen wieder anzunehmen, ja sie verlieh sogar chinesischen Familien T'o-pa-Namen, insbesondere den des Herrscherhauses Yü-wen. Diese nichtchinesischen Namen mußten aber wieder abgelegt werden, noch ehe die Nord-Chou-Zeit zu Ende ging; es trugen nämlich bald viele Familien, die gar nicht miteinander verwandt waren, denselben Familiennamen, was sich wiederum mit dem chinesischen System der Exogamie nicht vertrug. Auf der anderen Seite rekrutierten sich die Heere der Nord-Chou im Gegensatz zu denen der Nord-Wei, die in ihrer Zusammensetzung noch größtenteils nichtchinesisch waren, aus chinesischen Bauern unter dem Kommando von Hsien-pei-Offizieren. Außerdem legte die West-Wei- und die Nord-Chou-Regierung, wie wir unten sehen werden, Wert auf orthodoxe konfuzianische Tradition.

Konfuzianismus, Taoismus und Buddhismus im Süden

Die Oberschicht der Süd-Dynastien bestand, wie bereits dargestellt, aus dem Adel, der seinen Schwerpunkt in den Provinzen hatte. Auf der politischen Ebene führte das zu heftigem Widerstand gegen jede starke Zentralgewalt, auf kultureller Ebene dagegen zu aufblühender Aktivität auf geistigem und künstlerischem Gebiet an vielen lokalen Zentren, kurz zu einer aristokratischen Kultur im wahrsten Sinne des Wortes.

CHINA · ZEIT DER TEILUNGEN (220–581 n. Chr.)

Juan-juan (402–552 n. Chr.)
(Jou-juan)

T'opa   *Yü-wen*

Hsien-pi

Hsiung-nu

Hsi-hai

Hsiang-p'ing

337

Wu-ch'uan

An
(423)

281

Mu-jung

Ying

313

3. Jahrh.

Hsiung-nu

T'ung
P'ing-ch'eng
(385–493 n. Chr.)

Yu

Liang

Hsia

Hsi-ning

Ch'ang-kuang

T'u-yü-hun
(4. Jahrh. n. Chr.)

Ho

Fen

309-311

404

Lu

Tung-yang

316

370-376

Ch'ang-an

Nan-ch'in

Lo-yang
(493 n. Chr.)

Yü   Hsü

P'ing

Tang-ch'ang (Tanguten)

Nan-cheng

Ju-nan

Pa-hsi

I-yang
Hsiang-yang

Chien-k'ang

Shu-chün

Pa-tung

Chiang-hsia
(Wu-ch'ang)

Wu

Pa

Hsin-yang

Kuei-chi

Ch'ang-sha

Chien-an

Eingeborenen-

Lin-ch'uan

Chien-ning

Ts'ang-k'o

Völker

Kuang-hsing

Chin-an

⟵ "Legitime" chinesische Dynastien ("6 Dynastien")
        (Gebiet der Sung-Dynastie (440 n. Chr.)
.... Reich der T'o-pa (Dynastie Wei) um 400 n. Chr.
●●●●●● Einfälle von Völkern vorwiegend türk. Abkunft
▬▬▬▬ Einfälle von Völkern vorwiegend tibet. Abkunft
▬ ▬ ▬   Einfälle vermutlich frühmongolischer Völker.

Chiao-chih

Die Gentry-Familien, die über Generationen im Süden gelebt hatten, neigten zu einer stark konservativen Einstellung. Sie bevorzugten in der Regel den Konfuzianismus, der ihnen als das Erbe aus Chinas ruhmreicher Vergangenheit galt. Wie man es bei Auswanderern so oft findet, klammerten sie sich an Vorstellungen, die in ihrer Heimat, als sie sie verließen, noch Geltung gehabt hatten – in ihrem Fall eben an die Ideen des Han-Konfuzianismus. Dagegen brachten die Familien, die erst später aus dem Norden gekommen waren, eher neo-taoistische Begriffe und Diskussionsformen mit, wie sie sich im Norden während des 3. und frühen 4. Jahrhunderts entwickelt hatten. Die Kunst geistreicher Konversation *(Ch'ing-t'an)*, von den Neo-Taoisten erfunden, wurde in vielen aristokratischen Kreisen des Südens gepflegt.

Auch der Buddhismus erwarb sich zahlreiche Anhänger in allen Bevölkerungsschichten des Südens. Kaiser Wu (regierte 502–549), der Gründer der Liang-Dynastie, war ursprünglich ein großer Förderer konfuzianischen Gelehrtentums und literarischer Bildung gewesen. Später trat er zum Buddhismus über und wurde dann zu einem leidenschaftlichen Verfechter seines neu angenommenen Glaubens. Er ließ zahlreiche buddhistische Tempel errichten und erklärte 504 den Buddhismus zur Staatsreligion. Im selben Jahre zwang er auch seine ganze Familie und alle Hofbeamten, den Buddhismus anzunehmen. Viele dieser Leute waren vorher Taoisten gewesen. Wohl aus diesem Grunde auch befahl Kaiser Wu 517, alle taoistischen Tempel zu zerstören und alle taoistischen Priester zur Rückkehr in weltliche Berufe zu zwingen. Dreimal während seiner Regierungszeit, nämlich in den Jahren 527, 529 und 547, vollzog er ein seltsames Ritual, indem er sich selbst einem buddhistischen Tempel »opferte« und gleich danach von seinen Ministern durch reiche Geschenke an den betreffenden Tempel wieder »auslösen« ließ.

Nach der Proklamierung des Buddhismus zur Staatsreligion veröffentlichte der antibuddhistische Gelehrte Fan Chen ein Buch, in dem er die Widersprüchlichkeit eines grundlegenden buddhistischen Lehrsatzes darlegte. Die Schrift trug den Namen *Shen-mieh lun* (»Abhandlung über die Sterblichkeit der Seele«, erschienen 507). Fan Chen verglich die Beziehung zwischen Seele und Körper mit der Beziehung zwischen Schärfe und Messer: sowenig die Schärfe ohne das Messer existieren könne, zu dem sie gehöre, sowenig könne die Seele weiterexistieren, nachdem sie den Körper verlassen habe.

Der Buddhismus im Norden

In Nordchina besaß der Buddhismus für die T'o-pa-Herrscher insofern eine gewisse Anziehungskraft, als er ein Gegengewicht gegenüber dem Konfuzianismus der chinesischen Gentry bildete. Da er eine fremde, übernationale Religion war, schien er überdies dazu beizutragen, die sozialen und rassischen Unterschiede, die das T'o-pa-Reich belasteten, zu überwinden. Bedeutungsvoll war hier die Einrichtung einer klerikalen Bürokratie, die der Staatsbürokratie nachgeformt dem Kaiser gegenüber verantwortlich war und das Leben der buddhistischen Priesterschaft und die Verwaltung buddhistischer Vermögenswerte regelte und kontrollierte. Im Norden besaßen ja die buddhistischen Klöster ebenso wie im Süden eigene Landgüter und Leihhäuser; sie gaben Geld auf Zins aus und sammelten Kapital an durch die Abhaltung von Tempelfeiern und die Geschenke reicher Gönner. Diese staatliche Kontrolle in kirchlichen Angelegenheiten blieb bis in die moderne Zeit hinein unter allen späteren Dynastien in Kraft.

Die konfuzianischen und taoistischen Gegner des Buddhismus vereinigten sich zweimal in dem Bemühen, die Regierung zur Unterdrückung des Buddhismus zu bewegen: einmal in der Nord-Wei-Zeit (446–452), das andere Mal unter den Nord-Chou (574–578). Der Versuch scheiterte in beiden Fällen restlos. Der Buddhismus hatte bereits zu tiefe Wurzeln geschlagen, als daß er durch einfachen Regierungsbeschluß hätte ausgerottet werden können.

Bleibende Zeugen der Blüte des Buddhismus unter den Nord-Wei sind die vielen herrlichen Skulpturen aus jener Zeit. Die Wei-Herrscher ließen bei Yün-kang (in der Nähe des heutigen Ta-t'ung in der Provinz Shansi) und bei Lung-men (nahe Lo-yang) prächtige, mit Skulpturen ausgeschmückte Höhlentempel von gewaltigen Ausmaßen errichten, die zu Recht noch heute berühmt sind.

Die Reform des Konfuzianismus in der West-Wei-Zeit

Der Gründer der West-Wei-Dynastie, der Hsien-pei-Edelmann Yü-wen T'ai (505–556), leitete seine Regierung mit einem Reformprogramm ein. Es wurde in einer Reihe von Proklamationen vorgetragen, die ihm der chinesische Beamte und klassisch-konfuzianische Gelehrte Su Ch'o (498–546) verfaßt hatte. Dieses Programm zielte auf grundlegende Umgestaltungen auf dem Gebiet des Beamtenapparäts, der Provinzverwaltung, der Auswahl und Ausbildung der Beamten, des Ackerbaus und des Rechtswesens. Ganz aus dem Geist orthodoxen Konfuzianertums geboren, bediente sich das Reformprogramm moralisierender Ausdrucksweisen: so beklagt es den moralischen Niedergang während der Nach-Han-Periode und fordert die Rückkehr zu den schlichten Tugenden des chinesischen Altertums. Es ist bezeichnend, daß die Reform als ein Wiederfinden der Vergangenheit aufgefaßt wurde und daß die angestrebten politischen, administrativen, wirtschaftlichen und juristischen Verbesserungen mit der Forderung nach moralischer und literarischer Wiederbelebung einhergingen. Die Proklamationen, im Stil der konfuzianischen Klassiker geschrieben, gingen darauf aus, späteren Staatsdokumenten und privatem literarischem Schaffen stilistisch als Vorbild zu dienen. Durch diese Wiedereinsetzung altehrwürdiger konfuzianischer Traditionen versuchten die West-Wei, sich selbst als »chinesischer«, als »orthodoxer« auszuweisen, als es ihre Rivalen im Osten und Süden des Landes waren.

Im selben Sinne wurde auch das Verwaltungssystem der West-Wei ganz bewußt nach dem kanonischen Buch *Chou-li* ausgerichtet, das angeblich den Beamtenapparat der alten Chou-Dynastie beschreibt. Und aus ähnlichen Beweggründen nannte sich die Nord-Chou-Dynastie, der Yü-wen T'ai den Weg geebnet hatte, »Chou«, um damit Gedanken an jene ehrwürdige Dynastie wachzurufen.

Die Neigung zum orthodoxen Konfuzianismus war freilich nicht nur für die West-Wei und die Nord-Chou charakteristisch, sondern ebensosehr für die nachfolgenden Dynastien Sui und T'ang.

Die Literatur des Südens

In der unter den Süd-Dynastien entstandenen Literatur ist die ungemein reiche Entwicklung anspruchsvoller Werke bemerkenswert, die weitgehend von und für die aristokratische Elite geschrieben waren. Was die Kunstprosa angeht, so fanden Parallelismus und literarische Anspielung in einer überaus schwierigen, hochentwickelten Stilform, die als »Antithetische Prosa« *(P'ien-t'i wen)* bekannt ist und die spätere Literatur bis in unsere Zeit hinein wesentlich beeinflußte, häufige Anwendung. Auch die Dichtung der höheren Schichten strebte höchste Verfeinerung in der Form, der Wahl des Ausdrucks und der Empfindungswerte an, Besonderheiten, die von chinesischen Kritikern, besonders von denen des Nordens, als »blumig-schaumig« gegeißelt wurden. Es sind uns aber, im Gegensatz zu dieser Art Literatur, aus derselben Periode auch anonyme Volksdichtungen von bezaubernder Einfachheit erhalten, die ihrerseits wiederum den besten unter den Dichtern des Adels Anregungen gaben.

Die Literaturkritik brachte Werke hervor, die die Wertmaßstäbe und Begriffe der nachfolgenden Literatengenerationen bestimmten. Die wichtigsten und einflußreichsten dieser Schriften sind Liu Hsiehs »Abhandlung über die Literatur« (*Wen-hsin tiao-lung*, erschienen um 500) und Chung Hungs »Klassifizierung der Dichter« (*Shih p'in*, geschrieben etwas nach 513). Liu Hsiehs Buch besteht aus fünfzig Essays, die verschiedene Aspekte der Literatur – ihre Entstehung, ihren Zweck, ihre äußere Form, ihre Techniken und Stilarten – sowie andere Probleme der Schriftstellerei und der Bewertung literarischer Kunstwerke aufgreifen. Chung Hung beschäftigt sich im wesentlichen damit, hundertzweiundzwanzig Dichter, unter denen sich jedoch kein Zeitgenosse befand, zu klassifizieren, zu beschreiben und ihnen dabei jeweils eine von drei Rangstufen der Vollendung zuzuerkennen. Die Grundidee erinnert an Liu Shaos »Untersuchung über die menschlichen Fähigkeiten« und an die »Neun Grade« moralischer Vollendung.

Auch das Zusammenstellen von Anthologien kam damals in Mode. Die bedeutendste Anthologie der Zeit ist das *Wen hsüan* (»Anthologie der Literatur«), das von Hsiao T'ung (501–531), einem Kronprinzen der Liang-Dynastie, kompiliert wurde. Wir verdanken dieser Anthologie die Erhaltung vieler literarischer Zeugnisse, die in einem Zeitraum entstanden, der vom frühesten Altertum bis zu der Lebenszeit des Kompilators reicht, sonst gänzlich verlorengegangen wären. Generationen von chinesischen Literaten haben bis auf den heutigen Tag diese Anthologie als ein Kompendium der Bildung und des feinen Stils benutzt. Hsiao T'ungs Einleitung zu dieser Anthologie, die sich mit den einzelnen Literaturgattungen beschäftigt, stellt einen wichtigen Beitrag zur chinesischen Literaturtheorie dar.

Auf dem Gebiet der schönen Künste entstanden in dieser Periode ebenfalls Werke, die sich mit Problemen der Kunstkritik und Kunsttheorie beschäftigen; sie lassen erkennen, daß man begonnen hatte, sich der wichtigen Rolle des Künstlers und der eigentümlichen Natur seines Schaffens bewußt zu werden.

Naturwissenschaft und Technik

In derselben Periode wurde auch bereits die Zahl *Pi* (π) von dem südchinesischen Naturwissenschaftler und Mathematiker Tsu Ch'ung-chih (429–500) mit beachtlicher Genauigkeit berechnet; er gab an, daß sie zwischen den Zahlen 3,1415926 und 3,1415927 liege: in Europa gelang eine Berechnung von vergleichbarer Präzision erst im Jahre 1573.

Ein interessantes geographisches Werk ist »Das klassische Buch über die Wasser mit Kommentar« *(Shui-ching chu)*, dessen Verfasser, Li Tao-yüan (gestorben 527), unter der Nord-Wei-Dynastie lebte. Dieses Buch legt nicht nur eine große Zahl chinesischer Flüsse geographisch fest, sondern beschreibt gleichzeitig die Gegenden, die sie durchlaufen, in anmutig abgefaßten Darstellungen der Naturschönheiten, historischen Vorkommnissen und berühmten Persönlichkeiten, soweit sie zu dem jeweiligen Ort in Beziehung standen. Einige der Beschreibungen, die den Geist landschaftlicher Schönheiten vor Augen stellen, nehmen bereits eine besondere Art Essays vorweg, die in der späteren chinesischen Literatur eine Rolle spielen sollten.

Ein anderes, ungewöhnliches Buch, das heute noch erhalten ist, das *Ch'i-min yao-shu* (etwa: »Das Wichtigste über die Kunst von des Volkes Lebensunterhalt«), von Chia Ssu-hsieh, entstand gleichfalls gegen Ende der Nord-Wei-Zeit. Es beschreibt genauestens die verschiedenen Methoden und Techniken beim Anbau von Korn und anderen landwirtschaftlichen Produkten sowie bei der Züchtung von Haustieren.

Die Sui-Dynastie und die erste Hälfte der T'ang-Dynastie (581–763)

Der erste Kaiser der Sui-Dynastie und die Wiedervereinigung Chinas

Die Wiedervereinigung Chinas nach vier Jahrhunderten der Teilung gelang dank der Initiative eines bemerkenswerten Mannes: Yang Chiens (Kaisers Wen, 541–604, regierte 581–604), des Gründers der kurzlebigen Sui-Dynastie (581–618). Freilich waren es auch die Umstände, die ihm dabei halfen, den Traum von einem wiedervereinten China wahr zu machen. Yang Chien wuchs am Hofe der Nord-Chou, dem im 6. Jahrhundert mächtigsten der chinesischen Teilstaaten, auf. Wie schon erwähnt, hatten die Nord-Chou bereits den nordöstlichen Staat Nord-Ch'i annektiert und darüber hinaus dem schwachen Süd-Reich (Ch'en) das gesamte Gebiet nördlich des Yang-tzu und den strategisch bedeutsamen Südwesten (das heutige Ssuchuan) entrissen. Am Hof der Nord-Chou waren aber auch die theoretischen Grundlagen für das Wiedererstehen eines geeinten Chinas konfuzianischer Prägung gelegt worden.

In der Hierarchie der Nord-Chou gehörte Yang Chien zu jener privilegierten Schicht, die die politische, wirtschaftliche und militärische Macht fest in der Hand hielt und sie durch die ganze Sui- und frühe T'ang-Zeit hindurch behalten sollte. Diese Schicht war der Adel im Nordwesten, der sich aus rein chinesischen, aus nichtchinesischen – meist Hsienpei – und aus rassisch gemischten vornehmen Klanen des nordwestlichen Chinas (dem heutigen Shensi und Kansu) zusammensetzte; dazu gehörten auch einige chinesische Familien, die im frühen 6.Jahrhundert vom Nordosten aus eingewandert waren.

Yang Chien entwickelte sich zu einem Kenner der Politik, die er sowohl an der Geschichte als auch am zeitgenössischen Leben studierte. Es gelang ihm, in einer leitenden Stellung am Kaiserhof der Nord-Chou Fuß zu fassen und einige Reformen durchzusetzen. Im Jahre 581 endlich sah er, daß die Zeit für ihn reif war, die Herrschaft gänzlich an sich zu reißen. Nach traditionellem Muster zwang er den letzten Kaiser der Nord-Chou, einen sieben Jahre alten Knaben, die Prozedur des *Shan-jang*, des »Abdankens und Verzichtens«, auf sich zu nehmen. So wurde er selbst Kaiser; die Sui-Dynastie war gegründet.

Des neuen Kaisers Wen erste Aufgabe war, die letzte der Süd-Dynastien, Ch'en, zu unterwerfen. Er bereitete die Eroberung acht Jahre lang sorgfältig vor, während er gleichzeitig die diplomatischen Beziehungen zu Ch'en weiter aufrechterhielt. Seine Vorbereitungen schlossen auch die psychologische Kriegführung ein; er veröffentlichte 588 ein Edikt, in dem er die bevorstehende Invasion moralisch zu rechtfertigen suchte, und ließ dreihunderttausend Exemplare davon in Ch'en verteilen. Hierauf überschritt er den Yang-tzu mit einem Heer von fünfhundertachtzehntausend Mann und unterjochte seinen Gegner ohne größere Schwierigkeiten (589). Die Periode der Teilung war damit für immer zu Ende, nie wieder blieb China für länger als einige Jahrzehnte getrennt.

Als Herrscher über Gesamtchina mußte sich Kaiser Wen mit einer Unzahl von Problemen befassen, zu denen nicht zuletzt die Erzeugung von Nahrungsmitteln und deren Verteilung, die richtige Verwendung der Arbeitskräfte und die öffentliche Verwaltung gehörten. Er führte eine groß angelegte Landreform durch, indem er alle die Ländereien konfiszieren ließ, die von den Grundbesitzern verlassen worden waren, als die Staatswesen, mit denen sie sich verbündet hatten (Nord-Ch'i, Nord-Chou, Ch'en), zusammenbrachen. Daneben ließ er das Eigentum aller Personen beschlagnahmen, die sich seiner neuen Herrschaft widersetzt hatten. Das Land, das auf diese Weise in Staatsbesitz kam, wurde zu einem Teil unter die besitzlosen Bauern verteilt, im Rahmen des von den Nord-Wei übernommenen und neu belebten »Gleich-Land-Systems«. Um die Lebensmittelverteilung zu verbessern, wurden vom Staat an allen geeigneten Plätzen im ganzen Reich Kornspeicher errichtet. So war es möglich, bei Hungersnöten Getreide unter der bedürftigen Bevölkerung zu verteilen. Die Kornspeicher erleichterten es der Regierung auch, das als Steuer eingehende Getreide zu kontrollieren. Außerdem wurde ein verzweigtes Kanalnetz geschaffen, das bereits bestehende Wasserwege miteinander verband. Es war vornehmlich dafür bestimmt, das Steuergetreide von den Anbaugebieten in der Yang-tzu-Ebene nach der Hauptstadt (Ch'ang-an, in der heutigen Provinz Shensi) zu transportieren; daneben diente es auch für Bewässerungszwecke. Das Fronsystem wurde ebenfalls reformiert: unter den Nord-Wei waren die Bauern noch für unbestimmte Dauer zu Zwangsarbeiten verpflichtet gewesen; unter den Nord-Chou mußten alle Männer zwischen siebzehn und achtundfünfzig jedes Jahr einen Monat lang – das bedeutet in China neunundzwanzig oder dreißig Tage – Frondienste verrichten. Die neuen Bestimmungen der Sui erleichterten diese Bürde: der Pflichtdienst wurde auf Personen zwischen dem zwanzigsten und achtundvierzigsten Lebensjahr beschränkt und die jährliche Dauer auf zwanzig Tage festgesetzt.

Eine andere Maßnahme, durch die die Nahrungsmittelproduktion erhöht und die menschliche Arbeitskraft besser ausgenutzt werden sollte, zielte darauf ab, die Bauern zu veranlassen, aus den überfüllten Landgebieten, in denen zuwenig Boden für ihre Ernährung verfügbar war, auf Neuland umzusiedeln, wo neue Äcker angelegt werden konnten.

Der Verwaltungsapparat in den Provinzen hatte eine Reform gleichfalls bitter nötig. Die Provinzialbeamten rekrutierten sich in der Regel aus dem lokalen Adel und identifizierten sich keineswegs mit der Zentralregierung. Die Zahl der Verwaltungseinheiten hatte sich im Laufe der Jahrhunderte vervielfacht, jede von ihnen war mit Beamten überbesetzt. So sagte Yang Shang-hsi, ein hoher Beamter, in einer Eingabe an den Thron, daß es »viele Verwalter für wenig Volk gebe – neun Hirten für zehn Schafe«. Kaiser Wen setzte die Oberhoheit der Zentralregierung bei der Ernennung der lokalen Beamten wieder ein, schaffte viele Verwaltungsabteilungen ab und legte kleinere Einheiten zu größeren zusammen. Gleichzeitig wurden die häufigen Übergriffe lokaler Beamten durch strenge, gegen Korruption gerichtete Gesetze abgestellt. Bei all diesen Reformen wurden in der Praxis zwar nur Teilerfolge erzielt, sie ebneten aber doch dem höchst wirkungsvollen Verwaltungssystem den Weg, das dann von den T'ang im 7. Jahrhundert geschaffen werden sollte.

In der Finanz- und Wirtschaftsverwaltung bezogen sich die Reformen unter anderem auf die Konfiszierung gefälschten Geldes und das Prägen neuer Münzen. Um die Salz- und Alkoholproduktion zu fördern, wurde das bis dahin für diese Waren geltende Staatsmonopol abgeschafft und private Unternehmer zugelassen. Dank dieser Reformen und dank der Einigung des Reiches überhaupt nahmen Handel und Industrie unter Kaiser Wen einen gewaltigen Aufschwung. Als er im Jahre 604 starb, hinterließ er seinem Sohn ein blühendes, geeintes Land.

Kaiser Yang

Der zweite Herrscher der Sui, bekannt unter dem Namen Kaiser Yang (regierte 604 bis 618), wird in den amtlichen chinesischen Geschichtswerken des 7. Jahrhunderts als verschwenderisch, ausschweifend, luxusliebend, grausam und tyrannisch geschildert. Einer der Gründe für dies düstere Bild ist die einfache Tatsache, daß er eben als letzter Kaiser seiner Dynastie regierte. Nach chinesischer Auffassung bewies er nämlich allein dadurch, daß er den »Auftrag des Himmels« verloren hatte, daß er ein schlechter Herrscher und ein nichtswürdiger Mensch war. Außerdem muß man natürlich in Rechnung stellen, daß die offizielle Geschichtsdarstellung unter dem Patronat der darauffolgenden Dynastie, der T'ang, zustande kam. Die T'ang-Historiker hatten allen Anlaß, den Sturz der Sui durch die T'ang-Dynastie zu rechtfertigen. Dem modernen Historiker, der sich mit dieser Periode befaßt, fällt also die schwierige Aufgabe zu, die wirklichen politischen Geschehnisse aus gefärbten Berichten und aus Legenden herauszuschälen.

Im Jahr nach seiner Thronbesteigung ließ sich Kaiser Yang auf ein gigantisches Bauunternehmen ein: um der »Westlichen Hauptstadt« Ch'ang-an etwas Ebenbürtiges an die

Seite zu stellen, ließ er bei Lo-yang, an derselben Stelle, wo die Späteren Han ihre Residenz gehabt hatten, eine »Östliche Hauptstadt« errichten. Diese neue Hauptstadt ließ er mit herrlichen Palästen und ausgedehnten Parkanlagen schmücken, in denen es exotische Pflanzen und Tiere zu sehen gab. Um die Arbeiten in und um Lo-yang ausführen zu können, soll er Monat für Monat zwei Millionen Fronarbeiter angestellt haben. Eine weitere Million Menschen und mehr wurden für den Bau der Kanäle aufgeboten, die die Östliche Hauptstadt mit dem Gelben Fluß, dem Huai-Fluß und dem Yang-tzu verbanden; auch sonst ließ er das Kanalnetz erweitern, das schon von seinem Vater in Angriff genommen worden war. Den Ufern der Kanäle entlang wurden Fahrstraßen errichtet und mit Ulmen und Weiden eingesäumt; in regelmäßigen Abständen entstanden Rastplätze. Man darf sagen, daß die von den Sui gebauten Kanäle, indem sie Norden und Süden miteinander verbanden, Chinas neu erworbener Einheit sichtbaren Ausdruck verliehen; sie verwiesen aber auch auf die Bedeutung des Yang-tzu-Tales, das für Nordchinas Ernährung lebenswichtig war. Die Kanäle wurden in den folgenden Jahrhunderten weiterbenutzt.

Nicht unbedeutsam ist hier, daß offenbar das untere Yang-tzu-Gebiet auf Kaiser Yang überhaupt eine besondere Anziehungskraft ausübte: Er verbrachte viel Zeit in seiner dritten Hauptstadt Chiang-tu, der »Flußhauptstadt« (dem heutigen Yang-chou in der Provinz Kiangsu). Entlang der Straße von Ch'ang-an nach Chiang-tu wurden auf seinen Befehl vierzig Lustschlösser errichtet. Einmal fuhr er mit zehntausend Lustbooten, die in Chiang-tu gebaut und dann auf Flüssen und Kanälen nach der Östlichen Hauptstadt gebracht worden waren, mit seinem ganzen Hofstaat, mit Prinzen und Prinzessinnen, Hofdamen, Beamten, Offizieren, taoistischen und buddhistischen Mönchen auf der neueröffneten Wasserstraße von Lo-yang nach Chiang-tu, in einer prachtvollen Reise voller Glanz und Herrlichkeit.

Die Außenpolitik der Sui

Entlang den nördlichen und nordwestlichen Grenzen hatte unterdessen ein neues Nomadenvolk Fuß gefaßt, die T'u-chüeh (Türken). Sie hatten die Juan-juan vertrieben, ein großes Reich in Zentralasien gegründet und waren verschiedentlich in Nordchina eingefallen. Später jedoch brachen – ein Glück für China – Streitigkeiten unter ihnen aus, und ihr Reich spaltete sich in einen östlichen und einen westlichen Staatenbund (581). Kaiser Wen hatte die Osttürken auf seine Seite gezogen, belehnte ihren Khan und unterstützte ihn gegen eine ihm feindlich gesinnte Gruppe von osttürkischen Stämmen. Diese Politik der Freundschaft gegenüber den Osttürken wurde von Kaiser Yang fortgesetzt, indem er sie mit Geschenken überhäufte. Daneben bemühte er sich mit Erfolg, den Streit zwischen den Stämmen der Westtürken weiterzuschüren.

Die T'u-yü-hun, ein anderer nomadischer Stamm an der Nordwestgrenze Chinas, fielen in der ersten Hälfte der Sui-Dynastie in Nordwestchina ein. Sie wurden zwar von Kaiser Wen geschlagen, bedrohten aber weiter die Grenze und kontrollierten die wichtigen Handelswege zwischen Nordwestchina und Zentralasien. Im Jahre 609 griff sie Kaiser Yang erneut an, vernichtete sie und annektierte ihr Staatsgebiet.

Was den Süden angeht, so war Nordvietnam schon seit langem ein Teil Chinas. Gegen Ende der Regentschaft Kaiser Wens begann auch das Land Lin-i (Cham) in Südvietnam wegen seiner exotischen Waren das Interesse des chinesischen Hofes zu erregen. So traf man Vorbereitungen für einen Kriegszug, der unter Kaiser Yang im Jahre 605 mit der Eroberung von Cham erfolgreich endete.

Daneben nahm man Verbindung zu einem Inselreich mit dem Namen Liu-ch'iu auf, wobei es sich vermutlich um die Insel Formosa, nicht um die heutigen Liu-ch'iu-(Ryukyu-) Inseln handelte. 607 sandte Kaiser Yang eine Forschungsexpedition dorthin und ließ 610 eine Kriegsflotte folgen, die ein paar tausend Eingeborene, Männer und Frauen, als Sklaven zurückbrachte.

Der nördliche Teil Koreas war bereits 108 v. Chr. (»China im Altertum«, Band II) dem chinesischen Reich angegliedert worden. Der Staat Kogurye, der 37 v. Chr. gegründet wurde, umfaßte später Nordkorea sowie Teile von Nordostchina. Vom 4. Jahrhundert an dehnte er sich weiter aus. Als 598 ein Heer von Kogurye aus den Liao-Fluß überschritt und in das Sui-Reich einfiel, sandte Kaiser Wen Truppen aus, um die Eindringlinge zurückzuschlagen. Ehe jedoch das chinesische Heer eingreifen konnte, bat Kogurye um Frieden, da seine Truppen von einer Seuche dezimiert worden waren und unter Nachschubmangel litten. In den Jahren 612 und 613 leitete dann Kaiser Yang persönlich zwei großangelegte Feldzüge gegen Kogurye, beide aber schlugen unter schweren chinesischen Verlusten fehl. 614 wurde schließlich noch einmal ein Heer gegen Kogurye gesandt, aber zu dieser Zeit waren bereits in ganz China Aufstände ausgebrochen. Die chinesische Heeresmaschinerie arbeitete nicht mehr so recht, und auch Kogurye war erschöpft und suchte Frieden: so endete dieser letzte Feldzug unentschieden.

Das Ende der Sui-Dynastie

Die ersten Aufstände gegen die herrschende Dynastie waren schon im Jahre 610 ausgebrochen; während der Kriegszüge gegen Kogurye häuften sie sich immer mehr. Blutige Bürgerkriege erschütterten China bis ins Jahr 628 hinein. Offensichtlich waren die zentrifugalen Kräfte, die das Land in den vorhergegangenen vier Jahrhunderten fast ununterbrochen zerspalten hatten, noch immer höchst wirksam. Örtliche Truppenverbände fanden sich zusammen, geführt von Militärbefehlshabern, die einer den anderen ebenso bekämpften wie die kaisertreuen Heere der Sui. 616 floh Kaiser Yang nach Chiang-tu und wurde dort 618 getötet. In dasselbe Jahr fiel auch die Gründung der T'ang-Dynastie und damit das offizielle Ende der Sui-Herrschaft.

Die knappe Regierungsperiode der Sui, die der T'ang-Zeit unmittelbar vorausging, erinnert in manchem an die kurzlebige Ch'in-Dynastie, die die Han-Zeit eingeleitet hatte. Ebenso wie die Ch'in waren die Sui zwar stark genug gewesen, China zu einigen; sie versuchten dann aber, allzu viele Reformen auf einmal durchzusetzen, noch ehe das Land wirklich dafür reif war. Indem sie wesentlich behutsamer vorgingen und aus den Fehlern ihrer Vorgänger lernten, gelang es den T'ang, dort Erfolge zu erzielen, wo die Sui gescheitert waren. Und doch hätten die T'ang ihre Leistungen nur unter weit größeren Schwierigkeiten vollbringen können, wenn ihnen von den Sui nicht der Weg geebnet worden wäre.

Die Gründung der T'ang-Dynastie: die ersten zwei Kaiser

Die T'ang-Dynastie (618–907), die das chinesische Reich auf einen nie zuvor erreichten Gipfel an Macht, Ansehen und Kultur geleiten sollte, wurde von Li Yüan (566–635, regierte 618–626) gegründet. Wie Yang Chien, der Gründer der Sui-Dynastie, gehörte auch er zur Aristokratie des Nordwestens, die sich aus chinesischen und nichtchinesischen Adelsfamilien zusammensetzte, und wie Yangs Familie war auch die seine dafür bekannt, daß sie zu »barbarischen« Familien Heiratsverbindungen pflegte. Als General unter der Sui-Regierung schlug Li Yüan 615 und 616 einige Bauernaufstände nieder, 617 wurde er Gouverneur von T'ai-yüan (in der heutigen Provinz Shansi). Im selben Jahr wurde ihm klar, daß die Tage der Sui-Dynastie gezählt waren. Er baute in T'ai-yüan seine Macht aus und organisierte als einer von vielen Militärbefehlshabern, die in Nordchina um die Oberherrschaft stritten, ein starkes Heer aus geflüchteten Landbesitzern und deren Gefolgsleuten. Nach und nach dehnte er sein Herrschaftsgebiet aus, bis es ihm schließlich gelang, Ch'ang-an, die Westliche Hauptstadt, einzunehmen. Bei der Gründung der Dynastie ging er nach traditionellem Muster schrittweise vor, indem er zuerst einen Enkel des Kaisers Yang in Ch'ang-an auf den Thron hob und dann diesen Marionettenkaiser zwang, zu seinen eigenen Gunsten auf den Thron zu verzichten. So wurde im Jahre 618, nachdem kurz vorher Kaiser Yang in Chiang-tu ermordet worden war, die Sui-Dynastie von den T'ang abgelöst.

Li Yüan – sein postumer Ehrenname lautet Kao-tsu – arbeitete mit seinem Sohn Li Shih-min zusammen, der ihm 626 auf den Thron folgte und als Kaiser T'ai-tsung bekannt wurde, und meisterte auf ungemein geschickte Art die sich ihm stellenden Aufgaben: er schuf aus dem Chaos eine neue Ordnung, unterwarf die rivalisierenden Militärbefehlshaber – den letzten 628 – und gewann die verschiedensten Volksschichten für seine Sache. Gleich zu Beginn ihres Regimes vermochten die beiden Herrscher eine Hungersnot zu lindern, indem sie Getreide aus den staatlichen Speichern ausgaben. Sie entließen viele Palastdamen aus dem kaiserlichen Harem und gaben sie ihren Familien zurück. Eigentum und Privilegien der Aristokratie wurden von ihnen besonders geschützt. Bei den Truppen sahen sie auf genaueste Disziplin und belegten gesetzwidriges Töten, Plündern und Insubordination mit strengen Strafen. Außerdem erleichterten sie die Steuerlast der Bauern, verringerten die vorgeschriebene Fronarbeit, die zum Teil an der Unbeliebtheit der Sui-Regierung schuld gewesen war, und erleichterten das Strafgesetz.

Der zweite Kaiser der T'ang-Dynastie, Li Shih-min (er regierte 626–649), bestieg den Thron noch zu Lebzeiten seines Vaters. Er gelangte an die Macht durch einen gewagten Staatsstreich, in dessen Verlauf er zwei seiner Brüder, mit denen er sich um den Thronanspruch gestritten hatte – darunter auch seinen älteren Bruder –, tötete. T'ai-tsung wird in den offiziellen Geschichtsbüchern als der ideale Monarch dargestellt: weise, energisch, geistreich, freundlich, gerecht und genügsam. Ebenso wie im Falle des Sui-Kaisers Yang ist es jedoch schwierig, ein objektives Bild von T'ai-tsung zu gewinnen, da er erwiesenermaßen auf die amtliche Geschichtsschreibung, soweit sie seine Regierungszeit betraf, persönlich Einfluß nahm. Ohne Zweifel war er ein faszinierender Menschenführer im Krieg wie im Frieden, ein schlauer Politiker und geschickter Verwaltungsmann. Er umgab sich mit fähigen Ministern und ermunterte sie, alle bereits ausgeführten oder erst geplanten politischen Maßnahmen offen zu kritisieren. Daneben zeigte er viel Geschick, wenn es galt, Reibereien zwischen seinen Beamten und Beratern auszugleichen. Für die Einsetzung und Beförderung begabter Provinzialbeamter interessierte er sich stets persönlich.

Die friedlichen Verhältnisse im Lande und bestimmte noch zu schildernde Verwaltungsmaßnahmen führten während der Regierung T'ai-tsungs zu steigender Nahrungsmittelerzeugung und allgemeinem Wohlstand. Die sozialen und regionalen Spannungen waren hingegen trotz energischem Bemühen T'ai-tsungs und seiner Berater schwieriger zu überwinden. Die Gegensätze zwischen den verschiedenen Landesteilen und sozialen Klassen waren in dem wiedervereinten Reich noch zu stark. Vor allem herrschten weiterhin Konflikte zwischen dem Nordwesten, dem Nordosten und dem Süden Chinas – eine Erscheinung, die ja in der Dreiteilung Chinas im 6. Jahrhundert konkrete Gestalt angenommen hatte. Der Adel im Nordwesten, der das Rückgrat der Sui- und der frühen T'ang-Regierung bildete, stand im Gegensatz zur Aristokratie im Nordosten. Die fünf herrschenden Familien in Nordostchina betrachteten sich nämlich als den ranghöchsten Adel. Sie sahen auf die nordwestlichen Großfamilien – einschließlich der kaiserlichen Familie! – herab und verweigerten Heiratsverbindungen mit ihnen, es sei denn um teures Geld. Trotzdem gab es Adlige im Nordwesten, unter ihnen sogar einige von T'ai-tsungs eigenen Ministern, die sich dazu bereit fanden, diesen Preis zu zahlen, obwohl solche Heiratsabsprachen amtlich verboten waren. Die Regierungspolitik unter T'ai-tsung schwankte, was den Adel im Nordosten anging, zwischen Einschüchterung und Beschwichtigung; im Süden dagegen zielte sie darauf ab, die führenden Schichten für das neue Regime zu gewinnen.

Kao-tsung und die Kaiserin Wu

Unter T'ai-tsungs Nachfolger Kao-tsung (regierte 649–683) verstärkte sich der politische Druck der führenden Familien im Nordosten und Süden, unter denen sich auch solche weniger hohen Geblüts befanden, in gefährlichem Maße. Dank dem wachsenden Wohlstand des Landes waren sie reich und wirtschaftlich gesicherter geworden, und so verlangten sie größeren Einfluß auf die Gestaltung der Regierungspolitik. Ihr Drängen führte schließlich zu einer unblutigen Revolte, die für begrenzte Zeit an Stelle der T'ang ein neues Regime an die Macht brachte, das von einer bemerkenswerten Frau, der Kaiserin Wu (Wu Tse-t'ien) geleitet wurde. Ihr Vater war ein enger Freund des ersten T'ang-Kaisers gewesen, ein Waffengefährte in den Bürgerkriegen während der Gründungszeit der Dynastie. Er wurde jedoch von den Adligen im Nordwesten als plebejischer Emporkömmling verachtet – er hatte seinen Reichtum als Holzhändler in Shansi gemacht. Ihre Mutter war eine fromme Buddhistin. Wu Tse-t'ien stieg von dem niedrigen Rang einer Konkubine fünften Grades, den sie in T'ai-tsungs Harem eingenommen hatte, im Harem Kao-tsungs bald zu einer Günstlingsstellung empor: 655 machte sie Kao-tsung zu seiner Gemahlin. Da Kao-tsung wegen einer Krankheit nicht die Regierung führen konnte, nahm sie allmählich immer mehr das Staatsruder in die Hand. Als der Kaiser 683 starb, wuchs ihre Macht weiter: ihr Sohn war nur noch dem Namen nach Kaiser. Im Jahre 690 setzte sie schließlich der T'ang-Dynastie offiziell ein Ende und gründete, mit sich selbst als »Kaiser«, eine neue Dynastie unter dem Namen Chou. Die Opposition, die diesem neuen Regime erwuchs, war aber doch zu stark. 705 wurde die Kaiserin Wu gezwungen abzudanken, und die T'ang-Dynastie wurde neu errichtet. Wu Tse-t'ien starb noch im selben Jahr im Alter von etwa achtzig Jahren, nachdem sie China – zunächst indirekt, dann direkt – fünfzig Jahre lang regiert hatte.

Die Entmachtung der T'ang hatte zwar nur kurze Zeit gedauert, die von der Kaiserin Wu geleitete Revolution zog aber trotzdem bleibende Veränderungen nach sich. Sie bezeichnet das Ende der Alleinherrschaft des nordwestlichen Adels und das Aufkommen einer neuen Schicht von Literaten und Beamten. Diese entstammten wohlhabenden, jedoch nicht unbedingt adligen Familien und kamen aus allen Teilen Chinas. Den Zugang zur Beamtenschaft fanden sie in der Regel durch die Staatsexamina, mit denen wir uns gleich beschäftigen werden.

Präzedenzfälle haben in der Geschichte Chinas stets eine wichtige Rolle gespielt: so gab es 710 eine Clique, die nach dem von der Kaiserin Wu aufgestellten Muster mit Hilfe der Gemahlin des Kaisers Chung-tsung, einer geborenen Wei, die Gewalt an sich zu reißen versuchte. Bei diesem Unternehmen arbeiteten die Familien beider Kaiserinnen, die Wu und die Wei, Hand in Hand. Es gelang ihnen, den Kaiser Chung-tsung zu vergiften und einen seiner Söhne als Marionettenkaiser auf den Thron zu setzen, wodurch die Kaiserin Wei zur eigentlichen Herrscherin wurde. Eine ihrer Töchter, die Prinzessin T'ai-p'ing, verbündete sich indessen mit Li Lung-chi, einem T'ang-Prinzen, und setzte das Regime der T'ang noch im selben Jahr (710) aufs neue ein. Die Kaiserin Wei wurde samt ihren Anhängern hingerichtet. Dies wiederholte sich aber noch ein drittes Mal nach demselben Schema: eine andere Clique machte sich daran, nun mit Hilfe der Prinzessin T'ai-p'ing, ein neues Regime an die Macht zu bringen. Auch dieses Komplott jedoch wurde – wiederum von Li Lung-chi – vereitelt. Er ließ die Prinzessin und ihre Partei exekutieren und bestieg selbst den Thron (712). Auf die Regierungszeit dieses Kaisers, der als Hsüan-tsung oder Ming-huang – »Glanz-Kaiser« – bekannt geworden ist, werden wir weiter unten näher eingehen. Hier mag der Hinweis genügen, daß Hsüan-tsung, wie schon T'ai-tsung vor ihm, den Thron bestieg, während sein Vater noch am Leben war, daß aber auch seine eigene Regierungszeit damit endete, daß man ihn zwang, zugunsten seines Sohnes abzudanken. Die Thronfolge war in der T'ang-Zeit niemals voraussehbar.

Die Entwicklung der Verwaltung während der ersten Hälfte der T'ang-Dynastie

Die Staatsprüfungen, die während der Sui- und früheren T'ang-Zeit nach dem eher dürftig entwickelten Vorbild der Han-Zeit eingeführt wurden, waren eine der bedeutendsten Erfindungen chinesischen Verwaltungsgeistes. Immer wieder erneuert, hielten sie sich bis zu

Anfang des 20. Jahrhunderts und schenkten China ein einheitliches, starkes und wirksam funktionierendes Beamtensystem, das nirgends in der Welt seinesgleichen hatte. Manche Historiker sind der Ansicht, daß es auch Vorbild war für das europäische, im 18. Jahrhundert entwickelte System der Zivilverwaltung.

In der ersten Hälfte der T'ang-Zeit konnten acht verschiedene Titel durch Staatsprüfungen errungen werden: der höchste und begehrteste war der eines *Chin-shih* (Doktor). Für die *Chin-shih*-Prüfung mußten die Kandidaten Gedichte und Essays über vorgegebene Themen verfassen, die sich teils auf klassische Literatur und Geschichte, teils auf Probleme der staatlichen Verwaltung bezogen. Man kannte drei Gruppen von Kandidaten: solche, die eine staatliche Schule mit Erfolg abgeschlossen hatten, dann die »Provinz-Tributäre«, das heißt hervorragende Männer, die von örtlichen Verwaltungsstellen in die Hauptstadt geschickt wurden, nachdem sie in der Provinz bestimmte Prüfungen absolviert hatten, und schließlich besonders vielversprechende Kandidaten, die unter des Kaisers persönlicher Überwachung geprüft wurden. Die *Chin-shih*-Examina wurden in der Regel einmal jährlich abgehalten; von etwa dreitausend Kandidaten bestanden nie mehr als höchstens zwanzig oder dreißig. Dabei war mit dem Doktor-Grad eine öffentliche Anstellung noch durchaus nicht ohne weiteres verbunden. Jeder Kandidat mußte sich nämlich, nachdem er seinen Titel errungen hatte, weiteren Prüfungen stellen, in denen persönliches Aussehen, Redegabe, Handschrift und allgemeine Urteilskraft untersucht wurden. Nur wenn er in all diesen Punkten befriedigte, kam er für eine öffentliche Anstellung in Frage, und selbst dann noch konnte es geschehen, daß er lange Zeit darauf warten mußte.

Auf dieses Prüfungssystem genauestens abgestimmt war auch die Vielzahl der staatlichen Schulen, die in der Hauptstadt und in den Zentren der Provinzialverwaltung errichtet wurden. Die Schulen in der Hauptstadt nahmen Mitglieder und Verwandte des Kaiserhauses sowie Söhne höherer Beamter auf und führten sie in einem abgekürzten Bildungsweg möglichst rasch auf die Prüfungen hin. Lehrstoff in all diesen staatlichen Schulen waren vornehmlich die konfuzianischen Klassiker mit den dazugehörigen Standardkommentaren. Einige dieser Kommentare wurden übrigens in der T'ang-Zeit selbst verfaßt.

Es ist kein Zufall, daß das staatliche Prüfungssystem sich erstmalig entwickelte, als China unter der Han-Dynastie geeint war, daß es dann während der vier Jahrhunderte der Zersplitterung in Vergessenheit geriet und erst zu neuem Leben erwachte, als sich das Reich unter den Sui und den T'ang abermals zusammenfand. Es ist ebensowenig ein Zufall, daß die Prüfungen mit konfuzianischen Schulen und mit einem vom Staat kontrollierten Bildungsgang in Beziehung standen. Schule und Prüfungssystem erfüllten, miteinander verknüpft, wie sie waren, in der zentralisierten Verwaltung des großen geeinten Landes eine wichtige Funktion. Sie erstarkten, wenn der Konfuzianismus blühte, und verfielen, wenn der Konfuzianismus an Macht verlor. Sie versahen die T'ang-Regierung mit einem Stab loyaler Beamten, die einheitlich erzogen, gründlich literarisch gebildet und der konfuzianischen Tradition treu ergeben waren. In hohem Maße ist es diese Beamtenschaft, der das chinesische Verwaltungssystem und die konfuzianische Ideologie ihre erstaunliche Stabilität bis in die moderne Zeit hinein zu verdanken hatten.

Wu-ti, Kaiser der Nord-Chou-Dynastie, mit Gefolge
Malerei des am T'ang-Hof arbeitenden Yen Li-pen auf der Querrolle »Dreizehn Herrscherporträts«
Boston/Mass., Museum of Fine Arts

Bauern am Ochsenkarren
Tonplastik, erste Hälfte der T'ang-Dynastie
Seattle/Wash., Art Museum, Gedächtnissammlung Eugene Fuller

Auf dem Gebiet der Militärverwaltung übernahmen die T'ang eine Einrichtung von den Nord-Dynastien: die Miliz *(Fu-ping)*. Sie wich freilich in manchem von dem Vorbild wesentlich ab. Unter den West-Wei und den Nord-Chou waren die *Fu-ping* einfach Soldaten gewesen und nichts weiter. Sie hatten eine privilegierte Gruppe dargestellt, die sich aus Hsien-pei-Stämmen und ausgesuchten chinesischen Familien zusammensetzte. Als sie dagegen während der Sui- und der früheren T'ang-Zeit reorganisiert wurden, waren es Bauernsoldaten, die man unter arbeitsfähigen und wohlhabenden Bauern ausgewählt und einberufen hatte.

In Friedenszeiten bebauten sie den Boden; nur hin und wieder, während der für den Feldbau weniger wichtigen Jahreszeiten, hatten sie unter der Leitung ortsansässiger Offiziere militärische Übungen durchzuführen. In Kriegszeiten wurden sie unter der Führung von Generälen, die lediglich für diesen Zweck und solange die Gefahr bestand die Hauptstadt verließen, in die Schlacht geschickt. War der Krieg zu Ende, so kehrten die Bauernsoldaten auf ihre Höfe zurück, ebenso die Generäle in die Hauptstadt. Die *Fu-ping* taten also nur in gewissen Zeitabständen, die je nach der Entfernung der Bauernhöfe zur Hauptstadt variierten, Kriegsdienst. Der überwiegende Teil der Miliz-Einheiten war in Nordchina stationiert, wo man sie auch zuerst eingeführt hatte. Sie waren damit sowohl der wichtigsten Kriegsfront entlang der Nord- und Nordwest-Grenze nahe als auch den Regierungssitzen in Ch'ang-an und Lo-yang.

Das Miliz-System bot zahlreiche Vorteile und gab den frühen T'ang ihre überlegene militärische Stärke. Es war kaum auf äußere Unterstützung angewiesen: die Bauernsoldaten versorgten sich selbst mit Nahrung und Kleidung und dem größten Teil ihrer militärischen Ausrüstung. Auch kämpften sie gut, da sie letzten Endes ihren eigenen Boden und ihre eigenen Familien verteidigten. Überdies war es den Generälen nicht möglich, sich mit ihrer Hilfe eine eigene Machtstellung gegenüber der Regierung aufzubauen, weil sie diese Heeresgruppen nur in Kriegszeiten befehligten. So blieb die Miliz stets in den Händen der Zentralregierung.

Obwohl sie sich während der früheren T'ang-Periode ausgezeichnet bewährt hatte, verfiel sie aber in der zweiten Hälfte des 7. und zu Beginn des 8. Jahrhunderts mehr und mehr. In den ständigen Kriegszügen war nämlich die Doppelaufgabe von Ackerbau und Kampf für die Bauern Nordchinas, die sich damit für das Reich als Ganzes aufopferten, eine allzu schwere Bürde geworden; dies um so mehr, als ihr eigener Grund und Boden als Folge des ständig wachsenden staatlichen, privaten und buddhistischen Großgrundbesitzes immer weiter schrumpfte. So verließen denn mehr und mehr Bauern ihre Höfe und Heimstätten, desertierten aus der Miliz oder übten Selbstverstümmelung, um dem Kriegsdienst zu entgehen. Die Regierung sah sich infolgedessen gezwungen, allmählich auf Söldnertruppen zurückzugreifen, die bei den untersten Schichten der Bevölkerung oder bei nichtchinesischen Volksstämmen angeworben wurden. So war denn bereits um die Mitte des 8. Jahrhunderts die Bauernmiliz fast vollständig durch Berufssoldaten ersetzt.

Die Landwirtschaft

Eine weitere beachtliche Leistung der früheren T'ang-Herrscher bestand in der Wiederbelebung der Landwirtschaft. In den Bürgerkriegen, die den Sturz der Sui-Dynastie und die Gründung der T'ang-Dynastie begleitet hatten, war die Nahrungsmittelerzeugung stark zurückgegangen; das gleiche galt von den Steuerabgaben für die Zentralregierung. Um dieser Entwicklung entgegenzuwirken, führte die T'ang-Regierung das »Gleich-Land-System« *(Chün-t'ien)* der T'o-pa-Wei wieder ein. Dieses System war in seiner neuen Form außerordentlich kompliziert. Es regelte die Zuteilung bebaubaren Landes, die Registrierung aller in Frage kommenden Haushaltseinheiten sowie die Besteuerung und die Fronarbeit. Bis in die jüngste Zeit hinein waren sich die Historiker darüber uneinig, ob das »Gleich-Land-System« in der T'ang-Zeit wirklich funktioniert habe oder bloß auf dem Papier stand. Heute wissen wir aus Akten, die in Tun-huang und an zentralasiatischen Oasenplätzen gefunden worden sind, daß das »Gleich-Land-System« während der ersten Hälfte der T'ang-Dynastie wirklich in Kraft war, wenn auch die meisten Familien weniger Land zugeteilt bekamen, als ihnen gesetzmäßig zustand. Die aufgefundenen Dokumente zeigen auch, daß die Lokalverwaltung die Wiederverteilung von Land sogar noch bis in die ersten Jahrzehnte des 8. Jahrhunderts hinein durchführte. Als Gegenleistung für das ihnen anvertraute Land zahlten die arbeitsfähigen Männer der Regierung einen festen Betrag an Getreide und Textilien; daneben waren sie der Zentralregierung und den lokalen Verwaltungsbeamten zu Frondienst verpflichtet. Manchmal konnte der Frondienst mit Geld oder Textilien abgelöst werden.

Die Landgebiete, die den Bauern zu Anfang zugeteilt wurden, befanden sich in landwirtschaftlich unterentwickelten Gebieten oder in Landstrichen, die während der vorangegangenen Unruhen nicht mehr bestellt oder auch konfisziert worden waren. Auf diese Weise verschonte zwar das »Gleich-Land-System« den Großgrundbesitz der vermögenden Landbesitzer, aber es verlangsamte doch zumindest auch dessen weiteres Anwachsen. Der Regierung der Sui und der frühen T'ang gelang es zudem, den Grundbesitz der adligen Familien und hohen Beamten in das staatliche Registrierungssystem aufzunehmen. Adlige und Beamte waren berechtigt, sich Grundbesitz bis zu einem bestimmten Umfang – je nach Rang und Amtsstellung – zu halten. Auch den Behörden der Lokalregierungen wurde durch Landabgabe Unterstützung gewährt. Außerdem zeichnete der Kaiser von Zeit zu Zeit verdiente Einzelpersonen mit Landgeschenken aus, in denen auch die Bauern, die das Land bestellten, mit einbegriffen waren.

Ebenso verwickelt wie die Bestimmungen für das Grundeigentum war das Pachtsystem der früheren T'ang-Zeit, wie es uns in den Dokumenten von Tun-huang und Zentralasien entgegentritt. Es gab keine klare Unterscheidung zwischen freien Bauern und Pächtern, da nämlich dieselben Personen oftmals sowohl eigenes Land bearbeiten als auch gleichzeitig Land von einem Grundbesitzer pachten konnten. Gleichermaßen waren es Pächter, die das Land für buddhistische Klöster und für staatliche Behörden bestellten. Der Großgrundbesitz des Adels wurde zum großen Teil ebenfalls von Pächtern kultiviert, die einen Teil des Ernteertrages als Pacht abführten; Sklaven und sonstige Gefolgsleute wurden seltener zur Landarbeit herangezogen. Noch verwickelter wurde das System durch folgende

Tatsachen: Sklaven konnten bisweilen Land pachten, das nicht ihren eigenen Herren gehörte; buddhistische Klöster durften von Regierungsstellen Grund und Boden in Pacht nehmen; Pachtbauern war es erlaubt, Land nicht nur von der Regierung und von Klöstern zu pachten, sondern auch von Privatpersonen, die dies Land durch die »Gleich-Land-Gesetze« empfangen hatten; und schließlich konnten Pächter auch den Grund, den sie durch das »Gleich-Land-System« erhalten hatten, an andere Personen weiterverpachten.

Die Außenpolitik während der ersten Hälfte der T'ang-Zeit

Durch die wirtschaftliche und militärische Stärke war das T'ang-Reich in der Lage, eine machtvolle und aggressive Außenpolitik zu treiben. Die Türken (T'u-chüeh) spielten, wiewohl durch innere Zwistigkeiten und durch die chinesische Diplomatie in der Sui-Zeit geschwächt, weiter eine wichtige Rolle an der Nord- und Nordwestgrenze Chinas. In der Tat hatten die Gründer der T'ang-Dynastie bei der Errichtung ihrer Herrschaft um die Unterstützung türkischer Truppen gebeten und sie auch erhalten. Während dieser Periode bestanden zwischen Türken und Chinesen außerordentlich enge Beziehungen. Manche Türken lebten auf chinesischem Boden, während sich andererseits viele chinesische Bauern, um den Wirren, die den Zusammenbruch der Sui-Dynastie begleiteten, zu entfliehen, sich entschlossen hatten, die Grenzen nach dem Norden zu überschreiten und unter türkischer Regierung zu leben. Der zweite Kaiser der T'ang, T'ai-tsung, besaß mit den Türken in Kriegs- und Friedenszeiten zahlreiche Berührungspunkte und kannte sie ungewöhnlich gut; möglicherweise war er sogar selbst teilweise türkischer Herkunft. Im Jahre 624 artete indessen einer der immer wiederkehrenden türkischen Raubzüge zu einer größeren Kriegsexpedition aus, bei der die Türken nahe daran waren, die chinesische Hauptstadt Ch'ang-an zu erobern. T'ai-tsung, damals noch Prinz, schlug sie jedoch zurück. Nach seiner Thronbesteigung (626) traf er Vorbereitungen, um diese Bedrohung des Reiches ein für allemal zu beseitigen. Er unternahm einen groß angelegten Kriegszug gegen die Osttürken, schlug sie vernichtend und setzte ihrem Staat 630 ein Ende. Er legte sich dann selbst den türkischen Titel »Himmels-Khan« zu.

Anschließend wurden auch die Westtürken in einer Reihe von Schlachten zwischen 639 und 648 aus Sinkiang vertrieben. Dadurch kamen die Oasen-Staaten des Tarim-Beckens, durch die die Handelsstraßen nach dem Westen führten, fest zum chinesischen Reichsgebiet. Die chinesische Oberhoheit erstreckte sich sogar noch über das Pamir-Gebirge hinaus bis in das Flußgebiet des Oxus und den Oberlauf des Indus im heutigen Afghanistan.

Tibet, von den Chinesen T'u-fan genannt, war 607 geeint worden und hatte sich zu einer starken Militärmacht entwickelt, die zu China in enger Beziehung stand. 641 wurde eine Prinzessin des chinesischen Kaiserhofes mit dem König von Tibet verheiratet. Von dieser Zeit an sprachen die Tibeter von ihrem Land als dem »Schwiegersohn« oder »Neffen«, von China als dem »Schwiegervater« oder »Onkel«. Dank der chinesischen Prinzessin wurden viele Elemente der chinesischen Kultur in Tibet heimisch: junge Männer aus führenden tibetischen Familien begaben sich zum Studium in die chinesische Hauptstadt, während die tibetische Regierung in China um Abschriften chinesischer Klassiker, um Seidenwürmer und um Fachleute für verschiedene handwerkliche Berufe nachsuchte und sie auch erhielt. Die Begegnung zwischen beiden Ländern verlief jedoch nicht immer friedlich. Im Jahre 670 und noch einmal 678 kämpften die Tibeter siegreich gegen chinesische Truppen in der Nähe des Kukunor-Sees. Diese Siege bezeichnen den Höhepunkt der tibetischen Macht. Tibet besetzte Teile von Ssuchuan und einige der Oasen-Staaten in Sinkiang und drang südwärts bis an die Grenzen Indiens vor. Bald brachen aber unter den Tibetern innere Zwistigkeiten aus, und eine der streitenden Parteien wandte sich an China um Hilfe. So konnten die Chinesen die Oasen-Staaten Kucha, Kashgar, Khotan und Karashar zurückerobern und die Tibeter bis um die Mitte des 8. Jahrhunderts in Schach halten.

Indien stand schon seit langem, wenn auch nicht ohne Unterbrechungen, zu China in friedlichen Beziehungen; allerlei Handelsartikel wurden über gefährdete Handelsstraßen und lange Seelinien ausgetauscht, und buddhistische Pilger und Missionare reisten zwischen beiden Ländern hin und her. In der T'ang-Zeit aber konnte sich zum ersten Male auch eine chinesische Militärmacht in Indien geltend machen. 647 war der chinesische Gesandte Wang Hsüan-ts'e nach seiner Ankunft in Assam in politische Unruhen verwickelt worden und hatte dabei seine ganze Eskorte verloren. Um das Ansehen Chinas wiederherzustellen, warb er nepalesische und tibetische Truppen an, kehrte mit ihnen nach Assam zurück und nahm den indischen Kleinkönig, der ihm feindlich begegnet war, fest und brachte ihn als Gefangenen an den chinesischen Hof (648).

Nordvietnam wurde 679 unter dem Namen An-nan (»Befriedung des Südens«) – von dem der heutige Name »Annam« herrührt – chinesisches Protektorat. Zu den anderen Staaten der indochinesischen Halbinsel unterhielt China Wirtschaftsbeziehungen.

Das Reich der Westtürken wurde von den Chinesen 657 mit Hilfe eines anderen türkischen Volksstammes, der Uiguren, vernichtet. Die Chinesen setzten überhaupt während dieser ganzen Periode immer wieder uigurische Truppen ein, um ihre Oberherrschaft in Zentralasien zu festigen. Später sollten die Uiguren noch in China selbst eine entscheidende Rolle spielen.

An der Nordostgrenze verlief der Versuch T'ai-tsungs, den Staat Kogurye zu unterwerfen, ebenso erfolglos wie der des Kaisers Yang der Sui-Dynastie. Erst unter T'ai-tsungs Nachfolger Kao-tsung wurde die koreanische Halbinsel in einer Reihe von Kriegszügen, die auf beiden Seiten von verbündeten Staaten geführt wurden, unter chinesische Herrschaft gebracht. Die Chinesen hatten nämlich mit Silla, einem Staat in Südostkorea, eine Allianz geschlossen, während sich auf der anderen Seite Kogurye mit dem südwestkoreanischen Staat Paekche, der von Japan unterstützt wurde, verbündet hatte. Mit Hilfe chinesischer Truppen unterwarf 668 Silla schließlich das ganze übrige Korea und regierte die Halbinsel von da an als eine chinesische Schutzmacht. Achtunddreißigtausendzweihundert Familien aus Kogurye wurden nach Südchina und in andere schwachbevölkerte chinesische Gebiete umgesiedelt.

Die Regierung Hsüan-tsungs

Die Regierungszeit des Kaisers Hsüan-tsung (regierte 712–756) bedeutete den Gipfel- und Wendepunkt der T'ang-Dynastie. Hsüan-tsung wurde auch Ming-huang, der »Glanz-Kaiser«, genannt, und in der Tat: sein Hof stand im Glanz von Reichtum und Luxus und erstrahlte im Ruhm vortrefflicher Dichter, Künstler und Musiker, die sich dort zusammenfanden. In der zweiten Hälfte seiner Regierungszeit machten sich jedoch die verschiedensten Krisen auf politischem, wirtschaftlichem und militärischem Gebiet bemerkbar, die schließlich in der Revolte des An Lu-shan gipfelten. Diese Revolte erschütterte das Reich bis in seine Grundfesten und hätte der T'ang-Regierung um ein Haar ein Ende bereitet. Obwohl es der Dynastie gelang, sich noch einmal zu erholen und China für weitere eineinhalb Jahrhunderte zu beherrschen, zeigte die chinesische Kultur seit der Mitte des 8. Jahrhunderts einen gänzlich anderen Charakter.

Die politische Krise erwuchs aus der Rivalität zweier Führungsgruppen. Der Adel im Nordwesten, der seine Macht während der ersten Periode der Dynastie unangefochten hatte ausüben können, sah seine Stellung von den Angehörigen der neu entstandenen Beamtenschicht bedroht, die, weniger hohen Ursprungs als hohen Bildungsstandes, aus allen Landesteilen kamen und durch das Prüfungssystem aufgestiegen waren. Hsüan-tsung versuchte zunächst, mit den Literaten-Beamten zusammenzuarbeiten. Als Reichsminister hatte er Chang Chiu-ling (673–740), einen literarisch feingebildeten Mann – den ersten Abkömmling aus dem tiefen Süden (der heutigen Provinz Kuangtung) übrigens, der je eine Führungsstellung in der chinesischen Regierung einnahm. Die Politik Chang Chiu-lings begünstigte anscheinend die Literaten und Kaufleute des Südens; da dadurch aber die Steuern, die für die wachsenden Regierungsausgaben erforderlich waren, nicht zusammenkamen, wurde er seiner Stellung enthoben – das heißt zu einem Provinzialbeamten degradiert – und durch Li Lin-fu, einen Repräsentanten des nordwestlichen Adels, ersetzt. Li Lin-fu regierte mit diktatorischer Gewalt von 736 bis zu seinem Tode (752). Er beschnitt drastisch den politischen Einfluß der Literaten-Beamten, die ihn denn auch aufs bitterste haßten und ihm in der offiziellen Geschichtsschreibung den Ruf eines Unholds anhängten.

Li Lin-fu gelang es indessen ebensowenig, die wirtschaftlichen und militärischen Krisen in China selbst und an den Grenzen zu meistern. Der Zusammenbruch des »Gleich-Land-Systems« und des Steuer- und Frondienstwesens war nicht mehr aufzuhalten. Die loyale Bauernmiliz der früheren T'ang hatte man, wie schon erwähnt, durch kostspielige Söldnertruppen von bisweilen fragwürdiger Zuverlässigkeit ersetzen müssen. 751 wurde an der Südwestgrenze eine chinesische Armee von den Verbänden der Nan-chao, der Angehörigen eines Staates, der von T'ai-(Thai-)Stämmen um 740 in der heutigen Provinz Yünnan gegründet worden war, besiegt. Noch im selben Jahre erlitten die Chinesen eine weitere Niederlage, und zwar in Zentralasien bei einem Zusammenstoß mit Truppen unter arabischer Führung am Fluß Talas (nördlich von Ferghana).

Manche Historiker haben diese Schlacht als ein Ereignis von weltgeschichtlicher Bedeutung bezeichnet, durch die entschieden wurde, daß Zentralasien seitdem zur islamischen Welt gehörte und nicht mehr zu China. Aus neueren Untersuchungen (Money L. Hickman geht jedoch hervor, daß diese Schlacht weder besonders bedeutend noch irgendwie entscheidend war. Die chinesische Armee unter Führung des koreanischen Generals Kao Hsien-chih umfaßte wahrscheinlich nicht mehr als zwanzig- bis dreißigtausend Mann, Chinesen und Nichtchinesen. Sie wurden in die Zange genommen und eingekesselt, nachdem ihre Verbündeten, die Karluk-Türken, zu den Arabern übergelaufen waren. Selbst ohne diese Niederlage hätte jedoch der chinesische Einfluß kaum weit über Sinkiang hinaus ausgedehnt werden können. Kao Hsien-chih und andere in chinesischem Dienst stehende Generäle unternahmen erfolgreiche Feldzüge in Zentralasien sowohl vor wie auch noch nach der Schlacht am Talas. So führte Kao Hsien-chih in einem glänzenden Feldzug 747 sein Expeditionsheer über die unheimlichen Höhenzüge des Pamir und des Hindukush, um die Araber daran zu hindern, sich mit den Tibetern zu vereinen. Ein weiterer erfolgreicher Feldzug im Pamir wurde 752 von seinem Amtsnachfolger unternommen.

Der Aufstand des An Lu-shan

Eine ungemein gefährliche Bedrohung erwuchs der T'ang-Regierung seit der Mitte des 8.Jahrhunderts durch bestimmte Machtballungen, die aus der Vereinigung separatistisch eingestellter Provinzialverwaltungen und regionaler Militärkommandanturen entstanden waren. Um die lokalen Militärmachthaber und Provinzgouverneure unter Kontrolle zu halten, hatte nämlich die Regierung in der frühen T'ang-Zeit hin und wieder kaiserliche Sonderbeauftragte zu kurzen Inspektionsreisen in die Provinzen geschickt und sich Bericht erstatten lassen. Diesen Kommissaren, bekannt unter dem Namen *Chieh-tu shih* (»Regionalkommandeure«), war es jedoch allmählich gelungen, sich in den Grenzgebieten Dauerstellungen zu schaffen, in denen sie gleichzeitig die zivile und die militärische Verwaltung kontrollierten. Es gab acht Regionalkommandanturen entlang der Nordgrenze, eine im äußersten Süden (im heutigen Kuangtung) und zwei im Südwesten (im heutigen Ssuchuan). Die Führer dieser Kommandanturen waren in ihrer Ausbildung und ihrer Haltung von den chinesischen Adligen ebenso verschieden wie von den chinesischen Literaten: es waren hartgesottene Berufssoldaten und vielfach – wie auch ein Großteil der Truppen unter ihrem Kommando – nicht einmal Chinesen. Die gewaltigen Heere, die entlang der Grenzen in Stellung lagen, fühlten sich ihren Regionalkommandeuren ungleich mehr verpflichtet als der Zentralregierung.

Der mächtigste dieser Regionalkommandeure um die Mitte des 8.Jahrhunderts war An Lu-shan (703–757), ein kluger und ehrgeiziger General nichtchinesischer Abkunft. Er vereinigte in seiner Hand den Befehl über die Truppen von drei Regionalkommandanturen des reichen Nordostens, deren Zahl insgesamt etwa zweihunderttausend Mann betrug. Seine Revolte begann im Jahre 755. Nach kurzer Zeit schon, 756, hatte er Lo-yang, die Östliche Hauptstadt, eingenommen und ließ sich dort zum Kaiser ausrufen. Der Hof der T'ang, der in der Westlichen Hauptstadt Ch'ang-an residierte, war aufs höchste bestürzt, denn Ch'ang-an ließ sich gegen An Lu-shans Armee nicht verteidigen. Kaiser Hsüan-tsung floh nach Ssuchuan, dem Bollwerk im Südwesten, welches damit wieder einmal seine strategische Schlüsselstellung unter Beweis stellte. Ch'ang-an wurde, vom kaiserlichen Hof verlassen, von den Verbänden An Lu-shans eingenommen, und noch im selben Jahre (756) dankte Hsüan-tsung zugunsten seines Sohnes Su-tsung ab.

Die traditionelle Geschichtsschreibung stellt dies so dar, als sei die Katastrophe unter Hsüan-tsungs Regierung hauptsächlich dadurch verursacht worden, daß der Kaiser, von einer Palastdame namens Yang Kuei-fei betört, die Staatsgeschäfte vernachlässigt und ihren nichtswürdigen Verwandten höchste Ämter überlassen habe. Diese romantische Ausdeutung einer relativ unwichtigen Episode gründet sich indessen ausschließlich auf die Schilderung des Dichters Po Chü-i (772–846); sie ist ein Stück Literatur, nicht ein Stück Geschichte.

757 wurde An Lu-shan in Lo-yang von einem seiner eigenen Söhne ermordet. Der Aufstand war damit jedoch noch nicht gänzlich zusammengebrochen, sondern wurde erst 763 mit Hilfe der Uiguren und anderer nichtchinesischer Truppen endgültig niedergeschlagen. Die T'ang-Dynastie war gerettet – und doch hatte ein ganz neues Kapitel der Geschichte Chinas begonnen.

Die kulturelle Entwicklung während der Sui-Zeit und der ersten Hälfte der T'ang-Dynastie

Analog der politischen Wiedervereinigung Chinas unter den Sui- und den früheren T'ang-Herrschern läßt die Kulturgeschichte dieser Periode das gegenseitige Durchdringen verschiedenartiger kultureller Strömungen erkennen – solcher chinesischen wie nichtchinesischen, nördlichen wie südlichen Ursprungs. Diese Entwicklung vollzog sich nicht ohne gewisse Reibungen und Spannungen. Die Herrscher waren sich indes der Notwendigkeit, solche Disharmonien zu überbrücken, bewußt und betrieben daher bei der Bevölkerung eine Politik gegenseitiger Einung und Versöhnung. Im Jahre 647 wandte sich T'ai-tsung, der zweite T'ang-Kaiser, bewußt gegen die chinesische Auffassung, daß die Nichtchinesen kulturell unterlegen seien, und faßte seine Vorstellung von einem Universalreich in die folgenden Worte, die uns von Ssu-ma Kuang in seiner im 11. Jahrhundert erschienenen Geschichte Chinas überliefert sind: »Seit ältesten Zeiten hat es sich eingebürgert, die Chinesen hochzuschätzen, die ›Barbaren‹ aber zu verachten. Ich dagegen bringe allen Völkern die gleiche Liebe entgegen, und so kommt es, daß alle Völkerschaften mir vertrauen als ihrem Vater und ihrer Mutter.« Hier müssen wir uns daran erinnern, daß T'ai-tsung ja selbst gemischter Herkunft war und darum auch mit den Türken, den Hsien-pei und anderen »Barbaren« in bestem Einvernehmen stand.

Die Notwendigkeit, die kulturelle Kluft zwischen Norden und Süden zu überbrücken, wurde auch von dem konfuzianischen Gelehrten und Staatsmann Wei Cheng (580–643) betont, einem von T'ai-tsung besonders geschätzten Minister. Er wußte, daß die Nordleute auf die Gentry im Süden herabsahen, da sie ihnen überfeinert und verweichlicht vorkam, während andererseits die Südleute den Adel im Norden wegen seines martialischen Halbbarbarentums als unzivilisiert verachteten. Bezeichnenderweise geht er von der beiderseitigen Literatur aus, um das Problem in Worte zu fassen. In seiner Einleitung zu dem in der amtlichen Geschichte der Sui-Dynastie enthaltenen Kapitel »Biographien von Literaten der Sui-Zeit« äußert er sich folgendermaßen:

> Obwohl beide Literaturen (die der Süd-Dynastien ebenso wie die der nördlichen) hohen Rang besaßen, wiesen sie doch neben gewissen Gemeinsamkeiten auch Unterschiede auf. In der Poesie, die südlich des (Yang-tzu-)Flusses aufkam, wurde zu großer Wert auf schriftstellerische Raffinesse gelegt; in der Literatur, die in den Ebenen des Nordens entstand, legte man dagegen das Gewicht allzu ausschließlich auf den kräftigen Inhalt. »Kräftiger Inhalt« bedeutet, daß die Idee über den Stil gestellt wurde; »schriftstellerische Raffinesse« bedeutet, daß die Form den Sinn überwucherte. Andererseits jedoch erwiesen sich jene Literaturwerke, deren Gedankengehalt tief war, als nützlich, um in ihrer Zeit als Vorbild für die Praxis zu dienen, während jene Kompositionen, deren Stil an sich eher blumig war, immerhin gut vorgetragen werden konnten. Dies sind die wesentlichen Kriterien für einen Vergleich der Vor- und Nachteile bei den Schriftstellern des Südens und Nordens. Wenn es uns gelingt, von den erstgenannten den feinen Klang (der Sprache) und von den letztgenannten die wohlgeordnete Gedankenführung zu übernehmen und so beider Mängel zu vermeiden und ihre Vorteile zu vereinen, dann werden literarische Form und gedanklicher Inhalt in einer Harmonie zutage treten, die sowohl zu vollendeter Schönheit (der Form) als auch zu vollendeter Qualität (des Inhalts) führen wird.

Ch'ang-an

Die chinesische Kultur der Sui- und der frühen T'ang-Zeit war Einflüssen des Auslands gegenüber in bemerkenswerter Weise aufgeschlossen und tolerierte die verschiedensten fremden Bräuche und Vorstellungen. Während des langen Zusammenlebens mit den Steppenvölkern unter den Nord-Dynastien waren viele nichtchinesische Elemente in die chinesische Kultur eingedrungen. Je mehr die Großstädte wuchsen, die um die kaiserlichen Metropolen und die vielen Provinzzentren herum entstanden und auch ausländische Bürger anzogen, desto mehr erhielt die chinesische Zivilisation weltstädtisches, kosmopolitisches Gepräge.

Ch'ang-an, die Westliche Hauptstadt der Sui- und T'ang-Dynastie, beherbergte um die Mitte des 8. Jahrhunderts in ihren rechteckig (acht mal neuneinhalb Kilometer) angelegten Mauern eine Bevölkerung von etwa einer Million Menschen, ja sogar von zwei Millionen, wenn man die Vorstädte mit hinzurechnet; sie war die größte Stadt der Erde in der damaligen Zeit. Als wichtigste Metropole des Reiches und als Zentrum der nordwestlichen Aristokratie war Ch'ang-an auch der östliche Endpunkt der Karawanenstraßen aus Zentralasien und dem Okzident. Fremde Reisende verschiedenster Art kamen nach Ch'ang-an: Diplomaten, Kaufleute, Soldaten, buddhistische Mönche und allerlei Schausteller. Musikanten, Sänger, Tänzer, Akrobaten und Gaukler aus Zentralasien, Indien und Südostasien waren am Hofe der Sui- und T'ang-Kaiser besonders beliebt. Diese Fremdlinge führten in die chinesische Musik, den Tanz, die bildende Kunst und die Literatur zahlreiche Neuerungen ein. An westasiatischen Religionen waren in Ch'ang-an der persische Zarathustra-Kult, der Manichäismus, der während des 3. Jahrhunderts in Mesopotamien entstanden war, und das nestorianische Christentum vertreten.

Der Zarathustra-Kult kam vermutlich während des frühen 6. Jahrhunderts auf dem Weg über Zentralasien durch Kaufleute nach Nordchina. Während der T'ang-Zeit scheinen seine Anhänger ausnahmslos Nichtchinesen – Perser und Zentralasiaten – gewesen zu sein. Im 7. Jahrhundert gab es Andachtsstätten in den zwei Metropolen und in drei anderen nordchinesischen Städten.

Der Manichäismus verbreitete sich in China – in beschränktem Ausmaß –, vor allem nachdem die Uiguren, die Verbündeten der T'ang, ihn in der Mitte des 8. Jahrhunderts annahmen. Die Religion breitete sich dann auch in verschiedenen Städten Mittel- und Südchinas aus, wobei die Gläubigen mit ihren Glaubensgenossen in Zentral- und Westasien in Verbindung blieben.

Das nestorianische Christentum drang seit dem späten 6. Jahrhundert nach Nordchina ein; der überwiegende Teil seiner Anhänger in China bestand offenbar aus Syrern und Persern. Eine 781 in Ch'ang-an errichtete nestorianische Stele mit Inschriften auf Syrisch und Chinesisch ist noch heute erhalten.

Die Religionsverfolgungen der Jahre 841 bis 845, die an sich hauptsächlich dem Buddhismus galten, vernichteten mehr oder weniger auch den Zarathustra-Kult, den Manichäismus und das nestorianische Christentum in China. Zwei andere, aus Westasien eingedrungene Religionen überlebten jedoch: das Judentum und der Islam. Das Judentum kam vermutlich im 8. Jahrhundert auf dem Land- und Seeweg nach China. In der T'ang-Zeit wurde es von den Chinesen nie besonders beachtet, konnte sich aber in einigen Gemeinden bis ins 19. Jahrhundert hinein halten. Der Islam erreichte China auf denselben beiden Wegen. Wir wissen von arabischen Historikern, daß manche arabische und andere Kaufleute islamischen Glaubens in Kanton lebten, als Huang Ch'ao 879 diesen Hafen plünderte. In den späteren Jahrhunderten bis heute gewann dann der Islam in Nordwest- und Südwestchina viele Millionen Anhänger.

Konfuzianismus und Taoismus

Die fremden Religionen spielten indessen – abgesehen vom Buddhismus – im Leben der Chinesen nur eine untergeordnete Rolle, während sich Konfuzianismus, Taoismus und Buddhismus während der Sui- und frühen T'ang-Dynastie gleichermaßen staatlicher Anerkennung erfreuten. Die Tendenz, den Konfuzianismus neu zu beleben, die wir bereits in der West-Wei- und Nord-Chou-Dynastie festgestellt hatten, wurde auch von den Herrschern der Sui- und T'ang-Dynastie eingeschlagen: Man empfand den Konfuzianismus als eine Art natürlicher Voraussetzung für das reibungslose Funktionieren der Verwaltung in einem geeinten und zentral regierten China. Auf die enge Beziehung zwischen dem konfuzianischen Erziehungsideal und der Auswahl und Ausbildung der Beamtenschaft wurde bereits bei der Behandlung des Prüfungssystems hingewiesen. So entwickelte sich im Laufe der früheren T'ang-Zeit der Konfuzianismus mehr und mehr zur Staatsreligion. Im Jahre 630 erließ Kaiser T'ai-tsung den Befehl, im ganzen Reich Gedächtnistempel für Konfuzius errichten und die Opfer an ihn von Staatsbeamten darbringen zu lassen.

Zusammen mit dem neu erwachten Interesse am Konfuzianismus wurde auch die konfuzianische Geisteswissenschaft wieder zum Leben erweckt. Die konfuzianischen Klassiker, die die grundlegenden Texte für das gesamte Erziehungssystem bildeten, wurden von

K'ung Ying-ta (574–648) mit neuen, amtlich genehmigten Kommentaren versehen. In den Hauptstädten errichtete man staatliche Akademien, an die konfuzianische Gelehrte und angesehene Schriftsteller berufen wurden, um die konfuzianischen Klassiker auszulegen und kaiserliche Edikte und Amtsschreiben zu verfassen. Die berühmteste dieser Akademien, die Han-lin-(»Pinsel-Wald«-)Akademie, wurde um die Mitte des 8. Jahrhunderts gegründet und hielt sich bis ins 20. Jahrhundert.

Auch der Taoismus übte dank seinen philosophischen, mystischen und romantischen Ideen wie auch dadurch, daß er langes Leben, sogar Unsterblichkeit versprach, auf manche Angehörige der Sui- und T'ang-Oberschicht eine starke Anziehungskraft aus. Seine Anhänger am Hofe der T'ang schlugen nicht wenig Kapital aus der zufälligen Tatsache, daß Lao-tzu, der angebliche Gründer des Taoismus, der Tradition nach denselben Familiennamen wie das Kaiserhaus der T'ang – nämlich Li – getragen hatte.

Buddhismus

Der Buddhismus in China erreichte seinen Höhepunkt in der ersten Hälfte der T'ang-Dynastie. Ebenso wie die kirchlichen Einrichtungen des Taoismus wurden auch die des Buddhismus vom Hof der Sui und der T'ang gefördert. Beide Religionsgemeinschaften standen freilich unter strenger Kontrolle der Regierung: die dem Staat unterstellte kirchliche Beamtenschaft, wie sie die Nord-Wei erfunden hatte, wurde beibehalten. Dem synkretistischen Geist der Zeit entsprechend führte man auch buddhistische Riten bei bestimmten Hofzeremonien der Sui und T'ang ein, zum Beispiel bei den Festlichkeiten zur Geburt eines Prinzen oder zur Thronbesteigung eines neuen Kaisers.

Besondere Förderung erlebte der Buddhismus unter der Regierung der Kaiserin Wu. Wie erinnerlich, war deren Mutter eine fromme Buddhistin gewesen, und die Kaiserin selbst hatte viele Jahre im kaiserlichen Harem verbracht, wo alle Frauen buddhistischen Unterricht empfingen. Die Kaiserin Wu förderte während ihrer Regierung den Buddhismus mit allen Kräften, war allerdings gleichzeitig auch bestrebt, eine Synthese für die drei Hauptreligionen, Konfuzianismus, Taoismus und Buddhismus, zu finden. Sie setzte hierfür eine eigene Kommission von Gelehrten ein, die denn auch ein synkretistisches Werk mit dem Titel *San-chiao chiao-ying* (»Ausgewählte Perlen der drei Weltanschauungen«) zusammenstellte.

Der Buddhismus bewirkte jedoch nicht nur am Kaiserhof, sondern auch in allen anderen Bevölkerungsschichten tiefgreifende Veränderungen in geistiger Einstellung und äußerem Benehmen, wobei er zu gleicher Zeit viel von seinem indischen Gepräge verlor und sich dem chinesischen Leben anglich. In allen wichtigen Städten und ebenso auf dem Lande wurden buddhistische Tempel und Klöster erbaut. Sie dienten als Zentren von Studium, Gebet und Meditation, als Gasthöfe für Reisende, als Apotheken und Hospitäler, als Leihhäuser und Kreditinstitute, als Verwaltungsstellen von Landeigentum und natürlich auch als Mittelpunkte der Missionstätigkeit.

Die Assimilierung des Buddhismus wird deutlich in den buddhistischen Sekten, die auf chinesischem Boden entstanden. Die T'ien-t'ai-Sekte (japanisch: Tendai), gegründet von dem chinesischen Mönch Chih-i (538–597), erhielt ihren Namen nach dem T'ien-t'ai- (»Himmels-Terrassen«-) Berg im heutigen Chekiang, wo Chih-i einen Tempel zu Ehren der neuen Sekte hatte errichten lassen. Diese Sekte war später in China und Japan außerordentlich populär. Chih-i ging in seiner Lehre eklektisch vor: Er versuchte die verschiedenen, einander widersprechenden buddhistischen Lehren auszugleichen, indem er sie als eine Reihe von Stufen darstellte, die sowohl den verschiedenen Lebensstadien des indischen Buddha als auch dem unterschiedlichen Charakter der chinesischen Zuhörerschaft entsprechen sollten. Die wichtigste heilige Schrift war für Chih-i und seine Schule das »Lotos-Sutra«.

Als am stärksten und einflußreichsten von allen buddhistischen Sekten erwies sich jedoch die Ch'an- Sekte (japanisch: Zen). Sie entstand in China während der früheren T'ang-Zeit, ihre Wurzeln reichen aber noch weiter in die Vergangenheit zurück. Diese Sekte betont die Meditation und die intuitive Erleuchtung und wendet sich gegen jede Form logischer Argumentation und textgebundener Lehrmeinung. Sie geht davon aus, daß die Buddha-Natur im Herzen eines jeden Lebewesens vorhanden sei und durch Selbstversenkung entdeckt werden könne. In der Art, wie sie sich für eine einfach-ländliche und naturgebundene Lebensweise ausspricht, schließt sie sich eng an die taoistische Tradition Chinas an. Besonders auf Dichter und Künstler übte die Ch'an-Sekte eine ungewöhnliche Anziehungskraft aus.

Unter den vielen chinesischen buddhistischen Pilgern, die es damals gab, ist Hsüantsang der berühmteste. Er reiste auf der schwierigen Landroute zwischen 629 und 645 quer durch Zentralasien nach Indien und wieder zurück. Bei seiner Rückkehr nach Ch'ang-an wurde er von Kaiser T'ai-tsung mit großen Ehren empfangen. Der Nachwelt hinterließ er eine Beschreibung seiner Reisen unter dem Titel *Hsi-yü chi* (»Bericht über die Westgebiete«), die eine wertvolle Quelle für die Geschichte Zentralasiens und Indiens und für den Buddhismus darstellt. Nach seiner Heimkehr übersetzte er nicht weniger als vierundsiebzig buddhistische Schriften ins Chinesische.

Ein anderer chinesischer Buddhistenmönch, I-ching, unternahm zwischen den Jahren 671 und 695 die Reise nach Indien und zurück auf dem Seewege über Sumatra. Er stellte die Berichte von über fünfzig anderen buddhistischen Pilgern in einem Buch zusammen; er muß wohl auch mit der Ende des 7.Jahrhunderts durchgeführten Kompilation eines sanskrit-chinesischen Lexikons in Zusammenhang gebracht werden, das etwa eintausend Eintragungen umfaßte.

Geschichtsschreibung und Enzyklopädien

Die chinesische Geschichtsschreibung sah zu jener Zeit bereits auf eine ruhmreiche Vergangenheit zurück. Unter Kaiser T'ai-tsung wurde sie jedoch von staatlicher Seite auf eine breitere Grundlage gestellt, reorganisiert und in ein neues System gebracht, wobei sich der Kaiser persönlich an der Arbeit beteiligte. Die Abfassung der Dynastie-Geschichten war nämlich bis dahin meist von Privatpersonen besorgt worden, die mit Regierungsstellen zusammenarbeiteten und Zutritt zu den Staatsarchiven hatten. Jetzt bildete man eigene kaiserliche Kommissionen, die unter direkter staatlicher Überwachung mit der Kompilation offizieller Geschichtswerke betraut wurden. Dieses System war im 7. Jahrhundert voll ausgebildet und hielt sich durch alle späteren Dynastien. Es erwuchs hieraus ein ungewöhnlich umfangreicher, genauer und im allgemeinen auch ziemlich objektiver Corpus historischer Berichte, wie er in anderen Ländern unbekannt ist. In Anlage und Einteilung folgten diese »Standard-Dynastiegeschichten« dem Vorbild, das Ssu-ma Ch'ien im 1. vorchristlichen Jahrhundert festgelegt hatte.

Ein einzigartiges historiographisches Werk ist auch das *Shih t'ung* (»Zusammenfassende Untersuchung der Geschichtswissenschaft«) des Liu Chih-chi (661–721). Es greift verschiedene Aspekte der Geschichtsphilosophie auf und gibt eine eigenständige Kritik der Methoden der chinesischen Geschichtsschreibung in Vergangenheit und Gegenwart.

Die für die frühe T'ang-Dynastie typische Neigung zum Systematisieren führte auch zu einer anderen Art wissenschaftlicher Literatur, die in späteren Jahrhunderten noch an Zahl und Bedeutung gewinnen sollte: den Enzyklopädien. Es handelte sich hier um Handbücher zur praktischen Information, die gewöhnlich aus Exzerpten aus älteren Büchern zusammengestellt und nach Sachgebieten geordnet waren. Das Aufkommen dieser Kompendien steht insofern mit dem Prüfungssystem in Zusammenhang, als sie auf einfache Weise das Wissen vermittelten, das für ein erfolgreiches Bestehen der Beamtenprüfungen notwendig war.

Die Literatur

Von allen kulturellen Leistungen der Sui und frühen T'ang ist vielleicht die Literatur am höchsten zu bewerten. Sosehr die chinesische Oberschicht von jeher in der Schriftstellerei Befriedigung gesucht hatte – noch nie war die Ernte an literarischen Werken auf dem Gebiet der Poesie ebenso wie auf der Prosa derart reich gewesen. Gedichte wurden von allen Gebildeten der Sui- und T'ang-Gesellschaft, vom Kaiser bis hinunter zum niedrigsten Mönch oder Freudenmädchen, in Wort und Schrift aufs höchste geschätzt, während ein eleganter Prosastil für jeden ernsthaften Gedankenaustausch, amtlich oder privat, für unerläßlich galt. Der bemerkenswerte Aufschwung, den das literarische Schaffen quantitativ und qualitativ in dieser Zeit nahm, ist zu einem Teil den Beamtenprüfungen zuzuschreiben, die langjährige Erfahrung in der literarischen Komposition nach bestimmten Gedichts- und Prosastilarten verlangten. Außerdem wurde aber gerade durch die Tatsache, daß eine zunehmende Zahl von Literaten mit Hilfe des Prüfungssystems in die Beamtenschaft gelangte, deren Geisteshaltung selbst ein wichtiger Faktor im öffentlichen Geistesleben und im allgemeingültigen Wertsystem.

Abgesehen von den Prüfungen, erwartete man von einem gebildeten Mann überhaupt, daß er jederzeit ohne langes Überlegen ein Gedicht oder einen geistvollen Essay zu Papier bringen konnte. Literarische Wettkämpfe bildeten mit ihren Preisen und Ehrungen, die für die besten Kompositionen verteilt wurden, einen wichtigen Bestandteil des öffentlichen und privaten Gesellschaftslebens. So galt literarische Tätigkeit nicht nur als häusliche Beschäftigung, der man in der Stille nachging, sondern ebenso als öffentliche Angelegenheit. Die meisten Literaten waren gleichzeitig als Berufsbeamte Mitglieder der Regierungsbürokratie. Nur selten bestritten sie mit der Schriftstellerei ihren Lebensunterhalt, von der literarischen Tätigkeit abgesehen, die zu ihren Amtspflichten gehörte.

Eine Ausnahme von dieser Regel war Li Yung (678?–747). Ihm gelang es in der Tat, sich durch Schriftstellerei auf Bestellung ein Vermögen zu erwerben. Er entwarf Hunderte von Nachrufen, Lobreden und anderen Prosastücken für Privatpersonen, für Familien oder für buddhistische und taoistische Tempel. Diese kommerzielle Ausnutzung seines literarischen Talents wurde ihm jedoch zum Vorwurf gemacht. »Seit alters«, heißt es daher mit strengem Unterton in seiner offiziellen Biographie in der »Älteren Geschichte der T'ang-Dynastie«, »ist nie jemand so weit wie Li Yung darin gegangen, sein literarisches Schaffen für Geld zu verkaufen, um Reichtümer zu erwerben.«

Einer der größten Dichter seiner Zeit war kein Geringerer als Kaiser Yang der Sui. Auch unter Kaiser Hsüan-tsung (regierte 712–756) versammelte sich eine glänzende Schar berühmter Dichter und Künstler bei Hofe, unter ihnen Wang Wei (699?–759?) und Li Po (699?–762). Wang Wei machte sich auch als Maler einen Namen und wurde in der zweiten Hälfte seines Lebens frommer Buddhist. In seiner Dichtung gelang ihm vor allem, das Wesen landschaftlicher Schönheit spürbar zu machen und Worte für sein Einswerden mit der Natur zu finden. Li Po dagegen war der ungebundene Genius taoistischer Tradition. Er singt mit gewaltiger dichterischer Kraft von seinen Freundschaften und Wanderungen, von seiner Liebe zum Wein und zu anderen Freuden dieser Welt. Tu Fu (712–770), der ihm persönlich nahestand, war ebenfalls als Dichter berühmt, wenngleich auf ganz andere Weise als Li Po. Während Li Po ichbezogen wirkt, besitzt Tu Fus Dichtung Allumfassenheit: In den Gefühlen seines Herzens scheinen die Freuden und Leiden der ganzen Menschheit zusammenzufließen.

Hofmaler

Auch eigene Maler beschäftigten die T'ang-Kaiser gern an ihren Höfen. So trat unter T'ai-tsung Yen Li-pen (gestorben 673) als Figuren- und Tiermaler und als Architekt am Hofe hervor. Der berühmteste Hofmaler neben dem Maler-Poeten Wang Wei war jedoch zu Hsüan-tsungs Zeiten Wu Tao-tzu (Wu Tao-hsüan, um 700–792). Er wurde ebenso für seine Landschaften berühmt wie für seine buddhistische Figurenmalerei. Der Maler Han Kan, der ursprünglich Weinhändler gewesen sein soll, spezialisierte sich dagegen auf Pferde. Er war an Hsüan-tsungs Hof damit betraut, die herrlichen zentralasiatischen Pferde zu malen, die sich in den kaiserlichen Stallungen befanden.

Papier

Als eine Folge westöstlicher Berührung bei der erwähnten Schlacht am Talas (751) drang eine wichtige chinesische Erfindung nach dem Westen: das Papier. In China war es schon seit etwa 100 n. Chr. in Gebrauch. Arabischen Quellen zufolge sollen chinesische Gefangene, die den Arabern in der Schlacht am Talas in die Hände gefallen waren, den Einwohnern von Samarkand die Papierherstellung beigebracht haben. Später führten dann die Araber die neue Erfindung in Spanien ein.

Die zweite Hälfte der T'ang-Dynastie und die Fünf Dynastien

Tibeter, Uiguren und Regionalkommandeure

Obwohl der Aufstand des An Lu-shan und seiner Anhänger 763 endgültig niedergeschlagen worden war, blieben auch danach viele Probleme ungelöst, die die wiedererrichtete T'ang-Dynastie weiter belasten sollten. Die streitbaren Tibeter hatten den Bürgerkrieg in China dazu benutzt, weite Gebiete entlang der Westgrenze in Besitz zu nehmen. 763 gelang es ihnen sogar, die Hauptstadt Ch'ang-an einzunehmen und sie für kurze Zeit besetzt zu halten. Der chinesische Hof war geflohen, und die Tibeter versuchten einen Marionettenkaiser einzusetzen. Zwar gelang es den Chinesen sehr bald, die Hauptstadt zurückzuerobern, die Tibeter aber blieben auch weiterhin eine ernsthafte Gefahr für die Grenzgebiete im Westen.

Die Uiguren waren demgegenüber nach außen hin mit der T'ang-Regierung verbündet, nutzten aber den Umstand aus, daß die Regierung auf ihre militärische Unterstützung angewiesen war, und benahmen sich auf chinesischem Boden recht selbstbewußt. In der zweiten Hälfte des 8. Jahrhunderts zwangen sie die Regierung wiederholt, minderwertige Pferde in großer Zahl zu überhöhten Preisen anzukaufen. Fremde Händler, denen es gelang, sich in China unter den Schutz der Uiguren zu stellen, konnten sich der Kontrolle der chinesischen Behörden entziehen.

Noch lästiger als die Tibeter und Uiguren waren die regionalen Truppenkommandeure. Diejenigen, die bei der Unterdrückung des vorangegangenen Aufstandes die Dynastie unterstützt hatten, beanspruchten nun als Preis für ihre »Loyalität« ein größeres Maß an Unabhängigkeit. Den gleichen Preis hatte die kaiserliche Regierung jenen aufständischen Generälen zu entrichten, die gegen Ende der Rebellion noch über nennenswerte Truppenkontingente verfügt, trotzdem aber den Kampf eingestellt hatten. Es wurde ihnen »gestattet«, die Gebiete, die sie ohnehin bereits kontrollierten, nun im Namen der Dynastie zu regieren. So hielten sich die Regionalkommandeure in Nordchina nach dem Aufstand des An Lu-shan ihre eigenen Heere, zogen Steuern auf eigene Rechnung ein und ernannten nach Gutdünken Beamte und Offiziere. Ja, sie gingen sogar so weit, ihre eigenen Nachfolger zu benennen, in der Regel natürlich ihre Söhne oder andere Familienmitglieder. Die Provinzen in Mittel- und Südchina waren dagegen fester unter der Kontrolle der Zentralregierung. Dort konnte sie die lokalen Verwaltungsbeamten nicht nur der oberen, sondern auch der unteren Ränge unangefochten auswählen.

778 schlossen sich drei der Regionalkommandeure im Nordosten und einer in Zentralchina (in der heutigen Provinz Hupei) zu einem Schutz- und Trutzbündnis zusammen; sie forderten das Recht, ihre Nachfolger selbst zu bestimmen, und gelobten sich gegenseitige Unterstützung für den Fall, daß die Zentralregierung einem von ihnen dieses Recht verweigerte. Dieser Pakt bewies bereits ein Jahr später seine Wirksamkeit, als T'ien Ch'eng-ssu, einer der nordöstlichen Regionalkommandeure, starb und sein Neffe T'ien Yüeh seinen Posten erbte. Diese Amtsnachfolge, über die sich die verbündeten Kommandeure schon vorher einig geworden waren, wurde von der kaiserlichen Regierung erst dann amtlich bestätigt, als die Mitglieder des Paktes sich energisch dafür einsetzten. Im Jahre 781

indessen fühlte sich die Zentralregierung stark genug, um es auf eine Kraftprobe ankommen zu lassen. Sie lehnte es ab, die vorher abgesprochene Amtsnachfolge eines anderen nordöstlichen Regionalkommandeurs, Li Pao-ch'en, dem sein Sohn Li Wei-yüeh nachfolgen sollte, zu legalisieren, und so entstand ein neuer Bürgerkrieg. Die vier regionalen Militärbefehlshaber wandten sich, wie es in ihrem Bündnis vorgesehen war, gemeinsam gegen die Regierung, wurden jedoch von kaisertreuen Truppen geschlagen. Nun fanden sich aber drei Generäle, die die Regierung bei dieser Aktion unterstützt hatten, wiederum nicht reich genug belohnt und begannen ihrerseits zu rebellieren. Die Zentralregierung warb 783 frische Truppen an, um den Aufstand zu bekämpfen. Doch als dieses neu aufgestellte Heer auf dem Weg zur Front Ch'ang-an erreichte, revoltierten die Soldaten, weil sie angeblich nicht ausreichend besoldet wurden. Sie hielten Ch'ang-an von 783 bis 784 unter dem Kommando eines gewissen Chu Tz'u, der sich selbst als Kaiser einer neuen, der Ch'in-Dynastie proklamiert hatte, besetzt. Erst 786 konnte dieser äußerst gefährliche Aufstand niedergeschlagen werden, nachdem unter den Rebellen selbst Streitigkeiten ausgebrochen waren. So war wieder einmal die T'ang-Regierung gerettet, die beherrschende Stellung der Regionalbefehlshaber aber blieb weiter unangetastet. Die Verhältnisse hielten sich mit geringen Veränderungen das ganze 9. Jahrhundert hindurch, führten aber im späten 9. und frühen 10. Jahrhundert schließlich zum völligen Zerfall des T'ang-Reiches.

Die weitgehende Unabhängigkeit großer Landgebiete im Norden und Nordosten machte sich für die Zentralregierung auch in dem Verlust an Steuern unangenehm bemerkbar. So berichtete der Reichsminister Li Chi-fu – das Haupt der Li-Clique, von der bald noch die Rede sein wird – 807 in einer Throneingabe, daß die Mehrzahl der nördlichen und nordöstlichen Verwaltungseinheiten dem Hof keine Angaben über die Bevölkerungszahl mehr machte und auch von den Steuereinnahmen der betreffenden Gebiete überhaupt nichts mehr an die Hauptstadt abführte. Die einzigen Provinzen, auf die noch als Steuerzahler Verlaß war, waren die acht Provinzen am unteren Yang-tzu, die sämtlich unter der Kontrolle der regierungsamtlichen Salz-Kommission standen.

Eunuchen

Seit dem 8. Jahrhundert kam noch eine weitere Schicht am T'ang-Hof zu großem Einfluß: die Palasteunuchen. Wie in anderen absoluten Monarchien, unter denen üblicherweise viele Frauen am Hofe leben, waren seit eh und je auch in China Eunuchen im kaiserlichen Harem angestellt; bis zu Beginn des 8. Jahrhunderts spielten sie aber nur eine verhältnismäßig unwichtige Rolle. In der Regel stammten sie aus ungebildeten Familien, chinesischen wie nichtchinesischen. Die meisten kamen aus der Eingeborenenbevölkerung Südchinas. Die Sklavenmärkte in den südlichen und südöstlichen Küstenprovinzen versorgten den kaiserlichen Hof – und daneben manche Privathaushaltungen – mit Eunuchen und Sklaven. Auch durch Raubzüge und Kauf wurden Eunuchen gelegentlich von nichtchinesischen Stämmen erworben. Seit der Mitte des 9. Jahrhunderts lieferte jeder Landkreis *(tao)* dem Kaiserhof als eine Art Jahrestribut kastrierte Knaben, obgleich auch dann noch die meisten Eunuchen aus dem Süden und Südosten (dem heutigen Kuangtung und Fukien) kamen.

Da die Eunuchen aus ungebildeten Familien stammten, empfingen sie ihre gesamte Erziehung im kaiserlichen Harem. Wie die anderen Mitglieder des Harems wurden auch sie im buddhistischen Glauben, der gelegentlich taoistische Züge aufwies, unterrichtet. Jeder Eunuch, der neu in den Haremsdienst eintrat, wurde von einem älteren Eunuchen angeleitet und gleichzeitig adoptiert – wobei diese Art Adoption der sonst üblichen chinesischen Regel zuwiderlief, nach der Kinder nur von Angehörigen derselben Familie adoptiert werden durften.

Während der ersten Hälfte der T'ang-Zeit waren die Eunuchen im Palast nur mit niedrigen Arbeiten betraut und zählten weniger als hundert Mann. Um 706 aber beliefen sie sich schon auf mehr als dreitausend. Unter Hsüan-tsung (regierte 712–756), als es im kaiserlichen Harem nicht weniger als vierzigtausend Frauen gab, war sogar eine noch größere Zahl von Eunuchen angestellt, und zu dieser Zeit übten sie auch bereits ganz andere Funktionen aus.

Anfangs hatte ihre einzige Aufgabe außerhalb des Palastes darin bestanden, hohen Beamten, die in der Hauptstadt stationiert waren, Botschaften oder Geschenke des Kaisers oder der Kaiserin zu überbringen. Bald aber wurden sie auch schon als Inspizienten zu den Heeren in den Provinzen entsandt; sie berichteten dem Kaiser direkt über alle Maßnahmen, die die Militärkommandeure getroffen hatten. Ihre größte Stärke aber beruhte auf den »Palastheeren«, den in den Parkanlagen der Hauptstadt stationierten kaiserlichen Leibregimentern, über die sie allmählich die Kommandogewalt erlangt hatten. Diese Truppen, die in manchem an die Prätorianer des kaiserlichen Roms erinnern, gaben ihnen eine gefürchtete Macht, deren sie sich in der zweiten Hälfte der T'ang-Dynastie in wachsendem Maße bedienten. Von der Regierungszeit Hsüan-tsungs an waren sie überdies für alle buddhistischen und taoistischen Institutionen zuständig und erzielten ungeheure Gewinne aus der Vermittlung von allerlei Diensten, die die beiden Religionen betrafen. Auch die Einkäufe zur Versorgung des kaiserlichen Haushaltes stellten eine Einnahmequelle für sie dar.

Je mehr die Eunuchen in einflußreiche und angesehene Stellungen aufstiegen, desto mehr waren sie auch bestrebt, sich die äußeren Kennzeichen anderer wohlhabender Herren anzueignen. Um die Mitte des 8. Jahrhunderts besaßen sie bereits Landgüter und herrschaftliche Wohnhäuser in der Hauptstadt. Sie nahmen Frauen und adoptierten Kinder, Eunuchen oder auch andere, da sie sich gern »Vater« nennen ließen, und vermachten diesen ihren »Kindern« Titel und Eigentum. Die T'ang-Kaiser ihrerseits fanden die Eunuchen gewöhnlich zuverlässiger als die Militärkommandeure, die sich oft ihrer Autorität widersetzten, oder als die Beamten, die in ihre Cliquenstreitigkeiten verwickelt waren.

Es liegt auf der Hand, daß die Eunuchen wegen ihrer guten Beziehungen zum Kaiser und auch aus anderen Gründen bei den Offizieren und Beamten, in deren Geschäfte sie sich einmischen konnten, verhaßt waren. Ebensowenig beliebt waren sie bei den Literaten, die sie wegen ihrer Bildungsmängel verachteten, bei den Konfuzianern, die sich an ihrer Sympathie für den Buddhismus stießen, und bei den Kaufleuten, deren Waren nicht selten beschlagnahmt wurden, um dann bei der Abrechnung als »Käufe« verbucht zu werden. Die amtliche chinesische Geschichtsschreibung setzt denn auch – mit wenigen Ausnahmen – die Eunuchen in ein sehr schlechtes Licht und schiebt ihnen die Verantwortung für viele Katastrophen zu, die in der zweiten Hälfte der T'ang-Dynastie über das Reich hereinbrachen. So sollen sieben von den letzten acht T'ang-Kaisern (seit 824) von Eunuchen auf den Thron gebracht und von ihnen auch wieder abgesetzt, wenn nicht gar ermordet worden sein; die einzige Ausnahme war der allerletzte T'ang-Kaiser, den der Kriegsherr Chu Wen als Marionettenkaiser einsetzte.

835 schmiedete eine Gruppe von Beamten unter persönlicher Mitwirkung des Kaisers Wen-tsung einen sorgfältigen Plan, um die Eunuchen zu liquidieren. Der Anschlag mißlang jedoch. Die Eunuchen bereinigten daraufhin eiligst ihre eigenen Zwistigkeiten, machten gemeinsam Front gegen die Beamten und rissen die Regierungsgewalt offen an sich. »Von dieser Zeit an«, so schreibt ein amtlicher Historiograph, »wurden alle Staatsgeschäfte bei der Nördlichen Kommandostelle (das heißt dem Hauptquartier der Palastarmee, die unter dem Befehl der Eunuchen stand) entschieden; Reichsminister hatten nur mehr die Regierungsdokumente auszufertigen.«

Wirtschaft und Finanzen

Nach dem Aufstand des An Lu-shan hatte die Finanzwirtschaft Chinas schwierige Probleme zu überwinden. Das Land war verarmt, das Steuersystem zerrüttet. Entscheidende Verbesserungen erzielte erst Liu Yen (715–780), ein glänzender Wirtschafts- und Finanzexperte, der zwischen 762 und 780 tätig war. Er ließ das Kanalsystem, das das untere Yangtzu-Tal mit den Hauptstädten Ch'ang-an und Lo-yang verband, wiederherstellen und die Bootstypen, die für den Getreidetransport verwendet wurden, verbessern. Daneben stellte er statt der Fronarbeiter berufsmäßige Transportarbeiter ein, machte das Salzmonopol zu einer ertragreichen Einnahmequelle der Regierung und ließ Wirtschafts- und Finanzspezialisten heranbilden, aus denen eine neue Schicht von Verwaltungsbeamten entstand, deren Wesen der traditionellen konfuzianischen Idee vom nicht fachlich, sondern nur an Hand des klassischen Schrifttums erzogenen Literaten-Beamten deutlich zuwiderlief. Der Zwiespalt zwischen diesen zwei Arten von Verwaltungsbeamten hatte auf die Geschichte der späteren T'ang-Zeit, wie neuere Untersuchungen der britischen Gelehrten Denis Twitchett und Edwin G. Pulleyblank zeigen, einen bedeutsamen Einfluß.

Ein neues Steuersystem wurde 780 von Yang Yen (727–781), einem Gegner Liu Yens, eingeführt. Früher, als das »Gleich-Land-System« noch in Kraft gewesen war, hatte man die Steuern auf Grund der Personenzahl des jeweiligen Haushalts berechnet; der Steuersatz war dabei im ganzen Reich gleich hoch. Nach dem neuen System, das sich »Doppelsteuer« *(Liang-shui)* nannte, weil die Steuern zweimal jährlich eingezogen wurden, setzte man die Steuerlast nach der Größe und Produktivität des Ackerlandes fest, das von einer Familie bestellt wurde. Diese Reform bedeutete freilich nicht mehr als die Legalisierung einer Entwicklung, die sich bereits vorher aus dem allmählichen Zerfall des »Gleich-Land-Systems« ergeben hatte. Von dieser Zeit an bis in unsere Tage wurden die Landsteuern nach Landeinheiten, nicht mehr nach Kopfzahl der Familie, berechnet. Dieses Verfahren vereinfachte das Einziehen der Steuern und gab der Regierung die Möglichkeit, auch den Großgrundbesitz zu belasten, der bis dahin praktisch steuerfrei gewesen war.

Da die Regierung nun keinen Grund mehr hatte, den privaten Bodenbesitz aus steuerlichen Gründen zu bekämpfen, nahmen private Landgüter *(Chuang-yüan)* alsbald an Zahl und Größe rapide zu. Landbesitz – immer noch die verbreitetste Form der Geldanlage – war hoch begehrt. Die Bürgerkriege während der Revolte An Lu-shans hatten dazu geführt, daß viel Ackerland von den Bauern verlassen und von lokalen Machthabern in Besitz genommen worden war. Sie kamen auf diese Weise zu ausgedehnten Landgütern, die sie von Pachtbauern bestellen ließen. Freies Land, das von der Regierung hätte vergeben werden können, wie es die »Gleich-Land-Gesetze« vorsahen, gab es nicht mehr. So wurden diese Gesetze, obgleich sie in der Theorie weiterbestanden, seit der Mitte des 8. Jahrhunderts nicht mehr angewendet. Die Landbesitzer betrachteten ihren Bodenbesitz auch ohne gesetzliche Grundlage als vererbbares Eigentum, vergrößerten ihre Landgüter und verfügten über sie nach Gutdünken. Schon unter dem »Gleich-Land-System« war es den allerhöchsten Beamten erlaubt gewesen, in größerem Umfang Land anzukaufen; seit der zweiten Hälfte des 8. Jahrhunderts aber konnten auch die Provinzialbeamten, denen dieses Privileg früher nicht zugestanden hatte, Landgüter kaufen; und sie machten von dieser Möglichkeit reichlich Gebrauch.

Einige von ihnen stammten aus einfachen Familien und waren erst in der Armee zu Amt und Würden gekommen; der Landbesitz verlieh ihnen nun auch ein gewisses soziales Prestige und wirtschaftliche Sicherheit. Auf der anderen Seite waren da in wachsender Zahl jene Beamten, die mit Hilfe des Prüfungssystems Macht und Reichtum errungen hatten. Sie versuchten ebenfalls, ihr Geld in Landbesitz zu investieren. Neben derlei privaten Landgütern gab es aber auch noch staatliche, die entweder dem Kaiser selbst oder bestimmten Regierungsstellen oder auch buddhistischen Klöstern gehörten. Die kaiserlichen Landgüter wurden von Eunuchen verwaltet, die staatlichen von lokalen Beamten. Die *Chuang-yüan*-Landgüter umfaßten Gärten mit Fruchtbäumen und anderen Nutzpflanzen sowie Naß- und Trockenfelder. Die Erträge bestanden in Getreide, Früchten, Gemüse, Tee, Salz und Holz. Daneben gab es auf manchen Gütern auch kleine Handwerksbetriebe. Einige reiche Leute besaßen mehr als hundert solcher Güter, die miteinander verbunden oder über weit entlegene Gebiete verstreut waren.

Cliquen und Parteien

In dem ständigen Machtkampf, der für die Politik der späteren T'ang-Zeit charakteristisch war, zerfielen die Eunuchen in mehrere feindliche Parteien. Auch in der Beamtenschaft herrschten verschiedene Cliquen, die es – obgleich die meisten Beamten die Eunuchen haßten – für vorteilhaft hielten, sich mit dieser oder jener Eunuchen-Partei zu verbünden. Auch das Prüfungswesen wurde in den Cliquenstreit hineingezogen: Die Prüfer begünstigten im Examen die Mitglieder ihrer eigenen Partei, verlangten dann aber von den erfolgreichen Examenskandidaten, daß sie ihre Prüfer später im politischen Kampf unterstützten. Als zum Beispiel im dritten Jahrzehnt des 9.Jahrhunderts der Reichsminister Ts'ui Ch'ün die Oberaufsicht über die Staatsprüfungen führte, ließ er dreißig Kandidaten bestehen – und erwarb sich damit dreißig Landgüter.

Im 9.Jahrhundert kämpften mehrere Jahrzehnte hindurch die Partei der Familie Li und die der Familie Niu um die Macht. Der Führer der Li-Partei war zunächst der bereits erwähnte Li Chi-fu (758–814), ein Adliger aus dem Nordosten. Während seiner Zeit als Reichsminister trotzte ihm unter Führung des Niu Seng-ju (779–847) und des Li Tsung-min (der mit Li Chi-fu nicht verwandt war) eine Gruppe von Männern, die durch das Prüfungssystem emporgekommen waren. Li Chi-fu sprach sich, von einer Partei der Eunuchen unterstützt, dafür aus, die Macht der Regionalkommandeure mit Waffengewalt zu beschneiden, während die Niu-Clique, die sich mit einer anderen Parteigruppe der Eunuchen verbündet hatte, die Auflösung der kaiserlichen Heeresverbände befürwortete. Nach dem Tode Li Chi-fus (814) wurde sein Sohn Li Te-yü (787–849) der Führer der Li-Partei in ihrem wechselvollen Kampf gegen die Niu-Clique. Der Konflikt ging noch über den Tod Li Te-yüs hinaus bis in das Jahr 859 weiter. Diese beiden Cliquen waren aber nur die beiden bekanntesten aus einer Unzahl von Interessengruppen, die in einer Zeit wachsender Parteilichkeit und zunehmenden regionalen Selbstbewußtseins entstanden.

Der Aufstand des Huang Ch'ao und das Ende der T'ang-Dynastie

In der zweiten Hälfte des 9.Jahrhunderts führten die Spannungen und Streitigkeiten in der Hauptstadt und den Provinzen allmählich zum völligen Zerfall des T'ang-Reiches. Die regionalen Kommandanturen hatten sich von den Grenzgebieten über alle Teile Chinas hin ausgedehnt; die Regionalkommandeure regierten dort *de facto* als unabhängige Satrapen. Der alte Adel, der fast das ganze 7.Jahrhundert hindurch bestimmend gewesen war, hatte sich um die Mitte des 9.Jahrhunderts fast völlig aufgelöst. Die neue Oberschicht setzte sich aus sehr verschiedenen Gesellschaftsgruppen zusammen. Ihr auffallendstes gemeinsames Merkmal war der Grundbesitz; das Landgut wurde zu ihrem Standessymbol. Solche Landgüter lagen über alle ländlichen Gegenden Chinas verstreut, ihre Besitzer waren Offiziere, Beamte, Eunuchen, Provinzialangestellte und reiche Kaufleute. Ein typisches *Chuang-yüan*-Gut setzte sich aus vielen einzelnen Landstücken zusammen. Der eigentliche Besitzer war – ein Zeichen für die zunehmende Verstädterung – meist abwesend, das Gut wurde von einem Verwalter bewirtschaftet und von Pächtern bearbeitet. Zahlreiche Landgüter gehörten zunächst buddhistischen Klöstern; als die Regierung in den Jahren 843 bis 845 das gesamte buddhistische Vermögen konfiszierte, wurde viel neuer Landbesitz frei.

Ein weiteres Standessymbol bildeten die Leibeigenen. Diese Gesellschaftsklasse wuchs im 9. und 10.Jahrhundert beträchtlich. Die Pächter galten als Leibeigene der Grundbesitzer und hatten neben der Ablieferung eines Teils der Ernte die verschiedensten Dienstleistungen zu verrichten. Die lokalen »Kriegsherren« *(war lords)* ihrerseits umgaben sich mit ganzen Heerhaufen bewaffneter Gefolgsleute, während die Beamten, wie erwähnt, mit den Prüfern für die Staatsexamina eine Clique bildeten, denen sie für ihre Karriere verpflichtet waren. Eine weitere Form von Abhängigkeitsverhältnis schließlich wurde von Heeresoffizieren eingeführt, die sich mit Hilfe fiktiver Adoptionen elterliche Autorität über ihre jeweiligen Dienstuntertanen zu verschaffen suchten.

Obwohl die Geschichtsentwicklung die Herausbildung einer regionalen Autonomie begünstigte, war die Verwaltungskontrolle, die die Zentralregierung in den Provinzen ausübte, selbst um die Mitte des 9.Jahrhunderts noch bemerkenswert stark. Dies läßt sich aus dem Tagebuch des japanischen Buddhistenmönchs Ennin ersehen, der zwischen 838 und 847 das ganze nördliche China bereiste. In der zweiten Hälfte desselben Jahrhunderts aber fiel das Reich tatsächlich rasch auseinander. 859 brachen im unteren Yang-tzu-Tal Bauernrevolten aus, denen ständig weitere Unruhen in anderen Teilen Chinas folgten.

875 jedoch erhob sich in Nordchina eine Rebellion von wesentlich gefährlicheren Ausmaßen. Ihr bedeutendster Kopf war Huang Ch'ao (gestorben 884). In der jüngsten Vergangenheit haben ihn Historiker des kommunistischen China als einen revolutionären Führer der Bauernmassen verherrlicht. Indessen handelte es sich bei ihm offenbar eher um einen unzufriedenen Beamten – er war in den Staatsexamina wiederholt durchgefallen –, der einer Salzhändlerfamilie entstammte. Freilich ist nicht zu bestreiten, daß er die wachsende Unruhe der Bevölkerung ausnutzte und seine Armeen aus Bauern rekrutierte, die von ihrem Boden vertrieben und dem Hungertod nahe waren. Und doch scheint er unter dem Landvolk nie wirkliche Beliebtheit erlangt zu haben. An der Spitze seines Heeres zog er, plündernd und immer neue Truppen anwerbend, von Nordchina aus bis tief in den Süden vor die Tore des reichen Überseehafens Kanton. Als die kaiserliche Regierung es ablehnte, ihn nach seinem Wunsch zum Regionalkommandeur der Präfektur Kuang (des heutigen Kuangtung) und zum Generalprotektor von An-nan (heute Nordvietnam) – eine überaus einträgliche Stellung – zu ernennen, eroberte und brandschatzte er das blühende Kanton. Anschließend marschierte er wieder nach dem Norden, nahm 880 die Östliche Hauptstadt Lo-yang und im darauffolgenden Jahr die West-Hauptstadt Ch'ang-an. Ebenso wie bei der Rebellion des An Lu-shan brachte sich die kaiserliche Regierung nach Ssuchuan in Sicherheit. Huang Ch'ao ließ sich inzwischen zum Kaiser einer neuen Dynastie ausrufen und führte ein Verwaltungssystem ein, das dem der T'ang nachgebildet war. Sein Regime war jedoch ausschließlich auf die Städte beschränkt und besaß in den Landgebieten nur wenig Einfluß, so daß es langsam an Lebensmittelmangel zugrunde ging.

Ch'ang-an wurde von den Verbänden der T'ang 883 zurückerobert, und zwar mit Hilfe des »Kriegsherrn« Li K'o-yung vom Stamm der Sha-t'o-Türken. Auf diese Weise war es zwar gelungen, die T'ang-Regierung noch einmal wiedereinzusetzen, die wirkliche Macht lag jedoch bei einer Gruppe miteinander rivalisierender Militärkommandeure. Einer von ihnen, Chu Wen (852–912) hatte zunächst sogar, seit 877, im Heer des Rebellen Huang Ch'ao gedient, war dann aber 882 zu den dynastietreuen T'ang-Truppen übergegangen. Für diesen Frontwechsel verlieh ihm die T'ang-Regierung den Ehrennamen *Ch'üan-chung* (»vollendet loyal«). In Wirklichkeit ist es freilich so gut wie sinnlos, in dieser Periode noch von »Rebellen« und »Loyalisten« zu sprechen, wie es die traditionelle chinesische Geschichtsschreibung zu tun pflegt. Die Militärführer waren »loyal« nur gegen sich selbst. In ihrem Bestreben, die Kontrolle über ein bestimmtes Gebiet zu gewinnen oder zu behalten, verbündeten sie sich, sobald und solange es ihnen vorteilhaft schien, mit anderen »Kriegsherren« oder bekämpften sie auch. Der kaiserliche Hof wurde zu einem Spielball dieser Entwicklung.

Im Streit um die Herrschaft über Nordchina standen sich zwei Männer als Hauptgegner gegenüber: Chu Wen (Chu Ch'üan-chung) und der Sha-t'o-Häuptling Li K'o-yung. Zunächst konnte Chu Wen die Erfolge für sich buchen: Er nämlich war es, der der T'ang-Regierung im Jahre 907 offiziell ein Ende setzte, indem er den letzten T'ang-Kaiser, einen vierzehn Jahre alten Knaben, des Thrones enthob, nachdem er ihn selbst drei Jahre zuvor als seine Marionette eingesetzt hatte. Danach machte er sich selbst zum Kaiser einer neuen Dynastie, der der Liang, und damit zum Gründer der ersten der sogenannten »Fünf Dynastien«. Seine Feinde, die Sha-t'o-Türken mit Li K'o-yung an der Spitze konnten sich jedoch in dem Gebiet der heutigen Provinz Shansi behaupten und sechzehn Jahre später unter der Führung von Lis ältestem Sohn die »Spätere Liang-Dynastie« stürzen und sie durch eine eigene, die »Spätere T'ang-Dynastie«, ersetzen.

Die Fünf Dynastien und die Zehn Staaten

Das halbe Jahrhundert, das auf das Ende der T'ang-Dynastie folgte, ist in der chinesischen Geschichte als die Zeit der »Fünf Dynastien« und der »Zehn Staaten« – kurz nur als die Zeit der »Fünf Dynastien« – bekannt. Es war wieder einmal eine Periode völligen Zerfalls. Die wachsende politische Instabilität und regionale Machtentfaltung, die für die spätere T'ang-Zeit bezeichnend gewesen war, äußerte sich nun im flüchtigen Entstehen und Vergehen verschiedener unabhängiger Staaten. In Nordchina wechselten die Fünf Dynastien einander in rascher Folge ab, während die Zehn Staaten in Südchina – ein einziger lag im Norden – teils neben-, teils nacheinander bestanden. Die Fünf Dynastien trugen die Namen: Spätere Liang (907–923), Spätere T'ang (923–937), Spätere Chin (936–947), Spätere Han (947–951) und Spätere Chou (951–960). Alle fünf wurden von Militärkommandeuren ins Leben gerufen, die erste und die letzte von ihnen von chinesischen Generälen niederer Herkunft, die anderen drei von Sha-t'o-Türken. Obwohl die letzte der Sha-t'o-Dynastien, die der Späteren Han, nach vier Jahren durch die unter chinesischer Führung stehende Spätere Chou-Dynastie abgelöst wurde, gelang es einem anderen Sha-t'o-Regime – der Nördlichen oder auch Östlichen Han-Dynastie (951–979), die unter die Zehn Staaten gerechnet wird – zu überleben und neben der Späteren Chou-Dynastie in Nordchina weiterzubestehen; ihr Herrschaftsgebiet war die alte Hochburg der Sha-t'o-Türken, das heutige Shansi. Die Späteren T'ang hatten dagegen ihre Hauptstadt in Lo-yang (im heutigen Honan), die anderen vier von den Fünf Dynastien in K'ai-feng (ebenfalls in Honan). Der Nordwesten um Ch'ang-an hatte zu dieser Zeit bereits seine Stellung als Zentrum wirtschaftlicher, militärischer und politischer Macht verloren.

Im Süden, der nicht im selben Maße von Kriegen heimgesucht war, fanden sich dauerhaftere Regierungssysteme als in Nordchina. Der private Großgrundbesitz nahm zu, sowohl an Zahl der Landgüter als auch an Umfang; die Einwanderung von Bauern und Grundbesitzern, die, um den Unruhen im Norden zu entgehen, nach dem Süden flohen, setzte wieder ein. Das untere Yang-tzu-Tal wurde so zur reichsten Gegend ganz Chinas. Der Staat Wu (902–937) mit seiner Hauptstadt Yang-chou im Yang-tzu-Delta – der »Fluß-Hauptstadt« des Kaisers Yang der Sui-Dynastie – konnte zweimal den Versuch Chu Wens, den Staat seiner eigenen, der Späteren Liang-Dynastie einzuverleiben, abwehren. Die Süd-T'ang-Dynastie (937–976), die das Erbe des Staates Wu antrat und deren Hauptstadt an der Stelle des heutigen Nanking lag, tat viel zur Verbesserung des Wasserbaus, und das gerade in einer Zeit, da in Nordchina die Bewässerung gefährlich vernachlässigt wurde. Die Südliche T'ang-Dynastie war zusammen mit der Früheren Shu- (907–925) und der Späteren Shu-Dynastie (926–965) in Ssuchuan die kulturell höchststehende Dynastie unter den Zehn Staaten: Ihre Hauptstadt entwickelte sich zu einem bedeutenden Zentrum literarischen und künstlerischen Schaffens, in dem die Traditionen der Süd-Dynastien, die ja ebenfalls von Nanking aus regiert hatten, weitergepflegt wurden. Die Frühere und die Spätere Shu-Dynastie waren für Wissenschaft, Druckkunst und feine Seidenprodukte berühmt. In den Staaten entlang der südöstlichen und südlichen Meeresküste – Wu-yüeh (893–978), Min (898–946) und Süd-Han (905–971) – entstand dank dem Binnen- und Überseehandel eine reiche, weltoffene Kultur. Was Mittelchina anging, so gab es da einen kleinen Staat mit dem Namen »Südliches P'ing« oder Ching-nan (907–963) am mittleren Yang-tzu-Lauf; und südlich davon den Staat Ch'u (896–951) im heutigen Hunan.

Inzwischen entstand im hohen Norden in den halbnomadischen Khitan (mit einer altaischen Sprache) eine neue politische Kraft. Sie hatten am Liao-Fluß in der südlichen Manchurei einen Staat gegründet und die gesamte Innere Mongolei und Teile der Äußeren erobert. Sie unterstützten den türkischen General Shih Ching-t'an bei der Gründung der Späteren Chin-Dynastie – der dritten der Fünf Dynastien – im Jahre 936. Als Dank für ihre Hilfe entrichtete ihnen Shih Ching-t'an Tribut und trat an sie sechzehn Präfekturen entlang der chinesischen Nordgrenze ab. Das abgetretene Gebiet schloß auch Peking ein, das später zur südlichen Residenz des Khitan-Hofes wurde. 947 errichteten die Khitan eine Dynastie nach chinesischem Vorbild unter dem Namen Liao, die bis 1125 über weite Gebiete der Manchurei, der Mongolei und Nordostchinas herrschte.

Der Grund für die Wiedervereinigung Chinas wurde von der letzten der Fünf Dynastien, der Späteren Chou-Dynastie, gelegt. Der zweite Kaiser dieses Staatsgebildes, Shih-tsung (regierte 954–959), führte eine Reihe einschneidender innerer Reformen durch. Im Verlauf einer groß angelegten Buddhistenverfolgung (955) konfiszierte er das Vermögen der buddhistischen Tempel und Klöster und verstärkte damit seine wirtschaftlichen und finanziellen Mittel wesentlich. Er vergrößerte auch seine Armee und schmiedete einen genauen Plan für einen Nord-Feldzug gegen die mächtigen Khitan. Um ihn vorzubereiten, besiegte er zunächst drei der Zehn Staaten, nämlich die Nördlichen (oder Östlichen) Han, die Südlichen T'ang und die Späteren Shu. Als er 959 jedoch gerade im Begriff war, den Feldzug gegen die Khitan einzuleiten, wurde er krank und starb. Der einflußreichste der chinesischen Generäle unter seinem Kommando, Chao K'uang-yin, brach darauf den Nord-Feldzug ab, wandte sich südwärts und übernahm die Herrschaft im Nördlichen Chou. 960 gründete er eine eigene Dynastie mit dem Namen Sung, die bis in das Jahr 1279

Bestand haben sollte. Als Chao K'uang-yin 976 starb, hatte er, mit Ausnahme von Wu-yüeh und der Nördlichen (Östlichen) Han, alle Zehn Staaten unter sich gebracht. Diese beiden Länder wurden dann von seinem Nachfolger 978 bis 979 dem Sung-Reich einverleibt. So fanden die Fünf Dynastien und die Zehn Staaten ihr Ende, und China war aufs neue vereint.

Die Zehn Staaten im 10. Jahrhundert

Staat	Gebiet	Hauptstadt	Gründer	Erobert von	Daten
Wu (Huai-nan)	Kiangsu, Anhuei, Kiangsi	Yang-chou	Yang Hsing-mi	Süd-T'ang	902–937
Süd-T'ang	Kiangsu, Anhuei, Kiangsi	Chin-ling (*Nanking*)	Li Pien	Sung	937–976
Frühere Shu	Ssuchuan	Ch'eng-tu	Wang Chien	Spätere T'ang	907–925
Spätere Shu	Ssuchuan	Ch'eng-tu	Meng Chih-hsiang	Sung	926–965
Süd-Han (Yüeh)	Kuangtung, Kuangsi	Kuang-chou (*Kanton*)	Liu Yin	Sung	905–971
Ch'u	Hunan, Nord-Ost-Kuangsi	Ch'ang-sha	Ma Yin	Süd-T'ang	896–951
Wu-yüeh	Chekiang	Hang-chou	Ch'ien Liu	Sung	893–978
Min	Fukien	Fu-chou	Wang Shen-chih	Süd-T'ang	898–946
Süd-P'ing (Ching-nan)	Hupei	Chiang-ling	Kao Chi-hsing	Sung	907–963
Nord-Han (Ost-Han)	Shansi	T'ai-yüan	Liu Min	Sung	951–979

Die Zerspaltung des Reiches, die dem Zusammenbruch der T'ang-Dynastie gefolgt war, erinnert uns an dieselbe Erscheinung nach dem Untergang der Han-Dynastie im frühen 3. Jahrhundert. Während jedoch die damalige Zersplitterung nahezu vier Jahrhunderte gedauert hatte, kamen und gingen die Fünf Dynastien und die Zehn Staaten innerhalb weniger Jahrzehnte. Offensichtlich waren die politischen Kräfte des Zusammenhalts, die Stabilität der Verwaltung und das kulturelle Kontinuitätsbewußtsein, die sich in der T'ang-Zeit entwickelt hatten, doch stärker, als daß sie wieder hätten zerstört werden können. Sie haben sich seither auch immer als beständig erwiesen.

Literatur und Philosophie

Ein bedeutsames Ereignis der chinesischen Literatur- und Philosophiegeschichte stellte die *Ku-wen-* (»Prosa im alten Stil«) Bewegung dar, die von Han Yü (768–824) und einigen seiner Zeitgenossen angeführt wurde. Han Yü, ein konservativer, orthodox gesinnter

Konfuzianer, machte die Ideen und Schriften des Buddhismus und anderer heterodoxer Weltanschauungen für die Mißstände seiner Zeit verantwortlich. Er sprach sich für die bedingungslose Rückkehr zum einfachen, »klassischen« Prosastil des konfuzianischen Kanons aus. Die Erneuerung der altehrwürdigen konfuzianischen Moral sollte damit Hand in Hand gehen; zu Recht nämlich sah Han Yü eine Wechselbeziehung zwischen dem kulturellen Einfluß des Buddhismus und dem »blumigen«, überschwenglichen Stil der »Parallelprosa« der Nach-Han-Zeit. Vielleicht war Han Yü kein allzu tiefer Denker, dafür aber war er ein hervorragender, faszinierender Wortkünstler. Sein kraftvoller, bündiger Prosastil wurde für viele nachfolgende Literatengenerationen zum Vorbild. Auch als Dichter bewies er ungewöhnliche Originalität. Die *Ku-wen*-Bewegung setzte sich jedoch – obwohl sie bereits im 7. und 8. Jahrhundert von verschiedenen Schriftstellern eingeleitet und dann in der späteren T'ang-Zeit eben durch Han Yü und ihm gleichgesinnte Konfuzianer machtvoll vertreten wurde – erst im 11. Jahrhundert endgültig durch, als der »*Ku-wen*-Stil« bei den Führern des Neokonfuzianismus offizielle Anerkennung fand.

In derselben Periode etwa, in der sich die *Ku-wen*-Bewegung ausbreitete, schenkten Po Chü-i (772–846) und sein Freund Yüan Chen (779–831) der Lyrik in Theorie und Praxis neue Ideen und einen neuen sachlichen Ernst. Bemerkenswert an der ungemein reichhaltigen späten T'ang-Dichtung ist auch die zarte Gefühlstiefe und der Nuancenreichtum bei der Behandlung vorgegebener Themen, die etwa vom heimwehkranken Soldaten an der Front oder der verzweifelten Hofdame im Kaiserpalast handelten. Da das Gedicht in seiner traditionellen Gestalt *(shih)* seine Entwicklungsmöglichkeiten bald erschöpft hatte, entstand in der zweiten Hälfte der T'ang-Zeit eine neue Form poetischen Ausdrucks, das *Tz'u*. Diese *Tz'u*, die in enger Beziehung zur Musik standen, waren anfänglich nichts weiter als Gesangstexte zu alten oder neuen Melodien, die von Singmädchen und Volksschauspielern vorgetragen wurden. Mit der Zeit entwickelte sich die *Tz'u*-Dichtung bei Dichtern aller Art zu einer raffinierten, besonders persönlichen lyrischen Aussageform, die eine genaue Befolgung der durch die Melodien festgelegten Metrik verlangte. Obwohl die Melodien bald verlorengingen, blieben die metrischen Formen erhalten: Die schwierige Kunst, beim Dichten ein *Tz'u*-Muster »auszufüllen« *(t'ien tz'u)*, ist seither immer wieder geübt und bewundert worden. Die *Tz'u*-Dichtung erreichte den Höhepunkt an Beliebtheit und formaler Vollendung erst im 11., 12. und 13. Jahrhundert. Ihr bedeutendster Vertreter in der hier behandelten Periode war Li Yü (937–978, regierte 961–976), der letzte Herrscher der Südlichen T'ang-Dynastie.

Neu auf literarischem Gebiet war auch die Entwicklung der Kurzgeschichte in der zweiten Hälfte der T'ang-Dynastie. Sie unterschied sich von den früheren Erzählungen von Geistern, Dämonen, Wundern und pseudohistorischen Geschehnissen ebensosehr wie von den späteren, sehr viel häufigeren volkssprachlichen Erzählungen. Daß sie gerade in dieser Zeit aufkam, hängt mit der *Ku-wen*-Bewegung zusammen: Die Kurzgeschichte führt uns in einer eleganten und doch einfachen Schriftsprache, die von und für Literaten erdacht war, in eine idealisierte Welt, die – halb realistisch und halb phantastisch, halb weltstädtisch und halb ländlich – in anziehender Weise die Hoffnungen, Träume und Enttäuschungen der Gebildeten der späten T'ang-Zeit enthüllt.

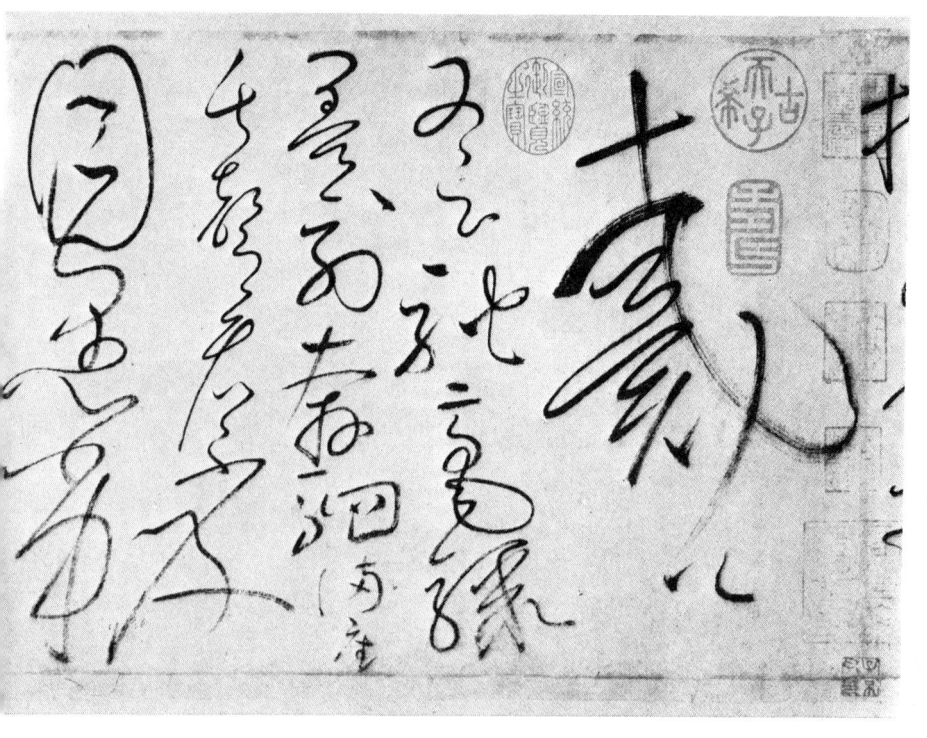

Kalligraphie des Mönchs Huai-su
Aus seiner Autobiographie auf einer Querrolle, 777
Taichung/Taiwan, National Palace and Central Museums

Reisende im Gebirge
Aus einem Bild von Kuan T'ung auf einer Hängerolle, um 920
Taichung/Taiwan, National Palace and Central Museums

Kalligraphie und Malerei

Ein großer Kalligraph dieser Zeit war Huai-su (725–785), der, aus einer armen Familie stammend, früh den buddhistischen Mönchsstand gewählt hatte. In einem autobiographischen Essay, der uns in seiner eigenen unnachahmlichen Handschrift erhalten ist (datiert 777), gibt er eine persönliche Schilderung seiner künstlerischen Laufbahn, verknüpft mit kritischen Bemerkungen über ältere Meister. Die ungewöhnliche Kühnheit und Kraft seiner Pinselführung mag nicht selten durch den Wein inspiriert gewesen sein – seine Zeitgenossen nannten ihn den »betrunkenen Mönch« –, seine Kalligraphien zeigen aber ebensosehr ein unglaubliches Maß an technischer Sicherheit und schöpferischer Vorstellungskraft.

In der Malerei tritt uns eine gewisse Neigung zu einfarbigen Bildern entgegen, wodurch Malerei und Kalligraphie einander näherrückten. Die Landschaft fand sich immer öfter als bevorzugtes Motiv, aber auch die Darstellung von Personen, Tieren, Pflanzen und Felsen entwickelte sich weiter.

Einer der bedeutendsten Landschaftsmaler des 10. Jahrhunderts war Kuan T'ung aus Ch'ang-an, der unter der Späteren Liang-Dynastie (907–923) lebte. Sein Bild »Reisende im Gebirge« verrät eine neue Einstellung zur Natur. Menschliche Figuren oder Behausungen fehlen zwar in der dargestellten Landschaft nicht, aber sie wirken unwichtig – bedeutungslos im Vergleich zur majestätischen Größe der sie überragenden Berge.

Chao Yen, einem Schwiegersohn des Kaisers T'ai-tsu (regierte 907–912) derselben Späteren Liang-Dynastie, wird, vermutlich zu Recht, ein anderes Bild, »Acht Edelleute beim Frühjahrsausflug«, zugeschrieben. In dem Gemälde finden sich in harmonischer Weise verschiedene charakteristische Elemente der damaligen Malerei vereinigt: Landschaft, menschliche Figuren, Pferde, Bäume und Felsen.

Skulptur und Keramik

In der Skulptur spielte weiterhin die buddhistische Thematik die beherrschende Rolle. Als Material fanden Stein, Bronze, Ton, Holz und anderes Material Verwendung. Die einzelnen Skulpturen reichten in der Größe von den Monumentalstatuen der Buddhas und Bodhisattvas bis herunter zu winzig kleinen Figuren. Der chinesische Buddhismus überschritt jedoch im 8. Jahrhundert seinen Höhepunkt und verfiel danach immer mehr, obwohl er noch bis in die Gegenwart hinein lebendig bleiben sollte. Symptomatisch für die zunehmend antibuddhistische Einstellung der Regierung sind die schon erwähnten Buddhistenverfolgungen der Jahre 841 bis 845 und 955. Die letztgenannte, die vom Kaiser Shih-tsung der Späteren Chou-Dynastie angeordnet wurde, hatte auf die Entwicklung des Buddhismus keinen besonderen Einfluß. Die erste aber, in sehr großem Stil vorgenommen, versetzte dem chinesischen Buddhismus einen Schlag, von dem er sich nie wieder erholt hat, und vernichtete auch viele Kunstwerke. Trotzdem wurden manche schönen Skulpturen bis in unsere Zeit hinein gerettet.

Was die Keramik angeht, so sind insbesondere die Grabfiguren, die entweder bemalt oder glasiert waren, wegen ihrer feinen handwerklichen Ausführung und der Realistik ihrer

Darstellung zu erwähnen, denen wir ein lebhaftes Bild von manchen Seiten des T'angzeitlichen Lebens zu verdanken haben.

Eine chinesische Erfindung von weltweiter Bedeutung in dieser Periode war das Porzellan, das in China mindestens tausend Jahre früher als in Europa hergestellt wurde. Porzellanähnliche Töpferware – ein hartes, dünnes und leicht durchscheinendes Steingut mit grünlicher, gräulicher oder bräunlicher Feldspat-Glasur – wurde in China bereits in der Han-Dynastie erzeugt. Besonders geschätzt war die Seladon-Ware aus verschiedenen Werkstätten in der Yüeh-Gegend (dem heutigen Distrikt Shao-hsing in der Provinz Chekiang), die ihre höchste Vollendung in der sogenannten »Geheimfarben-Ware« erreichte, die allein für die Herrscher von Wu-yüeh, einem der Zehn Staaten, gefertigt wurde. Im 9. Jahrhundert verstanden die Chinesen dann bereits, echtes weißes Porzellan – dünn, durchscheinend und klingend – herzustellen. Zeugnis davon geben Reste weißen chinesischen Porzellans, die sich in Samarra in Mesopotamien fanden, einer Stadt, die 836 gegründet, schon 883 wieder aufgegeben wurde.

Die Tun-huang-Höhlen

Eine Schatzkammer ohnegleichen für die Kunst und Literatur des 5. bis 11. Jahrhunderts ist uns in den »Höhlen der tausend Buddhas« bei Tun-huang (Provinz Kansu) in Nordwestchina, dem Ausfalltor der Karawanenstraßen nach Zentralasien, erhalten geblieben. Diese Höhlen, die man seit dem Jahre 366 aus dem Felsen herausgehauen hatte, wurden um 1035 verschlossen und erst im Jahre 1899 wieder geöffnet. Sie enthielten buddhistische Fresken und Skulpturen und eine wunderbare Sammlung von Bild- und Schriftrollen, vorwiegend buddhistischen, aber auch weltlichen Inhalts auf Chinesisch und in verschiedenen zentralasiatischen Sprachen. Viele der wertvollsten Rollen erwarben Anfang unseres Jahrhunderts Sir Aurel Stein, ein Russe, der in Indien im britischen Regierungsdienst stand, und der französische Sinologe Paul Pelliot. Diese Rollen befinden sich jetzt teils im Britischen Museum zu London, teils in der Bibliothèque Nationale zu Paris. Einige der Fresken, die aus der späteren T'ang-Zeit stammen, wurden abgenommen und nach den Vereinigten Staaten gebracht, wo sie jetzt im Fogg-Museum in Cambridge, Massachusetts, und in der Nelson Gallery in Kansas City, Missouri, besichtigt werden können. Verständlicherweise empfinden die Chinesen heutzutage einen gewissen Groll darüber, daß so viele dieser unersetzlichen Dinge ins Ausland gebracht worden sind. Sämtliche Stücke sind in der Tat wegen ihrer unzweifelhaften Echtheit – die meisten von ihnen datieren aus der T'ang-Dynastie – ebenso unschätzbar wie als Zeugnisse eines künstlerischen, literarischen und urkundlichen Schaffens auf einer etwas niederen, volkstümlichen Ebene, das durch keine anderen Quellen mehr deutlich gemacht werden kann.

Druckkunst

Ein wesentlicher Beitrag Chinas zur Kultur der Welt war auch der Buchdruck, der sich während des 7., 8. und 9. Jahrhunderts langsam entwickelte. Frühe Vorläufer hatte er in den »Abklatschen«, die von Steininschriften abgenommen wurden, dann in den

Abdrucken geschnitzter Siegel, in den Mustern, die auf Stoffe gedruckt wurden, und in der Vervielfältigung buddhistischer und taoistischer Schriftamuletts mit Hilfe geschnitzter Holzblöcke. Überhaupt spielte der Buddhismus – aus seinem Bedürfnis heraus, die heiligen Texte, Bilder und Zauberformeln in Massen zu verbreiten – bei dieser Erfindung eine wichtige Rolle. Das älteste erhaltene gedruckte Buch der Welt ist eine buddhistische Schriftrolle, die einen mit Illustrationen versehenen Text des »Diamant-Sutra« enthält. Es wurde 868 gedruckt und blieb in den Tun-huang-Höhlen bewahrt; heute befindet es sich im Britischen Museum. 932 befahl der Hof der Späteren T'ang-Dynastie erstmalig den Druck der Neun Konfuzianischen Klassiker, eine Arbeit, die einundzwanzig Jahre benötigte. Im 10. Jahrhundert wurde die Provinz Ssuchuan zu einem wichtigen Zentrum der Druckkunst. Seit dem 11. Jahrhundert verbreitete sich dann der Buchdruck – und zwar der »Blockdruck«, bei dem jeweils zwei Seiten in einen Holzblock eingeschnitzt wurden – immer weiter. Er revolutionierte die Ausbreitung von Wissenschaft und Literatur in China und gab ihnen eine breitere Grundlage im Volk, ein Vorgang, der sich im 15. Jahrhundert in Europa wiederholte. Bewegliche Drucklettern fanden in China hin und wieder schon seit etwa 1030 Verwendung; die meisten Bücher druckten die Chinesen jedoch bis in die moderne Zeit hinein im Blockdruck-Verfahren, das sich für die chinesische Schrift mit ihren Tausenden von verschiedenen Zeichen besonders eignete. Von China ausgehend, verbreitete sich die Druckkunst rasch nach Japan und Korea und erst danach ganz langsam über Zentral- und Westasien bis nach Europa.

F. W. Mote

CHINA VON DER SUNG-DYNASTIE
BIS ZUR CH'ING-DYNASTIE

Die Gründung der Sung-Dynastie

Im ersten Monat des Jahres 960 ereignete sich ein Vorfall, der zum damaligen Zeitpunkt nichts weiter zu sein schien als die erneute Wiederholung einer sattsam bekannten Sachlage. Es war ein unruhevolles Jahrhundert in der Geschichte Chinas, und der betreffende Vorfall spiegelt die ungewissen Verhältnisse. Bezeichnenderweise spielte er sich in einem Heerlager ab, und zwar in der nordchinesischen Tiefebene, zwei Tagesmärsche von der Hauptstadt Pien entfernt. Das Heer war auf dem Marsch nach Norden, um die Hauptstadt der Chou-Dynastie gegen drohende Feinde zu verteidigen. In jenem Augenblick der Krise riß ein Militärbefehlshaber, der durch eine Verschwörung seiner Kameraden in das Amt der obersten Staatsführung gedrängt worden war, den Thron an sich. Die so gegründete neue Dynastie trägt den alten Gebietsnamen Sung. Als dynastische Epoche bezeichnet der Name in der späteren Kaisergeschichte die drei Jahrhunderte von 960 bis 1279.

Obwohl ein solcher Thronraub für die Menschen damals den Anschein des Gewohnten gehabt haben muß, zeigt die Geschichte Chinas von diesem Zeitpunkt an, daß es das letzte Ereignis dieser Art gewesen ist, und das müssen wir als einen Wendepunkt in der Geschichte bezeichnen. Die offizielle Geschichte der Sung-Dynastie berichtet über das Ereignis im ersten Kapitel (der Klarheit wegen wurden die Namen einiger Hauptpersonen hinzugefügt):

»Im Frühling des siebenten Jahres der Regierung des Chou-Herrschers Shih-tsung (960 n. Chr.) verbündete sich der nördliche Han-Staat mit den Khitan-Tataren zu einer Invasion. Im Namen des regierenden Chou-Herrschers, des kaiserlichen Kindes Kung, erhielt Chao K'uang-yin den Befehl, die Heere ins Feld zu führen, um den Feindeinbruch zurückzuschlagen. An einem Orte, der die Posthalterei an der Ch'en-Brücke genannt wird (Ch'en-ch'ia-i), rotteten sich die Offiziere um die Stunde der fünften Nachtwache am Tor vor der Posthalterei unter lauten Rufen zusammen, um ihren Befehlshaber, Chao K'uang-yin, zum Sohn des Himmels (Kaiser) zu proklamieren. Der Weisung, davon abzulassen, leisteten sie nicht Folge. Bei Tagesanbruch drangen sie gewaltsam in den Raum ein, wo er schlief... zogen ihre Schwerter, stellten sich in Reih und Glied im Hofe vor ihm auf und erklärten Chao: ›Die Heere sind ohne Führung. Wir wollen dich zum Sohn des Himmels ausrufen.‹ Und ehe er etwas erwidern konnte, legten sie ihm das gelbe kaiserliche Gewand um und huldigten ihm mit dem Rufe *Wan sui!* (Es lebe der Kaiser!). Sodann geleiteten sie Chao hinaus, auf daß er sein Pferd bestieg. Er aber zog die Zügel straff und sprach zu seinen Generalen: ›Seid ihr bereit, jedem meiner Befehle zu gehorchen?‹ Sie saßen ab und sagten: ›Wir sind dir zum Gehorsam verpflichtet.‹ Chao sprach: ›Wir alle haben der Kaiserinwitwe und dem kaiserlichen Kinde von Chou treue Dienste geleistet; ihr dürft sie in keiner Weise kränken oder ihnen ein Leid zufügen. Alle hohen Staatsbeamten sind meine Kollegen im Amt gewesen; ihr dürft sie nicht belästigen. Ihr dürft keine kaiserliche Schatzkammer und kein kaiserliches Lagerhaus plündern, auch nicht die Häuser irgendwelcher Leute. Wer diesen Befehlen gehorcht, soll großzügig belohnt werden, wer sie verletzt, soll der Hinrichtung verfallen!‹ Alle Offiziere verneigten sich zum Zeichen des Einverständnisses und zogen in Zucht und Ordnung in die Hauptstadt ein.«

So der kurze Bericht, wie ein Kaiser gemacht wurde. Chao K'uang-yin kehrte nur fünf Tage, nachdem er seine Truppen als General der kurzlebigen Chou-Dynastie ins Feld geführt hatte, in die Hauptstadt (das heutige K'ai-feng in der Provinz Honan) zurück. Er war der Gründer der späteren großen Sung-Dynastie geworden. Zum fünften Male im Lauf eines Jahrhunderts war es damit Generalen gelungen, einem Mann ihrer Wahl die Kaiserwürde aufzuzwingen, und die mißglückten Versuche waren noch zahlreicher gewesen. Die Geschichte spricht von Herrschern, die in der Gewalt ihrer Generale waren und von Generalen in der Gewalt ihrer Offiziere. Es war eine Zeit des Militarismus, der weitgehenden Militarisierung von Staat und Gesellschaft. An sich ist das eine Erscheinung, die für die chinesische Geschichte keineswegs charakteristisch ist und die sich nur unter besonderen Verhältnissen entwickeln konnte.

Seit den siebziger Jahren des 9. Jahrhunderts hatte sich China in einem Zustand innerer Unruhen befunden, die mit Huang Ch'aos Volksaufstand von 875 begonnen hatten und sich durch eine Ära von Bürgerkriegen bis zum Abgang der einst so berühmten T'ang im Jahre 906 fortsetzten. Politische Spaltung und Kämpfe gingen noch fünfzig Jahre lang weiter, eine Epoche, die in der chinesischen Geschichte als die Zeit der »Fünf Dynastien und Zehn Staaten« bekannt ist, bis in die sechziger Jahre des 10. Jahrhunderts. Der langsame Verfall der tatsächlichen Macht der T'ang, sogar in dem Jahrhundert vor 875, wird für die Geschichte durch den kulturellen Glanz der T'ang-Epoche etwas verschleiert. Für die späteren Chinesen ist die T'ang-Zeit, selbst im Stadium ihres lange währenden Verfalls, noch immer die mit unvergänglichen Kulturleistungen verknüpfte Blütezeit.

Doch Staatsmänner der T'ang-Zeit selbst erkannten deutlich die schwachen Steuerleistungen, die Dezentralisierung, den Zusammenbruch der Verwaltung und vor allem die für den Niedergang des T'ang-Staates bezeichnende Tendenz zum Militarismus. Militarisierung bedeutet Verdrängung der zivilen Gewalt und die Zerstörung der regulären Mittel und Wege der Regierung durch das, was im Idealfalle allein der Zivilregierung zustehen sollte, das heißt durch das Militär, und diese Macht wurde in den meisten Fällen von örtlichen oder regionalen Befehlshabern ausgeübt. Solche militärischen Führer, die sich von den normalen Beschränkungen der Zivilregierung, nach denen ihre Tätigkeit sich eigentlich richten sollte, frei machten, gewannen die Macht zu freier Entscheidung in örtlichen Angelegenheiten und übernahmen sowohl die Beitreibung der Einkünfte als auch örtliche

Verwaltungsaufgaben. In der späten T'ang-Zeit ging das Hand in Hand mit der allmählichen Anerkennung des Erbrechts auf eine solche lokale militärische Machtstellung, obwohl das die Entwicklung zu einer völligen Umkehr des Charakters der schon seit langem bestehenden Bürokratie und der offenen Gesellschaft Chinas in sich barg. Das zentralisierte Reich verfiel und wurde zu einem Reich militärischer Herrschaftsgebiete, die, als sie stärker wurden, mehr damit zu tun hatten, sich gegen rivalisierende lokale Machthaber zu schützen, als ihre ungesetzlichen Privilegien gegen die sinkende Autorität der Zentralregierung zu behaupten.

Dieser Prozeß der Devolution und der Militarisierung vollzog sich zwischen der T'ang- und der Sung-Zeit, dann nochmals unter der mongolischen Yüan-Dynastie im 14. Jahrhundert und dann erst wieder im 19. Jahrhundert. In den letzten beiden Fällen wurde der Prozeß nur durch die Anwesenheit fremder Streitkräfte auf chinesischem Boden möglich. Man kann sagen, daß die Gründung der Sung-Dynastie diesen Prozeß so erfolgreich umkehrte und die chinesische Entwicklung in die Richtung verstärkter Zentralisierung und verstärkter Autorität der bürokratischen Regierungsstruktur lenkte, daß nicht nur des Gründers eigenes Muster militärischer Machtergreifung niemals wiederholt wurde, sondern daß es selbst in den späteren Fällen dynastischen Niedergangs nicht wieder zu dem Prozeß des Zerfalls, des Regionalismus und der Militarisierung kam, außer bei Anwesenheit von Streitkräften, die nicht zur chinesischen Welt gehörten. Chao K'uang-yin gründete nicht nur eine neue Dynastie, er leitete auch eine neue Epoche in der chinesischen Geschichte ein.

Trotz der von einer Seite vertretenen Ansicht, dieser Chao K'uang-yin habe seinen mild erscheinenden Thronraub von langer Hand vorbereitet und sogar die gemeldete Invasion vorgetäuscht, die zurückzuwerfen er dann entsandt worden war, entspricht er nicht der Erscheinung des typischen Militaristen, eines Haudegens, der nur dem Drang nach unumschränkter Macht folgt. Die großmütigen Äußerungen, die er bei der Übernahme der Befehlsgewalt an die Truppe gerichtet haben soll und in denen er verlangte, daß die einstige kaiserliche Familie weiterhin geehrt, der Hof verschont und Schatzkammern und Bevölkerung nicht geplündert werden sollten, besagen mancherlei über seinen Charakter.

Mit diesen Grundsätzen, die tatsächlich streng befolgt wurden, verwehrte er den Offizieren, die ihn an die Macht gebracht hatten, gerade das, was der Antrieb zu allen derartigen militärischen Staatsstreichen in früherer Zeit gewesen war. Daß er unter solchen Umständen Gehorsam heischen und erlangen konnte, beweist die Kraft seiner Führung und die Stärke seiner Persönlichkeit. Der amtliche Bericht besagt, die Offiziere hätten ihre Forderung, er möge die Herrschaft übernehmen, mit der Führerlosigkeit von Staat und Volk zu jenem Zeitpunkt der Geschichte gerechtfertigt. Es ist ganz offensichtlich, daß die nördliche Chou-Dynastie anscheinend im Begriffe gewesen war, nach einem Jahrhundert der Kämpfe und der Spaltung die Einheit ganz Chinas wiederherzustellen, und daß ein tief empfundenes Verlangen nach Einheit und Frieden, den sie bringen konnte, vorhanden gewesen ist.

Der Gedanke der Einheit war in der ganzen chinesischen Welt zweifellos niemals völlig erloschen; alle empfanden es als selbstverständlich, daß es zur Wiedervereinigung kommen müsse. Dann war der unglückselige Chou-Kaiser, ein fähiger und mächtiger Herrscher, unerwartet mitten auf seinem Wege gestorben, gerade als die Zeit für den erfolgversprechenden Vorstoß auf die Hegemonie und die Wiederherstellung des unvergänglichen Ideals eines ökumenischen Reiches reif zu sein schien. Ohne Zweifel herrschte ein echtes Gefühl der Enttäuschung und des Führungsverlustes, als die Nachfolge dieses Chou-Kaisers sein siebenjähriger Sohn antrat und die ganze auf Frieden und Einheit gerichtete Führung und Schwungkraft verlorenging. Diese psychologischen Faktoren geben Chao K'uang-yins Besitznahme des Thrones einen besonderen Charakter.

Es überrascht nicht, daß etwas mehr dabei herauskam als das trübselige *da capo* eines militärischen Staatsstreiches, eine neue Junta raubgieriger Obersten. Das Muster seines typisch militaristischen Weges zur Macht gehört zwar in das vorangehende unruhevolle Jahrhundert, aber die Sung-Dynastie, die er gründete, gehört ihrem eigentlichen Charakter nach in die folgende Epoche. Das war ein Zeitalter, das vor allem durch seine Pflege der bürgerlichen Lebenskultur berühmt ist. Man kann sie als Anfangspunkt der Neuzeit Chinas bezeichnen. In dem Jahrtausend von 960 bis zur Gegenwart erleben wir die endgültige Entwicklung, vielleicht sogar die Kristallisierung der sozialen, politischen und kulturellen Formen der alten Zivilisation, die in der revolutionären Umwandlung während des 19. Jahrhunderts und mehr noch gegenwärtig gipfelt. In diesem Sinne beginnt die neuzeitliche Geschichte Chinas mit Chao K'uang-yin.

Wir dürfen daher mit Recht fragen, was für ein Mensch das war, der da als Folge der Geschehnisse an der Posthalterei bei der Ch'en-Brücke im Jahre 960 den Thron bestieg. Es ist kein blinder Zufall der Geschichte, daß er gerade in jenem Zeitpunkt zu Rang und Würden gelangte. Ob er das Ganze geplant hatte oder nicht (und wir wissen es wirklich nicht), er war ein Mensch, dem einfach die Herrschaft zufallen mußte. Er war Aristokrat von Geburt, das heißt in einer Gesellschaft, die kein Adelsprinzip anerkannte, war er dennoch der Sproß einer Familie, die sich seit langem durch ihre Stellung und ihre Tüchtigkeit ausgezeichnet hatte. Obwohl er erst dreiunddreißig Jahre alt war, hatte er bereits sein militärisches Können als Truppenführer und seine politische Klugheit auf Verwaltungsposten bewiesen. Er war ein führender Hofmann des verstorbenen Chou-Kaisers gewesen. Er war in weiten Kreisen als ein Mann von gesundem Urteilsvermögen und Mäßigung geachtet, und seine Wahl – wenn es eine war –, in jedem Falle aber seine rasche Anerkennung als neuer Herrscher bezeugt sein Format. Wir können nicht umhin, das, was fast wie eine Geschichte aus dem Märchenbuch klingt, als Tatsache hinzunehmen: der vom Schicksal bestimmte Held, der im entscheidenden geschichtlichen Augenblick die richtige Situation antrifft.

So vielversprechend diese Anfänge auch waren, ist die Sung-Epoche doch kein glänzend expansives Zeitalter der chinesischen Geschichte geworden. In ihrer Kunst und ihrem Denken erscheint sie als ein Zeitalter der Selbstbeobachtung und gebändigter oder abgelenkter Energien. Obwohl es eine Periode des Wohlstands und des wirtschaftlichen Wachstums gewesen ist, mit verstärkter Handelstätigkeit und einem regen städtischen Leben, stand die Dynastie während ihrer ganzen Geschichte unter der Bedrohung durch feindliche und militärisch starke Nachbarn fremder Kultur und hat niemals eine militärische Lösung

CHINA VON DER SUNG-DYNASTIE BIS ZUR CH'ING-DYNASTIE 271

dieses Problems gefunden. Die Sung-Zeit hat sich vielmehr, wenn auch widerstrebend, für einen Verzicht auf eine militärische Lösung entschieden. Die Landesgrenzen, die schon bei ihrem Beginn gegenüber denen der T'ang-Zeit geschrumpft waren, wurden weiter landeinwärts gedrückt. Schließlich wurde die ganze nördliche Hälfte des Reiches geräumt, und von 1126 bis zum Ende der Dynastie im Jahre 1278 bestand das Reich als die »Südliche Sung-Dynastie«, die tatsächlich nur die südliche Hälfte des Herrschaftsbereiches des Gründers regierte.

Dieser Verzicht auf das militärische Machtinstrument und diese behutsame Wendung nach innen, um nach anderen Mitteln zu suchen, sind bezeichnend für die Mentalität des Gründers und die innere Haltung der Dynastie. Das wird besonders deutlich in dem Schema der Vereinigung des Reiches, die Chao K'uang-yin in seiner siebzehnjährigen Regierungszeit (960–976) zustande brachte. Der nördliche Chou-Staat, auf dessen Thron er sich geschwungen hatte, war nur einer von drei Staaten, die damals im Norden nebeneinander existierten. Außerdem gab es noch fünf Staaten, die ebenfalls Anspruch auf unterschiedliche Grade dynastischer Legitimität im Yang-tzu-Tal und weiter südlich erhoben, und es gab nichtchinesische Stammesbünde, besonders den mächtigen der Khi-tan, die drohend im Norden der Großen Mauer auftauchten und im Besitz von rund sechzehn Präfekturen diesseits der Mauer waren, die man ihnen in der T'ang-Zeit überlassen hatte. Der neue Sung-Staat mit seiner Hauptstadt Pien in der nordchinesischen Ebene umfaßte nur die östliche Hälfte des alten nördlichen Kernlandes von Chinas historischem Kulturbereich.

Als Erbe der energischen und expansiven Chou-Herrschaft verfügte Chao K'uang-yin über ein starkes Heer, einen gut funktionierenden Verwaltungsapparat, Geldmittel und Menschen. Sein Staat war sicherlich der stärkste von denen, die damals bestanden, und seine anerkannte Fähigkeit als Feldherr war ein weiterer Vorteil. Aber er besaß nichts, was auch nur annähernd als Übermacht bezeichnet werden könnte; und es wäre durchaus möglich gewesen, daß er seine Machtmittel in einer unbesonnenen und langwierigen Kette von Kämpfen gegen ein halbes Dutzend Feinde nach und nach vergeudet hätte. Hier allerdings bewies er Geduld und List. Er gab bekannt, daß er denen, die die Waffen streckten, großzügige Bedingungen anbieten würde. Überdies wußte jeder, daß er jedes der militärischen Ziele, die für ihn im Bereich des Möglichen lagen, ohne weiteres erreichen konnte; deshalb waren alle Häupter widerspenstiger Staaten in Sorge wegen seines nächsten Schrittes.

Er aber wartete, wie auf eine reifende Frucht, die ihm eines Tages in den Schoß fallen mußte, auf den günstigsten Augenblick, um jeden seiner Feinde strategisch unter Druck zu setzen. In einigen Fällen wartete er zwölf Jahre oder länger, und drei oder vier Gebiete wurden 979, im vierten Jahr der Regierung seines Bruders und Nachfolgers, aufgesogen. Durch diese Geduld brauchte er auf keines dieser Ziele große militärische Kräfte zu verschwenden; in einigen Fällen brauchte er überhaupt nicht zu kämpfen. Während der ganzen Zeit unterhielt er ein starkes Heer, das streng zentral geführt wurde; niemandem übertrug er weitergehende Machtbefugnisse. Gleichzeitig führte er in der Verwaltung Änderungen durch, die seine Stellung noch mehr stärkten.

Der Abneigung des Sung-Gründers, sich in auswärtigen Angelegenheiten auf die rein militärische Lösung zu verlassen, entsprach eine Abneigung, dem Militär im Innern Macht oder Vorrechte einzuräumen. So wurde die Entmilitarisierung von Gesellschaft und Staat erreicht, und zwar von einem Militär, der besorgt die Lehren aus der jüngsten chinesischen Geschichte gezogen hatte. Seinen eigenen Waffengefährten und allen militärischen Befehlshabern, die sich ihm freiwillig ergaben, wurde nur ein Weg offengelassen: sie durften ihre Titel und Auszeichnungen behalten, bekamen Güter und Einkünfte, büßten aber Kommandos und regionale Befehlsgewalt und jede wirkliche Macht ein. Eine Alternative gab es nicht. Dabei wurde ihnen das überzeugend als der Weg ehrenvoller Vernunft dargelegt.

Einmal in der ersten Zeit seiner Regierung bewirtete Chao K'uang-yin einige seiner alten militärischen Freunde, von denen einer, Shih Shou-hsin, bei seiner Machtergreifung mitgewirkt hatte. Dabei soll, als der Kaiser etwas unter dem Einfluß des Weines stand, folgendes Gespräch in Gegenwart aller stattgefunden haben.

> Der Kaiser sagte: »Ohne Sie alle, meine Offiziere, würde ich dies nie geworden sein. Aber obwohl ich der Sohn des Himmels bin, wieviel weniger glücklich ist mein Los als das eines militärischen Befehlshabers. Ich kann meinen Kopf nicht in die Kissen legen und eine ganze Nacht in Frieden ruhen.« Shih Shou-hsin und die anderen erwiderten demütig: »Das Geheiß des Himmels steht jetzt fest. Wer würde es noch wagen, andere Gedanken zu hegen? Warum sollten Eure Majestät solche Worte sprechen?« Der Kaiser erwiderte: »Wer begehrt nicht Reichtum und hohen Rang? Sollte Ihnen eines Tages das gelbe kaiserliche Gewand um die Schultern gelegt werden, auch wenn Sie es nicht gewünscht haben, was würden Sie dagegen tun können?« Shih Shou-hsin und die anderen erwiderten: »Unser schlichter Verstand würde uns niemals auch nur bis zu dieser Stellung bringen, ohne die huldvolle Gnade, die Sie uns bezeigen.« Der Kaiser sagte: »Das Leben des Menschen ist kurz wie der Blick, den man durch einen Spalt in der Mauer von einem schnellfüßigen Pferd erhaschen kann. Man tut besser daran, ein bißchen Reichtum und Besitz anzuhäufen, den man seinen Söhnen und Erben hinterlassen kann und die natürliche Spanne seines Lebens mit den Vergnügungen auszukosten, die Sängerinnen und Tänzerinnen bieten. Wenn es zwischen Herrscher und Lehnsmann keinen Argwohn gibt, ist das nicht wirklich etwas Schönes?« Shih Shou-hsin dankte dem Kaiser und sagte: »Ihre Fürsorge für uns ist wie die Wertschätzung, die man für die eigene Familie hegt.« Am andern Tage baten alle anwesenden Befehlshaber um Enthebung von ihrem Kommando und gaben Krankheit als Grund dafür an. Der Kaiser genehmigte ihr Gesuch und belohnte sie großzügig mit Titeln und Landschenkungen.

So löste Kaiser T'ai-tsu, wie Chao K'uang-yin für die Nachwelt heißt, »mit einem Becher Wein die Macht der Militärs auf«. Während der Gründer der Han-Dynastie im 2. vorchristlichen Jahrhundert das später oft wiederholte Beispiel gegeben hatte, seine treuen militärischen Gefolgsleute, nachdem die Eroberung des Throns geglückt war, niedermetzeln zu lassen, um gefährliche Elemente loszuwerden, redete Chao K'uang-yin seinen alten Gefährten zu, machte ihnen Angebote, die verlockend für sie waren, und zerbrach ihre Macht ohne Gewalt. Seit jener Zeit wurden die besten Truppen in der Hauptstadt gehalten. Ihr Kommando ging reihum auf Männer über, die nicht das Zeug hatten zu selbständigen Aktionen, und sie standen stets unter unmittelbarer Überwachung durch den Thron. Nur zweitrangige Truppen wurden in Außengebieten stationiert, wo sie Behörden der Zivilverwaltung unterstellt waren. Die Truppen in der Hauptstadt wurden ständig ausgewechselt und ihre Befehlshaber ausgetauscht; man verlegte sie, je nach Bedarf, hin und her, vom Dienst in

Grenzgarnisonen in andere Standorte in und außerhalb der Hauptstadt, um zu verhindern, daß sie an einem Standort Fuß faßten. Diese Maßnahmen erhöhten zwar nicht ihre militärische Schlagkraft, sie sollten wohl eher die Kraft der Truppe zu einem Aufstand schwächen.

Der Mannschaftsbestand des Heeres hatte seit der T'ang-Zeit im ganzen Reichsgebiet vielleicht zwei Millionen Menschen oder mehr betragen. In der Regierungszeit des Sung-Gründers wurde er stark vermindert und zwischen zweihundert- und dreihunderttausend Mann gehalten – trotz der fortgesetzten militärischen Anforderungen und der Bedrohung aus Zentralasien. Es ist wahrscheinlich das kleinste Heer gewesen, das das chinesische Reich jemals in seiner Geschichte unterhalten hat. Begrenzung der Truppenstärke, Verurteilung der militärischen Führer zur Bedeutungslosigkeit und Vereinigung der gesamten Macht und Aufgaben in der Hand der Regierung – das waren im wesentlichen die Richtlinien der Politik des Sung-Gründers.

Ehe er 976 im Alter von neunundvierzig Jahren starb, enterbte Chao K'uang-yin seinen jungen Sohn und hinterließ den Thron lieber seinem Bruder, statt die kaiserlichen Pflichten wieder einem Kinde zu übertragen. Sein Bruder, in der Geschichte als T'ai-tsung bekannt, regierte bis 997. Er war als Staatsmann wie als Heerführer weniger fähig und weit weniger erfolgreich, setzte aber in der Hauptsache T'ai-tsus Politik fort. Obwohl er in militärische Operationen verwickelt wurde, die eine beträchtliche Vergrößerung des Heeres zu rechtfertigen schienen, ging der Zug zu stärkerer Zentralisierung der Staatsverwaltung und größerer kaiserlicher Autorität weiter, und man legte nach wie vor das Schwergewicht auf den Vorrang der Zivilverwaltung. T'ai-tsu hatte seinen Nachfolgern befohlen, den Vorrang der Beamten zu erhalten, sie zu fördern und ihre Interessen wahrzunehmen. »Denn selbst im schlimmsten Falle sind sie nicht ein Zehntel so habgierig oder so gefährlich für den Bestand des Staates wie Militärs«, soll er gesagt haben. In dieser Einstellung liegt der Kern der Sung-Geschichte. Sie erklärt unter anderem sowohl die unaufhörlichen Rückzüge und militärischen Mißerfolge als auch die Verfeinerung und Eleganz der Kultur und die nachdenkliche Grundhaltung ihrer Wissenschaft und Kunst. So gab Chao K'uang-yin den drei Jahrhunderten Sung-Geschichte sein Gepräge.

Die staatliche Struktur der Sung

Der Sung-Staat lehnte sich stark, aber wohlüberlegt an die in früheren Perioden entstandenen Vorbilder an, besonders an die Formen und Einrichtungen des großen T'ang-Zeitalters (608–906). Auch ideologisch verankerte er seine politischen Grundsätze und Institutionen in der Begriffswelt der konfuzianischen Überlieferung. Es gab allerdings auch keine anderen brauchbaren Modelle oder lebensfähigen Ideologien, auf die die Chinesen damals hätten zurückgreifen können. Sie lebten in einer Welt des kulturellen Monismus und standen dadurch in schroffem Gegensatz zu dem pluralistischen Universum sogar der klassischen, sicherlich aber der modernen Welt im Westen. Im Laufe ihrer

Geschichte waren die Chinesen mit keiner anderen Hochkultur in Berührung gekommen, ausgenommen vielleicht mit Indien, das nur unvollkommen als das ferne Ursprungsland des Buddhismus bekannt war. Nichts von alledem jedoch, was sie über Indien wußten, lieferten ihnen Vorbilder für Form und System der Regierung; es gab weder politische Theorien noch sonstige Gründe, daran zu zweifeln, daß Zivilisation mit chinesischer Zivilisation gleichbedeutend sei.

Alle Philosophien, Rationalisierungen und Ideologien, die im Bereich der geschichtlichen Erfahrung der Chinesen lagen, schätzten entweder den Staat gering ein (wie Taoismus und Buddhismus) oder waren durch unglückselige geschichtliche Assoziationen in Mißkredit geraten (wie der Legalismus), so daß es im psychologischen Bereich des chinesischen Denkens nur die altehrwürdigen kaiserlichen Formen und Einrichtungen gab auf einer in ständiger Weiterentwicklung begriffenen konfuzianischen Grundlage. Diese Traditionen dienten also notgedrungen als Fundament staatlicher Praxis und politischer Theorie. Daß die Formen in Wirklichkeit ein Mischmasch legalistischer Einrichtungen und pragmatischer Anpassungen an reale Verhältnisse waren und nur zum Teil durch konfuzianische Ideale gemildert, ist uns vielleicht klarer als den Menschen der damaligen Zeit, denn das konfuzianische Ideal war im Bewußtsein der Menschen der Sung-Zeit und aller späteren Dynastien sehr lebendig; Spannungen zwischen jenem Ideal und der Wirklichkeit wirkten oft auf den Staat und das geistige Leben gleichermaßen befruchtend. Sie besagten jedoch für die Chinesen nicht etwa, daß ihr Staat und ihre Gesellschaft nicht konfuzianisch gewesen wären.

In seiner Grundform wies der Staat der Sung-Zeit demnach die übliche pyramidenförmige Struktur auf, an der Spitze die Person des Kaisers, von der alle Gewalt ausging. Die logische Grundlage der kaiserlichen Existenz war die konfuzianisierte, aber noch ältere Idee des himmlischen Auftrages *(t'ien ming)*. Ob der Kaiser ein unumschränkter absoluter Despot war oder ein Herrscher, dessen Machtbefugnisse in der Theorie und der gewöhnlichen Praxis begrenzt waren, ist eine von den heutigen Gelehrten heftig umstrittene Frage. Fest steht jedenfalls, daß die Machtbefugnisse der Sung-Kaiser sehr groß waren und während der Zeit der Dynastie praktisch und theoretisch sogar noch wuchsen.

Die auf eine Stärkung des autoritären Regierungssystems hin wirkenden Kräfte lagen vielleicht in der Natur der Dinge und mögen unvermeidlich gewesen sein. Unter den Sung wurde ein großer Teil jenes Zuwachses an kaiserlicher Macht erreicht, der für das letzte Jahrtausend Kaisergeschichte kennzeichnend ist. In erheblichem Maße ergab sich das aus einer bewußt übertriebenen Korrektur der Dezentralisierungsbestrebungen, die in der T'ang-Zeit zur nationalen Katastrophe geführt hatten. Aber Hand in Hand damit vollzogen sich in der Philosophie und der politischen Theorie Entwicklungen, die darauf abzielten, Extreme des autoritären Systems zu rechtfertigen, noch ehe sie während der folgenden drei Dynastien furchtbare Wirklichkeit wurden. Denn in der ganzen Sung-Zeit blieb die Grundhaltung der Regierung, ungeachtet der neuen theoretischen Grenzen und organisatorischen Kräfte, klug und maßvoll.

Zum Beispiel erinnerten Staatsmänner der späteren Sung-Zeit die Kaiser gelegentlich daran, daß kein hoher Beamter der Dynastie jemals hingerichtet worden sei, nicht einmal

Verräter, die zu den Feinden übergegangen waren, mit denen der Sung-Staat in unablässige Kämpfe verwickelt war. Vor dem Ende der Dynastie gab es einige Ausnahmen von dieser Regel, aber im großen und ganzen zeichneten sich die Beziehungen zwischen dem Thron und den Staatsbeamten durch gegenseitige Rücksichtnahme aus, die in ritueller Würde zum Ausdruck kam. Unsicherheit im öffentlichen Leben wurde nur durch Kämpfe bürokratischer Cliquen hervorgerufen und nicht, wie in späterer Zeit, durch den unerforschlichen Sinn eines böswilligen Kaisers oder der Männer, die in seinem Namen die Macht ausübten. Doch wir müssen bei einer Betrachtung der strukturellen und theoretischen Entwicklungen der Sung-Zeit feststellen, daß das Werkzeug zur Ausübung der Staatsgewalt wesentlich gestärkt den späteren Generationen hinterlassen wurde, so daß es von den Nachfolgern der Sung-Kaiser ohne diese Mäßigung gehandhabt werden konnte.

Unter dem Kaiser gab es einen formlosen Rat, den wir als »Staatsrat« bezeichnen können, obwohl er als Regierungsorgan keinen besonderen Namen trug. Er setzte sich aus fünf bis neun Räten *(t'san-chih cheng shih)* zusammen, den höchsten Beamten des Reiches. Gewöhnlich wurden zwei davon (manchmal nur einer, gelegentlich auch drei) zu Obersten Räten ernannt und im Volksmund als »Erste Minister« *(tsai hsiang)* bezeichnet. Diese Räte bestellte der Thron aus Beamten der Sekretariatskanzlei, dem obersten Organ der Zentralverwaltung. Zwei oder drei Räte vertraten das Heereswesen, obwohl sie selbst oft Männer der zivilen Beamtenlaufbahn sein mochten, die zeitweilig im Amt für Heeresangelegenheiten *(shu-mi-yüan)* Dienst taten. Die übrigen beiden oder drei Mitglieder des Staatsrates kamen aus den Reihen der bedeutendsten Abteilungsleiter der Sekretariatskanzlei. Die Staatsräte bekleideten ihr Amt gewöhnlich auf recht lange Zeit und bewährten sich als ein außerordentlich wirksames Organ sowohl in beratender Eigenschaft in allen Fragen der Politik als auch als unmittelbares Bindeglied zwischen dem Kaiser als Quelle der Staatsgewalt und den zivilen und militärischen Verwaltungsbehörden. Obwohl der Kaiser jedwede Maßnahme treffen konnte, ohne sich an irgendein beratendes Organ zu wenden, waren die Staatsräte in der Praxis an der Festlegung der Politik wesentlich beteiligt und machten sie oft weitgehend selbst, wenn weniger energische und fähige Kaiser regierten.

Parallel zu dem locker organisierten Staatsrat gab es auf höchster Ebene zwei andere Organe, die unmittelbar dem Thron unterstanden, aber keine direkte Verbindung nach unten zur Zentralverwaltung hatten. Das eine war das »Amt der Akademiker« *(hsüeh-shih-yüan)*, dessen Mitglieder sich durch Bildung und Wissen auszeichneten. Sie berieten den Thron und den Staatsrat als Intellektuelle, die nichts mit der Verwaltung zu tun hatten. Sie entwarfen auch Erlasse und Verordnungen und bildeten eine Art Intelligenzreservoir hohen Grades, das für Sonderaufgaben zur Verfügung stand.

Das andere oberste Organ bestand in Wirklichkeit aus einem Schwarm von Aufsichts- und Untersuchungsbehörden, deren Tätigkeit besonderes Gewicht erhielt und deren Machtbefugnisse in der Sung-Zeit stark wuchsen. Die bedeutendsten waren die Zensurstelle und das »Amt für politische Kritik«, beides typisch chinesische Einrichtungen, die die Aufgabe hatten, die Regierungstätigkeit in jeder Hinsicht zu prüfen und dem Thron freimütig zu berichten sowie Beschwerden von jedem im Staatswesen entgegenzunehmen. Die Sung-Kaiser haben in der Regel die Entwicklung dieser Regierungsstelle gefördert, besonders die uneingeschränkte Untersuchung der Staatsverwaltung, aber auch die freie Kritik der amtlichen Politik. Sie schützten diese Beamten unbeirrt vor Vergeltungsmaßnahmen, auch wenn sie an Maßnahmen des Thrones selber Kritik übten. Vor allem das Ansehen der Zensurbehörde wurde dadurch gehoben, daß stets Männer von großen Fähigkeiten und makellosem Ruf dieses Amt bekleideten. Infolgedessen erlangten die Zensurbehörde und verwandte Institutionen ein Ansehen und ein Ausmaß an Macht, wie es in früheren Zeiten unbekannt gewesen war.

Der Sung-Hof verfolgte damit zweifellos den Zweck, die Unantastbarkeit der Zentralregierung zu erhalten und Gegengewichte gegen alle erdenklichen Gefährdungen ihrer Macht zu schaffen, sowohl gegen eine unmittelbare Bedrohung ihrer Autorität als auch gegen die mittelbaren Gefahren gesetzwidriger Handlungen und verminderter Verwaltungsleistung. So wurden die Zensur- und Überwachungsorgane in der Sung-Zeit ungewöhnlich energische und unabhängige Prüfstellen für Abweichungen von den Idealen konfuzianischer Regierung und die »Augen und Ohren« der Kaiser bei deren einigermaßen unkonfuzianischem Eifer, ihren eigenen Willen stärker durchzusetzen. Der in dieser Situation liegende Widerspruch machte sich am deutlichsten in dem gemäßigten Sung-Zeitalter bemerkbar. Unter despotischeren Nachfolge-Dynastien wurde er eingeengt, aber niemals gänzlich aus dem chinesischen Staatswesen beseitigt.

Die Alltagsarbeit der Regierung verteilte sich normalerweise auf drei Abteilungen, die weniger irgendwelchen idealisierten Begriffskategorien als den Hauptaufgaben der Regierung entsprachen. Ursprünglich gab es zwei große, begrifflich gegliederte Abteilungen, in denen sich die alte chinesische Auffassung von den einander ergänzenden Tätigkeiten von Militär und Zivil spiegelte, und daraus ergab sich die grundlegende Gewaltenteilung. So bestand unter dem Staatsrat ein Amt für Heeresangelegenheiten *(shu-mi-yüan)* und eine Sekretariatskanzlei *(chung-shu men-hsia-sheng)*, die allgemein die »beiden Ämter« hießen. Das erste überwachte die gesamte Planung, Organisation und Logistik aller militärischen Angelegenheiten, dazu das Personal der Militärbezirke, in die das Reich eingeteilt war. In der Sung-Zeit wurde großer Wert auf die zivile Überwachung gelegt, auf Gewaltenteilung und turnusmäßigen Wechsel in der Truppenführung und anderer dienstlicher Verwendung und auf Maßnahmen, die den Zweck verfolgten, die Militärs daran zu hindern, eigene Meinungen zu vertreten und gefährliche Macht anzuhäufen.

Neben der Militärbehörde gab es die Sekretariatskanzlei als den starken Arm der Zivilverwaltung. Ihr unterstanden die »Sechs Ministerien« für Personal, Krieg, Finanzen, Justiz, Riten und öffentliche Arbeiten und eine Vielzahl besonderer Verwaltungsbehörden. Die drei Stufen der Kommunalverwaltung berichteten den betreffenden Ministerien über die verschiedenen Gebiete ihrer Arbeit, so daß in gewissem Sinne auch die örtliche Verwaltung in die Kompetenz der Sekretariatskanzlei gehörte. Vertreter dieser »Zwei Ämter« bildeten den Staatsrat, und die logische Folge dürfte gewesen sein, daß sie miteinander die gesamte Regierungstätigkeit des Reiches lenkten und in allen Dingen als Mittler zwischen Herrscher und Volk auftraten.

Es erscheint daher gewissermaßen unvernünftig, daß in der T'ang-Zeit ein drittes Verwaltungsgebiet mit besonderem Organisationskern von diesen »Zwei Ämtern« abgetrennt wurde. Das war das Gebiet der wirtschaftlichen und steuerlichen Angelegenheiten. In der Sung-Zeit ging der Hang, diese Trennung gesetzlich zu verankern, weiter, und es entstand eine Art Steuerbehörde, die sogenannte Finanzkommission (wörtlich die »Drei Kommissionen«, *san ssu*). Die drei Kommissionen, aus denen sich diese Behörde zusammensetzte, waren nach ihren ursprünglichen Aufgabengebieten bezeichnet: Salz- und Eisenmonopolverwaltung, Zensus oder Registrierung der steuerzahlenden Bevölkerung und Auszahlung von staatlichen Geldern und Budget. Aber alle drei hatten sich zu größeren Staatsorganen entwickelt und überwachten in ihrer Gesamtheit verschiedene Arten wirtschaftlicher Angelegenheiten, wie die Verwertung der Bodenschätze, Transportwesen, Manufaktur, Lagerung von Waren, Bauwesen, Budget und Rechnungswesen und dergleichen. Sie übernahmen nicht die Erhebung und Beitreibung von Steuern, die Hauptaufgaben des Finanzministeriums, obwohl es vernünftiger gewesen wäre, wenn sie es getan hätten.

Die Herausnahme dieser übrigen wirtschaftlichen und fiskalischen Kontroll- und Entwicklungsaufgaben aus den Organen der Zentralverwaltung und ihre Zusammenfassung in einer Finanzkommission für alle möglichen Dinge, die dem Namen nach mit den beiden Zweigen Militär- und Zivilverwaltung auf gleicher Stufe stand, spiegelt das Wachstum und die Verzweigung der Wirtschaft und zugleich das Versagen der Regierung, den wachsenden Aufgaben einer reifenden Wirtschaft gerecht zu werden. Gleichzeitig kommt darin aber das Bestreben des Staates zum Ausdruck, einen immer größeren Tätigkeitsbereich zu zentralisieren. Die Finanzkommission im besonderen wurde am Ausgang des 12. Jahrhunderts reorganisiert und schließlich als eigene Verwaltungsabteilung abgeschafft. Die organisatorischen Fragen und die ihnen zugrunde liegende Notwendigkeit, die weitergreifende Rolle des Staates im Leben der Gesellschaft zu rationalisieren, bildeten während der Sung-Herrschaft den Kernpunkt der wiederholten Bemühungen um eine Reform der Verwaltungsstruktur. Das politische Leben der Sung-Zeit verschärfte sich in hitzigen Parteikämpfen und -debatten, die alle oder doch zum großen Teil wechselnde Vorstellungen vom Wesen des Staates und ein Nachhinken der staatlichen Einrichtungen hinter der politischen Wirklichkeit sichtbar werden ließen.

Die Zivilverwaltung in den Landesteilen des Reiches vollzog sich auf drei regionalen und lokalen Ebenen. Das größte Verwaltungsgebiet war der Bezirk *(lu)*, etwa einer Provinz vergleichbar, von denen es zu verschiedenen Zeiten fünfzehn bis sechsundzwanzig gab. Die nächste Stufe bildeten vier Kategorien von Organen der Zwischeninstanz, die oft als Präfekturen bezeichnet werden. Das waren die normalen Zivilpräfekturen *(fu* und *chou)*, dazu Militärkommandanturen *(chün)* und ein paar gewerbliche Präfekturen *(chien)*. Insgesamt waren es etwa dreihundert. Die unterste Verwaltungsstufe war die des Kreises *(hsien)*, von denen es etwa eintausenddreihundert gab. Die Beamten zur Durchführung der drei großen Aufgaben der Zivilverwaltung, Militärverwaltung und Steuereinziehung ernannte der Kaiser durch die Sekretariatskanzlei, und zwar hauptsächlich aus dem Kreis von Kandidaten, die ihre Befähigung in den Beamtenprüfungen nachgewiesen hatten. Sie waren Bedienstete der Zentralregierung und mußten zeitweilig an unbekannten Orten in der Provinz Dienst tun, womit eine Anstellung in ihren Heimatgebieten vermieden wurde. Ungeachtet ihrer parteipolitischen Spaltungen, empfing der chinesische Staat seine große Kraft durch den inneren Zusammenhalt dieser Gruppe von Verwaltungsbeamten, ihren gemeinsamen Ausbildungsgang für den öffentlichen Dienst und ihr gemeinsames Verhältnis zum Staat und zur übrigen Gesellschaft, durch ihre Einigkeit sowohl als Träger der großen Tradition ihrer Kultur als auch als Aktivisten, die in der Erfüllung der wesentlichen Aufgaben ihrer Gesellschaft gemeinschaftlich handelten.

Mit der Förderung einer gewissermaßen neuen Klasse von Staatsdienern vollbrachte die Sung-Herrschaft ihre bedeutendste und charakteristischste Leistung. Das Prüfungssystem funktionierte als Mittel zur Ergänzung der Beamtenschaft gründlicher und besser als zu irgendeiner andern Zeit der chinesischen Geschichte. Es schuf eine breite Schicht von Männern mit übereinstimmenden Vorstellungen, die gleichwohl schöpferischer intellektueller Vielseitigkeit und der Grundlagen für politische Meinungsverschiedenheiten keineswegs ermangelten. Und es verschaffte dem Staat die Dienste von Männern mit geistigen Fähigkeiten, kulturellen Leistungen und erwiesenem Können. Zweihundert Jahre lang brachte dieses System vielleicht sogar mehr solcher Menschen hervor, als der Staat nutzbringend zu verwenden vermochte, und da die Gesellschaft sie nicht auf andere Weise beschäftigen konnte, wurden sie zu einem Problem, das der Sung-Herrschaft Sorge bereitete. Aber das System an sich war bemerkenswert zweckmäßig und wirksam, ein Beispiel der Staatswissenschaft im vorwissenschaftlichen Zeitalter, das sicherlich zu den erfolgreichsten Bemühungen der Menschheit gezählt werden darf, ein gutes Regierungssystem für ein gewaltiges Gebiet mit einer riesigen Bevölkerung zu ersinnen und über lange Zeiträume hinweg zu erhalten. Nicht nur als Rekrutierungssystem, sondern auch als Gesamtsystem bürokratischer Verwaltung war die Sung-Herrschaft eine Zeit ständigen Experimentierens, Anpassens und Wachsens, aber in großen Zügen blieb sie für ein Jahrtausend über alle dynastischen Wechsel und selbst über Perioden der Fremdherrschaft hinweg das Muster chinesischen Staatswesens.

Wirtschaftliches und soziales Leben unter den Sung

Wirtschafts- und Gesellschaftshistoriker etwa der letzten zwanzig Jahre haben der Geschichte der Sung-Zeit eine neue Deutung gegeben. Gewiß, sie ist seit langem als Übergangsperiode betrachtet worden, die bedeutsame Unterschiede zur früheren T'ang-Zeit aufwies, zum Beispiel in der Geldwirtschaft, in wechselnden Formen des Landbesitzes und der Besteuerung, in erweitertem Handel und in der wirtschaftlichen Entwicklung des reichen Yang-tzu-Tales und der südlich davon liegenden Provinzen. Im Verlauf der Untersuchungen dieser Dinge haben Gelehrte in den letzten Jahren begonnen, das Auftauchen einer, besonders für Mittel- und Südchina typischen Landnutzung zu schildern, die auf dem Prinzip der Gutswirtschaft beruhte. Sie besaß gewisse Merkmale des Pachtwesens und eines Vertragsverhältnisses, die einige Gelehrte an das europäische Feudalsystem im Mittelalter erinnerten. Unserem Blick erscheint sie jedoch als eine typisch chinesische Entwicklung, die sich nicht mit der bequemen Einordnung als »feudal« in der europäischen Bedeutung dieses Wortes verträgt; die Grundherren besaßen nämlich kein Adelsprivileg und keinen Erbstatus, sondern bildeten in Wirklichkeit einen neuen Stand, der den Großgrundbesitzer und die mächtigen Sippen früherer Jahrhunderte ersetzte. Und die Pächter, die in gewissem Umfange zu ständigen Dienstleistungen verpflichtet waren, sich also in einem Stande befanden, den man mit »Leibeigenschaft« vergleichen könnte, machten in jedem Falle weniger als die Hälfte der bäuerlichen Bevölkerung aus. Außerdem bildete diese Gutswirtschaft selbst nur ein verhältnismäßig kurzes Übergangsstadium. Die Entwicklung der großen Liegenschaften *(chuang-yüan)* erreichte ihren Höhepunkt erst in der zweiten Hälfte der Sung-Zeit, in der folgenden Dynastie waren sie größtenteils wieder verschwunden. In der frühen Ming-Zeit im 14. Jahrhundert bereiteten dann neue gesetzliche Bestimmungen diesem Pachtwesen ein Ende.

Die *Chuang-yüan*-Güter begünstigten das wirtschaftliche Wachstum im reichen Süden und hinterließen dort ihre Spuren. Es ist erwiesen, daß viele Marktflecken der Gegend ursprünglich die Mittelpunkte derartiger Güter waren, Ballungszentren der Bevölkerung, ihres Handels und ihrer einfachen handwerklichen Tätigkeit, und daß sie in der Regel an einer Stelle lagen, die sich für Transporte auf dem Wasserwege eignete.

Die steuerlichen Maßnahmen in der ganzen Sung-Zeit bezweckten ganz offenkundig die Begünstigung des gelehrten Beamtentums. Seine Angehörigen waren größtenteils steuerfrei und konnten vermöge ihrer Stellung die Verhältnisse in der Gesellschaft zu ihrem wirtschaftlichen Vorteil manipulieren. Doch die Frage, ob die Grundherren Beamte wurden oder die Beamten Grundherren, ist höchst umstritten. Die meisten Historiker erklären, der Stand des gelehrten Beamten sei zuerst dagewesen und der Landbesitz eine Folge davon, die dazu beitrug, die Kontinuität des Beamtenranges zu sichern, da der Landbesitz zumindest die Mittel für den Erwerb einer Bildung gewährleistete, durch die man auf dem Wege der Staatsprüfungen in ein hohes Amt aufrücken konnte. Es ist wahrscheinlicher, daß Verstand zuerst mit einem Amt und dann mit Reichtum belohnt worden ist, als daß Reichtum mit Sicherheit Erben zeugte, die Verstand besaßen.

Trotz aller menschlich verständlichen Bestrebungen der Reichen, die Zukunftsaussichten ihrer Erben zu schützen, war Chinas Aristokratie ein im Fluß befindlicher Verdienstadel, und die für die Zulassung zur Beamtenschaft erforderliche Ausbildung war zwar kostspielig und zeitraubend, scheint jedoch nach einer Analyse der noch vorhandenen umfassenden Unterlagen auch einer großen Anzahl von Anwärtern, die nicht aus Beamtenfamilien kamen, zugänglich gewesen zu sein. Vermutlich entstammten vierzig Prozent oder mehr der Beamtenanwärter, die den höchsten Grad *(chin-shih)* erreichten – er bedeutete fast automatisch die Übernahme in den Staatsdienst und öffnete den einzigen wirklichen Weg zu den höchsten Staatsämtern –, aus Familien, die während der in den Berichten verzeichneten letzten drei Generationen keine Männer mit akademischen Graden gestellt hatten. Das deutet auf eine bemerkenswert hohe soziale Mobilität hin. Gesteigert wurde sie noch durch die große Schwierigkeit, sich Wohlstand zu sichern, wenn die Verbindung mit dem Amt (und zwar seinen legalen Vorrechten ebenso wie seinen »sublegalen« Gelegenheiten) aufhörte. Außerdem wurde das Vermögen, da es den Grundsatz der Primogenitur nicht gab, in jeder Generation gleichmäßig unter sämtlichen männlichen Erben aufgeteilt, so daß Besitz in der Regel zersplittert wurde. Die Bekleidung eines Amtes oder zumindest der Eintritt in die privilegierte Gruppe, die für ein Staatsamt in Frage kam, war für die Dynamik der chinesischen Traditionsgesellschaft, besonders seit der Sung-Zeit, von so zentraler Bedeutung, daß wir sie ohne weiteres als »bürokratische Gesellschaft« bezeichnen dürfen.

Schwieriger ist schon das Verhältnis zwischen dem Stand der Grundherren im Beamtenrang und den Kaufleuten zu beurteilen. Die Kaufleute wurden ideologisch offen benachteiligt und waren rechtlich schutzlos. Ihr Beruf war verachtet, und sie wurden gesellschaftlich gemieden. Stets waren sie der Gefahr amtlichen Druckes und unrechtmäßiger Ausbeutung ausgesetzt. Dennoch wissen wir von vielen Fällen, in denen Kaufleute Wohlstand erwarben; der Handel ganz allgemein blühte in der Sung-Zeit wie nie zuvor. Wir müssen uns davor hüten, die traditionelle Auffassung chinesischer Historiker, Handel sei unwürdig und deshalb unwichtig, in Bausch und Bogen zu übernehmen. Wie der erheblich gestiegene Anteil der aus dem Handel fließenden Steuern am Staatseinkommen zeigt, spielte der Handel eine maßgebliche Rolle in der Wirtschaft, und wir müssen annehmen, daß zwischen Angehörigen der Bürokratie und der Kaufmannsklassen doch eine sehr bedeutende Zusammenarbeit stattgefunden hat. Durch ihren Reichtum konnten sich die Kaufleute Schutz für ihre Handelstätigkeit erkaufen, und es ist sicherlich vorgekommen, daß Beamte sich an Spekulationsgeschäften beteiligten. Ein bedeutender Historiker hat erklärt, daß die Korruption der Verwaltung infolge der Beziehungen zwischen Beamten und Kaufleuten die Entwicklung wirtschaftlicher wie politischer Institutionen wesentlich mitbestimmt hat.

Wir müssen also die Frage stellen, warum die Kaufmannsgilden in den Großstädten der Sung-Zeit und im späteren China keine von Selbstvertrauen getragene Bourgeoisie bildeten, die der Entwicklung von Staat und Gesellschaft in China ebenso wie im frühen modernen Europa eine neue Richtung und neues Tempo hätte geben können. Die Kaufleute haben solche aggressiven Gemeinschaften fähiger Köpfe, die mit den Beamten und der Regierung in Wettstreit um die Macht traten, nicht gebildet und es auch zweifellos nicht gekonnt. Es wird vielmehr deutlich, daß sie sich der herrschenden Ideologie nicht entziehen konnten. Sie waren vielmehr bestrebt, indem sie sich Ansichten und Verhaltensmuster des gelehrten Beamtentums zu eigen machten, ihren Verstand im öffentlichen Dienst einzusetzen und ihr Geld in Landbesitz zu investieren, obwohl beide Arten der Kapitalanlage einen weitaus geringeren finanziellen Ertrag brachten, als die Tätigkeit im Handel ihnen verschaffen konnte. Wäre die privilegierte Klasse ihnen rechtlich versperrt gewesen, hätte der Amtsadel also Geld und Verstand der Kaufleute nicht nutzen können, dann wäre die wirtschaftliche Entwicklung Sung-Chinas vermutlich in ähnlichen Bahnen verlaufen wie die des Westens an dem entsprechenden Punkt seiner Geschichte. Müssen wir nicht zwangsläufig daraus schließen, daß Chinas offene Gesellschaft Vermögen verstreute, die Ansammlung von Kapital für Wirtschaftsunternehmen verhinderte und den Weg zu stärkerem wirtschaftlichem Wachstum versperrte, und daß auch dies zur Festigung und Stetigkeit der Zivilisation beitrug?

Marktflecken am Fluß
Aus einem Bild eines unbekannten Sung-Malers auf einer Querrolle, 11. (?) Jahrhundert
Taichung/Taiwan, National Palace and Central Museums

Tänzer und Musiker
Kalksteinrelief, 10./11. Jahrhundert. Washington, Smithsonian Institution, Freer Gallery of Art

Aber wir wissen, von diesen Einschränkungen einmal abgesehen, daß Dutzende von Großstädten und Hunderte größerer Marktflecken in China in der Sung-Zeit summende Bienenkörbe kommerzieller Betriebsamkeit wurden. Papiergeld tauchte auf als eine Erfindung zur Erleichterung der Kapitalübertragung. Kaufmannsvereinigungen schufen Bankeinrichtungen, Kreditbriefe, Wechsel und Kredite für kurzfristige Anlagen. Unter einer Teilkontrolle des Staates entwickelten sich Industrien, besonders die Herstellung von Textilien, Porzellan und Nahrungsmittelerzeugnissen. Der Außenhandel entwickelte sich über die Nordgrenzen hinaus, die das Sung-Reich von seinen immer drohender auftretenden Nachbarn trennten. Er verringerte sich keineswegs dadurch, daß diese Grenze stetig weiter eingedrückt wurde, sondern wurde dadurch sogar noch belebt. Und die Häfen an der Küste wurden Brennpunkte eines Überseehandels, der Sung-China mit Japan und den östlichen Meeren und weit darüber hinaus mit Indien und dem arabischen Nahen Osten verband. Der lebhafte Warenaustausch ließ die großen Städte zu gleißenden Basaren werden und brachte Erzeugnisse aus fernen Ländern selbst in die Kleinstädte der inneren Provinzen. Das luxuriöse Leben der Sung-Zeit mit ihrer künstlerischen Blüte, ihrer Eleganz und Gelehrsamkeit trägt zudem einen Reichtum und einen materiellen Wohlstand zur Schau, die auf weit höherer Stufe standen, als sie in Europa oder wohl in jedem andern Teil der Welt damals bekannt waren.

Geistige und weltanschauliche Entwicklungen in der Sung-Zeit

Der Neo-Konfuzianismus

In der Kulturgeschichte Chinas wird die Sung-Dynastie als ein bedeutendes Zeitalter der Pflege der Gelehrsamkeit, der höchsten künstlerischen und technischen Maßstäbe im Buchdruck und in der Förderung gewaltiger Projekte enzyklopädischer Sammlungen von Monumenten der Wissenschaft hoch geschätzt. Vor allem aber verbindet man damit in der Geistesgeschichte die im Westen als Neo-Konfuzianismus bekannte Bewegung. Der Neo-Konfuzianismus war in erster Linie eine philosophische Richtung, aber seine Wirkungen reichten so weit, daß er auch in der politischen Theorie und in der Ideologie, in Wissenschaft und Bildungswesen, in der Sozialarbeit und in Sitten und Gebräuchen, ja sogar in den verschiedenen Formen der künstlerischen Gestaltung zum Ausdruck kam. In welchem Maße er bezeichnend für eine ganze Zivilisation wurde, zeigt die bemerkenswerte Kohärenz des chinesischen Lebens und die Harmonie und Übereinstimmung seiner Teile. Eine wichtige Entwicklung in seinen philosophischen Grundlagen durchdrang das Ganze, bewirkte eine Umwandlung der großen Tradition und der Volkskultur und beeinflußte alle Erscheinungen der chinesischen Zivilisation.

Der Name »Neo-Konfuzianismus« ist zwar eine moderne westliche Bezeichnung für die Bewegung, welche die Chinesen mit anderen Worten benennen, er ist aber keineswegs irreführend. Es handelte sich um eine philosophische Bewegung, die bewußt »konfuzianisch« orientiert war, jedoch einen neuen Versuch darstellte, alte und lange Zeit unbeachtet gebliebene konfuzianische Werte wieder zur Geltung zu bringen. Das Neue dieser Bewegung war ihren Urhebern und Anhängern keineswegs entgangen. Sie sprachen davon als von dem Studium des Tao *(tao-hsüeh)* und verstanden darunter das ethische Tao der konfuzianischen philosophischen Tradition. Es ging ihnen um Erneuerung und Wiedereinführung jenes Tao oder »Großen Weges«, der seit der Einigung des Reiches unter dem ersten Kaiser der Ch'in (3. Jahrhundert v. Chr.) schwächer geworden und durch das Eindringen des Buddhismus weiter gefährdet worden war.

Der große Rufer zur Wiederentdeckung der Grundlagen des »Chinesischen Weges« war der Staatsmann und Schriftsteller der späten T'ang-Zeit, Han Yü (768–824). Die Bewegung – denn es wurde eine Bewegung im Erziehungswesen und in der Literatur und der Beginn einer Bewegung in der Philosophie – beruhte darauf, daß die Kultur, die Verfall und Zerstörung im Innern wie die schleichende Invasion des Buddhismus von außen erlebt hatte, mit knapper Not davongekommen war. Han Yü und andere führende Persönlichkeiten des frühen Neo-Konfuzianismus erkannten nicht, in welchem Maße der fremde Buddhismus und der einheimische Taoismus den Horizont der chinesischen Geisteswelt in den langen Jahrhunderten ihres Kampfes und ihrer gegenseitigen Einwirkung erweitert und die Scharfsinnigkeit ihrer geistigen Interessen vertieft hatten. In den Jahrhunderten der buddhistischen Vorherrschaft, also etwa vom 4. bis zum 9. Jahrhundert, hatte der Konfuzianismus seine offiziell orthodoxe Rolle als Quelle der öffentlichen Moral und als Maßstab des politischen Verhaltens beibehalten. Doch das war eine rein formale und geistig unfruchtbare Angelegenheit geworden.

Der Neo-Konfuzianismus kehrte dieses Verhältnis allmählich um. Konfuzianische Begriffe wurden wieder zum Mittelpunkt geistiger Aktivität, die Rolle des Konfuzianismus im Staat wurde aus einer rein formalen zu einer höchst lebendigen, und seine die ganze Gesellschaft durchpulsende Lebenskraft wurde regeneriert. Der letzte Punkt läßt sich am schwersten dokumentarisch belegen, und es unterliegt keinem Zweifel, daß der Buddhismus in seinen volkstümlichen und etwas vulgären Formen, die sehr viel von taoistischer Volksreligion und chinesischer Kultur in sich aufgesogen hatten, die Religion des Volkes blieb. Aber konfuzianische Verhaltensnormen, Moralbegriffe, Ansichten über Gesellschaft und Geschichte durchdrangen in immer stärkerem Maße die Volkskultur und spiegelten sich in der Literatur und den Sitten des Volkes. Bei den höheren Gesellschaftsschichten ging diese Entwicklung in den Mustern konfuzianischen Verhaltens sogar bis zur übertriebenen Erstarrung dessen, was besser elastischeres Prinzip eines ethischen Humanismus geblieben wäre.

Daß China keine buddhistische Kultur im früheren Sinne blieb, jedenfalls nicht in dem Ausmaß, in dem es während des langen Zeitraums vom 4. bis zum 9. Jahrhundert buddhistisch geworden zu sein schien, wirft für uns einige äußerst schwierige Probleme historischer Deutung auf. Wir haben es hier bestimmt nicht mit dem Ergebnis eines historischen Zufalls zu tun oder mit den Einwirkungen irgendeiner Kraft von außen, wie etwa jener Kräfte, durch die der östliche Mittelmeerraum in ein muslimisches Zivilisationsgebiet verwandelt wurde. Es lag auch sicherlich nicht an der Laune einzelner Herrscher, denen es gefiel, den Buddhismus zu unterdrücken. Die Umkehr der Entwicklung des Buddhismus vollzog sich vielmehr organisch, wie durch Kräfte, die innerhalb der Zivilisation selbst am Werke waren. Und obwohl diese Kräfte im Jahre 800 vielleicht vollkommen verborgen waren und der spätere Niedergang des Buddhismus nicht vorauszusehen gewesen sein mochte, traten sie um das Jahr 1000 klar in Erscheinung, und die Richtung der künftigen Entwicklung lag deutlich zutage. Die für diese Umkehr verantwortlichen Kräfte kann man als Ergebnis eines grundsätzlichen Widerstreites zwischen chinesischen Verhältnissen und buddhistischen Absichten bezeichnen. Man könnte hier eine ganze Reihe solcher Konflikte im einzelnen anführen; es möge jedoch genügen, zwei Hauptkategorien anzudeuten.

Erstens bestand noch immer der nach wie vor unentschiedene, wenn auch etwas gemilderte Widerstreit in den Wertmaßstäben: der lebensbejahenden chinesischen gegenüber der lebensverneinenden buddhistischen Einstellung, der sozial orientierten chinesischen Werte, in deren Mittelpunkt die Familie stand, gegenüber den egozentrischen und antisozialen buddhistischen Forderungen, die chinesische Anerkennung der materiellen Wirklichkeit und praktischen Notwendigkeiten gegenüber dem buddhistischen Hang zum Metaphysischen und der buddhistischen Vorliebe für das Abstrakte.

Und zweitens herrschten Interessenkonflikte zwischen dem chinesischen Staat und der buddhistischen Kirche auf dem Gebiet der Autorität, der sozialen Organisation und der Wirtschaft.

Diese Konflikte hätten zu gegebener Zeit allesamt gelöst werden können, und vielleicht wäre dann eine neue Art von wahrhaft buddhistischem chinesischem Staat und wahrhaft buddhistischer chinesischer Gesellschaft daraus hervorgegangen; daß dies nicht der Fall gewesen ist, scheint großenteils auf die raschen buddhistischen Erfolge zurückzugehen. Das Wachstum des Buddhismus in China vollzog sich wohl zu schnell, um sich innerlich zu festigen. Nicht beigelegte Konflikte wurden gerade durch die Erkenntnis der Schnelligkeit, in welcher der Buddhismus triumphiert hatte, noch erbitterter und kamen auf vielerlei Arten zum Ausbruch. Eine Form dieses Ausbruches spielte sich innerhalb des Buddhismus selbst ab.

Die ikonoklastische *Ch'an*-Bewegung (im Westen eher unter ihrem japanischen Namen *Zen* bekannt) kann man vielleicht am besten als eine chinesische Revolte gegen die indische Frömmigkeit kennzeichnen, als eine nachdrückliche Bestätigung taoistischer Werte im fadenscheinigen Gewande einer buddhistischen Reform. Die Ch'an-Idee ist der Ausdruck des taoistischen Naturalismus, der Gegnerschaft gegen den Intellektualismus, des Individualismus, der antireligiösen Werte, des Materialismus und der eingewurzelten Antipathie gegen die Organisation der buddhistischen Kirche und ihre gesamten festgefügten Interessen. Nur die Ch'an-Idee überlebte den äußeren Eklat — den zwischen chinesischem Staat und buddhistischer Kirche —, ja ging mit vermehrter Kraft und größerer Wirkung daraus hervor; und schließlich wurde sie sogar von den anderen Buddhisten als gültiger Buddhismus anerkannt. Ungeachtet der wahren Natur ihrer ursprünglichen Triebkraft gehört sie seit der Sung-Zeit zur buddhistischen Geschichte.

Eine äußere Eruption war die zweite Form, die solche Ausbrüche annehmen konnten; und sie umfaßt das zweite oben erwähnte strittige Gebiet: den Interessenstreit im öffentlichen Bereich von Staat und Gesellschaft. Er ist ungleich eindeutiger als der erste. Die

Deutung der Ch'an-Bewegung als einer taoistischen Revolte von innen ist anfechtbar, aber das Vorgehen des chinesischen Staates bei der großen Unterdrückung der buddhistischen Kirche im Jahre 845 war unbestreitbar eine politische Bewegung zur Vernichtung eines drohend im Entstehen begriffenen Staates im Staate; sie gab der kaiserlichen Regierung die unumschränkte Kontrolle über sämtliche Organisationen in der Gesellschaft, ihr Monopol auf Menschen und Material und ihren Primat in weltanschaulichen Fragen zurück. Dieser Ausbruch wurde bewußt von Staatsmännern gefördert, von denkenden, besorgten Chinesen: als Gruppe alles Männer der Tat, nicht in erster Linie Philosophen, die auf der Suche nach Gründen für eine Kritik buddhistischer Ausschreitungen diese Gründe ganz natürlich im Konfuzianismus fanden. Daß es ihnen gelang, im Konfuzianismus lebendige Fragen und schlagkräftige Argumente gegen die sozialen und politischen Gefahren des Buddhismus zu finden, trug dazu bei, den Konfuzianismus aus seiner Erstarrung zu lösen.

Man kann den Neo-Konfuzianismus in seinen Ursprüngen als eine neue Art konfuzianischer Vorstellung von der Möglichkeit und Notwendigkeit kennzeichnen, konfuzianische Werte mit einer Lebenskraft und einer funktionellen Bedeutung zu erfüllen, die nochmals das gesamte Leben der Zivilisation durchdringen sollten. Als Bewegung war er bemerkenswert frei von Eifertum, aber dennoch entschieden antitaoistisch und noch stärker antibuddhistisch – nicht in dem Sinne, wie ein auf Ausschließlichkeit bedachtes Christentum antiheidnisch ist, sondern im Sinne tiefer philosophischer Verpflichtung gegenüber einem vollkommeneren Gedankensystem. Diese neue konfuzianische Gesinnung mußte die seit langem herrschenden buddhistischen und taoistischen Kräfte auf ihrem eigenen Boden zum Kampf stellen. Von ihm verlangte man, daß er auf Fragen und Probleme einging, die er nicht selber gewählt hatte, und die, was nicht besonders überrascht, vorwiegend Prinzipien, Fragen und Themen umfaßten, mit denen der klassische Konfuzianismus größtenteils nichts zu tun gehabt hatte. Soweit die Grundlagen der geistigen Interessen und die Form der Streitfragen von einem Buddhismus chinesischer Prägung und vom Taoismus diktiert waren, bestimmten diese Philosophien auch die Art der konfuzianischen Reaktion.

Der Neo-Konfuzianismus bleibt der konfuzianischen Tradition in ihren wesentlichen Lehren treu: Er ist ein sozial gesinnter, ethisch ausgerichteter Humanismus, vorwiegend vernunftorientiert, aber mit einem starken Unterton von subjektivem Idealismus und jederzeit zutiefst um das Leben des Menschen in dieser Welt besorgt. In diesen Wesenszügen stimmt er mit dem Konfuzianismus der klassischen Zeit überein. Aber der neue Konfuzianismus offenbarte diese traditionell konfuzianischen Wesenszüge in philosophischen Fragen, besonders in der Kosmologie und in der Metaphysik, die bis dahin vom konfuzianischen Denken nicht besonders beachtet worden waren. In dieser Hinsicht erscheint er am auffälligsten als neu.

Träger dieser vielseitigen Bewegung war ursprünglich die Belletristik. Han Yü war ein Künstler und Staatsmann, ein Mann von großem schöpferischem Impuls, vor allem als Essayist, Lyriker und Literaturwissenschaftler. Seine Bewegung des literarischen Archaismus, die eine Wiederherstellung der einfachen und kraftvollen Prosastilarten der Han und früherer Zeiten forderte, war gleichzeitig eine revolutionäre Bewegung gegen die herrschende geistige Atmosphäre. Die zentrale Bedeutung der Literatur, die Macht des geschriebenen Wortes und der Respekt vor der literarischen Leistung, dies alles kommt in dieser Verbindung zum Ausdruck, die für die chinesische Geschichte recht charakteristisch ist. Han Yüs Erfolg in der Literatur ermöglichte seinen Einfluß in der Philosophie.

Es überrascht daher nicht, daß die Bewegung in der Sung-Zeit unter der Ägide von Ou-yang Hsiu (1007–1072), zweihundert Jahre nach dem Tode Han Yüs, mit dem Eintreten Ou-yangs für Hans Ansichten über die Literatur ihre wirkungsvolle Fortsetzung fand. Ou-yangs Geist befruchtete die frühe Sung-Zeit. Sein Einfluß durchdrang Regierung, Literatur und Philosophie und rief dort machtvolle Strömungen und Veränderungen hervor. Wenn Han Yü den Feldzug zur Wiedererweckung des Konfuzianismus eröffnete, so war es Ou-yang Hsiu, dessen geistige Kraft und starke Persönlichkeit das von Han Yü Begonnene in der Sung-Periode zur Reife brachte.

Ou-yang war ein bedeutender Staatsmann, Erster Minister, Kunstrichter in literarischen Fragen und Schirmherr von Denkern. Auch er war Künstler und Staatsmann zugleich, doch kein Philosoph von Rang. Aber sowohl in der geistigen und gelehrten wie in der künstlerischen und politischen Welt erkannte man ihn als die zentrale Persönlichkeit seiner Zeit an. Und im formelleren Sinne philosophischer Spekulation hatte der Neo-Konfuzianismus seine ersten großen Männer in Zeitgenossen und geistigen Gefährten Ou-yang Hsius. Indem er der literarischen Bewegung, die sich von Han Yüs revolutionärem Archaismus herleitete, Schwungkraft und Richtung gab, brachte Ou-yang gleichzeitig die ganze Bewegung des Neo-Konfuzianismus in allen verwandten Sphären in Führung.

Das Kerngebiet philosophischen Wirkens im 11. Jahrhundert war die Kosmologie. Han Yü hatte sich, indem er an dem Primat der Meng-tzu-Tradition im Konfuzianismus festhielt, für das klassische konfuzianische Denken entschieden, das mit der weiter gewordenen geistigen Welt der nach-buddhistischen Ära am ehesten übereinstimmte. Meng-tzu hatte erklärt: »Ich nähre meinen ›flutenden Atem‹ (oder nach einer anderen Übersetzung des Ausdrucks *hao-jan chih ch'i* ... meine Große Moral)« und »alle Dinge sind völlig in mir«; denn dieser »Atem« oder »Geist« ist es, der »alles zwischen Himmel und Erde durchdringt«. Durch diese Pflege der inneren Fähigkeiten wird man eins mit dem Universum in seiner Ganzheit.

Das konfuzianische Denken im Sinne Meng-tzus sprach die geistige Einstellung der nachbuddhistischen Ära nicht nur durch seine Bestätigung sozialer und ethischer Werte an, sondern auch, weil sich in ihm der buddhistische nihilistische Idealismus und der idealistische Flügel des sozial positiven Konfuzianismus finden konnten. Auf diesem gemeinsamen Boden konnten die bis dahin außer acht gelassenen kosmologischen Fragen, trotz der in anderen wesentlichen Fragen auseinandergehenden Ansichten, endlich im konfuzianischen Sinne entwickelt werden. Die neo-konfuzianische kosmologische Spekulation beginnt mit einer nach-buddhistischen, halbtaoistischen Bewußtwerdung der überrationalen Fähigkeiten des Menschengeistes; auf der Grundlage eines Gefühls des Einsseins des Individuums mit dem Kosmos formuliert sie neue Theorien über Ursprung und Wesen des Alls, die praktische konfuzianische Werte mit der Metaphysik verknüpfen. Das zu erreichen, war die große Probe, auf die die Kraft des Konfuzianismus zur Wiedererweckung gestellt wurde.

Kosmologische und metaphysische Fragen im Neo-Konfuzianismus

Han Yü betrachtete sich selbst als den nächsten Übermittler des Tao in den tausend Jahren, die seit Meng-tzu verflossen waren. Im Gefolge seiner sozialen und politischen Kritik am Buddhismus wurde vor allem im 9. und 10. Jahrhundert eine Fülle alter sozialer und ethischer Werte des Konfuzianismus wiederentdeckt. Die neue Sicherheit, die daraus folgte, mag den Menschen die Kraft gegeben haben, unter dem Banner des Konfuzianismus vertrauensvoll in den Bereich der metaphysischen Spekulation vorzudringen. Später, im 11. Jahrhundert, konzentrierte sich das Interesse auf kosmologische Fragen.

Die Kosmologen beherrschten die formale Philosophie. Aber ebenso energisch befaßten sich die Konfuzianer mit der politischen Theorie und ihrer praktischen Anwendung bei Debatten über die Reform überkommener Einrichtungen. Und Gebiete wie Kunst- und Literaturwissenschaft, enzyklopädisches Gelehrtentum, Geschichtsphilosophie und Geschichtsschreibung, linguistische und archäologische Forschung, all dies erlebte in der Sung-Zeit eine vielfältige und außerordentlich schöpferische Entwicklung. Wenn man die formale Philosophie für sich betrachtet, so darf man dabei die allgemeine Blüte der Geisteswissenschaften und der Kunst nicht übersehen, für die insgesamt die Atmosphäre der Sung-Zeit in hohem Maße anregend war. Tatsächlich bildete die Bewegung in der Philosophie den eigentlichen Kern eines umfassenderen kulturellen und politischen Wirkens.

Han Yüs Rolle als Gründer – im symbolischen wie im tatsächlichen Sinne – ist bereits angedeutet worden. Und nimmt man den philosophischen Gehalt der Bewegung, so gab er ihr auch den Kanon und davon ausgehend die Methode. Er wies besonders auf das *Ta Hsüeh* (das »Erhabene Wissen«) und das *Chung Yung* (»Die rechte Mitte«) hin, zwei Kapitel aus dem alten »Buch der Riten«, die der Neo-Konfuzianismus zusammen mit den Aussprüchen des Konfuzius und dem Buch von Meng-tzu zu den »Vier Büchern« zusammenfaßte. Sie bildeten die klassischen Werke, in denen alle Chinesen unterrichtet wurden; als Kinder lernten sie deren Texte auswendig und konnten damit rechnen, ihnen später in der Staatsbeamtenprüfung wiederzubegegnen, deren Themen im wesentlichen diesen Büchern entnommen wurden.

Die Wirkung der Vier Bücher war deshalb sehr groß. Was Han Yü in dem Buch »Die rechte Mitte« fesselte, war dessen Betonung der »Wahrhaftigkeit« (*ch'eng*) als einer Haltung, die geistige Klarheit und höchste Erleuchtung möglich machte, ein Gedanke, der offensichtlich mit der buddhistischen Praxis der geistigen Selbstbeherrschung im Zusammenhang steht. »Erhabenes Wissen« enthält einen Abschnitt, der eine Methode erkennen läßt; er lautet: »Die Menschen der alten Zeit, die ein klares Beispiel hervorragender Tugend in der Welt geben wollten, sorgten zuerst für eine gute Regierung in ihrem Staate. Wollten sie ihre Staaten gut regieren, so mußten sie zuerst für rechte Gesinnung sorgen. Wollten sie die rechte Gesinnung haben, so mußten sie sich zuerst um Wahrhaftigkeit in ihrem Denken bemühen. Wollten sie nach Wahrhaftigkeit in ihrem Denken streben, so mußten sie zuerst ihr Wissen erweitern. Die Erweiterung des Wissens liegt in der Erforschung der Dinge.« Dann wird die Reihe der Folgeerscheinungen umgekehrt: »...erforscht man die Dinge, wird das Wissen erweitert; erweitert man das Wissen, wird das Denken wahrhaftig... werden Staaten gut regiert, herrscht Frieden auf der Welt.«

Der Satz »Die Erweiterung des Wissens liegt in der Erforschung der Dinge« ist der philosophische Kernsatz der ganzen neo-konfuzianischen Bewegung, und er war Gegenstand von mehr Abhandlungen und Spekulationen als irgendeine andere ihrer philosophischen Thesen. Unterschiedliche Auslegungen dieses Satzes – eben die grundlegende Methode der Philosophie – waren die entscheidende Ursache für die Spaltung der neo-konfuzianischen Bewegung in einen rationalistischen und einen idealistischen Zweig. Methodisch scheint darin Skeptizismus, Rationalismus, die Einheit von Wissen und Handeln und die Einheit aller Erscheinungen in ihrem Verhältnis zum menschlichen Geist zu liegen.

Han Yüs jüngerer Zeitgenosse Li Ao war mehr Philosoph im strengen Sinne. Seine Erläuterungen zu diesen beiden grundlegenden Texten sind die unmittelbaren Vorläufer der kosmologischen Spekulationen von Chou Tun-i und Shao Yung zweihundert Jahre später. Über den Begriff der Wahrhaftigkeit, der für beide im Mittelpunkt stand, schrieb er: »Alles wissen, alles tun, unbeirrbar im Geiste sein und doch Himmel und Erde zu erhellen, das ist die Erleuchtung, die man aus höchster Wahrhaftigkeit gewinnt.« Auf die Frage, was mit der Behauptung gemeint sei, daß Erweiterung des Wissens in der Erforschung der Dinge liege, schrieb er: »Dinge sind die Offenbarung der Mannigfaltigkeit der Welt. Erweiterung bedeutet, die Dinge erreichen (das heißt den Geist erweitern, damit er die Mannigfaltigkeit der Wirklichkeit in sich aufnimmt). Wenn man die Dinge erreicht, ist man klar und kann zwischen ihnen unterscheiden, ohne an sie gebunden zu sein (dies die taoistisch-buddhistische ›Bindungslosigkeit‹ zur Vermeidung von Gefühlen, die den Geist verwirren könnten). Das ist die Erweiterung des Wissens, die ›die Dinge erreichen‹ bedeutet. Wenn Wissen erweitert wird, ist wahrer Wille vorhanden (also konfuzianischer ›Wille‹ oder ›Entschluß‹: Rechtschaffenheit und soziales Empfinden). Wenn wahrer Wille vorhanden ist, wird der Geist geordnet. Wenn der Geist geordnet ist, gibt es eine Veredlung der Persönlichkeit (das heißt eine konfuzianische kulturelle Verfeinerung und eine taoistisch-buddhistische geistige Pflege). Wenn eine Veredlung der Persönlichkeit stattfindet, ist das Familienleben geordnet. Wenn das Familienleben geordnet ist, wird das Land gut regiert. Wenn Länder gut regiert werden, herrscht Friede auf der Welt. Das bedeutet, daß die Arbeit des Menschen (also die Erreichung sozial-ethischer Ziele) in der Zusammenarbeit von Himmel und Erde besteht (sowohl dem konfuzianischen ethischen Himmel als auch dem taoistisch naturalistischen).«

Hier erkennen wir deutlich die konfuzianische Auffassung der Politik als die natürliche Fortsetzung der Ethik und der Sozialethik als Fortsetzung der Familienethik. Die menschliche Persönlichkeit wird als das Werkzeug betrachtet, durch das der Mensch mit Hilfe der menschlichen Kultur die Beziehungen zwischen den drei Sphären des Seienden – Himmel, Erde und Mensch – in Einklang bringen kann.

Aber gleichzeitig lenkten Han Yü und Li Ao die Aufmerksamkeit auf die Wahrhaftigkeit *(ch'eng)*, die zur wichtigsten Tugend des Neo-Konfuzianismus wurde, und darin spiegelt sich, zumindest unbewußt, die Übernahme von Begriffen, die der Buddhismus entwickelt hatte, denn Wahrhaftigkeit stellt sich ein, wenn der Geist einen reinen und klaren Zustand erreicht hat, einen Zustand der Ruhe und der Unberührtheit von Leidenschaften und sinnlichen Neigungen, einen Zustand, der zu rechtem Handeln und zur Erleuchtung führt. Überdies stützte sich der Neo-Konfuzianismus auf den religiösen Taoismus, dessen Interesse seit langem einer Wahrsagerei galt, die auf den Zusammenhängen zwischen der kosmischen Dynamik und den herrschenden Einflüssen der fünf Elemente (Feuer, Wasser, Erde, Holz und Metall) und den beiden Seinsweisen (dem *yin* oder passiven und dem *yang* oder aktiven Prinzip) beruhte. Dieser etwas vergröberte Taoismus stützte sich ebenfalls in erheblichem Umfang auf die Symbole des »Buches der Wandlungen«, die Trigramme und die Hexagramme. Er betrachtete den menschlichen Körper als einen Mikrokosmos des Alls und suchte nach einer engen Beziehung zwischen beiden. Für die meisten ihrer Anhänger blieb diese Art des religiösen Taoismus eine unphilosophische Beschäftigung; dennoch brachte sie den Chinesen die Vorstellung einer verbindenden Folge von Grundsätzen zum Bewußtsein, ein Versuch, alles Seiende durch eine einzige, einander ergänzende Folge von Prinzipien zu erklären, die durch Sinnbilder ausgedrückt wurden.

Das war kein neuer Gedanke, denn er hatte schon zur Zeit der Han-Dynastie unter der geistigen Führung von Tung Chung-shu gegen Ende des 2. Jahrhunderts v. Chr. eine Art konfuzianischer Entwicklung durchlaufen. Und jene Entwicklung in der Han-Zeit ging wieder auf späte Chou-Protometaphysik des Tsou Yen (4.–3. Jahrhundert v. Chr.) und auf noch ältere Denker zurück. In gewissem Sinne war es das »Buch der Wandlungen« selbst, das älteste der »Fünf Klassischen Bücher«, tausend Jahre vor Christus oder noch früher entstanden, das im chinesischen Denken immer wieder die Vision von einer einheitlichen Erklärung aller Erscheinungen erweckt hat. Dies ist im Grunde eine rationale Idee, die ehrgeizigste Bemühung des menschlichen Verstandes, und sie blieb, ungeachtet ihrer unmittelbaren, halb magischen Vorläufer in religiös taoistischem Gewand, ein Begriff, der von den Kosmologen vernunftmäßig begründet und zum Bestandteil der Philosophie gemacht werden konnte.

So war die gedankliche Entwicklung verlaufen, als Han Yü der Bewegung zur Wiederherstellung eines chinesischen Weltbildes, das sich radikal auf die Vergangenheit stützte, neues Leben einhauchte. Han Yü starb fast hundert Jahre vor dem Ende der T'ang-Dynastie, der fünfzig Jahre voller Spaltung und Wirren folgten, bis im Jahre 960 die Sung gegründet wurde. Und es dauerte nochmals fünfzig Jahre, ehe die frühen Sung-Lehrer, wie Hu Yüan (993–1059) und Sun Fu (992–1057), das Interesse an den konfuzianischen Klassikern als der wahren Quelle sozialer Ethik wiedererweckten, und fast hundert Jahre, bis Chou Tun-i und Shao Yung um die Mitte des 11. Jahrhunderts sich konsequent mit ihrer kosmologischen Spekulation befaßten. Die Verbindung zwischen den Anfängen in der späten T'ang-Zeit und der Blüte der philosophischen Bewegung unter den frühen Sung mag etwas dürftig erscheinen. In der Zwischenzeit kam es zu Niedergang und Verschwinden einer Epoche der chinesischen Geschichte. Danach war nicht nur eine neue Dynastie aufgestiegen, sondern auch eine neue Ära in der Geschichte hatte begonnen. Der Staat gewann ein anderes Gepräge, und eine neu entstehende Schicht von Staatsdienern bildete eine Art von gelehrtem Beamtentum. Ein bedrohtes, auf Innenschau bedachtes Zeitalter fand sich mit politischem Zentralismus und verstärkter Autorität ab und suchte Stabilität und Gewißheit. Die Vorliebe für Kosmologie war jedoch keineswegs ohne Zusammenhang mit diesen Faktoren.

Schüler beim Vergleichen der Klassischen Texte
Aus einem Bild eines unbekannten Sung-Malers auf einer Querrolle, 10./11. Jahrhundert
Boston/Mass., Museum of Fine Arts

Wandelnder Philosoph mit seinem Diener
Malerei eines unbekannten Sung-Meisters auf einer Hängerolle, 11./12. Jahrhundert
München, Sammlung Emil Preetorius

Der Name Chou Tun-i wird mit dem Begriff des »Höchsten Endlichen« und mit dem Diagramm des kosmogonisch-kosmologischen Prozesses in Verbindung gebracht, das er erdacht hatte, um das Höchste Endliche zu erklären. Das Höchste Endliche wird hier auf taoistische Weise durch sein Gegenteil definiert, das heißt als das Un-Endliche. Alles Sein und alles Werden sind ihm in dem Diagramm verbunden, das in logischer (aber nicht chronologischer) Folge (denn alle Stufen sind gleichzeitig nebeneinander vorhanden) das Höchste Endliche zeigt. Die beiden polaren Prinzipien *yin* und *yang* greifen als konzentrische Kreise ineinander. Von den fünf Elementen sind Feuer und Holz auf der *yang*-Seite, Wasser und Metall auf der *yin*-Seite und die Erde in der Mitte angeordnet. Himmel und Erde werden als männlich *(yang)* und weiblich *(yin)* unterschieden, und das Endstadium des stetigen Stromes erzeugt die »Zehntausend Dinge« des Daseins.

Der Mensch als höchste Schöpfung des Seienden enthält alle Eigenschaften der Modalformen und die wesenhaften Elemente in ihrer reinsten Gestalt. »Der Mensch empfängt sie alle in ihrer höchsten Vollendung, und deswegen ist er das intelligenteste aller Lebewesen. Seine körperliche Gestalt ist danach geschaffen, und sein Geist entwickelt Bewußtsein.« Die Stellung des Menschen in diesem weit gespannten Universum wird unkonfuzianisch erklärt, aber die Welt des Menschen in diesem Universum wird fest von konfuzianischen Wertvorstellungen beherrscht. Chou setzt die fünf konfuzianischen Grundtugenden: Güte, Rechtschaffenheit, Sittlichkeit, Weisheit und Vollkommenheit, mit den fünf Elementen der materiellen Welt in Beziehung und sagt: »Die fünf Prinzipien seiner Natur sprechen auf äußere Erscheinungen so an, daß der Unterschied zwischen Gut und Böse auftaucht und die zehntausend Phänomene des Verhaltens in Erscheinung treten.« Diese »Zehntausend Phänomene« des menschlichen Verhaltens haben in diesem Prozeß einen Platz, der den »Zehntausend Dingen« des Seienden im kosmogonischen Diagramm des Höchsten Endlichen entspricht. Chou Tun-i wiederholt Li Ao, wenn er die Wahrhaftigkeit als den Urzustand der menschlichen Natur betrachtet und das Ziel des Weisen in der Rückkehr zu diesem Urzustand erblickt. Er schrieb: »Der Weise hat nichts als seine Wahrhaftigkeit. Sie ist die Wurzel der fünf Grundtugenden und die Quelle allen Wohlverhaltens.«

Chou Tun-i schrieb zwei bedeutende philosophische Abhandlungen, *T'ai chi t'u shuo*, »Erklärung des Diagramms des Höchsten Endlichen«, und die andere *T'ung shu*, »Erläuterung« (auch unter dem Namen *I t'ung*, »Umfassende Erläuterung des Buches der Wandlungen« bekannt), eine mehr allgemein gehaltene Erörterung kosmologischer und metaphysischer Probleme. Das Höchste Endliche bleibt ein unbestimmbares höchstes Prinzip, etwas, von dem die beiden Seinsweisen *yin* und *yang* ebenso wie die Fünf Elemente abgeleitet sind, aber auch etwas, ihnen und allem Seienden Immanentes. Chou kam einer Bestimmung der späteren neo-konfuzianischen Begriffe *li*, Prinzip, und *ch'i*, Stoff, sehr nahe, ebenso einer Gleichsetzung des Universalprinzips mit dem Höchsten Endlichen. Obwohl diese Lösung, in Chous Werk bereits enthalten, endgültig erst im folgenden Jahrhundert von Chu Hsi ausgearbeitet wurde, bezeichnen Chous Anfänge die erste systematische kosmologische Spekulation im Neo-Konfuzianismus und bleiben die von allen nachfolgenden Denkern übernommene Grundlage jener späteren Gedankenwelt.

Die neo-konfuzianische Philosophie hat einen weiten Horizont, ist reich im einzelnen und in den Nuancen ihres geistigen Gehalts. Die vorstehenden Ausführungen erheben nicht den Anspruch, ihren eigentlichen Wert oder den ganzen Bereich ihrer geschichtlichen Bedeutung auch nur anzudeuten. Hier sollte nur der Weg gezeigt werden, auf dem die Konfuzianer die Aufgabe, die ihnen die Metaphysik stellte, bewältigen konnten, etwas von der schrittweisen Lösung des kosmologischen Problems. Ein klassisches Geschichtswerk aus dem 17. Jahrhundert über den Neo-Konfuzianismus beschreibt fast hundert Schulen; jede hatte eine zentrale Persönlichkeit, die eigene Beiträge zum neo-konfuzianischen Denken leistete, mit einem Kreis bedeutender Anhänger, insgesamt mehrere hundert große Philosophen. Eine so weitreichende und so lebensprühende philosophische Bewegung widersetzt sich einer Darstellung in wenigen Worten.

Chu Hsi (1130–1200), das Haupt einer rationalistischen Schule, war ein universeller Mensch im besten konfuzianischen Sinne. Er war der umfassendst gebildete Gelehrte seiner Zeit, ein Mann der geschichtlichen Zusammenschau, Philologe, Herausgeber und Kritiker kanonischer Texte, ein Künstler und Theoretiker der Literatur, Kalligraph, aktiver Staatsmann, Verwaltungsfachmann, ein politischer Kämpfer, Lehrer und Schulengründer. Er verfeinerte die Gesprächsmethode in der Philosophie; die Aufzeichnungen seiner Gespräche zeigten die Weite und Menschlichkeit seines Geistes. Wenn auch Ch'eng Ii wahrscheinlich als der originellste und scharfsinnigste Philosoph der neo-konfuzianischen rationalistischen Tradition betrachtet werden muß, hinterläßt die Persönlichkeit von Chu Hsi den tiefsten Eindruck in der Geschichte. Sein persönlicher Einfluß auf eine ungemein große Gefolgschaft und auf spätere Generationen läßt sich nur mit dem des Konfuzius siebzehnhundert Jahre zuvor vergleichen. Er war so nachhaltig, daß Chu Hsi und seine Ideen sich fest dem Geiste seiner Anhänger einprägten und sein System einen festen Platz in der Gedankenwelt seiner Kultur erhielt. Der »Chu-Hsi-ismus« hat die wiederaufgenommenen und neu belebten geistigen und politischen Problemkreise fast bis auf unsere Zeit beherrscht. Seine Auslegungen der Klassiker, die in seinen ausführlichen und außerordentlich klaren Kommentaren enthalten sind und der ganzen konfuzianischen Bildung eine einheitliche neo-konfuzianische Sicht verliehen haben, wurden noch zu seinen Lebzeiten maßgebend; seit dem frühen 14. Jahrhundert wurden sie offiziell als »orthodox« bezeichnet.

Der Chu-Hsi-ismus legte aufs neue die sittlichen Gründe des Handelns in allen Dingen fest, wobei er die Ethik im Grunde idealistisch verstand. Chu Hsi betonte die Verantwortung des Einzelnen zur Wahrung sittlicher Maßstäbe gegenüber den normativen Aspekten von Ritus und Sitte. Aber hierin liegt der Grund für einen der merkwürdigen Widersprüche der chinesischen Geistesgeschichte.

Chu Hsi hielt sich, genau wie Han Yü, der Vorkämpfer der Bewegung, an Meng-tzus »liberale« Auffassung von der Ethik, statt den »autoritären« Standpunkt Hsün-tzus einzunehmen. Doch eben die starke Betonung der sittlichen Fragen im Neo-Konfuzianismus, die Heftigkeit, mit der ein Verstoß gegen die Moral verurteilt wurde, gaben der neo-konfuzianischen Bewegung einen Beigeschmack sittlichen Eifers. Eifer, wie immer höchst gefährlich, führte zu einer Schmälerung der menschlichen Seite der sittlichen Probleme, besonders bei den kleineren Geistern in späterer Zeit. Die Folge davon war, daß die moralischen Maßstäbe allmählich erstarrten und am Ende so etwas wie eine entmenschlichte autoritäre Tendenz sichtbar wurde, die in extremen Fällen weit entfernt schien von dem warmen Humanismus des klassischen Konfuzianismus.

Dies mußte den Neo-Konfuzianismus und Chu Hsi selbst in Mißkredit bringen. Ebenso wirkten die totale Identifizierung des chinesischen Staates mit der neo-konfuzianischen Orthodoxie und ihren Institutionen, etwa die neo-konfuzianische Verbindung des Kaisers mit dem Höchsten Endlichen, die das autoritäre System obendrein noch dadurch stärkte, daß sie Staatshierarchie und die kosmische Ordnung miteinander verknüpfte. Besonders im späten 19. und im frühen 20. Jahrhundert legten die Reformer Chinas jeden Widerstand gegen kulturelle Veränderungen Chu Hsi zur Last, sein Name wurde zum Fluch für die Revolutionäre unseres Jahrhunderts. Das allerdings verschleiert das Wesen des Neo-Konfuzianismus und wird der Weite und dem Rang des Denkers und Menschen Chu Hsi nicht gerecht. Aber Revolutionäre sind selten leidenschaftslose Geschichtsschreiber.

Politisches Denken und die Reformen des Wang An-shih

In neuerer Zeit hat man sich sehr für Wang An-shih (1021–1086) und das von ihm aufgestellte und gelenkte Reformprogramm der *hsin fa*, der »Neuen Politik«, interessiert. Allein die Tatsache, daß Wang ein ideenreicher und tatkräftiger politischer Neuerer war, den die traditionelle Geschichtsschreibung verdammte, hat genügt, um ihn in einer Zeit, in der Modernisten die Tradition zu diskreditieren suchten, zu einer sympathischen Persönlichkeit zu machen. Man hat in ihm einen Modernisten, einen Staatssozialisten, einen Mann des *New Deal* gesehen; in vielen zeitgenössischen Kommentaren erscheint er in der Tat als geistiger Vorläufer unserer Zeit. Das gibt indes wohl ein falsches Bild von ihm. Wang-An-shih war ein Mensch seiner Zeit, der deren Geist spiegelt und ihn zugleich mitgestaltete.

Richtig ist allerdings, daß er die gründlichste Reform chinesischer Einrichtungen versucht hat, die aus der ganzen Kaiserzeit bis ins letzte Jahrzehnt des 19. Jahrhunderts und zu den Umwälzungen in unserem eignen Jahrhundert bekannt ist. Chu Hsi hat hundert Jahre nach seinem Tode über ihn geschrieben: Wang habe den Glücksfall getroffen, »der sich nur einmal in tausend Jahren bietet«, daß ein weitblickender Höchster Staatsminister die volle Unterstützung seines Herrschers genoß, ungehindert zu planen und die Pläne in vollem Umfange zu verwirklichen. Chu Hsi hieß Wangs Pläne nicht gut, aber die Bedeutung jenes geschichtlichen Augenblicks hatte ihren Eindruck auf ihn nicht verfehlt. Wang war zu seinen Lebzeiten eine umstrittene Persönlichkeit, und seine Beurteilung ist noch heute Gegenstand wissenschaftlicher Diskussion.

Was für ein Mensch war dieser Wang? Als einst glänzender Schüler, der frühzeitig Aufmerksamkeit erregte und Gönner fand, der später das Wissen seiner Epoche gründlich beherrschte und produktiv nutzte, war er typisch für die großen konfuzianischen Denker anderer Zeitalter. Typisch für den großen konfuzianischen Geist war auch, daß er seinen ureigenen Gedanken in der Form eines revolutionären Archaismus Ausdruck verlieh. Der radikale Geist des *fu ku*, der »Rückkehr zum Alten«, im literarischen Stil wie in den Quellen der Ethik, war das Banner, unter dem Han Yü schrieb und unter das die Denker der frühen Sung-Zeit ihre literarischen und philosophischen Bewegungen stellten. Und typisch schließlich war Wang insofern, als er Künstler, Staatsmann und Philosoph in einem war. Selbst seine politischen Feinde schätzten seine Poesie und seine Essays, und sein Platz in der Literaturgeschichte ist, unabhängig von seinem politischen Werdegang, unangefochten.

Wangs Reformmaßnahmen wurden in einer Reihe von Dekreten hauptsächlich in den Jahren 1069 bis 1073 verkündet. Der junge Kaiser Shen-tsung, der 1067 als Neunzehnjähriger den Thron bestiegen hatte, war von Wangs Ideen und der Kraft seiner Persönlichkeit völlig eingenommen. Fünf, sechs Jahre lang stützte er Wang mit der ganzen Macht seiner absoluten Stellung gegen jegliche Opposition. Als dann Kritik an der Durchführung einiger Maßnahmen aus Wangs eigner Gruppe dem Kaiser zu Ohren kam, geriet Wang in Zorn und bat um die Statthalterschaft einer Präfektur fern vom Hofe. Nach weniger als einem Jahr wurde er zurückgerufen und blieb an der Macht, aber in einer Position, die ihm über die Erhaltung des früher Eingeführten hinaus kaum weitere Neuerungen gestattete. Er amtierte bis zum Jahre 1076 als Erster Minister, und seine Politik wurde bis zum Tode des Kaisers im Jahre 1085 weiterhin offiziell, wenn auch weniger freudig, unterstützt. Unmittelbar danach setzte unter der Oppositionspartei, die zu jener Zeit an die Macht kam, eine so gut wie gänzliche Abkehr von seiner Politik ein. Wang starb 1086, tief enttäuscht über diese Mißachtung seines Lebenswerkes, nachdem er noch die Anfänge der reformfeindlichen Rachepolitik seiner Feinde hatte mitansehen müssen.

Diese reformfeindliche Phase dauerte bis 1093, als Wangs Partei wieder zur Macht gelangte. Der Führung dieser Partei fehlten jedoch dessen Rechtschaffenheit und Weitblick, und sie war erbittert über die Rache der Anti-Wang-Clique, die sieben Jahre lang regiert hatte. Mächtige Politiker, die nur dem Namen nach für die Reform eintraten, blieben ein Vierteljahrhundert oder länger an der Macht, doch die Reformfragen waren zu brutalen Machtkämpfen zwischen Männern entartet, die der moralischen und geistigen Führung nicht würdig waren, die Wang selber und die Opposition zu seinen Lebzeiten dargestellt hatten.

Die »Nach-Reform-Phase« dauerte bis 1125, dem Jahr vor dem Fall der Sung-Hauptstadt an die Chin-Invasoren und vor dem Verlust des Nordens, das heißt bis zum Ende der Nördlichen Sung und zum Beginn der Südlichen Sung-Dynastie. Sowohl die abstoßende Politik dieser Nach-Reform-Zeit als auch der Zusammenbruch der Dynastie wurden mit der Politik von Wang An-shih in Verbindung gebracht, was, ein wenig ungerecht, Öl in das Feuer der Wang-feindlichen Gefühle schüttete, die nun in der orthodoxen Geschichtsschreibung maßgebend wurden. Dennoch waren einige seiner Maßnahmen so sehr Teil des chinesischen Staatswesens geworden, daß sie während der ganzen übrigen Kaiserzeit in Kraft blieben.

Die Reformmaßnahmen Wangs betrafen fast jedes Gebiet der staatlichen Verwaltung. Sie brachten die Reorganisation der Finanzplanung und -wirtschaft zustande, stellten einige Grundzüge des Steuersystems weitgehend wieder her, reorganisierten die gesamte niedere Verwaltung (das heißt jene Schreib- und Verwaltungstätigkeit der Angestellten ohne Beamtenrang), die Heeresreserve und verschiedene Gebiete des Militärwesens, bewirkten grundlegende Veränderungen im Beamtensystem und in den Ausbildungsmaßstäben, auf denen die Prüfungen für den Staatsdienst fußten, und leiteten Veränderungen bei Handwerk und Handel in die Wege, die von weitreichender Bedeutung wurden. Die Maßnahmen sind zu umfassend und zu vielseitig, um sie im einzelnen zu schildern. Es genüge die Feststellung, daß sie den Staat und die Landesverteidigung durch Reorganisation der Finanzkraft, Regelung der Personalverfahren und Einführung strafferer Kontrollen und strengerer Maßstäbe auf allen Gebieten der Staatsverwaltung stärken sollten.

Diese Maßnahmen beeinträchtigten den Status quo in allen Sparten des Lebens, und das allein genügte, um Groll und Widerstand hervorzurufen. Besonders im Norden schienen sie Schwierigkeiten zu verursachen, und zwar verärgerten sie die alteingesessenen Großgrundbesitzer ebenso wie ganz allgemein die auf Karriere versessenen Beamten, die nur nach einem festen und sicheren Posten trachteten. Und viele Maßnahmen litten bei ihrer Durchführung in der Tat unter unzweckmäßiger Hast und Mangel an politischem Wirklichkeitssinn. In einigen Fällen schufen sie ernstere Probleme als die, die sie zu lösen bestimmt waren. Alles in allem mag die Reformepisode dazu geführt haben, die Initiative zu lähmen, die Orthodoxie zu stärken und Macht und Autorität des Staates und des Kaisers zu vergrößern, ohne die Qualität der Regierung nennenswert zu verbessern.

Die Kultur im Zeitalter der Sung

Die Kultur einer Epoche läßt sich schwer charakterisieren. Je besser man mit der chinesischen Geschichte vertraut wird, desto mehr wird man das Gefühl haben, daß jede Epoche ihre charakteristische Kultur hervorgebracht hat, und das ist auch der Fall. Doch dieses Gefühl ist leicht höchst subjektiv, und es sinnvoll mitzuteilen, macht eine ausführliche Erörterung der kulturellen Ausdrucksformen notwendig, mit denen man sich befaßt. Eine eingehendere Darstellung der Sung-Dichter und ihrer Lyrik, der Sung-Maler und ihrer Werke, der Märchen- und Geschichtenerzähler der Sung-Zeit und ihrer Erzählungen und der übrigen Gestalter des kulturellen Lebens und ihrer Schöpfungen würde den Rahmen dieses Beitrags sprengen.

Die Sung-Zeit war vor allem anderen ein Zeitalter auf hoher Kulturstufe, und etwas von ihren kulturellen Leistungen gehört in jede Erörterung der Sung-Geschichte. Die Versuchung ist groß, sich in Verallgemeinerungen zu verlieren, wie: es war ein Zeitalter, der Selbstbesinnung, der hohen Bildung und der Eleganz, philosophisch und nach innen gewandt. Solche Verallgemeinerungen mögen einen Sinn haben, sie können aber auch verschwommen sein und in die Irre führen. Vielleicht könnte man die Sung-Kultur greifbarer charakterisieren, ohne in weitläufige Untersuchungen jedes einzelnen Gebietes der Kulturgeschichte abzugleiten, indem man die Kultur enger mit der Sozialgeschichte verknüpft.

Wir müssen uns zuerst über unser Unvermögen klarwerden, die gesamte Kultur zu behandeln. Die Volkskultur kann man längst nicht so genau rekonstruieren wie die Hochkultur der sozialen Elite. Im Falle Sung-Chinas sind wir vielleicht in der Lage, uns gründlicher zu informieren als über andere Kulturen, die tausend Jahre zurückliegen, aber selbst hier sind unsere Kenntnisse vom Leben des einfachen Mannes notwendigerweise sehr begrenzt. Und sogar die Dinge, die uns zugänglich sind, hat man im allgemeinen übersehen, denn nicht nur die Chinesen selbst, sondern auch außenstehende Chinaforscher haben sich ganz natürlich auf die Große Tradition konzentriert, auf die selbstbewußte, deutlicher artikulierte kulturelle Erfahrung der oberen Gesellschaftsschichten. Die Jahrhunderte, sogar Jahrtausende alte kulturelle Einheit der chinesischen Welt mit ihrem seit langem erreichten verhältnismäßig hohen Stand sozialer Mobilität hat offenbar zu einem bemerkenswerten Grad von Zusammenhalt und Harmonie von Volkskultur und Elitekultur im späten kaiserlichen China geführt. Die idealen Vorbilder und Wertmaßstäbe waren, wenn sie auch nur unvollkommen von einer kleinen Minderheit an der Spitze der Sozialpyramide verwirklicht wurden, in der ganzen Gesellschaft bekannt und von ihr angestrebt. Und sie waren – mehr oder weniger popularisiert, doch gewöhnlich ohne deshalb Spannungen zu verursachen – in allen Schichten der Gesellschaft wirksam vorhanden.

Die Volkskultur durchlief in der Sung-Zeit bezeichnende Wandlungen; dies lassen einige Zeugnisse aus dem Bereich der Kulturgeschichte deutlich erkennen. Das Drama, für das merkwürdigerweise in der frühen chinesischen Kultur kein Raum gewesen war, begann sich in der Sung-Zeit zu entwickeln; auch die Volksdichtung gewann erst jetzt Bedeutung, beides Kunstformen, die größtenteils ihren Ursprung im Volke hatten und nach und nach gesellschaftlich aufstiegen, bis sie zum Besitz jener Literaten wurden, die für die höchste intellektuelle und künstlerische Wertschätzung schrieben. Beide schienen in städtischen Lebensverhältnissen geblüht zu haben, wo sie unter den einfachen Leuten ein Publikum finden konnten, das Muße und Geld genug hatte, sie zu unterstützen. Vielleicht waren solche Verhältnisse vor der Sung-Zeit nicht gegeben. Wenn das richtig ist, würde es die Ansicht bestätigen, daß die Sung-Zeit eine entscheidende Wende der ganzen chinesischen Geschichte bedeutete.

Jedenfalls erlebte das chinesische Drama in dem einen Jahrhundert unmittelbar nach dem Sturz der Sung sein goldenes Zeitalter. Die größten Meisterwerke entstanden, und seine formale Vollendung errang das Drama in einer so glanzvollen wie stürmischen Entwicklung; anscheinend waren das letzte Jahrhundert der Südlichen Sung und derselbe Zeitraum in den Gebieten der Liao und der Chin-Tataren im Norden eine Zeit fruchtbarer Vorbereitung gewesen. Die fremden Liao- und Chin-Reiche und die ein Jahrhundert während Mongolenherrschaft, die der Sung-Zeit folgte, boten keine ausreichenden Lebensbedingungen mehr für eine kulturelle Entwicklung auf hoher Stufe. Deshalb kann man das Drama ebenso wie die Kurzgeschichte, die sich aus der Kunst des öffentlichen Erzählers entwickelte, mit den Zeiten in Verbindung bringen, in denen der bestimmende und verbindende Einfluß der Großen Tradition schwach war; allerdings wird man einräumen müssen, daß gerade diese Schwäche mehr Freiheit und schöpferische Kraft, wenn auch auf weniger hohem Niveau, erlaubte. Ein großer Teil der Geschichte dieser kulturellen

Entwicklung gehört nicht mehr in die Sung-Zeit; wichtig ist aber, daß in der Sung-Zeit eine neue kulturelle Umwelt städtischen und volkstümlichen Charakters entstanden sein dürfte, die den Mutterboden für die spätere Entwicklung abgab.

Eine technische Neuerung hat wesentlich zu dieser neuen Kultur beigetragen, nämlich die Erfindung des Buchdrucks in der T'ang-Zeit, die erst unter den Sung weit verbreitete Verwendung zu profanen Zwecken im Dienste der Bildung fand. Die Bedeutung dieser Erfindung – sie gelangte erst ein paar hundert Jahre später nach Europa – für die abendländische Kultur ist so bekannt, daß sich hier eine ausführliche Darstellung erübrigt. Für die Bildung und allgemein für die Kultur Sung-Chinas bedeutete sie etwas anderes, da die soziale Umwelt in keiner Weise mit der europäischen vergleichbar war, hatte aber auch hier entscheidende Bedeutung. Sie hob das Bildungsniveau und erweiterte die Bildungsgrundlagen, und sie förderte die weitere und schnellere Verbreitung des Wissens in der ganzen geistigen Welt Ostasiens. Darüber hinaus errang die Kunst der Buchherstellung in der Sung-Zeit ein solches Maß an technischer und künstlerischer Vollendung, daß sie schon deshalb zu den kulturellen Wahrzeichen der Epoche gehört.

Die Literaturgeschichte der Sung-Zeit weist Züge auf, die für den Kulturhistoriker von großem Interesse sind. Einerseits erlebte die Prosaliteratur – hauptsächlich der Essay, aber auch Geschichtsschreibung und andere nichtbelletristische Literaturgattungen – Sieg und Blüte des revolutionären Archaismus von Han Yü; die großen Essayisten der Sung-Zeit wurden die Vorbilder für alle späteren Zeitalter. Andererseits weist die Geschichte der Sung-Lyrik typisch chinesische Entwicklungen auf, die uns interessante Aufschlüsse über das Leben dieser Kultur geben. Es gibt im Chinesischen kein allgemeines Wort für »Poesie«; die einzelnen Epochen haben ihre eigenen poetischen Formen entwickelt, und jede hat ihren eigenen Namen und ihre eigene Geschichte. Die Poesie, die in der T'ang-Zeit blühte, nennt man *lü-shih*, »Geregelte Dichtung«, da sie strengen Regeln im Silbenmaß folgte, die ihre Form starrer festlegen als in irgendeiner früheren Dichtung. Was die Dichter der T'ang-Zeit in dieser Kunstform schufen, ist so überwältigend, daß sie die in späteren Jahrhunderten am häufigsten verwendete Kunstform blieb, auf die man im formalen Sinne den höchsten Wert legte. Aber obwohl sie niemals aufgegeben wurde und ihr Ansehen niemals verblaßte, erstarrte sie allmählich, und neue, lebenskräftigere Formen traten in späterer Zeit an ihre Stelle.

Obwohl das *lü-shih* der Sung oft einen hohen Rang erreicht, fand der Geist der Sung-Zeit seinen Ausdruck in einer anderen Art von Poesie. Daß man sich an vergangene Formen und Wertmaßstäbe klammerte, während man in Wirklichkeit nach neuen Ausdrucksmitteln suchte, ist an sich schon charakteristisch für die Kultur Chinas. Die neue Form, die im dichterischen Schaffen der Sung-Zeit vorherrschend werden sollte, läßt indes wieder andere bezeichnende Züge der chinesischen Kultur erkennen. Erstens entstand sie als Reaktion auf einen neuen musikalischen Stil; zweitens hatte diese Musik ihren Ursprung in Zentralasien und nicht im eigentlichen China, und drittens war sie zuerst Musik des Volkes, und die Worte, die man ihr unterlegte, waren zuerst Volkslieder, ehe Dichter sie ihren künstlerischen Zwecken dienstbar machten. Nach und nach ergriffen sie von ihr Besitz, und noch länger dauerte es, bis sie kulturell anerkannt waren, bis große Literaten sich offen ihrer bedienten und die Werke in diesem Stil in ihre Sammlungen aufnahmen. Doch selbst dann noch hätte ein großer Schriftsteller und Gelehrter seine gesammelten Werke so angeordnet, daß seine nichtssagenden Gedichte in antiquierten Versmaßen an erster Stelle erschienen und er gleichsam ein Lippenbekenntnis zu diesem Stil als dem von ihm am höchsten eingeschätzten ablegte.

In Wirklichkeit wurde in der Sung-Zeit der größte Teil der besten Dichtungen in dem neuen Genre verfaßt, das *tz'u*, »Liederdichtung«, genannt wurde. Das Silbenmaß dieser Dichtung war kompliziert und anspruchsvoll, aber die Form gestattete eine weitaus größere Vielfalt in Länge und Rhythmus und gab dem Dichter größere Ausdrucksfreiheit, größere Breite in Thema und Stimmung und mehr Innerlichkeit in Ton und Weise. Die neue Musik, die diese vielstufige Entwicklung auslöste, war zur T'ang-Zeit aus Innerasien nach China gebracht worden. Die ersten großen Dichter, die sich eingehend mit ihren poetischen Möglichkeiten befaßten, schrieben gegen Ende der T'ang-Zeit und in der Periode der Fünf Dynastien. Ihren Höhepunkt erlebte diese Kunstform in der Sung-Zeit und wurde unter der folgenden Dynastie in einen ähnlichen Prozeß von einer neuen Gattung verdrängt. In den dreihundert Jahren der Sung-Zeit durchlief die *tz'u*-Dichtung die ganze Skala der Entwicklung und wurde in Thema, Stimmung und künstlerischer Qualität in der gesamten chinesischen Dichtkunst vielleicht nur von der Geregelten Dichtung der T'ang-Zeit übertroffen. In der Yüan- und der Ming-Zeit kam man von dieser Gattung weitgehend ab; sie erlebte dann aber in der Ch'ing-Zeit eine neue Blüte. Viele moderne chinesische Leser ziehen das *tz'u* der Sung-Zeit jeder anderen Lyrik vor, da sie für den mit westlicher Literatur vertrauten modernen Geist ihren Reiz besser bewahrt zu haben scheint als irgendeine andere Gattung der chinesischen Literatur.

Andere Künste erlebten ebenfalls in der Sung-Epoche ihr goldnes Zeitalter, besonders die Landschaftsmalerei und die Porzellanherstellung. Auch die Porzellanherstellung gehörte zu den großen technischen Neuerungen der Periode, und wie beim Buchdruck wurden die in den ersten Jahrhunderten aufgestellten künstlerischen Maßstäbe in späteren Zeiten nicht übertroffen. Die weißen und grauen Glasuren, vor allem aber die hellgrünen und mattgrünen sind auf der ganzen Welt wegen ihrer Qualität und ihren kunstvollen Mustern berühmt. Selbst die gewöhnliche Handelsware der späten Sung-Zeit, die in Massen in andere Gegenden Asiens exportiert wurde, zeigt ein handwerkliches Können und eine künstlerische Vollendung, die sie heute zu begehrten Museumsstücken machen.

Die hohe Kultur der Sung-Periode erkennt man vielleicht am besten an ihrem Ideal des kultivierten Lebens. Das war der Lebensstil des gelehrten Beamtentums, nicht unbedingt ein Leben fürstlichen Reichtums, aber doch eines Herrn, der in der Öffentlichkeit das Leben eines Staatsbeamten führte, als Privatmann aber das eines Gelehrten oder Literaten. Der »Künstler-Staatsmann« ist das Sung-Ideal; er war zumindest Dichter und Kalligraph, und oft war er ein Meister in Musik und Malerei, Philologie und Geschichte, ebenso auch in Medizin und Philosophie. Er besaß eine universale Bildung für den Staatsdienst; eine andere Karriere gab es nicht. Im schlimmsten Falle beraubte dieses Ideal, wie es die Regierung Kaiser Hui-tsungs (1101–1125) beweist, den Staat der politischen Führung zu einem Zeitpunkt, da er sie dringend brauchte. Doch auch in jeder anderen Position wäre

Der Bodhisattva Avalokiteshvara
Bemalte Holzskulptur, 12./13. Jahrhundert. Prag, National-Galerie

Literaten auf einem Gartenfest
Malerei von Kaiser Hui-tsung (?) auf einer Hängerolle, erstes Viertel 12. Jahrhundert
Taichung/Taiwan, National Palace and Central Museums

Hui-tsung wegen seiner Leistungen in Malerei und Schreibkunst eine unsterbliche Persönlichkeit in der Geschichte geworden.

Das Ideal des kultivierten Lebens erkennt man in seiner besten Erscheinung an der hohen Zahl von Sung-Staatsmännern, die ein sinnvolles öffentliches Dasein mit einem Privatleben zu verbinden wußten, in dem Wissenschaft und Kunst im Mittelpunkt standen. Ein gutes Beispiel dafür sind die Dichterin Li Ch'ing-chao und ihr Mann Chao Ming-ch'eng. Sie lebten Ende des 11. und Anfang des 12. Jahrhunderts; beide kamen aus Familien mit hohem Ansehen in der Bürokratie. Chao verbrachte den größten Teil seines Lebens im Staatsdienst als tüchtiger, wenn nicht sogar hochgeschätzter Verwaltungsbeamter; am bekanntesten ist er als Antiquar und Archäologe. Seine Frau ist die berühmteste Dichterin der ganzen chinesischen Geschichte, eine einzigartige Persönlichkeit; gleichwohl entspricht sie einem allgemein geltenden Ideal. Als Tochter einer Gelehrtenfamilie stand ihre Bildung der ihres Gatten in nichts nach. Sie teilten die Liebe für antike Gegenstände und Kunstwerke, sammelten sie und Bücher darüber und verfaßten gelehrte Kataloge ihrer Sammlung. Sie besaßen keine fürstlichen Reichtümer und verpfändeten oft ihre Habe, um irgendein Stück für ihre Sammlung zu erstehen; und doch gelang es ihnen, eine große Bibliothek und eine bedeutende Sammlung von Altertümern zusammenzubringen. Wenn sie wegen seiner Amtsgeschäfte getrennt wurden, führten sie einen Briefwechsel in Gedichten von höchstem Range; waren sie zusammen, dann arbeiteten sie gemeinsam als Gelehrte an der Erforschung und Veröffentlichung ihrer Kunstwerke. Als die Chin-Tataren 1126 das Reich überrannten, verloren sie ihre persönliche Habe und mußten in den Süden fliehen, Vertriebene in einer Zeit der nationalen Katastrophe. Chao starb, und Li zog allein umher und schuf weiter ihre großen Gedichte, in denen nun die Tragödie ihres Lebens und ihrer von fremden Invasionen zerstörten Kultur ihren Ausdruck findet. Anderthalb Jahrhunderte später verschlang eine neue Invasion die letzten Trümmer Sung-Chinas. Gewiß, die Kultur lebte weiter, wuchs und wandelte sich, aber eine Ära, die sich durch einzigartige Anmut und Fülle auszeichnete, ging mit der Vernichtung der Sung-Dynastie zu Ende.

Sung-China und die Reiche an seiner Nordgrenze

Die chinesische Kultur erwuchs in einer klimatisch und topographisch besonderen Zone Nordchinas und breitete sich von hier in geschichtlicher Zeit weiter aus. Charakteristisch für diese Gegend sind ihr Lößboden und ausreichende, wenn auch nicht allzu reiche Niederschläge. Diese Bedingungen begünstigten eine intensive Landwirtschaft, die ein hohes Maß an Fähigkeiten erforderte, um das verfügbare Wasser der landwirtschaftlichen Erzeugung nutzbar zu machen. Das hat die Gestalt der chinesischen Gesellschaft und des chinesischen Staates mehr oder weniger — je nachdem, welches Gewicht man den einzelnen geschichtlichen Faktoren beilegt — wesentlich bestimmt oder doch zumindest stark beeinflußt.

Diese breite nordchinesische Zone umfaßt das Gebiet von der Ostküste nach Westen bis zu den Gebirgsketten, die dem tibetanischen Hochland vorgelagert sind. Im Norden grenzt sie mit einem von Menschenhand errichteten Monument, der Großen Mauer, an eine natürliche Linie, die die Ackerbauzone von den Steppen Zentral- und Ostasiens scheidet. Nach Süden hin geht diese Zone längs einer Grenze ein- bis zweihundert Meilen nördlich des Yang-tzu allmählich in das feuchtere, fruchtbarere Entwässerungsgebiet dieses großen Flusses über, darüber hinaus dann in das grüne, sanfte Hügelland Zentral- und Südchinas. Von diesen vier Grenzen bilden die im Osten und Westen offensichtlich scharf gezogene, deutliche Schranken. Die Grenze zum Süden hin blieb während der ganzen chinesischen Geschichte durchlässig für die dortigen produktiveren Landbaumethoden, eine Grenze, die die nach außen drängende chinesische Kultur leicht überwinden konnte, ohne sich grundlegend zu wandeln. Der stetige, von einer gleichlaufenden Bevölkerungsbewegung getragene Drang der chinesischen Kultur nach Süden, hat, zumeist in den letzten tausend Jahren, das gesamte Festlandsgebiet bis hinunter zur südostasiatischen Halbinsel einbezogen, und dies geht heute noch weiter. Geschichtlich gesehen war der Raum hinter der Südgrenze niemals eine Bedrohung; in ihn hinein konnte sich China fast nach Belieben erweitern, ohne auf mehr als gelegentlich eine begrenzte örtliche Verteidigung zu stoßen und anscheinend auch ohne das Schicksal der Kultur oder den Bestand des Staates jemals aufs Spiel zu setzen.

Aber die Nordgrenze war im Laufe der ganzen Geschichte eine Grenze der Spannung und Gefahren, von der aus immer wieder der gebietsmäßige Bestand und die innere Sicherheit des chinesischen Staates bedroht wurden. Die Steppe ist ein Gebiet, in dem intensive Landwirtschaft unmöglich ist. Ihre Bewohner unterschieden sich in ihren Einrichtungen und kulturellen Formen deutlich von den Chinesen, und diese Verschiedenheit konnte niemals überbrückt oder ausgeglichen werden. Die Randzone zwischen dem vollkommen agrarwirtschaftlichen China und dem ganz nomadischen Zentralasien konnte sich jeweils der Seite der natürlichen Grenze anschließen, die als politisches Gebilde gerade am stärksten organisiert war. Beide Seiten hielten es für notwendig, diese Randzone unter ihre Herrschaft zu bringen; besonders die Steppenkulturen bedurften dieser Zone und über sie des chinesischen Staates im Süden, um notwendige materielle Güter zu beschaffen – etwa Eisen- und Metallerzeugnisse, Getreide und andere Nahrungsmittel –, aber ebenso nebensächliche Dinge, die zur Annehmlichkeit des Lebens ihrer privilegierten Stände beitrugen. Doch auch China legte immer wieder Wert darauf, den zentralasiatischen Handel zu kontrollieren, der Waren und Ideen aus Indien und dem Nahen Osten brachte und aus der Steppe Kriegspferde, Jade, Pelze und dergleichen. So muß man sich hier eine Symbiose zwischen den Gebieten der seßhaften Ackerbauern und der wandernden Hirtenvölker vorstellen, eine Symbiose, die eine notwendige Seite ihrer Geschichte darstellt, obwohl beide Partner nie imstande waren, Einrichtungen zu schaffen, die beiderseits der Grenze gleichermaßen ihren Zweck erfüllten. In der Regel mußten sie politisch, kulturell und institutionell getrennte Welten bleiben. Gehörten sie einmal zwangsweise zu ein und demselben Reich, so mußte eine Doppelverwaltung eingerichtet werden, eine »Dyarchie« paralleler Institutionen und Verordnungen oder doppelt besetzter

Behörden, in denen Vertreter beider Kulturen Aufgaben wahrnahmen, die sich überschnitten oder ergänzten.

Seit der Sung-Zeit kam es derart häufig zu einer solchen Beteiligung nichtchinesischer Mächte von jenseits der Großen Mauer an der Regierung Chinas, daß manche zeitgenössischen Historiker von einer »Synarchie« sprechen, daß heißt, Chinesen und Nichtchinesen versahen eine Verwaltung, deren Elemente von Institutionen sowohl diesseits wie jenseits der Großen Mauer stammten, wie es dann im späten chinesischen Reich ganz üblich war. In solchen Fällen lag die höchste politische Autorität jenseits der Mauer; sie unterwarf sich China durch Waffengewalt, konnte das Land aber nur regieren und Vorteile aus ihrer Überlegenheit ziehen, indem sie die politischen Formen Chinas benutzte und überwachte, die Behörden mit Beamten besetzte, die die traditionellen Kenntnisse besaßen und in Weltanschauung und Bildung die chinesischen Wertmaßstäbe anerkannten.

In der ganzen Sung-Zeit sind weite Teile Chinas auf diese Weise von den Liao und den Chin beherrscht worden; kleinere Landstriche unterstanden zeitweilig dem Po-hai-Staat und den Hsi-hsia. Dann brachten die Mongolen im Jahre 1279 zum ersten Male ganz China unter Fremdherrschaft, bis sie 1368 bis 1370 vertrieben wurden. Im Jahre 1644 errichteten die Manchu im ganzen chinesischen Reich wieder eine fremde Herrschaft, und zwar für einen Zeitraum von fast dreihundert Jahren, bis 1911. In den letzten tausend Jahren des Kaiserreiches wurden also weite Gebiete Chinas oder ganz China von Nichtchinesen regiert, die innerhalb des chinesischen Teils ihres Herrschaftsbereichs die chinesischen Einrichtungen übernahmen. Das beste Beispiel für diese Symbiose zwischen China und der Steppe war die Gewaltenteilung innerhalb Chinas zwischen chinesischen Verwaltungsbeamten und fremden Machthabern, die mit dem Vordringen der chinesischen Kultur in die Steppe als Folge der Vereinigung beider Zonen in einem Reich Hand in Hand ging. Doch weder die lang andauernde und organische Symbiose noch die erzwungene, aber funktionierende Dyarchie der Doppelbehörden vermochte den so entstandenen Reichen die kulturelle Einheit zu bringen. China blieb China, und die Steppe blieb eine Welt für sich. Aber China wandelte sich unter der Fremdherrschaft und wirkte selbst mehr und mehr auf das politische und wirtschaftliche Leben der Nomaden ein. Die bedeutend engere und tiefer reichende gegenseitige Verquickung ihrer innersten Lebensvorgänge, besonders der größere Einfluß der chinesischen Kultur in der Randzone längs der chinesischen Steppengrenzen, ist eine Erbschaft der Sung-Geschichte, das Ergebnis einer dem Sung-Zeitalter eigentümlichen chinesischen Politik. Wir müssen deshalb einen Blick auf die chinesisch-zentralasiatischen Beziehungen werfen, wie sie sich damals entwickelten, und auf ihre Folgen für die spätere Geschichte eingehen.

Die Liao-Dynastie war in den ersten Jahrzehnten des 10. Jahrhunderts von einem Stammesverband von Khitan-(Ch'i-tan-)Völkern gegründet worden, die im unteren Tal des Liao-Flusses in der Süd-Manchurei und in der unmittelbar nach Osten anschließenden Steppe, der östlichen Inneren Mongolei, ansässig waren. Die Länder der Liao erstreckten sich über das ganze Gebiet der heutigen Manchurei und nach Westen in die Innere und Äußere Mongolei. Die Liao hatten die Nachfolge der zerfallenden Macht anderer Stammesverbände angetreten, aber keine spektakulären Einfälle in das zerbröckelnde Reich T'ang-

Chinas unternommen. Den ursprünglichen Bund der Stammesgruppen hatte A-pao-chi zustande gebracht, der sich im Jahre 907 selbst zum »Kaiser« von Liao ausrufen ließ und bis 926 regierte. Sein Sohn und Erbe ließ sich auf Bündnisse und militärische Operationen innerhalb der Großen Mauer ein, die die Südgrenze seines Reiches bildete, und es gelang ihm auf diese Weise, sechzehn Präfekturen Nordchinas unter seine Gewalt zu bringen, darunter das heutige Peking, das unmittelbar südlich der Mauer liegt.

Diese »sechzehn Präfekturen« des »eigentlichen Chinas« unter fremder Herrschaft waren der Anlaß zu einer der heikelsten Fragen der frühen Sung-Zeit; denn obwohl die Liao Chinas Schwäche nicht nutzten, um noch andere Gebiete in China zu erwerben – was sie ohne weiteres hätten tun können –, kontrollierten sie noch immer die sechzehn Präfekturen, als Chao K'uang-yin im Jahre 960 die Sung-Dynastie gründete. Chao war, wie wir sahen, ein geduldiger Mensch und scheute rein militärische Lösungen innerer wie äußerer Probleme. Daher wartete er ab und hatte bei seinem Tode im Jahre 976 noch keine Schritte unternommen, die sechzehn Präfekturen mit Gewalt wiederzugewinnen. Wahrscheinlich hatte er dies im Auge gehabt, und seine Nachfolger auf dem Sung-Thron fühlten sich offenbar genötigt, Chinas Macht innerhalb der Mauer ganz wiederaufzurichten, denn in der Zeit von 978 bis 1004 hielten sie den Sung-Staat in spannungsgeladener Feindseligkeit gegenüber den Liao.

Aber die Liao vermochten den Sung-Heeren wiederholt Niederlagen beizubringen und waren schließlich zu einer Invasion Chinas auf breiter Front bereit, als die Sung eine neue Politik einschlugen; sie verhandelten über einen dauerhaften Frieden und ließen die Bereitschaft erkennen, zugunsten eines Friedens Entschädigungen zu zahlen und Konzessionen zu gewähren. Ein entsprechender Friedensvertrag wurde 1005 in Shan-yüan ausgehandelt. Der Vertrag hat seinen Namen von jenem Punkt in der Nähe der Sung-Hauptstadt, wo die Invasionsheere von Liao den Sung-Streitkräften gegenübergetreten waren. Der Sung-Hof war nach Süden geflohen, und der Kampfeswille war gering. Verhandlungsbereite Kreise lösten die kriegslüsternen Parteien an den Höfen der Sung und der Liao ab und arbeiteten die Friedensbedingungen aus, nach denen der Sung-Kaiser eine Jahresentschädigung von hunderttausend Tael Silber und zweihunderttausend Rollen Seide zu zahlen hatte und die Mutter des Liao-Kaisers als »Tante« (gleichsam als Frau des jüngeren Bruders seines Vaters), ihn selbst als »jüngeren Bruder« anerkannte.

Dieses Abkommen wurde zum Muster für die Verträge mit dem Tangut-Hsia-Staat im Nordwesten. Seitdem zahlte der Sung-Staat hundertsiebzehn Jahre lang für den Frieden, der nur bei zwei oder drei Gelegenheiten gefährdet war – und jedesmal wurden die Bedingungen zugunsten der Liao und der Hsia revidiert. Im Jahre 1042 wurden die Abgaben auf zweihunderttausend Tael Silber und dreihunderttausend Rollen Seide erhöht, und 1074 traten die Chinesen ein weiteres kleines Gebiet an die Liao ab. Dieser erkaufte Friede bewährte sich jedoch in der ganzen Zeit zu aller Zufriedenheit, und die Sung-Kaiser beglückwünschten sich zu ihrem Erfolg, das Problem auf diese Weise gelöst zu haben. In Sung-Quellen werden die jährlichen Zahlungen als »Geschenke« bezeichnet, während es in Liao-Quellen »Tribute« sind, als seien sie von einer untergeordneten Macht einer überlegenen entrichtet.

In Wirklichkeit hatten diese Beträge aber keine große wirtschaftliche Bedeutung und wurden mehr als wettgemacht durch die Steuern aus dem über die Grenzen hinweggehenden Handel. Außerdem wirkte sich der Friede auf die Liao demoralisierend aus; er förderte das Verlangen nach Luxus, schwächte den Kampfeswillen und verminderte die Schlagkraft der Truppen. Im Laufe der Zeit zog es die herrschenden Kreise der Liao mehr und mehr zu der chinesischen Lebensweise hin; dies störte vor allem die Beziehungen zu ihrem unverdorbenen nomadischen »Bevölkerungsreservoir«, aus dem sie ihre Streitmacht ergänzen konnten, und verminderte so ihre Kampffähigkeit. Zu Beginn des 12. Jahrhunderts war ein großer Teil der herrschenden Klasse der Liao einschließlich der königlichen Sippe in Lebensweise und Anschauungen chinesisch geworden.

Zu der Zeit hatte der Liao-Staat offensichtlich nicht mehr die Macht, die anderen Stammesvölker an seiner Nord-, Nordost- und Westgrenze einzuschüchtern. Selbst im Sung-Staat regte sich der Ehrgeiz, die Tributforderungen der Liao abzuschütteln. Im Jahre 1122 trat der Sung-Hof in Verhandlungen mit den »wilden« Jürched ein, die dem Namen nach Vasallen der Liao an ihrer Nordostgrenze längs des Sungari-Flusses waren; ein Häuptling dieser Jürched- (auch Nü-chen- oder Jurchen-) Stämme hatte schon 1112 die Lehnsherrschaft der Liao nicht mehr anerkannt. Die »wilden« Jürched wurden von den Liao so genannt, weil sie der Einbeziehung in die Liao-Verwaltung und anderen zivilisierenden Einflüssen Widerstand entgegensetzten, wenn sie auch nach außen hin die Obergewalt der Liao anerkannten.

Jetzt begannen sie Stammesbünde unter den Grenzvölkern zu schließen, die noch immer eindeutig ein kriegerisches Nomadenleben führten, wie es die Liao während ihrer zweihundert Jahre kaiserlicher Existenz beiderseits der Großen Mauer nach und nach aufgegeben hatten. Sie proklamierten ihren Staat 1115 als die Chin- (auch Kin- oder Goldene) Dynastie. Dies entsprach dem chinesischen Staatsbegriff, den die Jürched in der halb chinesischen, halb stammesmäßigen Form kannten, in der ihn die Liao verwirklicht hatten, der ihnen aber als die höchste und wirksamste Form eines stammesmäßig organisierten Machtinstruments erschien. Das chinesische Muster entsprach nur sehr unvollkommen den tatsächlichen Verhältnissen bei den primitiven Jürched in den ersten Jahrzehnten ihrer dynastischen Ambitionen, aber ihre raschen Erfolge bei der Überwindung der Liao stärkten sie einerseits derart, daß sie noch wirkungsvoller in die chinesischen Gebiete an ihrer Südgrenze vorstoßen konnten, andererseits wurden sie auch anfälliger gegenüber den völlig demoralisierenden Einflüssen der überstürzt angenommenen chinesischen Lebensformen.

Dem Sung-Hof war anscheinend nicht der Gedanke gekommen, diese primitiven Barbaren könnten eine Gefahr für China werden. Die Chinesen forderten sie auf, ihre Angriffe gegen die Liao mit einem Sung-Vorstoß von Süden her zu koppeln. Sie gedachten auf diese Weise die Liao abzulenken, während die chinesischen Heere nordwärts zur Großen Mauer zogen, um die »sechzehn Präfekturen« zurückzugewinnen. Nun kam es zwar rasch zu einem Zusammenbruch der Liao, großenteils weil ihre Hauptstreitkräfte an ihrer Westgrenze gebunden waren. Die Chin stellten aber fest, daß die Sung-Heere noch weniger Widerstand leisteten und Versprechungen der Sung nicht eben vertrauenswürdig waren. Verhandlungen zwischen Sung und Chin brachen im Jahre 1125 zusammen, und anstatt daß die Chin, wie man erwartet hatte, den Chinesen die Südgebiete der Liao überließen, stießen sie vor und belagerten zu Beginn des Jahres 1126 die Sung-Hauptstadt Pien, das heutige K'ai-feng in der Provinz Honan, südlich des Gelben Flusses.

Wieder einmal war die Sung-Politik gespalten. Lange Zeit hatte man mit dem Feind im Norden verhandelt, anstatt die militärische Entscheidung zu suchen; und so waren die Chinesen selber unsicher geworden, auf welche Weise man am besten mit dieser Krise fertig werden könne. Einige Heerführer waren bereit, entschlossen Widerstand zu leisten; am Ende wurden aber ihre Absichten von der Friedenspartei am Hofe vereitelt. Die Hauptstadt fiel, und sowohl der alte Kaiser Hui-tsung, der im Jahre 1125 freiwillig abgedankt hatte, als auch sein Sohn, der regierende Kaiser Ch'in-tsung, wurden gefangengenommen. Die Sung-Regierung konstituierte sich wieder unter einem Prinzen aus einer Seitenlinie, der als Kao-tsung (1127–1162) Kaiser wurde, der erste der »Südlichen Sung« mit der Hauptstadt Hangchou, südlich des Yang-tzu.

Die Chin hielten ganz China nördlich des Huai-Flusses besetzt, einen beträchtlich größeren Teil des Nordens, als die Liao besessen hatten. Der Vertrag, den sie schließlich den unglücklichen Sung aufnötigten, war noch härter als der mit den Liao. Sie erzwangen die ungeheuerliche Kriegsentschädigung von fünf Millionen Tael Gold, fünfzig Millionen Tael Silber, großen Mengen Seide, Pferde, Rindvieh, die Abtretung von Befestigungen an der Nordgrenze und die Überlassung eines kaiserlichen Sung-Prinzen als Geisel im Jahre 1126 – nur als Preis für die Rückgabe der Hauptstadt Pien an die Sung-Heere. Trotzdem drängten die Chin weiter nach Süden und überquerten sogar den Yang-tzu zu kurzen Überfällen und zur Belästigung des fliehenden Sung-Hofes. Mehr als zehn Jahre lang dauerten die harten Kämpfe, ehe sich die Lage dank dem Vertrag von 1141 beruhigte. Nach den Bedingungen dieses Abkommens mußten die Sung die Chin-Herrscher als ihre Lehnsherren anreden, jährliche Abfindungen, die offen als »Tribute« bezeichnet wurden, in Höhe von zweihundertfünfzigtausend Tael Silber und zweihundertfünfzigtausend Rollen Seide entrichten, Gesandte schicken, die dem Chin-Herrscher zu seinem Geburtstag und am Neujahrstag zu gratulieren hatten; sie mußten weitere Gebiete abtreten, sich mit einer Kontrolle der Grenzen einverstanden erklären und den Maßnahmen zur Förderung des Handels zustimmen, wie sie von den Chin gefordert wurden. Es gelang den Sung, einige dieser Bedingungen in dem Vertrag von 1161 abzumildern, aber der Sung-Kaiser hatte auch weiterhin den Chin-Herrscher als »Onkel« anzureden; nach einer militärischen Niederlage im Jahre 1208 wurden die Beträge der Jahreszahlungen in einem neuen Vertrag, der den Chinesen im selben Jahre aufgezwungen wurde, wiederum erhöht. So hielt sich das Vorbild, in der Liao-Zeit aufgestellt, aber mit Bedingungen, die noch drückender für die Sung waren, hundert Jahre der Chin-Herrschaft hindurch in Nordchina.

Das wirft die Frage auf, weshalb die Chinesen alles dies duldeten. Die Liao hatten eine Bevölkerung von weniger als einer Million; die Chin-Stämme waren der Zahl nach sogar noch schwächer. Die Gesamtbevölkerung ihrer Staaten, einschließlich ihrer chinesischen Untertanen, belief sich wahrscheinlich – unter den Liao – auf weniger als fünf Millionen und unter den Chin vielleicht auf zehn Millionen. Die Bevölkerungszahl Sung-Chinas dagegen überstieg wahrscheinlich sechzig Millionen, erreichte während des größten Teils dieser Epoche vielleicht sogar hundert Millionen und wuchs noch, als das Staatsgebiet unter der Sung-Herrschaft zu schrumpfen begann. Der Sung-Staat erlebte zwar fiskalische Schwierigkeiten, die Umstellungen erforderlich machten und an gewissen Stellen zu radikalen Reformen Anlaß gaben, aber die Sung-Wirtschaft blühte, und die Chinesen verfügten über weitaus größere Hilfsquellen an Menschen und materiellen Mitteln als ihre angriffslustigen Nachbarn.

Unter den früheren Dynastien der Han und der T'ang hatten sich die Chinesen im Kampf gegen die Nomaden in der Steppe als äußerst tüchtig erwiesen und ihnen vernichtende Niederlagen beigebracht, und sie sollten am Ausgang des 14. und zu Beginn des 15. Jahrhunderts den Nachweis erbringen, daß sie imstande waren, das wiederum zu tun. Während die Nomadenstämme dank ihrer gesellschaftlichen Organisation zu leistungsfähigen Kampfverbänden zusammenwuchsen, hatten die Chinesen den Vorteil, von stark befestigten Stützpunkten auf eigenem Gebiet aus zu kämpfen und sich dabei eine überlegene militärische Technik zunutze zu machen. Kurzum, es scheint keine rein militärischen Gründe gegeben zu haben, weshalb die Chinesen, selbst wenn sie vorübergehend überwältigt und besiegt waren, nicht die Fremdherrschaft hätten abschütteln und ihre eigenen Gebiete wieder unter Kontrolle bringen können, wenn die chinesische Regierung nur den Willen dazu gehabt hätte.

Man muß daraus den Schluß ziehen, daß die Beziehungen zwischen China auf der einen Seite und den Hsia, Liao und Chin auf der andern politisch bestimmt waren, das Ergebnis einer wohlüberlegten Politik, zu der sich die chinesischen Herrscher aus rein politischen Gründen entschlossen hatten. Das wird besonders deutlich bei der Niederwerfung der Liao durch die Chin und dem anschließenden Krieg gegen die Südlichen Sung 1124 bis 1141. Die straffe Zucht dank neo-konfuzianischer Moralbegriffe, besonders der Treuepflicht gegenüber dem Herrscher, hatte zur Folge, daß in Krisenzeiten das gelehrte Beamtentum in einem Maße dem Thron treu ergeben war, daß es ohne zu zögern jede Entscheidung des Thrones unterstützte. Zur selben Zeit durchdrang eine Woge des Hasses gegen die rohen und vernichtungswütigen Eindringlinge das ganze Volk und weckte ein weit verbreitetes Gefühl für Vaterlandsliebe und das Verlangen, die Ehre des Landes zu rächen. Verschiedene energische und äußerst fähige Heerführer tauchten auf; sie führten Heere mit außergewöhnlich hohem Kampfgeist, die nur darauf brannten, den Norden zurückzuerobern. Besonders unter dem heroischen Yüeh Fei (1103–1143) schienen Wille und Kraft vorhanden gewesen, um zurückzuschlagen. Einige kühne Streifzüge Yüeh Feis nach Norden tief in das Chin-Gebiet hinein waren militärisch erfolgreich, wenn auch die Legende ihre tatsächliche militärische Bedeutung übertrieben haben mag. Entscheidend ist nicht, ob Yüeh Fei und Gleichgesinnte damals in der Lage gewesen wären, Sung-Heere zum vollständigen Sieg über die Eindringlinge zu führen, sondern vielmehr, warum der Sung-Hof ihnen nicht die Gelegenheit zu einem Versuch gab.

Die Verhandlungspolitik zugunsten eines demütigenden Friedens wurde dem Hofe von einer starken friedensfreundlichen Partei aufgezwungen, die die Unterstützung des Kaisers genoß. Man hat gesagt, daß der Hof diese Politik gewählt habe, um nicht den militärischen Führern Macht und Handlungsfreiheit gewähren zu müssen, daß er bewußt ein verkleinertes

China mit zentralisierter Zivilgewalt einem geeinten, aber von Dezentralisation und unabhängigen militärischen Mächten bedrohten China vorgezogen habe. In dieser Wahl kommt sowohl der pazifistische Ton des wiedererweckten Konfuzianismus jener Zeit zum Ausdruck als auch das getreuliche Festhalten an den von dem Sung-Gründer aufgestellten Grundsätzen der Vorherrschaft der Zivilgewalt. Nationalistische Chinesen haben sich immer über diese Ära in der Geschichte ihres Landes geärgert, und die heutige kommunistische Wissenschaft findet sie besonders schändlich und entwürdigend und sieht darin einen Beweis für die Degeneration der herrschenden Schichten in der alten Gesellschaft. Gewiß, zahllose Chinesen wurden dadurch der harten Herrschaft der Nordstaaten ausgeliefert, und Millionen wurden aus den Nordgebieten vertrieben und mußten sich im Süden eine neue Heimat suchen, aber es war auch eine Politik realistischer Abwägung anderer Tatsachen; sie war sich sehr wohl der Kosten einer Kriegführung und der Gefahr bewußt, die dem Ideal eines zivilen Regiments insgeheim durch den Triumph einer militaristischen Politik drohte.

Man könnte über das Für und Wider dieser Seite der chinesischen Geschichte endlos diskutieren und den jahrhundertelangen Streit fortsetzen, den die Chinesen selbst darüber geführt haben. Während der ganzen Periode der Demütigung vertrauten die Chinesen im guten wie im schlechten darauf, daß die Werte ihrer Kultur am Ende triumphieren würden, und sie sahen dies mehr oder weniger in dem Glauben bestätigt, daß die primitiven Fremdvölker, die als Eroberer in China lebten, unvermeidlich den kultivierenden Einflüssen der chinesischen Lebensweise erliegen würden. Sie dürften aber zu Beginn des 13. Jahrhunderts, als die Chin-Tataren in Nordchina offensichtlich chinesische Kulturformen annahmen, kaum geahnt haben, daß die größte Gefahr für die Kultur überhaupt erst mit dem plötzlichen Aufstieg eines anderen fremden Eindringlings Gestalt annahm.

Der letzte und größte Angreifer in diesen drei oder vier Jahrhunderten fortgesetzter zentralasiatischer Bedrohung Chinas, die Mongolen, standen im Jahre 1200 bereit, zur blutigen Eroberung des größeren Teils Eurasiens anzusetzen. Die Liao und die Chin wurden von dieser Welle vollkommen verschlungen, aber China erhob sich am Ende wieder daraus, um ohne Bruch der Kontinuität seinen traditionellen Weg fortzusetzen. Man könnte sagen, die Sung-Politik der Einschränkung und Koexistenz mit den Liao und Chin habe einen Puffer gegenüber den Mongolen geschaffen, der vieles von deren anfänglichem Ungestüm auffing, sie zur Anpassung an Übergangskulturen zwang, ehe sie mit China selbst in Kampf gerieten, und China vielleicht manche Zerstörung erspart hat, wie sie andere Teile der Welt durch die Hände der Mongolen erlitten. Man kann das selbstverständlich nicht dem chinesischen Weitblick zuschreiben; aber es lohnt vielleicht zu bedenken, daß die »weiche Linie« der Anpassung in diesem Stadium der Geschichte Chinas sowohl die Verlagerung des Bevölkerungsschwerpunktes und der wirtschaftlichen Kraft nach dem Süden beschleunigte als auch die chinesischen Werte durch die unvollkommene Mittlerrolle der Nomadenvölker in der Randzone zwischen China und der Steppe nach Norden trug, und dies zu einer Zeit, da eine harte Politik vielleicht nur dazu geführt hätte, die Lebenskraft der chinesischen Kultur in einer Reihe ergebnisloser Kämpfe zu zersplittern. Aber was »hätte sein können« gehört nicht zur Geschichte.

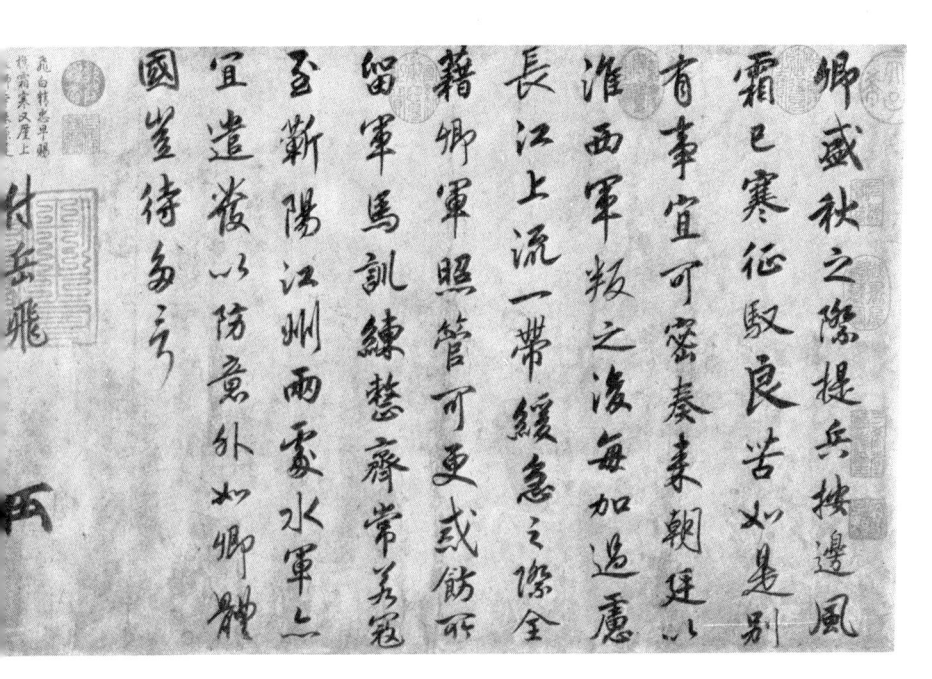

卿盛秋之際提兵按邊風霜已寒征馭良苦如是別有事宜可密奏來朝廷以淮西軍叛之後每加過慮長江上流一帶緩急之際全籍卿軍照管可更戒飭所留軍馬凱練整齊常為寇至斬陽江州兩處水軍上宜遣發以防意外如卿體國盡忠待多言

Dankschreiben des Kaisers Kao-tsung
an den um die Sicherheit des Sung-Staates bemühten Heerführer Yüeh Fei
Brief in der Handschrift des Kaisers aus den letzten Jahren des Krieges 1124–1141 gegen die Chin
Taichung/Taiwan, National Palace and Central Museums

Tataren auf der Jagd
Malerei von Chen Chu-chung (?) auf einem Albumblatt, Anfang 13. Jahrhundert
Cleveland/Ohio, Museum of Art

Die Regierungen, die auf chinesischem Boden über chinesische Bevölkerungen von den Liao und Chin errichtet worden waren, gehören der Geschichte an und blieben im Bewußtsein der Chinesen und ihrer Eroberer in späteren Zeiten als ein wichtiger Abschnitt der chinesischen Geschichte. Das Versagen der Liao und der Chin, besonders der letzteren, bei dem Versuch, ihr nationales Eigenleben und ihren Fortbestand zu sichern, hing als drohende Mahnung über den Mongolen und den Manchus und bestimmte ihr Handeln, als die Reihe an ihnen war, das Problem zu lösen, wie man China regieren könne, ohne von ihm aufgesogen zu werden. Der Enderfolg der chinesischen Kultur, die sich nach all den militärischen und politischen Demütigungen triumphierend wieder erhob, hat unzweifelhaft zu der chinesischen Selbstzufriedenheit beigetragen und Chinas Fähigkeit beeinträchtigt, die Bedeutung der neuen »Barbarengefahr« zu erfassen, die im 18. Jahrhundert von Europa aus drohte und die im 19. Jahrhundert ganze Teile der traditionellen Kultur durchsetzt und entkräftet hat und unmittelbar zu der vollkommenen Umwandlung der chinesischen Kultur und Zivilisation in unserer Zeit führte.

Die zähe Widerstandskraft der chinesischen Kultur kam daher, daß – zumindest vor unserer Zeit – keine höher rationalisierte politische und soziale Ordnung zu erkennen war. Wollten die Eroberer überhaupt einen Vorteil aus ihrer Überlegenheit ziehen, so hatten sie keine andere Wahl, als sich den chinesischen Formen der Ausnutzung einer beherrschenden Position zu beugen. Um die chinesische Wirtschaft systematisch und fortlaufend auszubeuten, mußte man sich chinesischer Verfahren bedienen. Das waren bürokratische Methoden; bei ihnen kam es auf Verwaltungskenntnisse an, die ziviler Natur waren und nur mit Hilfe der ideologisch überzeugenden Kulturtradition der Chinesen erworben werden konnten.

Ein sinisierter Nachkomme des Liao-Herrscherhauses, ein Mann, dessen unmittelbare Vorfahren den Chin zwei oder drei Generationen lang gedient und ihnen dabei die Erfahrungen der Liao im Regieren der Chinesen auf einheimische Weise vermittelt hatten, wurde im Jahre 1218 ein bedeutender Berater des Tschinghis Khan. Dieser Yeh-lü Ch'u-ts'ai überzeugte den Mongolenherrscher, daß es einträglicher sei, die Chinesen regelmäßig mit Steuern zu schröpfen, als sie allesamt abzuschlachten und Nordchina in einen neuen Weidegrund für seine nomadischen Gefolgsleute zu verwandeln. Er mag recht gehabt haben; indem aber Tschinghis Khan den höheren Gewinn aus dieser Art Nutznießung zog, verewigte er die Grenze, die die mongolische Lebensführung ohne Gewalt nicht überschreiten konnte, und seine Nachkommen hatten nur die Wahl, diese Welt im wesentlichen unversehrt zu lassen oder als Herrscher über sie sich in ihr zu verlieren. Sie wählten, teils bewußt, teils weil sie nicht anders konnten, den ersten Weg.

Die damaligen Chinesen betrachteten die Mongolen als die schlimmste Geisel der Geschichte, doch die Schäden, die sie der chinesischen Kultur zufügten, blieben an der Oberfläche und wurden nach der Wiederherstellung der chinesischen Herrschaft leicht überwunden. Ihre Herrschaft wurde um so rascher wiederhergestellt, als die Mongolen sich von China fernhielten, gewarnt durch das Beispiel der sich selbst auslöschenden Chin-Eroberer. Sie bewahrten ihren Nationalcharakter, und ein großer Teil Zentralasiens trägt heute den Namen Mongolei, den ihre Anwesenheit ihm im 13. Jahrhundert gab. Sie zogen es vor, ihre Identität als Volk, vor allem anderen mit dem Nomadentum der Steppe als Hintergrund, zu erhalten. Sie regierten China schlecht und recht, in der Hauptsache mit Hilfe nichtchinesischer Vertreter, die Staatsmaschinerie ließen sie nur auf niedrigen Touren laufen, sie selbst aber erhielten sich in bester nomadischer Leistungsfähigkeit. Indem sie es vermieden, die Regierung Chinas stärker zu rationalisieren, blieben sie zum mindesten selbst weitgehend davor bewahrt, den heimtückischen Preis für den Erfolg zahlen zu müssen.

Die Mongolen blieben nomadische »Barbaren«, aber sie bewahrten dadurch ihre nationale Integrität. Man könnte höchstens fragen, ob diese primitive kulturelle Integrität so hoch einzuschätzen war. Die Mentalität der Mongolen ist für den modernen Menschen nur schwer verständlich; in mancherlei Beziehungen sind sie erstaunlich bildungsfähig. Viele Kulturformen und technische Fertigkeiten haben sie sich spielend angeeignet. Ihr Hang zur Gewalttätigkeit und ihre Vorliebe für einfachere und primitivere Mittel sollten uns jedoch nicht zu der vordergründigen Antwort verleiten, sie seien einfach Wilde gewesen. Aber eine erschöpfende Antwort darauf liegt allein in der mongolischen Geschichte, also jenseits der Grenzen dieser Abhandlung.

China unter der Mongolenherrschaft

Tschinghis Khan führte Krieg gegen die äußeren Nord- und Westgrenzen eines Gebiets, das früher einmal China gewesen war, nun aber im Steppenteil des Jürched-Chin-Reiches lag. Bei seinem Tod im Jahre 1227 waren die Gebiete der Chin zum großen Teil noch unberührt. Als Pufferstaat merkten die Chinesen der Südlichen Sung erst spät etwas von der Existenz des neuen riesigen Mongolenreiches, das sich bereits von Ostasien bis nach Europa erstreckte, und erkannten nur allmählich das Machtpotential, das es enthielt. Aber unter Tschinghis Khans Sohn Ögödei eroberten 1234 die Mongolen den Chin-Staat, und seit der Zeit hatte Sung-China eine gemeinsame Grenze mit ihnen. Nordchina wurde seit jenem Jahr von der mongolischen Khanatshauptstadt Karakorum in der Äußeren Mongolei aus regiert – nicht vom eigentlichen China –, und es wurde etwas mit der linken Hand regiert, wie das wegen seiner peripheren Beziehung zur mongolischen Macht und den mongolischen Interessen verständlich war. Gewiß, dort stand man vor der Aufgabe, jene Doppelbehörden zu übernehmen, die man von den nomadischen Vorgängern in dem Gebiet ererbt hatte, aber diese Behörden bestanden zum großen Teil aus mongolischen Beauftragten, besonders aus Zentralasiaten, die von den Mongolen gerade unterworfen worden waren und sich sehr viel besser in einer höher entwickelten Kultur auskannten als ihre Herren, aber der chinesischen Kultur und ihrem Lebensstil ebenso fremd gegenüberstanden.

Nach und nach jedoch zog Nordchina die ganze Aufmerksamkeit des östlichen Khanats auf sich und gewann auch größere wirtschaftliche Bedeutung. Die Regionalregierung übernahm immer mehr Chinesen, und einige institutionelle Angleichungen führten zu Rationalisierungen in den Verwaltungsverfahren auf der traditionellen chinesischen Linie, die jedoch

– das muß betont werden – nicht unmittelbar von chinesischen Erfahrungen stammten, sondern von erfahrenen Kennern dieser chinesischen Verfahren, zuerst der Liao-, dann der Chin-Dynastie, übermittelt worden waren.

Die Eroberung Chinas ist wahrscheinlich von Anbeginn ihres Aufstiegs unter Tschinghis Khan das Hauptziel der Mongolen gewesen. Sie sondierten und zögerten lange, wandten sich erst einmal der Sicherung anderer Erwerbungen zu oder dehnten sich an anderen Fronten aus. Aber zwangsläufig kamen sie auf China zurück; und in den fünfzig Jahren zwischen Tschinghis Khans Tod und der endgültigen Eroberung der Südlichen Sung entwickelten sie neue Vorstellungen von China und seinem Ort in ihrem Weltreich. Bis die Eroberung selbst gesichert war, kümmerten sie sich allerdings wenig um die eigentlichen Regierungsprobleme. Nordchina blieb in den fünfzig Jahren vom Fall der Chin bis in die Mitte der Regierungszeit Khubilais (1260–1294) chaotisch und politisch unsicher; die einzige Sicherheit bot die überwältigende militärische Macht der Mongolen, die bei den chinesischen Bürgern keinerlei Gedanken an Proteste gegen die untragbaren Verhältnisse aufkommen ließ, noch weniger den Willen, eine Änderung zum Besseren zu wagen.

Die Regierung Khubilai Khans bezeichnet den entscheidenden Wendepunkt in der Mongolenherrschaft über China. Khubilai war ein Enkel Tschinghis Khans, der, ohne den Vorteil der üblichen Legitimierungsverfahren zu nutzen, sich im Jahre 1260 selber zum Großkhan der Mongolen ausrief; gleichzeitig erhob er jedoch den überzeugenderen Anspruch auf den himmlischen Auftrag, über die Chinesen zu herrschen – überzeugender deshalb, weil er Erfolg und nicht den Ratschluß seiner Stammesgenossen brauchte, um seine Legitimität darzutun. Er erklärte sich zum Kaiser einer neuen Dynastie, die er die »Große Yüan« nannte, und so finden wir bei Khubilai die offene Anerkennung der Doppelrolle als Spitze zweier heterogener Pyramiden politischer Gewalt: der eines nomadischen Steppenreiches und der der seßhaften Chinesen. Und Khubilai entdeckte, daß Kaiser von China zu sein der anspruchsvollere und dankbarere Teil seiner Doppelrolle war.

Er begann als umstrittener Anwärter auf die Mongolenherrschaft, und er starb als Kaiser von China; sein Anspruch auf den Drachenthron war das bedeutendste Vermächtnis, das er seinen Erben hinterließ. Als Khubilai den Thron bestieg, kannte er China besser als irgendeiner seiner mongolischen Vorgänger. Er hatte in den fünfziger Jahren des 13. Jahrhunderts Feldzüge an den chinesischen Grenzen und tief in die Südwestprovinzen hinein geführt. Im Jahre 1260 verließ er Karakorum und verlegte seine Hauptstadt nach Shang-tu (Xanadu) unmittelbar nördlich der Großen Mauer, und 1267 verlegte er seinen Regierungssitz offiziell in die alte Hauptstadt der Liao und der Chin, das heutige Peking, die er großzügig wiederaufbaute, um sie zum Sitz seines Doppelreiches zu machen, nahe der natürlichen Grenze zwischen dessen beiden Hälften – doch bezeichnenderweise deutlich im chinesischen Teil. Nach Nomadenart schlug er auch weiterhin in den Sommermonaten seine Residenz im Norden, in der Steppe auf, aber seine Regierung blieb in der chinesischen Stadt. Bei ihm erleben wir das allmähliche Aufgehen im chinesischen Lebensstil, das schließlich in der Eroberung der Südlichen Sung in den siebziger Jahren des 13. Jahrhunderts seinen Höhepunkt erreichte.

Dieses »östliche Khanat« China hat niemals wieder die Hegemonie über den Rest der gespaltenen mongolischen Welt eingenommen; aber Khubilai und seine Nachfolger fanden in China und der angrenzenden östlichen Steppe genügend Aufgaben während des folgenden Jahrhunderts der Yüan-Dynastie, die in Wirklichkeit von 1260 bis 1367 regierte, wenn sie auch von chinesischen Historikern so weit zurückdatiert wird, daß sie die gesamte Nachfolge seit Tschinghis Khan umfaßt. Nachdem sie 1367 bis 1370 von einer neuen chinesischen Dynastie aus China vertrieben worden war, beherrschte sie auch weiterhin – politisch wie kulturell – den Teil der eurasischen Steppe, den wir noch als Mongolei bezeichnen. Doch die wesentlichen psychologischen Züge ihres Volkscharakters entstammen dem Bilde ihres Gründers Tschinghis Khan und nicht dem Khubilais und seiner Nachfolger als Kaiser in China. Obwohl China die Energien der Mongolen ein Jahrhundert lang abgelenkt hat, konnte es sie nicht untergraben oder sie ihrer wesensmäßigen Bindung an die Steppe entfremden.

Doch dazu müßte man die Stellung Chinas in der Geschichte der Mongolen erörtern; unsere Absicht ist es aber, die Geschichte Chinas unter der Yüan-Dynastie, also in der Zeit der Mongolenherrschaft über das chinesische Volk darzustellen. Die Yüan scheinen größtenteils die Verwaltungsstruktur der T'ang und Sung beibehalten zu haben. An der Spitze der Verwaltungshierarchie standen die Sekretariatskanzlei und das Amt für militärische Angelegenheiten, die wir schon als die beiden höchsten Verwaltungsorgane kennen. Der Sekretariatskanzlei unterstanden die üblichen »Sechs Ministerien«. Die Yüan schufen auch ein Zensorat und andere Hilfsbehörden, übernahmen die äußeren Formen des chinesischen Verwaltungsbetriebes und hielten sich in der gesamten Verwaltung mehr oder weniger an die gebräuchlichen Verfahren. Die Mongolenkaiser beobachteten in der Regel die üblichen Formen, bei Hofe zu empfangen, politische Fragen zu erörtern, Maßnahmen zu genehmigen und ihre militärischen und zivilen Berater zu hören. Sie suchten sogar den Anschein zu erwecken, als wollten sie die traditionellen Kulturwerte und ihre Symbole begünstigen: Sie ehrten die chinesischen Weisen des Altertums, erklärten im Jahre 1313 den konfuzianischen Kanon und die Kommentare von Chu Hsi dazu für orthodox und stellten in Ansätzen das darauf beruhende Prüfungssystem als Hauptinstrument der Auslese für den Staatsdienst wieder her. So war die Yüan-Dynastie sowohl in ihrer äußeren Erscheinung als auch in ihren inneren Bedingungen offenbar nur ein weiterer Zyklus in der Kontinuität der chinesischen Geschichte.

Traditionelle und moderne chinesische Historiker, die gewohnt sind, von der Kontinuität und Einheit der Geschichte auszugehen, neigen dazu, die Ähnlichkeiten im Äußeren zu betonen. Sie sind sicherlich bedeutsam, aber ebenso wichtig ist der Hinweis, daß es Khubilai Khan und seinen Nachfolgern nicht gelang, im Rahmen der chinesischen politischen Traditionen wirksam zu regieren. Die Einrichtungen der chinesischen Gesellschaft erwiesen sich als elastisch und dauerhaft genug, um ein Jahrhundert mongolischer Mißwirtschaft zu überleben. Und solange die Überlegenheit der mongolischen Militärmacht unbestritten war, konnte die Mißwirtschaft dem mongolischen Regime nichts anhaben. Aber den Mongolen gelang es niemals, das Wesen der chinesischen Gesellschaft zu begreifen oder deren führende Schicht, den Gelehrtenadel, ihrem Regierungssystem zu integrieren. Sie versuchten, diese Schicht zu umgehen, indem sie viele der gewöhnlich von deren Angehörigen versehenen Aufgaben von Außenseitern wahrnehmen ließen, Zentralasiaten, die sie selber als Beauftragte und Partner hereingeholt hatten. Sie fürchteten die latente Macht der Chinesen, die Widerstandskraft ihrer Kultur und ihre psychologischen Überredungskünste. Indem sie sie aber ausschlossen, weil sie ihnen für eine volle Partnerschaft in der Regierung zu gefährlich schienen, überantworteten sie China der Mißwirtschaft.

Ihre gefügigeren zentralasiatischen Handlanger waren natürlich allein von dem Verlangen getrieben, ihre Stellung, die ja nur eine vorübergehende sein konnte, nach Kräften auszunutzen. Die Mongolen nahmen eher die oft maßlose Ausbeutung in Kauf, als daß sie die zuverlässige hohe Leistungsfähigkeit der chinesischen Beamten für ihre Zwecke einsetzten, die eine ständige Bedrohung ihrer Autorität bedeutet hätte. In ihrer Unsicherheit Fremden gegenüber übertrieben die Mongolen wahrscheinlich die Unzuverlässigkeit der Chinesen und unterschätzten die Kraft neo-konfuzianischer Loyalität gegenüber dem legitimen Herrscher. Auf jeden Fall beschränkte man die Chinesen zumeist auf niedere Routineaufgaben unter Aufsicht von Ausländern, denen sie gehorchen mußten, denen sie aber, besonders unter den gegebenen Umständen, keinerlei Achtung entgegenbringen konnten. Die Regierung wurde zur Arena, in der Chinesen und Mongolen Mittel und Wege suchten, sich gegenseitig zugunsten der eigenen Interessen zu hintergehen, wobei die Zentralasiaten eine zweideutige und unsichere Mitte einnahmen.

Eine solche Regierung hat noch niemals funktioniert, und als die Mongolenherrschaft nach Khubilais langer Regierung an Kraft verlor, ging es noch schlechter. Unter Khubilai noch energisch und – abgesehen von dem Mangel an Integration – zentral regiert, löste sich die Yüan-Verwaltung dank zunehmender Schlaffheit, extremer Korruption und allgemeiner Unfähigkeit allmählich auf und war immer weniger in der Lage, tüchtige chinesische Verwaltungsbeamte heranzuziehen, die vielleicht sogar auf weite Sicht an einer funktionsfähigen Regierung interessiert gewesen wären.

Diese Entfremdung der Chinesen wirkte von Anfang an lähmend auf die Mongolenherrschaft in China und sollte ihr schließlich zum Verhängnis werden. Nachdem die mongolische Militärmacht erst einmal Schwäche gezeigt hatte – und das mongolische Volk in China konnte von dem Niedergang des chinesischen Teils des Reiches nicht unberührt bleiben –, waren die Chinesen von dem unbrauchbaren politischen Apparat allein nicht mehr zu unterdrücken und im Zaume zu halten.

Das Scheitern der mongolischen Konzeption läßt sich am deutlichsten in dem Versuch erkennen, der chinesischen Gesellschaft in den achtziger Jahren des 13. Jahrhunderts kraft Gesetzes ein schlecht durchdachtes System sozialer Klassen aufzuzwingen. Vier Klassen waren genau bezeichnet: die höchste Klasse, die das mongolische Volk umfaßte; die Zentralasiaten *(seh-mu)*, also die fremden Teilhaber an der Mongolenmacht; die Nordvölker *(han-jen)*, die chinesischen Untertanen des von den Mongolen 1234 eroberten Chin-Staates, und schließlich die Südchinesen *(nan-jen)*, die Untertanen der in den siebziger Jahren eroberten Südlichen Sung. Die letzteren zählten vielleicht sechzig Millionen, gegenüber den zehn bis fünfzehn Millionen der dritten Kategorie und den nicht mehr als fünf Millionen in den beiden ersten zusammen. Die beiden ersten waren privilegierte

Stände, die Steuerfreiheit genossen, Ämter bekleiden durften und auch sonst wichtige Privilegien besaßen. Die beiden übrigen, besonders die Südchinesen, waren unterdrückte Klassen, die bei der Bekleidung von Ämtern und auch auf andere Weise benachteiligt wurden.

Dieser Versuch, die Herrschenden künstlich in ihren gehobenen Stellungen zu halten, war von Anfang an zum Scheitern verurteilt. In seiner ganzen Anlage bewies er mangelndes Verständnis für die Dynamik der chinesischen Gesellschaft und lief ihrer ganzen Natur zuwider – und in der Praxis ließ er sich nicht durchsetzen. In Wirklichkeit (wenn auch nicht so bezeichnet) waren die Standesunterschiede maßgebend, die auf Reichtum und auf einem von chinesischen Wertvorstellungen herrührenden Ansehen beruhten. Die gesetzlichen Regelungen bewirkten lediglich eine Entfremdung der Chinesen von ihrer Regierung und eine Schwächung der Leistungskraft der bürokratischen Gesellschaft.

Dennoch hielt sich die Mongolenherrschaft im Norden hundertdreißig Jahre (von 1234) und neunzig Jahre in ganz China (von 1279). Obwohl es den Mongolen ganz allgemein nicht gelang, der chinesischen Gesellschaft eine angemessene Führung zu geben, ist die Zeit ihrer Herrschaft in China doch durch einige höchst interessante institutionelle und kulturelle Veränderungen gekennzeichnet, die für die chinesische Geschichte von bleibender Bedeutung wurden. So hat zum Beispiel die Tendenz der Mongolen, ihrer Herrschaft so unmittelbaren wie machtvollen Ausdruck zu verleihen, die im chinesischen Staat längst vorhandene Neigung zur Zentralisierung und zu einer autoritären Staatsauffassung verstärkt und gefördert.

Der politische Stil der Mongolenherrscher war verständlicherweise unmittelbarer und mehr machtorientiert als der der Chinesen. Sie hatten wohl auch immer wieder das Bedürfnis, ihren chinesischen Höflingen einzuschärfen, daß ihr Wille oberstes Gesetz sei, und da sie unkultivierte Menschen waren, war ihnen gewaltsames oder sogar brutales Vorgehen nur natürlich. Der Stil des Hofes, an dem die Feinheiten der chinesischen Sprache unverständlich und der chinesische rituelle Verhaltenskodex sinnlos wurden, hatte selbstverständlich wenig Ähnlichkeit mit dem Hofe der Sung. Chinesische Hofbeamte, die den Versuch unternahmen, der Umgebung zum Trotz ihren Maßstäben des Anstands treu zu bleiben, wurden enttäuscht und entmutigt. Der Kaiser stand deutlich geschieden hoch über seinen Höflingen; und diese Kluft wurde nach und nach zur festen Einrichtung, die auch nach dem Abzug der Mongolen erhalten blieb.

In welchem Maße diese Umstände zu verstärkter Zentralisierung beitrugen, erkennt man an dem in der Yüan-Zeit entstandenen Aufbau der Provinzialregierung. Der Sung-Staat hatte die organisatorische Einheit auf der Ebene der Provinzialverwaltung aufgelöst und sie durch einzelne Behördenleiter ersetzt, die verschiedenen Dienststellen der Zentralregierung unterstanden und deren Tätigkeiten nicht in einer Provinzialbehörde koordiniert waren. Damit war der Zug zu stärkerer Zentralisierung bereits eindeutig festgelegt. Als die Mongolen ihre Herrschaft über immer weitere chinesische Gebiete ausdehnten, übernahmen sie dieses Verfahren einfach und unterteilten bestimmte Sparten ihrer zentralen Sekretariatskanzlei, deren Aufgaben sie einem Standort fern von den Zentralorganen in der Provinz zuordneten. Diese Sonderbehörden wurden keine richtigen Provinzialregierungen, sondern waren lediglich der verlängerte Arm der Zentralregierung, der in den verschiedenen Gebieten einzugreifen hatte. Diese eher primitive Übertragung von Stammesherrschaftsvorstellungen auf die chinesischen Verhältnisse paßte zufällig auf die höher entwickelten chinesischen Institutionen: Das Primitive stärkte das Fortschrittliche und verschmolz mit ihm zu einem neuen Verwaltungstyp, mit dessen Hilfe die Autorität der Zentralregierung unmittelbar in die Provinzen wirken konnte. Aus dieser *ad hoc* geschaffenen Yüan-Einrichtung entwickelten sich Name, territoriale Grenzen und die wesentlich funktionelle Einteilung der Provinzregierung, die sich bis zum Ende der Kaiserzeit erhalten hat. Man kommt hier zu dem Schluß, daß die Mongolenherrschaft der zeitlichen Entwicklung, die der chinesischen Szenerie innewohnte, vorausgeeilt war.

Andere Beispiele liegen in den Bemühungen der Mongolen, nach hundertfünfzig Jahren Trennung von Nord und Süd das chinesische Gebiet wieder zu einer Einheit zusammenzuschließen. Sie standen vor der scharf ausgeprägten Spaltung zwischen dem wirtschaftlich und kulturell hochentwickelten Süden (worunter das zentralchinesische Yang-tzu-Tal, also der »historische Süden«, zu verstehen ist) und dem politisch wichtigeren Norden, einer Spaltung, mit der noch alle Herrscher Chinas fertig werden mußten. Ihre eigene Verbindung zum Norden konnten sie nicht abbrechen, andererseits erforderte sowohl der Unterhalt ihrer Militärmaschinerie und ihres Staatsapparates wie ihre universale Reichskonzeption eine wirksamere wirtschaftliche und fiskalische Integration des Südens. Hier experimentierten sie mit der traditionellen chinesischen Lösung: sie bauten einen großen Binnenschiffahrtsweg, den »Großen Kanal«, der beide Gebiete miteinander verband und auf dem Steuergetreide in die Hauptstadt transportiert werden konnte. Gleichzeitig unterstützten sie als neue Lösung den Seetransport. Der Kanal, von Fronarbeitern unter der Leitung chinesischer Regierungsingenieure erbaut und von zivilen Regierungsstellen unterhalten, erforderte zwar einen ungeheueren, so unzulänglichen wie unwirtschaftlichen Aufwand an Geld und Massenarbeitskraft, entsprach jedoch durchaus den Fähigkeiten und Erfahrungen der chinesischen Gesellschaft und Regierung.

Die Seeschiffahrt lag durchaus im Bereich der technischen Fähigkeiten der Chinesen, sie erforderte aber Kenntnisse und Fertigkeiten, die hauptsächlich von privaten Handelsunternehmern erworben worden waren, also sowohl die Möglichkeiten der Regierung als auch die Zuständigkeit der gelehrten Beamtenschaft überstiegen. Zuerst war es die Küstenschiffahrt, zu der man sich entschloß. In den achtziger Jahren des 13. Jahrhunderts erhielten Seeräuber-Kaufleute aus Zentralchina, die die Schiffe, Kenntnisse und Organisationsfähigkeit dazu besaßen, die Konzession, an der Küste entlang Getreide nach der Hauptstadt zu liefern. Das taten sie einige Jahrzehnte hindurch mit vollem Erfolg. Sie transportierten bis zu hundertfünfzigtausend Tonnen (dreieinhalb Millionen *shih*) jährlich mit nur unbedeutenden Verlusten. Aber traditionsbefangene chinesische Staatsmänner rügten ihre Unternehmungen, und hier scheint es, als hätten Kräfte innerhalb der chinesischen Gesellschaft triumphiert; auch die mongolische Regierung wurde bewogen, sich mit Kanalbauprojekten zu befassen, um eine Alternative zu schaffen: Die Handelsrechtsinhaber wurden als Seeräuber und Verräter angeprangert. Das mögen sie auch gewesen sein, bestimmt aber machten sie erstaunliche Profite. Wichtiger ist jedoch, daß sie nicht durch andere Kauffahrer oder etwa eine staatlich betriebene Handelsmarine ersetzt wurden.

Man gab den Seeweg auf, und unter mongolischer Schirmherrschaft entstand der Große Kanal, der Hang-chou mit Peking verbindet, das wichtigste Instrument einer wirtschaftlichen Integration des Reiches bis ins Ende des 19.Jahrhunderts hinein. Wenn sich die Mongolen bei der Durchführung vieler staatlicher Verwaltungsaufgaben, wie Steuereintreibung, Finanzverwaltung, Verteilungs- und Verbrauchsmonopole und dergleichen, seit Beginn der Yüan-Verwaltung gern auf Vertragskaufleute stützten, so scheinen sie hier dem Druck von Kreisen nachgegeben zu haben, die die traditionellen chinesischen Methoden in praktischen Angelegenheiten vorzogen. Deswegen funktionierte die mongolische Verwaltung in diesem Falle nicht besser, aber indem sie sich chinesischen Formen annäherte, entsprach die mongolische Regierung mehr und mehr den traditionellen chinesischen Maßstäben für Erfolg und Mißerfolg.

Das Begünstigen von Kaufleuten und ihre Übernahme in die Verwaltung, das Zusammenrücken der Händler und Bürokraten in der herrschenden Gesellschaftsschicht führte anscheinend zu einer kurzen Blüte einer wenn auch etwas vulgären bürgerlichen Kultur. Marco Polo, der gleichen Kreisen entstammte, war von der Pracht und der betriebsamen Geschäftigkeit der vielen Städte Chinas überwältigt, ohne zu bemerken, daß er sie auf einem Tiefpunkt ihrer Geschichte erlebte. Sein ehrfürchtiges Staunen ist eher ein Hinweis auf das rohe, undifferenzierte europäische Leben der damaligen Zeit – selbst in seiner Heimatstadt Venedig – als ein genaues Spiegelbild der Zustände in China; ihm fehlten einfach die Maßstäbe, um die aufs höchste verfeinerte Pracht Chinas zu beurteilen. Chinesen, die noch das Niveau der Sung-Zeit kannten, beklagten allgemein den Tiefstand in Kunst und Wissenschaft, die Mängel der Regierung und das ungehobelte gesellschaftliche Leben unter den Mongolen.

Besonders die konfuzianischen Literaten empfanden, daß sie viel Grund zur Klage hatten, nachdem ihr Monopol auf Rechtgläubigkeit nicht mehr geschützt, ihr ethisches System angezweifelt worden war und ihre gesellschaftlichen und literarischen Werte keine staatliche Unterstützung mehr fanden. Aber es war gerade die von der Mongolenherrschaft herbeigeführte Freiheit von Literatenmaßstäben, die dem kulturellen Leben eine freiheitliche Atmosphäre schenkte. In den Städten blühten vor allem die volkstümlichen Gattungen von Literatur und Schauspiel. Die führenden Schichten der damaligen Gesellschaft: ungebildete oder halbgebildete Mongolen und Zentralasiaten, vulgäre Handelsleute und reiche Kaufherren, zeigten sich als großzügige Gönner volkstümlicher Unterhaltung.

In vielen Fällen waren es arme und gescheiterte Gelehrte, die keine rechten Aufgaben hatten und ihr Talent nun dazu benutzten, für Unterhaltung zu sorgen; sie verfaßten Dramen, die auf Volkserzählungen zurückgingen, und führten sie auf, und schrieben die »Werke« von Geschichtenerzählern in lange Abenteuer- und Liebesromane um. Das vulgäre Publikum verlangte nach neuen Formen, und die kultivierten und oft hochbegabten Schriftsteller entsprachen diesen Wünschen häufig mit wahrhaft genialen und ursprünglichen Kunstwerken.

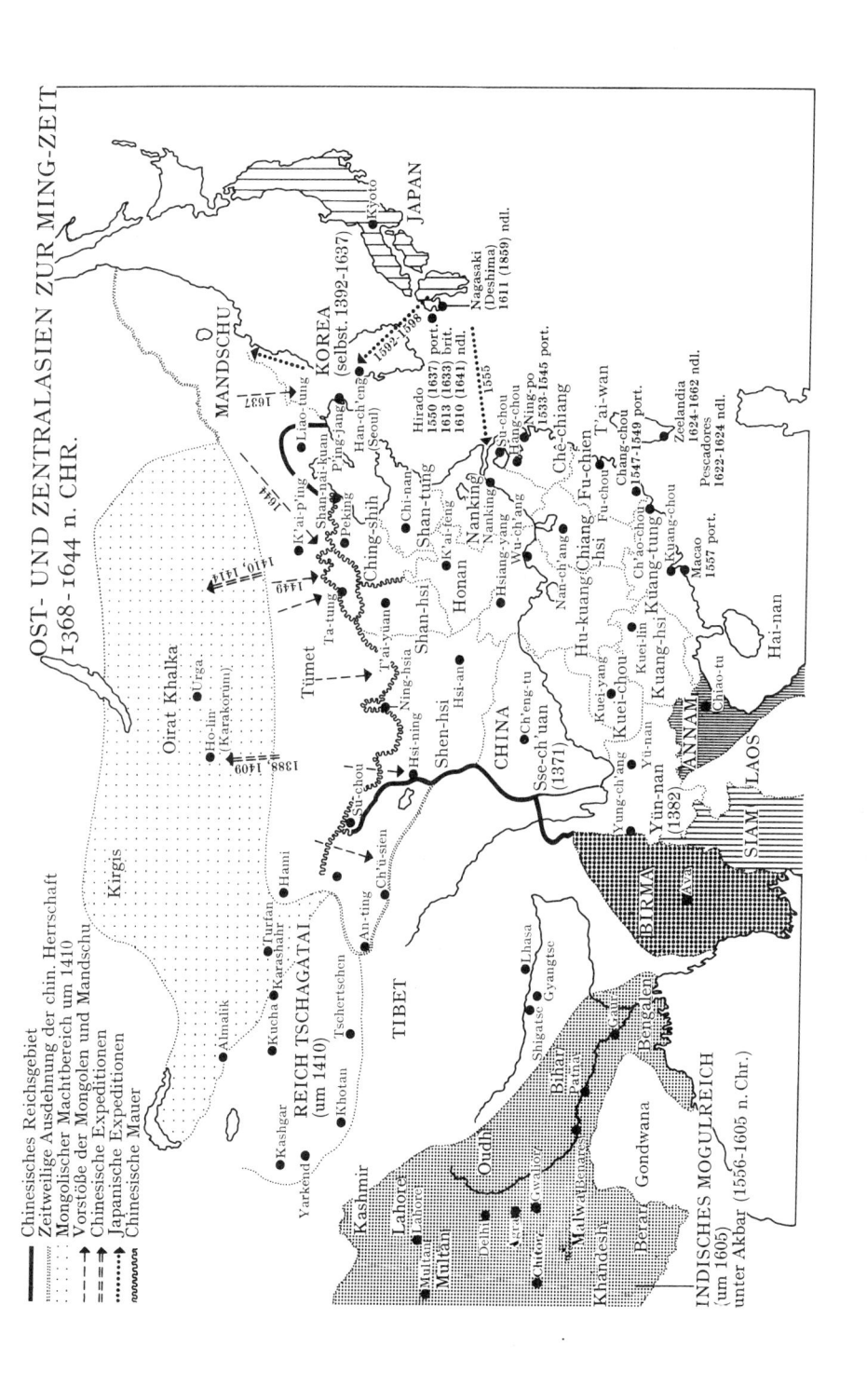

OST- UND ZENTRALASIEN ZUR MING-ZEIT 1368–1644 n. CHR.

- ——— Chinesisches Reichsgebiet
- ⋯⋯ Zeitweilige Ausdehnung der chin. Herrschaft
- ⋮⋮⋮ Mongolischer Machtbereich um 1410
- ═► Vorstöße der Mongolen und Mandschu
- ──► Chinesische Expeditionen
- ••••► Japanische Expeditionen
- ∿∿∿ Chinesische Mauer

JAPAN
Kyoto
Nagasaki (Deshima) 1611 (1859) ndl.

KOREA (selbst. 1392–1637)
Han-ch'eng (Seoul)
P'ing-jang
Liao-tung
1637
1592–1598

Hirado 1550 (1637) port. 1613 (1633) brit. 1610 (1641) ndl.
Ning-po 1533–1545 port.
Sü-chou
Hang-chou
Ch'ao-chou 1547–1549 port.
Macao 1557 port.
Zeelandia 1624–1662 ndl.
Pescadores 1622–1624 ndl.

MANDSCHU

K'ai-p'ing
Shan-hai-kuan
Peking
Ta-tung
Ching-shih
K'ai-feng
Shan-tung
Chi-nan
Shan-hsi
Honan
Hsiang-yang
Wu-ch'ang
Nanking
Che-chiang
Fu-chien
Hu-kuang Chiang-hsi Fu-chou
T'ai-wan
Chang-chou
Nan-ch'ang
Kuang-tung
Kuang-chou
Hai-nan
Chao-tu

Tümet
T'ai-yüan
Ning-hsia
Hsi-ning
Hsi-an
Shen-hsi
Sse-ch'uan (1371)
Ch'eng-tu
Kuei-yang Kuei-chou
Kuang-hsi
Yün-nan
Yung-ch'ang
Yün-nan (1382)

CHINA

ANNAM
LAOS
SIAM
BIRMA
Ava

Oirat Khalka
Urga
Ho-lin (Karakorum)
1388, 1409
1410, 1414
1449

Kirgis

Almalik
Kashgar
Yarkend
Kucha Karashahr
Turfan
Hami
Khotan
Tschertschen
An-ting
Sü-chou
Ch'u-sien

REICH TSCHAGATAI (um 1410)

TIBET
Lhasa
Shigatse Gyangtse

INDISCHES MOGULREICH (um 1605) unter Akbar (1556–1605 n. Chr.)

Kashmir
Lahore
Multan
Delhi
Oudh
Agra
Bihar
Bengalen
Gwalior
Chitor
Malwa
Khandesh
Berar
Gondwana

Die Yüan-Periode ist vor allem die große Zeit des chinesischen Dramas, einer Kunstform, die erst nach den Zeiten der Sung zu blühen begann und eine starke Konzentration erlebte; viele ihrer zeitlos gültigen Meisterwerke entstanden in dem knappen Jahrhundert der Yüan-Ära, und zwar unter höchst ungewöhnlichen Verhältnissen. Sie waren nicht nur vorübergehend frei von den offiziellen Wertmaßstäben und genossen die Gönnerschaft einer vulgären, aber reichen und mächtigen Klientel, sondern sie nutzten auch die vielen nichtchinesischen Kulturelemente: zentral- und westasiatische Musik und Kunst, Religion und Technik. Dies alles war neu für die chinesische Welt und trug wesentlich zu der Mannigfaltigkeit und auch zu der Verwirrung des Zeitalters bei, indem es ungewöhnliche Anregungen zu einer Zeit anbot, in der China ohnehin mehr als sonst zu Experimenten bereit war.

Die Yüan-Ära war kulturell ein reiches Zeitalter, wenn wir gewillt sind, die vielen regelwidrigen Kulturleistungen, die zumeist von den Chinesen als ihrer Großen Tradition unwürdig außer acht gelassen wurden, in unseren Gesichtskreis einzubeziehen. Von diesen neuen Kulturelementen sind in der langen chinesischen Geschichte ständig Impulse auf die literarische, künstlerische und geistige Welt Chinas ausgegangen, zugleich waren sie aber einem langsam fortschreitenden Prozeß unterworfen, in dessen Verlauf sie »sinisiert« und verfeinert wurden und schließlich Anerkennung auch in den höchsten Kreisen fanden.

Die neue Literatur, Musik und Dramatik, die in der Yüan-Zeit blühten, hatten jedoch nicht Zeit genug, diesen Weg zu Ende zu gehen; mitten in schöpferischer Entwicklung wurde der Prozeß durch das Ende der Dynastie und die Wiederherstellung der »normalen« chinesischen Maßstäbe und Umweltbedingungen zum Stillstand gebracht oder in andere Bahnen gelenkt. Erst in unserer Zeit, die die Kulturtraditionen neu wertet, erfahren Drama und Lyrik der Yüan-Periode ihre volle Würdigung.

Zusammenbruch der Mongolenherrschaft und Gründung der Ming-Dynastie

Schon 1320 wurde die Mongolenherrschaft in China durch Aufstände ernstlich bedroht. Hinzu kam im selben Jahre der Tod Jen-tsungs, des fähigsten Mongolenkaisers nach Khubilai Khan und eines der wohlwollendsten Förderer chinesischer Interessen; damit begann eine Zeit unaufhörlicher politischer Kämpfe am Hofe. In den folgenden zwölf Jahren bestiegen vier Kaiser als Marionetten der rivalisierenden Parteien den Thron, und alle vier fanden ein gewaltsames Ende. Während die Parteien am Hofe sich bitter befehdeten und gelegentlich auch einmal gegen Rebellionen in den Provinzen einschritten, ließ die Verwaltung die Zügel praktisch aus den Händen gleiten.

Im Jahre 1333 kam die für die mongolische Linie in China umstrittenste Persönlichkeit auf den Thron, ein Nachfahre Khubilais in vierter Generation, der in der chinesischen Geschichte unter dem Namen Shun-ti bekannt ist. Er wird als unfähiger und ausschweifender, als »schlechter letzter Herrscher« der Yüan-Dynastie, aber als ein energischer und tüchtiger Führer seines eignen Volkes geschildert. Möglicherweise ist er beides gewesen. Während seiner langen Regierungszeit verstrickte sich der Hof immer tiefer in üble politische Ränke, was darauf hindeutet, daß er kein guter Kaiser war. Doch als er 1368 aus China vertrieben wurde, blieb er der anerkannte Führer des Mongolenvolkes, das er in der Steppe um sich scharte, und konnte bei seinem Tode im Jahre 1370 die Führung seinem Sohne übertragen. Der Streit um seine persönlichen Fähigkeiten wird sich wohl niemals entscheiden lassen, doch seine Regierungszeit fällt zusammen mit den fünfunddreißig Jahren einer völligen Militarisierung der chinesischen Gesellschaft; sie war gekennzeichnet durch die Macht der »Kriegsherren« *(war lords)*, durch Bauernaufstände und Bürgerkrieg, Erscheinungen, wie sie bis zum Ende der Kaiserzeit ausgangs des 19. und im frühen 20. Jahrhundert nicht mehr wiederkehren sollten. Daher verdienen die Ereignisse während der Regierung Shun-tis zum Vergleich und zur Beurteilung der Faktoren, die den Charakter der aus dieser langen Bürgerkriegsperiode hervorgehenden neuen Ming-Dynastie bestimmten, besonderes Interesse.

Die Militarisierung der chinesischen Gesellschaft ist schon im Zusammenhang mit der Gründung der Sung-Dynastie kurz behandelt worden. Die meisten chinesischen Dynastien entstanden durch militärische Aktionen von Rebellen gegen die legitime Staatsgewalt. Sich selbst legitimierten sie durch den Erfolg, indem sie den Anspruch erhoben, Träger zu sein eines neuen himmlischen Auftrages auf Herrschaft über das chinesische Volk. Der Begriff des »himmlischen Auftrags«, eines der altehrwürdigsten Elemente der chinesischen politischen Philosophie, gibt nicht nur die Unbeständigkeit der dynastischen Autorität wieder, sondern ebenso die Unvermeidlichkeit der Rebellion, die in der Praxis oft von militärischen Aktionen unterstützt werden mußte. Bei oberflächlicher Betrachtung der Idee des »dynastischen Zyklus« hat es den Anschein, als glitte jede Dynastie schließlich in politische Unfähigkeit ab, wodurch Wirtschaftskrisen mit Massenelend und verzweifelte Bauernaufstände hervorgerufen würden, aus denen wieder eine neue Dynastie hervorginge. Bei kritischer Prüfung zeigt sich jedoch, daß sich dies tatsächlich nur selten, wenn überhaupt so schematisch abgespielt hat.

Chinas Gesellschaft ist in der Kaiserzeit vielleicht viermal durch und durch militarisiert worden, und eine vergleichende Betrachtung dieser Perioden zeigt, daß dies nicht unmittelbar mit bäuerlichem Elend und Volksaufständen zusammenhing. Regelrechte Bauernaufstände scheint es in der chinesischen Geschichte zu wiederholten Malen gegeben zu haben, doch häufig nicht im Spätstadium einer Dynastie und oft auch ohne Zusammenhang mit Aufstieg und Untergang der Dynastie. Und die vielen Dynastiewechsel in der Kaiserzeit scheinen in den meisten Fällen durch politische (oft militärisch unterstützte) Aktionen ganz weniger Männer ausgelöst worden zu sein, ohne jede Beteiligung der breiten Bevölkerung.

Wir haben also die Faktoren, die zur politischen Unbeständigkeit beitrugen: das Schwinden der politischen Tatkraft der Dynastie, die in der Schwäche ihrer Autorität und der Untauglichkeit ihrer Verwaltung zum Ausdruck kommt; dann eine Aufruhrstimmung in der bäuerlichen Bevölkerung als Zeichen verzweifelter wirtschaftlicher Verhältnisse oder auch in den Oberschichten der Gesellschaft, wo sie politische Unzufriedenheit widerspiegelt; und schließlich die Militarisierung, das heißt, die ordentlichen zivilen Verfahren werden durch regelwidrige ersetzt, die ihre Autorität von dem unmittelbaren Besitz und Einsatz militärischer Gewalt beziehen. Es gibt keine klare Formel und vielleicht auch keine zwingenden oder beständigen Merkmale für das Verhältnis dieser drei Erscheinungen zueinander. So muß der Begriff »dynastischer Zyklus«, um Aufstieg und Niedergang der Dynastien zu fassen, unzulänglich bleiben. Die letzten fünfzig Jahre der Yüan-Dynastie sind dafür dramatischer Beweis und verdienen deshalb ausführlichere Erörterung.

Der Sung-Gründer hatte, wie wir sahen, gegen Ende des 10. Jahrhunderts die chinesische Gesellschaft entmilitarisiert und gewisse Sicherungen in die Institutionen des Sung-Staates eingebaut, die für alle Zukunft die Vorrangstellung des Zivils wahren sollten. Er hatte also nicht nur die Waffen beseitigt und dem Kampf ein Ende gemacht, sondern auch die Zuflucht zur Gewalt verbaut und die Rolle des Militärs eingeschränkt. Grundsatz seiner Politik war es nun, militärische Lösungen bei inneren Problemen ganz und bei äußeren soweit wie möglich zu vermeiden.

Die Nomadenvölker, die den Sung-Chinesen als angriffslustige Feinde gegenüberstanden, wurden militärisch regiert und waren im Grunde ganz für den Krieg organisiert. Fast jeder Mann trug Waffen und fand im Waffenhandwerk seine eigentliche Befriedigung und sein berufliches Fortkommen. Militärische Werte bestimmten das gesamte Leben dieser Steppenvölker. Die Staaten, die sie an den Nordgrenzen Chinas schufen, stellten die größte Gefahr für den Bestand des chinesischen Staates während der Kaiserzeit dar, bis im 19. Jahrhundert die Bedrohung aus dem Westen kam.

Das Nebeneinander der chinesischen und der nomadischen Gesellschaft in diesen hochkultivierten und völlig entmilitarisierten dynastischen Epochen Chinas führte zu merkwürdigen Ergebnissen. Nachdem sie Nachbarn geworden waren, zwang die Bedrohung der Steppenvölker den Sung-Herrschern die Entscheidung auf, sich die Nomaden zum Vorbild zu nehmen oder sich ihnen zu ergeben. Sie wählten in der ganzen Sung-Ära konsequent den zweiten Weg, was nicht immer ohne innere Kämpfe abging. Die Chinesen wußten, daß sie ihnen mit Erfolg nacheifern und Widerstand leisten konnten; das hatten sie früher schon getan und sollten es in der Ming- und in der Ch'ing-Zeit wieder tun. Der meiste politische Parteienhader in der Sung-Zeit ergab sich aus dem Streit zwischen den Vertretern einer kämpferischen und denen einer passiven nationalen Politik, wobei aber die passiven stets die Oberhand behielten. Und es ist nicht nur eine Erklärung *ex post facto*, wenn chinesische Historiker sagen, die militärischen Niederlagen und Kapitulationen Sung-Chinas verkörperten gewissermaßen den Triumph konfuzianischer Kultur.

Nach dem Erfolg der nomadischen Waffen über Sung-China standen sich die beiden Gesellschaften in einem anderen Verhältnis gegenüber: eine bewaffnete herrschende Schicht auf chinesischem Boden übte die Gewalt über eine unbewaffnete Bevölkerung aus. Hier bietet sich uns das merkwürdige Schauspiel eines Militärregimes, das die Entmilitarisierung seiner Untertanen zu erhalten versucht, während es die volle militärische Stärke des eigenen Volkes beibehält, dabei aber befürchten muß, daß die Sitten und Werte der beiden Völker sich gegenseitig durchdringen.

Das Khitan-Geschlecht der Liao, die Chin-Dynastie der Jürched und die mongolischen Yüan, alle haben sie vor diesem Problem gestanden und es nur teilweise bewältigt. Jede

Dynastie übernahm ein schwereres Erbe als die vorangegangene, weil der Verfall des Staates fortschritt, je länger die Situation andauerte. Die chinesische Gesellschaft konnte nur waffenlos gehalten werden, wenn ihre zivilen Einrichtungen reibungslos funktionierten, und von denen verstanden die Fremden, besonders die Mongolen, wenig. Die Folge davon war, daß die zivilen Kanäle des Staatsapparates verstopften und umgangen werden mußten. Auch die menschlichen Ideale der zivilen Gesellschaft lösten sich mehr und mehr von den Realitäten des Lebens. Die Beschränkungen, die sie normalerweise dem menschlichen Verhalten auferlegten, wurden gelockert, und die Führung von Staat und Gesellschaft geriet in die Hände von Menschen, denen solche menschlichen Beschränkungen selber vollkommen fremd waren. Gewalttätigkeiten nahmen derart überhand, daß sie schließlich als normal galten und die Menschen sich daran gewöhnten, auf Gewalt zu bauen und die Lösungen sämtlicher Probleme auf dem Wege der Gewalt zu suchen. Die Mongolen waren als Herrscher in China nicht besonders bösartig oder rachsüchtig, vor allem nachdem die Eroberung des Sung-Reiches abgeschlossen war; doch die Verschiebung normaler Verhaltensmuster, wie sie sich aus ihrer Herrschaft ergab, bewirkte praktisch eine Verrohung der chinesischen Gesellschaft und Regierung. Zwang und Gewalttätigkeit wurden als normale Verhaltensweisen anerkannt.

Aber Militarisierung und Verrohung sind zwei verschiedene Vorgänge. Eine Militarisierung erfolgt, wenn sich Autorität unmittelbar aus militärischer Macht herleitet oder mit Hilfe dieser Macht erweitert, gleichviel, ob sie legitim ist oder nicht. Das war das Normale in der mongolischen Gesellschaft und damit auch in der herrschenden Schicht in China unter den Mongolen. In ihre Reihen einzudringen oder sie beiseite zu schieben bedeutete die Übernahme der Verhaltensweise der Regierenden. Unter diesen Umständen hat die Schnelligkeit und Gründlichkeit, mit der sich dieser Prozeß vollzog, nichts Überraschendes; es waren Kräfte dabei im Spiel, die in der Gesellschaft bereits ihren festen Platz hatten.

Die Änderungen, die sich daraus ergaben, waren folgender Art: Militärische Kreise im Staate kümmerten sich allmählich überhaupt nicht mehr um die Fassade ziviler Einrichtungen und handelten ohne Rücksicht auf sie; häufig kämpften sie miteinander um die Kontrolle über den Hof und die Zentralverwaltung oder saßen in regionalen Stützpunkten, die es ihnen erlaubten, der Regierung Trotz zu bieten. Schließlich tauchten chinesische Führer auf, die ja diese Gelegenheiten gleichfalls nutzen konnten, und ahmten ihre mongolischen Gebieter nach, indem sie ihnen die militärische Vorherrschaft mit der Gewalt ihrer eigenen Waffen streitig machten. Auflösung der Staatsautorität und Bürgerkrieg waren die notwendige Folge. Aber dieser Vorgang – eine legitime, zivile Form politischer Aktion, und zwar eine, die im wesentlichen auf ein paar ehrgeizige Führer beschränkt war, folgt einer anderen, militärischen – erforderte keinerlei Grundlage im Volk und hatte im Zweifel nichts mit Bauernaufständen zu tun. Viel eher war sie einfach der charakteristische Ausdruck von Aufsässigkeit unzufriedener Elemente in den oberen Schichten der Gesellschaft.

Aufsässigkeit in der breiten Bevölkerung ist etwas ganz anderes. Die Kraft zur Rebellion war in der chinesischen Gesellschaft anscheinend immer gering. Wir müssen wohl die Darstellung der Sozialhistoriker akzeptieren, nach der die chinesische Gesellschaft eine im wesentlichen monolithische war, die sich auf Staat und Familie stützte und keine oder nur wenige bedeutsame organisatorische Verbindungen zwischen Familie und Staatsapparat aufwies. Religiöse Organisationen waren in der Regel schwach oder nicht vorhanden; Zünfte und Berufsverbände hatten offenbar nur beschränkte Bedeutung und waren streng kontrolliert. Sogar die Sippe, der erweiterte Familienverband, wurde mit Argwohn betrachtet. Die informellen Gruppierungen, etwa von Menschen, die aus demselben Ort stammten oder wie sie häufig in Kreisen kleiner Geschäftsleute entstehen, waren normalerweise ohne jeden Einfluß. Aufstand erfordert einen organisatorischen Rahmen, eine verbindende Weltanschauung und eine militärische Basis. Die monolithische Gesellschaft Chinas mit ihren weitgehend zentralisierten politischen Funktionen und ihrer überall gleichförmigen, staatlich gelenkten Ideologie machte es einer rebellisch gesinnten Gruppe äußerst schwer, das Mindestmaß an Voraussetzungen für einen Aufstand zu schaffen.

In der späten Yüan-Zeit waren diese Voraussetzungen sehr viel leichter zu erfüllen. Die Begünstigung der Religionen und des Handels durch die Mongolen erlaubte die Entwicklung starker kirchlicher Einrichtungen und machtvoller Kaufmannsverbände und förderte so die Entstehung von Sammelpunkten für Gruppierungen in der sonst monolithischen Gesellschaft. Je mehr die geistige Kraft des Staates schwand und seine politische Struktur ihre Wirksamkeit verlor, desto mehr fielen die Schranken für neue Zusammenschlüsse. Der allgemeine Hang zur Gewalt und die Auflösung des Staates in die Machtbereiche von Militärbefehlshabern schufen Verhältnisse, welche die Errichtung militärischer Stützpunkte für Aufstandsaktionen verhältnismäßig leicht machten.

Die Ming-Dynastie entstand aus einem solchen örtlichen Aufstand. Ihr Gründer, Chu Yüan-chang (1328–1398), war der Sohn einer verarmten Bauernfamilie aus der Gegend des Huai-ho am Rande der Nordchinesischen Hochebene in der heutigen Provinz Anhuei. Als Kind hatte er von seinem Großvater mütterlicherseits, einem Wahrsager, Geschichten aus den Feldzügen 1276 bis 1279 gehört, denn der alte Mann war in die Sung-Armeen gezwungen worden, die den letzten Sung-Kaiser auf seinem endgültigen Rückzug nach Kanton verteidigt hatten. Chu Yüan-changs Eltern starben während einer Seuche, die das Dürregebiet 1344 heimsuchte, und der verwaiste Junge wurde Novize in einem buddhistischen Tempel. Der Tempel war zu arm, um ihn unterhalten zu können, und so schickte man ihn einige Jahre lang als wandernden Bettelmönch in das Huai-Gebiet, ein Bollwerk der Bewegung der »Roten Turbane«. Er kehrte in seinen Tempel zurück, verbrachte dort zwei oder drei Jahre, floh dann aber das Leben eines Buddhistenmönches und schloß sich mit vierundzwanzig Jahren den Rebellen an. Binnen weniger Jahre hatte er die Führung über einen Teil des Rebellenheeres der »Roten Turbane« an sich gerissen und seine eigene Gefolgschaft gebildet. Mit der Einnahme von Nanking im Jahre 1356 schuf er sich seine eigene Operationsbasis. Hierbei erwies er sich als der fähigste Organisator und Führer aller Rebellen jener Zeit; es gelang ihm, seinen kleinen »Volksaufstand« zu einer starken politischen Bewegung auszuweiten. Dazu mußte der analphabetische Bauer erst selbst sich bilden, mußte zumindest lesen und schreiben und die Einrichtungen und Traditionen seiner Kultur begreifen lernen. Und es bedeutete die Umwandlung des Geistes seiner Bewegung aus der popularisierten Geheimlehre der »Roten Turbane« in die einzige politische Doktrin, die in der chinesischen Gesellschaft lebensfähig war, nämlich jene Verbindung von Elementen der Großen Tradition, die man Konfuzianismus nennt. Diese Verwandlung des Mannes, der Ideologie und der Eigenart und Erscheinung seiner Gefolgschaft ist eines der reizvollsten Themen in der chinesischen Geschichte.

Im Jahre 1367 gelang es ihm, das ganze Gebiet des unteren und mittleren Yang-tzu zu vereinigen, indem er den letzten seiner Rivalen dort besiegte. Dann führte er den endgültigen Schlag; er vertrieb die Mongolen aus dem Norden und erklärte sich zum Gründer einer neuen Dynastie, der er den Namen *Ming* gab. Binnen drei oder vier Jahren gehörte ihm ganz China, seine Große Ming-Dynastie war fest gegründet; sie sollte China zweihundertsiebenundsiebzig Jahre lang regieren, von 1368 bis 1644. Im Laufe von zehn oder zwanzig Jahren waren Ruhe und Ordnung eingekehrt, ein stark zentralisierter Staat und eine das ganze Land umfassende chinesische Herrschaft wiederhergestellt; die überlieferten Einrichtungen, Werte und Kulturformen galten wieder. Die Rückkehr zu chinesischen Normen ging überraschend schnell vonstatten, wenn man bedenkt, wie lange sie von fremden Herrschern mißachtet oder entstellt worden waren: Die chinesische Kultur war nicht verdrängt worden. Aber die lange Zwischenzeit der Erschütterung und Spaltung hatte sie vielleicht tiefer betroffen, als wir es heute sehen können.

Der Gründer der Ming-Dynastie war das Kind einer Epoche des Aufruhrs und der Gewalt, aufgewachsen in der Volkskultur zu einer Zeit, da der richtungweisende Einfluß der Großen Tradition schwach war. Er nahm zwar schon frühzeitig viele Männer aus dem traditionellen Gelehrtenadel in seine Bewegung auf, aber auch sie waren Geschöpfe einer anomalen Zeit. Die Neigung zu verstärktem autoritärem Staatsdenken ist eine Frage für sich, aber ihre Auswirkungen bestimmten neben anderen Faktoren zunehmend den Stil der Ming-Regierung, vor allem prägte die starke Persönlichkeit des Gründers deutlich Regierungsarbeit und Form der staatlichen Einrichtungen, wie es jeder Gründer in der chinesischen Geschichte getan hat; ihr Einfluß hielt sich bis ans Ende der Dynastie. Wenn wir eine Erklärung für die vielen unerfreulichen Seiten der Ming-Geschichte suchen, dann müssen wir sowohl die Verrohung von Staat und Gesellschaft in China während der Yüan-Periode als auch die Überspanntheiten im Charakter Chu Yüan-changs selbst in Betracht ziehen.

Die Ming-Regierung: übersteigerte Staatsautorität

Chu Yüan-chang, der Gründer der Ming, war ein Mann von erstaunlichem Einfallsreichtum. Gewiß hat ihm bei seinem Aufstieg zur Macht eine gehörige Portion Glück geholfen, aber ebenso beteiligt waren sein Scharfblick und sein rücksichtsloses Urteil. Er schonte weder sich noch seine Mitarbeiter, hielt auf strenge Disziplin und plante auf weite Sicht. Besonders in seinen frühen Jahren war er milde mit seinen Feinden und achtete auf das Wohlergehen des Volkes.

Seine ernsteste Sorge galt von Anfang seinem Verhältnis zu den Männern, mit denen die höheren Verwaltungsposten besetzt waren. Chu Yüan-chang konnte seine frühere mongolenfeindliche, nationalistische Gesinnung verhältnismäßig leicht überwinden, als die Macht der Mongolen in China zerfiel und keine Gefahr mehr für ihn darstellte, niemals aber verlor er seine Empfindlichkeit gegenüber seiner eigenen Vergangenheit in Mangel und Not als einer der ärmsten Bauern Chinas. Sein Leben lang scheint er Haß auf die Reichen und Groll auf die Gebildeten gehegt zu haben, obwohl er die konfuzianischen Literaten zu seinem Erfolg als Regierungsoberhaupt notwendig brauchte. Aber Geringschätzung und Ressentiment hinderten ihn nicht, Männer mit eindrucksvollem Wissen zu empfangen und ihren Unterweisungen in Geschichte und Staatskunst sorgfältige Aufmerksamkeit zu schenken. Aber niemals fühlte er sich wohl in ihren Kreisen, weil er wohl ahnte, mit welchen Augen sie ihn betrachteten und sich insgeheim lustig über ihn machten.

Nachdem Chu Yüan-chang in den raschen Erfolgen der letzten Feldzüge 1367 bis 1372 Kaiser geworden war, überwältigte ihn anscheinend die Einsamkeit seiner Majestät. Er geriet gleichsam seelisch aus dem Gleichgewicht, und eine sinnlose Grausamkeit trat in seinem Wesen zutage. Offenbar besessen von dem Gedanken, den so leicht gewonnenen Preis ebenso leicht wieder zu verlieren, wurde er argwöhnisch gegen jedermann. Die meisten seiner Waffengefährten ließ er unter mehr oder weniger eingebildeten Verratsanschuldigungen niedermetzeln. Er glaubte, der Staat könnte jetzt auf solche militärischen Talente verzichten.

Nicht verzichten konnte er allerdings auf die Literaten. Er begriff vollkommen, daß die Regierung nur durch sie funktionieren konnte, denn sie selbst hatten ihm ja gesagt, woran die Yüan-Herrscher gescheitert waren. Man mußte sie verwenden, und sie erwarteten ihre Verwendung. Während der ganzen Mongolenzeit hatten sie in vereintem Bemühen das Ausbildungssystem für Beamtenanwärter in Gang gehalten, und nun stand eine beträchtliche Anzahl von ihnen bereit. In den ersten Jahren seiner Regierung hielt er Sonderprüfungen ab, um gereifte Gelehrtenpersönlichkeiten für seinen Dienst zu gewinnen, und schickte ältere Männer, die sich durch Wissen und Charakter auszeichneten, durch das Land, um fähige Leute ausfindig zu machen und an den Hof zu ziehen. Schon in den Anfangsjahren seiner Regierung wurden die regelmäßigen Prüfungen nach dem Vorbild der Sung-Zeit wiederaufgenommen; die Nationalakademie und andere staatliche Schulen förderten besonders die klassische Ausbildung für die zukünftigen Regierungsbeamten.

Obwohl er die Wichtigkeit der Literaten-Beamten klar erkannte und ihre zentrale Bedeutung akzeptiert hatte, empfand Chu Yüan-chang offensichtlich eine tiefe Abneigung gegen die ihnen eigene Überlegenheit und fühlte sich getrieben, sie als Stand einzuschüchtern. Um sie gefügig zu machen und seinem Willen zu unterwerfen, setzte er sie bald blitzschnellen Stimmungswechseln und hemmungslosen Wutausbrüchen aus. Er machte das schlau, in einer Art berechneter Unberechenbarkeit. Ein Herrscher konnte solche plötzlichen Gewaltausbrüche leicht zu weit treiben, und Chu Yüan-chang trieb sie viel zu weit. Obwohl er damit wahrscheinlich einen Teil seiner Absichten erreichte, schwächte er am Ende das Staatswesen und erstickte das ganze öffentliche und geistige Leben. Gegen Ende seiner Regierung war er der grausamste Tyrann der ganzen chinesischen Kaisergeschichte und ließ die Brutalität der späten Yüan-Zeit an seinem Hofe und damit auf die Dauer im Ming-Staat überhaupt wiederaufleben.

Die T'ang-Kaiser hatten sich in der Regel mit ihren Ersten Ministern zur Führung der Staatsgeschäfte zusammengesetzt. Die Sung-Kaiser saßen bequem, während ihre Minister vor ihnen stehen und sich zu Angelegenheiten äußern mußten, die zuvor schriftlich eingereicht worden waren. Unter den fremden Dynastien erweiterte sich die Kluft zwischen Herrscher und chinesischem Diener. Während der ganzen Mongolenzeit brauchte man Dolmetscher, um sich überhaupt verständigen zu können, und man verlangte von den chinesischen Hofbeamten tiefe Unterwürfigkeit. Unter den Ming wurden diese höfischen Regeln weiter verschärft, um die erhabene Stellung des Despoten zu symbolisieren. Die Ming-Kaiser saßen auf einem Thron, von dem aus sie den Hofstaat überblicken konnten; Eunuchen amtierten als Zeremonienmeister und riefen den tief unten knienden Hofleuten die Befehle zu.

Die Hofleute, die Blüte chinesischer Weisheit in einer ihrem Wesen nach humanistischen und nationalen Tradition, die den blinden Launen tyrannischer Kaiser und ihrer verhaßten Werkzeuge, der Eunuchen, ausgeliefert waren, gedemütigt und in Lebensgefahr, sobald sie die Gipfel der Laufbahn erreichten, die in ihrer Kultur höher rangierte als alles sonst, sie waren die Opfer der extremen Anomalie der reifen chinesischen Kultur. Was entschädigte sie für die psychische Schmach und physische Pein ihrer Situation?

Im großen ganzen fand sich die chinesische Beamtenschaft damit ab und verteidigte diesen Zustand sogar. Die Kraft dazu fand sie in ihrer neo-konfuzianischen Auffassung vom Kosmos und von dem Ort des Menschen darin, gestützt auf den gewissen Glauben an die neo-konfuzianischen Grundtugenden. Gleichzeitig aber litt doch die Zucht der Regierung unter den gräßlichen Mißständen, und die Leistungsfähigkeit des Verwaltungsapparates ließ nach. Das dringende Verlangen vieler Gelehrten-Beamter, den Hof vor allem von der Beteiligung der Eunuchen an der Regierung zu befreien, führte zu Verschwörungen und Ränken, zu Uneinigkeit und Cliquenbildung und beeinträchtigte im letzten Jahrhundert der Ming-Herrschaft die Zentralregierung erheblich.

Das erstaunliche dabei war, daß der Staatsapparat weiterfunktionierte, daß er fähige Leute heranzog und lange Zeit hindurch die erforderlichen Aufgaben mit einem gewissen Erfolg erledigte, ohne daß er zusammenbrach. Zweifellos genügte die Ming-Regierung auch am Ende der Dynastie durchaus noch gewissen Mindestforderungen: Die Ming-Herrschaft zeigt keineswegs das Bild des Zusammenbruchs der staatlichen Einrichtungen im »dynastischen Zyklus«, wenn auch ihr Steuerwesen der Erneuerung und Straffung bedurfte. Berichte der Jesuiten erhärten diese unzweifelhafte Tatsache. Man kommt fast zwangsläufig zu dem Schluß, daß die sozialen und politischen Institutionen der Chinesen selbst unter unsachgemäßer Führung nahezu unbegrenzt weiterwursteln konnten, solange die Herrscher nicht den Fehler der Mongolen begingen, die Struktur dieser Gesellschaft zu verkennen, sondern die ihr entsprechenden Institutionen auch einsetzten. Gewiß stieß die chinesische Regierung am Ende auf Probleme, die auf traditionelle Weise nicht zu lösen waren, aber diese Probleme hatten ihren Ursprung in Umständen, die außerhalb der traditionellen Welt Chinas lagen, und fanden auch dort ihre Lösung.

Alles in allem bleibt die Ming-Regierung in Struktur und Arbeitsweise durchaus traditionsgebunden, daneben werden jedoch für jene Zeit besonders charakteristische Züge sichtbar. Sie sind von den meisten Historikern als Zeichen für den Niedergang des Kaiserstaates gewertet worden; das sollte uns aber nicht den Blick für die Tatsache trüben, daß der traditionelle chinesische Staat, von dem die Ming ja nur ein repräsentativer Abschnitt waren, einigermaßen befriedigende Bedingungen für Ruhe und Ordnung geschaffen hat, und zwar in weiteren Gebieten, für mehr Menschen und über einen größeren Zeitraum als irgendein anderer Staat in der Geschichte der Menschheit. Der Staat war eine hervorragende Leistung der Chinesen, der entscheidende Bewußtseinsmittelpunkt ihrer Zivilisation und dasjenige Element, das am engsten mit allen Äußerungen ihrer Kultur verbunden war. In ihrer Sicht bot er ihrer Literatur die höchste Aufgabe und das letzte Ziel und stärkte ihre Philosophie, ihre Malerei und ihre Musik. Daß dieser Staat ein autoritärer Staat wurde, ja sogar eine tyrannische Despotie, ist bedauerlicherweise nur zu wahr, aber das kennzeichnet nur bestimmte Seiten eines weiten und vielschichtigen Ganzen, das sich in seinem vollen Umfang einer grob vereinfachenden Charakterisierung entzieht.

Die »zweite Gründung« der Ming-Dynastie

Chinesische Gelehrte unterteilen die zweitausendjährige Kaisergeschichte bisweilen in drei etwa gleich große Zeitabschnitte von sechshundert bis siebenhundert Jahren. Jeder Abschnitt wird, nach dieser Betrachtungsweise, von einer kurzlebigen, aber sehr machtvollen Dynastie eingeleitet, die sich schließlich selbst dank ihrer Erbarmungslosigkeit zugrunde richtete, aber in eben dieser Erbarmungslosigkeit auch weitreichende konstruktive Wandlungen zustande brachte. Auf diese kurzen Dynastien, die nur die Regierungszeit von einem oder zwei Kaisern umfaßten, folgten lange und dauerhafte Dynastien, die deren Aufbauleistungen als Erbe übernahmen und jahrhundertelang erhielten. Jede der Perioden endete mit einigen Jahrhunderten des Niedergangs und der Wirren.

In der ersten der derart abgegrenzten drei Perioden betrachtet man die Ch'in-Zeit (221–209 v. Chr.) als den kurzen Beginn, auf den die lange und dauerhafte Han-Zeit (206 v. Chr. bis 221 n. Chr.) folgt, und die Periode der Spaltung von Nord und Süd (221 bis 589) als die Periode des lang anhaltenden Niedergangs. Die kurze Sui-Zeit (589–618) wäre danach der Beginn der zweiten Periode; das glorreiche Zeitalter der T'ang (618–906), dank der Aufbauarbeit der Sui die Glanzzeit nationaler Einheit, und die folgende Zeit der Fünf Dynastien, der Sung und der kriegerischen Einfälle fremder Dynastien (906–1368) wäre die lange Periode des Niedergangs. Danach käme die Herrschaft des Ming-Gründers (1368–1398) als der kurzen »Eröffnungs-Dynastie« einer dritten großen Periode. Diese Herrschaft betrachtet man als eine Periode des Aufbaus und der Festigung, deren Wohltaten die ganze übrige Ming-Zeit und den größten Teil der Ch'ing-Zeit bis zu den Opiumkriegen (also von 1398–1840) nachwirkten. Das 19. und das 20. Jahrhundert wären dann das Endstadium mit Niedergang und Auflösung, das auf die Notwendigkeit neuer Rationalisierung und Integration verweist, aus denen das neue China hervorgehen müsse oder vielleicht gerade hervorgegangen ist.

Diese Einteilung ist verlockend, letztlich aber doch schlechte Geschichte. Sie ist hier aber interessant, weil sich darin die Vorstellung von zwei Gründungen der Ming-Dynastie findet, die Trennung der Herrschaft des Gründers von der übrigen langen Ming-Ch'ing-Epoche, in ihrer Bedeutung für die chinesische Geschichte analog der kurzen Ch'in- und der Sui-Ära. Richtig ist auch, daß kurz nach der Herrschaft des Ming-Gründers ein Aufstand ausbrach, der die Einsetzung einer Nebenlinie, die Verlegung des Regierungssitzes und einige bedeutsame strukturelle Veränderungen zur Folge hatte. Man sollte den Begriff »dynastischer Zyklus« nicht zugunsten einer noch dürftigeren analytischen Formel verwerfen, denn es lassen sich sehr wohl einige anregende Einsichten daraus ziehen.

Chu Yüan-chang hat fünfundzwanzig Söhne anerkannt, von denen der älteste sein Erbe wurde, während die vierundzwanzig anderen den Titel »kaiserliche Prinzen« erhielten. Achtzehn von ihnen bekamen nominelle Lehen (die anderen sechs waren zu jung und konnten erst nach dem Tode des Gründers belehnt werden), den älteren Prinzen wurde außerdem die Aufgabe übertragen, die strategischen Punkte im Reich zu verteidigen. Chu Yüan-chang glaubte, daß dieses Netz von Familienbanden in Verbindung mit militärischer Macht – wo es angebracht schien, ein sonst mit keinerlei Funktionen ausgestattetes Lehen zu stärken – als Gegengewicht gegen die Macht der zivilen Bürokratie dienen konnte. Dies würde nicht nur die Festigkeit des Thrones sichern, sondern auch die Gewähr bieten für eine wirksame Verteidigung besonders der strategisch wichtigen Nordgrenze. Der designierte Erbe starb 1392, sechs Jahre vor Chu Yüan-chang, worauf ein fünfzehnjähriger Enkel, als ältester Sohn des ältesten Sohnes der nächste nach der üblichen chinesischen Erbfolge, zum Thronerben bestimmt wurde. Das gab zu Besorgnissen Anlaß, und obwohl der alte Kaiser noch sechs Jahre Zeit hatte, die Vorbereitung seines Enkels auf das kaiserliche Amt zu überwachen, konnte er in ihm nicht seine eigene Rücksichtslosigkeit entdecken. So ließ der alte Kaiser in seinen letzten sechs Jahren auf dem Thron weiter hochstehende Beamte umbringen, die an der Gründung der Dynastie beteiligt waren, und schüchterte die gesamte Beamtenschaft durch neue Säuberungen ein in der Hoffnung, auf diese Weise einen reibungslosen Übergang der Macht auf seinen jungen, unerfahrenen Enkel sicherzustellen.

Die Machtübernahme vollzog sich denn auch ohne Störungen. Als der Enkel im Alter von einundzwanzig Jahren auf den Thron kam (1398), kündigte er sogleich an, daß ab Neujahr 1399 der Name der neuen Regierung *chien-wen* lauten werde, und stützte sich auf ein paar treue und tatkräftige Minister. Die Regierungszeit des Gründers hatte den Namen *hung-wu* getragen, was »das Kriegerische erhalten« bedeutet. (Er gab ein Vorbild, dem später alle Ming- und Ch'ing-Kaiser folgten, indem er während seiner ganzen Regierungszeit einen einzigen Regierungsnamen beibehielt, weshalb er manchmal auch Kaiser Hung-wu genannt wird.) *Chien-wen* entspricht in der Zusammensetzung der Silben *hung-wu* und gehorcht einer alten Tradition, nach der die soldatischen Tugenden des Gründers einer Dynastie in den künstlerischen und wissenschaftlichen seines Nachfolgers ihren Ausgleich finden sollen; es bedeutet »das Zivile in seine Rechte einsetzen«.

Dieser Enkel war, seiner Devise entsprechend, ein sanftmütiger Büchermensch. Als Nachfolger eines so starken Großvaters war er vielleicht ein zu schwacher Herrscher; der

Wechsel des Regierungsstils bei Hofe und in der Verwaltung mag ohnehin recht verwirrend gewesen sein. Überdies fühlte sich Kaiser Chien-wen von politischen Ideen und Methoden angezogen, die sich drastisch von denen seines Großvaters unterschieden und die, hätte man sie weiterverfolgt, zu einem merkwürdigen Wandel im chinesischen Staat und zu einer Umkehrung der deutlich vorgezeichneten Entwicklung geführt hätten. Mehrere seiner Onkel hatten die gleichen Erfahrungen wie ihr Vater bei der Gründung der Dynastie gemacht und glichen ihm auch charakterlich, darunter vor allem der vierte Sohn des Gründers, zu dessen Lehen die strategische Garnison Peking (damals Pei-p'ing) gehörte, die Hauptstadt des Lehens Yen und frühere Yüan-Hauptstadt. Beunruhigt und voller Widerwillen beobachtete er die neuen Entwicklungen in Nanking und war vielleicht ehrlich davon überzeugt, daß der neue Kaiser die Weisungen des Gründers an seine Nachfolger mißachtete. Wahrscheinlicher ist allerdings, daß er seine eigene Position bedroht sah und sich stark genug fühlte, sich des Thrones zu bemächtigen.

Ende 1400 entfesselte er einen Aufstand unter dem Vorwand, verräterische Beamte bestrafen zu müssen, die seinen Neffen, den jungen Kaiser, in die Irre führten. Im Spätsommer 1402 eroberte er Nanking. Kaiser Chien-wen verschwand bei den Kämpfen um den kaiserlichen Palast, der zum Teil durch Feuer vernichtet wurde. Wahrscheinlich ist er bei dem Brand umgekommen, vielleicht hat er aber, wie die Legende behauptet, fliehen können und hat noch ein langes Leben als Wandermönch geführt.

Der Thronräuber, Kaiser Ch'eng-tsu, besser bekannt unter seinem Herrschernamen Yung-lo (1403–1424), war ein tatkräftiger Regent, der viel vom Stil und Wesen seines Vaters hatte. Er führte selber Feldzüge zur Sicherung der Nordgrenzen des Reiches bis weit in die Mongolei hinein, und die Eroberung Annams ist sein Verdienst. Damit gebührt ihm der Ruhm für die einzigen militärischen Erfolge, die die Dynastie nach außen errungen hat. Im Innern hielt er an den von seinem Vater rigoros durchgesetzten Anforderungen auf Leistung und Ehrlichkeit in der Kommunalverwaltung fest. Andererseits mißachtete er aber auch das ausdrückliche Verbot seines Vaters, gebildete Eunuchen in hohen Stellungen zu beschäftigen, und beschwor damit ein Übel herauf, das später mancherlei Schwierigkeiten bereiten sollte. Und seine Sorge, daß andere Prinzen, dem eigenen Beispiel folgend, sich auf den Thron schwingen könnten, veranlaßte ihn, das System starker Grenzgarnisonen unter dem Befehl kaiserlicher Prinzen abzuschaffen. Obwohl er die Mongolengefahr zu seinen Lebzeiten bannte, hinterließ er den Ming-Staat in einer eher schwachen Verteidigungsposition gegen die zentralasiatischen Aggressoren entlang der Großen Mauer.

Die bedeutsamste Veränderung seiner Regierungszeit war die Verlegung der Hauptstadt von Nanking nach Peking, dem Sitz seiner Macht. Zwar war sich der Gründer selbst lange nicht über den Standort der Hauptstadt im klaren gewesen und hatte des öfteren andere Orte im Norden in Erwägung gezogen; schließlich hatte er sich doch entschlossen, in Nanking zu bleiben, und baute sich dort sein Grabmal. Kaiser Yung-lo behielt Nanking (*Nan-ching*, wörtlich »Südliche Hauptstadt«) als zweite Hauptstadt bei und unterhielt dort eine Anzahl paralleler Verwaltungsdienststellen, die jedoch keinerlei Funktion hatten. In den ersten Jahren seiner Regierung begann er Peking als die unermeßlich große und prächtige Hauptstadt des Reiches wiederaufzubauen, die sie unter der Ming- und der

Ch'ing-Dynastie blieb und wie wir sie zum großen Teil noch heute kennen. Nach und nach verlegte er die verschiedenen Ämter und Behörden von Nanking dorthin, so daß Peking um 1420 der wirkliche Sitz der Regierung war, wenn auch Nanking seine Rolle als zweite Hauptstadt bis zum Ende der Kaiserzeit beibehielt. Der Große Kanal, von den Mongolen erbaut, um Peking mit dem Yang-tzu-Delta zu verbinden, diente aufs neue dazu, das Wirtschaftszentrum des Landes mit seinem politischen Zentrum zu vereinigen; diese Aufgabe erfüllte er, bis er sie erst im vorigen Jahrhundert an die Eisenbahnen abtrat.

Einige Historiker sehen in der Verlegung der Hauptstadt nach Norden eher zwingende Logik der Geschichte als bloße Herrscherlaune und glauben, daß der politische Mittelpunkt des Landes nahe der Großen Mauer liegen müßte, wo die Landesverteidigung den stärksten Spannungen ausgesetzt war und die Militärverwaltung die brennendsten Probleme zu bewältigen hatte.

Nach dem Dynastiewechsel im Jahre 1644 wird deutlich sichtbar, daß Peking als Hauptstadt den Interessen der Manchu am besten entsprach, da es sowohl die alte und anerkannte Hauptstadt innerhalb der Großen Mauer war als auch in der Nähe ihres Machtzentrums außerhalb der Mauer lag. Und in unserem Jahrhundert sind sämtliche Versuche republikanischer Regierungen (1911, 1927 und 1945), die Hauptstadt wieder geographisch zentraler nach Nanking zu verlegen, immer wieder vereitelt worden. Die gegenwärtige Regierung in Peking hat alle weiteren Versuche wohl unwiderruflich abgewendet, denn sie hat schon jetzt so viel in Peking investiert, daß jede künftige Regierung zwangsläufig davon Gebrauch machen muß. In Wirklichkeit freilich wurde schon in der Ming- und in der frühen Ch'ing-Zeit die Regierung in Peking angesichts der stetigen Verschiebung der demographischen, wirtschaftlichen und geographischen Schwerpunkte des Landes nach dem Süden immer mehr zur Randerscheinung.

Geistiges Leben in der Ming-Zeit

Die Aussichten auf eine geistige Blüte in der Ming-Periode schienen nicht gerade ermutigend, wenn man die erstickende Atmosphäre unter der Regierung des Gründers und des Kaisers Yung-lo und die konformistischen Tendenzen berücksichtigt, denen sie sich hingegeben hatten. Immerhin war die Ming-Zeit eine Epoche der Stabilität und des Wohlstands, in der vieles in der chinesischen Situation das kulturelle Schaffen ermutigte, so etwa die hohe wirtschaftliche Prosperität, ständiges Wachsen und steigende Bedeutung der Städte, eine soziale Mobilität, zu der die Bildung ermutigte, die Weiterentwicklung billiger Druckverfahren, die weite Verbreitung von Büchern und vieles andere mehr.

Die einzige Beschränkung brachte der Staat in das geistige Leben. Einerseits setzte er seine Machtfülle ein, um zur eigenen Sicherheit eine enge, einfallslose Orthodoxie zu züchten, auf der anderen Seite verhinderte die Haltung des Hofes, daß von der Hauptstadt lebendiges geistiges und künstlerisches Leben ausstrahlte. Dies lenkte zu Beginn der

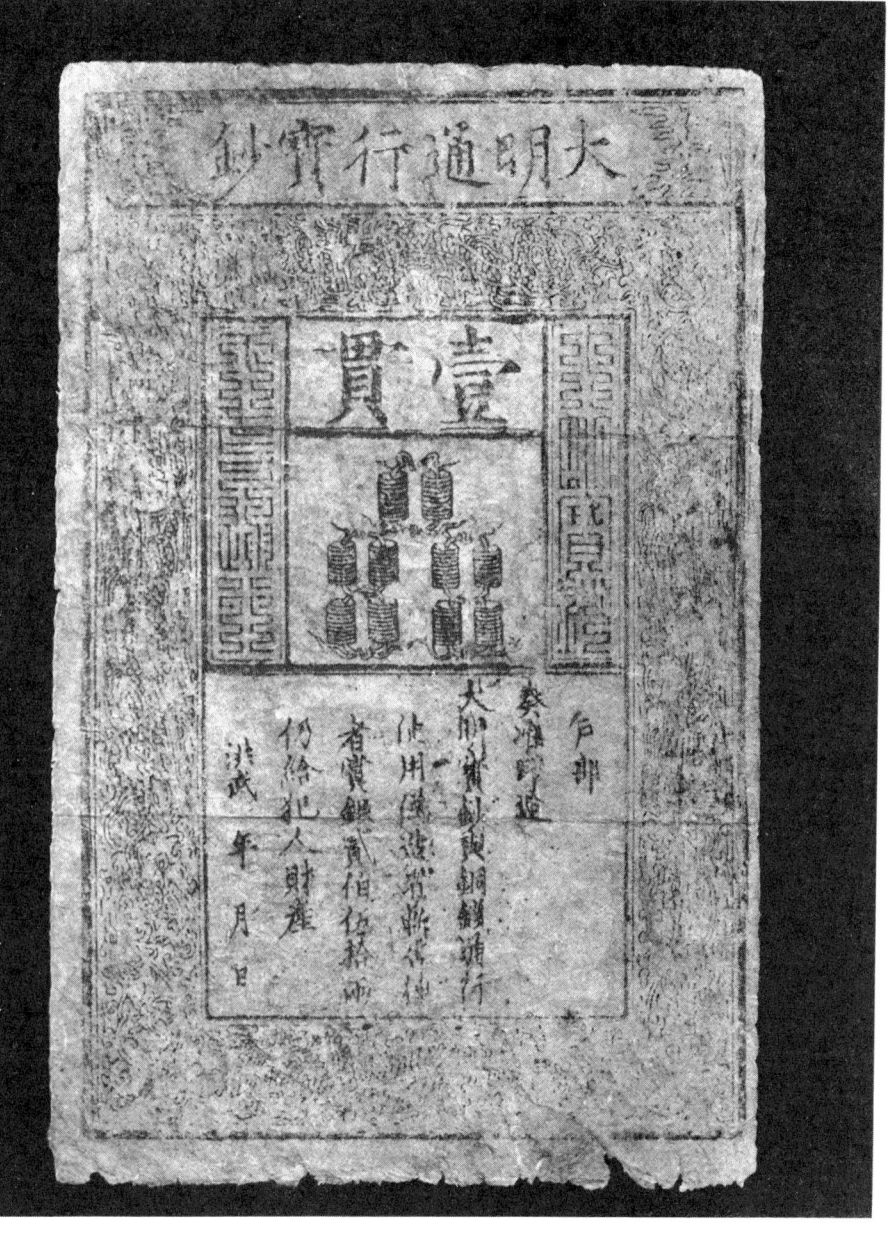

Geldschein der Ming-Dynastie im Wert von 1000 Käsch-Stücken
Vom Reichsschatzamt zwischen 1375 und 1399 in Umlauf gebrachtes Zahlungsmittel mit aufgedrucktem Erlaß
zur Bestrafung von Fälschern und zur Belohnung für ihre Entdeckung
Hannover, Kestner-Museum, Leihgabe der Sparkasse der Stadt

Die Mauer um den nördlichen Stadtteil von Peking, 1419–1437

Dynastie die geistigen und literarischen Strömungen ab und zerstörte sie sogar bis zu einem gewissen Grade. Die konventionelle Geisteshaltung der Orthodoxie schlug sich in der tonangebenden Gesellschaft nieder und fand dadurch weite Verbreitung.

Ein Beispiel dafür wird in dem Roman »Der Traum der Roten Kammer« aus der frühen Ch'ing-Zeit geschildert. In einem wohlhabenden Beamtenhaushalt bestraft der Vater seinen Sohn, voller Ehrgeiz, ihn in der richtigen Gesellschaft aufsteigen zu sehen, weil jener in seinen Mußestunden Liebesgedichte schreibt, und erklärt ihm unnachsichtig, seine einzige Pflicht sei es, die »Vier Bücher« des konfuzianischen Kanons mit den Kommentaren von Chu Hsi auswendig zu lernen, damit er die Staatsprüfungen bestehe; alles andere lenke nur ab und sei bloße Zeitverschwendung. Dieses Beispiel zeigt deutlich, zu welchem Extrem die Förderung einer sterilen Orthodoxie führen konnte und in den letzten Jahrhunderten der Kaiserzeit zweifellos geführt hat.

Doch dieses konventionelle und auf seine Art zutreffende Bild zeigt nur eine Seite der Situation. Die Geistesgeschichte der Ming- und der frühen Ch'ing-Zeit ist im Grunde die Geschichte der Wiederkehr einer wesensfremden oder doch ungewöhnlichen Umwelt und der Anpassung an sie, die Geschichte der abgelenkten Ströme schöpferischer Äußerungen und ihres manchmal wilden Wucherns in Bereichen jenseits der Grenzen dominierender Konvention.

Die innere Kraft zu schöpferischer Kulturentfaltung in der Ming-Zeit zeigt sich vielleicht am besten an dem Phänomen des neokonfuzianischen Idealismus mit seinem führenden Kopf, Wang Shou-jen (1472–1529), besser unter dem Namen Wang Yang-ming bekannt. Wang Yang-ming konnte in vieler Hinsicht selbst als konventionell gelten. Er war ein fähiger Beamter, aufgestiegen auf der Stufenleiter der vorgeschriebenen Prüfungen: ein Vorbild in Wissen und Lebensführung. Seine Unabhängigkeit zeigte sich, als er eine Staatsstellung eingenommen hatte; er verwarf den rationalistischen Standpunkt von Ch'eng und Chu Hsi (»Ch'eng-Chu-Schule«) und formulierte in brillanten Wendungen ein idealistisches konfuzianisches System. Trotz der revolutionären Tragweite seiner Gedanken ließ er sich auf seinem Berufsweg weder in radikale Aktionen hineinziehen noch zu Verpflichtungen gegen die Regierung verleiten. Die einschneidendsten Folgen seiner geistigen Führerschaft traten erst nach seinem Tode 1529 ein und nahmen Formen an, die er nicht hatte voraussehen können. Als tatkräftiger und loyaler Beamter, der den einzigen gefährlichen Aufstand um die Mitte der Ming-Zeit unterdrückt, der dem Staat als Verwaltungsbeamter wie als Offizier gedient hatte, hätte er schwerlich gewünscht, daß Ming-Loyalisten des 17. Jahrhunderts die Auflösung von Staat und Gesellschaft und damit den Anstoß zum Sturz der Dynastie auf seine Ideen zurückführten (auch wir würden heute diesem Urteil nicht mehr beistimmen). Doch die Reaktion auf seine Ideen war so stark, daß man ihnen unermeßliche Folgen zuschreiben konnte, und schon im Hinblick darauf müssen wir uns vor dem Irrtum hüten, die Ming-Zeit als geistig steril zu bezeichnen.

Wang Yang-mings philosophische Grundhaltung hatte deutliche Vorgänger in der chinesischen Tradition. Stets gab es im chinesischen Denken eine starke, wenn auch nicht vorherrschende Strömung, die sich der Objektivierung des Wissens widersetzte. Wenn der Taoismus keine objektiven Maßstäbe für Wahrheit und Werte anerkannte, wenn der

Ch'an-(Zen-)Buddhismus – zweifellos unter taoistischem Einfluß – den Wert der Leistungen des Menschengeistes (die wir »Kultur« nennen) leugnete, dann sind das nur zwei Ausdrucksweisen dieser Unterströmung. Die Spaltung des Neokonfuzianismus in einen rationalistischen und einen idealistischen Zweig wird in der Regel auf die Brüder Ch'eng im 11. Jahrhundert zurückgeführt. In jedem Falle aber war das Problem Idealismus oder Rationalismus zur Zeit von Chu Hsi im späten 12. Jahrhundert, in den Streitgesprächen zwischen ihm und Lu Chiu-yüan (bekannter unter dem Namen Lu Hsiang-shan, 1139–1193), bereits deutlich ausgesprochen. Die neokonfuzianischen Denker waren sich zwar im allgemeinen dieses Problems seit Lus erster Formulierung neokonfuzianischen monistischen Idealismus bewußt, meistens jedoch erlagen sie der Überzeugungskraft der rationalistischen Kritik, die behauptete, er sei in Wahrheit Subjektivismus von der Art des Ch'an-Buddhismus und dazu noch insofern trügerisch, als er die sittlichen Normen des Konfuzianismus stillschweigend leugne.

Dreihundert Jahre später gewann Wang Yang-ming, nachdem er durch den von der Ch'eng-Chu-Schule vertretenen rationalistischen Dualismus von Prinzip und Stoff und die zu jener Zeit eher dürre Scholastik ernüchtert war und in Taoismus und Buddhismus Befriedigung gesucht, aber nicht gefunden hatte, schließlich die Einsicht in einer mystisch erlebten Erleuchtung. Seine große Einsicht war die Wahrheit, daß die Weltseele allgemein und allumfassend sei; die Bestätigung dafür fand er in den Schriften von Lu, den er nun als seinen Vorläufer in der neokonfuzianischen Tradition anerkannte. Wie Lu – und in dem Punkt auch gemeinsam mit der Ch'eng-Chu-Schule – erblickte er den konfuzianischen Vorläufer seines Denkens in Meng-tzu. So befanden sich die Grundlagen des Wangschen Denkens eindeutig innerhalb der Grenzen der älteren chinesischen Philosophie, und seine Grundkonzeptionen waren zum größten Teil mit Konfuzianismus und Neo-Konfuzianismus vereinbar.

Wangs Leistung bestand darin, die Anschauung des Idealismus für die Menschen seiner Zeit auf derart überzeugende und erhellende Weise neu formuliert zu haben, daß die ganze geistige Welt Chinas bis in die Tiefen aufgewühlt wurde. Wang machte die befreiende Entdeckung, daß das »Erforschen der Dinge«, vom neo-konfuzianischen Denken allgemein als die wesentliche Aufgabe des geistigen Menschen anerkannt, ein intuitiver und kein verstandesmäßiger Prozeß war. Mit dieser Erkenntnis konnte Wang endlich erklären, weshalb sein langes Suchen nach dem Sinn von *li*, »Vernunft« oder »Prinzip«, fruchtlos gewesen war, solange er ihn durch äußerliche Erweiterung des Wissens angestrebt hatte. Er bemerkte: »Meine Natur ist natürlich in sich selbstgenügsam. Ich war im Irrtum, als ich die Prinzipien in äußerlichen Dingen suchte.« Nun wußte er, was Meng-tzu gemeint hatte, als er sagte: »Alle Dinge sind vollkommen in mir.« So konnte er den rationalistischen Dualismus von Seele und »Vernunft« aufgeben und erklären: »Die Seele ist selber Vernunft; nichts liegt außerhalb der Seele.« Und auf dieser Grundlage entwickelte er seinen extremen ontologischen Idealismus, der zum Urquell wurde eines philosophischen Systems von radikaler Tragweite.

Dieses System war radikal im sozialen und ethischen Sinne, indem es alle objektiven Normen und Beschränkungen leugnete. Logisch war es dazu gezwungen, denn es betrachtete die Seele des Menschen als einzigen Maßstab, da sie eins war mit der Weltseele. Mit typisch chinesischem Interesse für die Tiefen der menschlichen Natur und der menschlichen Seele bestand Wang darauf, daß jeder Mensch ein »Gewissen« oder die Fähigkeit zu intuitiver Erkenntnis habe; er nannte es *liang-chih*. Er sah darin das ursprüngliche Wesen der Seele und glaubte, daß die Seele in ihren uranfänglichen Qualitäten den menschlichen Bedürfnissen am besten diente. Dies brachte Wang dazu, einerseits die neo-konfuzianische Scholastik abzulehnen und andererseits ihr übertriebenes Wichtignehmen von Institutionen und äußerlichen Dingen zu verurteilen. Denn erst wenn die Seele des Menschen frei sei von solchen gekünstelten Dingen, um intuitiv auf jede Situation reagieren zu können, werde sie ein unfehlbarer Lenker zu rechtem Verhalten. Dies führte zum Begriff der Einheit von Wissen und Handeln: Wissen ist der Beginn des Handelns, und Handeln ist die Vollendung des Wissens.

So erweist sich Wang, obwohl im ethischen Sinne radikal, als typisch konfuzianisch, da es ihm in erster Linie um individuelle und soziale Ethik ging. Und in seinem eigenen Leben war er, seinen sittlichen Maßstäben entsprechend, ein konservativer Konfuzianer. Das stand keineswegs im Widerspruch zu seiner Lehre, denn theoretisch erwartete er von der Befreiung der Seele die volle Selbstverwirklichung intuitiver Erkenntnisfähigkeit, die nur zu sittlich richtigem Handeln führen könne, da die allen Menschen eingeborene Güte unter so idealen Bedingungen einheitlich ein gutes Verhalten gewährleiste. Und er glaubte fest – wenn auch etwas naiv –, daß die Systematisierung der Ethik, wie sie in der konfuzianischen Tradition erhalten ist, jenes Ideal verkörpere. Auf diese Weise wurde Wang zwar selbst kein Bilderstürmer, aber man benutzte seine Gedanken, um Ikonoklasmus zu rechtfertigen.

Seinen Zeitgenossen sind die radikalen Folgerungen aus seinem System nicht entgangen; in den zwei oder drei Generationen nach seinem Tode wurden denn auch einige seiner Anhänger maßgebende Vertreter eines nihilistischen Individualismus und Führer aufrührerischer, zersetzender Sozialreformbewegungen. Obwohl diese immer wieder ins Populäre verflachten Richtungen seiner Schule (und radikaler Idealismus ist wehrlos gegen Popularisierung) dazu angetan waren, die ganze Bewegung und Wang selber in Mißkredit zu bringen, und mit der Zeit eine betont konservative Gegenreformation im orthodoxen Rationalismus hervorriefen, darf man die tiefreichenden Anregungen nicht außer acht lassen, die von Wangs Ideen auf die gesamte Gesellschaft ausgingen. Die von Wang geschätzten Begriffe wurden rasch gängige Wörter in der Umgangssprache; auch die Geisteshaltung, die darin zum Ausdruck kam, spiegelte sich auf die verschiedenste Weise. Wangs Betonung des Individuums, seiner Würde und seines inneren Wertes wirkten auf das soziale Bewußtsein und wandelten Sitten und Institutionen. Sozialhistoriker haben festgestellt, daß als unmittelbare Folge von Wangs Ideen das Interesse an Bildung wesentlichen Auftrieb erhielt und die Bildungschancen und, damit verbunden, die sozialen Aufstiegsmöglichkeiten wuchsen. Weitere Folgen muß man in dem Auftauchen romantischer und volkstümlicher Richtungen in der Literatur erblicken und wohl auch in neuen sozialen Haltungen und Werten. Marxistische Historiker hören aus Wangs Philosophie die Stimme einer neuen Bourgeoisie und betrachten sie als Beweis für einen im Entstehen begriffenen städtischen

Kapitalismus. Obwohl es wenig sinnvoll scheint, die Bedeutung Wangs für die Geschichte derart einseitig zu deuten, darf man doch seinen Einfluß auf seine Zeit mit bezeichnenden Wandlungen in Gesellschaft und Wirtschaft in Verbindung bringen.

Wandlungen in Wirtschaft und Gesellschaft

Chinas marxistische Historiker bezeichnen die Veränderungen, die in der späten Ming-Zeit einsetzen, als Merkmale eines beginnenden Kapitalismus, denn ihre Formel für die Geschichte verlangt, daß das traditionelle China das Etikett »feudal« erhält; und auf eine feudale Gesellschaft kann nur eine kapitalistische folgen. Ihr Problem besteht darin, die frühesten Anfänge des Übergangs zum Kapitalismus festzustellen und sie als solche zu identifizieren; aus einem gewissen nationalistischen Interesse heraus möchten sie diese Anfänge auf einen möglichst frühen Zeitpunkt verlegen. Die Geschichte läßt sich kaum mit ihrer starren Formel entschlüsseln, aber die Bemühungen ihrer Historiker, die Anfänge des »Kapitalismus« zu dokumentieren, haben uns viele interessante Informationen vermittelt, die eine genaue Beschreibung (wenn auch keine genaue Deutung) der stattgefundenen Veränderungen geben.

Ein interessantes Beispiel dafür ist die Entwicklung einer hochspezialisierten Baumwollindustrie in Sung-chiang, einer Präfektur in der Nähe des heutigen Shanghai. Die Baumwolle ist anscheinend schon im 5. Jahrhundert von Ostindien nach China eingeführt worden. Ihr Anbau und ihre Verwendung beschränkten sich bis zur Mongolenzeit größtenteils auf Küstengebiete im Südosten. Ein Sung-chiang-Gelehrter, der um die Mitte des 14. Jahrhunderts eine Sammlung von Aphorismen und Skizzen verfaßte, hat uns zufällig die Geschichte eines Ortsheiligtums zum ehrenden Andenken einer Frau überliefert, die als Wohltäterin der Gegend angesehen wurde. Aus seinem 1366 zuerst veröffentlichten Bericht erfahren wir, daß die Frau irgendwann im vorangegangenen Jahrhundert nach Sung-chiang, ihrem Geburtsort, zurückgekehrt war, nachdem sie jahrelang auf der Insel Hainan südlich von Kanton gelebt hatte. Dort hatte sie moderne Verfahren der Baumwollverarbeitung beobachtet: für Entkörnen, Krempeln, Spinnen und Weben, Entwerfen von Mustern und Zusammenstellen von Färbestoffen, sogar das Herstellen von Steppdecken und anderen Dingen. Die Baumwolle war erst kurz zuvor als eine Pflanze, die auf dürftigem und sonst nicht nutzbarem Boden gedieh, in das Gebiet von Sung-chiang eingeführt worden; da man sie aber nicht zu verarbeiten wußte, war ihre Nutzung bedeutungslos geblieben. Dieser Frau nun, obwohl alt und schriftunkundig, gelang es, mit Hilfe eigener Zeichnungen und Vorführungen die Dorfbevölkerung in die fortschrittlicheren Verarbeitungstechniken einzuführen.

Dank den Kenntnissen dieser Frau und dem Einfallsreichtum der Dorfbewohner wurde Sung-chiang rasch zum Mittelpunkt der Baumwolltextilindustrie Chinas. Der Standort war ideal, denn Sung-chiang hatte ein reiches, dichtbesiedeltes Hinterland und lag am Rand eines großen Binnenschiffahrtnetzes. Baumwollwaren aus Sung-chiang, besonders die bunten und kunstvoll gemusterten Steppdecken, wurden im ganzen Land berühmt. Das Gebiet wandelte sich: eine gut organisierte und hochspezialisierte Heimindustrie entstand. Baumwolle für die Webstühle wurde in immer weiterem Umkreis angebaut und kam schließlich fast ganz aus einem dreihundert Kilometer entfernten Gebiet nördlich des Yang-tzu. Hier erleben wir das Entstehen einer Industrie, die sich bereits moderner Techniken bedient: Qualitätskontrolle und hochgradige Spezialisierung (besondere Organisationen der Krempler, Spinner, Weber, Färber, Musterzeichner und anderer Facharbeiter), Befördern von Rohmaterial und Fertigfabrikaten über weite Strecken, Lohnarbeiter in großer Zahl: alles in allem waren hier schon manche frühkapitalistische Elemente ausgebildet, wie sie etwa der Wollweberei Flanderns im 13. Jahrhundert entsprechen.

Bezeichnenderweise hat jedoch die bedeutende Baumwollindustrie Sung-chiangs das Gebiet sozial und politisch keineswegs in der Weise verändert, wie das in Flandern durch die Wollindustrie der Fall war. Obwohl in China städtische Gruppen entstanden sein mögen, die wirtschaftlich gesehen den Bürgern und dem städtischen Proletariat in den Anfängen des modernen Europas etwa gleichzusetzen wären, entwickelten sie nichts – und strebten es nicht einmal an –, was der politischen, sozialen und psychologischen Situation des Bürgertums im frühen Europa ähnelte. Die chinesischen Städte wurden keine Bollwerke neuer Freiheiten im Wettstreit mit den alten sozialen und politischen Mächten, sondern blieben Verwaltungszentren, die sie immer schon waren. Und sie wurden keine Sammelbecken für Geldkapital, das nur darauf wartete, in neuen Formen wirtschaftlicher Tätigkeit wirksam angelegt zu werden. Sie blieben bloße Verteilungszentren für die Leistungen von Industrie und Handel. Chinas bürokratische Gesellschaft absorbierte die Triebkräfte wirtschaftlichen Wandels und unterdrückte sie sogar bis zu einem gewissen Grade. Das Leitbild der Gesellschaft blieb, wie es der Konfuzianismus überzeugend formuliert hatte und wie es in der Beamtenlaufbahn am vollkommensten verwirklicht war.

Die Jesuiten – eine Episode

Eine weitere Quelle von Kräften, von denen im 16., 17. und 18. Jahrhundert ein Wandel zu erwarten war, mögen die ersten bedeutsamen geistigen Kontakte zwischen Europa und China gewesen sein, die die Jesuiten vermittelten. Doch ist es merkwürdig und aufschlußreich, daß diese Episode der Ost-West-Geschichte für Europa weit größere Folgen gehabt hat als für China. Ursprünglich war die Mission sowohl ein Ergebnis der Gegenreformation als auch des portugiesischen Bestrebens, sich ein Kolonialreich in Asien zu schaffen. Der heilige Franz Xaver, der »Apostel Indiens«, starb 1553 an der Küste Chinas, nachdem er in Japan gewirkt hatte und zu der Einsicht gekommen war, daß China die große Herausforderung für das Christentum im Fernen Osten sei. In seinem Todesjahr wurde der Italiener Matteo Ricci geboren.

Ricci vollendete auf glänzende Weise, was Xaver vorgeschwebt hatte: die Gründung einer Jesuiten-Mission auf chinesischem Boden. Er traf 1582 in China ein und kam 1601 nach Peking, nachdem er neunzehn Jahre lang in den Provinzen Süd- und Zentralchinas gearbeitet hatte, und starb 1610 in Peking, überzeugt, daß China im Begriff war, den christlichen Glauben anzunehmen. Ricci hatte gute Gründe für seine Zuversicht. Er hatte in der Tat bemerkenswerte Fortschritte gemacht: einige wichtige Konvertiten hatten hohe Stellungen in der höfischen Beamtenschaft inne, und er selbst hatte sich und seiner wachsenden Schar europäischer Mitarbeiter eine Position bei Hofe verschafft, die steten Schutz und Gönnerschaft gewährleistete. Dennoch blieb die Bekehrung der Chinesen ein Ziel, das stets im Bereich des Möglichen zu liegen schien, in Wirklichkeit aber unerreichbar war. In den dreihundertfünfzig Jahren nach Riccis Tod, bis 1950, hat die Christenheit Chinas niemals ein Prozent der Gesamtbevölkerung überschritten, und zu keiner Zeit konnte sie ihre Position gegenüber dem von Ricci Erreichten nennenswert verbessern. Gleichwohl hat die Jesuiten-Episode in China sehr viel mehr Bedeutung für die Geschichte, als man vielleicht daraus ersehen kann.

Die Jesuiten-Mission in China zeichnete sich durch hohes Niveau ihrer Patres aus. Ricci selbst war ein Mensch von ungewöhnlichen geistigen und seelischen Qualitäten, und ein Dutzend oder mehr der späteren Missionare in den hundert Jahren nach seinem Tode waren Männer, die sich, wären sie in Europa geblieben, in Wissenschaft und Philosophie zweifellos ebenso ausgezeichnet hätten wie als Männer der Kirche. Ricci war ein Schüler des Geometers Christoph Clavius in Rom und ein ausgezeichneter Astronom und Mathematiker. Johann Adam Schall von Bell, sein berühmter Nachfolger (1591–1666, in China 1621 bis 1666), hatte Galilei nahegestanden und war selbst ein Astronom und Naturwissenschaftler von hohen Graden. Ferdinand Verbiest (1623–1688), der dritte in dem Trio der bekanntesten Missionsleiter, war ebenfalls Astronom, Kartograph und Fachmann für Geschützgießerei und Hydraulik.

Die Astronomie spielte bei den für die Mission im 17. Jahrhundert ausgesuchten Kenntnissen eine gewichtige Rolle. Nachdem sich nämlich 1630 herausgestellt hatte, daß ihre Eklipsenberechnungen um ein Bruchteil genauer waren als die der chinesischen Hofastronomen, wurden die Jesuiten zu Direktoren des Amtes für Sternkunde ernannt und waren als Hofbeamte für die außerordentlich wichtige Aufgabe verantwortlich, den kaiserlichen Kalender festzusetzen, eine Tätigkeit, die im chinesischen Staat zentrale Bedeutung hatte. Sie beherrschten ein Wissen, das notwendig war, den Kalender in Ordnung zu halten, was sie für den chinesischen Hof unentbehrlich machte. Sie hatten diese Funktion über den Wechsel der Dynastie im Jahre 1644 hinweg ununterbrochen inne, bis sie nach dem Verbot des Jesuitenordens im späten 18. Jahrhundert aus Peking verschwanden.

Dieser fachliche Beistand, den sie dem Hofe leisteten, war der Schlüssel zu ihrer Stellung in China. Das wußten sie genau und betrieben diese Tätigkeit mit unermüdlichem Eifer. Im Grunde waren sie europäische Mandarine, die das Beste ihrer Kultur repräsentierten und die mit der chinesischen Kultur auf höchstem Niveau in Beziehung traten: von Mandarin zu Mandarin. Von Anfang an verfolgte Ricci eine recht ungewöhnliche Politik, mit der damals die Jesuiten in Asien experimentierten: sie standen den einheimischen Kulturen wohlwollend gegenüber, wirkten in deren Rahmen und verzichteten soweit wie möglich auf die eigene Besonderheit. Diesen Jesuiten galt es als vorbildlich, die Sprache fließend zu beherrschen und in Literatur, Geschichte und Philosophie gründlich bewandert zu sein.

In den ersten hundert Jahren war die Haltung der Missionare gegenüber der chinesischen Kultur und Gesellschaft von aufrichtiger Sympathie, sogar von Bewunderung getragen. Im 17. Jahrhundert wurde die Mission dann nach und nach eine vor allem französische Domäne, die vom französischen Hof finanziert und größtenteils mit französischen Jesuiten besetzt war, nicht mehr wie zu Beginn eine portugiesische, spanische und italienische Sache. Die Franzosen zeigten weniger Hochschätzung, und gegen Ende des 17. und im 18. Jahrhundert griff immer mehr ein betontes Europäertum um sich, mit dem Erfolg, daß der Wandel im Charakter der Mission und die veränderten Zeitumstände Dünkel und Selbstzufriedenheit förderten und die Missionare China gegenüber kritischer werden ließen. Nach dem Ausbruch des »Ritenstreits« in der zweiten Hälfte des 17. Jahrhunderts wurde das Verhältnis der Fremden zum chinesischen Hofe weniger herzlich, was sich natürlich in weniger begeisterten Berichten über die Vorgänge in China niederschlug. Aber trotz diesem Wandel in der Atmosphäre gaben die Jesuiten Europa umfangreiche Schilderungen der chinesischen Geschichte und Kultur, die im ganzen wegen ihrer Gründlichkeit, ihrer Breite und ihres wohlwollenden Geistes bemerkenswert waren. Diese Schilderungen unterrichteten Europa, beeinflußten die Politik der Staaten, hatten wesentlichen Anteil an der Bildung von Geschmack, Sitte und bildender Kunst, regten politische Denker wie Voltaire und die Physiokraten an und mögen sogar gewichtigen Einfluß auf die Leibnizsche Philosophie gehabt haben. So wurden sie zu einem wesentlichen Element der europäischen Geistesgeschichte.

Das steht in merkwürdigem Gegensatz zu der Reaktion der Chinesen auf die Gemeinschaft europäischer Gelehrter in ihrer Mitte. Am Kaiserhofe verrichteten sie über ihre Hauptaufgabe als amtliche Astronomen hinaus manche wichtigen Dienste. Sie leisteten Beistand bei diplomatischen Verhandlungen mit Rußland und anderen europäischen Gesandten, beim Geschützgießen, beim Entwerfen von Bauwerken, beim Herstellen von Karten des Reiches und dergleichen. Und sie hatten ihren kleinen Kreis einflußreicher Konvertiten, in dem sie als Religionslehrer wirkten. Doch darüber hinaus versuchten sie vor allem, China mit europäischem Wissen vertraut zu machen. Ricci übersetzte Euklid und verfaßte philosophische Schriften, Schall übersetzte mathematische Werke, und viele andere Jesuiten schrieben auf Chinesisch über Geschichte, Technik, Landwirtschaft, Naturwissenschaft und Kunst. Alle diese Werke wurden veröffentlicht und gelesen und erregten sicherlich auch ein gewisses Interesse. Im großen und ganzen aber blieb der chinesische Geist von der profanen Seite der europäischen Kultur ebenso unberührt wie von den religiösen Lehren.

Woran liegt nun dieser merkwürdige Mangel an Aufnahmebereitschaft für unchinesische Dinge? Es wäre sicherlich unrichtig, die Chinesen als fremdenfeindlich anzusehen, wie das oft geschieht, und ebensowenig richtig wäre es, diesen Widerstand gegen die europäische Kultur als Folge geistiger Verschlossenheit und Enge zu erklären. Die Chinesen sind häufig höchst aufgeschlossen gewesen für neuartige und fremde Ideen, wie sie es auch für praktische Dinge waren. Der Beweis dafür ist die weite Übernahme revolutionierender Nutzpflanzen der Neuen Welt im 16. und 17. Jahrhundert und die völlige Unterwerfung unter den Buddhismus tausend Jahre zuvor. In Wirklichkeit wählten die Chinesen sorgfältig unter den von den Jesuiten eingeführten Ideen aus. Sie übernahmen deren Astronomie, sobald sich im offenen Wettbewerb mit ihren eignen Berechnungen und Geräten die Überlegenheit der Jesuiten erwiesen hatte. Sie hegten eine hohe Meinung von der jesuitischen Kartographie und ließen sich in mancher Hinsicht davon beeinflussen. Kaiser Ch'ien-lung war entzückt über einen von Jesuiten entworfenen europäischen Palastbau mit weißen Marmorbrunnen im Barockstil, die in seinem Sommerpalast bei Peking errichtet wurden, und Kaiser und hohe Beamte faszinierten die europäischen Brillen und Uhren, die sie sammelten und gern benutzten.

Diese durchaus willkommenen und wirksamen Dinge waren jedoch nur geringfügige, wenn auch interessante Besonderheiten eines Komplexes, der von den Botschaftern der europäischen Kultur als Ganzes vorgebracht wurde. Deren Grundgedanken legten sie den Chinesen vor, die diese jedoch nur wohlwollend und mit Interesse prüften und dann verwarfen und ignorierten; sie hatten für die gebildeten Chinesen einfach keinerlei Bedeutung. Das lag nicht etwa daran, daß sie unfähig gewesen wären, diese Kultur zu begreifen. Dies kulturelle Angebot hatte in Wahrheit so gut wie keinen Wert für sie, solange ihre eigene Welt noch befriedigend funktionierte. Erst als das verhängnisvolle 19. Jahrhundert die Unfähigkeit von Chinas alter Kultur bewiesen hatte, auf unausweichliche und beispiellose Forderungen zu reagieren, erst da wurde das europäische Erfahrungswissen für die bebedrängten Chinesen wichtig. Zögernd sahen darin die Chinesen zunächst, im 19. Jahrhundert, lediglich eine Quelle von Abwehrkräften gegen den Westen und schließlich, im 20. Jahrhundert, eine universelle Wertewelt, aus der sie, wie alle Menschen, ihren Nutzen ziehen konnten. Zur Zeit der Jesuiten jedoch war diese Bedingung – drängende Notwendigkeiten unter beispiellosen Umständen – noch nicht gegeben, daher die selbstgefällige chinesische Haltung Europa gegenüber.

Gleichwohl haben manche Chinesen die soziale und politische Bedeutung des Christentums und, von ihm getragen, der westlichen Institutionen begriffen; dies wird in der Einstellung des Kaisers K'ang-hsi gegenüber dem Ritenstreit offenkundig. Der Streit hatte sich aus dem Konflikt zwischen den Jesuiten und den anderen Missionsorden in China, besonders den Dominikanern und Franziskanern, entwickelt, in dem die Jesuiten einen Standpunkt einnahmen, den wir heute »modernistisch« nennen würden: sie traten für äußerste kulturelle Anpassung ein. Ihrer Meinung nach sollte das Christentum zwischen dem ursprünglichen, unveränderlichen Kern der christlichen Lehre und dem späteren kulturellen Beiwerk unterscheiden und nur auf der Erhaltung dieses Kerns bestehen. Es sollte ferner das kulturelle Milieu als gegeben hinnehmen, ohne Werturteile darüber zu fällen. Diese Ansicht war radikal und für viele europäische Gemüter damals (und heute) beunruhigend. Die anderen Orden missionierten mit Eifer, aber oft unklug unter dem einfachen Volk und stießen damit häufig auf Ablehnung. Die Jesuiten betrachteten deren Verhalten als engstirnig und ungeschickt und befürchteten, daß ihr eigenes gutes Verhältnis zu den Mandarinen bei Hofe gefährdet werden könnte; auch Elemente nationaler Konkurrenz spielten neben der alten Rivalität zwischen den Jesuiten und den älteren Orden dabei mit.

Diese Kontroverse erhitzte sich nun an der Frage nach der wahren Bedeutung des überlieferten und konfuzianisch geheiligten Ahnenkultes, dessen Riten von dem Familien-

Lehrender Heiliger
Steinrelief, zweite Hälfte 17. Jahrhundert. Frankfurt a. M., Liebieghaus

Zucht der Maulbeerseidenspinner und Abwiegen der Kokons
Malerei auf einer Porzellanschale, Anfang 18. Jahrhundert
Hamburg, Museum für Kunst und Gewerbe

oberhaupt – nicht von Priestern – an Hausaltären vollzogen wurden. Auf dem Niveau der Großen Tradition, auf dem sich die Kontakte der Jesuiten mit den gebildeten Chinesen abspielten, wurden diese Riten als Zeremonien zur Totenehrung verstanden, die allein ethische und philosophische Bedeutung, aber keinerlei spezifisch religiöses Gewicht besaßen; deshalb hielten die Jesuiten sie für durchaus vereinbar mit dem Wesen des Christentums. Auf dem primitiven Niveau dagegen, auf dem die anderen Orden die Chinesen kennenlernten, vor allem auch in ihrer eigenen, schlecht informierten Sicht von dem Problem, waren diese Riten abergläubischer Götzendienst. Daher beschuldigten diese Orden schon 1636 die Jesuiten, die unverfälschte heilige Religion aufs Spiel zu setzen, indem sie den Neuchristen ihren Ahnenkult beließen.

Nach Jahrzehnten eines offenen Konflikts in der christlichen Gemeinde Chinas, der in chinesischen Gemütern ernsthafte Zweifel an der universalen Gültigkeit des Christentums aufkommen ließ, wandten sich die anderen Orden an Rom. Die Päpste hatten keine andere Wahl, als Untersuchungskommissionen zu entsenden. Nachdem die Sache sich jahrzehntelang hingeschleppt hatte, appellierten die Jesuiten in Peking an ihren Freund, den Kaiser K'ang-hsi selbst; zur endgültigen Auseinandersetzung kam es, als Kardinal de Tournon, der Legat Papst Clemens' X., im Jahre 1705 den Hof aufsuchte und sich gezwungen sah, mit dem Kaiser durch Dolmetscher über die Bedeutung bestimmter Stellen im konfuzianischen Kanon zu debattieren!

Der gelehrte Kaiser war empört, daß ein »ungebildeter« Außenseiter sich anmaßte, eine Meinung und gar eine gegenteilige zu haben. Und als der Papst im fernen Rom seinen Legaten gegen den Kaiser (und gegen die Jesuiten) stützte und die ganze Christengemeinde von einer »höheren Autorität« aufgefordert wurde, die Entscheidung ihres Kaisers zur chinesischen Tradition zurückzuweisen, da war dem weitblickenden Kaiser deutlich vor Augen gestellt, daß die Kirche zu einem Staat im Staate zu werden drohte. Dies war aber mit der chinesischen Auffassung von Staat und Gesellschaft unvereinbar und ließ sich unmöglich mit der überlieferten chinesischen Sittenlehre in Einklang bringen. Rom sprach, und der Kaiser verstand.

Mit dieser unglückseligen Entscheidung im Ritenstreit begann der Niedergang der Jesuiten in China. Von nun an waren sie zwar offiziell noch Angehörige des Hofes, aber ihre Missionsarbeit in den Provinzen wurde eingeschränkt und schließlich ganz untersagt. Es gab keine regelrechte Christenverfolgung (so weit waren die Chinesen nun doch noch nicht von europäischem Verhalten beeinflußt!), aber die Kirche siechte dahin und verschwand gegen Ende des 18. Jahrhunderts. Als im 19. Jahrhundert neue Missionsbewegungen auftraten, mußten die Katholiken ihre kleinen Stützpunkte sozusagen aus dem Nichts wiederaufbauen, eine Situation, nicht wesentlich anders als die der Protestanten, die ebenfalls anderthalb Jahrhunderte voll intensiver, aber fruchtloser Bekehrungsarbeit vor sich hatten.

So ging eines der interessantesten Kapitel in der Geschichte der Berührungen Chinas mit der Außenwelt langsam und schleppend zu Ende. Es ist ein Kapitel, das für die europäische Geisteswelt von großem Reiz gewesen ist, weil es den Europäern Aufschlüsse gab über sich selbst und über die chinesische Kultur.

Die frühe Ch'ing-Zeit. Höhepunkt und Ausklang

Der Aufstieg der Manchu

Die Ming-Dynastie erkannte zu Beginn des 17. Jahrhunderts, daß sie von den traditionellen Gefahrenzonen nördlich der Großen Mauer her mehrfach bedroht war. Sie hatte gerade eine gewaltige Machtzusammenballung des alten Feindes, der Mongolen, in der zweiten Hälfte des 16. Jahrhunderts erfolgreich zerstreut und in den neunziger Jahren Expeditionen nach Korea entsandt, um diesem Vasallenstaat bei der Abwehr einer japanischen Invasion zu helfen. Landesverteidigung bedeutete nach offizieller Auffassung im späten Ming-China hauptsächlich Verteidigung gegen die Mongolen und erst in zweiter Linie Küstenverteidigung gegen die Wo-k'ou. Darunter verstanden die Chinesen Piraten, die sie für japanische, von ihrer Regierung sanktionierte Freibeuter hielten; in Wirklichkeit waren es aber private japanische und chinesische Kaufleute und Abenteurer, die oftmals in heimlichem Einverständnis miteinander vorgingen. Diese Überfälle hörten nach der Gründung des Shogunats der Tokugawa zu Anfang des 17. Jahrhunderts auf. Energische Regierungstätigkeit in der späten Ming-Zeit ergab eine reiche Fülle von Vorschlägen und Plänen, die alle die Beseitigung dieser beiden Gefahren zum Ziele hatten.

Erst im ersten Jahrzehnt des 17. Jahrhunderts erwachte in Peking allmählich das Bewußtsein von einer weiteren Gefahr, die aus dem Ostteil der heutigen Manchurei drohte. Dort drängte eine neue Gruppe aufständischer Stammeskrieger nach Süden und Westen ins Liao-Tal und kämpfte auch gegen die Tumet-Mongolen in ihrem Norden und Westen. Es war ein Volk, das in der späteren Geschichte als Manchu bekannt wurde, ein Name dunklen Ursprungs, den es sich 1635 gab und der sehr viel später von den Japanern und dem Westen auf den fern im Nordosten liegenden Teil Chinas übertragen wurde, in dem der Aufstieg der Manchu ausgegangen war.

Der Begründer der Manchu-Macht war ein Klan-Oberhaupt namens Nurhachi, ein Kämpfer und Organisator von Rang, der sich zwischen 1580 und 1600 als ein von den Chinesen zur Aufsicht über die örtlichen Stammesangelegenheiten eingesetzter eingeborener Führer auszeichnete. Der Ming-Hof sah keinen Grund zum Argwohn gegen ihn, bis er in den Jahren 1600 bis 1616 die Macht seiner eigenen Stämme konsolidierte und eine militärische und soziale Organisation schuf, die wörtlich übersetzt »Banner« genannt wird. Er behauptete, ein Nachkomme der Jürched-Chin-Kaiser zu sein; seine Stämme waren ethnisch und sprachlich mit den Jürched verwandt. Im Jahre 1616 rief er sich zum Kaiser aus und nannte seine Dynastie die »Spätere Chin«. Doch Verlauf und Geist seines Aufstiegs zur Macht zeigten mehr Verwandtschaft mit den Liao, den Rivalen der Chin im 12. Jahrhundert, deren Spekulation über die chinesische Gesellschaftsstruktur die der primitiven Chin bei weitem übertraf.

Nurhachi kannte China durch und durch, und so gründete er seine Bewegung von Anbeginn auf Doppelinstitutionen, indem er chinesische Geschicklichkeit und chinesische Methoden seinem Staat nutzbar machte und die eingesessene chinesische Bevölkerung des Liao-Tales seinem Regierungssystem unterwarf. Ein »Banner« war eine Formation seiner Stammeskrieger, die erblich und durch den ihnen zugeteilten Landbesitz mit dem »Banner«

verbunden und verpflichtet waren, dem Aufgebot des »Banners« mit geübten und ausgerüsteten Kriegern zu folgen. So war die Manchu-Gesellschaft völlig auf den Krieg hin organisiert, ganz nach Steppentradition, ohne deshalb ein wirkliches Steppenvolk zu sein (sie kamen aus bewaldeten, gebirgigen Jagdgebieten). Ihre zum Teil von Nomadentraditionen angeregte Bannerorganisation zeigt sich auch dem chinesischen System der Grenzgarnisonen verpflichtet. Nurhachi kannte sehr wohl den Charakter der chinesischen Siegespalme, und er kannte auch Erfolg und Fehlschläge der nomadischen Räuber, die einst um diesen Preis gekämpft hatten. Die nach den Farben ihrer Fahnen bezeichneten ursprünglichen vier Banner wurden in der ersten Hälfte des 17. Jahrhunderts auf acht vermehrt; zur Zeit der Eroberung Chinas gab es dazu acht Banner Mongolen und sogar acht Banner Chinesen, die eingerichtet worden waren, gewissermaßen um die besonderen Bedürfnisse dieser beiden großen, in Eroberung und Annexion einverleibten Volksgruppen zu befriedigen.

Als Nurhachi 1626 starb, war die Bannerorganisation derart charakteristisch für seinen neuen Staat geworden, daß die Chinesen bis auf den heutigen Tag die Manchu »Bannerleute« nannten. Die Banner stellten eine höchst schlagkräftige und bewegliche Streitmacht, die eroberte Völker auf eine Weise aufzusaugen vermochte, die die begrenzte militärische Stärke der relativ kleinen Manchu-Bevölkerung unmittelbar vergrößerte. Sie halfen auch bei der Besetzung von Gebieten mit chinesischer Bevölkerung, die nicht in militärischen Einheiten organisiert waren und die nach chinesischem Muster von kollaborierenden chinesischen Gelehrten-Beamten regiert wurden. Diese Kombination ausgeklügelter Verfahren, mit deren Hilfe er die beiden natürlichen Teile seines wachsenden Staates zusammenspannte, ist ein gutes Zeichen für Nurhachis Genie.

Nurhachis Nachfolger gaben die Bezeichnung »Spätere Chin« auf und nannten 1636 ihre neue Dynastie »Ch'ing« (das bedeutet »rein«, im Gegensatz zu »Ming« gleich »glanzvoll«). Von 1631 an unterhielten sie in ihrer Hauptstadt Mukden eine Regierung, die, kaiserlich in Ausmaß und Anspruch, in wesentlichen Zügen der chinesischen Regierung in Peking glich. Jetzt wurde den Chinesen klar, daß diese Stammesemporkömmlinge die Eroberung nach demselben Muster anstrebten, das ihnen die Liao, die Chin und die mongolischen Yüan vorgemacht hatten. Nurhachi starb, noch ehe dies erreicht war; aber einer seiner jüngeren Söhne, Dorgon, überwachte als geschickter Regent für einen der Nurhachi-Enkel in den Jahren 1643 bis 1650 die erfolgreichen Bemühungen der Manchu, Nurhachis Werk zu festigen und zum logischen Abschluß zu bringen.

Man sollte jedoch die Umstände der letzten und erfolgreichsten Fremderoberung Chinas keineswegs als unvermeidliches Geschichtsereignis sehen. Man könnte sich sehr wohl vorstellen, daß sich die Ming erfolgreich der Manchu-Macht hätten erwehren können oder daß in den ersten Jahrzehnten der Manchu-Herrschaft ein Aufstand gegen die fremden Eroberer geglückt wäre; statt dessen wartete man damit bis in die ersten Jahrzehnte unseres Jahrhunderts. Ming-China war weder durch Korruption erschöpft, wie das die Regel des »dynastischen Zyklus« will, noch war es zur Zeit der Invasionen von den Manchu-Waffen zerschlagen. Im allgemeinen wurden die Aufgaben der Verwaltung im Ming-Staat ordentlich ausgeführt, das Reich lebte in Wohlstand und Frieden, abgesehen von einer oder zwei Grenzprovinzen; und in den dreißiger und vierziger Jahren des 17. Jahrhunderts bestieg, nach einer langen Folge unfähiger Herrscher, ein gewissenhafter, wenn auch nicht besonders machtvoller Herrscher den Thron. Die Erneuerung von Staat und Gesellschaft, die periodisch eintreten sollte, hätte auch diesmal wieder, von innen angetrieben, vor sich gehen können. Und es gibt Anzeichen, daß es sich so ereignet hätte, wenn nicht ein Zufall schicksalhaft dazwischengetreten wäre.

Es war die ferne Nordwestecke Chinas, von der aus die allgemeine Vorstellung vom Frieden und Wohlstand in der späten Ming-Zeit enttäuscht wurde; hier lag die Brutstätte jener Kräfte, die der Dynastie ein fast zufälliges Ende bereiten sollten. Dieses Gebiet steckte seit hundert Jahren in wirtschaftlichem Abstieg, den wiederholte Naturkatastrophen wie Dürre und Insektenplage noch beschleunigten. Nach und nach fiel es Wirren und schwacher Verwaltung anheim. Mehrere gefährliche Aufstände brachen aus, von denen zwei sich auf Nachbarprovinzen ausdehnten; ein von Chang Hsien-chung geführter griff auf die Nordprovinzen über. Chang Hsien-chung setzte sich schließlich 1644 in Ssuchuan fest und errichtete eine Regierung, die 1647 von den Manchu beseitigt wurde. Auch der andere Aufstand, mit Li Tzu-ch'eng an der Spitze, erfaßte die nördlichen Randprovinzen. Er hatte seine Basis in den Gebieten Honan, Shansi und Hupei (1639). Die Ming-Heere bemühten sich in der Hauptsache, die Verteidigungslinie an der Großen Mauer zu halten. Nie zuvor waren Ruhe und Ordnung im Innern so heftig erschüttert worden, und die Militärmaschinerie reagierte nur langsam. Die Beamten in den Provinzen waren nachlässig und häufig unfähig, Gegenmaßnahmen zu ergreifen; und sie machten sich selbst zu Mitschuldigen, indem sie der Zentralregierung das wahre Ausmaß und den Ernst der Lage verhehlten.

Obwohl es solche Aufstände in der Ming-Zeit noch nicht gegeben hatte, stellten sie an sich kein unlösbares Problem dar. Im Frühling 1644 fiel Li Tzu-ch'eng – für den Hof völlig überraschend – in das Gebiet um Peking ein, ohne auf nennenswerten Widerstand zu stoßen. Er rückte sogar bis vor die Mauern der Stadt. Der Hof geriet in panischen Schrecken, denn die Garnisonen, die ihn verteidigen sollten, hatten außer Reichweite das Gebiet zwischen den Durchlässen in der Großen Mauer und der Hauptstadt zu sichern und konnten meist nicht sofort zurückgerufen werden. Die Rebellen raubten und plünderten in den Vororten und erkämpften sich dann den Weg in die Stadt, um sie zu brandschatzen. Der unter dem Titel Ch'ung-chen regierende Ming-Kaiser war außer sich, daß er keinen Widerstand zustande brachte, und beging auf einer Anhöhe im Palastgelände Selbstmord, um nicht in die Hände der Rebellen zu fallen. Die Aufständischen verkündeten daraufhin das Ende der Dynastie.

Li Tzu-ch'eng spielte kurze Zeit Kaiser in dem riesigen kaiserlichen Palast, zog dann aber zu Felde, um die Streitkräfte des Ming-Generals Wu San-kuei zurückzuwerfen. Wu San-kuei kam zu spät, um seinen Kaiser zu retten, und manche Historiker hegen den Verdacht, daß er der Dynastie gegenüber vielleicht doch nicht ganz loyal gewesen war. Er stammte aus den chinesischen Gebieten der Manchurei, kannte die Manchu gut und hatte wahrscheinlich Verbindungen zu Chinesen, die unter dem Regenten Dorgon dienten. Eingekeilt zwischen dem Mob, der die Hauptstadt geplündert hatte, und den Manchu, die nur auf die Gelegenheit zum Eindringen warteten, meinte Wu San-kuei, sich leichter mit den Manchu einigen zu können. Er ließ sie herein, um mit ihnen gemeinsam den Aufstand niederzuschlagen, was ihnen im Verein auch sehr rasch gelang. Nachdem aber Dorgon erst einmal in Peking eingezogen war, rief er seinen Neffen, den jungen Manchu-Herrscher, zum legitimen Empfänger des »Himmlischen Auftrages« aus, und die Ch'ing-Dynastie konnte fast mühelos ihren Anwärter auf den Drachenthron in Peking setzen.

Es fehlte dem Kaiserhaus der Ming nicht an Nachfolgern für den Kaiser Ch'ung-chen; und es fehlte weder an Beamten, die, von Loyalität durchdrungen, eifrig danach strebten, das legitime Herrschergeschlecht wiedereinzusetzen, noch an Generalen, die willens waren, Heere zum Widerstand gegen die fremden Eindringlinge aufzustellen. Aber es fehlte an einer energisch durchgreifenden Führung, und so kam es zu verhängnisvoller Uneinigkeit in den Absichten und Entschlüssen. Die Manchu verfügten über eine nach chinesischem Vorbild aufs beste eingerichtete Verwaltung, die ohne weiteres von Mukden nach Peking verlegt werden konnte, um dort, wo sie die Zentralorgane unter Kontrolle hatte, wirkungsvoller zu arbeiten als die in aller Eile improvisierten Widerstandsregime, die von einer Reihe unerfahrener und unfähiger Prinzen in den Provinzen etabliert wurden.

Die Manchu lenkten ihre Heere nach Süden, um die reichen und relativ ruhigen Provinzen Zentralchinas zu erobern, wo die verschiedenen Ming-treuen Höfe Fuß zu fassen suchten. Die Kämpfe waren gelegentlich heftig, wie bei der berühmten Belagerung von Yang-chou im Mai 1645, das tapfer, aber vergeblich von dem großen Heros des Ming-Widerstandes, Shih K'o-fa, verteidigt wurde. Yang-chou fiel, und die Manchu, von übergelaufenen Generalen wie Wu San-kuei unterstützt, behielten die Oberhand.

Ein Ming-Loyalist im Besitz einer bedeutenden Seemacht, Cheng Ch'eng-kung (bekannter als Koxinga), kontrollierte fast zwanzig Jahre lang die Südostküste Chinas und drohte wiederholt, mit Invasionen von seinem Stützpunkt auf Taiwan aus, dem Hause Ming den Thron wieder zu verschaffen. Thronanwärter der Ming wurden in die entferntesten Ecken im Süden und Südwesten des Landes gedrängt und schließlich beseitigt. Aber selbst danach und nach dem Tode von Cheng Ch'eng-kung im Jahre 1662 und nach der Beseitigung dieser Gefahr war die Stellung der Manchu noch immer höchst unsicher. In den siebziger Jahren gerieten sie durch den Aufstand von Wu San-kuei und zwei anderen führenden chinesischen Kollaborateuren seines Schlages in schwerste Gefahr. Diese Rebellengruppe hatte ihre Stützpunkte im Süden und Südwesten, wo sie praktisch autonom regierte. Ihre »Revolte der drei Lehnsleute« hätte beinahe den neuen Manchu-Staat gestürzt, aber wiederum siegten die Manchu und bekamen schließlich China fest in ihre Gewalt, womit sie ein Zeitalter des Friedens und der Stabilität eröffneten.

Kaiser K'ang-hsi und die Festigung der Ch'ing-Macht

Die glänzende Leistung, die Macht der Ch'ing begründet zu haben und im Chinesischen Reich und in Zentralasien unangefochten zu herrschen, ist zum großen Teil das Verdienst des Kaisers K'ang-hsi (er regierte 1661–1722). In mancherlei Hinsicht kann er als die bedeutendste Persönlichkeit auf dem chinesischen Thron in der ganzen späteren Kaiserzeit angesehen werden. Er kam im Alter von sieben Jahren auf den Thron und war erst dreizehnjährig, als er von dem Regenten, der zur Unterstützung des Minderjährigen eingesetzt worden war, die Herrschaft übernahm. Als die Zeit seiner Volljährigkeit näher rückte, bewies er deutlich Führungskraft und Einfallsreichtum, und es war offenkundig, daß er ein energischer und fähiger Herrscher sein würde. Die Revolte der drei Lehnsleute – sie brach 1673 aus – ist wahrscheinlich größtenteils durch die Besorgnis Wu San-kueis und anderer selbstherrlicher Vasallen ausgelöst worden, daß bald auch die letzten Reste von Dezentralisation abgeschafft und alle Zugeständnisse zuungunsten der kaiserlichen Gewalt ausgeräumt würden.

Der junge Kaiser bewies bei der von ihm geleiteten Unterdrückung des Aufstands beachtlichen Mut und Klugheit und handelte dabei oft recht selbständig gegenüber den Vorschlägen seiner älteren Berater. Die ganzen siebziger Jahre hindurch verbrachte er damit, seine inneren und äußeren Feinde zu unterwerfen und seine Macht zu festigen. Nachdem er Stabilität errungen hatte, schenkte er seine Aufmerksamkeit mehr den heikleren Problemen in Staat und Gesellschaft. Er verbesserte die Arbeit der Behörden und fand Mittel und Wege, die vorbehaltlose Mitarbeit jener Männer aus dem Gelehrtenadel zu gewinnen, die sich noch nicht mit dem Gedanken an eine Fremdherrschaft abgefunden hatten und zu einer unabhängigen Adelsschicht zu werden drohten; sie weigerten sich nach wie vor, ihre Interessen mit denen des Staates zu identifizieren, indem sie ihre Karriere in erster Linie in dessen Diensten suchten. Beim Erkennen wie beim Lösen dieses Problems legte er dasselbe tiefgreifende Verständnis für das Wesen der chinesischen Gesellschaft an den Tag, aus dem heraus er auch die katholische Kirche während des »Ritenstreits« behandelte. Er erkannte die Notwendigkeit, den Staatsinteressen Vorrang zu geben und alle Kräfte der Gesellschaft ideologisch, sozial und wirtschaftlich an den Staat zu binden. Es gelang ihm, durch eine privilegierte Prüfungsordnung und besondere wissenschaftliche Vorhaben – in einer wohlausgewogenen Mischung von Anreiz und Einschüchterung – die führende Schicht der chinesischen Gesellschaft wieder in die alte, streng dienstliche Beziehung zum Staate zu bringen.

Während seiner langen Regierungszeit förderte Kaiser K'ang-hsi die Wissenschaft, unterstützte die Künste, ermutigte die konfuzianische Moral, machte Reisen durch sein Reich, um die Verhältnisse zu prüfen; alles in allem entsprach er auf großartige Weise den Vorstellungen von einem weisen Kaiser. Er bemühte sich, den Chinesen die konfuzianischen Ideale von Bildung und Weisheit vorzuleben. Seinem Manchu-Volk zeigte er sich als Muster von Mut und Tapferkeit. Er übte sich in der Kalligraphie, schrieb Gedichte und beherrschte die alte chinesische Literatur. Dabei war er ein passionierter Jäger und ausgezeichneter Reiter und jagte gern den wilden, langhaarigen Manchutiger, den er mit einer starken Armbrust erlegte. Ein Mann von großer Wißbegier, wenn auch wohl nicht von bemerkenswert hohen Geistesgaben, bemühte er sich eifrig um Unterweisung in Mathematik und Astronomie durch die Jesuiten. Ihnen gegenüber war er stets gütig und ehrerbietig, obwohl es schließlich ihm zufiel, die wachsende Macht ihrer Kirche in China einzudämmen. Er starb nach einer tatkräftigen einundsechzigjährigen Regierung und hinterließ das kaiserliche China auf dem Höhepunkt seiner Entwicklung.

Der bedeutende moderne chinesische Historiker Fang Chao-ying nennt ihn tolerant und versöhnlich, sparsam, praktisch und gewissenhaft in der Erfüllung seiner Obliegenheiten. Der einzige Vorwurf, den man offenbar gegen ihn erheben kann, ist, daß er als Herrscher einer fremden Dynastie versucht hat, das im Grunde ungeeignete System der Dyarchie, das sich notwendigerweise auf entwicklungsfeindliche Maßnahmen und eine starr aufrechterhaltene Orthodoxie stützte, zu rationalisieren und zu verewigen. Aber diese Situation hat er nicht herbeigeführt; er war gezwungen, im Rahmen der Gegebenheiten zu arbeiten, und er hat dies auf eine Weise getan, der man nur Bewunderung zollen kann.

Kaiser Yung-cheng und der Ch'ing-Staat

Bei seinem Tode im Jahre 1722 folgte dem Kaiser K'ang-hsi sein fünfundvierzig Jahre alter fähiger und ehrgeiziger Sohn, der dreizehn Jahre lang, bis 1735, regierte. Dieser Mann, am bekanntesten unter seinem Herrschernamen Yung-cheng, besaß einen scharfen politischen Verstand und führte die wichtigsten gesetzlichen Neuerungen der Ch'ing-Periode ein. Seine eigene Thronfolge war höchstwahrscheinlich manipuliert, und er führte ein System ein, mit dessen Hilfe die Ungewißheit über die Thronfolge für alle Zukunft beseitigt werden sollte. Im chinesischen Familiensystem war die Nachfolge genau bestimmt, aber in der nomadischen Stammesgesellschaft gab es keinen eindeutigen Grundsatz; und alle fremden Dynastien litten unter der Schwäche, die sich aus den Kämpfen einzelner Gruppen zugunsten ihres Kandidaten für den Thron ergaben. Nur die Manchu entwickelten ein System, das beinah ebensoviel Sicherheit bot wie das chinesische Prinzip der Primogenitur, ohne dessen mitunter unglückliche Starrheit. Kaiser Yung-cheng beseitigte zunächst rücksichtslos seine Rivalen und ging dann daran, ein System festzulegen, nach dem der fähigste Erbe im voraus auserwählt wurde, dessen offizielle Designierung aber bis zum Zeitpunkt der Thronbesteigung unveröffentlicht blieb.

Kaiser Yung-cheng säuberte die Verwaltung von der Korruption, die sein Vater in seinen nachsichtigen Altersjahren geduldet hatte. Die Ch'ing-Regierung bildet mit der der Ming, was die Organisation anlangt, ein zusammenhängendes Ganzes; und die Manchu griffen nur dann in das Staatswesen ein, wenn es darum ging, die höchsten Staatsstellungen in der Hand zu behalten; sie weigerten sich, ein sowohl ihnen wie den Chinesen gegenüber unparteiisches Auslese- und Beförderungsverfahren anzuerkennen. Kaiser Yung-cheng war von Natur aus argwöhnisch und durchsetzte die Staatsverwaltung, ohne ihre Grundlagen umzumodeln, einfach mit seinen Spionen und Agenten, um den gesamten Ablauf auf das genaueste überwachen zu können. Das trug natürlich dazu bei, daß schließlich die Initiative verlorenging und der Verwaltungsapparat geschwächt wurde und verfiel. Zu seiner Zeit aber vergrößerte zweifellos die straffe Kontrolle des unnachgiebigen Kaisers die Leistungsfähigkeit; er rationalisierte die staatlichen Verwaltungsfunktionen, verbesserte die Verwaltung der Einkünfte und stärkte so die Finanzlage des Staates.

Die wichtigste Neuerung war 1729 die Einrichtung des »Großen Staatsrats«. Damit kehrte man gewissermaßen zu dem Kabinett kaiserlicher Berater der Vor-Ming-Zeit zurück, die bedeutende Posten in der Verwaltung innehatten, ohne als verantwortliches Kabinett die Regierung zu repräsentieren. Kaiser Yung-cheng stand damals im Begriff, einen wichtigen Krieg gegen die Ölöts in Turkistan zu führen, und er sah sich der Notwendigkeit gegenüber, Entscheidungen zu fällen und rasch entsprechende Verwaltungsmaßnahmen zu treffen, ohne sich an den üblichen, etwas schwerfälligen Verfahrensweg halten zu müssen. Deshalb begründete er den »Großen Rat« – sein Name bedeutet wörtlich etwa »Amt für militärische Angelegenheiten« – als Dienststelle zur Beschleunigung von Beschluß und Ausführung. Bald erweiterten sich dessen Zuständigkeiten auf andere, über das Militärische hinausgehende Verwaltungsaufgaben, und er wurde zu einer Dauereinrichtung des Ch'ing-Systems. Ihm gehörten im wesentlichen Manchu von höchstem Range an, oft Mitglieder der kaiserlichen Sippe. Die Zahl der Chinesen in diesem Rat blieb, von der allerletzten Zeit der Dynastie abgesehen, unbedeutend.

Eine weitere bezeichnende Neuerung des Kaisers Yung-cheng war die Errichtung einer regelrechten Schule für Prinzen von Geblüt. Hier erfuhren die Mitglieder der Kaiserfamilie eine systematische und strenge Ausbildung, so daß nicht nur künftigen Kaisern eine mehr aufs Praktische ausgehende Schulung für ihr Amt gewährleistet war, sondern auch andere Prinzen für die verantwortliche Position als Hauptstütze des Thrones auf hohe Verwaltungsposten vorbereitet wurden. Die Ergebnisse zeigen sich in den großen Fähigkeiten der Ch'ing-Herrscher. Bei den Ming waren unter den sechzehn Kaisern kaum drei oder vier fähig und willens, die Verantwortung ihres Amtes zu übernehmen. Die Ch'ing dagegen hatten keinen untauglichen Herrscher, und im ganzen gesehen war ihr Leistungsstand der höchste unter den verschiedenen kaiserlichen Häusern der chinesischen Geschichte.

Die Ch'ien-lung-Periode

Nach neunzig Jahren unter der Dynastie und besonders nach den fünfundsiebzig Jahren tüchtiger Herrschaft K'ang-hsis und Yung-chengs schien China auf dem Zenit von Wohlstand und Macht, als der vierte Sohn des Kaisers Yung-cheng 1736 die Regierung antrat. Dieser Mann, sein Herrschername ist Ch'ien-lung, war bei seiner Thronbesteigung fünfundzwanzig Jahre alt. Von Kindheit an war er zur Regierung bestimmt, dank der Gunst seines Großvaters K'ang-hsi, die er sich als Knabe erworben hatte. Am Tag vor dessen Tode, 1735, offenbarte ihm sein Vater die geheime letztwillige Verfügung, die ihn als Thronerben nominierte. So war er durch Ausbildung und methodische Schulung in hohem Maße auf das Herrschen vorbereitet, und sein Temperament und seine Anlagen weckten in ihm das Verlangen, seine Regierungszeit zu einer großartigen, ja glanzvollen Periode zu machen. Geschichtlich gesehen, scheint sie das in mancher Beziehung auch gewesen zu sein. Er saß sechzig Jahre auf dem Thron und dankte 1796 ab, um nicht länger als sein berühmter Großvater zu regieren. Tatsächlich behielt er aber die Zügel der Macht bis zu seinem Tod 1799 fest in der Hand.

Er scheint von einem heimlichen Drang besessen gewesen zu sein, seinen Großvater in allem zu übertreffen und als der größte Herrscher aller Zeiten in die Geschichte einzugehen.

Diese große Idee von den Zielen seiner Regierung hat den Charakter jener Epoche wesentlich mitbestimmt. Sie trieb ihn, militärische und zivile Unternehmen und Erfolge ins Auge zu fassen, die in ihren Ausmaßen alles in der Geschichte Dagewesene in den Schatten stellen; dabei wirkten gesunder Menschenverstand und Urteilsvermögen mäßigend auf seine Eitelkeit und verhinderten, daß sein grenzenloser Ehrgeiz ihn zu einer lächerlichen Figur machte. Als der englische Botschafter, der Earl of Macartney, am 83. Geburtstag des Kaisers im Jahre 1793 seinem Hof einen Besuch abstattete, beeindruckte er die Briten mit seiner noch im hohen Alter wahrhaft kaiserlichen Gestalt, hochgewachsen und elastisch, voller körperlicher und geistiger Energie: eine machtvolle Persönlichkeit.

Kaiser Ch'ien-lung erlebte, wie die Bevölkerung seines Reiches im Laufe seiner Regierungszeit von etwa zweihundertfünfzig Millionen auf rund vierhundert Millionen anstieg. Die gut verwalteten Einkünfte schienen, dank der sorgfältigen Aufsicht seines Vaters über die Staatsgeschäfte, stets auszureichen, um selbst den übertriebensten Anforderungen zu genügen. Seine militärischen Siege in Zentralasien waren glänzende Erfolge, wenn sie auch in der Überlieferung vielleicht übertrieben werden. In den friedlichen Künsten konnte sich, zumindest quantitativ gesehen, keine Ära mit seiner Regierung messen. Des Kaisers eigene Lyriksammlung enthält mehr als zweiundvierzigtausend Gedichte, die ihn, wenn wir annehmen, daß er sie alle selbst verfaßt hat, zum größten Poeten der Geschichte machen, jedenfalls der Menge nach.

Doch am Ende seines langen Lebens befand sich China am Rande einer Katastrophe; er starb, ohne auch nur eines der Symptome bemerkt zu haben. Im Lichte der nun folgenden Entwicklungen mag ein großer Teil der Verantwortung für den Zerfall der Ch'ing-Macht und die darauffolgenden wiederholten Demütigungen Chinas während des ganzen 19. Jahrhunderts ihm zur Last gelegt werden. Wie in seiner riesigen Gedichtsammlung steckt in vielen seiner so überaus ruhmreich scheinenden Leistungen ein Element von Selbsttäuschung und sinnlosem Sieg. In seiner Sorge um die Wahrung der Rechtgläubigkeit schuf er eine sterile Atmosphäre in der Regierung. Von dem Drange beseelt, glorreiche Taten zu vollbringen, setzte er die Kräfte des Staates falsch ein und vergeudete dessen scheinbar unerschöpfliche Mittel. Selbstvertrauen und Willensstärke veranlaßten ihn im hohen Alter, sich mit Schmeichlern und Subalternen zu umgeben, so daß seine Regierung während der letzten Jahre durch Korruption zersetzt war. Für diese Exzesse und Mängel muß er persönlich verantwortlich gemacht werden.

In gewissem Sinne allerdings ist die Tragödie Chinas am Ende der langen Kaiserzeit etwas, was keinem Kaiser zur Last gelegt werden kann, wofür auch das System und die Kultur als Ganzes freigesprochen werden müssen. Die Krisen, die die alte Kultur auf die Knie zwangen, waren im wesentlichen nicht chinesischen Ursprungs. Sie waren das Werk von Kräften, die von außen in die chinesische Welt eingedrungen waren, und sie schufen Probleme, für die sich im ganzen Umkreis der chinesischen Erfahrung keine entsprechenden Vorbilder fanden.

Die späte Ch'ing-Geschichte kennt zwei Probleme, die in diesem Sinne unlösbar waren. Das eine war die Übervölkerung, eine Bevölkerungszunahme also, die sich rascher vollzog, als sie das soziale, politische und wirtschaftliche System bewältigen konnte. Und das andere war die Konfrontierung mit der westlichen Zivilisation, die erst kurz zuvor die chinesische technologisch überflügelt hatte und ihrem Wesen nach gefährlich war. Jenes Problem wirkte von innen her, hatte aber seine Ursache in verschiedenen Momenten, die mit den neuen Bindungen einer weltweiten Gemeinschaft von Austausch und Handel zusammenhingen. Diese neuen, von innen wirkenden Kräfte zerstörten das Gleichgewicht der alten.

Das andere Problem drohte von außen, aber es führte seinen Angriff unbarmherzig von chinesischem Boden aus und wirkte durch Unterwandern und kulturelle Durchdringung. Auf die üblichen Probleme konnte die chinesische Kultur noch mit Erneuerung antworten, für die sie Kräfte aus inneren Mechanismen zog. Auf diese beispiellosen und kaum begriffenen Probleme der modernen Zeit jedoch gab es für China anscheinend nur eine Antwort: Kapitulation und Demoralisierung. Aber selbst in unseren Tagen ist dies noch nicht die endgültige Antwort: Wie sie am Ende aussehen wird, kann heute vielleicht noch niemand klar erkennen.